Robert Kaplan

Reisen an die
Grenzen der Menschheit

Robert Kaplan

Reisen an die
Grenzen der Menschheit

Wie die Zukunft aussehen wird

Droemer Knaur

Die Deutsche Bibliothek – CIP-Einheitsaufnahme
Kaplan, Robert:
Reisen an die Grenzen der Menschheit : Wie die Zukunft aussehen wird/
Robert Kaplan. (Aus dem Amerikanischen von Annegrete Lösch und
Harald Stadler). – München : Droemer Knaur, 1996
Einheitssacht.: The Ends of the Earth <dt.>
ISBN 3-426-26860-4

© Droemersche Verlagsanstalt Th. Knaur Nachf., München 1996
Copyright by Robert Kaplan
Titel der Originalausgabe:The Ends of the Earth
Originalverlag: Random House, New York
Aus dem Amerikanischen von Annegrete Lösch (Teil I bis III) und
Dr. Harald Stadler (Teil IV bis VI).
Umschlaggestaltung: Angela Dobrick, Hamburg
Umbruch: Ventura Publisher im Verlag
Druck und Bindung: Clausen & Bosse, Leck
Printed in Germany
ISBN 3-426-26860-4

5 4 3 2 1

Für Dick Hoagland, Ernest Latham,
Kiki Munshi und Graham Miller:
drei Diplomaten und einen Sozialarbeiter

Inhalt

Er hat das Antlitz der Vergangenheit zugewendet. Wo eine Kette von Begebenheiten vor uns erscheint, da sieht er eine einzige Katastrophe, die unablässig Trümmer auf Trümmer häuft und sie ihm vor die Füße schleudert. Er möchte wohl verweilen, die Toten wecken und das Zerschlagene zusammenfügen. Aber ein Sturm weht vom Paradiese her, der sich in seinen Flügeln verfangen hat und so stark ist, daß der Engel sie nicht mehr schließen kann. Dieser Sturm treibt ihn unaufhaltsam in die Zukunft, der er den Rücken kehrt, während der Trümmerhaufen vor ihm zum Himmel wächst. Das, was wir den Fortschritt nennen, ist dieser Sturm.

Walter Benjamin über den
»Engel der Geschichte« in Illuminationen.

Der gute Geograph ist ein Philosoph.
Carlton S. Coon, Sr.
Caravan: The Story of the Middle East.

Krieg ist der Vater aller Dinge.
Heraklit

Wir alle wohnen in einem Land, o Fremder, in der Welt.
Meleager

Vorwort

In *Martin Eden* schreibt Jack London: »Die Arbeit eines Reporters ist eine einzige Hetzerei von morgens bis abends … Er lebt wie ein Wirbelwind, nur für den Augenblick, ohne Vergangenheit und ohne Zukunft …« Ich habe versucht, dieser Beschränkung zu entkommen. In *Balkan Ghosts*, einem meiner früheren Bücher, das ich vor Ausbruch des Krieges im ehemaligen Jugoslawien schrieb, habe ich mich bemüht, die Gegenwart vor dem Hintergrund einer schwierigen und blutigen Vergangenheit zu sehen. In *Remapping the Earth* habe ich versucht, die Gegenwart mit Blick auf die Zukunft zu sehen, die für einen bedeutenden Teil der Dritten Welt eher düster aussieht. Dies ist ein Reisebericht. Er ist konkret, weil sich meine Gedanken aus der persönlichen Erfahrung heraus entwickelt haben. Er ist subjektiv, weil es keine zwei Reisenden gibt, die ein Volk oder eine Landschaft auf die gleiche Weise betrachten würden. Er ist nicht ausgewogen: Ich verbrachte relativ mehr Zeit im Iran als anderswo; das zeigt sich am Text, der zudem – als Aufzeichnung der Reisen einer Einzelperson – nicht wirklich erschöpfend ist. Indien und China werden weniger ausführlich behandelt, als sie verdienen, Südamerika fehlt ganz, und so weiter.

Betrachten Sie diesen Bericht wie ein kurzes Durchstreifen eines Teils der Erde, mit dem ich versucht habe, mich mit jenen Fragen zu befassen, die Paul Kennedy in *Preparing for the Twenty-First Century* gestellt hat. Wenn auch viele Landschaften mehr und mehr verschmutzen, so muß das nicht gleich den Niedergang der Reiseliteratur bedeuten. Es bedeutet allerdings, daß die Reiseliteratur sich mit der wirklichen Welt auseinandersetzen muß, mit Slums und all den anderen

Dingen, statt sich in die Scheinwelt einer rustikalen Vergangenheit zu flüchten. Dieses Buch, das internationale Forschungsergebnisse in einen Reisebericht einbringt, ist ein Versuch.

Teil I

Westafrika –
Zurück zur Morgendämmerung

Gefälschte Personalausweise; falsche Polizisten in offiziellen Uniformen; Armee-Einheiten als Komplizen von Dieben und Banditen; Betrügereien bei Examen; illegale Geldgeschäfte; falsche Banknoten; Verbreitung und Verkauf gefälschter Schulzeugnisse, ärztliche Atteste und beschädigter Waren: All das ist nicht nur Ausdruck von hektischem Schwarzhandel und einem »Sich-Arrangieren«, es unterstreicht auch die Tatsache, daß hier die Dinge nicht mehr ohne ihr Gegenteil existieren.

Achille Mbembe und Janet Roitman
in ihrem Bericht über Kamerun im Jahre 1990.

Afrika bildet den letzten Kreis, den Nabel der Welt …

Jean Paul Sartre

1 Eine unsentimentale Reise

»Die Diebe hier sind grausam«, warnte die Liberianerin in ihrem feinen, melodiösen Englisch. »Wenn Sie nicht aufpassen, wird man Sie mit dem Messer aufschlitzen.«

Es war Nacht geworden. Meine Beschützerin ergriff meinen Arm und führte mich in mein Hotel. Ich spürte ihre Augen auf mir – zwei warme Sterne, die aus dem Nichts aufgetaucht waren. Die winzigen Füße des Säuglings, den sie auf dem Rücken trug, hüpften bei jedem ihrer Schritte. Hier, auf dieser Straße aus verfallenem, oxidiertem rotem Laterit hatte die Erde nichts Subtiles mehr. Sie war nur noch ein drückend heißer, sogar feindseliger Planet – brodelnd von übergroßer Fruchtbarkeit, wie dem Nordländer schien. Denn der tropische Überfluß ist nicht der Segen, für den ihn viele halten: Tropischer Boden ist nicht besonders fruchtbar und rasches Wachstum bedeutet keinesfalls die Befreiung des Menschen von Arbeit.[1]

Am Äquator hat die Natur etwas Furchterregendes, vor dem die Menschheit sich nicht verstecken kann. Ich befand mich am unteren Ende jener riesigen Ausbuchtung Afrikas, die in den Atlantik hinausragt, weit weg von allem, was mir vertraut war. Der nächste Ort in Europa lag über 3 000 Kilometer weit im Norden, auf der anderen Seite der Sahara, Südamerika war 4 000 Kilometer weit auf der anderen Seite des Meeres im Südwesten und Nordamerika 8 000 Kilometer weit im Nordwesten. Die Stadt Danane im Westen der Elfenbeinküste ist nicht weit von den Grenzen nach Liberia und Guinea entfernt und ein guter Ausgangspunkt für eine Reise um die Erde am Ende des zwanzigsten Jahrhunderts, in einer Zeit, in der die Politik zunehmend durch die Umwelt geformt wird. Der kurze Augenblick der industriellen Revolution, der der Menschheit die Chance gegeben hatte, sich ein wenig gegen die Natur zu wappnen, neigt sich seinem Ende zu.[2] Bevölkerungswachstum, Bodenerosion und die daraus resultierende Migration bedeuten, daß wir künftig kaum noch in der Lage sein werden, die Verbreitung von Epidemien unter Kontrolle zu halten, wie wir dies in den letzten hundertfünfzig Jahren getan haben. Viren, die in Afrika einen fruchtbaren Boden finden, können ein grundsätzliches Risiko für die Menschheit darstellen.[3] Ich hatte den Brief eines Freundes im Rucksack, der in einem der Länder dieses Gebietes amerikanischer Botschafter ist. Er schrieb: »Die größte Bedrohung unseres Wertesystems kommt von Afrika. Können wir weiterhin an globalen Prinzipien festhalten, während Afrika auf einen Stand hinabsinkt, der besser von Dante beschrieben würde als von Entwicklungsökonomen? Unser eigener Standpunkt zu Fragen von Rasse und Ethnizität leidet darunter, daß ganz Afrika zum ›Wrack der Medusa‹ wird.«[4]

Aus der Perspektive des Weltraums gibt es kein Oben und Unten. Die Karten der Welt, auf denen der Norden oben ist, sind nicht unbedingt objektiv. Stellen wir das Ganze auf den Kopf und lassen den Südpol oben sein, dann sieht die Welt völlig anders aus. Das Mittelmeerbecken bildet nicht mehr das Zentrum, da es ziemlich weit unten auf dem Globus angesiedelt ist. Nordamerika verliert seine kontinentale Breite und damit seine Majestät, da es sich nach Norden, im Kern Ihres Blickfelds, in den verkümmerten Arm Zentralamerikas verengt. Südamerika und Afrika stechen hervor. Doch Südamerika verengt sich immer mehr zum antarktischen Nichts am oberen Kartenende, ohne nennenswerte Verbindung mit anderen Kontinenten.
Das unausweichliche Zentrum ist Afrika: Von Nordpol wie Südpol gleich weit entfernt, liegt es flach über dem Äquator mit dem heißesten Klima der Erde und gibt den Nährboden für unzählige Formen von Leben ab: drei Viertel seiner Oberfläche gehören zu den Tropen. Afrika beherrscht die Mitte des Blickfelds, durch den Mittleren Osten mit Eurasien verbunden. Diese Karte, auf der Süden oben ist,

16

zeigt, warum die Menschheit ihren Ursprung in Afrika hat; warum es
Afrika war, von wo aus unsere Gattung möglicherweise die Besiedelung des Planeten antrat.[5] Afrika ist der Mutterkontinent, zu dem wir
alle letztendlich gehören, von dem die Menschen ihre bedeutenden
genetischen Eigenschaften erhielten.[6] »Im Grunde genommen sind
wir alle Afrikaner«, sagt der Anthropologe Christopher Stringer.[7] Afrika ist Natur pur. Der nigerianische Schriftsteller und Dichter Ben Okri
schreibt: Wir sind die Wunder, die Gott erschuf, um die bittere Frucht
Zeit zu kosten.[8]
»Dieses Hotel ist gut«, sagte mir die Liberianerin. »Nachts wird das
Tor zugesperrt.«

»Die Kartographie setzt ihr Vokabular so ein …, daß eine systemati-
sche soziale Ungleichheit entsteht. Merkmale von Status und Macht
werden auf der Karte konstruiert, konkretisiert und legitimiert … Anscheinend lautet die Regel ›je mächtiger, desto hervorstechender‹.
Jene, die die Macht in der Welt haben, sollen die Macht auf der Karte
dazuerhalten«, schrieb der verstorbene Geograph der University of
Chicago, J. Brian Harley.[9] Landkarten, scheinbar objektiv, sind in
Wirklichkeit Propaganda. Sie repräsentieren den kleinsten gemeinsamen Nenner des gesunden Menschenverstandes. Und wenn sich dieser gesunde Menschenverstand irrt? Wenn das Mittelmeerbecken
nicht mehr das Herz der Zivilisation wäre? Wenn es nicht die zirka
fünfzig Staaten in Afrika gäbe, wie sie die Karten verzeichnen – sondern tatsächlich nur sechs, sieben oder acht Nationen den gesamten
Kontinent ausmachten? Oder, statt der Nationen, mehrere hundert
Stammeseinheiten? Und wenn die Entfernung zwischen dem Hotel
in Danane, zu dem die Liberianerin mich gerade gebracht hatte, und
einer Stadt jenseits der Grenze in Guinea oder Liberia, die laut Karte
nur sechzig Kilometer beträgt, zeitlich gesehen größer wäre als die
Entfernung zwischen New York und St. Louis? Wenn die *Shanty towns*
und *bidonvilles*, die überall auf dem Globus aus dem Boden schießen,
ohne auf irgendeiner Karte zu erscheinen, viel wichtiger für die Zukunft der Zivilisation wären als die Innenstädte und prosperierenden

Vororte, die auf allen Karten zu finden sind? Wenn die von Guerilla-
truppen und von der Mafia besetzten Gebiete – die keine Karte vermerkt – bedeutsamer wären als jene, die viele anerkannte Staaten als
ihr Territorium deklarieren? Wenn Afrika noch weiter von Nordamerika und Europa entfernt wäre, als sich aus den Karten schließen läßt,
und doch von größerer Bedeutung für unsere Vergangenheit und unsere Zukunft als Europa oder Nordamerika? Der erste Schritt in der
Geographie ist das Vermessen.[10]

Ich habe versucht, durch Reisen und durch Erfahrung herauszufinden, wie weit die Orte wirklich auseinanderliegen, wo die eigentlichen Grenzen sind und wo die wahre Terra incognita liegt.

Claudius Ptolemäus, der griechische Astronom und Naturforscher des
zweiten vorchristlichen Jahrhunderts, war der erste, der davor warnte,
die geographische Bedeutung Europas und des Westens zu überschät-
zen. Wenn ich also an der Schwelle des einundzwanzigsten Jahrhunderts die Erde kartieren sollte, würde ich in Afrika beginnen, an der
Wiege der Menschheit. Ich müßte, so gut es geht, den Pfad, den unsere Gattung vermutlich bei ihrer Besiedelung des Planeten eingeschlagen hat, von Afrika durch den Nahen Osten in den indischen
Subkontinent und schließlich nach Südostasien ziehen.[11] Ich sah meine Wanderungen auf fast geologische Weise. In *Basin and Range* hat
John McPhee beschrieben, wie er auf seiner Reise die »tiefe Zeit« zu
kartieren versuchte und sich damit gegen die »unnatürlichen Unter-
teilungen des Globus ... von geraden Linien eingerahmt« stellte. Ich
wollte die Zukunft kartieren, vielleicht sogar die »tiefe Zukunft«, indem ich das, was offiziell und gesetzlich vorhanden war, ignorierte und
stattdessen das berührte, fühlte, roch und schmeckte, was wirklich da
war. Ich hatte viele Fragen und viele Pläne im Kopf. Der im 19. Jahrhundert lebende französische Geograph Elisée Reclus schrieb: »Jede
Epoche seit Bestehen der Menschheit entspricht einer Veränderung
in der Umwelt. Es ist die Ungleichheit planetarer Eigenarten, die zur
Vielfalt in der menschlichen Geschichte geführt hat.« Meine Absicht
war es, die Menschheit an jedem Schauplatz buchstäblich als ein Produkt jener Gebiete und Klimazonen zu sehen, in denen zu leben ihr

18

Schicksal war. Obwohl Afrikas Geographie beispielsweise für das Entstehen der Menschheit günstig war, war sie es möglicherweise nicht
mehr für ihre weitere Entwicklung. Afrika ist zwar der zweitgrößte
Kontinent, fünfmal größer als Europa, trotzdem macht seine Küsten-
linie kaum mehr als ein Viertel der europäischen aus. Südlich der Sahara verzeichnet diese Küste nur wenige natürliche und leicht nutz-
bare Häfen.[12] Nur einige Flüsse des tropischen Afrika können vom
Meer aus befahren werden, und die Sahara hat den Kontakt nach Norden unterbunden. Afrika war also vom Rest der Welt relativ isoliert.
Zudem verbreiten sich viele der auszehrenden Krankheiten hauptsächlich im tropischen Klima. Rund 16 Millionen Quadratkilometer in
Afrika (ein Gebiet, das größer ist als die USA) sind von Krankheiten
befallen, die die Tsetsefliege verbreitet. Es ist wahrscheinlich kein
Zufall, daß Afrika gleichzeitig die ärmste wie auch die heißeste Region der Welt ist.[13] Die griechischen Historiker der Antike haben sich
gefragt, warum große Unterschiede zwischen den Völkern bestehen.[14] Diese Frage ist heute noch gültig. Andererseits, um diese Unterschiede nicht überzubewerten, mußte ich mir in Erinnerung rufen,
daß es Terenz war, der im antiken Rom lebende afrikanische Dichter,
der gesagt hat:»Mensch bin ich, nichts, was menschlich, acht' ich mir
als fremd.«

Unter der Tür meines Hotelzimmers in Danane krochen Eidechsen
und krabbelten an den bröckelnden Wänden hoch. Moskitos
umschwirrten die Glühbirne und surrten um meinen Kopf. Ich sah auf
den Boden. Da, wo die Fußbodenkacheln fehlten, schaute der nackte
Laterit hervor. Das Zimmer hatte keine Fenster. Die Klimaanlage
brummte und machte ein Geräusch, das nach Regen klang. Ich konnte
nicht schlafen. Was wollte ich hier? Ich wollte Antworten finden.

Zu Beginn meiner Reise war ich recht naiv. Ich wußte noch nicht, daß
Antworten verlorengehen, wenn man die Reise fortsetzt, daß es immer mehr Wechselbeziehungen gibt, und viele neue Fragen. Ich hatte
fünfzehn Jahre lang als Auslandskorrespondent gearbeitet und wußte,

daß man versucht, seine Beobachtungen in eine Theorie oder ein »Paradigma« einzupassen, damit der Artikel einen Sinn ergibt. Ohne solche Paradigmen oder Theorien – so unvollkommen sie sein mögen – ist keine Diskussion möglich. Francis Bacon sagt: »Die Wahrheit erwächst eher aus dem Irrtum als aus der Verwirrung.« Deshalb gleicht die Wissenschaft meistens einer Säuberungsaktion: Ein Paradigma wird so lange geprüft, bis man so viele Fehler gefunden hat, daß es verworfen wird und ein neues entsteht, das der gleichen Prüfung unterzogen wird.[15] Eigentlich hatte ich ein Paradigma zum Verständnis der Welt in den ersten Jahrzehnten des 21. Jahrhunderts finden wollen. Fachleute interessieren sich für die Auswirkungen von Bevölkerungswachstum und Umweltzerstörung in der Dritten Welt, während Journalisten über eine wachsende Anzahl ethnischer Konflikte berichten, für die Staatsgrenzen keine Bedeutung mehr haben. Von den 80 kriegerischen Auseinandersetzungen, die es nach 1945 gab, können nur 28 als traditionelle Kriege bezeichnet werden, bei denen die stehenden Heere zweier oder mehrerer Staaten gegeneinander kämpften. 46 waren Bürgerkriege oder Guerillakriege. Der frühere UNO-Generalsekretär Perez de Cuellar hat dies die »neue Anarchie« genannt.[16] Die Kampfhandlungen auf dem Balkan, im Kaukasus und anderswo sagen mir, daß dieser Trend zunimmt. 1993 waren 42 Länder in größere Konflikte verwickelt und 37 Länder in kleinere: Von diesen 79 Staaten gehören 65 zu den Entwicklungsländern.[17] Die neue Telekommunikation brachte uns fremde Kulturen näher und zeigte uns auf unbehagliche Weise, daß wir gleich sind, wenn es um die Produktion von materiellem Wohlstand geht. Wenn man offen über Kultur schreiben und dies mit den anderen Themen verbinden würde, dachte ich mir, dann könnte so etwas wie ein allgemeiner Weltzustandsbericht entstehen. Für dieses Vorhaben bot Afrika einen fruchtbaren Boden. Es hat kein überzeugendes Paradigma. Seit Jahrzehnten haben jene, die mit Afrika sympathisierten, Erklärungen für seine Armut geliefert und hoffnungsvolle Zukunftsszenarien gemalt, während der Lebensstandard sank und Kriege sich ausbreiteten. Die Gründe für dieses Schlamassel – »Kolonialismus«, »das schlimme internationale Wirtschaftssystem«, Afrikas »korrupte Eliten«, seine »patriarchische Gesellschaft« und so weiter treffen auch auf andere Gebiete in der Dritten Welt zu, deren wirtschaftlicher Vorsprung gegenüber Afrika sich jedoch von Tag zu Tag vergrößert: Afrikas Statistiken über Bevölkerungswachstum, Lebensstandard und Gewalttätigkeit sind die schlechtesten der Welt. Ein Artikel, den ich über Westafrika und die Dritte Welt schrieb, wurde vom Herausgeber passenderweise mit »Die kommende Anarchie« betitelt. Er erschien 1994 in der Februarausgabe von *The Atlantic Monthly*. Der Genozid in Ruanda, der sich wenige Monate später ereignete, verlieh ihm eine grauenhafte Aktualität. Mein Problem war allerdings, daß ich mich weiterhin auf Reisen befand; das komplizierte mein Paradigma. 1994, gleich nachdem dieser Artikel erschienen war, begab ich mich auf eine Reise über Land: von Ägypten über den Nahen Osten nach Zentralasien, durch den indischen Subkontinent und Südostasien nach Kambodscha. Während zu Hause noch die »kommende Anarchie« diskutiert wurde, befand ich mich in der Säuberungsaktion. Diese Säuberungsaktion diente nicht so sehr dazu, die «kommende Anarchie« zu widerlegen; sie zeigte mir, daß Kultur, Politik, Geographie, Geschichte und Wirtschaft unentwirrbar zusammengehören. Statt eine große Theorie zu entwerfen, konnte ich bestenfalls darauf hoffen, zu einem besseren Verständnis dieser Wechselbeziehungen zu gelangen. Am Ende meiner Reise hatte ich noch immer eine Theorie, aber sie hatte sich verfeinert und war weniger dogmatisch. Zunächst hatte ich zum Beispiel die Bevölkerungsfrage neo-malthusianistisch gesehen: Das Fehlschlagen eines Staatswesens kann das direkte Ergebnis von Überbevölkerung sein. Gegen Ende meiner Reise hatte ich begriffen, daß rasches Bevölkerungswachstum nur eine Kraft von vielen Kräften ist: eine Kraft, der durch kulturellen Erfindungsgeist entgegengewirkt werden kann. Als ich in Kambodscha angelangt war, erkannte ich, daß ich die Wurzeln der destruktiven Kräfte, die man hier ebenso findet wie in Afrika, nicht so gut verstand, wie ich geglaubt hatte. Während ich diese Worte schreibe, bin ich mir einer Sache ganz sicher: Auch wenn manche Staaten, darunter die USA, sich in einen festungsarti-

gen Nationalismus zurückziehen sollten, wäre das nur ein vorüberge-
hender Zustand; eine Weltflut aus Menschen und Armut würde uns
zu der Erkenntnis zwingen, daß wir alle auf der einen einzigen Erde
leben, die zunehmend kleiner und enger wird. Der rückständige Teil
des Planeten in der Nähe der liberianischen Grenze, in dem ich, ein
Amerikaner, mich in dieser einsamen Nacht wiederfand, würde
schließlich eines nicht zu fernen Tages Teil meiner planetarischen
Heimat sein.

Die Auswahl meiner Wanderrouten habe ich nicht dem Zufall überlassen. Ich erinnerte mich an eine Vision, von der mir Thomas F. Homer-Dixon, Leiter des *Peace and Conflict Studies Program* an der University of Toronto, einmal berichtet hatte: »Stellen Sie sich eine über-
lange Luxuskarosse auf den mit Schlaglöchern übersäten Straßen
New Yorks vor, in denen die Obdachlosen hausen. In diesem Gefährt
sitzen die mit Klimaanlagen ausgestatteten industrialisierten Regionen Nordamerikas, Europas, des Pazifikraums, Lateinamerikas und
einiger anderer Gebiete mit ihren Wirtschaftsgipfeltreffen und Datenautobahnen. Draußen lungert der Rest der Menschheit, der sich in
eine völlig andere Richtung bewegt.«
Ich wollte nicht die Luxuskarosse benutzen. Der *National Academy of
Sciences* zufolge entfallen 95 Prozent aller Geburten dieser Welt auf die
ärmsten Länder; über die Hälfte dieser 95 Prozent wiederum auf urbane Gebiete.[18] Vor der Unabhängigkeit hatte eine durchschnittliche
afrikanische Hauptstadt ungefähr 50 000 Einwohner. Aber während
der ersten dreißig Jahre der Unabhängigkeit, als sich die Gesamtbe-
völkerungszahl Afrikas mehr als verdoppelte, stieg die Einwohnerzahl
in den meisten Hauptstädten um das Zehnfache. Anfang der achtziger
Jahre hatten Lagos und Kinshasa jeweils ungefähr drei Millionen Einwohner, Addis Abbeba, Abidjan, Accra, Ibadan, Khartum und Johan-
nesburg über eine Million. Dakar, Nairobi, Daressalam, Harare und
Luanda kaum weniger. 1990 lebte ein Viertel aller Afrikaner in Städten, bis zur Jahrhundertwende wird es die Hälfte sein.[19] Für mich sind
Erfolgsstories wie die Japans und Singapurs sekundär. Die meisten

Kinder, die heute geboren werden, wachsen nicht in Japan oder Singapur, sondern in Regionen wie Westafrika auf. Selbst bei sinkenden Geburtenraten wird sich die Bevölkerung Schwarzafrikas, nicht aber die Japans in weniger als dreißig Jahren verdoppeln. In meinem Hotelbett in Danane dachte ich sogar an die Möglichkeit eines zweiten Kalten Krieges: an einen langen Kampf zwischen uns und den Dämonen Kriminalität, Bevölkerungsdruck, Umweltzerstörung, Epidemien und Kulturkonflikt. Für jene, die immer noch nicht glauben, daß wir in revolutionären Zeiten leben, wollte ich ein Reisedokument schaffen, das als Schocktherapie dienen sollte.

1768 veröffentlichte der englische Schriftsteller und Domherr Laurence Sterne seinen fragmentarischen Bericht *Yoricks empfindsame Reise durch Frankreich und Italien*. Sterne, einem sinnenfrohen Lebenswandel zugeneigt, beschrieb seine Reise folgendermaßen: »Es ist eine ruhige Fahrt des Herzens auf der Suche nach der NATUR und jenen Gemütsbewegungen, die aus ihr erwachsen.« Sternes sentimentale Vorliebe für französische Frauen veranlaßte ihn, den nationalen Charakter der Franzosen in sanften Farben zu schildern: »Der Bourbone ist keinesfalls eine grausame Rasse: sie sind vielleicht irregeführt wie andere Völker, aber sie haben die Sanftheit im Blut.« 1789, 21 Jahre nach der Veröffentlichung dieser Zeilen, kam die Französische Revolution. So naiv würde ich nicht sein, sagte ich mir. Meine Reise würde nicht von sentimentalen Empfindungen geprägt werden. Vielleicht würden meine Eindrücke »falsch« sein, aber sie sollten auf dem basieren, was ich sah. Und was ich sah, entsprach dem, was die Statistiken enthüllen.

In der Weltwirtschaft spielt Afrika so gut wie gar keine Rolle mehr. 1995, mit 719 202 000 Einwohnern bei einer Weltbevölkerung von 5 692 310 000, repräsentierte Afrika 13 Prozent der Menschheit; diese 13 Prozent trugen nur 1,2 Prozent zum Bruttoinlandsprodukt der Welt bei, während es in den achtziger Jahren noch 1,8 Prozent waren. Während also Afrikas Bevölkerungszahlen in die Höhe schnellten, sank sein Beitrag zum Wohlstand der Dritten Welt um ein Drittel. Inzwischen ist Afrikas Anteil am Welthandel von vier auf fast zwei Prozent gesunken. Während in den achtziger Jahren in allen anderen Entwicklungsländern die Nahrungsmittelproduktion per capita um neun Prozent stieg, sank sie in Afrika um sechs Prozent.[20] Wenn man Afrika nicht in seiner Gesamtheit sieht, sondern nur Schwarzafrika in Betracht zieht, dann schaut die Situation noch trostloser aus.[21] Schwarzafrikas Bevölkerung hat eine jährliche Zuwachsrate von über drei Prozent, die durchschnittliche Wachstumsrate des Planeten liegt bei 1,6 Prozent.[22] Die Bevölkerung Nordafrikas hat mit 2,6 Prozent die zweithöchste Wachstumsrate. Südasien, darunter 50 arme Länder wie Bangladesch, Indien, Pakistan und Afghanistan, kommt nur auf 2,2 Prozent. Während das Bevölkerungswachstum auf dem indischen Subkontinent und in China durch die industrielle Entwicklung in diesen Regionen getragen wird, gibt es diese Entwicklung in Afrika im allgemeinen nicht. In den achtziger Jahren zeigten 28 der 46 schwarzafrikanischen Länder ein sinkendes Bruttoinlandsprodukt, und 1994 sanken die volkswirtschaftlichen Erträge in den Ländern des tropischen Afrika im Verhältnis zum Bevölkerungswachstum um zwei Prozent. Selbst wenn die »mehr als optimistischen« wirtschaftlichen Wachstumsraten, die die Weltbank den schwarzafrikanischen Ländern voraussagt, zutreffen sollten, müßten die Afrikaner immer noch 40 Jahre warten, um wieder ein Einkommen zu erzielen, wie sie es in den siebziger Jahren hatten.[23] Bei geringem Wirtschaftswachstum versorgt sich die rasant anwachsende Bevölkerung Schwarzafrikas mit Hilfe von Hack- und Brandrodungen und durch die Errichtung von Shanty towns. In einer Zeit, in der die Städte immer mehr verkommen, hat Schwarzafrika obendrein die größte urbane Wachstumsrate der Erde: der Weltbank zufolge waren es 5,8 Prozent von 1965 bis 1980 und 5,9 Prozent von 1980 bis 1990. (Die zweithöchste Rate verzeichnete die arabische Welt mit 4,5 Prozent urbanem Wachstums seit 1965.) In Lagos sind 61,1 Prozent dieses Anwachsens der Stadtbevölkerung darauf zurückzuführen, daß die Menschen vom Land zuwandern, weil der Boden sie nicht mehr ernähren kann. In Afrika zeigt sich, wie das urbane Umfeld möglicherweise zum Schauplatz künftiger Konflikte in den Entwicklungsländern werden könnte. Die Gewalttäter der Zukunft werden vermutlich in den Städten geboren und keine ländlichen Erfahrungen mehr haben, aus denen sie schöpfen können.[24] Im *Human Development Report* der Vereinten Nationen des Jahres 1994 (in dem 173 Länder nach Indikatoren wie Alphabetisierungsrate, Bildungsstand, Bevölkerungswachstum, Pro-Kopf-Einkommen und Lebenserwartung aufgelistet werden) liegen 22 der 24 letztgenannten Länder in Schwarzafrika.[25]

Diese Statistiken zeigen sich in Afrika an den Bildern von »Verlassenheit und allgemeinem Verfall«, wo »ein Kreisverkehr aus nichts weiter besteht als einem Haufen alter Reifen oder leerer, verrosteter Fässer«, und wo nur »wenige Stadtviertel ... über Elektrizität verfügen«, schreiben Achille Mbembe und Janet Roitman, Wissenschaftler der University of Pennsylvania.[26] Ihre Modellstadt ist Yaoundé, die Hauptstadt Kameruns, einem der wenigen schwarzafrikanischen Länder, das im Bericht der Vereinten Nationen vor Indien und Pakistan rangiert. Viele Kameruner machen die neue »Demokratie« für das »Chaos«, »die Verwirrung« und den »Autoritätsverlust« verantwortlich, die in ihrem Land herrschen. Politische Freiheit, das ist sicher, wird keine Lösung für den sich ständig verschlechternden Zustand Afrikas sein. Aufruhr, der häufige Begleiter politischer Reformen, hat ausländische Investitionen reduziert.[27] Trotz Wahlen sind zivilisierte Gesellschaften nicht in Sicht und das Pro-Kopf-Einkommen fällt oder stagniert (Südafrika bildet hier möglicherweise eine Ausnahme. Doch die Zukunft wird davon abhängen, ob diese Demokratie in der Lage sein wird, die Dämonen wachsende Kriminalität, schwindende Ressourcen und rasant steigende Bevölkerungszahlen zu bekämpfen.[28])

Schwarzafrikas relatives Scheitern zeigte sich bereits auf dem Kennedy-Flughafen in New York, bevor ich meinen Air-Afrique-Flug zur Elfenbeinküste antrat. Neben dem Flugsteig der Air Afrique wurden die Flüge nach Seoul und Tokio abgefertigt. Als sie aufgerufen wurden, erhoben sich gut gekleidete Geschäftsleute in der Halle, Männer (und

Frauen), nahmen ihre Notebooks und teuren Aktenkoffer in die Hand und begaben sich zu ihren Maschinen. Ich blieb allein zurück mit einem Haufen Afrikaner, deren billiges Gepäck von Stricken zusammengehalten wurde, sowie einigen Missionaren und Mitarbeitern von Wohltätigkeitsorganisationen in T-Shirts, Khakihosen und mit Holzkreuzen um den Hals. Afrika schien von der post-industriellen, entwickelten Welt weiter entfernt zu sein als je zuvor.

In vielen Städten Westafrikas sind die Straßen nicht beleuchtet, die Polizei hat kein Benzin für ihre Fahrzeuge, die Zahl der Einbrecher und Autodiebe wächst ständig. In Lagos, der größten Stadt Nigerias, werden die Leute in den Verkehrsstaus von bewaffneten Banden angegriffen. Direktflüge zwischen den Vereinigten Staaten und dem Flughafen der Stadt wurden vom amerikanischen Verkehrsministerium wegen der Flughafenkriminalität und wegen Erpressungen durch Zollbehörden und Polizei ausgesetzt. In Abidjan, der eigentlichen Hauptstadt der Elfenbeinküste, beschäftigen Juweliergeschäfte sogar tagsüber bewaffnete Wachtposten, und die Kundschaft wird oft nur über Knopfdruck und Summer ins Geschäft eingelassen (wie auf der 47. Straße in Manhattan).[29] Anfang der neunziger Jahre hatten mehrere Restaurants mit Schlagstöcken und Pistolen bewehrte Wächter engagiert, Angestellte privater Unternehmen, die den Gast die ungefähr fünf Meter zwischen seinem Auto und dem Eingang des Restaurants begleiteten – und ihm einen beklemmenden Vorgeschmack darauf gaben, wie es auch in amerikanischen Städten eines Tages zugehen könnte. Ein italienischer Botschafter wurde 1993 erschossen, als Räuber in Abidjan ein Restaurant überfielen, und die Familie eines nigerianischen Botschafters wurde in der Botschaft unter Waffengewalt gefesselt und ausgeraubt. Studenten der Universität, denen es gelungen war, Banditen zu ergreifen, die sich zu einer Plage ihrer Wohnheime entwickelt hatten, steckten deren Köpfe durch brennende Reifen und ermordeten sie. Die Polizei stand daneben und schaute dieser »Halsketten«-Prozedur verängstigt und tatenlos zu.
Die Kriminalität war ein zusätzlicher Grund dafür, daß Westafrika zum

Ausgangspunkt meiner Reise wurde. Da die Kriminalität vielleicht zur größten Gefahr des nächsten Jahrhunderts werden wird und die nationale Verteidigung zunehmend zu einem lokalen Thema – wie hätte ich mich da in Westafrika diesem Problem entziehen können? Sogar der faschistische Schriftsteller Louis-Ferdinand Celine räumt ein, daß Gewalt nichts mit Rasse zu tun hat. In *Journey to the End of the Night* schreibt er, daß Afrika »ein biologisches Zugeständnis ist. Sobald die Arbeit und das kalte Wetter uns nicht mehr einengen … bietet der weiße Mann das gleiche Schauspiel wie ein schöner Strand bei zurückweichender Flut: stinkende Pfützen, Krabben, Aas und Scheiße.« Hüte dich von einem solchen Determinismus, sagte ich mir. Findet sich Gewalttätigkeit nicht auch in vielen kalten Gegenden?

Ich hatte den Bus von Abidjan nach Danane genommen. An meinem letzten Abend in Abidjan war ich Gast einer Dinnerparty im Haus eines Diplomaten gewesen. Der schiere Luxus dieser Umgebung – importierte Weine, Silberbesteck, Eiswürfel aus gefiltertem Wasser, bewaffnete Wachtposten am Tor – ließen die Armut, der ich draußen wieder begegnen würde, nur noch krasser erscheinen. Bei Tisch erzählte man sich Geschichten: warnende Geschichten, die allein durch ihre Darstellung und das dann folgende nervöse Schweigen den Beweis für die scharfe rassische und ökonomische Trennung zwischen uns und denen erbrachten. In einer dieser Geschichten war von einem EDV-Techniker einer amerikanischen Botschaft die Rede, der an einem frühen Abend beim Verlassen eines Restaurants in Conakry, der Hauptstadt Guineas, von Räubern mit Knüppeln auf den Kopf geschlagen worden war, eine andere berichtete von den Schmiergeldern, die guineanische Soldaten an den Kontrollstellen im Landesinneren verlangten.
Am folgenden Morgen starrte ich durch die Fenster meines Taxis auf Ajame-Bramakote, einen Stadtteil Abidjans in der Nähe des Busbahnhofs. Bramakote bedeutet: »Ich habe keine Wahl [als hier zu leben].« Ich sah die verrottenden Marktstände, ihre Farbe ein schwärzliches Gallengrün, zusammengehalten durch rostige Metallpfosten, die man

mit schwarzen Plastikbahnen, Steinen und alten Reifen behängt hatte. Vor einer Moschee, deren Mauern im Regen zu schmelzen schienen, entdeckte ich mehrere Frauen, die mit nackten Brüsten ihre Kinder stillten, und eine Frau, die Wasser ließ, ohne von den Leuten um sie herum Notiz zu nehmen. Unzureichende Wohnungen und die tropische Hitze tragen vielleicht dazu bei, Bemühungen um Schicklichkeit zu ersticken. Vielleicht war die Schamlosigkeit auch ein Zeichen dafür, wie der Islam im Zuge seines beschwerlichen Weges durch die Sahara geschwächt worden war. Der Mörtel, mit dem der Islam die arabische Zivilisation zusammengehalten hatte, war brüchig geworden, als er Westafrika erreichte. Kairo zum Beispiel, eine der ärmsten Städte der Welt, hatte eine verschwindend geringe Verbrechensrate – die Juweliergeschäfte wurden tagsüber nicht versperrt. Doch wieviel mehr Gewalt würde es in einer westlichen Stadt geben, wenn dort die gleichen Zustände herrschten wie in Ajame-Bramakote? Mein Schock hatte dieser urinierenden Frau ihre Privatheit genommen, die die anderen auf der Straße ihr gewährten. Plötzlich kamen junge Männer und bedeckten die Fenster meines Taxis mit ihren Handflächen, so daß ich nicht mehr hinaussehen konnte. Sie rissen die Tür auf und verlangten Geld dafür, mein Gepäck ein paar Meter zum Bus zu bringen, obwohl ich nur einen leichten Rucksack bei mir trug. In allen Städten Westafrikas sind mir solche jungen Leute begegnet: die Schule beendet, ohne Arbeit, lose Stäubchen in einem Pulverfaß, das sich zu entzünden droht. Ihre robuste Gesundheit und ihr gutes Aussehen ließen ihre Lage noch trauriger scheinen. Die Busfahrt nach Danane im Nordwesten des Landes sollte neun Stunden dauern. Der Himmel war mit rasend schnell ziehenden Wolken der tropischen Regenzeit bedeckt. Das letzte, was ich in Abidjan sah, waren ein nackter Bub, der am Ende des langgestreckten Busbahnhofs einen Abfallbehälter durchwühlt, und eine Frau in pinkfarbener Unterwäsche, die sich mit einem rostigen Nagel das Haar kämmte. Die elegante Haltung ihres Arms ließ etwas von dem Kampf ahnen, in dieser Verwahrlosung die Würde zu bewahren. Drei Stunden später erreichte der Bus Yamoussoukro, die offizielle Hauptstadt der Elfenbeinküste. Die gewaltige katholische Basilika, deren Errichtung fast eine halbe Milliarde Dollar verschlungen hatte, und die so groß ist wie der Petersdom in Rom, tauchte schon Kilometer vorher aus einem wogenden Meer von Kokospalmen auf. Sie verfügt über die größten korinthischen und dorischen Säulen der Welt. Neben dem Monstrum, das Raum für 7000 Gläubige bietet (von den 300 000, die sich auf dem von Säulen gerahmten Vorplatz versammeln können, ganz zu schweigen), stand eine Reihe einsamer Stände, an denen faulende Früchte feilgeboten wurden, und dann nichts mehr: nur der Busch – Palmen, Bananenstauden und hohes Gras –, der bis zu diesem Jahrhundert ein hoher Baldachin gewesen war, ein tropischer Regenwald. Der Präsident der Elfenbeinküste, Felix Houphouet-Boigny, hat sich die Basilika als privates Mausoleum erbauen lassen. Knapp zwei Kilometer entfernt stand sein Palast, der durch einen Graben, in dem sich 300 Krokodile tummeln, geschützt wird – ein Symbol für Königtum und Kriegsmacht. Trotz der teuersten Kathedrale der Welt ist das Christentum wie der Islam auf seinem Weg zu diesem Teil der Erde durch die Wüste – oder entlang der Windward Coast [der Luvküste] des Atlantik – ausgetilgt worden.

Einer der ersten Eindrücke, an die man sich in Westafrika erinnert, ist der Geruch eines Ortes. Ich erinnere mich an den Treichville-Markt, den ich am gleichen Tag besuchte, an dem ich in Abidjan aus dem Flugzeug gestiegen war. Es roch nach saurem Schweiß, Früchten, heißem Eisen und Staub, nach Urin, nach Kot und faulendem Fleisch. Ich gewöhnte mich sofort an diesen Geruch: Nachdem ich die Barriere einmal überwunden hatte, konnte ich das vielfältige Aroma dieses Marktes genießen, mich an den flinken Bewegungen der Händlerinnen erfreuen, die ihre Speisen brutzelten, jede mit einem Baby auf dem Rücken, das in ein leuchtend buntes Tuch gebunden war. Sie boten mir Sardinen an, Fledermausflügel, ein Stück rohes Schweinefleisch. Als ich nach einigen Tagen Aufenthalt in Abidjan nach Danane kam, war mir dieser Geruch längst vertraut. Genauso ging es mir mit den Blumen und anderen wunderbaren Gerüchen Westafrikas.

In jener Nacht in Danane konnte ich nicht schlafen. Ich sah auf die Uhr: drei Uhr morgens. Wegen der surrenden Klimaanlage dachte ich, draußen würde es regnen. Träume waren ein Thema gewesen, das wir bei der Dinnerparty am Abend vorher in Abidjan diskutiert hatten. Jemand vom Friedenskorps, der mit am Tisch saß, hatte von den »Mefloquin-Träumen« gesprochen, voller Blut und wildem Sex. Meine Träume, als ich mein Mefloquin nahm (eine Malaria-Prophylaxe), waren nicht ganz so wüst. Aber sie waren lebhaft und wirr. Mefloquin ist das zur Zeit wirksamste Medikament gegen die Malaria. Es ist stärker als Tetracyclin oder Chlorochin. Doch sogar dieses Mittel verliert den Kampf gegen die findigen Mutationen des Malariaparasiten, dessen Trägerin die Anophelesmücke ist, die ihn wiederum auf den Menschen überträgt. Eine Form zerebraler Malaria, resistent gegen Mefloquin, ist auf dem Weg von Asien nach Afrika.

In Asien wurde die Menschheit zum ersten Mal vor einer Million Jahren mit der Malaria konfrontiert, nachdem sie von ihrer afrikanischen Geburtsstätte dorthin gelangt war.[30] Im 21. Jahrhundert könnte es sein, daß die Malaria, die »Mutter der Fieber«, sich auf ihre Weise die Erde vom Menschen zurückerobern wird. Allein 1990 wurden 250 Millionen Menschen mit Malaria infiziert und 2.5 Millionen sind an der Krankheit gestorben.[31] Seitdem sind die Zahlen gestiegen. Fast jeder Einwohner Dananes im Westen der Elfenbeinküste, ja sogar im gesamten inneren Afrika, hat irgendeine Form von Malaria, die sich jetzt in den Küstenstädten verbreitet.[32] Als der Urwald Afrika bedeckte, brauchte die Mücke sich nicht an urbane Bedingungen anzupassen, und Stadtbewohner hatten einen höheren Schutz vor der Krankheit. In der nachkolonialen Ära jedoch, als Abholzungen und Bevölkerungswachstum einen kritischen Punkt erreichten, als der Busch an die Stelle des Regenwaldes trat und Beton den Busch ersetzte, ging die Anophelesmücke nicht unter, sondern paßte sich an. Inzwischen gedeiht sie überall. Die Zerstörung des Regenwaldes hat zu Bodenerosionen und Überschwemmungen geführt und ihre Verbreitung zusätzlich begünstigt. Die Malaria war der Grund dafür, daß die weißen Sklavenhändler, die in der zweiten Hälfte des 18. Jahrhunderts aus

Europa auf Bunce Island in der Nähe von Freetown in Sierra Leone landeten, im Durchschnitt nur noch neun Monate zu leben hatten. 1862, hundert Jahre später, schrieb der britische Forscher Sir Richard Francis Burton: »Das große Geschenk der Malaria ist die Apathie«; das beschreibt den Zustand vieler Bewohner der Erde im ausgehenden 20. Jahrhundert.

In Afrika muß man sich schützen gegen Malaria und gegen Kriminalität; schnell befleißigt man sich einer »Verhaltensmodifizierung«: Man geht in der Abenddämmerung nicht aus, man reibt sich mit einem schützenden Mittel ein, man bringt Fliegengitter an den Fenstern an, die mit Chemikalien besprüht sind, die die Mücke töten. Weil Malaria Anämie hervorrufen kann, die mit Bluttransfusionen behandelt werden muß, verstärkt sie in Afrika die Verbreitung von AIDS; gleichzeitig begünstigen sich AIDS und Tuberkulose gegenseitig. Von 3000 neuen Tuberkulosefällen an der Elfenbeinküste findet sich bei 45 Prozent auch das HI-Virus. Von den 15 Millionen Menschen, die weltweit mit HIV infiziert sind, leben 10 Millionen in Afrika.[33] In der Hauptstadt der Elfenbeinküste, deren modernes Straßensystem die Ausbreitung der Krankheit begünstigt, sind zehn Prozent der Bevölkerung HIV-positiv; Krieg, Hunger und Flüchtlingsströme erleichtern es dem Virus, in entlegenere Gebiete Afrikas vorzudringen. Die geteerte Straße, die mein Bus von Abidjan nach Danane nahm und dabei 650 Kilometer in neun Stunden zurücklegte, ist ein wesentlicher »Bakterienüberträger« des HI-Virus, weil liberianische Kriegsflüchtlinge und Gastarbeiter zwischen Abidjan und Danane hin- und herfahren. Außer der Malaria gibt es noch die Hepatitis-B, Lepra, Polio, Typhus, Meningitis, Bilharziose, Flußblindheit, Schlafkrankheit und weitere Tropenkrankheiten. Ich gab mehrere hundert Dollar für Medikamente zum Schutz gegen Erkrankungen aus, um jene Plätze aufsuchen zu können, die ich bereisen wollte.[34] Ein scheinbar widersprüchliches Muster hat sich herauskristallisiert: Die wachsende Lebenserwartung führt dazu, daß die Menschen auf engerem Raum zusammenleben müssen, was jetzt die Verbreitung von Seuchen begünstigt. Auf diese Weise entsteht eine Wand aus Krankheiten um Afrika und andere tropische Gebiete.

In meinem Bett in Danane wanderten meine Gedanken zu ellenlangen Eidechsen mit orangefarbenen Köpfen und Schwänzen: Es sind jene, die ihre Körper auf und ab bewegen, als ob sie Liegestütze machten. »Chicagos« bröckliger Laterit kroch mit ihnen mit. Ich meine nicht Chicago, Illinois. Ich meine ein Viertel in Abidjan, das die jungen Männer dort so genannt haben, so wie ein anderes Armenviertel Abidjans »Washington« heißt. Chicago ist auf dem Stadtplan für Touristen nicht eingezeichnet. Es ist ein Slum im Busch, ein Flickenteppich: Wellblechdächer, Wände aus Pappe, den Kartons von Zigarettenstangen und schwarzen Plastiksäcken (wie unsere Müllsäcke), in eine Rinne geduckt, überwuchert von Kokos- und Ölpalmen, von Überschwemmungen heimgesucht. Es gibt keinen Strom, kein Abwassersystem, kein sauberes Wasser. Die Kinder erleichtern sich in einen Bach, in dem Abfälle schwimmen, Schweine sich suhlen und in dem die Frauen ihre Wäsche waschen. In Chicago war ich froh um Zigarettenrauch, weil er half, die Fliegen abzuwehren. Das Heer schwangerer Frauen war unübersehbar. Nach dem Regen kommen die Muren. Wie die Geburtenrate scheint auch die Geologie in Chicago ein unvorschriftsmäßiges Tempo vorzulegen. Hier verbringen junge, arbeitslose Männer ihre Zeit damit, Bier zu trinken oder Palmwein oder einen aufgemotzten Gin, während sie an Flippern spielen, die sie aus fauligem Holz und rostigen Nägeln zusammengebaut haben. Diese Jugendlichen sind es, die in den besseren Gegenden der Elfenbeinküste nachts in die Häuser einbrechen. »Der Westen kann den Gin gar nicht so gut machen wie wir«, sagte mir einer von ihnen. Der Geruch nach Fäulnis war äußerst intensiv (damals war ich erst den zweiten Tag in Abidjan). In dieser Hitze schien die Natur viel zu fruchtbar zu sein, vieles von dem, was sie hervorbrachte, verdarb sehr rasch. Damba Tesele war 1963 von Burkina Faso nach Chicago gekommen. Er war Koch von Beruf und erzählte mir, er habe vier Frauen und 32 Kinder, von denen nicht eines die Hauptschule besuchte. Seit er hier lebe, haben die städtischen Behörden seine Siedlung siebenmal dem Erdboden gleichgemacht. Er und seine Nachbarn haben sie jedesmal wieder aufgebaut. Auch Zida Simande ist ein Burkinabe, er hat zwei Kinder. Er saß auf einer Bank neben einem Haufen Abfall und mit zwei selbstgebastelten Krücken. Er war als Wachmann bei einer Firma in Yamassoukrou angestellt, als eines Nachts Diebe kamen und ihn zum Krüppel schossen. »Ich bin hierher an die Elfenbeinküste ausgewandert, um Geld zu verdienen. Jetzt sitze ich hier fest ohne Arbeit und ohne Rente.« Bernard Massu kommt ebenfalls aus Burkina Faso. Er arbeitet nebenan als Schneider. Er hat sechs Geschwister und ein eigenes Kind. Als ich ihn fragte, wie alt er ist, nahm er seinen Ausweis, betrachtete ihn einen Moment und sagte mir, er sei 19 Jahre alt. »Was machen Sie abends?« fragte ich ihn. »Meine Freunde und ich gehen nach Ajame zum Busbahnhof und amüsieren uns«, antwortete er und grinste. Gleich neben Chicago liegt Abidjans Reichenviertel Cocody. Hier wohnen die Diplomaten in geräumigen, dschungelartigen Gehegen in der Nähe des Luxushotels Ivoire. Cocody wird in den Reiseführern beschrieben, Chicago nicht. Aber eines Tages könnten die Einwohner von Chicago über Cocody herfallen, auch heute schon wird es in Cocody nach Einbruch der Dunkelheit immer gefährlicher. Wenn in den Botschaften einer der Dienstboten erst spät mit seiner Arbeit fertig wird, fährt man ihn sicherheitshalber nach Hause.

Ich fuhr nach Washington, einem anderen gärenden Busch-Slum, der nur auf wenigen Karten zu finden ist und auf allen Seiten von aufgeweichten Straßen begrenzt wird. Washingtons Bürgermeister hieß Bamba Singo, war 65 Jahre alt und kam aus dem bergigen Gebiet der Elfenbeinküste, das sie »Mensch« nennen. Er fragte mich, ob »Washington« nicht eine Schwestergemeinde von Washington, D.C. werden könnte, um Hilfsmittel zu erhalten. Es gelang mir nicht, ihm die Finanzkrise zu erläutern, in der der District of Columbia selbst steckte. Der Bürgermeister, der »zwei Frauen und viele, viele Kinder« hatte, zeigte mir ein Foto von seinem Vater und seinem Schwiegervater, auf dem sie weiße muslimische Gewänder trugen. Hier in Abidjan jedoch, nach 20 Jahren in tropischen Elendsquartieren, hatte der Bürgermeister seine Gewänder buchstäblich abgeworfen: In dieser Hitze trug er nur noch Shorts. In seiner Wellblech-Hütte gab es kein einziges Möbelstück, keine Anzeichen irgendeiner Form stabilen Lebens. Es gab nur eine Gaslampe und ein Tuch, auf dem Fische, das traditionelle Symbol der Fruchtbarkeit, abgebildet waren. Der Bürgermeister lebte zweifellos in einer Zeit des Umbruchs, in der seine Kultur zerfiel, ohne daß etwas Gleichwertiges an ihre Stelle getreten wäre, und die ihn und alle anderen Bewohner der Shanty towns erbarmungslos bloßstellte. Doch dieses Drama vollzieht sich fast unbemerkt. Man konnte es an den Augen des Bürgermeisters ablesen: blutunterlaufen und gelb. Ich dachte an das Gedicht, das der nigerianische Dichter Ben Okri über Lagos geschrieben hatte:

Wir hasten durch brütendheiße Abfalltage
Die blutrohen Augen morbid und voll Angst:
Mobs in krebsschwärenden Slums …
Mittags.
Spitze Gesichter in verschlungenen Überlebensmustern …[35]

Chicago und Washington sind ein Mikrokosmos Westafrikas. Hinter den Hütten, in denen die Einwanderer aus Burkina Faso leben, befanden sich die Hütten der Leute, die aus den Saharagebieten in Mali und aus dem Niger gekommen waren. Sie hatten Innenhöfe und Wandeinfassungen aus Blech und Pappe, die an ihre Lehmziegelhäuser in der Sahara erinnerten. Für viele dieser Menschen hat sich die Elfenbeinküste nicht als das Gelobte Land erwiesen, nicht einmal als ein Land, in dem man es besser hat. Als in den achtziger Jahren die Kakaopreise fielen und die Franzosen, die die Infrastruktur gelenkt hatten, das Land zu verlassen begannen, erlitt die Wirtschaft einen Zusammenbruch. Heute sind 50 Prozent der Einwohner des Landes keine Ivorianer, und 75 Prozent der Bevölkerung Abidjans stammen aus den Nachbarländern. 1993 lebten 13,5 Millionen Menschen in der Republik Elfenbeinküste; im Jahr 2025 werden es nach heutigen Hochrechnungen 39 Millionen sein.

Als der Morgen graute, stand ich auf, denn ich konnte ohnehin nicht schlafen. Ich öffnete die Tür. Hitze und Staub trafen mich wie ein Schlag. Also doch kein Regen – es war bloß das Rattern der Klimaanlage gewesen. Die Hotelhalle diente gleichzeitig als Bar und war mit einer großen Getränke-Auswahl bestückt. Hinter der Theke stand ein großer, muskulöser Mann in traditionellem Gewand und mit einer Baseballkappe auf dem Kopf. Er trank Flag-Bier. Ein paar afrikanische Männer schliefen auf den Stühlen. Ich fragte den Barmann, ob mir jemand ein Frühstück bereiten könne. Er nickte und wies auf einen angrenzenden Raum, in dem einige Tische mit Stühlen aufgestellt waren. Alles war still und friedlich. Die Butter war ranzig und das Brot mit schwarzem Schimmel bedeckt. Ich bestellte zwei hartgekochte Eier und eine Kanne Tee. Ich wartete noch auf die Eier, als Robert Johnson Semoka kam, sich an meinen Tisch setzte und mich anstarrte. Um sieben Uhr früh war ich bereits schweißgebadet. Das Restaurant hatte keine Klimaanlage, im Fernsehgerät in der Ecke lief das Video eines Ringkampfes. Robert Johnson Semoka zeigte mir seinen abgelaufenen kalifornischen Führerschein, auf dem sein Name stand; er roch nach Kölnisch Wasser und hatte einen graumelierten Bart. »Sie sind Schriftsteller, nicht wahr?« fragte er. »Sie machen sich Notizen.« Ohne eine Antwort abzuwarten, fuhr er fort: »Ich bin auch Schriftsteller.« Ich lächelte ihn an. Seine Augen hatten einen kaum merklichen westlichen Ausdruck. Wie bei vielen Leuten hier hatten die Tropenkrankheiten sie gelb werden lassen, in manchen Augenblicken verloren sie ihr zahmes Leuchten.

Robert Johnson Semoka hatte in Kalifornien eine Frau und zwei Kinder: er zog Familienfotos aus seiner Geldtasche und zeigte sie mir. 1989 hatte er Frau und die zwei Kinder verlassen; warum, erklärte er mir nicht genau. Er kehrte nach Liberia zurück. Das, sagte er mir, sei ein großer Fehler gewesen, denn damals sei in Liberia der Bürgerkrieg ausgebrochen. Ungefähr ein Prozent von den 2,5 Millionen Einwohnern des Landes war ermordet worden. Nicht von irgendwelchen Armeeangehörigen, sondern vor allem von Schlägertrupps in Uniformen, die ihre Gewehre und Macheten einsetzten. Offiziell war es ein

Krieg zwischen der Regierung des Hauptfeldwebels Samuel K. Doe und der National Patriotic Front of Liberia (NPLF) gewesen, die von Charles McArthur Taylor angeführt wurde. Präsident Doe war ein kaum des Lesens und Schreibens kundiger Hinterwäldler, dessen Präsidentschaft 1980 damit begann, daß er in die Suite des damaligen politischen Führers William R. Tolbert jr. eindrang, ihm den Bauch aufschlitzte und sein rechtes Auge ausstach. Taylor ist Amerikoliberianer, ein Nachkomme jener befreiten amerikanischen Sklaven, die Liberia 1847 gründeten. Taylor war aus einem Gefängnis in Massachusetts entkommen, in dem er wegen Unterschlagung auf seinen Prozeß gewartet hatte, war nach Liberia geflohen und hatte dort den überbordenden Haß bewaffneter Teenager auszunutzen gewußt. Auch Prince Johnson, Führer einer Splittergruppe von Taylors NPLF, mischte mit. Der von vielen als »Alkoholiker und Psychopath« eingestufte Johnson mißhandelte und ermordete Präsident Doe. Im September 1990 hatten seine Soldaten in Monrovia Doe und dessen Leibwache aus dem Hinterhalt überfallen. Sie schnitten dem Despoten die Ohren ab, folterten und verstümmelten ihn. Johnson drehte einen Videofilm von dieser Hinrichtung, der in ganz Westafrika erhältlich ist. In der Nacht vom 5. auf den 6. Juni 1993, drei Monate vor meiner Abreise nach Westafrika, als der Krieg in Liberia angeblich längst vorbei war, haben bewaffnete Soldaten 600 Flüchtlinge, »hauptsächlich Frauen, Kinder und alte Leute ...«, in einem Lager in der Nähe von Monrovia »systematisch verstümmelt und massakriert«.[36] Man nahm an, daß die Soldaten zu den verschiedenen Rebellentruppen gehörten. Die spätere Untersuchung durch die UNO zeigte allerdings, daß dieses Verbrechen von den liberianischen Streitkräften verübt worden war, auf die westliche Geldgeber ihre Hoffnung zur nationalen Aussöhnung gesetzt hatten. Das Motiv für die Tat: »45 Säcke Reis und Bohnen und andere Beute aus Plünderungen ... mitgeführt von ungefähr 100 Überlebenden, die von den Angreifern gewaltsam verschleppt wurden«.[37]

»Zu welchem Stamm gehörst du?« schrie Robert Semoka Johnson; er imitierte Regierungssoldaten und Freischärler, die ihm und seinen

36

Landsleuten immer die gleiche Frage stellten: ›Bist du ein Vai? Gio? Mano? Krahn?‹ – ›Ich bin ein Vai.‹ – ›Du lügst!‹ sagte der Soldat. ›Wenn du ein Vai bist, dann sprich Vai mit mir!‹ Sehen Sie, so wußten die Soldaten sofort, ob einer die Wahrheit sagte«, erzählte Johnson. »Und wenn er Vai mit einem Akzent sprach, dann warfen die Soldaten ihn in den Jeep, fuhren zum Strand und brachten ihn um. Ich habe den Krieg gesehen. Ich habe gesehen, wie ein Soldat mit seinem Bajonett einer schwangeren Frau das Kind aus dem Leib geschnitten hat. Ich sage Ihnen, es ist ein Stammeskrieg. Es geht nicht um Ideen, nicht um Politik, nur um Stammesfehden. Doe ist Krahn, also unterstützen die Gios und Manos Taylor. Die Fahrzeuge in den Straßen hatten Aufkleber ›Tod den Krahns‹ oder ›Mandingos sollten ausgelöscht werden‹. Prince Johnsons Männer hatten rituelle *juju*-Narben[38] auf dem Rücken, Taylors Soldaten Skorpione in ihre Arme eingeritzt. Diese Male geben ihnen geistige Macht, so daß keine Kugel sie verletzen kann. Die Leute glauben wirklich daran. Ich habe ein Buch darüber geschrieben. Ich gebe Ihnen mein Manuskript.«

»Wo wohnen Sie?« fragte ich ihn. »Im Flüchtlingslager. Ich zeige es Ihnen.« Ich beendete mein Frühstück und wir gingen. Es stellte sich heraus, daß das liberianische Flüchtlingslager keine hundert Meter von meinem Hotel entfernt war. Robert und ungefähr 20 weitere Flüchtlinge, Männer und Frauen sowie eine ganze Schar von Kindern, hausten in einem unbelüfteten, kerkerartigen Schuppen mit langen Reihen hölzerner Bänke, die als Betten dienten. Draußen in der Sonne kochte eine rundliche Dame Erdnußsauce in einem Blechkanister, während sie ihr Baby stillte. »Hi«, sagte sie in dem herrlichen, melodiösen Englisch, das die Liberianer sprechen. Viele Liberianer schienen nette Leute zu sein, genauso wie viele Ugander, die ich nach dem Sturz Idi Amins getroffen hatte. Wo kam bloß die ganze Gewalttätigkeit her? Trotz der objektiven Faktoren – ethnische Politik, Bevölkerungswachstum und Umweltzerstörung – war ich jedesmal verblüfft, wenn mir die Menschen persönlich begegneten. Die Frau beklagte sich bei mir darüber, daß die ivorianischen Behörden die Reisration der Flüchtlinge von neun auf sechs Kilo reduziert hatten und umgerechnet fünfzehn Pfennig für einen Eimer Wasser verlangten. Es gab keine Medikamente. Ihr Kind litt an Durchfall. »Uns hilft niemand«, mischte Robert sich ein. »Aber warten Sie nur ab. In den Jahrzehnten der Regierungszeit von [William] Tubman war es in Liberia so friedlich wie heute an der Elfenbeinküste. In ein paar Jahren werden die Leute von der Elfenbeinküste nach Liberia fliehen.«

Es war immer noch früh am Morgen, doch Hitze und Feuchtigkeit waren bereits unerträglich geworden. Überall Eidechsen und Fliegen. Die Frauen stillten ihre Säuglinge und die Männer dösten auf den Bänken. Teenager und kleinere Kinder spielten oder hingen herum. Nichts ließ darauf schließen, daß die ivorianischen Behörden den Menschen Hilfe zukommen ließen. In Pakistan hatte ich erlebt, wie völlig mittellose und notleidende afghanische Flüchtlinge ohne Hilfe von außen Koranschulen organisierten. In Eritrea war ich auf Flüchtlinge gestoßen, die, vom Rest der Welt vergessen, aus Plastikresten Sandalen machten, und auf Kriegsamputierte, die ihre Metallgliedmaßen so geschickt zu bewegen wußten, daß sie aus erbeuteten Munitionskisten Tische und Stühle bauen konnten. Hier sah ich nur Passivität, Fatalismus und Niedergeschlagenheit in drückender Hitze. Die Stille schien der Vorbote großer Umwälzungen zu sein und ließ böse Ahnungen aufkommen.

Robert hatte versprochen, später mit seinem Manuskript in mein Hotel zu kommen. Obwohl ich dort auf ihn wartete, erschien er nicht mehr. »Liberia ... ist nicht mehr weit vom Despotismus entfernt ... [Das Land] ist gegenwärtig in Schwierigkeiten«, schrieb Richard Burton Mitte September 1862; Basil Davidson, Experte für afrikanische Geschichte, nannte Burtons Stil »den rauhen Ton eines Mannes, der viel gereist ist und wenig verstanden hat ...« Dieses Urteil ist vielleicht ein wenig vorschnell. Burton beherrschte 29 Sprachen und wallfahrtete, als Araber verkleidet, nach Mekka. Dennoch zeigt sich sein Rassismus an der Beschreibung einiger Liberianer in seinem Werk *Wanderings in West Africa:*

»Ihr Aussehen erschien mir grotesk. Man stelle sich den Kopf eines Sokrates oder Silenos auf dem Körper eines Antinoos oder Apoll vom Belvedere vor. Solch großartige Muskeln ... hatte ich niemals zuvor erblickt. Aber die Gesichter! Außer wenn sie durch Lächeln und Fröhlichkeit erhellt wurden – alles in allem der einzige Ausdruck auf einem afrikanischen Gesicht –, kann man sich nichts Unsympathischeres vorstellen. Die flache Nase, die hohen Backenknochen, die gelben Augen, die spitzen kalkweißen Zähne, die aussehen wie bei einem Haifisch, das hervorstehende Maul, das an einen Affen erinnert, all das ergibt ein ungewöhnliches Ausmaß an Häßlichkeit.«

Man sollte nicht vergessen, daß es Liberia heute – ungeachtet der Beschränktheit Burtons, die aus seinen Zeilen hervorgeht – kaum besser, sondern eher schlechter geht als damals zu seiner Zeit. Burtons Beschreibungen anderer Gebiete Westafrikas, ganz zu schweigen von seinen Berichten über die Tropenkrankheiten, lassen sich durchaus auf die heutigen Verhältnisse übertragen, wenn man den wirtschaftlichen Niedergang der Region betrachtet. 70 Prozent aller Afrikaner, die 1993 lebten, kamen auf die Welt, nachdem ihre Länder die Unabhängigkeit erlangt hatten. Es ist richtig, daß sie in eine Welt hineingeboren wurden, die sich durch die Kolonialzeit verschlechtert hatte. Trotzdem ist die Zeit vorbei, allein die Kolonialherren für Afrikas Dilemma verantwortlich machen zu können.

Wenn man in einem klimatisierten Geländewagen von Toyota sitzt (dem Fahrzeug, das Diplomaten und Entwicklungshelfern häufig für ihre Begegnungen mit Afrika dient), hoch über der Straße thronend, den Blick durch geschlossene Fenster nach draußen gerichtet, Stirn und Unterarme angenehm trocken, kann man vielleicht ein wenig über Afrika lernen. Wenn man in überfüllten Bussen reist, schwitzend an sauer dünstende Körper gedrängt, lernt man sicher mehr. Das trifft auch auf die »Busch-Taxis« oder »Mammy-Wagons« zu, die noch nicht einmal Fenster haben. Am meisten jedoch lernt man zu Fuß.

Man ist auf dem Boden, auf gleicher Ebene mit den Afrikanern. Es gibt keine Geschwindigkeit, keine Klimaanlage und kein dickes Glas, die einen schützen können. Der Schweiß bricht aus allen Poren, das Hemd klebt am Leib. So lernt man. Ich verließ das Flüchtlingslager und wanderte in Danane umher. Die Lateritstraße hatte sich in Schlamm und Staub verwandelt. Es war eine Landschaft unter schwerem, bleiernem Himmel, gleißender Sonne und mit den heißen, hellen Farben des Mittags, wobei Erde, Wasser und Haut das Licht eher aufsaugten als reflektierten. Ich sah ein paar runde Lehmhütten, aber weit mehr Verkaufsstände, aus Schrott zusammengebaut, deren Dächer mit Steinen und alten Reifen beschwert waren – die Architektur der Zukunft? Ich sah riesige Bananenstaudenblätter, majestätische Kokospalmen und kleine, kümmerliche Ölpalmen. Dunkelgrünes, üppiges Laub, wulstige Hügel und rote Erde dominierten. Die Landschaft hatte nichts Scharfes oder Pointiertes. Es gab keine klaren Linien, nur verschmelzende Rhythmen. Der sich bis zum Horizont windende hügelige grüne Teppich schien zu keinem bestimmten Land zu gehören, sondern lediglich ein bestimmter Platz auf dem Planeten zu sein. Ich hatte den Eindruck, daß die Mythen einer solchen Landschaft entweder zu lokal (also stammesbezogen) oder zu allgemein (also erdbezogen) sind, um eine Nation definieren zu können. Eine große Menschenmenge schob sich an mir vorbei. Frauen und kleine Mädchen balancierten runde Metalltabletts auf ihren Köpfen, die von Papayas bis zum Waschpulver mit allem möglichen beladen waren. Die Männer schleppten nichts. Unter ihren Stammesroben trugen sie mit Rock-Motiven bedruckte T-Shirts, auf dem Kopf hatten sie Baseballkappen und an den Füßen Turnschuhe ohne Schuhbänder. Arme Männer haben keine Macht außer der, ihre Frauen zu unterdrücken, dachte ich. Stundenlange Arbeit am Tag, um über die Runden zu kommen, erniedrigt den Status der Frauen und hält die Geburtenrate hoch, schreibt Jodi L. Jacobson vom Worldwatch Institute.[39] Und Phoebe Asiyo, Beamtin bei den Vereinten Nationen, erklärt, daß in Afrika »immer mehr Mädchen die Volksschule nicht beenden oder aufgrund wachsender Armut gar nicht erst besuchen«.

Auf der Straße trat ein Mann auf mich zu und fragte: »Hallo, erkennen Sie mich nicht mehr?« Erst hielt ich es für einen Trick. Dann erinnerte ich mich. Ich hatte ihn am Vortag getroffen, als der Bus bei einigen Hütten hielt. Der Coca-Cola-Automat, aus dem ich mich bedienen wollte, nahm keine Scheine an und ich hatte kein Kleingeld. Plötzlich war dieser Mann aufgetaucht und hatte mir eine Cola spendiert. Obwohl ich mich erst gestern überschwenglich bei ihm bedankt hatte, war er heute auf den ersten Blick nur ein weiteres schwarzes Gesicht. Ich begriff, daß man Individuen wahrnehmen muß, um Möglichkeiten und Alternativen zu sehen. Am selben Tag mietete ich mir ein Taxi zur liberianischen Grenze, die rund 25 Kilometer weiter westlich liegt. Gleich hinter Danane wurde der Busch zu einer fast undurchdringlichen Masse aus Mangroven und Palmen. Hier, in diesem Augenblick, begann ich, den wahren Regenwald zu begreifen: große, majestätische Bäume aus schwarzem Hartholz, deren mächtige Kronen einen Baldachin aus Blättern bilden, den kein Sonnenstrahl mehr durchdringt. Die Straße, ein sattes, ockerfarbenes Laterit, war breit und zog sich in einem langen Bogen dahin, doch das Dunkel, das sie umhüllte, und das Mangrovendickicht ließen sie schmal erscheinen. Sie wirkte wie eine unbeleuchtete, nächtliche Gasse, zumal ich wußte, wie nah die durchlässige Grenze war, die sowohl von Flüchtlingen wie auch von übergelaufenen liberianischen Soldaten leicht passiert werden konnte. Eine Schlange glitt über die Straße. Wir überquerten einen kleinen Fluß, dessen dunkles Wasser jeden Lichtstrahl aufsaugte. Plötzlich tauchten Lehmhütten auf und nach ein paar Kilometern erreichten wir eine zweite Siedlung. Beide schienen zum Teil verlassen zu sein. Einige alte Leute saßen herum, von Fliegenschwärmen umgeben. Ein Mädchen versuchte vergeblich, ein paar Mandarinen zu verkaufen. Ein junger, muskulöser Mann in einem T-Shirt mit Elvis-Aufdruck stand mit völlig leerem Blick stoisch neben der Straße. Es gab nicht das geringste Anzeichen von wirtschaftlichem Leben: In ganz Westafrika gibt es unzählige dieser entvölkerten Dörfer, deren ehemalige Bewohner heute Slums wie Chicago und Washington wachsen lassen. Obwohl ich keine Soldaten sah und keine Spuren von

Greueln oder Juju-Fetischen, hatte eine undefinierbare Wildheit begonnen. Vielleicht war der Urwald der Vater des Krieges in Liberia,
dachte ich. Ich habe keine Beweise dafür, nur die Eingebung eines
Reisenden. Damals im Taxi notierte ich folgende Gedanken in Kurz-
schrift:

Zum Teil war der Wald schuld an dem ungerechten Leben hier –
daran, daß Präsident Doe seinen Vorgänger Tolbert aufschlitzte und
Prince Johnson wiederum Doe die Ohren abschnitt; daß Charles Taylors Teenagersoldaten in die Brautgeschäfte Monrovias einbrachen,
sich als weibliche Cum-Juju-Fetische verkleideten und in alkoholi-
sierten Exzessen ergingen, die in rituellen Tötungen endeten. Afrikanisten messen gelegentlich der Tatsache Bedeutung zu, daß das von
ehemaligen amerikanischen Sklaven gegründete Liberia der einzige
Staat der Region war, der nicht von Europäern kolonisiert wurde. Die
politischen und finanziellen Interessen Amerikas, die so lange in Liberia dominierten, haben anscheinend mehr Unheil angerichtet als
die der Briten oder Franzosen. Präsident Reagans Tolerierung des ver-
brecherischen Doe-Regimes (die Stimme Amerikas sendete in Liberia und der Firestone-Konzern hatte eine Gummifabrik dort, was Präsident Doe zu einem »Bollwerk gegen den Kommunismus« machte)
wird als Beweis dafür angeführt, daß Amerika für Liberias Scheitern
verantwortlich sei. Das ist zum Teil sicher richtig.

In diesem Moment allerdings faszinierte mich der Regenwald. Das
Taxi fuhr weiter in Richtung Grenze, und ich las eine erstaunliche Passage aus Alex Newtons *Lonely Planet Travel Survival Kit to West Africa:*
»Liberia ist eines der letzten westafrikanischen Länder mit bedeutenden Regenwäldern. Sie sind überall und bedecken geschätzte 44 Prozent der gesamten Landesfläche.« Kaum daß ich mich in diesem Regenwald befand, da bedrückte er mich bereits. Es gibt kein Licht dort
und keinen Horizont. Man sieht nur ein oder zwei Meter voraus und
fürchtet sich vor Überraschungen. Die Geräusche machen nervös. Der
geringste Stich oder Schlag kann zur Panik führen. Mit anderen Worten: Hier, wo die Sicht durch alle Formen von Bäumen und Kriech-
und Kletterpflanzen versperrt ist (die alle über ihren eigenen »Geist«

verfügen), verläßt sich der Mensch weniger auf die Vernunft als auf den Aberglauben.[40] Die ungeheure Vielfalt geschnitzter Masken in Westafrika, die jedem Besucher auffällt, läßt auf die Rolle schließen, die Urwald und Savanne in der regionalen Psychologie spielen. Der Urwald, ein grünes Gefängnis unter bleiernen, niedrig hängenden Regenwolken, hat vielleicht dazu beigetragen, Islam und Christentum zu schwächen. Die bleibende Macht des Animismus, der in Konkurrenz zu den beiden großen Weltreligionen steht, könnte darauf zurückzuführen sein, daß hier große Urwaldflächen bis ins 20. Jahrhundert überlebt haben. (Natürlich ist die Verwässerung des Islam oder des Christentums nicht auf Afrika beschränkt. Auch in Mexiko findet sich zum Beispiel ein barockes Christentum, das stark von heidnischen Einflüssen durchdrungen ist.)

Die tropischen Wälder Westafrikas bilden ein eigenes Reich und sind auch für die relative Isolation des Landes von Bedeutung. Der Gegensatz zur Sahara im Norden und Nordwesten könnte nicht größer sein. Labelle Prussin, Spezialistin auf dem Gebiet der Beziehungen zwischen dem Islam und der indigenen westafrikanischen Kultur, verweist darauf, daß die Sahara um 3000 v. Chr. zur wirklichen Wüste wurde: »Diese Wüste hat die Kommunikation zwischen Westafrika und dem Mittelmeerraum genau zu dem Zeitpunkt abgeschnitten, als in letzterem die Urbanisierung einsetzte.« Die Sahara schnitt Westafrika zum großen Teil nicht nur von den Menschen, Technologien und Ideen des Mittelmeerraums ab, sondern auch von denen Eurasiens. Während der Islam sich nach Ansicht von I. M. Lewis von Arabien aus an der nordafrikanischen Küste rasch und direkt verbreitete, kam er nur langsam und indirekt mit teil-arabisierten Völkern aus Nordafrika durch die Wüste nach Westafrika. Die Tradition islamischer Einsiedler (und christlicher Heiliger) wurde von Geister-Kulten infiltriert. Die Wirkung des Urwaldes ist in der Nähe des Äquators am größten, sagt der Nobelpreisträger und Analytiker des Massenverhaltens, Elias Canetti: »Im tropischen Wald verliert sich das Auge in der Nähe, es ist eine chaotische, ungegliederte Masse, auf eine bunte Weise belebt, die jedes Gefühl von Regel und gleichmäßiger Wiederholung aus-

schließt …« Liberia, mit dem feuchtesten und dichtesten Tropen-
wald Westafrikas, war, wie sich aus Art und Umfang seiner Gewalttätigkeit schließen ließ, immer noch eine Regenwaldkultur: ein Land
der Geister. Das stetige Bevölkerungswachstum von mehr als drei
Prozent sowie der Import großer Mengen automatischer Waffen bildeten die dominierenden Faktoren für das Ausbrechen des Krieges.
Trotzdem zeigte ein großer Teil der Gewalttaten rituale Züge, verstärkt durch Drogen und Alkohol und ausgeführt mit Macheten und
anderen scharfen Geräten. Hier offenbarte sich etwas Schreckliches:
Präzedenzlose Geburtenraten, Alkoholmißbrauch, massenproduzier-
te Waffen und zusätzliche Artefakte der modernen Zeit konnten unter
Bedingungen, die in der Dritten Welt immer mehr um sich greifen, zu
einem neuen Primitivismus führen, der tödlicher war als die harmlo-
sen früheren Kriegerkulturen, in denen eher ritualisierte als wirkliche
Kämpfe ausgetragen wurden.[41] Weil die Regenwaldkultur verfällt
und die Menschen zu Abertausenden in die wie Magnete wirkenden
Shanty towns an der Küste strömen, muß Westafrika mit enormen
Menschenmassen fertig werden, die stabilisierender Kulturmodelle
beraubt sind; es gibt keine starken Institutionen bei Regierungen
oder Gemeinden, die diesen Verlust aufwiegen könnten. Am Anfang
dieses Prozesses kam es zur Explosion in Liberia: Noch gab es die Kultur des Regenwaldes, aber auch die Zersetzung durch Überbevölkerung, durch die Abwanderung der Menschen in die Städte und die
Aushöhlung von Bräuchen und sittlichen Werten. Ich behaupte nicht,
daß es allein diese Faktoren sind, die zu den Blutbädern der achtziger
und frühen neunziger Jahre führten, aber möglicherweise waren sie
einige der kaum beachteten Hintergründe.

Das Taxi hatte die Grenze erreicht: ein niedriger Zaun, leicht zu über-
klettern, daneben ein Wachlokal. Ich ging hinein, aber es war niemand
da. Ich rief. Kurz darauf humpelte mit mattem Blick ein ivorianischer
Soldat herbei. Er hatte kein Interesse daran, mit mir zu reden, sondern
fragte nur nach *pourboire* (Trinkgeld). Vermutlich hatte ich sein Schläf-
chen unterbrochen.

In der Eingangshalle von Monticello, der Residenz Thomas Jeffersons, hängt eine Afrikakarte von 1802, die Jefferson beim Londoner Kartenmacher Aaron Arrowsmith gekauft hatte. Sie zeigt Westafrika ohne die Landesgrenzen, die später im Kolonialzeitalter gezogen wurden. Man sieht nur undeutlich gekennzeichnete Gebiete: die Kornküste, die Elfenbeinküste, die Küste von Guinea ...[42] Ich fragte mich, ob diese Landkarte von 1802 sich eines Tages als nützlicher erweisen würde als jene, die wir heute verwenden.

2 Sierra Leone: Von Graham Greene zu Thomas Malthus?

Die Augen des Ministers zeigten das schon vertraute Eitergelb; Auswirkungen der Malaria und anderer Tropenkrankheiten. Es lag eine unübersehbare Traurigkeit in ihnen, als ob sie zuviel gesehen hätten. Der Minister sprach langsam und mit knarrender Stimme, aus der jede Hoffnung erloschen war. Sein weißes Gewand kontrastierte mit seiner schwarzblauen Haut, sein Gesicht wirkte wie das eines Geistes. Wir befanden uns in der Innenstadt von Freetown, der Hauptstadt Sierra Leones, und weit weg von der liberianischen Grenze, von der ich gekommen war. (Über diese Reise werde ich später noch berichten.) Man sah auf Flammenbäume, Kokospalmen und einen azurblauen Atlantik hinaus.

»In den letzten 45 Jahren war es noch nie so schlimm wie heute. Nachdem die Briten abgezogen waren, haben wir nicht besonders gut gewirtschaftet. Doch jetzt ist es schlimmer – jetzt haben wir die Rache der Armen, der sozialen Versager, der Leute, die kaum fähig sind, in einer modernen Gesellschaft Kinder großzuziehen. Die Burschen, die in Sierra Leone die Macht übernommen haben, kommen aus Häusern wie diesen.« Er zeigte mit dem Finger auf eine rostige Wellblechhütte, in der es von Kindern wimmelte. »Am Mittwoch übernahmen sie die Macht, am Freitag raubten sie die Zentralbank aus. In den ersten drei Monaten im Amt haben diese Kerle sämtliche Mercedes', Volvos und BMWs des amtlichen Fuhrparks konfisziert und auf der Straße zertrümmert.«

Der Minister nannte einen der Führer des Staatsstreichs, Solomon Anthony Joseph (»SAJ«) Musa; er hatte die Leute erschossen, die einst seine Ausbildung finanziert hatten, »um die Demütigung zu tilgen und die Macht zu brechen, die seine bürgerlichen Sponsoren über ihn ausübten«.[1] Es war die Kriminalität, über die mein Freund – einer der höchsten Beamten eines westafrikanischen Landes, dessen Identität ich verschweigen muß – unbedingt mit mir sprechen wollte.[2] »Sehen Sie«, sagte er, »in den Dörfern Afrikas ist es üblich, an jedem Tisch zu essen und in jeder Hütte zu schlafen. Doch in den Städten gilt diese dörfliche Lebensform nicht mehr. Man muß für das Übernachten bezahlen und zum Essen eingeladen sein. Wenn die jungen Menschen herausfinden, daß ihre Verwandten sie nicht beherbergen können, sind sie hilflos. Eins führt zum anderen. Sie tun sich mit anderen Zugewanderten zusammen und rutschen langsam ab. Sie stehlen. Die Frauen werden zu Prostituierten und von den Männern erbarmungslos verprügelt. In den Armenvierteln des arabischen Nordafrika gibt es viel weniger Kriminalität, weil der Islam einen sozialen Ankerpunkt aus Erziehung und Indoktrination bietet. Die Fundamentalisten in Kairo sind oft hochgebildete Leute – im Gegensatz zu den meisten westafrikanischen Politikern. Hier in Westafrika haben wir einen weit verbreiteten, oberflächlichen Islam und ein ebenso weit verbreitetes, oberflächliches Christentum. Es gibt keine organisierte islamische und arabische Erziehung. Die westliche Religion ist von animistischen Überzeugungen unterwandert, die nicht zu einer moralischen Gesellschaft passen, weil ihnen der irrationale Glaube an die Macht der Geister zugrunde liegt. Die Geister werden von einzelnen oder auch von Gruppen benutzt, um gegenseitig Rache zu üben.« In ihrem Magazin *Focus of Africa* berichtete die BBC, daß die Rebellen während des Bürgerkriegs in Sierra Leone »eine junge Frau mit sich führten, die nackt zur Frontlinie ging, immer rückwärts, wobei sie einen Spiegel hielt, um zu sehen, wo sie hintrat. Dadurch wurde sie unsichtbar, konnte die Armeepositionen erreichen und dort Fetische vergraben ... um die Erfolgschancen der Rebellen zu verbessern.«[3]

»Der größte Zauber«, sagte der Minister, »ist natürlich das Radio.« Er klopfte auf ein altes Transistorgerät auf dem Tisch: »Diese Box, die spricht mit dir, in deiner Sprache. Und trotzdem hat sie keine Drähte, die sie mit irgendwas verbinden. Wenn das kein Zauber ist! Also muß alles wahr sein, was aus dieser Box kommt. Dieses Ding ist der Grund dafür, daß Sekou Touré so lange in Guinea herrschen konnte.[4] Das einzige, was im post-kolonialistischen Afrika funktionierte, war das Radio: damit wurde die Bevölkerung durch Zauber unter Kontrolle gehalten.« Schließlich erwähnte mein Freund noch die Polygamie und die Großfamilie. Aus der Kultur der Hirtennomaden stammend, florieren die losen und dennoch komplexen Familienstrukturen in Schwarzafrika, obwohl die Polygamie im arabischen Nordafrika fast ausgestorben ist. Die meisten Jugendlichen, die mir in Westafrika unterwegs begegneten, erzählten mir, daß sie aus einer solchen »Großfamilie« stammten, in der die Mutter an einem Ort lebte und der Vater an einem anderen. Auf die Städte übertragen könnte dies bedeuten, daß die Großfamilien maßgeblich zur höchsten Geburtenrate der Welt und zur explosiven Verbreitung der HIV-Erkrankung auf dem afrikanischen Kontinent beigetragen haben. Wie Kommunalismus und Animismus bieten solche Familienstrukturen kaum einen Schutz gegen die zerstörende Wirkung der Städte, in denen die afrikanische Kultur neu definiert wird. Doch mein Freund, der Minister, kannte kein Mitleid. Wie andere Westafrikaner, denen ich begegnet war, war er entsetzt über das, was die Kriminalität in seinem Land anrichtete, und schimpfte auf die Nachsichtigkeit, mit der der Westen seine Verbrecher behandelt. »Jetzt hören Sie mir einmal zu«, befahl er und lehnte sich über den kleinen, zerkratzten Holztisch, bis sein Gesicht ganz nah vor meinem war. »In einem Ihrer amerikanischen Nachrichtenmagazine lese ich von einem jungen Schwarzen, einem gut gebauten Burschen – ein Krimineller, der sich von einer Frau aushalten läßt, die seine Kinder zur Welt bringt. In dem Artikel stand, wie er im Gefängnis gelernt hatte, zu malen und Geschichten zu schreiben, wobei er gleichzeitig zugab, immer noch ein Gauner zu sein. Offensichtlich hegte der Journalist einige Sympathien für ihn. Aber der Kerl ist nichts wert! Typischer Abschaum!« zischte er. »Ich habe kein Mitleid mit ihm! Wenn ich, oder irgendeiner meiner Landsleute, die Chancen in

Amerika hätten wie er, dann ginge es uns gut. Schauen Sie, was West-afrikaner in Amerika leisten, die tagsüber zur Schule gehen und nachts Taxi fahren … In meiner Eigenschaft als Minister bin ich vielen von ihnen [Afroamerikanern] begegnet, und was ich hörte, hat mir nicht immer gefallen. Sie suchen nach einem mythischen Westafrika, wäh-rend wir Westafrikaner blind ins Verderben rennen.«

Ich seufzte. Ich hatte in Israel und Griechenland gelebt und von den Israelis die gleichen Klagen über die amerikanischen Juden gehört wie von den Griechen über die griechischen Amerikaner. Es war die alte Geschichte. »Was lesen Sie gerade?« fragte ich ihn. »Die Orestie des Aischylos«, erwiderte er. »Mit modernen Romanen kann ich nichts anfangen. Heutzutage kennen sich zu viele Autoren in der Welt nicht mehr aus. Sie konzentrieren sich nur auf sich selbst.« Ich fragte, ob er Joseph Conrads *Der Nigger von der* »*Narcissus*« kenne, und was er davon halte. »Ist es ein rassistischer Roman, wie viele behaupten?« wollte ich wissen. Conrad belastet sich durch seine eigenen Worte. Er beschreibt seinen Protagonisten als jemanden mit »einem jämmerli-chen, brutalen Gesicht: die tragische, geheimnisvolle, abstoßende Maske einer Niggerseele«. »Nein, das Buch ist nicht rassistisch«, meinte der Minister schlicht. »Conrads Protagonist ist fortschrittlich für seine Zeit. Der ›Nigger‹ ist nicht passiv. Man konnte ihn nicht her-umstoßen. Er war fähig, die Weißen zum Handeln zu zwingen.« Un-geachtet der üblen Beschreibung des »Niggers« James Wait ist Con-rads Buch eine Geschichte von heute, die vor hundert Jahren geschrie-ben wurde. Sie erzählt vom Meer und vom Schiff, der *Narcissus*. Die Fahrt dieses Schiffes wird durch die Krankheit des afrikanischen Ma-trosen James Wait belastet, der schließlich an Tuberkulose stirbt. So wie die konfuse Reaktion der Besatzung auf Waits Krankheit ihre in-nere Schwäche verrät, zeigt sich unsere eigene an unserem Versagen, auf intelligente Weise auf die Probleme einzugehen, die Afrikas Nie-dergang mit sich bringt. Conrad ließ seine Kritiker wissen, daß er mit der Beschreibung der Reise dieses Schiffes stehe oder falle. Jede Idee ist angreifbar, doch die persönliche Erfahrung – das, was man auf einer Reise tatsächlich gesehen, gehört und gefühlt hat – ist nicht zu erschüttern. Der Nigger war schließlich das Ergebnis von Conrads eigener Erfahrung.

Der Minister und ich saßen auf einer Terrasse in Freetown. Die schöne Aussicht – dieses wunderbar friedliche und einsame Bild – gab keinen Hinweis auf das Chaos um uns herum und unter uns. Ich bewunderte die Schönheit der Palmen und des blauen Ozeans und hatte ein Gefühl absoluten Wohlbehagens, das langsam in Schläfrigkeit überging. Die Reise von der liberianischen Grenze bis zur Terrasse des Ministers war sehr lang gewesen.

Um von Abidjan nach Freetown in Sierra Leone zu gelangen, muß man fliegen, weil der Landweg durch Guinea in der Regenzeit sehr unsicher ist – die Straßen sind ausgewaschen, und Soldaten, die ihren Lohn nicht erhalten, kassieren ihn auf ihre Weise. Außerdem sind die Grenzgebiete zwischen Guinea und Sierra Leone (wie auch zwischen Sierra Leone und Liberia) gefährlich, weil der Krieg immer wieder aufflackert und sich überall aufständische Soldaten herumtreiben. In Westafrika ist das Fliegen allerdings häufig genauso abenteuerlich wie das Reisen über Land; Leute, die es eilig haben, von einer afrikanischen Stadt in eine andere zu kommen, nehmen gerne die Route über Europa.

Sierra Leone Airways war seit 1980 pleite. Ghana Airways, die regulär von Abidjan nach Freetown fliegt, war notorisch unpünktlich, wobei es nicht nur um Stunden, sondern manchmal um einige Tage Verspätung ging. Außerdem waren die Maschinen oft überbucht. 1993 bot WISWAS, eine kleine, nicht akkreditierte Fluggesellschaft, die ein Spanier von Monrovia aus lenkte (der vom Krieg zerstörten liberianischen Hauptstadt), die zuverlässigste Verbindung nach Sierra Leone. Die Gesellschaft arbeitete mit der Hilfe von Südafrikanern, beschäftigte russische Piloten und flog mit alten Antonov-Maschinen. Ich entschied mich jedoch dafür, mit der (einigermaßen zuverlässigen) Air Ivoire von Abidjan nach Conakry, der Hauptstadt Guineas, zu fliegen und von dort aus weiterzusehen. Allein, mit nur einem leichten Ruck-

sack als Gepäck, konnte ich meine Pläne jederzeit der Situation anpassen. Am späten Nachmittag landete ich in Conakry; ein bleierner
Himmel kündete das Ende der Regenzeit an. Aus der Luft betrachtet
wirkte Conakry wie ein Haufen Aluminiumverpackungen. Nirgendwo war mir die Erde brüchiger und verletzlicher erschienen. Vor dem
Flughafengebäude brach unter den Taxifahrern ein Streit um mich
aus. Der Sieger führte mich zu einem alten, halb ausgeweideten Renault, von dem die gelbe Farbe abblätterte. Da, wo einmal die Scheinwerfer gewesen waren, befanden sich jetzt rostige Löcher. Die 45 Minuten dauernde Fahrt durch dichten Verkehr vom Flughafen in die
Stadt führte durch einen endlose Shanty town: eine alptraumhafte,
Dickenssche Vision. Die Wellblechhütten waren mit schwarzem
Schlamm bedeckt. Mir fiel Burtons Bemerkung über den »vermoder-
ten, giftigen, fauligen Anblick« westafrikanischer Siedlungen ein. Die
Verkaufsstände hatte man aus verrosteten Containern und Schrott-
autos zusammengebaut. Die Straßen waren Pfützen aus schwimmen-
dem Abfall. Überall surrten Fliegen und andere Insekten. Es gab eine
Unmenge von Kindern, viele mit geschwollenen Bäuchen. Schwangere Frauen saßen stumm auf Holzkisten und sahen ihren im Dreck
spielenden Kindern zu. Die Taxifahrt führte in keine Innenstadt, sondern zu ein paar verlassenen Straßen und einigen heruntergekomme-
nen Bürogebäuden. Conakry war nur im technischen Sinne Stadt und
Hauptstadt. Was ich sah, war ein wucherndes Geschwür am Rande des
Atlantik. Es war Ebbe, und der schmutzige Strand gab den Blick frei
auf Rattenkadaver und Autowracks. Bei gleichbleibender Geburtenrate wird sich die Bevölkerung Guineas bis zum Jahr 2020 verdoppelt
haben. Im Durchschnitt bringt hier jede Frau mehr als sechs Kinder
zur Welt. Die Kindersterblichkeitsrate liegt bei knapp 15 Prozent.[5]
Die Abholzungen im Inneren des Landes werden mit großem Tempo
vorangetrieben, wie mir Mitarbeiter von Hilfsorganisationen berichteten, und die Menschen flüchteten vom Land in die Stadt, nach
Conakry. Ich hatte den Eindruck, daß der Mensch hier wie anderswo
in Schwarzafrika die Natur über Gebühr herausforderte und daß die
Natur sich eines Tages dafür rächen wird. Während Afrikas Geburten-

raten hoch bleiben und Slums wie Chicago, Washington und Conakry weiterwuchern, breiten sich Epidemien aus, und Fachleute befürchten, daß virale Mutationen und Hybridisierungen einen AIDS-Virus hervorbringen könnten, bei dem die Ansteckungsgefahr noch größer ist als jetzt.[6] Vielleicht symbolisiert Conakry die neue strategische Gefahr: ein Fuldaer Becken der Zukunft, durch das Krankheiten hereinbrechen werden; durch das Fuldaer Becken, so nahmen unsere Militärs an, wären die Truppen des Warschauer Paktes in Westeuropa eingefallen, wenn es in den achtziger Jahren zum Dritten Weltkrieg gekommen wäre.

Ein hübscher, erstaunlich gesund aussehender Teenager lächelte mich aus einer Wellblechhütte an. In dieser Hexenküche zu gedeihen, allein schon zu überleben, ließ auf eine Vitalität schließen, über die ich niemals verfügen würde. Ich erwiderte das Lächeln dieses Mädchens, von dem ich wußte, daß es mir genetisch überlegen war. Inzwischen war es dunkel geworden. Ich kämpfte mich durch einen Haufen armer, heruntergekommener Leute bis zur Tür eines nicht fertiggebauten Zementklotzes durch: Das Hotel wurde von energischen, freundlichen Leuten geleitet, die aus dem Saharastaat Mauretanien zugewandert waren. Kurz darauf befand ich mich erneut in einem kleinen Zimmer mit laut brummender Klimaanlage, einem zerbrochenen Fenster und zahllosen Moskitos. Durch das Fenster sah ich auf eine Collage aus Wellblechdächern und Plastikbahnen, wie üblich von alten Reifen zusammengehalten. Unten, im abgeschlossenen Innenhof, standen ein neuer Mercedes und ein BMW. Später traf ich einen libanesischen Geschäftsmann, der auch im Hotel wohnte. Er trug ein Designerhemd und eine goldene Armbanduhr. Um seine Taille hing ein auffallender Geldbeutel. Er sei in der Nähe des Hotels von stöckeschwingenden Dieben verfolgt worden, erzählte er mir. »Dies ist ein reiches Land«, meinte er. »Es gibt Diamanten, Wälder, alles mögliche. Aber die Leute sind faul und schwach.« Der Mann kam immer wieder nach Conakry, um »Geschäfte« zu tätigen, die er mir nicht näher erläuterte. Fast überall in Westafrika existieren arabische Handelsverbindungen. In Graham Greenes *Das Herz aller Dinge*, das im Si-

erra Leone der vierziger Jahre spielt, fragt jemand: »Was machen die
Syrer eigentlich?« Und die Antwort lautet: »Geld. Ihnen gehören alle
Geschäfte im Oberland und die meisten hier. Auch das Diamanten-
geschäft läuft über sie.« Wie die Inder und die Pakistanis in Ostafrika,
stellen hier in Westafrika die Araber die klassische »Middleman-Min-
derheit«.[7] Obwohl sie zeitweise arrogant und dünnhäutig wirken können (wie meine Begegnung zeigte), waren sie, besonders um ihrer
Kinder willen, sehr gut organisiert und zielstrebig. Es könnte den Afrikanern nicht schaden, dachte ich, sich an ihnen ein Beispiel zu nehmen. Später, in Freetown, würde ich die schwierige Lage der Araber
in Westafrika besser verstehen. Freetown lag nur hundertsechzig Kilometer weiter südlich an der Küste. Aber der atlantische Katamaran-
Dienst hatte den Verkehr vor vier Monaten eingestellt, und keiner
wußte, wann die Verbindung wieder aufgenommen würde. Ich fand
niemanden, der den Trip über Land schon einmal gemacht hatte. Jeder sagte, das sei viel zu gefährlich, weil sich überall auf den Straßen
in Guinea und in Sierra Leone die Regierungssoldaten herumtrieben.
»Gambia Airways fliegt dreimal pro Woche. Aber für die nächsten
zehn Tage sind sämtliche Flüge gestrichen worden«, sagte mir eine
auffallend hübsche und sachkundige junge Frau im Reisebüro. –
»Und andere Fluglinien?« – »Ghana Airways fliegt heute mittag um
ein Uhr. Die Maschine ist zwar völlig ausgebucht, aber das will nichts
heißen. Die sind so schlecht organisiert, daß Sie doch einen Platz bekommen könnten – falls die Maschine überhaupt kommt. Versuchen
Sie's. Wenn es nicht klappt, gebe ich Ihnen Ihr Geld zurück.« Ich vertraute ihrem Lächeln, kaufte das Ticket, schnappte mir ein verbeultes
Taxi und fuhr zum Flughafen. Das heruntergekommene Flughafengebäude am Rande einer Shanty town war völlig überfüllt, die Paß-
und Zollbeamten winkten mich durch. Der Schalter der Ghana Airways wurde von einer großen Menschenmenge belagert. Die Leute
waren mit alten Koffern und Säcken beladen, wedelten mit ihren
Flugscheinen und bettelten um einen Platz in der Maschine. Eine
rundliche Frau, die mehrere große Säcke und Plastiktüten bei sich
hatte, brach fast in Tränen aus und erklärte jedem, daß sie dieses Flug-

zeug ganz einfach nehmen müsse. Es gelang mir, mich mit meinem kleinen Rucksack nach vorn durchzuquetschen. Hinter dem Schalter stand ein einsamer, verdrießlicher Angestellter, der ins Leere starrte. Trotz der Beleidigungen, die man ihm an den Kopf warf, blieb er völlig ruhig, wortlos, und war sichtlich mit den Gedanken woanders: Vielleicht erinnerte er sich gerade an ein schönes Erlebnis. Ich staunte über seine verblüffende Zurückhaltung. In ruhigem und bestimmtem Ton versuchte ich ihn zu fragen, ob der Flug vielleicht gestrichen worden sei? Verspätet? Überbucht? Es war zwecklos. Er antwortete nicht. Vermutlich erlebt er das zwei- oder dreimal in der Woche, dachte ich. Die Leute schrien weiter, die Frau mit den Säcken und Tüten begann zu weinen und erzählte mir ihre Geschichte. Die Vorstellung, Afrikaner verfügten über eine innere Weisheit und wären deshalb nicht von der Zeit besessen wie die Westler, erschien mir plötzlich völlig absurd. Ich war schweißgebadet, aber ich wagte nicht, meinen Schalterplatz aufzugeben. Nach einer halben Stunde trat leise ein zweiter Angestellter hinter den Schalter und flüsterte dem ersten etwas zu. Das Geschrei schwoll an, die Tickets wurden erneut durch die Luft geschwenkt. Mit aufreizender Langsamkeit begann der zweite Mann, Flugscheine entgegenzunehmen und Bordpässe auszustellen. Es gab keine Warteschlange und keine geregelte Abfertigung. Ich stellte fest, daß er die Tickets nicht überprüfte, ob die Buchung mit einem »OK« bestätigt worden war; es gab keinen Computer, nicht einmal eine Passagierliste. Ich zeigte ihm meinen Flugschein und flüsterte ihm unentwegt ins Ohr: »Ich bin allein. Kein Gepäck.« Es funktionierte nicht. Also log ich. »Ich bin allein. Ich habe kein Gepäck. Diplomat.« Nachdem ich dies mehrmals wiederholt hatte, drehte er sich mir zu und stellte einen Bordpaß aus. Ich begab mich zur Paß- und Zollkontrolle. »Zeigen Sie mir Ihr ganzes Geld«, verlangte der Zöllner. Ich öffnete meine Tasche und nahm die Reiseschecks heraus. »Nein, ich möchte alle Taschen sehen. Öffnen Sie sie.« Ich zeigte ihm meine Dollars und ein paar guineanische Francs. »Wo ist Ihre Zollerklärung für diese Dollars?« wollte er wissen. »Mir hat niemand ein Formular gegeben.« »Dann geben Sie mir Ihre Dollars«, schnauzte er. »Die sind illegal. Und auch die Francs. Wissen Sie nicht, daß Sie die nicht ausführen dürfen?« Ich verlor die Beherrschung und brüllte, ich hätte die Dollars aus Amerika mitgebracht, und er würde sie auf keinen Fall bekommen. Er gab nach, aber die Francs wurden konfisziert. Ich konnte mir also an der Duty-free-Bar noch nicht einmal ein Mineralwasser bestellen. (Ich hatte keinen kleineren Schein als eine Zwanzigdollarnote, und der Barmann konnte nur in der wertlosen Lokalwährung herausgeben.)

Ich hatte Glück. Jeder Platz in der Maschine war besetzt, und andere, deren Reservierung bestätigt gewesen war, blieben zurück. Zweiundzwanzig Minuten nach dem Start landeten wir in Freetown, Sierra Leone. Ein Freund, der jahrelang in Afrika gelebt hat, bezeichnete den Flughafen von Freetown und seine Beamten einmal zutreffend als einen »von knurrenden Hunden bewachten Schrottplatz«. »Was wollen Sie in diesem Land?« fragte die Beamtin. »Ich wollte immer schon nach Sierra Leone, weil ich gehört habe, wie schön es hier ist. Außerdem besuche ich eine Freundin.« »Sie können zwei Wochen bleiben.« Ich protestierte: »Das Visum, das Ihre Botschaft in Washington ausgestellt hat, gilt für einen Monat.« »Ich habe Sie nicht gefragt, was in dem Visum steht. Lesen kann ich selbst«, fauchte sie und schrieb »14 Tage« in meinen Paß.

Das Taxi am Flughafen Lungi in Freetown war kein bißchen besser als der Renault in Conakry. Der Eingang zum Flughafen wurde von Soldaten mit Gewehren bewacht. Einer der Soldaten kam zu dem verbeulten Taxi und steckte den Kopf herein. Seine Augen waren blutunterlaufen, er roch nach Alkohol. »Was machen Sie hier?« wollte er wissen. Ich erklärte ihm, daß ich eine Freundin besuchen wolle, »eine Diplomatin«. Er starrte mich einen Moment an, sagte »willkommen« und spuckte auf den Boden.

Afrika hat mehr als nur eine Wirklichkeit. Es gibt die »VIP-Enklave«, in der Diplomaten und Gesandte Afrika erleben. In dieser Form der Wirklichkeit wird man am Flughafen von einem Botschaftsangehörigen abgeholt und zu einem speziellen Warteraum geleitet. Sämtliche Paß- und Zollformalitäten werden im Eiltempo erledigt. Draußen

wartet ein Auto mit Klimaanlage, dessen Nummernschild die Soldaten fernhielt und das einen entweder in ein Fünf-Sterne-Hotel oder
in die Residenz des Botschafters bringt. Wenn man die Einreiseformalitäten selbst erledigt und sich ein Taxi sucht, hat man sofort andere
Eindrücke. Zu Hause, in Washington, hatte ich bei einer Konferenz
einmal einem hohen Beamten des Außenministeriums gelauscht, der
sich über die positiven Entwicklungen in Afrika auslief und dabei
Details wie Geburtenraten, Rückgang der Ressourcen und Verbre-
chertum zu erwähnen vergaß. Wie ist der wohl am Flughafen angekommen?, fragte ich mich damals. (Diplomaten der unteren Ebene
hatten häufig ähnliche Reiseerfahrungen wie ich.) Robuste Diplomaten und Abenteurer, darunter Journalisten, lachen angesichts dieser
Drecklöcher von Flughäfen und behaupten, sie gehörten »zum Spaß
und zur Romantik des Reisens in Afrika«. Ein beliebter Satz der Auslandskorrespondenten lautet: Journalismus in Afrika besteht zu 90
Prozent aus Logistik und zu zehn Prozent aus Berichterstattung. Das
ist richtig, aber intellektuell unredlich. Flughafenerfahrungen wie
meine sind nämlich Teil des Gesamtbildes. Hier gab es keine Shanty
town wie in Conakry. Statt dessen breitete sich vor meinem Blick
durch das zerborstene Taxifenster ein botanisches Paradies aus: ein
dunstiges, üppiges Pflanzenmeer. Das Taxi setzte mich bei der ausländischen Mission ab, an der meine Freundin Michelle als Diplomatin
tätig war.[8] Ich gab meinen Paß dem Posten. Sie kam ans Tor und sah
mich verblüfft an: »Du bist der einzige Mensch, den ich kenne, der
einfach so hereinschneit! Schließlich ist es nicht gerade leicht, hierher
zu kommen!«

Am gleichen Abend lud Michelle mich zum Dinner ein. Gemeinsam
mit dem Botschafter eines westlichen Landes gingen wir in ein liba-
nesisches Restaurant direkt am Strand. Wir saßen unter strohgedeckten Holzmarkisen, umgeben von eleganten Männern und Frauen
(hauptsächlich weißen Europäern und einheimischen Arabern). Die
Bar war belagert, die Männer und Frauen in ihren geblümten Baum-
wollgewändern erinnerten mich an Key West oder die Südsee. Das li-

banesische Essen war ausgezeichnet. Das Star-Bier schmeckte vorzüglich. Der wunderbare tropische Sonnenuntergang erfüllte mit seinen blutroten Farbschattierungen alle Erwartungen. Straßenhändler mit Strohhüten liefen am Strand auf und ab und boten den Restaurantgästen einheimische Textilien feil. Wir scherzten mit ihnen. Das ständig seine Farbe wechselnde Meer und das Bier lullten uns ein. Der Strand zeigte ein unverfälschtes Ockergelb und wurde, wie meistens in Westafrika, von einem Kranz aus Kokospalmen begrenzt. Ich mußte mir ins Gedächtnis rufen, daß genau an diesem Strand erst kürzlich 29 der Beteiligung an einem Putsch Verdächtige von Armeeoffizieren hingerichtet worden waren, nachdem man ihnen bei einer »Schlummer-Party« in der Auffahrt zu SAJ Musas Haus die Ohren abgeschnitten hatte.[9]

Der Botschafter trug Shorts und ein buntes T-Shirt. Sein Händedruck und seine Reserviertheit ließen keinen Zweifel daran, daß ich hier an einem inoffiziellen Briefing teilnahm. Dies waren die wichtigsten Punkte: Die Regierung, der ein siebenundzwanzigjähriger Armeehauptmann namens Valentin Strasser vorstand, kontrollierte nur »die Hälfte« des Landes. In der anderen Hälfte hatten sich Einheiten von zwei Rebellenarmeen Liberias verschanzt sowie eine dritte Armee aus Freischärlern Sierra Leones. Erschwerend kam hinzu, daß abtrünnige Kommandeure der Regierungstruppen, die den Aufstand niederschlagen sollten, sich mit unzufriedenen Dorfhäuptlingen verbunden hatten. Das Schlachtfeld erinnerte an die Stammeskriege im feudalen Europa, bevor der Westfälische Friede das Zeitalter organisierter Staaten einläutete. In Sierra Leone kam mir zum erstenmal der Gedanke, daß mit dem Zerfall der Staaten auch die Unterschiede zwischen Soldaten und Zivilisten sowie Armeen und Verbrecherbanden immer geringer wurden; daß Umfang und Intensität der Grausamkeiten, die die Konflikte in der Dritten Welt während des Kalten Krieges kennzeichneten, nur bis zu einem gewissen Grade mit der ideologischen Auseinandersetzung zwischen den beiden Supermächten zusammenhingen.[10] Diese »kleinen Feuer« waren nicht bloß Nebenschauplätze des Kalten Krieges; sie waren Vorboten der Zeit nach dem Kalten

Krieg, die vieles von dem vorwegnahmen, was sich heute in Bosnien, im Kaukasus, in Somalia, Liberia, Kaschmir, Sierra Leone und anderswo abspielt.

Dieses Chaos hat dazu geführt, daß in Sierra Leone 400000 Menschen zu Flüchtlingen im eigenen Land wurden, 280000 ins benachbarte Guinea und 100000 ins kriegszerrissene Liberia flüchteten, während 400000 Liberianer nach Sierra Leone flohen. Die drittgrößte Stadt in Sierra Leone, Gondama, war ein einziges Flüchtlingslager.[11] Mit weiteren 600000 Liberianern in Guinea und 250000 an der Elfenbeinküste waren die Grenzregionen dieser vier Länder bedeutungslos geworden; selbst in ruhigeren Zonen unterhielt mit Ausnahme der Elfenbeinküste keines dieser Länder ein Schul- oder Verkehrssystem oder eine Polizei, die für ein funktionierendes Staatswesen notwendig sind. Die Landflucht der Bauern nach Freetown und das Aufstellen einer großen Armee zur Niederschlagung der verschiedenen Aufstände trugen zur steil ansteigenden Kriminalitätsrate bei. Teile der Armee desertierten und wandten sich dem bewaffneten Raubüberfall zu. Die Strände galten, mit Ausnahmen, nach Einbruch der Dunkelheit als unsicher. Elektrizität gab es nur hin und wieder, wobei die Einwohner Freetowns noch vor dreißig Jahren über ein verläßliches Stromnetz verfügt hatten. In gewisser Weise war Sierra Leone noch isolierter, als es das maoistische Albanien gewesen war. Achtzig Prozent der Bevölkerung waren Analphabeten. Im Gegensatz zu den Albanern, von denen viele die Möglichkeit hatten, griechische und italienische Fernsehprogramme sowie auch CNN zu empfangen, besaßen die wenigsten Leute hier ein Fernsehgerät. Viele hatten keinen Strom. Die lokale Rundfunkstation wurde von der Regierung kontrolliert und brachte ausschließlich Lokalnachrichten. In vielen Teilen Afrikas ist die Situation ähnlich. Doch trotz der Kriege wuchs die Bevölkerung in Sierra Leone mit einer jährlichen Rate von 2,6 bis 3,9 Prozent, keiner wußte genau, warum. Im Durchschnitt brachte jede Frau sechs Kinder zur Welt.[12] Während jedoch vor 30 Jahren bei Erlangung der Unabhängigkeit 60 Prozent des Landes aus nahrungsreichem, tropischem Regenwald bestanden, waren es jetzt nur noch sechs Prozent. Das Gesundheitswesen war völlig ineffizient, die Krankheiten außer Kontrolle geraten. Mehrere Angehörige von Sierra Leones Elite hatten westliche Diplomaten gefragt, ob die Vereinten Nationen oder irgendeine internationale Vereinigung nicht 20 000 Mann entsenden könnten, um die Ordnung im Land wiederherzustellen. Mit anderen Worten: Ich befand mich in einem gescheiterten Land. Fast jeder, der begabt und ehrgeizig war, hatte es bereits verlassen oder bemühte sich, in die Vereinigten Staaten oder nach Europa auszuwandern. Überall auf der Welt findet man tüchtige Leute aus Sierra Leone. Auch aus Israel, Indien und anderen Ländern hatte es einen Brain-drain in die westlichen Länder gegeben, aber es waren immer noch genügend Talente geblieben, so daß die Verluste keine fatalen Ausmaße annahmen.

Die Sonne war untergegangen. Der Strand war völlig leer, und das Entsetzliche, das sich neun Monate zuvor hier zugetragen hatte, war plötzlich so nahe, als ob es gerade erst geschehen wäre. Wir hatten gegessen und brachen auf. Ich war erschöpft, und die Diplomaten mußten am nächsten Tag in ihren Botschaften sein. Nur kurz hinter den Lichtern der Bar, die gerade von den »beautiful people« zu vibrieren begann, lag der dunkle Parkplatz, auf dem junge Burschen in drohender Haltung für ein paar Münzen die Autos bewachten. Ich blickte zur Bar zurück und sah die parfümierten Frauen und die Männer mit ihren teuren Uhren, die sich von einem weiteren Tag erholten, an dem sie Reichtum gescheffelt hatten; ich hatte die Vision eines winzigen Planeten im All, der seine letzten Momente erlebt, bevor er von einem heranrasenden Meteor zerstört wird. Bevor ich einschlief, sah ich aus dem Fenster auf eine Reihe von Palmen, deren dunkle Blätter sich leise im Wind wiegten und gegen das Stahlgrau des nächtlichen Ozeans abhoben. Sierra Leone, der Senegal, Gambia, Guinea-Bissau und Liberia: Sie bilden die Ausbuchtung Westafrikas an der schmalsten Stelle des Atlantik, kaum drei Flugstunden von der südamerikanischen Küste entfernt. Und doch war hier eine Isolation zu spüren, wie ich sie kaum jemals erlebt hatte. Westafrika war ein sterbendes Glied der Menschheit, es war vom Blutkreislauf der Zivilisationen abgetrennt.

Die Seeleute hatten die Region einst »Windward Coast« getauft, weil der stürmische Wind dafür sorgte, daß die Schiffe der portugiesischen Eroberer und später die der Sklavenhändler rasch um Westafrika herumsegeln konnten. »Zweihundert Jahre lang«, hatte mein Freund, der Minister, mir erzählt, »war Freetown der wichtigste Hafen für den Nachschub an frischem Wasser und Gemüse auf dem Weg von Europa zum Kap der Guten Hoffnung. Wir waren im Zentrum der Forschungsreisen – und nicht am Rande der Welt. Die Engländer holten sich hier unter der Führung eines Mannes namens Hawkins im 16. Jahrhundert die ersten Sklaven.«[13] Ich fragte mich, ob Sierra Leone angesichts seiner Probleme jemals wieder ins Zentrum des Geschehens rücken könne.

Wenn man die Geschichte Sierra Leones liest, begreift man, wie sehr seine Vergangenheit von Geographie und Klima bestimmt wurde. Hier war die Handelsniederlassung Freetown und dahinter ein nicht genau definiertes, krankheitsverseuchtes Binnenland. Solange der Seeweg um Afrika herum die einzige Route nach Indien war, spielte Freetown, auch für den üblen Sklavenhandel, eine zentrale Rolle. Dem Ende des Sklavenhandels folgte ziemlich bald der Bau des Suezkanals, der den Weg nach Indien abkürzte. Sierra Leone, nicht länger ein Opfer der Sklavenhändler, wurde nun Opfer seiner geographischen Lage – ein rückständiges Gebiet, zu dem sich nur unbedeutende Leute aus Europa hingezogen fühlten. Die Dschungel im Inneren mündeten in die Savanne, die wiederum in der Sahara endete. Der Atlantik, der einst die Sklavenhändler und einen Kontakt mit der westlichen Welt gebracht hatte, brachte jetzt fast gar nichts mehr. Sierra Leone war eine Metapher für geographisches Schicksal. Sierra Leone ließ mich begreifen, was es bedeutet, abgeschnitten zu sein.
Der erste Kontakt mit der westlichen Zivilisation kam 1462 mit dem portugiesischen Forscher Pedro da Sintra, der das Gebiet Serra Leao nannte, »Löwenberg«, weil die Berge bei Freetown einem Löwen glichen, wenn man sich mit dem Schiff näherte.[14] Obwohl Sir Francis Drake auf seiner Weltumseglung von 1577 bis 1580 auch in Freetown

an die Arbeit ging, war der Kontakt mit dem Westen bis ins ausgehende 18. Jahrhundert sporadisch, auch wenn die Briten im 17. Jahrhundert auf Bunce Island eine große Handelsniederlassung gegründet hatten, ein Sklavenlager, in dem die Menschen auf ihre Verschiffung nach Amerika warten mußten. John Newton, jener britische Pfarrer, der uns die Hymne »Amazing Grace« bescherte, war Sklavenhändler in Shenge, südlich von Freetown, bevor er den Weg zu Gott fand, seiner Tätigkeit abschwor und sich der Kirche zuwandte. Der amerikanische Unabhängigkeitskrieg bot den Sklaven die Möglichkeit, ihre Freiheit zu erringen, wenn sie für die britische Krone kämpften. Nach Ende des Krieges kamen viele dieser befreiten Sklaven nach England, wo sie in schrecklicher Armut lebten. 1787 kaufte eine Gruppe englischer Philantropen dem Häuptling des Timni-Stammes, Naimbamma, 52 Quadratkilometer Land in Serra Leao ab, um dort eine »Provinz der Freiheit« für die ehemaligen Sklaven zu gründen. So entstand »Freetown«, und der Name Serra Leao wurde zu »Sierra Leone«. Über die ersten Siedler – einige hundert ehemalige Sklaven und hundert Weiße – berichtete Richard Burton: »Viele starben an Krankheiten, manche tranken sich zu Tode, andere liefen fort …«[15] Nach drei Jahren waren nur noch 48 der ursprünglichen Siedler übrig. Sierra Leone erwarb sich rasch den Spitznamen »Grab des Weißen Mannes«. Aber die britischen Menschenfreunde gaben nicht auf. Ihre Reaktion auf diese Katastrophe bestand darin, weitere 1200 ehemalige Sklaven vom kanadischen Nova Scotia aus (wo sie nach dem amerikanisch-britischen Krieg von 1812, in dem sie für die Briten gekämpft hatten, Zuflucht suchten) in die neue afrikanische Provinz zu verfrachten. Von diesen 1200 Siedlern fanden innerhalb weniger Jahre 800 den Tod. Diesmal sandten die Philantropen mehrere hundert Ex-Sklaven aus Jamaika nach Afrika. Diese verbündeten sich mit der kriminellen Schicht weißer Sklavenhändler. Das war der Beginn der bis heute bestehenden Spaltung zwischen den amerikanischen Sklaven und ihren Nachkommen (die englische Namen und Gebräuche angenommen hatten und hauptsächlich in Freetown blieben) und den einheimischen afrikanischen Stammesangehörigen, die im Inneren des

Landes lebten. 1808 wurde Sierra Leone als britische Kolonie eta-
bliert, die dazu diente, [illegale] Sklavenschiffe abzufangen und Heimat für jene gerade Befreiten zu werden, die sich noch an der afrikanischen Atlantikküste aufhielten. Zwischen 1807 und 1864 brachten
die Briten 50000 dieser Menschen nach Freetown. Während die Le-
gende berichtet, die Gründung jeder afrikanischen Kolonie sei aus
den grausamsten Motiven erfolgt, gründeten die Briten Sierra Leone
hauptsächlich aus dem Wunsch heraus, den gefangenen Menschen zu
helfen. So betrachtet glich das britische Unterfangen eher jenen Unternehmen, die die Amerikaner 1915 in Haiti und 1992 in Somalia
durchführten.[16] Daß befreite Sklaven, die mehr als hundert verschiedenen ethnischen Gruppen angehörten, während des 19. Jahrhunderts in relativer Harmonie in Freetown zusammenlebten, läßt sowohl
auf die friedliche und kosmopolitische Natur dieser Afrikaner
schließen wie auch auf die tüchtige britische Verwaltung, der es gelang, Sierra Leone die notwendige Sicherheit zu geben. Doch Harmonie und Wohlstand waren relativ. Burton zitiert das Tagebuch eines
Kapitän Chamier, in dem dieser schreibt: »Ich habe noch nie von
einem so schurkenhaften oder schändlichen Ort gehört wie Sierra
Leone. Ich weiß nicht, wo der Teufel zu Hause ist, aber sicher irgendwo in Sierra Leone.«
Was Burton 1860 über Freetown schrieb, läßt den Schluß zu, daß er
ihm zustimmte. Freetown war eine Malariahölle: »Aus der Entfernung wirkt es durchaus pittoresk, doch hat es die Schönheit einer rhei-
nischen Burg, baufällig und zusammengestürzt. ...Menschen, die aus
Europa kommen und mittleren Alters sind, haben die beste Aussicht,
bald zu sterben.« Die Nachkommen der befreiten Sklaven, die »Kreolen«[17], begannen damals, sich deutlich als eine wohlhabende Schicht
zu etablieren, die mit den Briten konkurrierte und gleichzeitig auf sie
angewiesen war. Da die Stämme der Temne, Mende und andere ihnen
zahlenmäßig fünfzig zu eins überlegen waren, fürchteten die gebildeten Kreolen nichts mehr als einen britischen Abzug aus der Kolonie,
besonders nachdem es im Inneren des Landes zu einem gewalttätigen
Aufruhr gegen eine neu eingeführte »Hüttensteuer« gekommen war.

Gegen Ende des 19. Jahrhunderts strömten libanesische Kaufleute ins Land und wurden zu Konkurrenten der Kreolen. Aus Kreolen und – in weit höherem Maße – Libanesen bildete sich eine Mittelschicht gegenüber der großen Mehrheit der Stammesangehörigen. Um 1920 begannen die Briten, die Einwohner des Landes auf die Selbstverwaltung vorzubereiten, indem sie eine von Temne und Mende dominierte Legislative bildeten. Wie in vielen anderen Kolonien war die Hoffnung auf Demokratie groß, als Sierra Leone 1961 unabhängig wurde. Statt dessen kam es rasch zu politischen Aufweichungen der Stammeslinien, wobei die nördlichen Temne, die südlichen Mende und die Kreolen der Küstenregion sich in verschiedene Gruppen aufsplitterten. In den sechziger Jahren gab es innerhalb von 13 Monaten drei Staatsstreiche. Bei den Wahlen kam es zu schweren und gewalttätigen Unruhen, die sich manchmal zu kleinen Bürgerkriegen auswuchsen. Dissidenten wurden öffentlich aufgehängt. Von 1967 bis 1985 regierte der »Große Mann« Siaka Stevens in Sierra Leone, der einige Attentate überlebte und speziell ausgebildete Leibwächter aus dem pro-sowjetischen Guinea kommen ließ.[18] Als er aus Altersgründen zurücktrat, wurde das Chaos noch größer; hierzu gehörte der in großem Stil durchgeführte Schmuggel von Diamanten aus den Minen des Landes. Wenn jemand von sich behaupten kann, die Wirtschaft in Gang zu halten, dann sind es die Libanesen, die den Kern der Geschäftsinhaber und *middlemen* bilden. 1994 rangierte Sierra Leone im Human-Development-Bericht der UNO auf dem viertletzten Platz (Guinea war das Schlußlicht).[19]

Einige Soldaten, bewaffnete Teenager, starrten auf Michelles Auto, bis ihr Blick das Diplomatenkennzeichen erfaßt hatte. Einer von ihnen hob die rostige Schranke hoch, die als Tor über der Lateritstraße lag, und entließ uns in ein Wohnviertel auf dem Hügel über der Stadt, in dem einer der Juntaführer ein Haus besaß. Wir fuhren nur bis zu dem Haus einer Ministerialdirektorin. Aber sie war nicht da. Das Haus beeindruckte mich. Es war ein herrliches, altes britisches Gebäude, ein Lebkuchentraum direkt aus dem Märchen. Doch wenn man die rosarote Brille abnahm, fielen einem Einzelheiten auf: ein verrostetes Dach, faulende grüne Holzgitter, zahllose Löcher und schiefe Wände wie nach einem Erdbeben. Dieses Haus gehörte einer hohen Regierungsbeamtin. Es lag auf dem Hügel mit Blick auf den Atlantik und es war für Freetowner Verhältnisse ein Palast.

Michelle und ich fuhren weiter und kamen zu einer noch schöneren Erhebung, vorbei an kleineren Mulden und Hügelkämmen, vollgepackt mit tropischen Slumbehausungen auf der einen Seite, während auf der anderen die weiche, milchigblaue Endlosigkeit des Atlantik das Auge erfreute. Wir befanden uns auf dem Weg zu einer Begegnung mit der Geschichte Sierra Leones, einem feingewobenen Kapitel seiner Vergangenheit, das eine genauere Erläuterung verdient.

Von 1941 bis 1943 war Graham Greene in Sierra Leone stationiert. Er arbeitete für das britische Außenministerium, das eine Übernahme Westafrikas durch die Nazis mit Hilfe des französischen Vichy-Regimes befürchtete. Das Ergebnis von Greenes Aufenthalt in Sierra Leone war sein Buch *Das Herz aller Dinge*. Von seinen rund 25 Romanen wird *Das Herz aller Dinge* oft als sein bedeutendstes Werk bezeichnet. Das Buch ist die Geschichte eines geplagten Gewissens: Es handelt von einem Kolonialbeamten in Freetown, einem Katholiken, der eine geistige und moralische Krise durchlebt, als er eine ehebrecherische Beziehung zu einer Engländerin aufnimmt, während seine Frau in Südafrika weilt. Wenn man weiß, wo Greene überall gewesen ist, dann fragt man sich, warum er ausgerechnet Sierra Leone als Schauplatz für diese Moralgeschichte ausgewählt hat. Mein Freund, der Minister, mit dem ich mich viel unterhalten hatte, gab mir die Antwort auf eine Frage, die mich seit Jahren beschäftigte: »Ach ja, *Das Herz aller Dinge*, das ist doch die Geschichte von dem Mann, der seinem Drang in einem Land nachgibt, in dem die sexuelle Moral nicht besonders streng ist.« Natürlich, aber wie hätte ich das wissen sollen, ohne nach Sierra Leone zu kommen? *Das Herz aller Dinge* ist eine Moralgeschichte, die an einem »bösen« Ort spielt. Die Hitze, der Alkohol, die vom Klima diktierte halbe Nacktheit, all das ließ den Ehebruch eines Mannes als nebensächliche Verfehlung erscheinen. Das heftige Schuldgefühl, das Greenes Protagonist Scobie erlebte, war offenbar notwendig für die Aufrechterhaltung seiner kulturellen Identität; ohne Schuldgefühl wäre er wohl an Alkohol und Ausschweifungen zugrunde gegangen. Scobie mußte kompensieren, was der Westler in Sierra Leone empfindet: die große Leere.

Michelles Wagen fuhr weiter auf der Straße, die sich in großen Schleifen nach oben wand, wie Greene es beschrieben hatte, bis vor uns ein weitgestrecktes Gebäude aus Stein und Schmiedeeisen auftauchte: der *Cape Station Club*, in den Scobie gekommen war, um seine Drinks zu nehmen und Zerstreuung zu finden. Auf einem Schild über der Bar stand: »Lizenzausschank für geistige Getränke«. Für den literarisch orientierten Reisenden war dies geweihter Boden und entsprach genau meinen Erwartungen. Die lackierte Täfelung, die Dartscheibe, die polierten Trophäen, der Pingpongtisch und die große Sammlung grüner Schnapsflaschen im Regal (die das Herz erwärmten wie alte Buchrücken) bezeugten die peinlich genaue Erhaltung des Clubs, obwohl die Briten schon vor dreißig Jahren abgezogen waren. Hier hatte sich eigentlich nichts verändert. Der Kolonialismus lebte weiter. Nach wie vor gab es den *Cape Station Club* für ein paar Privilegierte. Der einzige Unterschied bestand darin, daß sie jetzt Afrikaner waren. »Dieses Land ist einfach großartig. Ich kann gar nicht glauben, wie gut hier alles ist«, sagte ein Spitzenbeamter des Regimes, einer von drei Männern aus Sierra Leone, die an der Bar standen, als wir eintraten. Die drei, außer dem Beamten noch ein Arzt und der Direktor der Elektrizitätsgesellschaft, luden uns auf ein eiskaltes Star-Bier ein. »Wie kann alles großartig sein, wenn man – nun ja – die Situation betrachtet?« stotterte ich. Ich wollte das Unsägliche nicht direkt ansprechen: die Verhaftungen, die Armut, die Kriege, die Kriminalität. »Ja«, meinte der Mann von der Elektrizitätsgesellschaft, »ein gewisses Facelifting könnte dem Land sicher nicht schaden.« Er strahlte Heiterkeit und Jovialität aus. Offensichtlich waren sie gut gelaunt und wollten keine politischen Themen diskutieren. Ich erwähnte das Thema Malaria. »Ja«, sagte der Beamte, »hier hat jeder Malaria. Alle paar Monate tritt sie wieder auf.« Der Doktor erklärte, daß er einem

Afrikaner nur dann ein Gegenmittel verschreibe, wenn es sich um einen schweren Fall von Malaria handele. Denn die Medizin erschwere es dem Patienten nur, seine natürlichen Abwehrkräfte zu stärken, die er brauche, um hier zu leben. Ich fragte den Arzt, warum einige afrikanische Länder immer noch darauf bestehen, daß Besucher den Nachweis der Choleraimpfung erbringen, obwohl schon seit langem bekannt sei, daß diese Impfung nicht viel nützt. Bevor ich nach Sierra Leone reiste, hatte ich in Washington, D. C., ein Tropeninstitut aufgesucht. Die Schwester drückte bereitwillig den Stempel der Choleraimpfung in mein gelbes Impfbüchlein, ohne die Absicht zu haben, mir die Impfung auch zu geben. »Diese Leute [die Afrikaner]«, meinte sie, »sind wie Kinder, sie lieben Stempel. Wir predigen ihnen seit Jahren, daß die Impfung so gut wie wirkungslos ist, aber sie bestehen auf dem Nachweis.« Was meinte der Doktor an der Bar dazu?

Er zeigte sich erstaunt und bezweifelte, daß die Choleraimpfung weitgehend wirkungslos ist.[20] »Wenn das stimmt, warum sagt uns die Regierung nichts davon?« fragte er. »Ich habe in keiner Zeitschrift darüber gelesen. Ich wußte nicht einmal, daß es mit der Impfung ein Problem gibt.« Er zuckte die Achseln, es berührte ihn nicht. Was sollte ich machen – ihm die Telefonnummer der Krankenschwester in Washington geben, oder ihn auffordern, das Seuchenkontrollzentrum in Atlanta anzurufen? Von Sierra Leone aus waren Auslandsgespräche ebenso schwierig wie teuer. Außerdem hätte es nicht den Kern der Sache getroffen: daß nämlich ein anerkannter Arzt aus Freetown so isoliert lebt, daß er nicht einmal Informationen hat, die jeder Rucksackhippie oder Pauschaltourist ohne weiteres erhält. Was mich noch mehr beunruhigte, war seine Gleichgültigkeit. Sein höfliches, unverbindliches Verhalten ließ darauf schließen, daß der Doktor die Sache nicht weiter verfolgen würde. Es war einer jene Augenblicke, in denen man die ganze Irrelevanz begreift, die medizinische und agrarische Erkenntnisse für eine Region haben, in der die primitivsten Kliniken und Wasserzapfstellen ein Jahr nach ihrer Errichtung bereits zerstört sind, in der Unmengen an ausländischen Hilfsgütern versickern; in der die Regierung pro Jahr und Kopf 30 Pfennig für die Gesundheitsfürsorge ausgibt, was weder für eine Spritze noch für einen Malaria-abstrich reicht. In vielen Kliniken war der medizinische Alkohol gestohlen worden.

Im Hauptquartier einer katholischen Hilfsorganisation hatte ich eine Landkarte gesehen, die vieles erklärte: Von den 32 Plätzen auf der Welt, an denen diese Organisation Büros unterhielt, die den Ärmsten der Armen halfen, waren 18 in Afrika, zwei in Haiti, 11 in Lateinamerika und eine in Indien. »Wenn die NGOs [non-governmental organizations – westliche, regierungsunabhängige Hilfsorganisationen] abzögen«, hatte mir ein Arzt des Friedenskorps erklärt, »dann würden die Krankheiten alle Dimensionen sprengen.« Einige Entwicklungshelfer, üblicherweise die idealistischsten und afrikafreundlichsten unter den Westlern, gaben offen zu, daß ihre Erfolge in Sierra Leone nicht gerade groß waren. 1960, nachdem Präsident Kennedy das Friedenskorps gegründet hatte, benötigten sowohl Sierra Leone wie auch Indien agrarisches Basiswissen. Dreißig Jahre später war Indien zum Exporteur von Nahrungsmitteln und zum Produzenten von Hochtechnologie aufgestiegen; Sierra Leone war noch immer auf dem Stand von 1960, und Friedenskorpsmitarbeiter mühten sich weiter, den Leuten die einfachsten Grundregeln der Landwirtschaft beizubringen. Sierra Leone verkündete die schreckliche Botschaft vom Ende der verlorenen Schlacht. Einer Schlacht, die vom liberalen Westen tapfer gefochten wurde, um die Kulturen der Welt aneinander anzugleichen. Die Unterschiede zwischen den Kulturen scheinen jedoch zu wachsen statt kleiner zu werden.

Michelle gab eine Dinnerparty, bei der ich einen jungen, ehrgeizigen Beamten mit Verbindungen in die höchsten Ränge des Militärregimes kennenlernte, der wütend reagierte, als Michelle ihm sagte: »Vielleicht wird die westliche Hilfe in Zukunft davon abhängen, ob Regierungen in der Lage sind, die Geburtenraten ihres Landes zu senken und die Zerstörung des Regenwaldes aufzuhalten.« Die Frage der Geburtenrate berührte Persönliches und ging offensichtlich zu weit. Die Diskussion erstarb.

Michelles Dinnerparty war ein Vorzeichen für das nahende Ende des goldenen Zeitalters der Diplomatie in der Dritten Welt. Der Zauber lag darin, daß hier eine Diplomatin, weder Botschafterin noch Geschäftsträgerin, die wichtigsten Leute des Landes in ihrem Haus versammeln konnte. Der Stil, in dem Michelle in Freetown leben konnte, und die Persönlichkeiten, die ihrer Einladung folgten, zeigten den Unterschied zwischen einem reichen westlichen und einem armen afrikanischen Land. Michelle hatte in Sierra Leone einen Einfluß, von dem der Botschafter eines westlichen Landes in Frankreich, Griechenland oder sogar Malaysia nur träumen konnte. Es gibt viele Michelles in den westlichen Botschaften dieser Welt: Diplomaten, die in Washington, London oder Paris als Bürokraten fast anonym ihren Job erledigen, kleine Häuser in der Vorstadt bewohnen und mit dem Bus zur Arbeit fahren. In tropische Hauptstädte versetzt, bekleiden sie plötzlich einen hohen Rang, mit Haushälterin und Chauffeur und einer malerischen Aussicht von der Terrasse. Was das Diplomatenleben betrifft, so gilt Greenes Westafrika auch Mitte der neunziger Jahre noch. Aber die Geschichte hat auch eine andere Seite. Michelles Dinnerparty war nicht der typische Botschaftsempfang, der darauf abzielt, »Flagge zu zeigen«, mit all dem höflichen, nichtssagenden Geschwätz, das diese Veranstaltungen kennzeichnet. Ihre Bemerkung über die Geburtenrate hatte einen empfindlichen Nerv getroffen; das verlieh dem ganzen Abend eine gewisse Spannung. Der junge Beamte, dem Michelles Kommentar über die afrikanischen Männer nicht gefiel, hielt einen Monolog über Unterdrückung. Ich fragte ihn nach der Einhaltung der Menschenrechte durch seine Regierung. »Sie reden von Unterdrückung«, erwiderte er mir in dem gelassenen Ton der mühsam zurückgehaltenen Wut. »Lassen Sie mich erzählen, was einem afrikanischen Studenten im sogenannten freien England passierte.« Dann berichtete er von einem Studenten, der mit der linksgerichteten Bewegung des verstorbenen kongolesischen Führers Patrice Lumumba sympathisiert hatte und nach England ins politische Exil gegangen war; hier war er – wie sich herausstellte – verhaftet worden und ins Gefängnis gekommen. Für mich bewies diese traurige Geschichte lediglich, was ich ohnehin schon wußte: daß auch in de-

mokratischen Staaten die Justiz nicht vollkommen ist und nicht frei von Rassismus. Für ihn diente dieser Fall als Rechtfertigung für das von manchen afrikanischen Regimen verübte Unrecht. Über seine eigene Regierung sagte er: »Wir haben hier in Sierra Leone einige großartige Dinge vollbracht, die Sie [im Westen] überhaupt nicht zur Kenntnis nehmen.« Er erzählte von der Verschönerungskampagne für Freetown, zu der die großen Wandgemälde der Putschführer gehörten, darunter eines von Solomon Anthony Joseph (»SAJ«) Mura, der für die Greuel am Strand verantwortlich gewesen war. Die großen Summen, die die Regierung für Waffenkäufe ausgab, erklärte der junge Mann damit, daß »wir schließlich einen Krieg zum Schutz unserer Souveränität führen«. Ein anderer Partygast, auch ein Regierungsbeamter, beschwerte sich, daß der Westen Afrika keine neuen Kredite gewähre. Die einzige Informationsquelle dieser Leute bestand seit Jahren aus den staatlich kontrollierten Medien und der BBC Africa. Es war deshalb sehr schwierig, ihnen zu erklären, daß das Interesse des Westens an Afrika nie sehr groß gewesen ist und die kürzlich in Somalia gemachten Erfahrungen die Begeisterung der internationalen Völkergemeinschaft noch mehr gedämpft hatten; auch die Bitte, 20 000 Mann nach Sierra Leone zu schicken, um dort Ordnung zu schaffen, müsse in diesem Licht betrachtet werden. Der Kalte Krieg hatte Afrika die Aufmerksamkeit – und das Geld – des Westens beschert. Ganz gleich, wie klein oder unbedeutend ein Land war: sobald die Sowjetunion ihr Interesse bekundete, griff der Westen ein. Nun ist die sowjetische Bedrohung – und das Interesse des Westens – weg. Natürlich gibt es noch die Ausbreitung der Tropenkrankheiten, die Kriminalität, die Zerstörung ganzer Gesellschaften. Aber diese Dinge sind schwer zu durchschauen, eigentlich eher langweilig. Sie sind nicht der Stoff, der eine Schlagzeile hergeben würde wie das ein Putsch, eine Greueltat oder auch eine Dürre tun. Der Westen wird diese Dinge erst ins Visier nehmen, wenn es zu spät ist.
Die Gäste verabschiedeten sich. Bei der Rückkehr in den Wohnbereich ihres Appartements schlug Michelle eine Stahltür zu und verschloß sie sorgfältig. Diese Tür trennte die Schlafräume und Toiletten

von der Küche und dem Wohnzimmer. Dadurch erhielt die Wohnung im hinteren Teil eine Sicherheitszone, in der sich die Kommunikationsausrüstung befand, um bei einem Einbruch den Sicherheitsoffizier der Botschaft oder die Marines zu Hilfe rufen zu können. »Und was ist mit der Polizei?« fragte ich. Michelle zuckte die Achseln. »Die Polizei hat kein Benzin für ihre Fahrzeuge. Nach Einbruch der Dunkelheit hat die Regierung Sierra Leones nichts mehr zu sagen.« Als ich am nächsten Morgen zum Frühstück erschien, hatte Michelle Neuigkeiten für mich. Eben war die Information gekommen, daß ein Mitglied der kleinen Ausländergemeinde, ein Amerikaner, in der Nacht ausgeraubt worden war. Acht bewaffnete Männer waren in sein Haus eingedrungen, hatten ihn gefesselt und sämtliche Wertsachen gestohlen.

Am nächsten Tag saßen Michelle und ich in der Abenddämmerung auf ihrem Balkon und schauten durch die dichten Palmen auf den ruhigen Atlantik hinaus. Für die meisten Westler, besonders für die Karrieristen aus Washington, bedeutet ein Diplomatenposten in einem Land wie Sierra Leone das Abstellgleis. Trotzdem beneidete ich Michelle. Ich begriff, daß ihre Aufgabe intellektuell sehr viel anregender war als eine Position in Washington oder London. Sie selbst meinte: »Jeden Morgen an einem Ort aufzuwachen, der am Rand der Anarchie steht, gibt einem einzigartige Einblicke in die menschliche Natur. Es ist nie langweilig.« Trotzdem wurde ihren politischen Telefaxen wesentlich weniger Aufmerksamkeit geschenkt als den Informationen über die Sicherheit der Botschaft und über Evakuierungspläne. Unter den Diplomaten in Afrika wurde viel über Botschaftsschließungen gesprochen. In Freetown waren gerade die russische, die italienische und die südkoreanische Botschaft geschlossen worden. Auch die Israelis, die in den siebziger Jahren fast in jedes afrikanische Land gingen, waren dabei, ihre Missionen zu schließen. »Wirtschaftlich ist wenig los hier, aber es gibt viele neue Möglichkeiten für uns im moslemischen Zentralasien«, sagte mir ein israelischer Botschafter. Ein amerikanischer Beamter des Außenministeriums in Washington, der sich Ende 1993 in Freetown aufhielt, erzählte mir: »Wir haben die Botschaft auf den Komoren geschlossen, ohne daß es Proteste gegeben hätte. Also haben wir einen Präzedenzfall. Jetzt sind wir dabei, Äquatorialguinea zu schließen. Dann können wir uns Ländern wie Sierra Leone zuwenden. In Zukunft werden wir eine kleine Anzahl von Botschaften haben, die eine Art Zentralfunktion übernehmen und den gesamten Kontinent versorgen.« Michelle gehörte also zu einer aussterbenden Rasse. Es wird in Zukunft immer weniger Diplomaten in immer weniger Staaten geben.

»Heute Freund, morgen Feind« stand auf dem Schildchen, das innen auf der Windschutzscheibe des Lastwagens klebte, in dem ich saß. Wir hatten im Lagerhaus der katholischen Hilfsorganisation in Freetown Salze, Schulhefte, Weizen und Soja geladen und befanden uns auf dem Weg nach Bo, ungefähr 250 Kilometer in Richtung liberianische Grenze. Wenn man den Ort erreicht, hat man mehr als die Hälfte des Binnenlandes von Sierra Leone durchquert und befindet sich am Rande des von der Regierung kontrollierten Gebiets. Simeon, der Fahrer, war Christ. Theoretisch arbeitete er für die katholische Hilfsorganisation, theoretisch saß ich in dem Lastwagen einer katholischen Hilfsorganisation. In Wirklichkeit hing die Existenz der katholischen Hilfe für das Hinterland von den Libanesen ab. Sie betrieben eine Speditionsfirma mit afrikanischen Fahrern und hatten einen Vertrag mit der Hilfsorganisation, deren Güter ins Land zu liefern.[21] Das Ganze funktionierte so: Ein Angestellter der katholischen Organisation CRS [Catholic Relief Services] in Freetown rief einen der beiden libanesischen Manager der Speditionsfirma an, die den ganzen Tag im Designerhemd in einem blitzsauberen, klimatisierten Büro saßen – ein paar Quadratmeter Effizienz inmitten des schweißtriefenden Chaos von Freetown. Er teilte mit, daß eine LKW-Ladung von Hilfsgütern auszuliefern sei. Daraufhin zitierte der Libanese einen afrikanischen Fahrer in seine kühlen Räumlichkeiten, brüllte ihn nach Feldwebelart an und ließ ihn wissen: »Lade deinen Laster voll.« Ans Ziel zu gelangen hieß Straßensperren und technische Probleme zu überwinden. Der Fahrer huschte zur Tür hinaus, schrie die Leute an, die den Wagen zu beladen hatten, und fuhr los. CRS, eine großzügige Organisation, heimste die Lorbeeren ein. Die Fahrer sind vergessene Helden.

Die libanesischen Lastwagenbesitzer erinnerten mich an die Griechen, die ich Mitte der achtziger Jahre während der Hungersnöte im Sudan und in Äthiopien in Khartum getroffen hatte. Die Griechen waren mit den Sudanesen freundlicher umgegangen als die Libanesen mit den einheimischen Fahrern in Sierra Leone. Die Griechen waren jedoch genauso zynisch wie die Libanesen. Während des Aufstandes von 1985 gegen das Militärregime Jaafar Nimeiris sagte ein griechischer Kaufmann zu mir: »Ihr Journalisten meint, daß es zur Demokratie kommt. Warten Sie ein paar Jahre, dann führt in einem Land wie dem Sudan die Demokratie zur Anarchie.« (Es kam zu einer chaotischen und inkompetenten islamischen Diktatur.)

»Wie lange brauchen wir bis Bo?« fragte ich Simeon. Er zuckte die Achseln. »Keine Ahnung, Sir. Hängt von den Straßen ab und von den Soldaten.« Das hatte mir auch der Direktor vom CRS gesagt. Auf der Landkarte ist Sierra Leone ein winziges Land, kleiner als South Carolina. Tatsächlich ist es riesig. In Amerika kann sich jeder ausrechnen, wie lange er brauchen wird, um von New York nach Kalifornien zu fahren. Hier aber weiß niemand, wie lange es dauern wird, um von Freetown nach Bo zu kommen. Am Rande der Stadt stoppte Simeon den Laster vor einer Wellblechhütte. Aus ihr kam Abdul mit nacktem Oberkörper und einem Hemd in der Hand. Er stellte sich als Simeons Beifahrer vor. CRS zahlte die Libanesen, die zahlten Simeon und der wiederum Abdul. (Afrikaner moslemischen Glaubens haben oft arabische Namen.) Nachdem wir Freetown verlassen hatten, kamen wir zu ersten Straßensperre: hundert Meter Hindernisse aus schulterhoch aufgeschichteter Baumrinde. Auf beiden Seiten der Straße standen Soldaten mit Gewehren im Anschlag, Zivilisten zerrten Säcke hinter sich her. Abgestellte zerbeulte Autos, Buschtaxis und Lastwagen wurden von Soldaten durchsucht, während Zivilisten die Chance nutzten, eine Mitfahrgelegenheit zu suchen. Frauen verkauften Bananen und hartgekochte Eier. Es war wie in einem riesigen Busbahnhof. Die Soldaten trampelten auf den Weizen- und Sojasäcken herum. Simeon sprang aus dem Auto, um sicherzustellen, daß von seiner Ladung nichts gestohlen wurde, und flehte die Soldaten an, zu begreifen, daß es sich um »Lebensmittel für die Flüchtlinge« handelte. Er hielt ihnen seine Papiere unter die Nase. Die Soldaten lachten. Einer kam zum Wagenfenster und richtete sein Gewehr auf mich. Ich sah seine geschwollenen, blutunterlaufenen Augen – die Augen eines Drogensüchtigen. »Wie heißt du?« wollte er wissen. »Ich bin Mustafa. Hast du was für mich? Ich will Geld für dein Soja da.« Abdul lehnte sich zum Fenster und sagte ruhig, daß wir Hilfsgüter der CRS transportierten und uns freie Fahrt zugesichert worden sei. Abdul erklärte, ich sei ein *lokotu*, »ein wichtiger weißer Mann«, und arbeite für die CRS. Ich hielt den Mund. Abduls Worte strahlten Kompetenz und Klugheit aus. Er hielt das Raubtier ruhig, bis wir entkommen konnten. Simeon sprang zurück auf den Fahrersitz. Wir durften passieren. Der Soldat sprang ab und fluchte. Abdul schüttelte den Kopf: »Diese Soldaten nicht gut, Sir. Es tut mir leid, daß Sie diesen Ärger miterleben müssen.« »Was haben Sie in Zukunft vor?« fragte ich Abdul. »Ich will nach New Jersey zu meiner Schwester«, sagte er. Langsam ließen wir die Stadt hinter uns. Wir fuhren durch einen Busch, der von pechschwarzen, träge fließenden Gewässern durchzogen war, mit halbnackten Frauen an ihren Ufern. Die Gänge heulten, der Laster schlingerte. Das Armaturenbrett war zu heiß zum Anfassen, durch die fensterlosen Türen drang Staub herein. Ich lernte schnell, daß in Afrika die unbefestigten Straßen jeder geteerten Straße vorzuziehen waren, in die der Regen Schlaglöcher wusch. Die zweite Straßensperre bestand aus einem Rundbau aus Baumstämmen. Auch hier machte sich eine Bande von Soldaten über unseren Lastwagen her. Diesmal sprangen Simeon und Abdul heraus, erklärten, baten, wedelten mit ihren Papieren und riefen: »CRS, Hilfswerk, Lebensmittel für Flüchtlinge!« Die Soldaten lachten. Sie waren betrunken und stießen Simeon und Abdul in die Seite. Einer von ihnen griff durch das offene Fenster nach meiner Hand. »Hey, das ist aber eine schöne Uhr. Nimmst du mich mit, Alter?« Er richtete sein Gewehr auf mich. Abduls Beispiel folgend, redete ich sehr ruhig auf ihn ein und erfand alle möglichen Gründe, warum ich als Diplomat mit Sonderauftrag ihn leider nicht mitnehmen könne. Plötzlich waren noch mehr Soldaten da und verlangten, ich solle Simeon und Abdul den Befehl erteilen, sie hinten bei Weizen und Soja aufsitzen und mitfahren zu lassen. Hier war eine »Armee« ohne Fahrzeug. Plötzlich kam mir das Konzept militärischer Hilfe für Staaten wie diesen verbrecherisch vor: Man hätte genausogut eine Räuberbande bewaffnen können. Während ich versuchte, die mit Gewehren ausgerüsteten jungen Männer zur Räson zu bringen, sah ich, wie ein paar Toyotas mit Allradantrieb, die Angestellten westlicher Hilfsorganisationen und Diplomaten gehörten, problemlos durch die Straßensperre brausten. Die Soldaten warfen einen Blick auf ihre Nummernschilder und winkten sie durch. Der Bericht dieser Leute über ihre Fahrt durch Sierra Leone wird sich anders anhören als meiner.

Wir fuhren weiter. Diesmal allerdings sprangen einige der Soldaten auf den Lastwagen auf und setzten sich auf die Getreidesäcke. Simeon und Abdul zuckten die Achseln. Was sollten wir machen? Natürlich duldete die CRS eigentlich keine Soldaten auf ihren Lastwagen. Aber hier galt die CRS nichts. Der Wagen blieb ruckartig stehen: ein Reifen war geplatzt. Die Soldaten sprangen herunter. Zu meiner Erleichterung winkten sie ein anderes Fahrzeug herbei, bedrohten den Fahrer und wurden mitgenommen. Wir befanden uns in einem Dorf. Der völlig überladene Laster brach ächzend zusammen. Einige junge Burschen kamen herbei. Sie trugen Baseballkappen und billige Turnschuhe ohne Schuhbänder. Sie sprangen sofort auf den LKW und halfen uns, genügend Säcke abzuladen, damit wir den neuen Reifen aufziehen konnten. Der Wagenheber erwies sich als untauglich. Es mußten Steine herbeigeschleppt werden, um den Laster so weit zu heben, daß der Reifen abmontiert werden konnte. Das Ganze dauerte ungefähr zwei Stunden, so daß ich Zeit hatte, mich ein wenig umzusehen. Das Dorf bestand aus ungefähr 25 Lehmhütten und einigen zusammenbrechenden Verkaufsständen. Es glich den meisten anderen Dörfern, die ich in Afrika gesehen hatte und noch sehen würde. Man hätte es als »malerisch« oder »exotisch« bezeichnen können: Ochsengespanne und halbnackte, schwangere Frauen, die Maniokwurzeln zerstoßen. Die anderen Bilder: riesige Abfallhaufen, leere Regale im einzigen Geschäft, mißmutig herumhängende Halbwüchsige, die durch unsere Reifenpanne endlich einmal etwas zu tun bekamen – die ganze endlose Leere. Das Leben ging weiter, Kinder wurden gezeugt und geboren, und dennoch wurde nur wenig geschaffen oder auch nur repariert. Es war ein Lebensstil, den hohe Kindersterblichkeit und geringe Lebenserwartung kennzeichneten. Da aber jede Frau in Sierra Leone mindestens sechs Kinder gebar, war in den letzten Jahrzehnten die Bevölkerungszahl trotz aller krankheits- und kriegsbedingten Todesfälle unaufhörlich gestiegen. Schwarzafrika durchlitt die Nebenwirkungen westlicher Hilfe: rudimentäre sanitäre Versorgung in einigen Gebieten, Lebensmittel für die Städte in anderen. Das reichte nicht, den Menschen zu helfen, sich an die moderne Zeit anzupassen. So schrecklich eine westafrikanische Shanty town auch aussieht, ich konnte verstehen, warum die Menschen an Plätze wie »Chicago« und »Washington« strömten. In Dörfern wie diesem war es immer die alte Geschichte. In der Stadt könnte vielleicht doch einmal etwas geschehen, vielleicht würde es ein neues Leben geben. Das war einer der Gründe, warum das Dorf so verlassen wirkte. Auf den Feldern ein paar Kilometer weiter waren noch Männer bei der Arbeit. Aber die meisten hatten sich in die Slums von Freetown abgesetzt. Ich betrachtete den Abfall: Plastiksäcke, Blechdosen, Milchkartons, Hühnerreste, und überall dazwischen Kothaufen – eine Mischung aus Industrie- und Dorfmüll. Die wuchernden städtischen Magnete an der Küste veränderten die Wirklichkeit dieser Dörfer, sei es durch den Export von Verbrechen (wie Einbrüche in ländliche Krankenstationen), durch Baseballkappen und Turnschuhe oder durch Milchkartons und Dosennahrung. Ich beobachtete, wie Simeon und Abdul diesen ausgelassenen Jugendlichen etwas Geld gaben und hatte das Gefühl einer Annäherung von Großstadt und Dorf, Krieg und Verbrechen, Soldaten und Sträflingen. Auch hier wurden Grenzen brüchig. Als wir weiterfuhren, hatte es zu regnen begonnen. Die Scheibenwischer funktionierten nicht. Simeon wickelte Stanniolpapier um eine Zigarette, um eine provisorische Zündung herzustellen. Die Scheibenwischer setzten sich in Bewegung. Simeon hatte ein Problem auf praktische Weise gelöst.

Menschen, die gezwungen werden, Probleme zu lösen, zeigen sich der Lage meistens auch gewachsen. Obwohl die Armut in Sierra Leone die Menschen jeden Tag vor neue Probleme stellt, war die Natur hier in gewissem Sinne einst zu verschwenderisch mit ihren Gaben gewesen und hatte den Menschen nicht die Strapazen auferlegt, die eine Kultur zur Entwicklung jener Selbstdisziplin benötigt, die die Völker in weniger begünstigten Klimazonen in Tausenden von Jahren lernen mußten. Doch jetzt versiegte dieser verschwenderische Überfluß, und es schien nur wenige zu geben, die es bemerkten. Den ganzen Tag sah ich Leute die Straße entlangziehen, die Bündel von Feuerholz auf dem Rücken transportierten: Einige waren für den Hausgebrauch bestimmt, die meisten wurden nach Freetown gebracht. Der Busch wuchs schnell, aber nicht schnell genug für die steigende Anzahl von Menschen. Allein zwischen 1980 und 1990 sind 20 Prozent der Urwälder Westafrikas verschwunden.[22]

Der Lastwagen blieb stehen. Diesmal kochte der Kühler. Wir warteten, bis er sich abgekühlt hatte, und füllten ihn aus einem Wasserlauf auf, in dem Männer und Frauen badeten. Das Wasser war abgestanden und vermutlich mit Bilharziose verseucht; die zahllos herumschwirrenden Fliegen übertrugen die Onchozerkose (Flußblindheit). Aber wo sonst sollten diese Leute baden? Der Lastwagen schlingerte und schnaufte noch ein paar Kilometer durch Schlaglöcher eine Anhöhe hinauf, dann blieb er erneut stehen. Wieder kochte der Kühler. Diesmal ließen Simeon und Abdul alles Wasser ab und füllten ihn mit kühlerem Wasser aus dem Wasserlauf. Eine weitere halbe Stunde vertan. Der Wagen startete. Wir mußten noch zweimal wegen Kühlerüberhitzung anhalten. Wenn man die Reifenpanne dazurechnete, war der LKW bis jetzt fünfmal liegen geblieben. Schließlich – wir erwarteten das Schlimmste – hatte der Kühler ein Loch. Erneut wurde das Wasser abgelassen. Simeon stopfte das Loch mit einer Mischung aus Teer, Kaugummi und Stanniolpapier aus einer Zigarettenschachtel, dann fuhren wir weiter. Wir hatten noch zwei Straßensperren zu überwinden. Als wir Bo schließlich erreichten, war es bereits dunkel. Wir hatten für 250 Kilometer zwölf Stunden gebraucht. Ich lief durch die unbeleuchteten Straßen, kaufte ein paar hartgekochte Eier und Bier zum Abendessen und suchte nach der Pastoral Church, die von irischen Priestern geleitet wird; und hoffte, dort einen Schlafplatz zu finden. Ein Lastwagen mit Soldaten schoß aus einer Seitengasse. Ein junger Mann ergriff meinen Ellbogen und schob mich rasch weiter. »Ich bin Fuad«, sagte er. »Kann ich Ihnen behilflich sein?« Fuad trug eine Brille mit dicken Gläsern, eine lilafarbene Baseballkappe und Bücher unter dem Arm. Ich vertraute ihm. Er brachte mich zum Büro der Pastoral Church, wo ich auf einen Priester traf, der in einem schwach erleuchteten Zimmer mit einer Gruppe Einheimischer zusammensaß. Er zeigte mir die Herberge der Kirche, wo ich schlafen konnte. Fuad blieb bei mir, bis ich mein Zimmer in einem kleinen, barackenartigen Gebäude am Rande des Busches gefunden hatte. Mit fließendem Wasser und einer Klimaanlage war es erstaunlich gut ausgestattet. Ich holte meinen Jod-Filterbecher hervor und trank das Leitungswasser. Die Dunkelheit war eine Stunde alt, als das Gewehrfeuer einsetzte.

Kurz hinter Bo begann das nicht genau abgegrenzte Kriegsgebiet. Man wußte nicht recht, was das Gewehrfeuer zu bedeuten hatte: Raubüberfall, Soldaten, die in die Luft schossen? Fuad zuckte die Achseln. Er hatte keine Ahnung. Zum Schlafen viel zu aufgedreht, saß ich vor der Baracke und unterhielt mich mit ihm. Er zeigte mir eines seiner Bücher: *The Christian and Demon Spirits* von Jimmy Swaggart. »Dieses Buch«, erklärte er mir, »lehrt mich, den Teufel aus meinem Herzen herauszuhalten. Man muß stets auf der Hut sein.« Ich lachte nicht. In Sierra Leone spürt man die soziale Auflösung überall. Die Regierung existiert weder als moralische noch als ordnende Kraft. Fuad lebte mit seiner Mutter und sieben Geschwistern zusammen, sein Vater war »schon lange weg«. Er hatte ein »Diplom«, aber keine

Aussicht auf einen Job. Ohne Geld würde er auch kein College besuchen können. Trotzdem war Fuad ruhig und freundlich, bat mich mehrmals, ihm ein Empfehlungsschreiben zu geben, das ihm helfen könnte, in Freetown ein Stipendium fürs College zu bekommen. Fuad war einer von Tausenden jungen Männern in Afrika, die versuchen, für eines der dortigen Colleges ein Stipendium zu erhalten. Doch selbst jene, die das Glück haben, zugelassen zu werden, haben nach Abschluß ihrer Ausbildung keine Aussicht auf Arbeit. In Sierra Leone leben unzählige Fuads, die hoffen und sich bemühen.

In der Nacht regnete es. Die grünschwarze Erde sah frisch aus. Als die Sonne aufging, wich die erfrischende Luft den Schlammdünsten und schließlich dem alles überlagernden Geruch von Staub.

Jim Ashman war der Vertreter von CRS in Bo. Ich suchte ihn auf, um herauszufinden, was hier los war. Ashman lebte in einem Bungalow am Rande der Stadt. Morgens um acht klopfte ich an seine Tür. Schlaftrunken und mit nacktem Oberkörper öffnete er und bat mich, zehn Minuten im Wohnzimmer zu warten, bis er sich gewaschen und angezogen hätte.

Je kleiner und abgelegener der Ort, desto weniger wurde auf Förmlichkeiten Wert gelegt. Ich hatte mir gedacht, daß ich auch ohne große Anmeldung um diese Tageszeit an seine Tür klopfen konnte, und seine freundliche, begeistert klingende Stimme gab mir recht. Sein Telefon sei ohnehin seit Monaten kaputt, erklärte er. Während ich wartete, sah ich mich ein wenig um. Das Haus war staubig und nur spärlich möbliert. Auf einem Regal standen ein paar afrikanische Romane und eine abgenutzte Taschenbuchausgabe von Graham Greenes *Journey Without Maps*. An den Büchern lehnte eine Fotografie, die einige blutbeschmierte liberianische Aufständische neben einem mit Schädeln beladenen Jeep zeigte. Ashmans Frau, eine Afrikanerin, kam herein und bereitete mir liebenswürdigerweise ein Frühstück aus zwei Rühreiern und Coca-Cola. Da ich sehr durstig war und wußte, wie unwirsch der Magen in heißem Klima auf Kaffee reagieren kann, war ich für diese Kombination sehr dankbar. Im gemäßigten Klima der post-industriellen Welt mit ihrer Unzahl von Säften und Mineralwässern rühre ich

Coca Cola kaum an. In den Tropen lebe ich davon. Ashman kam herein und machte mich nun offiziell mit seiner Frau und den Kindern bekannt, die inzwischen im Zimmer herumtollten. Er hatte als Pharmazeut für einen amerikanischen Chemiekonzern gearbeitet, aber irgendwann festgestellt, daß das Leben in der Vorstadt ihn langweilte. Er hatte sich dem Friedenskorps angeschlossen und war nach Sierra Leone geschickt worden. Zurück in Amerika, konnte er sich nicht mehr dem Lebensstil anpassen. Er arbeitete für eine Reihe von Hilfsorganisationen, bis er schließlich von der CRS den Posten in Bo erhielt. Ashman war als Entwicklungshelfer das, was bei den Journalisten ein »Stringer« ist: ein freiberuflicher Journalist, der für eine kleine Agentur arbeitet, auf Förmlichkeiten verzichtet und weniger professionell wirkt als ein akkreditierter Auslandskorrespondent; er ist gewissermaßen ein »Einheimischer« und erwirbt ein Gespür für lokale Gegebenheiten, das man bei den Botschaftsangehörigen und Geheimdienstbürokraten in westlichen Hauptstädten kaum findet. Ich erinnere mich an Khartum 1985 und an Jill Lusk, die einige Tage vor dem Aprilputsch verkündete, daß der militärische Führer Nimeiri sehr bald gestürzt werde: »In meiner Nachbarschaft redet jeder seit Jahren zum erstenmal wieder über Politik.« Sie hatte recht, während viele der ansässigen Diplomaten sich irrten. Für London und Washington beginnt die Informationskette über die Dritte Welt oft an weit abgelegenen Außenposten mit Leuten wie Jim Ashman und Jill Lusk. Ashman erzählte vom Flüchtlingslager Gondama, das in der Nähe lag. Mit seiner vom Westen bereitgestellten medizinischen Versorgung, den neuen Toiletten, den Brunnen, Gebärhütten, verläßlichen Weizen- und Sojalieferungen durch Organisationen wie der CRS, den sauberen Reihen strohgedeckter Hütten bot es einen hohen Lebensstandard in Sierra Leone. »Die Leute in Gondama wurden aus dem Südosten des Landes vertrieben, auf den Liberia Anspruch erhebt. Das ganze Thema Nationalität und Grenzen ist undurchsichtig. Die Stammesgrenzen sind nicht offiziell, doch die einzigen, die in zunehmendem Maße wirklich eine Rolle spielen. Es gibt Dörfer, in die sich die Armee Sierra Leones nicht mehr hineinwagt, weil Soldaten dort eingefallen waren und den Leuten die Ohren abgeschnitten haben. Ich weiß das, weil ich in einem dieser Dörfer war …«

Ich fragte Ashman nach der Abwanderung in die Städte. »Alle Studenten aus der Zeit, die ich mit dem Friedenskorps auf dem Land verbracht habe«, sagte er, »sind heute Arbeitslose in Freetown.« Ich fragte ihn nach der Malaria: »Allein im August gab es in Gondama 675 registrierte Fälle von schwerer Malaria. In leichter Form hat sie hier jeder. Außerdem habe ich ein stetes Anwachsen von Geschlechtskrankheiten festgestellt.« »Ist Sierra Leone ein Land?« fragte ich. »Ob es ein Land ist? Das ist eine interessante Frage. Warten Sie … Ich habe Ihnen von dem Gebiet erzählt, das an Liberia grenzt. Ich habe im Nordosten, Kabala, gelebt. Die Fula dort sind mehr mit Guinea verbunden als mit Sierra Leone. Da scheint einiges zusammenzubrechen. Seit der Unabhängigkeit haben die Regierungen das System der Dorfhäuptlinge zugrunde gerichtet, weil die Position nicht mehr traditionsgemäß weitervererbt, sondern an regierungsfreundliche Männer verliehen wird, die kaum längerfristig legitimiert sind. Mit dem Schwächerwerden der Zentralregierung geht die Macht auf diese Häuptlinge über, die mit der Verantwortung nicht umgehen können. Es gibt ein westafrikanisches Sprichwort: ›Wer würde ein Zuckerstück ausspucken?‹ Mit anderen Worten: Wer würde sich von einem gekauften Häuptling trennen? Und dann die Waffen überall. Das ist ein neues Phänomen. Ist Sierra Leone ein Land? Wirklich interessant …« Ich dachte an die Bemerkung eines deutschen Diplomaten: »Es könnte sein, daß im 21. Jahrhundert deutsche Botschafter in Afrika wieder autorisiert werden, Kooperationsverträge mit jedem Küstenkönig oder Führer abzuschließen, der eine einigermaßen verläßliche Kontrolle über das Binnenland ausübt.« Ashman teilte mir noch einen Gedanken über die Kultur mit, in die er hineingeheiratet hatte: »Hier kann man nicht zu Wohlstand kommen. Sobald Sie zum Beispiel ein bißchen Reis gekauft haben, halten die Nachbarn die Hand auf. Es ist gefährlich, irgend etwas anzuhäufen, weil es sofort geteilt werden muß. Das [afrikanische] Sozialsystem gleicht nach unten aus – alle auf denselben Standard. Dieses System verbietet jede Ambition.«

(Mit der Zeit traute ich meiner Erinnerung nicht mehr so ganz. War die Fahrt von Freetown nach Bo wirklich so furchtbar gewesen? Dann kamen im Januar 1995 Berichte von massiven Greueltaten und Geiselnahmen außerhalb von Freetown auf eben jener Straße, die ich entlanggefahren war. Ein Filmteam der BBC hatte dieselbe Route genommen. Seine Videoaufnahmen zeigten verstümmelte Leichen und einen Mann, der einen abgeschnittenen Finger aus seinem Geldbeutel hervorzog und behauptete, er mache ihn »unsichtbar«. Das Flüchtlingslager in Gondama war von blutrünstigen Aufständischen überfallen worden. Das BBC-Team befragte die amerikanische Botschafterin Lauralee Peters über den gesellschaftlichen Zustand Sierra Leones. »Was hier geschieht«, sagte sie, »macht mich frieren. … Ich sehe nicht gerne aufgespießte Köpfe.«[23])

Einige Tage später, wieder in Freetown, genoß ich eine Pizza und eine Coca Cola in der blitzsauberen, libanesisch geführten Bäckerei Crown. Die Gläser waren poliert, exklusive Sandwiches wurden angeboten, aus verdeckten Lautsprechern ertönte sanfte Musik, Wände und Möbel waren frisch lackiert, die Decke neu gestrichen und die Klimaanlage nicht zu hören. Staub und Fäulnis – die Luft Westafrikas schlechthin – blieben draußen: eine Großtat, die ununterbrochenes Putzen verlangte, und zu der die von der Regierung geführten Hotels, die immerhin über 100 Dollar pro Übernachtung verlangten, nicht fähig waren. Küche, Reinlichkeit und Management entsprachen internationalem Standard, ohne daß es der Unterstützung durch ausländische Berater bedurft hätte. Hier gab es eine ansprechende Geschäftsauslage inmitten des Drecks der Innenstadt von Freetown; hierher kamen die Mitarbeiter der Hilfsorganisationen und die Diplomaten, und die Leute aus Sierra Leone konnten zumindest einmal sehen, wie die Welt draußen aussah und wie sie funktionierte. Obwohl es niemand offen aussprach, wußten die Diplomaten und Helfer, daß auch sie vermutlich gehen würden, wenn die 10000 Libanesen das Land verließen,. Sie waren ein lebenserhaltendes System für Ausländer, ob es um LKW-Transporte für Flüchtlinge ging oder um einen Lunch in einem akzeptablen Restaurant westlichen Stils. Doch viele Afrikaner in Sierra Leone konnten an den Libanesen nichts Gutes finden. *Fuck the Lebanese* hatte jemand auf eine Wand in der Nähe von Michelles Wohnhaus gesprüht. Als ein Libanese, bei dem dreimal hintereinander eingebrochen worden war, zur Polizei ging, war diese nicht interessiert, den Fall aufzuklären, verlangte aber Schmiergelder von ihm. Der Überfall auf einen Libanesen wurde in Sierra Leone nicht so streng geahndet wie andere Verbrechen. »Sie sind dreckige Libanesen, die in dreckige Geschäfte verwickelt sind«, lautet die übliche Beschwerde. Die Libanesen bilden die Mittelschicht in einem Land, in dem die einheimische Mittelschicht sehr schwach war. Obwohl sie gebraucht werden, sind sie verhaßt. Drei Soldaten drückten sich außen am Fenster der Bäckerei Crown die Nasen platt und beobachteten die Gäste mit gierigen Augen. Erpressungen durch die Armee gehören zu dem Preis, den die Libanesen zahlen müssen, um im Geschäft zu bleiben. Inzwischen zeichnet sich ein neuer Trend ab: Die libanesischen Geschäftsleute schickten ihre Kinder immer öfter ins Ausland; sie sollen dort die Schulen besuchen und eine ausländische Staatsbürgerschaft erwerben. Die Libanesen bereiten sich in aller Stille darauf vor, das Land zu verlassen. Vielleicht wird die Zukunft hier noch trauriger werden als die Gegenwart.

3   Im Golf von Guinea

Vom schwarzen, nächtlichen Ozean wehte ein feuchter Wind herein.
Ich saß in einem ausgebleichten Strandsessel am Swimmingpool und
schaute einigen französischen Touristen zu, die im Wasser herumtoll-
ten und dem afrikanischen Ober zuriefen, er solle Bier bringen. Ich
war mit mir zufrieden. Dies war das Westafrika der Romanautoren wie
Ian Fleming: eine erstklassige Ausstattung der fünfziger Jahre statt
des sterilen Luxus der neunziger; das Servicepersonal reagierte
prompt auf ein Fingerschnipsen, am Pool lagen schöne Frauen, der
Klang der afro-brasilianischen Musik vermischte sich mit dem leisen
Wellenschlag des Meeres.
Ich war von Freetown nach Lomé, der Hauptstadt Togos, geflogen.
Togo ist mehr Dichtung als Wahrheit. Nur einen etwa 55 Kilometer
breiten Küstenstreifen einnehmend, ist es rund 540 Kilometer lang
und erstreckt sich vom Atlantik zur Sahara bis zur Grenze mit Burkina
Faso. Mehr als in den anderen Ländern Westafrikas zeigt sich besonders hier das geographische Dilemma der Region: Die Bevölkerungs-
gürtel Westafrikas verlaufen horizontal, und die Besiedlung wird immer dichter, je weiter man von der Sahara nach Süden in den tropischen Überfluß des atlantischen Küstengebiets kommt. Doch die
europäischen Kolonialisten zogen vertikale Grenzen und befanden
sich damit im Gegensatz zu Demographie und Topographie. Der
Stamm der Ewe zum Beispiel, der ziemlich nah an der Küste lebt, ist
zwischen Togo und Ghana aufgeteilt. Zudem wird Togo von Spannungen zwischen seinen Volksstämmen im Süden und den voltaischen
Völkern im Norden geplagt, deren Kultur von der Sahara beeinflußt
ist. 1963 war Togo das erste unabhängige afrikanische Land, in dem

es zu einem Putsch kam; er war das Ergebnis eines Konfliktes zwischen Präsident Sylvanus Olympio, einem Angehörigen des Küstenvolkes der Mina, und Soldaten aus dem Norden, die zum Volk der Cabrais gehörten und die ihn ermordeten. Togo bildet kein organisches Gefüge aus Geographie und Ethnizität, sondern ist das Ergebnis deutscher Gier im ausgehenden 19. Jahrhundert. Als der Sklavenhandel nichts mehr abwarf, begannen die Europäer mit der Ausbeutung afrikanischer Rohstoffe wie Kakao. 1884 landeten die Deutschen mit einem Schiff und steckten sich ein Gebiet ab. Dieses Gebiet ist heute die Basis für die nationale Identität Togos.

Anfang 1993, als die fröhlichen Touristen noch nicht im Pool herumschwammen, war es zu einem Aufstand in der Armee gekommen. Die Diplomaten verließen das Land, und die Franzosen, die nach dem Ersten Weltkrieg die Deutschen als Kolonialherrn abgelöst hatten, unterstützten wiederum den Militärdiktator Etienne Eyadema. Ähnliches hatte sich bereits 1991 nach einem Aufstand ereignet. Nachdem ich Togo verlassen hatte, kamen bei einem mißglückten Putsch 67 Menschen ums Leben, drei Oppositionsführer wurden bei Wahlen getötet, die zu großen politischen Konflikten führten.

Lomé, die Hauptstadt eines anerkannten Staates, ist eigentlich nicht mehr als ein hübsches Marktstädtchen mit Verkaufsständen unter Strandschirmen und einem Haufen arbeitsloser Jugendlicher. Ohne nennenswertes Zentrum am Strand liegend, scheint Lomé über keine Basis zu verfügen. Aber es bietet ein so heiteres, wunderschönes Bild, daß die Pauschaltouristen aus Europa sofort zurückkehrten, nachdem die Plünderer nichts mehr zu plündern gefunden hatten. Wie ich feststellte, wandert kaum ein Tourist über die Hotelanlage hinaus.

Am nächsten Morgen um neun hatte ich mein Frühstück beendet, bezahlte die Rechnung und verließ das Hotel. Die feuchte Hitze traf mich wie ein Schlag. Ich war auf dem Weg zur Grenze nach Ghana, nur ungefähr zwei Kilometer weit am Rande der Stadt. Ich wollte zu Fuß, mit dem Taxi oder mit dem Bus reisen und dann per Autostop den Golf von Guinea entlang zurück nach Abidjan, der Hauptstadt der Elfenbeinküste, rund 650 Kilometer weiter nach Westen.[1]

84

Einige Wochen vorher hatte ich in Abidjan Satellitenbilder des Golfs von Guinea von Lagos bis Abidjan gesehen, auf denen sich die Region als eine einzige Bevölkerungszone darstellte, die nach jedem vernünftigen ökonomischen und geographischen Prinzip eigentlich ein einziger Staat sein müßte. Statt dessen war sie in die Länder Nigeria, Benin, Togo, Ghana und Elfenbeinküste aufgeteilt. Das, was der Satellit von oben eingefangen hatte, wollte ich nun am Boden sehen. Ich wollte wissen, was Afrikaner, die hier regelmäßig unterwegs sind, mitmachen müssen, um von einem Teil dieser Küste zum anderen zu gelangen. Der Historiker Basil Davidson sagt, daß die Afrikaner unter dem »Fluch des Nationalstaates« zu leiden haben. Diesen Fluch wollte ich am eigenen Leib erfahren. Von allen künstlich geschaffenen Grenzen schießt die »Aflao«-Grenzstation vermutlich den Vogel ab. Hier hört die am Strand entlanglaufende Straße mitsamt der Hauptstadt Lomé ganz einfach auf. Plötzlich steht man vor einem Eisentor, hinter dem man einen Schrottlagerplatz vermuten könnte. Die Szene ist völlig chaotisch: ein verrostetes, rasselndes Tor, kohlschwarze Baracken, Schmutz und Sand, Mangoverkäuferinnen, junge Burschen mit Bündeln von Cedi (ghanesische Währung), die sie gegen Francs der CFA eintauschen wollen,[2] Weidetiere, Schafe und Ziegen, Frauen, die Körbe auf ihren Köpfen tragen – alle passieren das Tor in beiden Richtungen, ohne angehalten zu werden. Es gibt keine Warteschlange. Man hat das Gefühl, unter Wasser gezogen zu werden: Man watet in einer Menge, bis einer der Burschen einen am Ellbogen zu einer Fensteröffnung in der Baracke führte, hinter der ein Grenzbeamter saß. Mir fiel ein, was Ryszard Kapuscinski 1965 über diese Grenze geschrieben hatte:»An der Grenze zwischen Ghana und Togo gab es ein großes Tor mit einem Vorhängeschloß. Als ich mit meinem Wagen die Grenze passieren wollte, suchte der Polizist erst eine geraume Weile nach dem Schlüssel, um das Tor aufzusperren. Vor zwei Jahren war Silvanus Olympio, der Präsident Togos, an diesem Tor von einem Exekutionskommando aus mehreren Offizieren erschossen worden.«
Der Beamte sagte, daß ich eine Ausreisebewilligung des Innenmini-

steriums bräuchte, um Togo verlassen zu können. Aber es war Sonntag, und das Ministerium war geschlossen. Er erklärte sich bereit, mich gegen eine *amende* [Strafe] von 5000 Francs (ungefähr 18 Dollar) passieren zu lassen. Ich gab ihm eine 5000-Francs-Note. »Und jetzt wechseln Sie diesem jungen Mann hier Geld«, erklärte er mir und deutete auf einen Burschen von zwölf oder dreizehn Jahren, der neben ihm stand. Sie lächelten sich an. Ich wechselte einige Francs in Cedi, was ich ohnehin tun mußte. Das Ganze war eine Masche – selbstverständlich brauchte ich keine Ausreisebewilligung. Ich sah mich um: Auch Afrikaner mit Säcken und Koffern gaben den Grenzposten Geld. Die Frauen mit den Körben zahlten nichts, die etwas begüterten Afrikaner zahlten ein bißchen, und ich zahlte ein bißchen viel. Die Grenze war da, um Steuern von den Begüterten einzutreiben und den Regierungsbeamten ein Einkommen zu sichern. Es gab keine richtige Kontrolle, kaum jemand mußte seinen Koffer öffnen. Die Armeekontrollen im Binnenland der westafrikanischer Staaten waren erheblich schärfer. Der junge Mann begleitete mich zur ghanesischen Seite der Grenze. Dort stempelte man meinen Paß und gab mir, im Gegensatz zu Guinea, eine Devisenerklärung, die ich ausfüllen mußte, um bei der Ausreise meine Dollars problemlos wieder ausführen zu können. Der Bursche brachte mich zum Stand mit den Taxis. Ich gab ihm ein Trinkgeld. Er drehte sich um und marschierte zurück nach Togo. Kein Mensch kümmerte sich um ihn oder all die anderen Jungen, die das Tor ständig in beiden Richtungen passierten. Zwischen der Grenze und der Hauptstadt wurden wir (meine Mitreisenden in dem gemeinsam gemieteten Taxi und ich) viermal aufgehalten und durchsucht. An diesen Plätzen hatten sich kleine Märkte, die schon fast Dörfer waren, gebildet. Es wurden Getränke und Proviant angeboten, während die Fahrgäste auf ihre Weiterfahrt warteten. Bei einem dieser Aufenthalte schlug ich mich kurz ins Gebüsch. Ich blickte mich um und sah das gleiche Bild wie in Togo, Sierra Leone, Guinea und der Elfenbeinküste: verwahrloste Hütten, mit Eidechsen übersäter Lateritboden, Horden von kleinen Kindern und schwangeren Frauen, umgeben von Fliegenschwärmen. Auf den ersten Blick schien es Ghana nicht besser zu gehen als seinen Nachbarstaaten. Das überraschte mich. Nachdem an der Elfenbeinküste und in Kenya die schlimmen Zeiten ausgebrochen waren, hatten einige Afrikanisten Ghana als »Erfolgsstory« bejubelt – als Land mit einer relativ stabilen Regierung, geführt vom charismatischen und in gewisser Weise wohlwollenden Militärdiktator Jerry Rawlings. Im *Human Development Report* der UNO rangierte Ghana gleich neben Pakistan und Indien. Doch im Februar 1994, kurz nachdem ich dort gewesen war, wurden im Norden des Landes bei Stammeskämpfen um Landbesitz 13000 Menschen zu Flüchtlingen, zwischen 1000 und 3000 Menschen kamen dabei ums Leben. In offiziellen Berichten hieß es, daß bei den Kämpfen zwischen Konkombas und Nanumbas 67 Dörfer zerstört worden seien. In Accra war allerdings eine lebhafte Bautätigkeit zu beobachten, was auf wirtschaftlichen Aufschwung schließen ließ. Es gab einige sehr gute Hotels der Mittelklasse – ein deutliches Zeichen von Zivilisiertheit, wenn man berücksichtigt, daß es in vielen Städten der Dritten Welt nur die Auswahl zwischen einer billigen Bruchbude und maßlos überteuerten Luxushotels gibt. Noch beeindruckender war, daß man in Accra auch nach dem Dunkelwerden noch herumspazieren konnte, was für andere schwarzafrikanische Städte – wie auch für viele amerikanische Städte – nicht gilt. Von einer Innenstadt war wenig zu spüren, es gab auch keine Randsiedlungen wie in den USA, die entstanden waren, als die Innenstädte zu gefährlich wurden und die Mittelschicht in die Randbezirke übersiedelte. Ich sah nur ein Gitterwerk holpriger Straßen, offene Abwasserkanäle, Laterit, senffarbene Hauswände in unterschiedlichen Stadien der Verwahrlosung und Wellblechdächer. Es gab keine Urbanität. Im *Lonely Planet Travel Survival Kit* stand zu lesen, das Nationalmuseum in Accra sei »eines der besten Museen in Westafrika«. Was sollte man darunter verstehen? Es war ein ziemlich kleines, verlassenes, unbeleuchtetes Gebäude mit verstaubten Ausstellungsstücken hinter gesprungenem Glas, in dem ich eine Stunde lang der einzige Besucher war. Ich betrachtete die Gewänder, Holzmasken, Trommeln, Steinwerkzeuge und andere Artefakte. Der Wachmann hatte auf mein Klopfen hin die Tür zum Museum erst aufschließen müssen. Nachdem ich mein Eintrittsgeld entrichtet hatte, setzte er sich wieder vor sein Fernsehgerät und sah sich ein Rock-Video an, dessen Musik durchs ganze Haus dröhnte.

Ich nahm ein Zimmer im Sunrise Hotel, das akzeptable Preise hatte, über ein Restaurant verfügte und Gäste beherbergte, die sich den Miniboom Ghanas zunutze machten. *The Green, Green Grass of Home* schallte es aus den Lautsprechern, als ich mich bei der Hotelrezeption eintrug. Etliche Männer saßen in dem Restaurant, tranken, aßen und lasen ausländische Zeitungen. Keiner sprach. In einer Ecke saß ein Typ mit kurzem Bürstenhaarschnitt, einer Narbe auf dem Bulldoggengesicht und einer Tätowierung am Arm. Er stand auf und warf Metallchips in den Spielautomaten. Er steckte Chip um Chip in den Schlitz, ohne daß irgend etwas geschah. Er orderte weitere Chips. Die prächtige ghanesische Barfrau mit ihren sorgfältig geflochtenen Haaren bediente gerade einen anderen Gast und reagierte nicht sofort. »Schlaft ihr hier alle?« brüllte er. Sie eilte mit neuen Chips herbei. An der Bar lernte ich Kenny kennen; er wirkte wie ein etwas zu klein geratener Boxer und trug ein schreiend buntes Tropenhemd. »Ich geb' einen aus«, sagte er und bestellte zwei Bier. Kenny war der Speisen- und Getränkelieferant des Hotels Sunrise. Dreißig Jahre lang hatte er die britische Armee und die Handelsmarine beliefert und sich jetzt darauf spezialisiert, seine Waren an Orte in der Dritten Welt zu liefern, in denen Ausländer wohnten. »Schau dich hier um. Ist schon in Ordnung. Aber wenn es mein Hotel wäre, würde ich einen Swimmingpool bauen. Einen Pool, Weiber, 'n kaltes Bier und eine Dartscheibe – mehr braucht der Mensch nicht. Wissen Sie, man will ja keine Ghanesen hier drin, die haben nämlich keine gottverdammte Kohle. Ich war überall, in Kirgisien und Archangelsk. Ich mag die Gesellschaft von Männern. Ich war in Quatar, als der Kronprinz leichenblaß aus dem Flugzeug taumelte. ›Grippe‹, hieß es in der britischen Presse. Schnapsleiche wäre zutreffender gewesen. Also die Araber, bei denen ist ein Menschenleben gar nichts wert. Im Jemen bringen sie dich tatsächlich für fünfzig Pfund um.« Kenny redete und redete. »In

Tasmanien darfst du sogar deine Schwester heiraten – du kannst deine eigene gottverdammte Schwester bumsen. Schau dir die Ashanti an, die leben im Norden von Ghana. Gute Leute. Aber hier gibt's keine Hoffnung, Mann. Nimm, was du kriegen kannst, sag ich. Mein Gott, die fressen Eidechsen, Affen, Ratten. Die ganze Zeit, als ich oben im Norden war, hab ich nur zwei Katzen gesehen. Die Leute sagen, Katzen und Affen geben 'ne gute Mahlzeit ab. Wissen Sie, ich hab im Norden die Holzfäller versorgt. Also, die holzen ganze Berge von Bäumen ab: Mahagoni, Ebenholz, was auch immer. Es kommt zu Verkehrsstaus bei den Lastwagen, die nichts anderes als Baumstämme transportieren. Manche sind so groß, daß sie einen ganzen LKW für sich alleine brauchen. Aber das Geld wird geklaut, Mann. Die Leute hier sehen nichts davon. Und in den Camps bei den Gold- und Diamantenminen, da wird noch mehr gestohlen. Und die einfachen Leute hier kriegen es bestimmt nicht, das kann ich Ihnen sagen. Alles Bestechung. Nichts als Bestechung.«

Kenny ging. Ich holte mir an der Bar eine Zeitung, *The Ghanaian Chronicle*. »Rawlings Kommandos in Togo getötet«, lautete die Schlagzeile. Der Beitrag berichtete vom fehlgeschlagenen Versuch des ghanesischen Machthabers Rawlings, das Regime in Togo zu stürzen. Der Leitartikel kritisierte den Regierungschef in scharfen Worten, daß er jenseits der Grenzen Cowboypossen aufführte, statt sich um die Probleme im eigenen Land zu kümmern. Der Artikel war gut geschrieben. Ich suchte das Impressum. Der Name des Redakteurs war Kwaku Sakyi Addo. Ich rief ihn sofort an und sagte ihm, ich sei ein Schriftsteller aus Washington. Er versprach mir, in einer halben Stunde im Hotel zu sein. Addo war ungefähr Ende zwanzig und wie aus dem Ei gepellt. Er trug ein weißes, gebügeltes Hemd, eine rote Krawatte, Hosenträger und eine randlose Brille. Ich entschuldigte mich heftig für mein Aussehen und meinen Aufzug: ich war unrasiert, in Jeans und ärmelloser Fischerweste. Es sei unpraktisch, erklärte ich, durch Westafrika zu reisen und mehr Kleidung mitzuschleppen, als unbedingt nötig. Sein Lächeln sagte mir, daß ihm die Schwierigkeiten des Reisens in Afrika wohlvertraut waren. Trotzdem kam ich mir in dieser

Uniform eines Kriegsberichterstatters wie ein Schwindler vor. »Wie können Sie es sich leisten, Rawlings so zu kritisieren?« fragte ich. »Rawlings braucht uns«, erklärte Addo. »Er toleriert uns und beeindruckt damit westliche Geldgeber. Außerdem lernt er dadurch den Umgang mit der freien Presse. Verstehen Sie mich nicht falsch, Rawlings gilt als besserer Regierungschef als jeder andere in Westafrika, und Ghana ist besser dran als alle seine Nachbarn. Aber warum sollten wir mit dem zufrieden sein, was wir haben? Wenn wir die Regierung kritisieren, wird uns Undankbarkeit vorgeworfen. ›Schaut nach Togo, da ist es viel schlimmer‹, sagen sie uns. Meine Antwort lautet: ›Wir sollten uns nicht mit denen in der Gosse vergleichen, sondern mit denen auf dem Balkon.‹ Nehmen wir beispielsweise Südkorea. 1957, als Ghana von Großbritannien unabhängig wurde, hatten wir das gleiche Bruttosozialprodukt wie Südkorea. Jetzt erhalten wir Entwicklungshilfe von den Koreanern. Das ist ein Fehler der politischen Kultur in Afrika. Wir haben noch einen furchtbar langen Weg vor uns. Sehen Sie sich den Rest der Welt an! Die CFA-Länder um uns herum gehen den Bach 'runter. Die Franzosen geben ihnen keine Wirtschaftshilfe mehr. Was es an Aufschwung in Westafrika gibt, ist hauptsächlich künstlich ... Ja, natürlich, es stimmt, daß viel abgeholzt wird, und zwar zuviel. Inzwischen redet Rawlings von der Umwelt und hat ein Umweltministerium geschaffen. Zumindest die Mentalität ändert sich. Aber vielleicht ist es schon zu spät.«

Die 130 Kilometer am Meer entlang, die der Bus in westlicher Richtung von Accra nach Cape Coast fuhr, bewältigte er in nur zwei Stunden. Der Bus war bequem, fuhr pünktlich ab, und es gab sogar noch einige freie Plätze. Es war ein Überlandbus, der nach Abidjan weiterfuhr. Das Problem im Golf von Guinea besteht darin, daß man oft auf die Gnade unbequemer und unzuverlässiger Buschtaxis angewiesen ist, wenn man, so wie ich, eine Reiseunterbrechung einlegen will. Man könnte den Golf von Guinea als Teil der berüchtigten »Sklavenküste« sehen, obwohl dieser Name meistens Benin, das frühere Dahome, bezeichnet, das weiter östlich liegt. Viele der Sklaven, die aus

Westafrika nach Amerika kamen, wurden von Festungen verschifft, mit denen die Europäer den Küstenstreifen zwischen Accra und der Grenze zur Elfenbeinküste übersät hatten. Die Burg von Cape Coast, wo ich aus dem Bus stieg, war eine dieser Festungen. Der Bus hielt auf der Küstenstraße, und ich ging die rund drei Kilometer, die mich noch vom Meer und von Cape Coast trennten, zu Fuß. Schweißgebadet kämpfte ich mich durch stille, verlassene Straßen, in denen der laue, salzige Wind das Pastell der Wände wegfraß. Die Stadt glich einer Sammlung aus Wracks: Häuser ohne Dächer, Kinder, die im Meer auf Resten von Holzbrettern surften. Während die Werke des Menschen starben, wucherte die Vegetation. Cape Coast bot einen malerischen Anblick mit seinem blauem Meer, der donnernden Brandung, den Überresten der Kanonen und der aufs Meer schauenden Festung. Die Schweden hatten die Burg 1653 erbaut.[3] Danach wechselte sie in rascher Folge fünfmal den Besitzer, bis sie 1660 endgültig von den Briten eingenommen wurde. Ich war allein in dem pechschwarzen Verlies, hatte das Donnern der Brandung im Ohr und dachte an die Schreie der Sklaven. In der modrigen Zelle, die als Souvenirladen diente, traf ich auf einige Besucher. Die meisten von ihnen waren Afroamerikaner auf einer Bustour, die sich das Buch *Beyond the Rivers of Ethiopia: A Biblical Revelation on God's Purpose for the Black Race* von Mensa Otabil kauften, dem Pastor der International Central Gospel Church in Accra. Ich kaufte mir auch eins. Auf Seite 87 fand ich folgende Sätze: Immer, wenn es auf der Welt eine Krise gab, trat der schwarze Mann in Erscheinung. Nach der Sintflut, als die Welt einen Führer brauchte, rief Er [Gott] nach Nimrod, dem Sohn des Chus. Als Moses vor dem Pharao floh, kam er zu dem schwarzen Mann Jethro, der ihn die Wege Gottes lehrte … Als Jesus zum Kreuz ging, war es ein schwarzer Mann, der das Kreuz trug.

Als ich die Burg in Richtung Elmina verlassen wollte, um das dortige Fort zu besichtigen (Elmina liegt einige Kilometer weiter westlich, direkt am Meer), sprach mich eine ghanesische Frau an und fragte beiläufig, ob sie mich im Auto mitnehmen könne. »Ja«, sagte ich. Sie hieß Alice und war die private Reiseführerin eines »amerikanischen Ga-

stes«. Dieser Gast hieß Yaw Mensah. Er hatte Ghana vor fünfundzwanzig Jahren verlassen und war auf Besuch in seiner alten Heimat.
Er war mir vorher in der Burg schon aufgefallen. Seine Brillenfassung
war aus Schildpatt, er hatte einen graumelierten Bart und filmte mit
seiner Videokamera die Festung: Er filmte nur Wände, immer wieder
Wände, hielt die Kamera minutenlang bei einer Einstellung – wie jemand, der mit seinem Maschinengewehr ziellos in ein leeres Feld feu-
ert. Zunächst war ihm meine Anwesenheit gar nicht recht. »Ich bitte
Sie«, sagte Alice, »wir haben doch genug Platz für ihn im Wagen.«
Schließlich überreichte er mir seine Visitenkarte: »Yaw Mensah, Stab-
Entwicklungsspezialist I, Texas Department für Humandienste.« Er
sprach ein ziemlich holpriges Englisch. Er sammle Informationen für
künftige afroamerikanische Touristen, sagte er, und zeigte mir sein
Notizbuch. Er hatte sich die Entfernungen zwischen den einzelnen
Städten notiert und jeweils »der Platz okay« oder »der Platz nicht
okay« danebengeschrieben. Ich zeigte ihm mein *Lonely Planet Travel
Survival Kit* über Westafrika, in dessen Kapitel über Ghana sämtliche
Entfernungen detailliert angegeben und genaue Stadtpläne abgedruckt waren. Obwohl in den USA dieser Reiseführer in jeder guten
Buchhandlung erhältlich ist, zeigte er sich erstaunt. Allerdings interessierte ihn mein Reiseführer auch nicht. »Ich schreibe meinen eigenen«, sagte er. Wir machten uns zu dritt auf den Weg nach Elmina. Es
war Mittagszeit, und Alice bog zu einem Restaurant am Strand ein. Es
war eine Postkartenidylle: ein breiter, ockerfarbener Sandstrand mit
mächtigen Palmen; Kinder in bunten Hemden spielten in Einbäu-
men. Wir setzten uns an einen Tisch und bestellten gegrillten Fisch
und Coca Cola. Während wir auf den Fisch warteten, hielt Yaw Mensah einen Vortrag, daß der Rassismus der Weißen die Wurzel von Kriminalität und Unterentwicklung in den amerikanischen Großstädten
sei. »Alles wäre perfekt in Amerika, wenn dieses Problem des Rassismus gelöst werden könnte.« Alice unterbrach ihn: »Aber er« – und damit meinte sie mich – »ist doch kein Rassist.« Ich war peinlich berührt. »Jeder ist irgendwo ein Rassist«, sagte ich. »Der Trick ist, seine
Schwächen zu erkennen und sie zu bekämpfen.« Yaw Mensahs fol-

gender Monolog ergab ebensowenig Sinn wie seine Videoaufnahme der Burgmauern: Wenn die Weißen nur ihre Herzen öffneten, dann würden die Verbrecherbanden in den Städten sich auflösen. »Aber Amerika«, fügte Yaw Mensah hinzu, »ist immer noch das großartigste Land der Welt. Ich könnte nie mehr ein Afrikaner sein. Ich bin Amerikaner. Ich nehme meine Malariapillen und trinke nur Selters. Nach fünfundzwanzig Jahren ist mein Körper nicht mehr an Afrika gewöhnt.«

Wir gingen zum Auto zurück. In der Ferne sahen wir die Burg St. George: ein massiver weißer Steinhaufen, der auf einem Felsen thront. Reiseführer beschreiben Elmina als klein, vibrierend, malerisch, bezaubernd. Es hängt davon ab, was man sehen will. Natürlich gab es die blauen Fischerboote, eine donnernde Brandung und viele exotische Früchte. Doch ich sah noch mehr. Ich sah Kinder im Dreck dösen, ich sah Männer, die auf alten, modrigen Brettern schliefen oder Schach spielten und Bier tranken. Es war Montag mittag, doch kaum ein Anzeichen produktiver Arbeit zu sehen. Die Stadt selbst, obwohl günstiger gelegen als Conakry, war genauso verwahrlost wie die Hauptstadt Guineas: ein schwarzes Netzwerk aus bröckelnden Wänden und Baugerüsten, in dem es von kleinen Kindern wimmelte.[4] Wer in Ghana die »Erfolgsstory« sehen wollte, der mußte seine Augen vor Elmina verschließen und durfte seinen Blick nur auf das blaue Meer und die malerische Sklavenburg richten. Die Festung mußte dringend restauriert werden. »Alle Burgen verkommen«, sagte Yaw Mensah.[5] »Ich weiß auch nicht. 1957, bei der Unabhängigkeit, hat die Regierung versprochen, sich zu kümmern. Aber passiert ist nichts. Wir brauchen von irgendwoher Geld.« Er hoffte, daß die Restaurierung der Burg Arbeitsplätze für die einheimische Bevölkerung schaffen würde. St. George war ein berührendes Stück Architektur, weitaus beeindruckender als die Festung von Cape Coast. Die portugiesischen Bögen und Fenster waren mit Ziegeln eingefaßt; umgeben von einem doppelten Graben, verfügte es über ein eigenes unterirdisches Wasserrevoir, das ganz mit Ziegeln ausgelegt war. Die Portugiesen hatten St. George 1482 gebaut. 1637 eroberten es die Holländer und richteten das Reservoir ein. 1872 verkauften sie es an die Briten. Die Burgverliese, in denen die Sklaven gehalten wurden, hatten keine Fenster. Ich stand in der feuchten Finsternis und versuchte mir das Grauen eines afrikanischen Kindes auszumalen, das von seiner Mutter getrennt wurde, während die Sklavenhändler ihre »Ware« aufteilten. Doch mein Vorstellungsvermögen versagte. »Mein Gott, diese Grausamkeit!« sagte eine Afroamerikanerin, die ich schon in Cape Coast gesehen hatte. Als der ghanesische Führer in der holländischen Burgkapelle gleichmütig auf ein Schild wies, auf dem »Gott wohnt in Zion« stand, meinte sie wütend: »Hier kann kein Gott gewesen sein, solange es den Sklavenhandel gab!« Yaw Mensah filmte. Alice trat an meine Seite: »Haben Sie die Frau gehört? Diese Schwarzen aus Amerika kommen hier 'rüber, damit sie wütend werden können. Für uns ist es Geschichte. Für sie ist es Pein. Wir wurden nicht als Sklaven nach Amerika verkauft. Es ist mehr ihre Vergangenheit, weniger unsere. Jedenfalls tut ihnen diese ganze Emotionalität gut. Sie gehen nach Amerika zurück und hassen die Weißen noch mehr – das bringt nichts. Sie wollen freie Afrikaner sein – so wie ich. Aber das geht nicht. Sie sind Amerikaner.«

Ich trat aus der Kapelle heraus auf den weißen Festungswall. Der Strand erstreckte sich meilenweit in beide Richtungen. Ich verrenkte mir den Hals, um einen Blick auf Elmina zu werfen. Die Stadt zeigte nichts von architektonischer Dauerhaftigkeit, keinen wirklich greifbaren Nachweis der Gegenwart des Menschen. Was die Portugiesen gebaut hatten, hatte mehr als ein halbes Jahrtausend überdauert. Aber wenn Elminas Einwohner die Stadt verließen, dann wäre der Ort innerhalb weniger Jahre unter der tropischen Vegetation verschwunden. Es gab Leben hier, aber keine Entwicklung. Die Sklavenküste war bereit zur Rekolonialisierung, wenn nur die Portugiesen, die Holländer und die Engländer mit ihrem Geld zurückkommen würden.[5] (Ich fragte mich, wie Burton sich wohl fühlen würde, wenn er die öden Bilder sähe, die Elmina, Conakry, Chicago, Washington und ähnliche Orte Westafrikas heute bieten. 1863 schrieb er: »Wenn der Sklave einmal seine Angst davor überwunden hat, vom weißen Mann verschifft zu werden, würde ihn nichts auf der Welt … dazu bringen, freiwillig in das zurückzukehren, was er seine Heimat nennt … Unsere westindischen Kolonien waren Horte des Glücks im Vergleich mit den Ölflüssen; und was die ›Südstaaten‹ betrifft, dann ist das Los des Sklaven das Paradies, wenn es auf das folgt, was er an der Westküste Afrikas zu erleiden hat.«[6]) Obwohl die Portugiesen 1445 im Senegal landeten, um den innerafrikanischen Sklavenhandel in der Sahara einzukesseln, hat es vermutlich noch einige Jahrzehnte gedauert, bis der europäische Sklavenhandel in Westafrika auf gleicher Stufe mit dem afrikanischen stand, meint Professor Roland Oliver von der University of London in seinem Buch *The African Experience*. Die Sklaverei ist keine Erfindung der Europäer. Überall, wo sie hinkamen, gab es sie bereits. Menschen in die Sklaverei zu verschleppen gehörte zu den despotischen Staatssystemen der Ashanti, Dahome und Yoruba. Viele Wissenschaftler halten diese Darstellung der Ereignisse allerdings für verzerrt. In *Africa in History* verweist zum Beispiel Basil Davidson darauf, daß in Afrika gehaltene Sklaven »niemals nur Leibeigene waren, ohne Rechte oder Hoffnung auf Emanzipation … Sie waren Mitglieder der Gemeinschaft … ›Ein Sklave, der zu dienen versteht‹, lautet ein altes Sprichwort der Asante [Ashanti], ›wird der Erbe seines Herrn.‹« Im 17. und 18. Jahrhundert, als die Holländer, die Engländer und andere sich dem transatlantischen Sklavenhandel zuwandten, wuchs dieser rapide an. Wissenschaftlichen Quellen zufolge kamen zwischen zehn und zwölf Millionen Sklaven in die amerikanischen Länder. Doch diese Zahlen sind nur Teil der Wahrheit: »Innerhalb von drei- oder vierhundert Jahren«, schreibt Davidson, »könnten Dutzende Millionen von Afrikanern … deportiert worden oder gestorben sein.« Die Europäer durchstreiften die Küsten Westafrikas und nutzten den Zusammenbruch des Jolof-Reiches in Senegambia, die Unterwerfung der Mane[7] und Fulani in der Region Sierra Leone und Guinea, die Expansion der Benin und Oyo im Gebiet von Yorubaland und die Unterwerfung der Ashanti sowie weiterer Akan-Völker an der Goldküste von Ghana. All diese Expansionen und Zusammenlegungen produzierten Sklaven, Sklaven und noch mehr Sklaven. Selbst einige der Befreiten, die aus der Sklaverei in Brasilien[8] nach Ghana und Togo zurückgekehrt waren, wurden zu Sklavenhändlern und arbeiteten als *middlemen* für die Europäer. Politische, ökonomische und moralische Gründe führten schließlich im 19. Jahrhundert zum Ende des transatlantischen Sklavenhandels. Es gibt eine Lehrmeinung, die davon ausgeht, daß das europäische Engagement in Afrika nicht so groß war, wie es den Anschein hat. Die Kämpfe zwischen afrikanischen Königreichen wurden kaum durch die Präsenz der Europäer hervorgerufen. »Die Kriegsgründe«, so Oliver, »waren rein lokaler Natur … Diese Kriege hätten auch stattgefunden, wenn es keinen Handel gegeben hätte, den man mit den Gefangenen treiben konnte.« Die Macht des Oyo-Reiches zum Beispiel, so der Historiker Robin Law, habe sich auf zwei Säulen gestützt: die kostenlose Feldarbeit von Kriegsgefangenen und die Steuern unterworfener Stämme. Im großen und ganzen gesehen war der europäische Kolonialismus in Schwarzafrika meist von kürzerer Dauer als auf dem indischen Subkontinent und in Indochina und hauptsächlich auf die Küstenregion beschränkt. Der transatlantische Sklavenhandel war, wie Davidson überzeugend ausführt, »eine frühe Form der Kolonialwirtschaft«, die Hunderte von Jahren vor der Errichtung von Kolonien und Protektoraten bereits existierte. Die Möglichkeit, europäische Güter durch den Verkauf von Menschen zu erwerben, verhinderte den Aufbau einer einheimischen Geldwirtschaft auf der Basis lokaler Industrien. Davidson schreibt, daß im 19. Jahrhundert in der nordnigerianischen Stadt Kano die handwerkliche Textilproduktion einen solch hohen Grad erreicht hatte, daß sie den ganzen westlichen Sudan vom Senegal bis zum Chad-See versorgen konnte. Völlig unabhängig vom Netzwerk des transatlantischen Sklavenhandels war Kano eindeutig an einem Punkt angelangt, von dem eine neue wirtschaftliche Entwicklung ausgehen konnte. Nach Davidson verhinderte der Sklavenhandel nicht nur die Entwicklung frühkapitalistischer Ökonomien, sondern begünstigte die Kriege zwischen den afrikanischen Königreichen, weil die Herrscher nur durch Siege die von den Europäern geforderte Anzahl an Sklaven beschaffen konnten. Der Bedarf an Kriegsgefangenen führte zum Bedarf an

96

Waffen, die die afrikanischen Potentaten den Europäern nur gegen die Lieferung von noch mehr Sklaven abkaufen konnten. So entstand ein Teufelskreis. Doch die größte Last, die der Europäer den Afrikanern aufbürdeten, war wahrscheinlich die politische Landkarte mit ihren zahlreichen Staaten, deren Identität von den Farben ihrer Herrscher bestimmt wurde. Diese Karte, mit der wir aufgewachsen sind, ist eine Erfindung jener Zeit, die mit dem Aufkommen der Nationalstaaten beginnt. Die Kartographie schuf Fakten, indem sie die Art und Weise bestimmte, wie wir die Welt sehen sollen. In *Imagined Communities: Reflections on the Origin and Spread of Nationalsm* zeigt Benedict Anderson von der Cornell University, wie die Landkarte die Kolonialisten dazu brachte, ihren Besitz als »zusammenfassendes Netz [zu sehen] … Er war eingegrenzt, festgelegt und deshalb – im Prinzip – zählbar.« Für den Kolonialisten hatte die Landkarte die gleiche Bedeutung wie das Hauptkassenbuch für den Buchhalter. Landkarten, so erklärt Anderson, »lieferten die Regeln« für so fragwürdige Konstruktionen wie Elfenbeinküste, Guinea, Sierra Leone, Togo und Nigeria, aber auch für Länder wie den Irak oder Indonesien. Der »Staat« ist eine westliche Erfindung; er wurde in die nicht-industrielle Welt exportiert; die »Staatsgrenzen« in Afrika stimmen selten mit den »Stammesgrenzen« überein. Mit Hilfe von Landkarten, Volkszählungen und Museen (bei der die Kolonialisten Millionen von »Togolesen« und »Nigerianern« auf Kosten der Ewe, Yoruba, Ibo erfanden) wurde Afrika künstlich neu erdacht. Das National-Museum in Accra war ein einsames, verstaubtes Chatsworth House, das den Einheimischen wenig bedeutete, da es europäischem Denken entsprungen war. Dreißig Jahre nach der Unabhängigkeit zwingt das Zusammenspiel von explodierendem Bevölkerungswachstum und mutwilliger Zerstörung natürlicher Ressourcen zu einer Neuauflage der Landkarten. Staaten bedeuten kaum etwas, es herrscht pure Gewalt. 1992 flossen aus Westafrika rund 856 Millionen Dollar als »Schwarzgeld« nach Europa; es handelt sich vermutlich um Einkünfte aus Drogengeschäften.[9] Die Menschen tauschen ihr traditionelles Dorfleben gegen die Anarchie in den Städten, sie leben ohne Zukunft.[10]

Ich schlenderte auf dem Weg zurück zu Alices Wagen am Strand entlang und bewunderte die spektakuläre Schönheit der weißen, von den Portugiesen erbauten Festung. Ich habe in Portugal gelebt, die Architektur rief angenehme Erinnerungen wach an Bougainvillea, an schwere, gute Weine, Fayencen und prächtige Blicke aufs Meer. Für schwarze Amerikaner konnte diese Burg nur Bitterkeit bedeuten. Für weiße Amerikaner sprechen Elminas Verwahrlosung und Elend für sich selbst. Ben Okri hatte einmal zu mir gesagt, daß man »nicht unterwerfen kann, ohne selbst überrollt zu werden«. Mit anderen Worten: Als Amerika sich menschliche Beute von der Sklavenküste holte, hat es unwissentlich einen Prozeß in Gang gesetzt, durch den die Probleme Westafrikas eines Tages seine eigenen werden könnten.

Alice brachte mich zur Buschtaxi-Station in Elmina, wo ich mich auf den Rücksitz eines zerbeulten und überfüllten Kleinbusses quetschte. Yaw Mensah war völlig verdattert, daß ich als Amerikaner so bescheiden reiste, statt einen Führer und Fahrer zu mieten. Alice hatte begriffen. »Das ist die einzige Möglichkeit, Afrika kennenzulernen«, sagte sie zum Abschied. Die Fahrt von Elmina nach Takoradi, einem großen Hafen in Westghana, dauerte 90 Minuten. Auf der Straße fuhren kilometerlange Konvois von Lastwagen, alle mit Baumstämmen beladen, auf ihrem Weg in riesige Depots, wo das Hartholz zur Verschiffung nach Europa gelagert wurde. Dort würde es zu Möbeln verarbeitet werden. Ich erinnerte mich daran, was Kenny in Accra zu mir gesagt hatte: »Also, die holzen ganze Berge von Bäumen ab ... Aber das Geld wird geklaut, Mann. Die Leute hier sehen nichts davon.« Verstaubt und verschwitzt wand ich mich aus dem Bus und ging ungefähr zwei Kilometer hügelauf- und -abwärts dem Sonnenuntergang entgegen. Wieder ein Panorama aus Wellblechhütten und rotem Staub; aus Frauen, die schwere Lasten auf ihren Köpfen balancierten, und Männern, die herumsaßen und schwatzten. Die Leute lächelten mich an. Kinder liefen hinter mir her und sagten »hallo«. Das Westline Hotel tauchte auf. Kenny hatte es empfohlen. »In Takoradi mußt du im Westline wohnen. Klimaanlage, kaltes Bier und anständiges Essen.« Kenny hatte recht. Aber wie einsam sein Leben doch sein mußte, dachte ich. Nachdem ich in der staubigen Hitze an die Tür des Restaurants geklopft hatte, bat mich einer der Kellner in einen kleinen, eiskalten Speisesaal mit ratternder Klimaanlage. Ich war der einzige Hotelgast. Ich hatte mein kaltes Bier, ein indisches Currygericht und saß in einem leeren Restaurant, während mich drei Kellner anstarrten. Am nächsten Morgen stand ich um sechs Uhr auf, weil ich an diesem Tag nach Abidjan zurück wollte. Um 6:45 Uhr war ich an der Buschtaxi-Station von Takoradi. Im Kleinbus nach Abidjan saßen bereits vier Fahrgäste, ich war der fünfte. Sieben Plätze waren noch frei. Ich kaufte mir ein paar Süßkartoffeln, hartgekochte Eier und Coca Cola als Wegzehrung und wartete. Schon bald hatte der Fahrer seine sieben freien Plätze besetzt. Aber wir warteten weiter. Um zehn Uhr hatte der Fahrer 19 Leute in seinen verbeulten Zwölfsitzer gepackt. Das Dach bog sich durch vom Gewicht der Bündel, die die Fahrgäste angeschleppt hatten. Ein junger Mann von ungefähr 20 Jahren kam zu mir. »Sie und ich, wir sind nicht gleich. Sie sind weiß und ich bin schwarz. Die Leute vom Zoll werden Sie nicht durchsuchen, würden Sie bitte das hier für mich nehmen?« Er überreichte mir zwei Flaschen Whisky, die ich in meinem Rucksack verstaute. Um 10:20 Uhr kroch das Buschtaxi aus der Station. Meine Ellbogen wurden von beiden Seiten an meine Rippen gedrückt. Laute Musik plärrte aus dem Kassettenrecorder. Die Augen des Fahrers waren blutunterlaufen. Er fuhr langsam mit einer Hand und gestikulierte mit der anderen, während er zwei Fahrgäste zu trösten versuchte, die er hatte zurücklassen müssen. Auf den 120 Kilometern zwischen Takoradi und der Grenze zur Elfenbeinküste wurden wir dreimal kontrolliert, das Gepäck wurde teilweise durchsucht, außer mir mußte jeder einen Ausweis vorzeigen. Die Grenze zwischen Ghana und der Elfenbeinküste bestand aus einem großen Markt, der sich fast zwei Kilometer weit erstreckte, mit dichten Menschenmassen wie in Lagos, Kairo oder Delhi. Als wir aus dem Buschtaxi kugelten wie verdreckte Clowns aus einem Zirkuswagen, wurden wir sofort von Geldwechslern attackiert. »Mittagessen«, schrie der Fahrer und marschierte auf eine Reihe von Essensständen

zu, an denen undefinierbares Fleisch in blubberndem Fett schwamm.
»Bin in einer Stunde zurück!« Ich bemerkte, daß die Reihe der am
Grenzposten wartenden Fahrzeuge über dreihundert Meter lang war.
Ich tauschte mein Geld, schnappte meinen Rucksack und nahm die
zwei Whiskeyflaschen heraus; still und leise entfernte ich mich von
dem Buschtaxi, mischte mich unter die Menge und begab mich zu
Fuß zum Grenzposten.

Die Grenze zwischen der Elfenbeinküste und Ghana war besser organisiert als die zwischen Ghana und Togo. Man ging einen schmalen,
staubigen Fußweg entlang und legte sein Visum vor, seinen Paß, das
Gepäck, die Impfbescheinigungen und so weiter. In Guinea hatte
man mir bei der Einreise keine Devisenerklärung gegeben, bei der
Ausreise wurde sie jedoch verlangt. In Ghana hatte ich bei der Einreise eine erhalten, bei der Ausreise fragte mich niemand danach. Ich
verließ Ghana, überquerte einen kleinen Bach und war an der Elfenbeinküste. Nachdem ich die Einreiseformalitäten hinter mich gebracht hatte, entdeckte ich ein volles Buschtaxi mit laufendem Motor,
das gerade abfahren wollte. Es gab noch einen Platz und ich quetschte
mich hinein. Nach einer Stunde Fahrzeit und einer weiteren Kontrolle kam ich in Aboisso an, einer Stadt im Osten der Elfenbeinküste. Ich
reservierte einen Platz in einem Bus, der vor Sonnenuntergang in Abidjan ankommen sollte, und bildete mir ein, es geschafft zu haben.
Nachdem der Bus 45 Minuten gefahren war, kamen wir zu einer
Straßenkontrolle. Polizisten durchsuchten jeden Koffer und jedes Ge-
päckstück außer meinem. Eine Schnapsflasche, eine Hose – offenbar
war alles illegal. Die Handflächen der Polizisten zeigten nach oben –
was hast du für mich? Jeder der Fahrgäste drückte ihnen einen kleinen
Schein in die Hand. An den Augen der Menschen war ihre Niederlage
abzulesen. Von den Afrikanern heißt es, sie seien sehr gesprächig. Hier
herrschte absolutes Schweigen. Nachdem die Sachen wieder einge-
packt waren, streckten sich die Polizisten und wippten auf den Fer-
sen. Einer gähnte. Sie starrten uns noch einen Moment lang an und
winkten uns schließlich durch. Wir fuhren durch Grand-Bassam, wo
die Franzosen ihre erste Hauptstadt gebaut hatten; 1899 wurde die

Bevölkerung vom Gelbfieber dahingerafft. Die Stadt bestand aus einer Ansammlung großzügiger, mit Balkonen versehener, zusammenfallender Häuser, Sand und einem Palmendschungel. Am Stadtrand von Abidjan kam die nächste Kontrolle. Wieder mußte alles ausgepackt werden, wieder hielten Polizisten ihre Hände auf. Auf der anderen Seite der Straßenblockade entdeckte ich zwei leere Taxis mit Abidjan-Kennzeichen. Ich warf mir meinen Rucksack über die Schulter und ging unter den Augen der Polizisten langsam davon.

Das Taxi brauchte zwanzig Minuten bis zum Haus eines Freundes. Die 650 Kilometer weite Reise nach Westen, immer durch die gleiche Küstenregion, hatte mich durch zwei internationale Grenzen und elf Kontrollen geführt. Aber in Westafrika ist es nirgendwo besser, und in Zentralafrika auch nicht. Zwischen Abidjan und der Nordgrenze der Elfenbeinküste mit Mali gab es 18 Kontrollstationen. Ein Reisender, den ich getroffen hatte, wußte von »52 Zollstationen« zu berichten, besetzt mit »Männern in Uniformresten und mit Gewehren«, die sich zwischen Ndjamena und Sarh im südlichen Tschad auf einer Entfernung von knapp 500 Kilometern in ein und demselben Land befanden.

Einige Tage später aß ich mit einem ausländischen Botschafter zu Abend. Er erzählte mir von einem Besuch im äußersten Nordwesten der Elfenbeinküste, in der Nähe von Guinea und Mali, bei dem er ein von der UNO unterstütztes internationales Hilfsprojekt zur Bekämpfung der Onchozerkose (Flußblindheit) begutachten sollte. Schwärme schwarzer Fliegen an den Flüssen des inneren Afrika übertragen diese Krankheit auf die Menschen, während sie baden oder ihre Kleidung waschen. Das Ziel des Hilfsprogramms bestand darin, die Fliegenlarven durch ein Insektizid zu vernichten, das an den Flüssen versprüht wurde. Leichter gesagt als getan. Die Hubschrauber mußten bei Gegenwind mit hoher Geschwindigkeit fliegen, dicht über den Gewässern, von denen einige kaum breiter waren als die Rotorblätter. Über Satellit erhielten sie Computerbilder über den Zustand jedes Flusses und Flüßchens. Hochsensible Computer zeigten die chemische Zusammensetzung des Flußwassers an, was die ständige Anpassung des Mengenverhältnisses der sechs Chemikalien erforderte, aus dem das Insektizid bestand. Die Piloten kamen aus den USA, aus Kanada, Peru, Portugal und dem ehemaligen Jugoslawien. Der Botschafter erzählte mir, wie »gerührt« er von ihrem »Korpsgeist« gewesen sei und ihrer fast militärischen Disziplin. Obwohl die Piloten die Krankheit erfolgreich bekämpften, kann sie jederzeit über Liberia und Nigeria zurückkehren, wenn das Projekt beendet wird. »Das ist es, was gebraucht wird«, sagte der Botschafter ergriffen. »Höchste Technologie, Berücksichtigung auch des kleinsten Details, außergewöhnlich tüchtige Leute und eine hohe Arbeitsmoral.«

Danach erzählte er, wie die Piloten jahrelang jeden Tag vor Sonnenaufgang aufgestanden waren, um ihre Instruktionen entgegenzunehmen und die Computerdaten zu studieren, die ihre Flugpläne bestimmten. Westliche Speisen wurden von Abidjan eingeflogen und per Lastwagen zu ihrer Unterkunft gekarrt. Die Piloten hatten ihren eigenen Stromerzeuger, sie lebten wie auf einer Mondbasis. Keiner weiß, wann sie abziehen werden.

Teil II

Das Niltal –
Die hohle Pyramide

… Ich reise in einer Zeit, in der die Seele des Menschen, zur Sklavin der Maschinen und des Hungers geworden, um Brot und Freiheit kämpft. Heute ist der Schrei des Arbeiters – heiser von Trunk, Rauch und Haß – der Schrei der Erde. Und dieser herzzerreißende Schrei begleitete und führte mich auf meiner Reise vom einen Ende Ägyptens bis ans andere.

Nikos Kazantzaki: Auf Reisen

4 »Orientalische Despotie«

»Er ist wie eine Pyramide! Stellen Sie sich vor, es wurde 18 mal so viel
Stein verarbeitet wie bei der Cheops-Pyramide!«
Ali Abdel Razag, Direktor der Assuan-Hochdammgesellschaft, ein
kleiner, dunkelhäutiger Mann mit einem grauen Schnurrbart, stellte
sich auf die Zehenspitzen und zeigte auf die riesige Fläche aus Steinen und verdichtetem Sand, die das Niltal vom südlichen Ägypten bis
zum Mittelmeer, also über eine Strecke von fast tausend Kilometern,
in einen einzigen Bewässerungsgraben verwandelt.
»Der verdichtete Dünensand unter der äußeren Felsschicht wirkt wie
ein Dämpfer«, erklärte Razag. »So könnte sich bei einem Erdbeben
der ganze Damm notfalls sogar verlagern.«
Razag zeigte auf die Gärten mit ihren kugelförmig geschnittenen Bäumen, die die Straße entlang der Dammkrone schmücken. Die Gärten,
erzählte er, erfüllten noch einen zusätzlichen Zweck. Die Feuchtigkeit des Bodens dringe tief in den Lehmkern des Dammes ein, so daß
dieser in der extremen Wüstenhitze nicht austrocknen und reißen
könne.
Dennoch ist dieser künstliche, 111 Meter hohe und 3,8 Kilometer lange Berg klein im Vergleich zu dem, was man nicht sieht. Russische
Techniker haben eine Mischung aus Zement, Bentonit und Alumi-
niumsilikat hergestellt und mit 30 bar Druck einen unterirdischen
»Vorhang aus Einpreßmörtel« geschaffen: eine 140 Meter tiefe, ver-
borgene Wand, die verhindert, daß Nilwasser von der einen Seite des
Damms in die andere eindringt.
Ich nahm einen Aufzug in die Spitze der 70 Meter hohen Lotosblüte
aus Beton, die zu Ehren der »ägyptisch-sowjetischen Freundschaft«

105

gegossen worden war. Die fünf Zacken erinnern eher an Schwerter als an Blütenblätter. Das Relief sah für mich aus wie eine pharaonische Version des sozialistischen Realismus: perfekte totalitäre Ästhetik. Ich blickte über den Nil, dem mit 6671 Kilometern längsten Fluß der Erde: eine dünne blaue Ader, die eine wie mit dem Messer geschnitzte Mondlandschaft aus ockergelbem Sand und Vulkangestein durchschneidet. Das Wasser, das in die zwölf Turbinen des Damms strömte, kam zum Teil weit aus dem Süden, vom Luvironza in Tansania. Die verstaubten Büros der Hochdammverwaltung, in denen Nubier in wallenden Gewändern und mit Turbanen auf dem Kopf zwischen verbeulten Aschenbechern und verdorrten Topfpflanzen auf zerrissenen Polstern saßen, erinnerten daran, daß Ägypten stets zu den afrikanischsten der arabischen Länder gehört hat.

Das Wunder der Ingenieurkunst war von den Russen geschaffen worden. Jetzt kümmerten sich ägyptische Araber aus Kairo um die Erhaltung, die Amerikaner leisteten technische Hilfe. Das Bürogebäude in Assuan war nicht nur von der Entfernung her dem Sudan näher als Nordägypten. Seine Wände beherbergten nicht einen einzigen Computer. Statt Laserausdrucken sah ich zerfledderte Journale, die peinlich mit der Hand in Kursivschrift geführt wurden. Die einzige moderne Maschine war ein Fotokopiergerät im Büro des Direktors; es war von einer dicken Staubschicht bedeckt.

Der Nil ist nicht nur ein Fluß; er vermischt afrikanische, arabische und mediterrane Zivilisationen miteinander. Seine Route beschreibt ungefähr den Weg des Urmenschen von Afrika aus in den Nahen Osten vor rund zwei Millionen Jahren.[1] Vielleicht hat die Menschheit in ihren späteren Wanderungen den Nil entlang nach Norden sich erstmals hier zu politischen Einheiten zusammengeschlossen. Fürsten haben über Jahrtausende hinweg die Menschen, die am Nil lebten, beherrscht und in dumpfer Unterdrückung gehalten.

Karl Marx nannte diese Form der Tyrannei, wie sie hier nach wie vor besteht, den »orientalischen Despotismus«.[2] In einem Artikel am 25. Juni 1853 in der *New York Daily Tribune* sah Marx einen Zusammenhang zwischen der Notwendigkeit, riesige Wasserwerke zu bauen, und dem Entstehen autoritärer Regierungsformen.

Marx erläuterte, daß die »idyllischen Dorfgemeinschaften« im Nahen Osten und in Asien, die weit auseinander liegen und den menschlichen Geist in engen Grenzen halten, diesem alles überspannenden Despotismus keinen Widerstand entgegensetzen konnten, weil über große Strecken hinweg die Wasserversorgung koordiniert werden muß.

Vielleicht waren in Schwarzafrika die Stämme zu oft nur schwache, chaotische Haufen, die in ein Terrain einsickerten und dann verschwanden. Am Unterlauf des Nil jedoch verhärteten sich die politischen Organismen nach und nach wie gebrannter Lehm zu Ton und bildeten Staaten, die sich aus afrikanischen und ägyptischen Völkern zusammensetzten. Hatte dies geographische Gründe, und würde es immer so sein?

Meine Reise durch das Niltal fand zu einer Zeit statt, als mit den Visionen von Marx abgerechnet wurde. Heftige lokale Konflikte, geschürt von fundamentalistischen Propheten, waren entbrannt. Der nächtliche Himmel über den Städten des Niltals wurde von Leuchtspurgeschossen erhellt. Kairo quoll über von Büros und Boutiquen, Autos, Schnurlostelefonen und Slums – das beste Rezept für Unzufriedenheit. Der ägyptische »Staat« schien nicht mehr heilig und unantastbar zu sein. Doch wer – außer diesem starken, strengen Staat – soll angesichts des Bevölkerungswachstums, der Urbanisierung, der Bodenerosion und Luftverschmutzung, der Wasserverschwendung und Wasserverschmutzung das empfindliche Verhältnis zwischen Mensch und Natur regeln? Es wird sich bald zeigen, ob die Theorie von Marx über das Schicksal großer Flußkulturen im Nahen Osten und in Asien richtig oder falsch war.

Ich hatte einen pessimistischen Gedanken: Vielleicht ist ein Land wie Ägypten einfach zu alt und zu unbeweglich, um sich ändern zu können. Der Kommunismus hat sich im 20. Jahrhundert als Fehlschlag erwiesen; aber vielleicht wird sich im 21. Jahrhundert zeigen, daß Marx recht gehabt hat mit seiner Einschätzung der Unlenkbarkeit des orientalischen Despotismus. Im Büro der Verwaltung des Assuan-Hochdamms betrachtete ich nachdenklich die vergoldete Gipsfigur Gamal Abdel Nassers, des Pharaos, der den Damm gebaut hatte.

Marx hatte seine Theorie nicht weiter vertieft.[3] Er war ein produktiver Schriftsteller; die »orientalische Despotie« war nur eine von seinen vielen Ideen. Ohne den Ruhm, den er durch sein Werk *Das Kapital* erlangte, würde sich heute kein Mensch mehr an seinen Artikel in der *New York Daily Tribune* erinnern.

Karl August Wittfogel, ein ehemaliger deutscher Kommunist, der 1934 in die USA emigrierte, hat die analytischen Ansätze von Marx aufgegriffen und *Die orientalische Despotie* geschrieben. Im Nahen Osten, in Indien und China, so Wittfogel, gebe es gewisse institutionale Merkmale, die in dieser Form weder im mittelalterlichen noch im modernen Europa existierten: es sei ein Absolutismus entstanden, der »umfassender und unterdrückender war als sein westliches Pendant.« Dieser Absolutismus bilde die Grundlage für eine »hydraulische Gesellschaft«. Ein despotischer Bürokratismus unterscheide die hydraulische Gesellschaft grundlegend von den feudalen Staaten des mittelalterlichen Europa. »Im 19. Jahrhundert«, schreibt Wittfogel, »arbeitete in Ägypten die gesamte zu Frondiensten heranziehbare Bevölkerung [nicht bezahlte oder unterbezahlte Arbeiter] in vier riesigen Schichten an Mehmet Alis hydraulischen Bauten.« Diese Form der Gewaltherrschaft habe wiederum zur Aufstellung großer Armeen und zur Errichtung großer Verteidigungsbauten sowie anderer architektonischer Mammutprojekte geführt. Die »Herren« der hydraulischen Gesellschaften seien »große Erbauer« gewesen, die einem »monumentalen« Baustil frönten. Der ästhetische Effekt sei durch »ein Minimum an Ideen und ein Maximum an Material« erreicht worden. Genau das trifft auch auf die Pyramiden zu.

Der Islam, der 642 nach Ägypten kam, leistete diesen kulturellen und architektonischen Tendenzen Vorschub. Ähnlich dem orthodoxen Christentum in Äthiopien, Rumänien und in den slawischen Gebieten Osteuropas war auch der Islam im allgemeinen Staatsreligion.

»Die Position des islamischen Herrschers ... war vielen Veränderungen unterworfen, aber sie ist stets eine religiöse geblieben ... Die Moscheen, Zentren des moslemischen Gottesdienstes, wurden im wesentlichen von Personen verwaltet, die direkt vom Herrscher abhängig waren ... und die religiösen Stiftungen, die den Hauptunterhalt für die Moscheen bereitstellten, wurden häufig ... von der Regierung verwaltet«, schreibt Wittfogel.

Als ich zu einem späteren Zeitpunkt meiner Reise nach Kairo kam, fiel mir sofort die soldatische Monumentalität der mittelalterlichen Moscheen und koranischen Einrichtungen auf: Minarette von den Ausmaßen eines Wolkenkratzers, bei denen Umfang und Raumaufteilung eine wesentlich größere Rolle spielten als die Oberflächengestaltung und die Farben. Es handelte sich eindeutig um »Staats«-Schreine, um »politische« Gebilde – erbaut, um Fatimiden-, Tuluniden- und Mameluckenherrscher zu ehren. Wittfogel zieht daher den Schluß, die »orientalische Despotie« von Marx sei eine »despotische Macht – absolut und ohne Güte, die mit absolutem Terror und absoluter Unterwerfung« arbeite. Wittfogel räumt allerdings ein, daß der orientalische Despotismus manchmal in Form einer »Bettlerdemokratie« auftreten könne, in der die Leute reden dürfen, was sie wollen, sogar Gruppen bilden, aber niemals erwarten dürfen, daß sich etwas ändert. Die orientalische Despotie ist ein faszinierendes Konzept mit großen Mängeln (was für viele faszinierende Konzepte gilt). John Waterbury, Wissenschaftler an der Princeton University, schreibt in seinem Buch *Hydropolitics of the Nile Valley*, in dem er sich mit der Beziehung zwischen Ressourcenmanagement und politischen Systemen befaßt, es sei nicht sicher, ob die Bewässerungsanlagen im pharaonischen Ägypten überhaupt zentral kontrolliert worden seien. Außerdem mangele es der Theorie von der orientalischen Despotie an Präzision. Ironischerweise scheint gerade der Stalinismus ein perfekter Kandidat für die Theorie von Marx und Wittfogel über die asiatische Gewaltherrschaft zu sein. Aber Stalins Regime kann auf keine »hydraulische Gesellschaft« verweisen.
Oder doch?

Vielleicht, wenn man in der »hydraulischen Gesellschaft« weniger eine beweisbare Theorie sieht als die Überlegung, daß festgefahrene und fortwährend unterdrückte Kulturen schwer zu ändern sind, selbst wenn man extreme Methoden anwendet; daß sie auf eine Art und Weise geprägt sind, die sich mit materiellen Fakten nicht erklären läßt.

Stalin und Mao haben beide eine alte Kultur entwurzelt. Es wurde sehr viel Blut vergossen und schließlich kamen doch nur zwei Despotien heraus. Stalinismus und Maoismus waren pharaonisch in ihren Unterdrückungsmethoden, pharaonisch in der architektonischen Großartigkeit und pharaonisch in der Auffassung, daß öffentliche Bauprojekte – darunter Dämme und Bewässerungssysteme – durch Sklaven- oder Sträflingsarbeit errichtet werden müssen. Die politische Zukunft Ägyptens (der Quelle der pharaonischen Despotie) scheint mir an der Schwelle zum 21. Jahrhundert äußerst kritisch zu sein. Der Nil war und ist für die Geschichte der Menschheit von zentraler Bedeutung.

Zur Vorbereitung meiner Reise nilaufwärts las ich sehr viel. Je mehr ich über einen Ort lese, desto stärker habe ich das Gefühl, allein zu reisen. Im Zeitalter des Massentourismus finden Abenteuer zunehmend im Kopf statt, und das Lesen kann einen an Plätze versetzen, die andere niemals erreichen, obwohl sie nur ein paar Schritte entfernt sind.

Es waren nur wenige Touristen zu sehen. An einem angenehm warmen, klaren Februarnachmittag gegen Ende meines Aufenthalts in Ägypten, während Schnee und Eis die Ostküste der Vereinigten Staaten bedeckten, besuchte ich die Pyramiden von Gizeh. Eigentlich war in Ägypten jetzt Hochsaison. Doch wo sonst Dutzende Reisebusse die Parkplätze füllten, sah ich bloß zwei halbvolle Busse und einen Kleinbus. Die große Kamelherde, die bereitstand, um die Touristen zu den alten Monumenten zu bringen, wartete vergeblich auf Kundschaft. Die terroristischen Überfälle islamischer Fundamentalisten auf Touristen führten zu Einnahmeverlusten von über einer Milliarde Dollar für die ägyptische Tourismuswirtschaft. War dieser Terrorismus eine vorübergehende Sache – eine Art Verwirrung wie bei den »Roten Brigaden« in den siebziger Jahren in Italien, die wieder verschwanden, nachdem sie zerschlagen worden waren? Oder hatten diese Attacken tiefere Gründe?

Ich begann mit dem Hochdamm, mit »Nassers Pyramide«. Doch um die volle Bedeutung dieses ehrgeizigsten Wasserprojekts in 7000 Jahren ägyptischer Geschichte zu ermessen, wandte ich mich dem Werk John Waterburys zu, dessen *Hydropolitics of the Nile Valley* zu meinem Reiseführer wurde.

Waterbury schreibt, daß die ersten Besiedelungen des Gebiets vor 5000 bis 7000 Jahren stattfanden. Sie bestanden aus separaten Gemeinschaften, die auf steilen Sandbrüchen und in deltaförmigen Ausbuchtungen oberhalb des Überflutungsgebietes gegründet worden waren. Vermutlich kam es erst gegen 3400 v. Chr. zu einer politischen Regierungsform, die über die Dorfebene hinausging. Zu dieser Zeit wurde in Ägypten die Bewässerung durch Anlage von Rückhaltebecken erfunden. Diese Art der Bewässerung, erklärt Waterbury, »führte zu einem bemerkenswerten ökologischen Gleichgewicht bei moderater Bevölkerungsdichte«. Um 1820, als dieses System aus der Mode kam, hatte Ägypten 4,23 Millionen Einwohner – ein Fünfzehntel der Bevölkerung, die es im Jahr 2000 haben wird.

So sicher wie an jedem Tag die Sonne aufgeht trat der Nil alle Jahre im Spätsommer über die Ufer. Über 80 Prozent des Nilhochwassers flossen in den Monaten August bis Oktober, in den übrigen neun Monaten waren es nur 20 Prozent. Bei diesem Bewässerungssystem gruben die Dorfbewohner, wenn der Fluß zu steigen begann, Kanäle und leiteten das Wasser flußabwärts in große Staubecken, von dort weiter in Unterbecken. Ungefähr zwei Monate lang verblieb dieses Wasser dort und sickerte in die vormals trockene und brüchige Erde, auf der schließlich Gerste, Linsen, Klee und in späteren Jahrhunderten Baumwolle und Zuckerrohr angebaut wurden. Wenn das jährliche Hochwasser zurückging, wurde das überschüssige Wasser abgelassen.

Erst in den letzten 160 Jahren, unter der Regierung der osmanischen *Khedives*, wurde dieses System durch ganzjährige Bewässerung abgelöst. Diese »dauernde Bewässerung« erforderte im Niltal eine staatliche Behörde zur Errichtung besserer Erdwälle und zur Verteilung, damit das Wasser das ganze Jahr über durch die Kanäle fließen konnte. Noch wichtiger jedoch, schreibt Waterbury, sei die Tatsache gewesen, daß jetzt, nachdem man das alte Bewässerungssystem abgeschafft hatte, »neue Motivationsfaktoren ins Spiel kamen: die Produktion von landwirtschaftlichen Überschüssen, staatliches Bauen und das Entstehen staatlicher Einnahmequellen … Der Assuan-Hochdamm ist lediglich die jüngste (und sicherlich nicht die letzte) Manifestation von Ägyptens Kampf, das Niltal zu beherrschen statt mit ihm zu leben.«

Gegen Ende des 19. Jahrhunderts war Ägyptens Bevölkerung auf zehn Millionen angewachsen; die Engländer bauten oberhalb der ersten Stromschnelle des Nils, in Assuan, einen Damm, um den Flußlauf zu regeln und mehr kultivierbares Land zu schaffen. Das war das Ende des jährlichen Hochwassers. 1960, als 26 Millionen Menschen in Ägypten lebten, begannen die Russen – die neuen Beschützer Ägyptens – mit dem Bau des Hochdamms, der 30 Prozent mehr Agrarland brachte, die Stromkapazität des Landes verdoppelte und einen Stausee schuf (in Ägypten »Nassersee« und südlich, im Sudan, »nubischer See« genannt), der dem Land eine strategische Wasserreserve für Dürrezeiten garantierte. Der See ist 550 Kilometer lang, bis zu 10 Kilometer breit, bis zu 90 Meter tief und hat eine Staukapazität von 165 Milliarden Kubikmeter. Nach Fertigstellung des Dammes Ende 1970 dauerte es noch fünf Jahre, bis der Stausee, der den Grundwasserspiegel unter der Sahara bis nach Algerien hinein ansteigen ließ, sich gefüllt hatte.

Jeder neue Bevölkerungsschub brachte eine neue technische Großtat, die teurer, komplexer und mit noch größeren Risiken behaftet war als die vorherige. Der Versuch des Menschen, das Niltal zu verändern, um mehr Menschen ernähren zu können, hat zu einer wachsenden Revolte von Mutter Erde geführt. (Natürlich weiß niemand genau, ob die

Versuche, den Nil zu zähmen, nicht auch zum Bevölkerungswachstum beigetragen hat.) Obendrein wurde die Bodenversalzung (durch Salzablagerungen im Boden aufgrund stehender oder träge fließender Gewässer) zu einem Problem für Ägypten, nachdem die Rückstaubewässerung von der Dauerbewässerung abgelöst worden war. 1980, zehn Jahre nach der Fertigstellung des Hochdamms, waren zwischen 28 und 50 Prozent des fruchtbaren Ackerlandes in Ägypten von Versalzung und Wasserübersättigung betroffen. Heute droht allen bewässerten Gebieten die Versalzung. Aufgrund der nachlassenden Fruchtbarkeit der Böden könnten jährlich bis zu zehn Prozent der Ernte verlorengehen.[4]

Noch dramatischer ist die Bedrohung des Nildeltas, der am dichtesten besiedelten und fruchtbarsten Region Ägyptens. Seit den Zeiten der römischen Herrschaft hat sich der Wasserspiegel des Mittelmeers um zwei Meter gehoben. Doch seit der Assuan-Hochdamm die alljährliche Nil-Flut in den Nassersee zwingt, transportiert der Nil keine überschüssigen Sedimente mehr und das Delta sackt unter seinem eigenen Gewicht ab.[5] Da keine Sedimente mehr ins Mittelmeer gespült werden, kommt es im Delta jährlich zu Landverlusten zwischen einem und hundert Metern.[6] Dieses Problem wird durch die globale Erwärmung noch verschärft werden. Die *National Academy of Sciences* berichtet, daß »bis zu einer Milliarde Menschen in Regionen leben, die durch ansteigende Wasserspiegel vermutlich überschwemmt oder sich drastisch verändern werden ... Tief gelegene Entwicklungsländer wie Ägypten ... mit großen Flüssen und ausgedehnten, dicht besiedelten Deltagebieten, werden am stärksten betroffen sein ... Dort, wo man, wie beim Nil, die Flüsse eingedämmt hat, wird es zu besonders großen Auswirkungen kommen.«[7]

Erschwerend kommt hinzu, daß Ägyptens Bevölkerung sich so stark vermehrte, daß 1975, nachdem der Nassersee sich gefüllt hatte, trotz aller Dämme und Bewässerungsprojekte 80 Prozent weniger Ackerland pro Kopf zur Verfügung standen als dies 1821 der Fall gewesen war (als Ägypten von der Rückstaubewässerung zur Dauerbewässerung überging).[8] Inzwischen hat sich die Bevölkerungswachstumsrate

113

bei ungefähr zwei Prozent eingependelt, doch selbst das bedeutet, daß aus den 65 Millionen Ägyptern der Jahrhundertwende bis zur zweiten Dekade des 21. Jahrhunderts 100 Millionen geworden sein werden. Dieses Wachstum und der Mangel an Ressourcen – von klimatischen Veränderungen einmal ganz abgesehen – könnte in Ägypten zu einem politischen Chaos biblischen Ausmaßes führen. Im Oktober 1992 erschütterte ein Erdbeben Kairo. Die Regierung war nicht in der Lage, ausreichende Hilfsmittel zur Verfügung zu stellen. Die Slumbewohner wandten sich an ihre Moscheen, die in vielen Fällen helfen konnten. Islamische Fraktionen füllten so eine Lücke; sie nahmen Aufgaben wahr, die eine unfähige Regierung nicht ausreichend erfüllen konnte.

Ich war nach Ägypten gekommen, weil hier die Beziehung zwischen Umwelt und Lokalpolitik besonders gut zu studieren ist. Trotz seiner negativen Begleiterscheinungen – Versalzung und Wasserübersättigung des Bodens, Umsiedelung nubischer Dörfer[9] – war der Hochdamm das wohl unausweichliche Ergebnis beim Spiel der Menschen gegen die Natur, und zwar an jenem Punkt, an dem Afrika in den Nahen Osten vordringt. Razag und seine Fachleute erzählten mir, daß Ägypten ohne den Damm Mitte der achtziger Jahre sicherlich ebenso schrecklich unter Dürre und Hunger zu leiden gehabt hätte wie die Menschen am Horn von Afrika. Doch selbst der Damm reicht nicht mehr aus. Obwohl der Bevölkerungszuwachs sich verlangsamt, haben wir einen Punkt erreicht, an dem der Wasserbedarf Ägyptens und des Sudan vom Nil nicht mehr gedeckt werden kann. Es müssen noch gewagtere Projekte entworfen werden, zum Beispiel das Anlegen von Wasservorräten für schlechte Jahre in den großen ostafrikanischen Seen und der Bau eines Kanals durch die Sudd-Sümpfe im südlichen Sudan, in denen viel Nilwasser verdunstet.[10]

Außerdem muß die Frage geklärt werden, wie das Wasser mit Äthiopien geteilt werden kann. 86 Prozent des Nilwassers werden vom rasch fließenden Blauen Nil beigesteuert, der in den Bergen Äthiopiens entspringt, nur 14 Prozent kommen aus dem trägen, schlammigen Weißen Nil, der im äquatorialen Seengebiet entspringt und den Sudan durchfließt. Boutros Boutros-Ghali, UN-Generalsekretär und ehemaliger ägyptischer Außenminister, meint, daß »der nächste Krieg in unserer Region um das Nilwasser geführt werden wird«. Wenn man nun diesen Bedarf und die damit verbundenen Unternehmungen betrachtet, begreift man, welche Rolle die zentrale Macht bei allen Fragen des Überlebens spielt. An der Schwelle zum 21. Jahrhundert scheint der »hydraulische« Charakter der ägyptischen Gesellschaft sich zu verstärken; Ägypten könnte eines Tages seine territoriale Zuständigkeit erweitern wollen: vielleicht auf Libyen (ein Land mit vielen natürlichen Ressourcen, einer geringen Bevölkerungszahl und einer nur schwachen historischen Legitimierung als Staat) oder auf den Sudan, der sich möglicherweise auflöst, weil der arabische Norden gegen den afrikanischen Süden wie gegen ein fremdes Land Krieg führt und weil die islamische Diktatur sich als unfähig erweisen könnte, das Land am Leben zu halten.

Aber wird es dem ägyptischen Staat gelingen, seine Umwelt unter Kontrolle zu bringen ohne gleichzeitig noch despotischer zu werden? Diese Gedanken verfolgten mich in Ägypten. Sie waren mein einziges Gepäck, weil die Fluggesellschaft meinen Rucksack verloren hatte.

5   Islamisches Kohlenrevier

Da es ohne mein Gepäck weder ein Kurzwellenradio noch ein Buch gab, die mich hätten ablenken können, verließ ich mein Hotelzimmer und wanderte bis zum Einbruch der Dunkelheit durch die Straßen. Um richtig zu reisen, sollte man außer den Kleidern und ein paar fotokopierten Buchseiten nichts bei sich tragen.

Mit Hunderten Schwertern in Lederscheiden, Elfenbeinmessern, gehämmerten Metallschilden, geschnitzten Holzschlangen, Pfeilen, Spazierstöcken, Weidenkörben und Gewürzen wirkte der *Assuan souk* (Markt) wie ein Waffenlager für eine mittelalterliche Armee. Einer der Händler ließ eine Kassette laufen, auf der die Stimme eines fundamentalistischen saudischen Predigers die Gläubigen zum Kampf gegen Amerika aufrief.

Peter Hosnani war Händler. Er hatte graues, sehr kurz geschnittenes Haar, eine Haut, die an Kakaobutter erinnerte, und den panischen Blick eines Menschen, der bemerkt, daß eine Straßenbande auf seinen Stand zustürmt, während er sein Geld zählt. Er war koptischer Christ, und sein Gesichtsausdruck erinnerte mich an die Libanesen, die ich in Westafrika getroffen hatte.

»Die Leute hier sind blöd. In der Schule wird nur auswendig gelernt, nicht aber, wie man denkt oder analysiert.«

»Also rein mechanisch, meinen Sie?«

»Genau. Rein mechanisch. Alle Schulen haben strikte Quoten für Kopten, obwohl wir viel gescheiter sind. Ich weiß das, weil ich mal Schuldirektor war. Ich habe das dann gelassen, um den Laden hier aufzumachen. Aber jetzt gehen die Geschäfte schlecht, wegen der moslemischen Extremisten. Wenn die Regierung privatisiert, dann weiß jeder, daß das den Kopten mehr nützt als den Moslems, weil die Kopten gute Geschäftsleute sind. Und genau das denken die Leute auch. Also wird die Regierung nur ein wenig privatisieren, gerade so viel, um die Amerikaner zufriedenzustellen ... Die Regierung behauptet, sechs Prozent der Leute in Assuan wären Kopten. Aber es sind 20 Prozent ... Im Norden, in der Nähe von Kom Ombo, gehört mir ein Zuckerrohrfeld, sieben Hektar groß. Die Moslems haben es nachts verbrannt.«

»Woher wissen Sie, daß es die Moslems waren?« fragte ich.

»Ich weiß es eben ... Darf ich Ihnen eine Geschichte erzählen?«

»Ja.«

»1967 habe ich gegen Israel gekämpft. Während des Krieges fragte mich ein General: ›Wie heißen Sie, Soldat?‹ – Ich sage: ›Peter Hosnani.‹ – ›Ach, Sie sind einer von denen aus dem Westen, ein Kreuzritter wie die Juden.‹ – Also bloß weil ich ein Christ war, glaubte er, daß ich nicht auf derselben Seite stünde wie er. Das war ein General meiner Armee mitten im Krieg. In was für einem Land leben wir eigentlich?«

Ich fuhr nach Norden, den Nil entlang. Stundenlang starrte ich auf dieses Netzwerk aus Ackerfurchen, quietschenden Wasserrädern und Getreidefeldern; ich sah die schmächtigen Palmenhülsen und die Äste, die aus ihren Stämmen herauswuchsen wie steinerne Blätter auf pharaonischen Säulen; die Frauen mit ihren violetten Kopftüchern, die in abgestandenen Wasserlöchern ihre Wäsche wuschen; die schlammfarbenen Wasserbüffel und die Dromedare, die die aufgeschütteten Deiche entlangzogen. Und ich sah natürlich auf den Fluß, kristallen und glitzernd. Manche haben diese Szenen mit den koptischen Christen in Verbindung gebracht, die als direkte Nachfahren der Pharaonen zuerst hier waren. (Die moslemischen Araber kamen erst im 7. Jahrhundert und bevölkerten hauptsächlich die Städte am Unteren Nil.) Auf mich wirkte das Bild wie »Ägypten für Touristen«. Als ich jedoch die geographische Mitte des Landes erreichte, ungefähr auf halbem Weg zwischen Assuan und Kairo, war dieses touristische Ägypten zu Ende.[1]

Kurz danach sah ich die ersten Ansammlungen von Häusern, aus roten Ziegeln erbaut und vollgestopft mit Menschen. Rote Ziegel sind teurer als die traditionellen Lehmziegel und Zeichen für den Wohlstand der Hausbesitzer: Ägypter, die in den siebziger und achtziger Jahren in den Ölstaaten des arabischen Golfs arbeiteten, investierten hier ihr Geld in Immobilien. Da der rote Ziegel stabiler ist, konnte man höher bauen als früher, was zu größerer Bevölkerungsdichte – und zu sozialen Spannungen führte.»Die *Gamaa Islamiya* [Islamische Gruppe] wünscht einen glücklichen Ramadan« stand in Arabisch auf einem Schild, als der Zug in den Bahnhof von Assiut einfuhr.

Assiut war zum Symbol des fundamentalistischen Terrors geworden, der die Touristen von Ägypten fernhielt.[2] Selbst in den siebziger Jahren und Anfang der achtziger Jahre, als Präsident Sadat in Ägypten regierte, war Assiut, zerrüttet von Armut und Aggressivität, eine Stadt voller Probleme gewesen; das führte hin und wieder zu einem Aufruhr gegen die westlich orientierte ägyptische Regierung, die sich aus reichen Arabern der Hauptstadt zusammensetzte. 1981 wurde Sadat von islamischen Fundamentalisten ermordet. Sein Nachfolger, Vizepräsident Hosni Mubarak, bekam mit Assiut noch mehr Probleme.

Mitte der neunziger Jahre war in Assiut und anderen Städten Oberägyptens Widerstand gegen die Regierung an der Tagesordnung. Mittlerweile gilt es als normal, daß jede Woche drei oder vier Polizisten Opfer terroristischer Mordanschläge werden. Die Schüsse, die Fundamentalisten der *Gamaa Islamiya* auf Schiffe abgeben, die Nilkreuzfahrten für Touristen durchführen, erregen allmählich ebensowenig Aufsehen wie die Bomben, die sie manchmal in Nachtzügen deponieren, in denen Touristen von Kairo nach Luxor fahren. Die wenigen, die Oberägypten noch besuchen, kommen mit dem Flugzeug. In Assuan habe ich Dutzende Touristenschiffe gezählt, die leer und verlassen vor Anker lagen.

Ich stieg aus dem Zug und betrat einen trübseligen Ort aus sandfarbenen Wohnblocks mit engen Gassen, deren schlammiger Boden Staub zerbröselte, in denen sich Abfall türmte und in denen zerbeulte Autos die Reste hochverbleiten Benzins ausspien. Die grauen und braunen Fassaden der Häuser schälten sich wie kranke Haut. Die Kleidung der Menschen zeigte die gleichen Farben wie die Häuser. Man hatte den Eindruck, die ganze Stadt sei mit ihren Bewohnern in ein großes Schlammfaß gesteckt und dann in der Luft getrocknet worden. Die einzigen Farbtupfer kamen von den Orangen, die zum Verkauf angeboten wurden. Ich sah in ernste und angespannte Gesichter. Die Frauen trugen Kopftücher. Ich fand rasch heraus, daß Frauen mit Make-up oder offen getragenem Haar Koptinnen waren – oder dafür gehalten wurden. Die einzige frische Farbe strahlte von den vielen Schildern, die an den Ecken der Gassen angebracht worden waren und die Menschen ermahnten, im heiligen Monat Ramadan (der einige Tage vorher begonnen hatte) die Fastengebote einzuhalten; Frauen sollten die *hejab* tragen, das traditionelle Tuch.

Ich teilte mein zerbeultes Taxi, einen Fiat, mit zwei anderen Männern: dem Pressefotografen Mohammed El Dakhakhny, der mir in Assiut für Interviews als Dolmetscher zur Seite stand, und dem Fahrer, einem Kopten.

»Warum erschießt die *Gamaa Islamiya* Touristen?« fragte ich den Fahrer.

»Weil die ägyptische Regierung Frieden mit Israel geschlossen hat, glauben die Extremisten, daß alle Touristen Juden sind – der verlängerte Arm von Mubaraks Regime. Wenn du einen *kafir* [Ungläubigen] zusammenschlagen kannst, kannst du auch Touristen umbringen. Die ganze Situation mit den Extremisten ist wie ein Fluch. Wir wissen nicht, warum Gott uns verflucht hat. Aber wir haben es kommen sehen, 1982, als Sadat starb. Warum hat die Welt eigentlich zehn Jahre gebraucht, um es zu begreifen?«

Er brachte uns zum Hotel Assiut am Nil, einer Oase mit grünen Pflanzen, lackiertem Holz und Trinkwasser in Flaschen, das man während des Ramadan auch tagsüber trinken durfte. Das Hotel wurde von Kopten geführt und in seinen Mauern galten die Regeln des moslemischen Ramadan nicht, daß man bis Sonnenuntergang weder essen noch trinken darf. Die Dame am Empfang blätterte argwöhnisch in meinem amerikanischen Paß und studierte alle Stempel sorgfältig. Ich wurde nervös. Die Regierung fürchtete sich vor Ausschreitungen und wünschte deshalb keine Abendländer in Assiut.

»Sie leben nicht in Ägypten?« fragte die Empfangsdame. –»Nein, ich bin auf Besuch hier.« –»Dann kostet die Übernachtung 96 ägyptische Pfund statt 46« – ein Aufpreis von 27 Dollar.

Das Zimmer hatte einen wunderbaren Ausblick auf den Nil. Ich steckte meinen Kopf aus dem Fenster und roch den Fluß. Statt Fäulnis und Dreck umschmeichelte mich jetzt klare feuchte Luft.

»Der Nil ist wie eine Jungfrau, die vergewaltigt wurde«, hatte Mohammed mir gesagt. »Der Damm hätte nie gebaut werden dürfen. Ich wollte, wir hätten immer noch unser alljährliches Hochwasser. Es gäbe weniger Leute und weniger Probleme.«

Mohammed stammte aus Alexandria und hatte die besten Schulen besucht. Seine Gesichtszüge erinnerten an die Mittelmeervölker von gestern und heute – an die Sahara, an Andalusien, an Griechen und Araber. Ich mußte lernen, mit seinen Augen zu sehen und mit seinen Ohren zu hören.

Im Ramadan muß von Sonnenaufgang bis Sonnenuntergang gefastet werden. Es war Winter, es wurde früh dunkel. Also kamen um 17.30 Uhr die Menschen zum *iftar* zusammen. Dieses Mahl beendet das tägliche Fasten. Es beginnt mit Fruchtsäften und Linsensuppe, danach gibt es am Spieß gebratenes Fleisch. Im Ramadan teilen die Moscheen kostenlos Speisen an die Armen aus, zu Gebetszeiten finden sich also immer viele Menschen dort ein. Im Verlauf des Abends knabbern die Leute Süßigkeiten und trinken Tee. Um Mitternacht gibt es eine weitere Mahlzeit. Danach schläft man ein paar Stunden bis ungefähr 4.30 Uhr, um noch vor Sonnenaufgang frühstücken zu können. Anschließend legt man sich wieder schlafen. Kein Mensch erscheint vor zehn Uhr zur Arbeit. Und nachmittags um zwei sind viele Büros und Geschäfte bereits wieder geschlossen. Im Ramadan sind die Tage trist. Die Leute bewegen sich nur langsam. Aber die Nächte sind laut, fröhlich und voller Lichter. Man sitzt in leuchtend bunten Zelten, die eigens für diesen Zweck aufgestellt werden, und tratscht. Der heilige Monat hat etwas Märchenhaftes. Kaum etwas wird erledigt und so gut wie gar nichts produziert. Dies trifft besonders dann zu, wenn der Ramadan in den Sommer fällt (wenn die Tage länger sind und die Hitze besonders groß ist).

Heute jedoch ist diese fröhliche Zeit mit Spannungen erfüllt. Im Mittelalter konnte eine Stadt wie Assiut, ähnlich einem abgeschiedenen moslemischen Khanat in Zentralasien, für einen Monat ihre Pforten schließen und von den Vorräten leben, die sie in der übrigen Zeit des Mondjahres produziert hatte. Das ist vorbei. Heute sind Assiut und viele andere urbane Gebiete in der islamischen Welt das, was man *entwickelt* nennt: schlecht industrialisierte, in schwarzen Rauch eingehüllte Betonstädte. Die Produktion muß laufen, die Güter müssen verladen und transportiert werden. Also müssen die Leute arbeiten, selbst im Ramadan. Die Privatisierung und der Zwang zur Produktion treffen praktizierende Moslems härter als Kopten oder nicht religiöse Moslems. Und weil die Leute jetzt fasten und arbeiten müssen, sind sie, und das besonders am späten Nachmittag, gereizt und schlecht gelaunt. Als ich auf der Straße einen Passanten nach dem Weg fragte, schnalzte er nur ärgerlich mit der Zunge. Beim nächsten erlebte ich das gleiche, erst der dritte half mir.

Die Sonne ging unter. Mohammed und ich stopften uns beim *iftar* voll. Als es ganz dunkel war, gingen wir nach draußen. Ich wollte einfach ein paar Kilometer ziellos durch die Gegend laufen, um Assiut kennenzulernen.

Also begab ich mich in einen *film noire* und erlebte die ganze Vorstellung bis hin zu den schwarzweißen Fernsehgeräten in den Cafés mit ihren von Sägemehl bedeckten Fußböden, den Küchentischen aus Zink, den schäbigen, von schwachen Glühbirnen erhellten Wänden in den engen Gassen. Die Fernseher zeigten Gebete zelebrierender *Kadis*. Die Leute schienen sich zu langweilen, aber niemand schaltete einen anderen Sender ein. Händler standen in den Türen und ließen ihre Gebetsperlen durch die Finger laufen. Sie machten einen völlig entspannten Eindruck und waren auch von den Soldaten in offenen weißen Toyota-Lastwagen nicht aus der Ruhe zu bringen. Die grünen Uniformen der Soldaten saßen schlecht. Die Männer wirkten unerfahren. Man hatte sie auf den Lastwagen so zusammengepfercht, daß sie bei jedem Schlagloch mit der Stirn gegen ihre Gewehrkolben stießen.

»Es ist wirklich zum Lachen«, sagte einer der Kaufleute. »Jeder könnte im hohen Bogen von einem der Dächer eine Granate werfen, und ein Dutzend Soldaten wäre auf der Stelle tot. Assiut ist eine gefährliche Stadt für die Regierung und ihre Soldaten, nicht für uns.«

Kinder spielten Fußball. Ein Radler rumpelte die enge Straße entlang, er transportierte zwei rostige Fahrräder und ein kleines Mädchen mit großen Augen. Wir kletterten über ausgeschlachtete Lastwagen der Marken Daihatsu und Isuzu und über zerbeulte russische Ladas. Aus Kassettenrekordern, die mit den Fernsehern wetteiferten, plärrte die Stimme von Scheich Kishk, jenem Kairoer Geistlichen, der seinen Gläubigen mitteilt, daß sie die Hand eines Christen nicht berühren dürfen. Wir sahen Geschützstellungen, mit Sandsäcken befestigt, Soldaten, junge Männer in engen Jeans mit Pistolen. Doch es waren die Bewaffneten, die Angst zeigten. Ich sah nur wenige ordentlich gebaute *houkoumi* (regierungseigene) Moscheen, aber an vielen Straßenecken fanden sich *ahli*, Moscheen für das Volk, die radikalen Geistlichen und Gruppen von Extremisten als lokale Basen dienen. Wenn man ganz Ägypten in Grün zeichnen würde, dann müßte ein wachsender Streifen Oberägyptens, darunter Assiut, dunkelgrün markiert und »islamisches Ägypten« genannt werden.

Assiut ist keine schöne Stadt, doch als dunkelhaariger, unrasierter Mann in Begleitung eines ägyptischen Freundes fühlte ich mich sicher. In Assiut gibt es keine Zufallskriminalität. In dieser Hinsicht ist Ägypten viel zivilisierter als die USA. Doch angesichts wachsender Urbanisierung (die Anzahl der Shantytowns hat sich in den letzten 20 Jahren zum Beispiel auf 370 verdreifacht) und fremder Einflüsse über das Fernsehen wird man ein neues soziales Bindemittel brauchen, um diesen Zustand beizubehalten. Dieses Bindemittel allerdings könnte wiederum der Nährboden für die weitere Ausbreitung islamischer Fundamentalisten werden.

Auf dem Land ist die Armut so alt wie die Welt, doch in Städten wie

Assiut kann sie soziale Destabilisierung hervorrufen. Am Iran hat sich gezeigt, daß der islamische Extremismus Zufluchtsstätte ist für die urbanisierten Bauern, denen in pseudomodernen Städten der Verlust ihrer Traditionen droht. 1951 schrieb der amerikanische Ethnologe Carleton Stevens Coon: »[Der Islam] hat über einen Zeitraum von vierzehnhundert Jahren Millionen von Menschen in einer zunehmend verarmenden Welt das Bestmögliche an Leben und Glück geboten.« Über seine klare, starke Botschaft hinaus zeigt der Islam eine Militanz, die ihn für die Unterdrückten attraktiv erscheinen läßt. Diese Religion ist kampfbereit. Der Islam verzeichnet heute den größten Zuwachs aller Weltreligionen.[3]

Mohammed und ich führten gerade eine Diskussion mit einem Waffenhändler in einer der engen Straßen, als uns einfiel, daß wir zu unserer Verabredung mußten. Der Waffenhändler verkaufte ausschließlich *Lee-Enfields*, einfache britische Spannschloßgewehre der Jahrhundertwende, die für Extremisten nutzlos, bei den Bauern aber sehr beliebt waren. Man konnte sie als Kommunikationsmittel benutzen und damit in die Luft schießen. Unser Händler verkaufte aber auch Munition, die militante Extremisten sehr wohl gebrauchen konnten: gesetzliche Bestimmungen hin oder her, wer Munition kaufen will, der kann sie auch kaufen. Überall in der Welt.

Während des Ramadan kann ein Reporter seine Interviews nur abends führen. »Prof. Dr. Mohammed Habib« (wie er genannt werden wollte) begrüßte uns am Eingang zum Gebäude der Ärztevereinigung. Er ist Geologe an der Universität von Assiut und einer der Führer der dortigen *al-Ikhwan al-Muslimiin* (Moslem-Bruderschaft). Diese Bruderschaft liefert wie die *Gamaa Islamiya* den Treibstoff für Ägyptens Islamisierung; sie gilt jedoch heute nicht als extremistisch. Der ägyptischen Landschaft gleich, deren Farben von Wüstenstaub und Nilschlamm stumpf geworden sind, versteckt sich die Bruderschaft unter zahlreichen Schichten historischer Komplexität. Sie könnte somit ein nützliches Barometer für die Einschätzung der politischen Richtung sein, die Ägypten einschlagen wird.

Ikhwan ist 1929 von Hassan el-Banna gegründet worden und wandte sich schnell dem Terrorismus zu. Ende der vierziger Jahre ermordete die Bruderschaft einen ägyptischen Premierminister, 1954 versuchte sie Nasser umzubringen. Anwar Sadat trat in einen Dialog mit der Bruderschaft ein, um sie gegen linke Nasser-Anhänger, die ihn stürzen wollten, auf seine Seite zu ziehen. Daraufhin gab sie ihre Gewalttätigkeit auf und war seit 1970 in keinen terroristischen Anschlag mehr verwickelt. Für viele Ägypter ist die *Ikhwan* eine Organisation, die Wohlfahrtseinrichtungen unterhält, Schulen und Krankenhäuser betreibt und damit eine Lücke füllt.

Nassers Landreformen hatten ein System der Landverteilung beendet, das lange Zeit (wie ungerecht es auch gewesen sein mochte) Arm und Reich in einer traditionellen sozialen Struktur vereinte. Die heutigen Reichen, besonders die Neureichen, haben weniger persönlichen Kontakt mit den Armen als es die Generation ihrer Eltern hatte. Anders gesagt: Das Leben und die Ängste Ägyptens werden unseren immer ähnlicher. Die verschiedenen Gruppen sind zunehmend isoliert, doch innerhalb der Gruppen haben die Leute gelernt, mehr oder weniger ohne Regierung auszukommen. Der Nasser-Staat, der aus über 300 Staatsfirmen und einer Million Bürokraten bestand, verkalkt immer mehr. Als im Oktober 1992 die Erde bebte und die Bewohner der Mietskasernen im Staub erstickten, war von diesem Staat nichts zu sehen. Mubarak befand sich außer Landes. Der bürokratische Apparat mit einer Million Beschäftigten (von denen jeder, einem UNO-Bericht zufolge, 27 Minuten pro Tag arbeitet) war gelähmt; er nimmt nur die Befehle eines Pharao entgegen. Aber Leute wie Prof. Dr. Habib organisierten Lebensmittel, verteilten Decken und brachten die Leute in Schutzräume, die in den Moscheen der Stadtviertel eingerichtet worden waren. Auf diese Weise füllt die *Ikhwan* die Lücke. Niemand weiß, wie viele Mitglieder die Bruderschaft zählt oder wie populär sie ist, da sie als politische Partei offiziell verboten ist. Sehr viele Ägypter und westliche Diplomaten haben mir aber gesagt, daß die moslemische Bruderschaft vermutlich gewinnen würde, wenn es in Ägypten jemals freie Wahlen gäbe. Bestehen offizielle Verbindungen zwischen der *Ikhwan* und den extremistischen islamischen Organisationen wie der *Gamaa*? Das ist schwer zu sagen, obwohl man weiß, daß die Bruderschaft früher Verbindungen zu radikalen Gruppen wie *Takfir Wa Hegira* (»Läuterung und spirituelle Reise«) und *Jihad* (»Heiliger Krieg«) pflegte. Die Bruderschaft ist im politischen und sozialen Leben Ägyptens fest verankert, es gibt sie seit vielen Jahren, trotzdem ist nur wenig über sie bekannt. Prof. Dr. Habib, so sagte man mir, sei ein typischer *Ikhwani*. Er wirkte auf mich äußerst diszipliniert und stolz. Seine modische Brille, das Kordsakko und der perfekt gestutzte weiße Bart ließen ihn anspruchsvoll erscheinen. Er sprach ein deutlich betontes Arabisch, das die Ägypter als »Islamisch« bezeichnen. »Die Islamisten haben ihre eigene Sprache, ihre eigene Art, Arabisch zu sprechen«, erklärte mir Mohammed; es gebe eine »koranische Sprache«, die von »*Ikhwanis*« wie Habib und den Anhängern radikaler Scheichs gesprochen wird. Diese Form des Arabischen hat spezielle Eigenschaften. Die große Mehrheit der Araber spricht das regionale, umgangssprachliche Arabisch und benutzt das »klassische« (oder literarische) Arabisch nur bei offiziellen Gelegenheiten oder im Schriftverkehr. Die Islamisten hingegen benutzen das klassische Arabisch regelmäßig. Außerdem würzen sie ihre Sprache mit Allegorien und Symbolen aus dem Koran. Wichtiger ist jedoch die Aussprache: Während das gesprochene Arabisch eine fließende Sprache ist, in der sich jedes Wort leicht mit dem nächsten verbindet, scheinen die Islamisten bei jedem Wort innezuhalten und darüber nachzudenken. Sie trennen die Wörter, um ihre Bedeutung auszukosten. Diese Gespreiztheit erinnert an Beten. Weil im Arabischen die Substanz des Gesagten nicht nur von der Bedeutung der Worte, sondern auch von ihrem Klang abhängt, ist es nicht ungewöhnlich, daß Islamisten Aussprache und Betonung eines von ihnen verehrten Geistlichen imitieren, um ihren Respekt zu zeigen.

Habib bestellte frischgepreßten Orangensaft, danach gab es Tee. Habibs gastfreundliches Verhalten wirkte ungewohnt in der Umgebung, in die er Mohammed und mich geführt hatte: ein Raum mit dick verstaubten Wänden aus Glasplatten, braunem Teppichboden und Sesseln, die an Schachteln erinnerten. Seine Stimme blieb immer ruhig, er unterbrach uns niemals. Er beantwortete jede Frage ohne Umschweife, höflich und detailliert. In vielen Dingen war ich mit ihm einer Meinung. Für einen kurzen Augenblick befand ich mich im Trancezustand: Wenn doch nur mehr Leute in Ägypten so vernünftig wären wie dieser Mann!

»Leider benimmt sich die Polizei wie ein Haufen Barbaren. Sie verhaften und mißhandeln viele Leute, die nicht einmal in die Nähe der Extremisten gehören. Wir können die Probleme nur durch den politischen Dialog lösen. Folterungen müssen aufhören. Es muß freie Wahlen geben, an denen jeder teilnehmen kann. Aber Sie wissen ja, daß die Wahlen manipuliert sind. Mubarak fühlt sich nicht sicher. Also verschließt er die Tür vor friedlichen Veränderungen und versteckt sich lieber hinter seinen amerikanischen Verbündeten.«

»Und was ist mit den Überfällen auf Touristen?« fragte ich.

»Die Regierung foltert die militanten Extremisten und übt dadurch enormen Druck aus. Also sind sie gezwungen, herauszufinden, wo die Regierung schwach und angreifbar ist. Niemand hat etwas gegen die Touristen persönlich. Es geht nur darum, den Druck eines Regimes zu lockern, das von Amerika und Israel unterstützt wird. Die Morde an den Touristen richten sich gegen den Islam und gegen Ägypten. Wir verdammen sie. Aber sehen Sie, die Somalis entführen Leute, um Amerika unter Druck zu setzen. Genau dasselbe machen die Extremisten, wenn sie Touristen angreifen.«

»Sie haben von Amerika gesprochen. Aber wie sieht die *Ikhwan* Israel?« fragte ich.

»Wenn Arafat und andere arabische Regierungen mit Israel Frieden schließen, dann ändert das gar nichts. Das ist nur ein weiterer Grund dafür, daß viele Regimes der arabischen Welt diskreditiert sind und schließlich zusammenbrechen werden. Wir wissen, daß die Juden immer Ärger gemacht haben. Sie zerstören die Gesellschaft von innen heraus.«[4]

»Wollen Sie behaupten, daß die Regierung von Katar, die mit Israel über ein gemeinsames Pipelineprojekt für Erdgas nachdenkt, sich in

Mißkredit bringt? Wollen Sie behaupten, daß Syriens Präsident Hafez Assad, dessen Regierung mit Israel in Verhandlungen steht, den Arabern gegenüber nicht loyal ist?«
»Genau das behaupte ich. Diese Diktatoren haben keine Bedeutung mehr. Revolutionen werden die Vereinbarungen mit den Juden hinwegfegen.«
Er verabschiedete sich liebenswürdig, drückte mir die Hand und dankte mir, daß ich ihn nach seiner Meinung gefragt hatte.
Habib gehörte zu jenen »Typen«, die man in diesem schwierigen Jahrhundert immer öfter antrifft. Sein gelehrtes Gehabe erinnerte mich an gebildete, militante Hindus und Sikhs, denen ich in Indien begegnet war; an die Universitätsprofessoren, die die faschistische Bewegung in Rumänien anführten; an die autodidaktisch gebildeten und hoch disziplinierten Mitglieder der Nation of Islam des Louis Farrakhan und sogar an Farrakhan selbst; an Dr. Radovan Karadzic, den bosnischen Serben, von Beruf Psychiater, der meint, daß in der Eliminierung der Moslems der Schlüssel zum Glück für sein christlich-orthodoxes Volk liegt; an Dr. Baruch Goldstein, auch er ein Mediziner, der sich auf die Bibel berief, um seinen Mordanschlag auf unschuldige Gläubige in der Moschee von Hebron zu rechtfertigen. Männer mit Visionen, denen ein geringer Erfahrungsschatz zugrunde liegt. Weil sie gebildet sind (Nasser zum Beispiel beherrschte das feine literarische Arabisch zeit seines Lebens nicht), empfinden sie das Unglück ihres Volkes besonders intensiv; aber, so ein ägyptischer Geschäftsmann in Kairo, »ihre Bildung ist nicht sehr umfassend: Und solche Leute verursachen die schlimmste Art von Aufruhr.« Ein pensionierter ägyptischer Diplomat meinte: »Die Juden, von denen diese Leute reden, sind die Juden des Koran, die Mohammed verachteten. Vom Judaismus nach dem Mittelalter hat die Bruderschaft keine Ahnung.«
Es gab noch einen unerfreulichen Aspekt bei den Gesprächen mit Islamisten über die Verletzung der Menschenrechte durch Mubaraks Regime. Die Verteidigung der Menschenrechte wurde wortreich von Leuten mißbraucht, von denen zu erwarten ist, daß sie diese Rechte mit Füßen treten werden, wenn sie an die Macht kommen sollten.

Diese Erkenntnis war für einen Amerikaner sehr schwierig. Wir haben in unserer Gesellschaft genügend Beispiele dafür, wie man die Religion für niedrigste Beweggründe ausnützen kann. Doch die Verteidigung der Menschenrechte wird davon nicht berührt.

Was die Kopten betreffe, sagte mir Prof. Dr. Habib: »Im Gegensatz zu den Juden leben wir mit ihnen friedlich zusammen. Die Kopten und wir sind wie Fasern vom selben Stoff.«

Trotzdem wüten viele fundamentalistische Prediger, zum Beispiel Scheich Kishk, gegen die Kopten; und ein Mitglied der moslemischen Bruderschaft, Dr. Issam el-Irian, sagte mir: »Luftangriffe gegen die bosnischen Serben sind das einzige, was diesen koptischen Christen Boutros Boutros-Ghali retten kann, der in ganz Ägypten verhaßt ist für das, was er den bosnischen Moslems angetan hat.«[5]

Die Kopten sind direkte Nachfahren der pharaonischen Ägypter. Der Evangelist Markus soll hier im ersten Jahrhundert gepredigt und in Alexandria Kirchengemeinden gegründet haben. Die koptische Kirche gehört zu den ältesten der Christenheit. Der heilige Antonius, ein ägyptischer Eremit, wurde zum Vater des christlichen Mönchtums, als er im Jahr 313 in die »innere Wüste« in der Nähe von Assiut floh, um vollkommen zu werden.[6]

Der religiöse Eifer entstand während des Zerfalls der römischen Herrschaft im dritten und vierten Jahrhundert. Mit dem Nachlassen des römischen Einflusses im Niltal verstärkte sich die Verfolgung der christlichen Untertanen. Die Ägypter mußten nachweisen, daß sie keine Christen waren. Brutale Verfolgungen trieben die Christen flußaufwärts in den Süden Ägyptens. Schließlich brach die römische Herrschaft zusammen und das Christentum in Oberägypten triumphierte – bis zur Eroberung durch die Araber, die dreihundert Jahre später stattfand. An diesem Beispiel zeigt sich, daß in Ägypten ein unfähiger Staatsapparat von Bewegungen hinweggefegt wurde, die behaupteten, von Gott zur Übernahme der Staatsmacht legitimiert zu sein. Die Kopten flohen nicht nur vor den römischen Prokonsuln, sondern später auch vor den arabischen Reitern. Weil die moslemischen Armeen im siebten Jahrhundert von Osten nach Westen zogen, durch die Spitze Ägyptens nach Libyen und in den Maghreb, flohen die Kopten in den Süden, nach Oberägypten. Deshalb gibt es heute in Städten wie Assiut proportional mehr Kopten als in Kairo, Alexandria oder dem Delta. Zwanzig Prozent der Bevölkerung Oberägyptens sind Kopten, in Unterägypten sind es zehn Prozent. Der Wohlstand der koptischen Geschäftsleute in diesem armen moslemischen Land verleiht ihnen eine Sonderstellung. Wie die Libanesen in Westafrika werden sie als »Middleman-Minorität« verachtet. Die rasche bauliche Erweiterung des Pilgerzentrums im Kloster der Jungfrau Maria in der Nähe von Assiut, die aus Spenden koptischer Christen in Ägypten und überall auf der Welt finanziert wurde, erinnert mit ihrem riesigen Kreuz und den steinernen Bögen die Moslems schmerzlich an christlichen Wohlstand. In Assiut sagte ein Kaufmann zu mir: »Die Christen lassen Neid aufkommen. Denen geht es gut, die bauen überall um uns herum Festungen.«

Wie die meisten koptischen Klöster im Niltal wurde auch das Kloster der Jungfrau Maria über einer Höhle errichtet, in der Maria, Joseph und das Jesuskind auf ihrer Flucht nach Ägypten gerastet haben sollen. Die Heilige Familie kam im August nach Assiut, zur Zeit des Nilhochwassers, als das Tal überschwemmt war. Also befindet sich die Höhle oberhalb der Überschwemmungslinie mit Blick auf das westliche Ufer des Nil. Auch dieses Gebäude ist, ebenso wie die anderen koptischen Bollwerke, ein Wüstenkloster. In die braunen Berge gebaut, liegt es auf der anderen Straßenseite des letzten Stücks Land, das noch grün und bewässert ist. Der griechische Autor Nikos Kazantzakis hat über diesen Ort gesagt, daß es »nirgendwo auf der Welt« eine solch »gewaltige und sinnliche Berührung zwischen Leben und Tod [gibt] ... dem Grün und dem sandigen Grau«.

Mohammed und ich fuhren die steile Auffahrt hinauf, an Wohnblöcken vorbei, die im August Tausende koptischer Pilger beherbergen, die das Fest der legendären Rast der Heiligen Familie begehen wollen. Ich traf Pater Bishay in der Höhle: ein gähnendes schwarzes Loch, glitzernd von blattgoldverzierten Ikonen und angefüllt mit Terrakottabehältern, in denen sich Taufwasser befand. An diesem Ort hatten im Altertum Tausende vor der Flut Zuflucht gesucht und die Höhle schon in vorchristlicher Zeit zu einem Heiligtum erkoren. Wie alle koptischen Priester trug auch Pater Bishay ein schwarzes Gewand mit einer schwarzen Kapuze, die sein Haar und seine Ohren bedeckte. Seine Haut war dunkel, mahagonifarben, sein schwarzer Bart dünn. Das Leben sei gut hier, sagte er mir. Die Probleme mit den Moslems würden von Leuten wie mir übertrieben. Das Kloster wachse weiter, mehr Spenden ermöglichten mehr Gebäude. Die massiven Mauern, die den Komplex umgäben, seien lediglich eine architektonische Tradition. Die Zeit sei nicht besonders schwierig. Es gebe keine negativen Trends und Politik interessiere ihn nicht.

Das hörte ich auch im koptischen Kloster Deir el Muharraq, einer weitläufigen Wüstenfestung nordwestlich von Assiut. Auch hier soll die Heilige Familie in einer Höhle gerastet haben. Das Wort Muharraq bedeutet im Arabischen »Feuerverletzung«; es bezieht sich auf Brände, die im Mittelalter von Eindringlingen gelegt wurden und Teile des Klosters vernichteten. Die Architektur ließ erkennen, daß man stets auf Sicherheit bedacht gewesen war. Ausladende, mit Zinnen versehene Mauern, innen betrat ich eine fast griechische Welt aus weißen Gewölben und Glockentürmen. Singvögel zwitscherten in Limonen- und Olivenhainen; Fresken der Jungfrau Maria, des heiligen Georg und des Jesuskindes schmückten die Wände. Ich sah blattgoldverzierte Ikonen, wunderbar gebundene Bücher und religiöse Abhandlungen in Koptisch, Griechisch, Arabisch und Amharisch. Die Mönche zeigten mir die Artefakte, ich setzte ihnen mit Fragen zu. »Nein«, sagte einer von ihnen nachsichtig, »zwischen Kopten und Moslems kann es niemals Probleme geben. Gott schützt uns. Moslemische Frauen kommen sogar ins Kloster und bringen Tieropfer, wenn sie nicht schwanger werden.« Seine Stimme verriet keine Nervosität.

Zwei Wochen nach meinem Besuch, am Abend des 11. März 1994, erschossen militante Moslems fünf auf Einlaß wartende Kopten vor den Toren des Klosters Muharraq. Zwei der Getöteten waren Mönche.[7]

Hosni Farag hatte ein Glasauge und eine Armprothese. Er trug eine schmutzige grüne *Galabiya* und hatte ein braunes Tuch um den Kopf geschlungen. Die Wände des Zimmers, das seine Familie im Dorf Manchiet Nasser, nördlich von Assiut, bewohnte, waren aus schmucklosem grauen Beton. Wir saßen auf einem senffarbenen Sofa, ich schaute mich um: ein verrosteter Kühlschrank, eine goldschimmernde Uhr, sechs naive Christusbilder, ein Glastisch und ein brauner Teppich. An der Decke summte eine Neonlampe. Auf dem Flur tummelten sich Hühner und Truthähne, es wimmelte von Fliegen. Ich war in der Wohnung einer ägyptischen Familie, die in den Statistiken als »untere Mittelschicht« geführt wird.

Am 4. Mai 1992 hatte Farag um neun Uhr früh mit einigen anderen koptischen Bauern auf dem Feld gearbeitet, als plötzlich »Männer mit Bärten und Gewehren« auftauchten und die Bauern mit Kugeln durchsiebten. Zu diesem Überfall, bei dem sieben Kopten starben, bekannten sich militante Moslems. Farag rettete sich, er hatte ein Auge und einen Unterarm verloren. »Immer wenn ich aufs Feld muß, habe ich Angst vor ihnen«, sagte er.

Da er ein christliches Haus führte, wurde trotz des Fastenmonats Tee serviert. Außer den Männern befand sich auch noch eine Frau im Raum. Sie trug das Haar unbedeckt und saß neben den Männern. Ihre Augen hatten einen traurigen Ausdruck und erinnerten mich an die dunklen Figuren der Ikonen im Kloster Deir el Muharraq. »Wird es schlimmer werden?« fragte ich. Die Reaktion war Schweigen. Schließlich antwortete die Frau auf jene indirekte Weise, an die sich der Reisende gewöhnen muß, wenn er in diesem Teil der Welt unterwegs ist: »Kürzlich haben die Moslems völlig grundlos einen Polizisten erschossen. Der Mann hatte fünf Kinder. Nasser war gut, denn er hat diese Fundamentalisten ins Gefängnis geworfen. Mubarak ist nichts weiter als ein Politiker. Er kann nicht jeden Christen an jeder Straßenecke beschützen. Die Regierung ist nur dann gut, wenn sie hart ist.« Farag sah mich an: Ein Blick ohne Geheimnis und ohne Hoffnung.

Mohammed und ich gingen zu unserem Taxi zurück. Manchiet Nasser wurde als Dorf bezeichnet, gehörte aber zur überall gleichen, geschäftigen Ansammlung von Häusern, Hütten, Autos und staubigem Pflaster, die zur neuen Landschaft Oberägyptens geworden ist. Es gab keine Ruhe, nur den heißen, stinkenden Atem anderer Menschen im Nacken. Offiziell floß Wasser durch die Leitungen, aber ein Mann mit einem Esel verkaufte das Wasser in Kanistern, weil der Druck nicht ausreichte, um es in die oberen Stockwerke zu pumpen. Hatte die Militanz der Moslems hier ihren Ursprung, hier in dem Elend und den schrecklichen Umweltbedingungen?

Man könnte das Los der Kopten durchaus auf politische Weise betrachten. In *The Arab Predicament* erklärt Fouad Ajami, der arabische Nationalismus sei in seinem Kern stets ein »versteckter Islam«, genauer: ein »versteckter sunnitischer Islam« gewesen. Nachdem es den nationalistischen arabischen Regimen nicht gelungen sei, demokratische Freiheiten zu bringen, wirtschaftlichen Fortschritt oder kriegerische Erfolge vorzuweisen, sei es in den achtziger Jahren zu einer Schwächung der »säkularistischen Impulse« und zur »kulturellen Islamisierung« der arabischen Bewohner gekommen. »Es hätte keinen Sinn, dies zu leugnen oder sich, wie es einige christliche Araber taten, in die Hyperidentifikation zurückzuziehen. Christliche Araber befinden sich auf der Flucht«, schreibt Ajami.

Boutros Boutros-Ghali, der mit einer Jüdin verheiratete koptische Christ und frühere ägyptische Außenminister, ist ein klassisches Beispiel. Seine harten Verhandlungen mit den Israelis brachten ihm viele Verweise, ja sogar Beleidigungen von der israelischen Regierung ein. Aber er war ein Mann, der in der Mitte stand, also trauten ihm auch die Ägypter nicht.

In *Revolution and Rebellion in the Early Modern World* beschreibt Jack Goldstone, Soziologe an der University of California, auf beeindruckende Weise, daß die englische Revolution von 1650, die Französische Revolution 1789, die europäischen Revolutionen des Jahres 1848, die Aufstände im osmanischen Reich[8] und die Rebellionen im imperialen China aus der Unfähigkeit der jeweiligen Regierungen entstanden seien, mit den Problemen fertig zu werden, die sich aus ständig wachsenden Bevölkerungszahlen und der Erschöpfung der natürlichen Ressourcen ergaben. Goldstone zieht den Vergleich mit einem Erdbeben: Auch wenn das Ereignis unerwartet eintrifft, haben über Jahre hinweg Kräfte gewirkt, die schließlich dazu führen, daß die Erdkruste sich urplötzlich verschiebt. Demographischer Druck wird niemals als solcher wahrgenommen: Die Menschen demonstrieren nicht in den Straßen, weil sie zuviele sind. Doch die zusammengedrängte Menschheit verursacht Mängel – Lebensmittel, Wasser und Arbeitsplätze werden knapp. Knappheit nährt Unzufriedenheit; hier treten sie in der Maske des politisierten Islam auf. War es nur Zufall, daß die Überfälle auf Christen, auf Züge und Touristenschiffe hauptsächlich in dem Gebiet des Niltals auftraten, das die größte Urbanisierungsrate und die schlechteste Luft aufwies? In den vergangenen Jahrzehnten haben sich in der Gegend um Assiut Ölraffinerien, Zementfabriken und Lebensmittelhersteller angesiedelt. Ackerland verschwindet, einst eigenständige Dörfer verschmelzen miteinander. Heute leben dreimal so viele Menschen in Assiut wie zu Nassers Zeiten. 1957 ergab eine Volkszählung die Zahl von 104 000 Einwohnern; schon damals war der Staat nicht in der Lage, die Probleme zu bewältigen, heute ist er es noch weniger. Es gibt aber nicht nur die Probleme des arabischen Nationalismus, es sind auch noch andere Kräfte am Werk. In einem Kapitel seines Buches schreibt Ajami, daß von 300 moslemischen Verschwörern, die nach dem Attentat auf Sadat verhaftet wurden, über 90 Prozent aus urbanen Zentren stammten, und zwar aus den Reihen des in die Shantytowns gezogenen Landvolks.[9]

Ein frischer Wind kommt auf. Unser kurzer Spaziergang durch Manchiet Nasser hat uns zum Nil geführt. Ägypten ist immer noch eine Flußzivilisation von schwerfälliger Geographie: Eisenbahnlinien, Telefonleitungen und die meisten Straßen laufen am Fluß entlang. Um von Manchiet Nasser nach Kairo zu kommen, muß ich zuerst zum Nil zurück. Durch den Fluß ist das Land leicht zu kontrollieren. Fünfundneunzig Prozent der Bevölkerung Ägyptens leben auf fünf Prozent des Landes in einem Flußkorridor, der rund tausend Kilometer lang, aber nie mehr als sechzehn Kilometer breit ist. Das scheint die Behauptung der Ägypter zu stützen, daß unter den arabischen Völkern nur sie über eine wahre Identität verfügen. Doch was wird, wenn die Nation verfault, wenn langsam zerfressen wird, was Kazantzakis »diesen bunten Ameisenhügel von Menschheit an den Ufern des Nil« genannt hat?

6   Stimmen der »Gequälten Stadt«

Bei den Hügeln, aus denen vor 4500 Jahren die Steine zum Bau der Pyramiden gebrochen wurden, stößt man auf entsetzliche Bilder. Berge aus Abfall führen zu Tälern aus Abfall; sie bilden die Straßen des südöstlichen Zipfels von Kairo. Schwarze Schweine wühlen herum, wilde Hunde zerren am Fleisch toter Esel und fletschen ihre Zähne. Tausende Menschen leben hier, viele Kinder. Man nennt sie *zabaleen*, »die Müllmenschen«. Die Arbeit für die Kinder beginnt im Morgengrauen. Sie klettern in wacklige Eselskarren und schwärmen in alle Richtungen dieser Stadt mit ihren 13 Millionen Menschen, um Müll einzusammeln. Am Ende des Tages durchwühlen sie den Abfall nach Plastikteilen, Kleidung und wiederverwertbaren Dingen. Diese Artikel werden an die »Müllbarone« verkauft, die als Zwischenhändler fungieren und in manchen Fällen kleine Vermögen angehäuft haben; zumindest soviel, um ihre Blechhütten durch solche aus Lehmziegeln oder Beton ersetzen zu können.

Auf diese Weise wird täglich ein großer Teil des Kairoer Mülls entsorgt. Die *zabaleen* sind ein Erfolg des privaten Unternehmertums, das eine Lücke in der öffentlichen Dienstleistung füllt. Die meisten *zabaleen* sind Kopten, was ironisch anmutet, wenn man bedenkt, daß mich ihre Verwandten in den fundamentalistischen Hochburgen Oberägyptens an erfolgreiche Geschäftsleute erinnerten. Sie sind eine konstante Größe in Kairo wie die 500 000 Ägypter, die in den Grabstätten von Kairos Nord- und Südfriedhof hausen.

Ende der achtziger Jahre wurde geschätzt, daß bis zu 50 Prozent der Müllkinder vor Erreichen des Erwachsenenalters an Krankheiten und

Luftverschmutzung sterben werden. Geprüft hat das niemand. Die *zabaleen* sind zum Klischee geworden. Kairoer Journalisten beginnen zu gähnen, wenn man nach ihnen fragt. Sie sind Teil des Leidens, das den Ägyptern seit Tausenden von Jahren vertraut ist. *Zabaleen*, die zwischen geparkten Autos den Müll sammeln, sind nur eine Facette des »ewigen Kairo«. Am Ende des 20. Jahrhunderts prallen in Kairo wie in Istanbul und anderen Städten viele Kräfte aufeinander. Die Zukunft steigt über die Vergangenheit, noch bevor diese ordentlich zu Grabe getragen wurde. Mittelalterliche und postmoderne Welt koexistieren miteinander.

Wenn man die Müllstadt gesehen hat, macht Embaba einen fast wohlhabenden Eindruck. Embaba ist eine neue Slumgegend im nordwestlichen Teil Kairos, in der die Menschen Agrarland besetzt und ihre Hütten gebaut haben. Wie in Assiut gibt es Fernsehgeräte, aber keine Wasserversorgung. Hier sind Sadats Attentäter aufgewachsen. Embaba symbolisiert nicht nur Armut und Leiden, sondern auch die Umwälzungen, die sich aus wachsenden Ansprüchen ergeben. In Embaba und unter den *zabaleen* könnte »der Schrei«, mit dem die dichtbesiedelte Stadt Kazantzakis »mitten ins Herz stieß«, zu hören sein. Doch welcher Schrei wird der lautere sein: jener, der aus dem Fatalismus kommt, oder der, der sich aus der Revolte erhebt?

Später, in Istanbul, wo ich Slumbewohner persönlich kennenlernte, erfuhr ich mehr davon. In Istanbul klangen die Stimmen laut und deutlich.

»Die Armen sind es …«, begann ich.
»Nein, es sind nicht die Armen«, unterbrach mich der Diplomat. Er lebte seit einigen Jahren in Ägypten und hatte nur seine Lektion bereit. Es war Mittagszeit in dieser beinahe tropischen Stadt, doch sein Hemd war frisch und seine Krawatte saß tadellos, die Klimaanlage der Botschaft funktionierte.
»Die Armen haben noch nie mit irgend etwas angefangen. Die besseren Armen sind es, die untere Mittelschicht, die ist gefährlich: junge Männer mit akademischer Ausbildung, die sie in kein Netzwerk ein-

speisen können, also fahren sie Taxi oder kellnern und sind voller Haß. Sie dürfen die Dinge in Ägypten nicht linear sehen. Lange Zeit geschieht gar nichts, dann überschlagen sich die Ereignisse für eine Weile, bis sie schließlich von Punkt A bei Punkt B angelangt sind. Journalisten, die über Assiut berichten, sehen die Revolution kommen. Wir hier in der Botschaft sehen bloß Trägheit. Die Frage ist, wo die Schwelle liegt, hinter der die Dinge explodieren werden. Wir leben im ausgehenden 20. Jahrhundert, in einer Zeit, in der die Wirtschaft geschulte Leute braucht. Diese Leute haben nichts gelernt. Mubarak kann nur sehr langsam privatisieren. Er hat Gorbatschow beobachtet und ist zu dem Schluß gekommen, daß Gorbatschow scheiterte, weil er zu schnell, und nicht, weil er zu langsam war.«

Ich befand mich in der »Festung Amerika«, die in den achtziger Jahren in der Kairoer Innenstadt errichtet worden war: ein Turm auf einem stabilen Sockel, umgeben von hohen Mauern. Bald soll es noch einen Turm geben. Außerdem ist geplant, daß der Botschafter seine weiße, neokolonialistische Residenz mit Garten, die er auf der anderen Nilseite bewohnt, verlassen und in die Botschaft übersiedeln soll. Die amerikanische Regierung zahlt jährlich mehr als zwei Milliarden Dollar für die Entwicklung Ägyptens, aber die Wohltäter fürchten die Ägypter, wie ihre Pläne zeigen. Die Diplomaten arbeiten den ganzen Tag im Haus und essen amerikanische Gerichte in der Botschaftskantine. 1973, nach dem Ende des Krieges im Mittleren Osten, hatten die USA und Ägypten ihre diplomatischen Beziehungen wieder aufgenommen. Zwanzig Jahre später befinden sich die Amerikaner in einer Stellung, die die Russen während der Ära Nasser innehatten: Ihre Gegenwart erzeugt Argwohn.

Als ich dies erwähnte, reagierte der Diplomat verärgert.

»Hören Sie, wir vermitteln hier eine Botschaft und nicht ein paar Schlagwörter. Die Fundamentalisten behaupten, wir würden aus diesem Gebäude heraus Mubarak stützen. Sehen Sie sich bitte den Bericht über die Einhaltung der Menschenrechte an, der neben Ihnen auf dem Sofa liegt. Nehmen Sie ihn mit und lesen Sie ihn. Das sind die Fakten.«

Ich blätterte die 23 Seiten durch, auf denen detailliert über Foltermethoden und Mißhandlungen in ägyptischen Gefängnissen berichtet wurde. »Dieser Bericht ist ein Beispiel dafür, was wir in dieser Botschaft wirklich machen. Wie viele Botschaften in dieser Stadt verfügen über einen Beamten, der sich mit nichts anderem beschäftigt, als die Wahrung der Menschenrechte durch die ägyptische Regierung zu überprüfen? Ich wünschte, die Leute, die uns kritisieren, würden das begreifen. Und glauben Sie bloß nicht, daß die Gegner dieses Regimes nur antizionistisch, aber nicht antisemitisch sind. Gehen Sie ins Parlament und hören Sie den Debatten zu, in denen dauernd die Begriffe ›Juden‹ und ›Zionisten‹ verwechselt werden ... Hier gibt es keinen Säkularismus. Weder die Regierung Mubarak noch irgendeine andere im arabisch-islamischen Kulturbereich war jemals ›säkular‹. Die Religion durchdringt das tägliche Leben hier in einem Ausmaß, das der Westen seit Jahrhunderten nicht mehr kennt. Aber Mubarak tritt für einen apolitischen Islam ein. Ist das so schlimm? Was haben seine Gegner denn zu bieten?«

Der Diplomat wünschte sich ein glattes Spielfeld für den Kampf um Ägyptens Zukunft, auf dem Vernunft und Fakten den Sieg davontragen sollten. Als ich die Botschaft durch das Sicherheitsportal verließ und meinen Paß gegen die Plastikkarte eintauschte, mit der ich das Gebäude betreten hatte, empfand ich keine Machtgefühle, sondern eher Unbehagen: diese Festung aus Stein und Beton erschien mir wie ein Strandhaus, über dem sich ein Sturm zusammenbraut, dessen Richtung nicht kontrolliert werden kann.

»Die Amerikaner reden dauernd über die Menschenrechte, weil sie Narren sind. Die Menschenrechte sind ein Witz. Die ägyptische Menschenrechtsorganisation wird von ehemaligen Nasseristen und den - *Ikhwanis* geführt, das sind die Leute, die 1967 die Israelis ins Meer werfen wollten. Jetzt sehen sie eine Chance, die Regierung zu stürzen, sie benutzen die Menschenrechte als Waffe. Also treffen sie sich mit diesen dämlichen Affen – den ausländischen Journalisten – und jammern ihnen die Ohren voll mit Armut und Folter.«

So sprach einer von Mubaraks Beratern. Es war noch Ramadan. Er trank Kaffee in seinem gut ausgestatteten Büro. Er trug einen Sportanzug und wirkte durch und durch westlich. »Ihr Amerikaner habt ein kulturelles Problem. Die Menschen hier sind anders, die machen sich keine Sorgen über die Umwelt oder Überbevölkerung. Schauen Sie sich das warme Wetter an, schauen Sie auf den Nil, wie langsam er fließt. Das ist Ägypten. Ägypter wollen nicht, daß sich die Dinge über Nacht ändern. Wir kennen unsere Leute, die helfen sich schon selbst. Es sind seßhafte, passive Leute. Wir sind hier nicht im entwurzelten Arabien, wo die wirklichen Revolutionen stattfinden werden.«

»Und der Terrorismus?« fragte ich.

»Die Terroristen sind Idioten, ein Haufen Anstreicher und Klempner. Sie haben versucht, in Kairo eine Bank zu sprengen. Sie wußten nicht einmal, daß in den Banken nur sehr wenig Geld liegt! Wir haben hier den Fundamentalismus, weil irgendein Genie in der CIA einmal beschlossen hatte, in Afghanistan moslemische Trottel für den Kampf gegen den Kommunismus einzusetzen, und jetzt haben wir einige von diesen Trotteln hier. Das Militär wird sie erledigen.« Der Berater des ägyptischen Präsidenten wirkte bei seinen Antworten auf meine Fragen nicht einmal zynisch; er hatte für alles eine Erklärung. Die Regierung brauche für das Volk nicht mehr zu tun als es ohnedies schon tue. Warum also die Aufregung?

»Wir haben eine andere Vorstellung vom Leben auf der Erde«, sagte Dr. Issam el-Irian, einer der Vorsitzenden der Ärzte-Vereinigung in Kairo und einflußreicher Muslim-Bruder. Auf seiner Stirn zeichnete sich ein dunkles, sichelförmiges Mal ab: Als frommer Mann hatte er viele tausend Male bei seinen Gebeten mit der Stirn den Boden berührt. Er hatte kein helles Büro und keine Klimaanlage. »Unsere Vorstellung ist der Weg des Islam. Die Frage ist allerdings, ob der Westen, ob die amerikanische Botschaft einen moderaten Islam akzeptieren kann. Wir sind ein verfolgtes Volk. Sehen Sie sich Bosnien, Kaschmir oder Palästina an. Überall werden Moslems umgebracht, und der Westen unterstützt die Diktaturen. Warum? Die Tür zur Hoffnung muß offenstehen, nicht die zur Gewalt. Wir sind die Alternative. Und nichts wird uns aufhalten. Die Pharmazeuten, die Ingenieure, Wissenschaftler und Rechtsanwälte – alle haben *Ikhwanis* an die Spitzen ihrer Vereinigungen gewählt. Wir verurteilen die Greueltaten des Regimes, dem die Leute in der US-Botschaft den Rücken stärken. Das ägyptische Volk hat keinerlei Interesse an einem Frieden mit Israel. Seit dem Friedensvertrag von 1979 hat sich die wirtschaftliche Lage verschlechtert und die Korruption ist gewachsen.«

Dr. el-Irian bot mir einen Bonbon aus einer Perlmuttdose an. »Ich faste. Aber, wie Sie sehen, bin ich kein Fanatiker.« Im Gegensatz zu dem amerikanischen Diplomaten und dem ägyptischen Regierungsbeamten glaubte Dr. el-Irian an die politische Zukunft.

Im November 1995 wurden in Kairo 54 Muslim-Brüder von einem Militärgericht wegen illegaler politischer Aktivitäten zu mehrjährigen Haftstrafen verurteilt. Ihr Büro in Kairo wurde geschlossen, die Akten wurden beschlagnahmt. Unter den Verurteilten war auch Dr. Issam el-Irian.

Constantine P. Cavafy, der griechische Dichter, der zu Beginn des 20. Jahrhunderts in Alexandria lebte, schrieb Verse über das Schicksal seiner Heimatstadt, die im 7. Jahrhundert an die muslimischen Araber gefallen war:[1]

»Es ist noch immer Alexandria. Geh nur ein Stück die gerade Straße entlang, die beim Hippodrom endet, und du wirst Paläste und Monumente sehen ... Wie sehr der Krieg sie auch zerstörte, um wieviel kleiner sie auch wurde, sie ist noch immer eine wunderbare Stadt ... Abends treffen wir uns am Meer, wir fünf (natürlich alle unter falschem Namen) und einige der anderen Griechen, die übrigblieben ... Unser Bleiben ist nicht ohne Freude, denn es wird natürlich nicht für immer dauern.«[2] Die Verse tragen die Überschrift »Vertriebene« ...

Im 19. und zu Anfang des 20. Jahrhunderts sorgte der Westen unter der Herrschaft der von den Briten beeinflußten osmanischen *Khedives* für eine Wiederbelebung der Stadt. 1917 wohnten 70 000 Ausländer in Alexandria, davon 30 000 Griechen. Zu dieser Generation zählte Cavafy.

Kazantzakis Tagebuchaufzeichnungen des Jahres 1927 über seine Reise nach Ägypten enden mit dem Bericht über seine Begegnung mit Cavafy:»Cavafy gehört zu den letzten Blüten einer Zivilisation. Mit gekrümmten, blassen Blättern, mit einem langen, kränklichen Stiel und ohne Samen. Cavafy hat die typischen Eigenschaften eines außergewöhnlichen Mannes in einer Zeit des Untergangs – er ist weise, ironisch, sinnlich … Er liegt auf einem weichen Diwan, sieht aus dem Fenster und wartet auf die Barbaren …« Cavafy, der »von Erinnerung überfließt«, der das Erinnern zum Thema seiner Poesie machte, kann mit seinem Werk dem Westen vielleicht helfen, sich mit seinem Untergang in Ägypten abzufinden.

Vom Bahnhof in Alexandria brauchte ich nur fünf Minuten bis zur Moschee Nebi Daniel. Von dieser Moschee heißt es, sie sei über dem Grabmal Alexanders des Großen erbaut worden. Mehliggrauer Beton, Badezimmerkacheln, zerbröckelnde Ziegelwände. Auf hölzernen Verkaufstischen türmten sich religiöse Schriften. Alte Plakate, auf denen das Abschlachten der Moslems in Bosnien verurteilt wurde, hingen in Fetzen von den Wänden. Verbeulte ägyptische Fiats stießen schwarze Rauchwolken aus. Der Dreck von der Straße flog mir in die Augen.

1914, als Cavafy sein Gedicht »Vertriebene« schrieb, hatte Alexandria 400 000 Einwohner. Es gab große Gärten und schmucke Villen, nicht die monströsen Betonbauten unserer Zeit, es gab »genug Platz, um atmen zu können«. Alexandrias Schönheit inspirierte Cavafys Sehnsucht nach der Vergangenheit. Heute, mit seinen drei Millionen Einwohnern, mit seinen hohen Wohnblocks an allen Einfahrtsstraßen der Stadt und den ständigen Verkehrsstaus – heute erinnert man sich am besten aus der Ferne an Alexandria.

Das Innere der Nebi-Daniel-Moschee war ernüchternd. Statt feiner orientalischer Teppiche gab es grünen Nadelfilz. Im Betsaal befanden sich etliche Jugendliche in Jeans und Nylonhemden. Ein Mann kam, schloß eine Tür für mich auf und deutete nach unten auf die Grabmale, die sich unterhalb der Grabstätte eines Sufi-Scheichs aus dem Mittelalter befanden. »Nicht mehr Alexander«, sagte er laut. »Bloß noch Islam.«

Natürlich ist der Nahe Osten kein Refugium mehr für westliche Literaten. Die Landbevölkerung, die in die ägyptischen Städte geströmt war, hat sich in die Religion zurückgezogen, sie ist unfähig, mit den Problemen Überbevölkerung und Ressourcenmangel fertig zu werden, die der westliche Rationalist John Waterbury in den siebziger Jahren aufgezeigt hatte. Aber wir – wir müssen uns mit diesen Fragen auseinandersetzen. Eine Zentralregierung kann lange Zeit Mußwirtschaft treiben, aber eines Tages brechen neue Kräfte auf und überwinden das alte Regime.

Thomas Homer-Dixon, der Wichtiges zu Fragen der Sicherheit mit Blick auf eine degenerierende Umwelt geschrieben hat, geht davon aus, daß es in Ländern wie Ägypten zu prätorianischen Regierungen kommen wird, zu »harten Regimen«, wie er es nennt. Ein Volk, das wegen Mangels an Ressourcen, rascher Urbanisierung, wegen Luftverschmutzung und anderer Umweltfaktoren chronische innere Konflikte zu bewältigen hat, kann seiner Meinung nach nur zwei Wege gehen: »Entweder der Staat zerfällt oder er wird autoritärer«; die Demokratie sei eher eine »oberflächliche Begleiterscheinung«, die wenig mit den langfristigen Entwicklungen wie wachsende Bevölkerungszahlen und schrumpfende Ressourcen zu tun habe. Wenn dies tatsächlich eintreten sollte, wie werden dann die neuen ägyptischen Pharaonen aussehen?

Die neuen Pharaonen könnten eine Mischung aus dem verstorbenen pakistanischen Diktator Zia ul-Haq und dem Vater des Wirtschaftswunders von Singapur, Lee Kuan Yew, sein. Wie Zia werden sie sich erfolgreich den Mantel der Islamisten umhängen, während sie heimlich mit dem Westen zusammenarbeiten. Wie Lee werden sie eine auf Leistung gedrillte Regierung einsetzen, um ein Chaos zu beenden und eine Wirtschaft zu etablieren. Wie Zia und Lee werden sie Dissidenten mit Härte verfolgen. Diese Pharaos kommen vermutlich aus dem Offizierskorps. Im Gegensatz zu Mubarak werden sie sich nach Ostasien wenden, um das Modell eines autoritären Regierungssystems zu finden, das eine sterbende sozialistische Wirtschaft ersetzen kann. Wenn man allerdings die kulturellen Unterschiede zwischen dem Niltal und Ostasien in Betracht zieht, dann erscheint diese Idee als zu hoffnungsvoll.

Die andere Möglichkeit wäre eine rein islamische Regierung, die sich (wie der Sudan) zu einem despotischen Regime wandelt, wenn sich herausstellt, daß auch sie nicht fähig ist, die Probleme des Landes in den Griff zu bekommen. Dann würde der Staat langsam zerfallen, die *Ikhwans* der Vorstädte entzögen den Bürokraten in Kairo immer mehr Macht.

Teil III

Anatolien und der Kaukasus – Strategischer Kern der Erde?

Ich muß Euch sagen, daß all jene Provinzen, von denen ich Euch berichtet habe, beginnend in Kashgar, und jene, über die ich noch berichten werde, bis zur Stadt Lop, zum großen türkischen Reich gehören.

Marco Polo: *Die Reisen des Marco Polo*

7 Der Punkt, an dem die Welt sich nicht mehr dreht

Der Wind raste durch die Platanen und die hoch aufragenden Zypressen, als ich einen riesigen, ummauerten Innenhof des Topkapi-Serail überquerte und schließlich zu den Porphyrsäulen, den konischen Türmen, den vergoldeten Blattornamenten und Koppeln des Glückstores kam – der *Sublime Porte;* diese wunderbare französische Bezeichnung, die als Kürzel für das osmanische Reich diente (so wie *Weißes Haus* für die amerikanische Präsidentschaft), ein Universum, das Nordafrika, den Nahen Osten und den Balkan einschloß. Weil der Untergang dieses Reiches sich so lange hinzog, hinterließ er tiefe Spuren bei seinen Völkern. Hier liegt eine Erklärung dafür, warum gegen Ende unserer Epoche, gekennzeichnet vom Totalitarismus der Länder unter dem Halbmond und vom Kommunismus in Osteuropa, dem ehemaligen Reich der Sultane – von Bosnien über das Niltal bis nach Mesopotamien – der Aufstand droht.

Ich befand mich auf einer Landzunge, am »Serail-Punkt«, dem äußersten östlichen Ende der Balkanhalbinsel und früheren Sitz der osmanischen Sultane. Am gegenüberliegenden Ufer begann Asien. Wie immer an diesem geschichtsträchtigen Ort hatte ich das Gefühl, auf heiligem Boden zu stehen. Die Möwen flattern im Wind, zwischen den Steinmarkierungen sprießt das Unkraut, der Wind bläst von den drei Gewässern her, die hier aufeinandertreffen: das Goldene Horn, der Bosporus und das Marmarameer. Hier, um es mit T. S. Eliot zu sagen, ist »der Punkt, an dem die Welt sich nicht mehr dreht.«[1]

Geographie bedeutet Schicksal. Über zwei Kontinente und zwei Klimazonen verteilt – den Strömungen des Schwarzen Meeres und des

Mittelmeeres gleichermaßen ausgesetzt – erteilt Istanbul an der Schwelle zum 21. Jahrhundert eine Lektion: Hier prallen die orthodoxe, griechisch-slawische (europäisch und doch orientalisch) und die türkische Welt (asiatisch, doch westlicher werdend) aufeinander. Hier hatte tausend Jahre lang das griechische Byzanz geherrscht, bevor es von den türkischen Nomaden Zentralasiens gestürzt wurde. Und hier gibt es neue Nomaden, die letzten Bauern aus Ostanatolien, die die westlichste Stadt der Türkei erobern, während weitere Wellen heranrollen, die vielleicht noch gefährlicher sind.

Die Geschichte der Menschen ist die Geschichte des Nomadentums. Die meisten Theorien, wenn auch häufig in Frage gestellt, gehen davon aus, daß die Migration des Menschen in Schwarzafrika begann, sich den Nil hinauf bewegte in die Gebiete der Länder des Halbmonds und dann östlich – den Indus und Ganges entlang – bis in den Orient und darüber hinaus verlief. Um einen Blick auf die Umrisse des beginnenden 21. Jahrhunderts zu werfen – eine Zeit, die ein Nomadentum oder, besser gesagt, Flüchtlingsbewegungen ungeahnten Ausmaßes erwarten läßt –, hatte ich mich entschieden, den Pfaden der ersten Menschen zu folgen. Also reiste ich von Schwarzafrika durch das Niltal zur nördlichen Spitze des Halbmondgebietes nach Anatolien, wo Asien beginnt, und das die Türken *Anadolu* nennen, was man als »Mutter Adler« übersetzen kann. Anatolien ist die wichtigste Landbrücke der historischen Wanderroute nach Europa, Asien und Afrika. Am *Catal Hüyük*, im Herzen dieser trockenen und dürren Zone, entdeckten Archäologen das älteste bekannte Landschaftsgemälde der Welt; es ist 9000 Jahre alt und zeigt einen ausbrechenden Vulkan. Da Istanbuls Bedeutung hauptsächlich von seiner Lage bestimmt wird, war es während des Kalten Krieges, als die Sowjetmacht Eurasien künstlich aufgeteilt hatte, fast bedeutungslos. Seit 1989 jedoch sind die Türken im Westen nicht länger vom Balkan und im Osten nicht mehr von ihren Vettern im Kaukasus und in Zentralasien abgeschnitten. Die klassische Geographie ist zurückgekehrt.

Ich bin ein Reisender in Zeiten, kein Romantiker. Topkapi gehört auf meine Karte. Es gibt andere Orte, für die das nicht gilt: der große Basar zum Beispiel, auch die Hagia Sophia; oder das Café oben am Goldenen Horn, wo Pierre Loti, der im 19. Jahrhundert lebende französische Romancier, einen schwülen Roman über die Liebe zu der verschleierten tscherkessischen Haremsdame *Aziyadeh* schrieb. Ich skizziere Plätze, die ein literarisch beschlagener Tourist kaum aufsuchen würde.

Ara Guler ist Fotojournalist und lebt in Istanbul. Er hat die architektonische Entwicklung der Stadt im 20. Jahrhundert festgehalten. »Ich bin ein visueller Historiker«, sagte er mir. »Am Ende des 20. Jahrhunderts finde ich in dieser Stadt fast nichts mehr, das sich zu fotografieren lohnt. Es gibt keine Ästhetik mehr. Schau aus dem Autofenster auf die Szene, die sich dir bietet. Das ist kein Dorf, das ist keine Stadt. Das ist nur Scheiße.«

In dieser »Scheiße« aber entscheidet sich die Zukunft – und diesen Teil möchte ich zeichnen. Ich verließ Topkapi und fuhr los. Ich überquerte die Bosporusbrücke von der europäischen Seite auf die asiatische – vom Balkan nach Anatolien. Ich fuhr fast eine Stunde lang und war immer noch in der Stadt, aber nicht mehr im Istanbul romantischer Erinnerungen. Mein Reiseführer: *Tales from the Garbage Hills* [Geschichten von den Müllbergen], ein grausam realistischer Roman des türkischen Schriftstellers Latife Tekin über das Leben in den Shantytowns der Stadt. Der Autor schreibt über Stadtteile, »gezeugt aus Schlamm und Chemieabfällen, mit Dächern aus Plastikeimern, Türen aus alten Teppichen, Fenstern aus Wachstuch und Wänden aus nassen Hohlblocksteinen.« Sultanbeyli ist ein solcher Stadtteil.

Als erstes kamen der feuchte Staub und die endlosen, ungepflasterten Straßen mit ihren Schlaglöchern – wie in Afrika. Ich starrte auf bröckelnde Wände, rostiges Eisen, seltsame Skulpturen aus Hohlblocksteinen und Wellblech, auf Schweißbrenner, Reifengeschäfte, Ziegelhäuser, Blechschilder, auf Berge und Felder aus Dreck und Abfall. Überall standen doppelt nebeneinander geparkte Lastwagen herum; Fabriken stießen schwarzen Rauch aus. Ein Schäfer führte seine

Herde durch den Matsch einer Baustelle. Es gab kein erkennbare Linie, keinen Kern, keine Innenstadt – es war ein Morast aus Nichts. Das Weder-Noch einer Gegend, die, wie Guler mich gewarnt hatte, kein Dorf und auch keine Stadt, sondern einfach nur *Scheiße* war. »Er legte sein Ohr auf die Erde, um sie zu hören, und bat weinend um Wasser, um Arbeit und um Heilung der Krankheiten, die vom Müll und dem Abfall der Fabriken verbreitet wurden«, schreibt Tekin; in einer anderen Passage aus *Tales from the Garbage Hills* wird darüber berichtet, wie man den Siedlern »von einem gewissen ›osmanischen Reich‹ erzählte … daß es da, wo sie jetzt leben, einmal ein Reich dieses Namens gab«. Diese Geschichte verwirrte die Siedler. Sie hörten zum ersten Mal davon! Obwohl einer von ihnen sich erinnerte, »daß der Großvater und sein Hund im Kampf gegen die Griechen umkamen«, sind Nationalbewußtsein und das Gefühl für eine türkische Geschichte nur Traumlasten der türkischen Mittel- und Oberschichten.

Was wußten diese Siedler über die Heerscharen türkischer Zuwanderer, die vor ihnen gekommen waren – die Seldschuken und Osmanen? Was wußten sie vom *Dede Korkut* (der Vulgata der türkischen Zivilisation)? Warum sollte es sie überhaupt interessieren? – Für diese eben erst zu Städtern gewordene Landbevölkerung – nicht nur in der Türkei, sondern auch in Afrika, in der arabischen Welt, in Indien und vielen anderen Ländern – »ist die Welt neu«, schreibt V. S. Naipaul in *Indien.* »Für sie war es ein Neubeginn. Sie waren Menschen ohne Versorgung, die zum ersten Mal eine Forderung an ihr Land erhoben, und die aus dem Chaos heraus ihre eigene Philosophie von Gemeinschaft und Selbsthilfe entwickelten. Die Vergangenheit war für sie gestorben; sie hatten sie in den Dörfern zurückgelassen.«
Überall in den Entwicklungsländern sind am Ende des 20. Jahrhunderts diese neuen Männer und Frauen – die in die Städte strömen und sie in groteske Dörfer verwandeln – dabei, die Zivilisation neu zu schaffen. Diesen Millionen von Armen bedeuteten nationale Grenzen und nationale Ideen wenig. Wirkliche Grenzen sind greifbar: die Kulturgrenzen. Sie wußten zum Beispiel, daß die christlich-orthodoxen

Griechen einst ihre Feinde gewesen waren. Und das reichte für ein Gefühl der Identität.

Im Iran hatten diese neuen Stadtbewohner eine Revolution heraufbeschworen. Doch wäre diese Revolution ohne den vorausgegangenen Ölboom, der Entwicklungen beschleunigte und den Kulturschock verschlimmerte, nicht möglich gewesen. Ende der neunziger Jahre lugt der alte Iran wieder hervor: verändert, aber durchaus erkennbar, wie ich später auf meiner Reise feststellen konnte. Was aber ist mit der Türkei, die keinen Ölboom hatte und in der der Säkularismus zum nationalen Mythos gehört? In der Türkei ist alles subtiler und deshalb weniger auffällig.

1980 lebten 43,9 Prozent der Türken in den Städten.[2] 1990 waren es 59 Prozent. Zur Jahrhundertwende werden es wohl 67 Prozent sein. Istanbul, 1993 mit zehn Millionen Einwohnern die größte Stadt Europas, wächst jährlich um erstaunliche 4,5 Prozent.[3] In jedem Jahr kommen 450 000 neue Bürger hinzu – von weit da draußen, aus Anatolien. »Statt daß Anatolien istanbulisiert wird, werden Istanbul und die anderen Städte anatolisiert«, lautet eine Klage, die ich ständig hörte. Selbst im »wilden Osten« der Türkei verdoppeln ehemals verschlafene »Städte« wie Diyarbakir, Van und Erzurum ihre Einwohnerzahl alle fünf Jahre und werden zu wimmelnden Großstädten, während die Dörfer dieser entlegenen Gegenden sich entvölkern. Im letzten Jahrzehnt des 20. Jahrhunderts befindet sich die Türkei in einer sozio-ökonomischen Revolution, die viel bedeutender ist als jeder Regierungswechsel.

Sultanbeyli, am östlichen Rand Istanbuls gelegen, wurde von türkischen Rückwanderern aus Bulgarien gegründet. 1985 lebten 3500 Menschen dort, 1995 waren es 150 000. Die Häuser werden *Gecekondus* (wörtlich: in der Nacht gebaut) genannt. Die undichten Eisendächer sind mit Steinen beschwert. Die Wände bestehen aus Lehm, unverputzten Ziegeln oder Pappe. Es gibt kein fließendes Wasser und kein Abwassersystem.

Ayse Kucukhiyali war aus Erenkoy, einem winzigen Dorf im rauhen anatolischen Norden, nach Sultanbeyli gekommen. Sie hatte schwere, schwielige Hände wie ein Mann. Sie trug ein blaues Kopftuch im traditionellen moslemischen Stil und hackte gerade den Boden neben ihrem aus Lehm gebauten Haus, um Auberginen und Kartoffeln anzupflanzen. Ein Autofriedhof lag ganz in der Nähe. »Eigentlich sind wir Bauern«, klagte sie. »Aber die Landwirtschaft hat kaum noch eine Zukunft. Wir sind in die Stadt gezogen, weil wir uns ein besseres Leben erhoffen. Mein Mann arbeitet am Bau. Ich bin ans Haus gefesselt – in der Stadt haben nur die Männer ein Leben. Aber ich habe drei Kinder. Deshalb mußten wir herkommen. In der Dorfschule war kein Lehrer. Für die Kinder leiden wir.«

Seyhan Besoluk kam aus einem anderen entlegenen anatolischen Dorf. »Die Kinder sollen eine gute Ausbildung erhalten. Ich will, daß meine Söhne Ingenieur oder Arzt werden. Auf dem Dorf ist das unmöglich.« Auch in ihrem Haus gab es ein Fernsehgerät, aber kein Fließwasser. »Wir schauen uns die Nachrichten an, aber viele der anderen Programme mögen wir nicht. Wir sind traditionelle Leute.«

Ich ging über ein morastiges Feld, auf dem einige Buben mit einem Lumpenball Fußball spielten. Zwei Frauen, von Kopf bis Fuß in Schwarz, kamen vorbei. Ich versuchte, mit ihnen zu plaudern. Sie kicherten: es waren Teenager. Sie seien aus einem Dorf in Ostanatolien gekommen, erzählten sie mir. In Sultanbeyli könnten sie zum ersten Mal in ihrem Leben regelmäßig fernsehen. Ich kannte das türkische Fernsehen – es war eine Kopie des amerikanischen. Voll von Glanz und Flitter, sexuell provozierend, reflektiert es die Werte der neureichen verwestlichten Bürger Istanbuls. Welchen Einfluß hatten solche Programme auf diese Mädchen? Waren dies die Bilder ihrer geheimen Träume? Die *Gecekondus* sind die Keimzelle für die untere Mittelschicht in der Türkei: unfertige Häuser, auf halbem Weg zwischen Landleben und Stadtleben. Fühlten die Mädchen sich angezogen oder abgestoßen von dem, was sie auf dem Bildschirm sahen? Führten die Bilder zur Ablehnung der wohlhabenderen Schichten und des Westens oder zur Zustimmung? Mir blieb keine Zeit, sie zu fragen. Durch die Begegnung in Verlegenheit versetzt, flüchteten die verschleierten Mädchen.

Als der Kommunismus 1989 zusammenbrach, wählten die Leute von Sultanbeyli ihren ersten Bürgermeister – ein Mitglied der extremistischen moslemischen »Wohlfahrts«-Partei. Das war kein Zufall. Die *Gecekondus* waren eine Bastion der türkischen Linken gewesen, die durch die Revolutionen in Osteuropa an Glaubwürdigkeit verloren hatten. In der postkommunistischen Welt trug die Unzufriedenheit nicht länger ideologische, sondern religiöse, kulturelle Züge. Um es mit Naipaul zu sagen: Aus dem Chaos am Ende des 20. Jahrhunderts wurden neue Ideale von Gemeinschaft und Selbsthilfe geboren. Im Hauptquartier der Islamischen Wohlfahrtspartei in Sultanbeyli, in einem blitzsauberen Zimmer, erklärte mir ein Parteimitglied in einem Atemzug, daß Israel zerstört werden und die Türkei ihre Bindungen an den Westen lösen müsse, daß die Partei die Bedürftigen im Sommer mit Wasser und im Winter mit Kohlen versorge und an moslemischen Feiertagen Lebensmittel verteile. In diesem Stadtteil übernahm der Islam jene Aufgaben, die der politische Apparat nicht mehr erfüllte.

Von Istanbul aus fuhr ich nach Osten, in die türkische Hauptstadt Ankara. Hier sind die Shantytowns auf steilen Hügeln erbaut und somit auf dramatischere Weise sichtbar als die flachen in Istanbul. *Altindag* (»Goldener Berg«) ist eine Pyramide aus Träumen, entstanden aus Hohlblocksteinen und Wellblech; es hat den Anschein, hier sei eine Hütte auf die andere gesetzt worden: Alle sind auf unbeholfene Weise himmelwärts gerichtet – auf den Himmel der wohlhabenderen Türken, die in anderen Stadtteilen leben. Nirgendwo auf der Welt habe ich ein solch scharf gezeichnetes architektonisches Symbol für menschliches Streben gesehen; die Dächer waren aus keilförmig angeordneten, verrosteten Blechdosen gebaut worden, Lauch und Zwiebeln wuchsen auf Veranden, die man aus faulenden Holzplanken gezimmert hatte.

Für den Tourismus, der sich nur für die Mythen des vorigen Jahrhunderts interessiert, existiert der Goldene Berg nicht. Er wird in den Reiseprospekten ignoriert, obwohl sich hier die Veränderungen anbah-

nen. Stellen wir uns ein osmanisches Heerlager unmittelbar vor der Zerstörung des griechischen Konstantinopel vor ...
»Wir haben das Dorf mit hierhergebracht. Aber im Dorf haben wir härter gearbeitet, also konnten wir im [heiligen Monat] Ramadan nicht fasten. Hier fasten wir. Hier sind wir gottgefälliger.« Ayshe Tanrikulu stopfte gemeinsam mit sechs anderen Frauen Reis in Weinblätter. Sie lud mich ein, im Schatten neben ihr Platz zu nehmen und reichte mir eine Tasse Tee. Ayshe, mit ungefähr Mitte Dreißig die Älteste, hatte das Wort. Ihre Stimme war laut und barsch. Ich sah mich um und wunderte mich.

Aus großer Entfernung können Slums durchaus malerisch wirken, bei näherem Hinsehen sind sie nur noch entsetzlich und abstoßend. In der Türkei war genau das Gegenteil der Fall: Je näher ich dem Goldenen Berg kam, desto besser sah er aus. In einer Tasche trug ich türkische Lira im Wert von 1500 Dollar bei mir, in der anderen Reiseschecks für 1000 Dollar. Aber ich hatte keine Angst. Der Goldene Berg war weniger ein Slum als ein Stadtviertel, in dem Nachbarn miteinander lebten. Wenn man Ayshes Haus betrat, erkannte man, warum das so war: Das Haus war ein Heim, das Würde erkennen ließ. Ich sah einen funktionierenden Kühlschrank, ein Fernsehgerät, ein Wandregal mit einigen Büchern und vielen Familienfotos, ein paar Pflanzen am Fenster und einen Herd. Der Fußboden glänzte. Es stank nicht. Auch die anderen Häuser waren so. Die Straßen verwandelten sich bei Regen in Matsch, die Häuser boten Geborgenheit. Die Schulkinder trugen ihre Schultaschen auf dem Rücken, Lastwagen brachten Gasflaschen für die Kochherde, einige Männer saßen in einem Café und schlürften Tee oder Bier. In der Türkei kann man ohne Probleme Alkohol bekommen, auch wenn 99 Prozent der Bevölkerung Moslems sind. Aber es gibt kein Alkoholproblem. Verbrechen geschehen so gut wie nie. Armut und Analphabetentum sind weniger verbreitet als in Algerien und Ägypten. Slums – im soziologischen Sinne – gibt es in den türkischen Städten kaum. Der Mörtel innerhalb der Familien und zwischen den Familienverbänden ist fest: In dieser Kultur pflegt man einen natürlichen Umgang miteinander. Ich erwähne dies, weil ich zeigen möchte, aus welch eindrucksvollem Gewebe die türkisch-moslemische Kultur besteht.

Ayshe Tanrikulu erzählte:»Mein Sohn hat eine Universitätsausbildung. Er ist ein Computeringenieur. Aber er verdient nicht genug. Ich habe noch ein Kind in der Volksschule. Wir können uns die Bücher nicht leisten. Ich weiß nicht, ob er auf eine höhere Schule gehen kann. Die Kinder der Reichen mit guten Verbindungen – die kriegen alle Plätze. Die Regierung behauptet zwar, daß die Schulen kostenlos sind, aber das stimmt nicht ... In der Stadt ist das Leben so unpersönlich, die Luft ist so dreckig. Meine Hoffnungen haben sich zerschlagen. Aber unsere Kinder werden nicht in einem *Gecekondu* leben. Eine gute Ausbildung ist alles!«

Die Wahrheit über die *Gecekondus* ist nicht in religiösem Fundamentalismus zu finden: In diesen Hütten leben ehrgeizige Leute mit den Wünschen und Vorstellungen der Mittelschicht. Eine kompetente Regierung in Ankara könnte sie gewinnen, aber wird sie es tun? Ich schlenderte zu einer anderen Straße. Ein paar Kinder spielten, wie in Afrika, mit einem alten Rad. Sie schauten mit großen, staunenden Augen in die Welt. Suna Karabiyik bat mich, die Schuhe auszuziehen, bevor ich ihr aus Lehmziegeln und Karton gebautes *Gecekondu* betrat. Wieder verblüffte mich die Sauberkeit. Suna ist 25 Jahre alt und stammt aus Nordostanatolien. Sie hat schwarze Augen und schwarzes Haar; ihr grobes, aber hübsches Gesicht zeigt Mut. Suna zeigte auf eine Reihe von grauen, modernen Wohnblöcken, die in billigster Bauweise errichtet waren.»Da wollen wir hin. Jeden Tag schaue ich auf diese Häuser und möchte dort leben. Mein Mann und ich haben nur ein Kind. Wir wollen nicht mehr. Wir wollen, daß dieses Kind es besser hat als wir. Aber auf die Regierung kann man sich nicht verlassen. Wir müssen selber etwas tun.«

»Was ist mit Ihren Nachbarn hier? Werden sie die nicht vermissen?« fragte ich.

»Es ist gut, wenn man im Leben immer wieder andere Leute kennenlernt. Als wir vom Dorf auf den Goldenen Berg zogen, haben wir neue Leute getroffen, und dort werden wir wieder neue Leute treffen.«

Ich staunte über diese modernen Kleinbauern; für sie war das Leben ein soziales Abenteuer, sie erwarteten von der Regierung keine Hilfe, sie wollten selbst etwas tun. Zwischen Flüchtlingen und Nomaden besteht, lernte ich hier, ein Unterschied: Flüchtlinge müssen fliehen, weil sie keine Wahl haben, Nomaden sind Pioniere auf der Suche nach einem neuen Leben. Nomaden gestalten die Geschichte. Flüchtlinge sind Opfer.

Wer sind die Türken? Vielleicht gibt es für das beginnende 21. Jahrhundert kaum eine wichtigere Frage.

Der Begriff *Türke* tauchte zum ersten Mal im 6. Jahrhundert in dem chinesischen Wort *Tu-Kiu* auf; er bezeichnete eine Gruppe von Nomaden, die ein Reich gegründet hatten, das sich von der Mongolei bis zum Schwarzen Meer erstreckte. Diese Nomaden sprachen ein Idiom, das – wie Mongolisch, Ungarisch und Finnisch (die alle mit dem Türkischen entfernt verwandt sind) – zu den uralaltaischen Sprachen gehört und aus dem Gebiet zwischen dem Ural in Ostrußland und dem Altaigebirge in der Mongolei stammt. Die Chinesen gaben den Türken, die sich wie Wasser über das innerasiatische Tableau ausbreiteten, ihren Namen! Wurde die Chinesische Mauer errichtet, um die türkischen Stämme abzuwehren?

In den nachfolgenden Jahrhunderten kam es zu einer Reihe von Wanderungsbewegungen in der zentralasiatischen Steppe durch Reitervölker wie Uiguren, die Ogusen und die Khazaren. Für eine kurze Zeit verschmolzen Reiche miteinander, die kaum Spuren hinterließen; nach dem nächsten türkischen Ansturm kam es zu neuen Vermischungen.

»Auf der schwarzen Erde errichtete er seinen großen weißen Pavillon, die bunten Zelte reckten sich zum Himmel empor. An tausend Plätzen wurden seidene Teppiche ausgelegt«, heißt es im *Dede Korkut*, dem Epenzyklus der ogusischen Stämme: es waren weintrinkende Horden; die Frauen waren hervorragende Reiterinnen, Bogenschützen und Ringerinnen, sie übernahmen den Islam als Religion, nicht aber als soziales System. Das latente Heidentum, das allen Türkvölkern zu eigen ist, half Atatürk in den zwanziger und dreißiger Jahren bei der Säkularisierung der Türkei.

Die freien, ungebundenen Stämme rannten gegen die Mauern Chinas und im Norden und Westen gegen Rußland an. Die Russen, der andere historische Feind, prägten den Begriff »Tatar« als Sammelbezeichnung für Dschingis Khans Mongolen und ihre uralaltaischen Vettern, die Türkvölker. Im 13. und 14. Jahrhundert unterwarfen die mongolischen Horden Rußland, das damit von der Renaissance abgeschnitten war; die Tataren sind letztendlich für die Orientalisierung Rußlands verantwortlich. Seit den Tagen Iwan des Schrecklichen im 16. Jahrhundert litten die Russen unter einem Gefühl kultureller Entbehrung; von Rachedurst geplagt, griffen sie immer wieder die Türkvölker an. Stalins Attacken gegen die türkische Einheit in Zentralasien, die Einführung der kyrillischen Schreibweise sollten seine Türkvölker slawisieren und gleichzeitig von ihren Verwandten in Afghanistan, im Nordiran und in der Türkei abschneiden. Der Haß stand Pate. Der Krieg, den die Russen gegen das moslemische Tschetschenien führen, ist in diesem Licht zu sehen.

Im 9. und 10. Jahrhundert kamen die Finnen und Magyaren als erste uralaltaische Völker nach Europa. Das Genie dieser Steppenreiter ist offenkundig: Im Verlauf eines Jahrhunderts nahmen sie europäische Sitten und Gebräuche an. In der zweiten Hälfte des 11. Jahrhunderts sah Ostanatolien seine ersten türkischen Nomaden, die *Seldschuken* (so benannt nach ihrem Gründerherrscher), die 1071 bei der Schlacht von Mantzikert eine byzantinische Armee aufrieben. Die byzantinischen Griechen hielten Konstantinopel bis 1453; dann eroberten die Osmanen nach ihrem Sieg über die Seldschuken die Stadt und nannten sie Istanbul.

Die Osmanen errichteten ein polyglottes Reich, das sich von Wien im Norden bis zum Jemen im Süden, von der marokkanischen Grenze im Westen bis nach Mesopotamien im Osten erstreckte. Durch die osmanische Bedrohung wurde das Wort »Türkei« in Europa zu einem Synonym für Barbarei. Martin Luther betete um Erlösung »von der Welt, vom Fleisch, vom Türken und vom Teufel«. Doch die Romantik des osmanischen Hofes im Istanbuler Sultanspalast, dem Topkapi-Serail, führt zu einer anderen, wohlgefälligeren Vorstellung: einem Bild von Haremsdamen, Tulpenfesten, Liebesgesängen, brokatverzierter Seide, kostbaren Teppichen, exotischen Früchten und Süßigkeiten und bleistiftdünnen Minaretten, die sich in Marmorbecken spiegeln: Ausdruck einer sinnlichen und üppigen islamischen Zivilisation.

Topkapi war ursprünglich ein nomadischer Hof; seine Türmchen erinnerten an die Zelte in der Wüste Karakum und an die alljährlichen Feldzüge in Europa. Zu Beginn des 20. Jahrhunderts war Topkapi nur noch eine versteinerte Theokratie – so wie es das griechische Byzanz vor der osmanischen Eroberung vor viereinhalb Jahrhunderten gewesen war und wie es an der Schwelle zum 21. Jahrhundert einige Golfscheichtümer sind.

Die moderne Türkei, die nach dem Ersten Weltkrieg aus den Todeswehen des multinationalen osmanischen Reiches hervorging, war der Traum eines einzigen Mannes – Mustafa Kemal »Atatürk« (Vater der Türken). Kemal Atatürk war ein echter Revolutionär – einer der wenigen, die die Geschichte kennt. Er veränderte das Wertesystem seines Volkes. Er erkannte, daß die europäischen Mächte das osmanische Reich nicht durch ihre Armeen besiegt hatten, sondern durch ihre Zivilisation. Von nun an, sagte er, werde die Türkei westlich sein. Kein Wunder, daß es keinen Moslem gibt, der im Westen ein so hohes Ansehen genießt wie Atatürk.

In den zwanziger und dreißiger Jahren schaffte Atatürk die geistlichen moslemischen Gerichtshöfe ab. Um die Türken von ihrer traditionellen islamischen Vergangenheit loszureißen, verbot er den Männern den Fez und hielt die Frauen davon ab, verschleiert zu gehen. Er verlegte die Hauptstadt von Istanbul, dem Symbol eines rückständigen islamischen Reiches, nach Ankara, das im heidnischen anatolischen Türkentum wurzelte. Er führte die lateinische Schrift ein und richtete die türkische Kultur nach Westen aus. Selbst seine Definition von Nationalität war erstaunlich modern. »Atatürk erklärte, daß jeder, der behauptet, Türke zu sein, Türkisch spricht und in der Türkei lebt, auch ein Türke ist«, erzählte mir Altemur Kilic, Kommentator einer Istanbuler Zeitung, dessen familiäre Wurzeln in Georgien, Abchasien, Usbekistan und im ägäischen Rhodos liegen. Atatürks Definition machte die Türkei nicht nur zu einem Schmelztiegel für balkanische, kaukasische und zentralasiatische Moslems, sondern auch zu einer Heimat für türkisch sprechende Juden. Atatürk machte aus der Türkei ein modernes Land.

»Kemalismus ist der Wunsch, mit dem Westen identifiziert zu werden. Kemalismus ist ein Lebensstil, der die arabische Welt verachtet«, sagte mir Nilufer Gole, eine Istanbuler Soziologin und Feministin. »Der Kemalismus preist den Paganismus über den Islam und versorgt die Türken mit einem emotionalen, ganz und gar säkularen Mythos, der ein Nationalbewußtsein aufbaut. In anderen moslemischen Gesellschaften, in denen alle mächtigen Mythen auf der Religion basieren, gibt es kein Äquivalent dafür.« Mit anderen Worten: Der Kemalismus ermöglicht es den säkularen Türken, ebenso hart für ihre Überzeugungen zu kämpfen wie die Menschen in den *Gecekondus*, die gerade ihre Religion neu entdeckt haben.

Anit Kabir (Großes Grabmal), Atatürks Mausoleum in Ankara, ist ein in Marmor und Stein gehauenes Vermächtnis seines Willens, die Dynamik der *Gecekondus* zu nutzen und in die große Vision von Atatürks »republikanischer Türkei« einzubringen. Das »Große Grabmal« ist ein gigantischer hellenistischer Tempel von heidnischer Architektur, mit steinernen Fackeln an den Wänden, in den Boden gemeißelten Wolfsspuren und einem Relief, auf dem Soldaten die göttliche Mutter umarmen.

Als ich durch den Tempelbereich ging, von Soldaten mit weißen Helmen bewacht, kam mir der Gedanke, auch Adolf Hitler hätte wohl so ein Grabmal bekommen, wenn er gesiegt und die halbe Welt unterjocht hätte.

Es gibt noch ein anderes Grabmal in der Türkei: nicht in Ankara, sondern in Istanbul, der Stadt der prächtigen Moscheen, der Stadt des Islam, der osmanischen Hauptstadt. Es ist nicht groß und prächtig. Der

Blick von der bescheidenen Umgebung fällt auf eine moderne Autobahn. An diesem *turbe* (Grab eines heiligen Moslem) beten die Männer und Frauen, die aus den *Gecekondus* kommen. Hier ist Turgut Özal begraben, der Premierminister und spätere Präsident der Türkei, der 1993 im Amt verstarb. Er ist der zweite große türkische Revolutionär des 20. Jahrhunderts. Kemal Atatürk war ein General, ein Frauenheld mit einer Vorliebe für schottischen Whisky. Turgut Özal war ein kleiner Bauer, dessen Hals zwischen seinen Schultern verschwand, der beim Essen redete, der den Umgang mit Messer und Gabel nie richtig beherrschte und der sich seines Glaubens nicht schämte:»Obwohl die Türkei ein säkularer Staat ist, bin ich, der Präsident, kein säkularer Mann.« Wenn Özal Kemalist und gleichzeitig ein frommer Moslem sein konnte, warum sollten es die Leute in den *Gecekondus* nicht sein können? Warum sollte es da einen Widerspruch geben? Säkularismus, so wie Özal ihn definiert hat, heißt nicht Atheismus. Die Leute in den Shantytowns wissen nicht, was »Kemalismus« ist. Aber sie wissen, daß sie unter Özal ein Teil des Systems waren. Özal, der die amerikanische Vorstellung von der sozialen Mobilität liebte, der mit dem Koran und einem Laptop auf Reisen zu gehen pflegte, hatte die Träume seines Volkes verinnerlicht: Die Leute wollen ein besseres Leben, aber ihre religiösen Traditionen nicht verlieren.

Özal hat Atatürks energischem, westlich orientierten Säkularismus die Schärfe genommen. Während Atatürk den türkischen Osten im Kaukasus und in Zentralasien ignorierte, um sein Volk auf westlichen Kurs zu trimmen, sah Özal den Osten als einen neuen Markt für türkische Waren. Atatürk orientierte sich am kulturellen Standard des Westens, Özal führte die Türkei aus ihrer selbstverordneten Isolation, er wollte auf dem Balkan einen türkisch-moslemischen Machtblock durchsetzen. Er entdeckte die multikulturelle Vergangenheit neu und korrigierte den tragischen Irrtum in Atatürks Vision.

Atatürks Türkei war ein Schmelztiegel, in dem Moslems (ebenso wie einige Christen und Juden) aus allen Teilen des osmanischen Reiches gleichberechtigt leben konnten, wenn sie Türkisch beherrschten.

Aber Anatolien war immer ein Land gewesen, in dem drei verschiedene Völker mit drei verschiedenen Sprachen lebten – Türkisch, Kurdisch und Armenisch. Mit Unterstützung kurdischer Söldner haben die Türken während des Ersten Weltkriegs fast alle Armenier vernichtet, bevor Atatürk die Regierung übernahm: nur in ein paar Städten gibt es noch kleine armenische Gemeinden.[4] Aber die Kurden blieben: einer von sechs Bürgern der Republik Türkei ist Kurde. Atatürk versäumte, die Existenz der Kurden anzuerkennen und ihre Rechte zu schützen. Seit den neunziger Jahren tobt nun schon in Südostanatolien ein Krieg zwischen der türkischen Armee und kurdischen Separatisten, der bisher weit über 15 000 Todesopfer forderte. Dieser Krieg bedroht den sozialen Frieden der Türkei, weil es in allen großen Städten, besonders in den *Gecekondu*-Siedlungen große Kurdengemeinden gibt. Özal starb, als er mit den Kurden gerade einen Kompromiß aushandeln wollte. Nach seinem Tod setzte sich ein harter Kemalismus durch, der die Kurden mit militärischen Mitteln zerschlagen will.

8 Mutterader

Am Ende unseres Jahrhunderts ist der türkische Überlandbus eines der letzten Relikte aus dem goldenen Zeitalter des Reisens. Wie die transkontinentale Eisenbahn im 19. Jahrhundert in Amerika oder der Orientexpreß in den ersten Jahrzehnten des 20. Jahrhunderts bieten diese Busse besten Komfort, während man durch eine primitive, spektakuläre Landschaft rollt. Sie sind sauber, klimatisiert und bieten einen Snack-Service. Der Busbahnhof in Ankara ist ein verlockender orientalischer Basar. Neonreklamen von Dutzenden privaten Busunternehmen leuchten in den Gängen. Als ich zum Abfahrtssteig kam, ließen die Fahrer die Motoren ihrer in Deutschland oder Schweden gebauten Doppeldeckerbusse an, die mit schicken Farben und raffiniertem Design wie New-Age-Versionen fliegender Teppiche aussehen. Schon bald rollte ich nach Süden durch ein grünes Steppenmeer, dessen Einsamkeit nur gelegentlich von einem Schäfer mit seiner Herde unterbrochen wurde. Eine Stunde später wurde das Grasland von ausgetrockneten Salzflächen abgelöst, die die schneebedeckten Sultanberge begrenzten. Ich befand mich im Herzen Kleinasiens – in Anatolien, der »Mutterader«. Hier entspringen die Quellflüsse von Euphrat und Tigris, die die frühen Zivilisationen nährten.

Anatolien war die Heimat von Hethitern, Assyrern, Phrygern, Lydern und anderen alten Völkern. Abraham soll in Südanatolien gelebt haben, Noah in Ostanatolien. Der Trojanische Krieg fand in Westanatolien statt, an der Nordküste streifte Jason mit den Argonauten umher. Herodot wurde ebenso in Südwestanatolien geboren wie Paulus. 401 v. Chr. führte Xenophon eine Armee von zehntausend geschlagenen griechischen Söldnern von Persien durch das bitterkalte Anatolien zum Schwarzen Meer. Die persischen Heere des Kyros, Dareios und Xerxes marschierten auf ihrem Weg nach Westen hier durch, Alexander der Große rüstete hier zum Marsch nach Osten. Ein Teil von Marco Polos Seidenstraße führte durch Anatolien; Mongolen und Kreuzfahrer zogen durchs Land. Wenn die Landfläche unserer Erde einen Hauptkreuzungspunkt hat, dann ist es Anatolien. In der zweiten Hälfte des 11. Jahrhunderts erreichte die erste Welle türkischer Nomaden, aus Zentralasien kommend, Anatolien. Sie wurden nach ihrem Gründer Seldschuken genannt. Konya, die Hauptstadt dieses mittelalterlichen Seldschukenstaates, war mein erstes Ziel.

Die Seldschuken waren auf eine Farbe fixiert, die die Franzosen »turquoise« (türkis) nennen und die sie wahrscheinlich zum ersten Mal in den kratertiefen Seen erblickten, mit denen das Wüstenplateau durchsetzt ist. In Konya repräsentiert die raketenförmige, mit herrlichen türkisfarbenen Kacheln bedeckte Kuppel über dem Grab Djalal od-Din Rumis beste seldschukische Architektur. Das Bauwerk aus dem 14. Jahrhundert scheint über Kuppeln und Mauern zu schweben. Die Kuppel vermittelt ein Gefühl des mystischen Staunens, das Religionen so unbedingt brauchen und so selten erreichen. Gemeinsam mit einer Reihe von Pilgern entledigte ich mich meiner Schuhe und betrat das blau überdachte Mausoleum das religiösen Mystikers. Auf einer Tafel wurden die Besucher in englischer Sprache mit Rumis Worten begrüßt: »Komm, komm herein, wer immer du bist, Feueranbeter, Götzendiener oder Heide. Dies ist nicht der Ort der Hoffnungslosigkeit. Jeder, der hier eintritt, ist willkommen.« Türkische Frauen mit roten Kopftüchern und bärtige Männer mit wollenen Mützen mischten sich unter westliche Touristen. Alle erfreuten sich an den übereinanderliegenden Orientteppichen und der mit Blattgold verzierten koranischen Schönschrift. Touristen und Pilger klickten fröhlich mit ihren Kameras. Selten habe ich einen heiligen Ort erlebt, der ein so warmes Willkommen ausstrahlt. »In anderen Ländern basiert der Islam auf Gottesfurcht. Das führt zu Despotismus, denn die Furcht vor Gott impliziert Furcht vor der Obrigkeit. Aber die Türken, dank des Einflusses von Rumi und anderen Mystikern, werden von der Liebe zu Gott bewegt, und das führt zu Toleranz«, hatte mir der ehemalige türkische Premierminister Bülent Ecevit in Ankara gesagt.

Rumi hat in persischer Sprache geschrieben. Persische Literatur und Architektur hatten einen großen Einfluß auf die Seldschuken. Rumi, eine Kultfigur für die Hippies der sechziger und siebziger Jahre, wurde 1207 in Balkh, im türkischen Teil Afghanistans, geboren. Als Junge reiste er mit seinem Vater einige Jahre durch Persien und Ostanatolien nach Konya (die Hippies nahmen später die umgekehrte Route nach Indien). Das Reisen hat seinen Geist und seine Toleranz geprägt. Er war ein Blumenkind seiner Zeit. Er glaubte, daß alle Menschen, ungeachtet ihrer Rasse und Religion, vereint seien und durch Liebe mit der Natur verbunden. Diese Weltsicht, deren Wurzeln möglicherweise in die präislamische Vergangenheit zurückreichen, findet ihren Ausdruck in Rumis sinnlicher Dichtung: »Ich bin die Flamme, tanzend in der Liebe Feuer, ein flackerndes Licht in den Tiefen des Verlangens. Oh fühltest du den Schmerz, erzeugt von Trennung, so höre auf die Melodie des Schilfrohrs.«[5] Rumi glaubte, daß die Liebe zu Gott über Religionen und Nationalitäten hinausgehe und daß die Moslems nicht das einzige Volk seien, dem Gott sich offenbarte. Er wollte den »unreifen Fanatikern«, die Musik und Dichtung verschmähen, ganz einfach »Lebewohl« sagen. Er warnte, einen Bart oder Schnurrbart für ein Zeichen von Weisheit zu halten – wenn überhaupt, werde Reisen (das nomadische Leben) Weisheit bringen. Rumi war Asket. Er glaubte, daß Männer und Frauen sich von der Politik fernhalten und auf die Entdeckung ihres inneren Selbst konzentrieren sollten. Er zog das Individuum der Masse vor und erhob seine Stimme häufig gegen die Tyrannei – sowohl die der Mehrheit als auch die der Minderheit.

Als Rumi am 17. Dezember 1273 in Konya starb, strömten Christen, Juden, Araber und Türken aus der ganzen Umgebung herbei, um ihn zu betrauern. Sie klagten und weinten und rissen sich als Zeichen ih-

res Schmerzes die Kleider vom Leib. Sein Grab wurde zum Wallfahrtsort. Rumi ist eine der wahren ökumenischen Gestalten der Geschichte.

Der Mystiker hat auch bei der Definition des Sufismus eine Rolle gespielt. Der Begriff entstammt dem arabischen Wort *suf*, das heißt Wolle: Ein Mann, der Wolle trägt, hat der Selbstsucht entsagt.

Während Rumi diese Selbstsucht mit Hilfe mystischer Tänze auflöst[6], betont der Sufismus die Bedeutung des Individuums. Einige
türkische Sufi-Orden gehören daher zu den liberalen Moslemgrup-
pen. Sie tanzen, trinken gelegentlich ein Glas Wein und nehmen
Frauen als Mitglieder auf, die allerdings nicht gleichberechtigt sind.
Eine dieser Gruppen, die *Bektaschi*, unterstützte Atatürks säkulare nationalistische Bewegung, andere Sufi-Orden bekämpften sie. Turgut
Özal, der verstorbene Präsident und Premierminister, war ein beken-
nender Sufi. Özals tiefe Religiosität und seine Abneigung gegen moslemische Diktatoren wie Irans Ayatollah Khomeini oder Iraks Saddam
Hussein hätten Rumis Herz erfreut. Die politische Zukunft der Türkei wird zum Teil davon abhängen, wie sich der Sufismus entwickelt.
Diese Evolution wiederum wird von dem Druck bestimmt werden,
dem sich die Menschen ausgesetzt sehen, wenn sie darum kämpfen,
in den großen Städten ihre Traditionen beibehalten zu dürfen.

Am 22. April 1993 wurde Turgut Özal in Istanbul beerdigt. An diesem
Tag kniete ich auf den Teppichen in der Moschee neben Rumis Grabmal und sprach mit Ali Erhun, einem geistlichen Beamten von 28 Jahren. Er hatte eine runde weiße Kappe auf dem Kopf, Gebetsperlen in
der Hand und einen höflichen Gesichtsausdruck.[7]

Erhun begann unser Gespräch mit einer Entschuldigung. Leider könne er mir keinen Tee anbieten; Tee schlürfen die Türken von morgens
bis abends, weil dies innerhalb der Moschee verboten ist. Ihre Gast-
freundschaft schreiben die Türken ihrer nomadischen Vergangenheit
zu; das Überleben in der Vergangenheit hing davon ab, daß auch
Fremde sich gegenseitig halfen. Der Standard für Freundschaft wird
sehr hoch angesetzt; das bedeutet, daß der Westen diesem Standard
oft nicht entspricht.

»Meine Familie stammt von den Ogusen ab, die aus Zentralasien nach Anatolien einwanderten und Anatolien von den Byzantinern eroberten«, erzählte Erhun. »Ich wurde in Cumali Koyu geboren, nicht weit von Istanbul entfernt. Hier waren die ersten Osmanen angekommen und suchten einen Platz, an dem sie sich vor dem Gebet waschen konnten. Ein alter Sufi, jemand wie Rumi, zeigte mit seinem Stab auf einen Flecken Erde. Darunter fanden sie Wasser. Dort bauten sie die Stadt ... Zentralasien ist das Land unserer Vorväter. Das Ende der russischen Vorherrschaft in Zentralasien bedeutet, daß es zu einer Wiedervereinigung der Teile kommen wird, die einst ein Ganzes bildeten – Türkistan, die türkische Welt ... Turgut Özal hat uns auf diesen großen Augenblick vorbereitet. Özal hat dem Kemalismus die säkulare Schärfe genommen und frommen Türken das Gefühl gegeben, zum System zu gehören. Diese neue Freiheit ermöglicht es den Türken, Gegenwart und Zukunft mit den alten Kulturen der Vergangenheit zu vereinen, mit den Seldschuken und Osmanen. Der Islam ist eine wichtige Komponente in diesem Prozeß.«

Erhun betonte, die westliche Orientierung moslemischer Türken sei leider gefährdet, weil der Westen die bedrängten Moslems auf dem Balkan und im Kaukasus »im Stich gelassen« habe. Die bärtigen Männer, die sich in dem kleinen Vorraum der Moschee versammelt hatten, nickten zustimmend.

»Ihr im Westen seid nur Gut-Wetter-Freunde«, sagte Erhun mit ruhiger Stimme. »So sehr wir auch versucht haben, euch zu mögen, ihr habt uns immer wieder enttäuscht. Bevor ihr den katholischen Kroaten und den orthodoxen Serben geholfen habt, seid ihr in Zypern auf seiten der Griechen gewesen. Ihr zwingt uns, nach Osten zu blicken, zur türkischen Welt. Wir werden weiterhin mit den Amerikanern und Europäern kooperieren, wie es uns gerade in den Kram paßt. Aber erwartet nichts. Wir werden Spieler sein.«

Erhun schwieg eine Weile, dann brachte er sein letztes, sein wichtigstes Argument vor: »Der Islam stammt aus Arabien. Lange Zeit haben die Araber das Banner des Propheten getragen. Doch die arabische Zivilisation war dafür nicht stark genug. Also haben die Türken es über-

nommen. Seit tausend Jahren, seit unsere Vorfahren, die Seldschuken, die byzantinischen Griechen schlugen, haben wir die Fahne des Islam in Ehren hochgehalten. Heute sitzen wir in Konya, der seldschukischen Hauptstadt. Der *Mewlana* (Meister, ein Hinweis auf Rumi) liegt wenige Meter von hier begraben. Nach dem Zusammenbruch des Osmanischen Reiches haben die Araber erneut das Banner des Propheten getragen. Aber das ist vorübergehend. Wir, die Türken, sind auf diese Rolle vorbereitet. Wenn auch Arabisch die Sprache des Propheten und des Korans ist, so heißt das nicht, daß die Araber die Moslems dieser Welt anführen werden. Auch wir können Moslems führen. Wegen des *Mewlana* ist unser Islam anders als der, der in Ägypten und Saudiarabien praktiziert wird.«
Hat er recht? Wird das Banner des Propheten nach Norden wandern, von Mekka nach Konya?

Von Konya führte mich mein Weg nach Südosten, über die Taurusberge ans Mittelmeer. Der Bus fuhr über zahllose Kalksteinberge und durch Täler, die von kleineren Bergketten umschlossen wurden. Hier hatte man die Hänge mit Olivenbäumen, mit Föhren, Zedern und Pappeln aufgeforstet. Schlammige Flüsse hatten sich ihren Weg durch die Berge gewaschen, Resultat der geologischen Bodenverschiebungen, die durch die Bewegungen der eurasischen, afrikanischen und indo-australischen Platten entstanden waren.
Atatürk hatte auf dem Balkan und anderswo Gebiete abgetreten und die Energien für den nationalen Aufbau der Türkei auf diese wunderbar abwechslungsreiche und leicht abzugrenzende Gegend konzentriert. Der große britische Orientalist H. D. Hogarth (der eine Vaterfigur für D. H. Lawrence war) erklärte 1915, noch vor Atatürks Revolution, wie sehr die Geographie die Türken – er nannte sie Osmanen – zu einer Nation macht: »Kleinasien [Anatolien] ist die Nation ... Selbst eine militärische Besetzung durch Rußland oder eine andere Großmacht würde Anatolien nicht von der osmanischen Einheit lösen können; denn ein Ding kann nicht von sich selbst gelöst werden.«

Dennoch bleibt die Frage: Kann der Krieg der Türkei gegen die Kurden alles verderben? Ich verbrachte die Nacht in Kizkalesi, einer Stadt am Mittelmeer, die Herodot unter dem Namen Corycus kannte. Später wurde die Stadt nach einer Burg benannt, die der Sage nach von einem armenischen König im Hinterland errichtet wurde, um seine Tochter vor einem Schlangenbiß zu bewahren. In einem Früchtekorb gelangte dennoch eine Schlange von der Küste in die Burg, und das Mädchen starb. Heute wird eine moderne Version dieser Geschichte aufgeführt. Diesmal kommt die Schlange in Form des Tourismus. Und das Mädchen, das stirbt, ist die Stadt selbst.

Der Küstenstreifen war eine riesige Baustelle; hier wuchs ein gigantisches Brighton für Pauschalurlauber. »Wir sind ein Haufen Bauern, der allein herauszufinden sucht, was es mit dem Tourismus auf sich hat«, jammerte ein alter Mann mit von der Sonne gegerbter Haut, der mich im letzten türkischen Kaffeehaus der Stadt auf einen Kaffee eingeladen hatte. »Bis 1987 war das hier ein verschlafenes Dorf, wir haben Bohnen und Limonen angebaut. Die Regierung ist abwesend. Sie tut nichts – sie strahlt nur nachts die Burg an.« Er schrie mir ins Ohr, um die Schweißbrenner, Preßlufthämmer, die Musik und die heulenden Motorräder zu übertönen. Drei-Sterne-Hotels befanden sich in unterschiedlichen Stadien der Fertigstellung, durch dreckige Wege voneinander getrennt, nur ein paar Meter von einem blauen, sanften Meer entfernt.

Ich buchte ein Zimmer im ältesten Hotel der Stadt, das 1985 gebaut worden war. Es war voller deutscher Urlauber mit ihren Frauen oder Freundinnen. Sie waren laut, schlugen mit der Hand auf die Resopaltische und legten dem türkischen Empfangschef den Arm um die Schulter. Die Zimmerwände waren dünn. Ich hörte laute Stimmen, aus der Dusche tröpfelte nur kaltes Wasser. Es gab keine Abwässerentsorgung.

Kizkalesi ist zu einem Schlafsaal für den europäischen Pauschaltourismus geworden. Im Winter hat die Stadt 3000 Einwohner, von Mai bis Oktober sind es Zehntausende. Die Urlauber interessierte nicht, wo sie waren. Sie wollten eine Woche lang die warme Sonne genießen und Dampf ablassen.

Der Strand war mit Bierdosen, leeren Verpackungen und Steinen von einer nahen Baustelle übersät. Hinter einer römischen Ausgrabungsstätte am Meer, die auf das 1. Jahrhundert zurückging, wurden Hochhäuser aus rotem Ziegel gebaut. Am nächsten Morgen nahm ich ein Taxi nach Mersin, etwas weiter östlich an der Küste. Der Fahrer stammte aus dem Ort, war ungefähr dreißig Jahre alt und trug Cowboystiefel, ein offenes schwarzes Hemd und mehrere Goldketten um den Hals. Er redete nicht, er brüllte, um die Rockmusik aus seinem Kassettenrecorder zu übertönen. Er beklagte sich, daß er schon ein Jahr lang auf ein kanadisches Visum warte, er wolle seine Freundin besuchen. Der Mann gehörte zu der wachsenden Schicht von Menschen, die zwischen den Kulturen stehen und keiner wirklich angehören. Er pfeift den Touristinnen hinterher, er äfft den Westen nach und haßt ihn gleichzeitig. Aus solchen Männern rekrutiert sich das Fußvolk der fundamentalistischen Aufstände im Iran und in Algerien. Sie sind das Produkt der neuen Landschaften am Mittelmeer und im Nahen Osten: der Hotels für Pauschaltouristen, der Diskotheken und der Leuchtreklamen.[9]

In Mersin nahm ich einen Bus in Richtung Süden zur syrischen Grenze. Das Meer und die Berge wichen zurück, ich spürte den dunstigen Hitzefilm des Mittleren Ostens.

Anatolien ist leicht abzugrenzen, aber die türkische Geographie nicht ohne Widersprüche. Das gilt besonders für die Provinz Hatay. Sie ist ein üppiges, ausgedehntes Agrarfeld, ein schmaler Fortsatz zwischen dem nordöstlichen Zipfel des Mittelmeers und Syrien. Hier hat es zu allen Zeiten mehr Araber und Armenier als Türken gegeben. Im Juli 1938 marschierte die türkische Armee ein, um Atatürks Annektierung der Region vorzubereiten. Damals mußten viele Araber und Armenier fliehen. Die Franzosen, die nach dem Ersten Weltkrieg das syrische Mandat hatten, wollten nicht protestieren, die Bevölkerung des besetzten Syrien konnte es nicht. Syrien hat seinen Anspruch auf die Region nie aufgegeben. Auf syrischen Karten war die Provinz Hatay, ebenso wie die Golanhöhen, immer als Teil Syriens eingezeichnet. Mein Bus hielt in der Provinzhauptstadt Antakya (dem alten Antiochia). Taxifahrer boten mir lauthals auf Arabisch ihre Dienste an, darunter die Fahrt über die nahe Grenze ins syrische Aleppo. Im Busbahnhof herrschte Chaos, er erinnerte mich an meine Syrien- und Irakreisen in den siebziger und achtziger Jahren. Die Araber stellen immer noch einen großen Teil der Bevölkerung Hatays, was sich an der dunkleren Hautfarbe der Menschen zeigt. Wie in den arabischen Städten hatten die Taxis keine Taxameter, ich mußte den Preis aushandeln. »Ich bin kein Türke, ich bin aus Antakya«, informierte mich der Fahrer. Wollte er mir sagen, daß er sich für einen Syrer hielt?

Im Stadtpark bot sich ein anderes Bild. Es war Sonntagnachmittag. Junge Paare und Familien spazierten durch eine Allee aus dunklen Pinien und Zypressen. Einige junge Burschen riefen hinter den Mädchen her. Alle waren altmodisch gekleidet und ein wenig ungepflegt. Ich sah kaum Wohlstand, aber auch keine Armut. Im nahegelegenen Restaurant gab es arabische Vorspeisen und türkische Hauptspeisen. Es waren nur wenige Polizisten und Soldaten zu sehen. Das alte Antiochia strahlte multinationale Toleranz aus. Im Basar traf ich Naci Garva, der mit einem Handkarren umherzog und Steingut verkaufte. Er bot mir eine Tasse Apfeltee an: »Ich bin Araber, ein Alawite, ich habe denselben Glauben wie Hafez Assad.[10] Aber ich empfinde keine Loyalität für Syrien. Sicher haben wir unsere Probleme hier. Özals Reformen haben die Reichen reicher und manche der Armen ärmer gemacht. Aber in Syrien ist die Wirtschaft seit Jahrzehnten viel schlechter. Die Syrer kommen über die Grenze nach Antakya, um hier einzukaufen. In Syrien brauchen die Leute Lebensmittelkarten, hier haben wir mehr Freiheit. In Syrien kannst du noch nicht einmal atmen.«

Mein Blick wurde von Säcken mit Mangos, Paprika, Oliven und anderen Köstlichkeiten angezogen. Auch Yasar Afacan, der Verkäufer, war Araber. Diese Tätigkeit war ein Wochenendjob für ihn. Eigentlich war er Schuldirektor, aber er verdiente nicht genug. Afacan erklärte mir, daß Syrien (als national-ethnisches Thema) schon seit Jahren tot sei. Das wahre Problem in Antakya wie anderswo in der Türkei sei ein soziales und kein politisches: die Flucht der Landbevölkerung in die Städte. »Diese primitiven Leute haben keine Kultur. Sie zerstören die Atmosphäre hier in Antakya.« Atatürks Annektierung der Hatay war nicht nur juristisch, sie war auch moralisch falsch. Aber er kam damit durch. Am Ende des Kalten Krieges war die Hatay ein Gebiet, in das die Geschichte noch nicht zurückgekehrt war. Die Türken hatten sich viele Jahre lang an größerer Freiheit und einem besseren Lebensstandard erfreuen können, sie hatten keine Sehnsucht nach syrischer Verwaltung. Aber wird das so bleiben? Was ist, wenn Inflation und Arbeitslosigkeit steigen? Wenn das Problem mit den Kurden den sozialen Frieden in der Türkei zerstört? Und wenn Syrien eine Friedensvereinbarung mit Israel trifft, die zu größeren westlichen Investitionen und syrischem Wirtschaftswachstum führt? Wird es dann in der Hatay ruhig bleiben?

Ich fuhr mit dem Bus nach Nordosten, ins Herz Anatoliens. Ich sah Bauern, die bis zur Hüfte in den Weizenfeldern standen, und Flüsse, deren Ufer wilder Klatschmohn und Wildblumen säumten. Am Horizont, jenseits der Flüsse und Weizenfelder, tauchte eine lange Reihe schneebedeckter Bergspitzen auf. Ich sah auf das, was Freya Stark in *Alexander's Path* die »reine Kargheit« Anatoliens genannt hat; ich dachte an Armeen, Armeen, Armeen.

Auf der anderen Seite des Euphrat wurden die Bäume spärlicher, die Sonne strahlte den Staub wie ein großer Scheinwerfer an. Der Anblick der Berge, so verdorrt und knöchern, ließ mich erschauern. *Gecekondus* und rote Wohnblöcke kündigten an, daß wir die Außenbezirke Sanliurfas erreicht hatten, den nördlichen Zipfel des Halbmondgebietes, wo Mesopotamien auf Großsyrien trifft.

Hier, im nahegelegenen Harran, hatte Abraham auf seinem Weg von Ur im südlichen Iran nach Kanaan eine Rast eingelegt. Ich befand mich im Grenzland zwischen der Wüste des Mittleren Ostens und dem kalten Hochplateau Kleinasiens, einem Gebiet mit großem Wasserreichtum. In Sanliurfa stieg ich aus dem Bus und suchte mir ein Taxi, das mich aus der Stadt heraus nach Nordwesten brachte. Bald entdeckte ich zu meiner Linken weite Flächen, durchzogen von Telefon- und Hochspannungsleitungen, die etwas Großes ankündigten. Das Südostanatolien-Projekt *Guneydogu Anadoly Projesi*, abgekürzt GAP genannt, ist ein Netzwerk aus 21 Dämmen und Bewässerungssystemen, das im ersten Jahrzehnt des 21. Jahrhunderts fertiggestellt werden soll. GAP sammelt die Wasser von Euphrat und Tigris und schafft eine neue Agrarfläche, die so groß ist wie die gesamte kultivierbare Fläche der Niederlande. Wird diese Entwicklung die Feuer des kurdischen Separatismus in der Türkei löschen können?

Ende der achtziger Jahre stellte der türkische Staatsminister Kamran Inan die steigenden Erwartungen, die die Türkei mit dem Projekt GAP verband, so dar: »Die Nachkriegsgeneration in den Vereinigten Staaten wendet sich zunehmend von Europa ab und der Pazifikregion zu ... Europas Bevölkerung wird älter ... und undynamischer. Die Türkei ... ist die größte industrielle Basis zwischen Europa und Asien und mit natürlichen wie menschlichen Ressourcen reichlich ausgestattet ... Die oberen Flußgebiete von Euphrat und Tigris waren 4500 v. Chr. die Wiege der Menschheit. Die Fertigstellung von GAP nach der Jahrtausendwende wird zur Wiedergeburt jener Prosperität führen, der sich Mesopotamien vor Tausenden von Jahren erfreute ... Die hervorragende Lage [der Türkei] auf der Achse vom Fernen Osten bis zum Mittelmeer ... wird durch das Südostanatolien-Projekt weiter verstärkt werden ...«

Mit anderen Worten: Die Türkei hat Großmachtvisionen, und GAP ist die Grundlage dieser Strategie. Kernstück ist der Atatürk-Staudamm, rund 65 Kilometer nördlich von Sanliurfa gelegen. Bevor der Staudamm zu sehen war, bat ich den Fahrer, abzubiegen. Ich hatte einen Termin mit dem Direktor.

Hübsch angeordnete Orangen- und Weidenbäume umgaben das beeindruckende Verwaltungsgebäude, das jedem internationalen Vergleich standhielt. Hinter dem Gebäude sah ich eine gepflegte Wohnanlage mit Schulen für die Kinder der Staudammangestellten. Der Gegensatz zwischen diesem Anblick und den schäbigen Büros der Hochdammverwaltung in Ägypten hätte nicht größer sein können. Ich sah den Damm zum erstenmal durch das Panoramafenster im Büro des Direktors. Die schalldichten Scheiben ließen kein Geräusch durch: Man spürte weder Staub noch Wind. Mein erster Eindruck vom Atatürk-Staudamm und seinem mächtigen, von Menschen gebauten Stausee war der eines Acrylgemäldes, phantastisch und unrealistisch zugleich: Der Damm sah aus wie ein Spielzeugvorhang aus Kieseln vor einem dunklen Fleck türkisfarbenen Wassers, tief und unergründlich wie der Himmel. Ich blickte den Mann am Schreibtisch an.

Erduhan Bayindir, der Direktor des Atatürk-Staudamms, des viertgrößten steinernen Bauwerks der Welt, wird oft der »Vorschlaghammer« genannt. Seine Manieren sind rüde, sein Haar war grau, das Sakko war grau, und er hat ein Gesicht, das man sofort wieder vergißt. Er redete wie ein Wasserfall.

»Welche Auswirkungen GAP auf diesen Teil des Landes haben wird?« fragte er laut. »Ehrlich gesagt, wir wissen es nicht. Entwicklung bringt kulturellen Verfall. Als ich ein junger Bursche war, saßen wir alle auf der Erde und aßen aus einer Schüssel. Dann kamen die Zeitungen, der Strom, das Fernsehen, und wir saßen an einem Tisch und aßen jeder vom eigenen Teller. Die Frauen konnten sich allein in den Straßen bewegen, aber jetzt werden sie von den Männern belästigt. Auch die Kriminalität hielt Einzug. Veränderung kann man nicht stoppen, man kann nur versuchen, sie zu steuern.«

Und wie will er steuern?

»Ein Drittel des Wassers aus dem Euphrat wird ins Harran-Plateau zurückgeleitet. Vor dem Bau des Staudamms erhielten Syrien und Irak 275 Kubikmeter Wasser pro Sekunde aus dem Fluß. Jetzt bekommen sie 183. Natürlich haben die Araber protestiert, als wir in den siebziger Jahren mit der Planung des GAP begannen. Syrien und der Irak intervenierten bei der Weltbank. Aber wir hatten Glück: Der Irak verwickelte sich in einen Krieg über wertloses Land an der irak-iranischen Grenze. Wasser wurde für Saddam Hussein zu einem zweitrangigen Thema. Wir hatten noch mehr Glück. In den achtziger Jahren boomte die türkische Wirtschaft, und wir konnten den Damm aus dem gestiegenen Bruttoinlandsprodukt finanzieren. Dann führte der Irak Krieg gegen Kuwait. Und so weiter. Wasser ist eine Waffe. Wir können den Wasserfluß nach Syrien und in den Irak bis zu acht Monate aufhalten, ohne unsere Dämme zu überfluten, und damit das politische Verhalten der Araber regulieren.«

Sprach hier die osmanische Vergangenheit, wurde hier eine Zeit beschworen, in der die Araber Untertanen der türkischen Sultane waren? »In diesem Teil der Welt könnte es durchaus zu einem türkischen Jahrhundert kommen. Es ist möglich, Öl ins Ausland zu liefern und die Eliten zu bereichern, das Wasser aber muß innerhalb einer Gesellschaft gleichmäßig verteilt werden. Egal, wie korrupt und egoistisch eine Gesellschaft sein mag, es ist schwieriger, den durch Wasser verursachten Wohlstand zu beschränken als den, den das Öl bringt. Wasser überquert Grenzen. Wir schaffen in der Südosttürkei ein neues Agrarexportgebiet. Syrien und Irak werden letztendlich vom Regionalismus ausgehöhlt werden.«

Ich ging zum Auto zurück und fuhr zum Staudamm. Die winzigen Kiesel, die ich durchs Fenster gesehen hatte, entpuppten sich als Findlinge von der Größe eines Autos. Auf dem schwarzen Vulkangestein, einer bogenartig geformten Wand von etwa 16 Stockwerken Höhe, hatte man eine Straße gebaut, die zweieinhalb Kilometer mißt. Ich sah auf die Betonmassen hinab, die zu sieben gigantischen Überlaufrinnen gegossen worden waren. Jede hatte die Größe einer Jet-Rollbahn und nahm doch nur einen Bruchteil der Länge der Dammwand ein. Es gab Basalttunnels (die größten Bewässerungstunnels der Welt) für die zu erwartenden Wasserströme. Die Baustelle erinnerte an einen Science-Fiction-Film ... Der Atatürk-Staudamm wirkt noch beeindruckender als der Assuan-Hochdamm.

Am Fuß des Damms gingen uniformierte Ingenieure und Bauarbeiter ruhig und zielstrebig ihrer Arbeit nach. Ich erkannte plötzlich den Unterschied zwischen dem Südostanatolien-Projekt, dem in den sechziger Jahren fertiggestellten Assuan-Hochdamm in Ägypten und dem in den siebziger Jahren eröffneten Revolutionsdamm in Syrien. In Ägypten und Syrien waren sowjetische Experten am Werke, hier arbeitete ein Volk, das seine Projekte aus eigener Kraft vollenden wollte. Ich sah auf acht Rohre, die das Wasser aus dem Speicher in den Turbinenkomplex leiteten. Sie hatten einen Durchmesser von jeweils 5,20 Metern, über ihnen hatte man in riesigen Lettern einen von Atatürks Wahlsprüchen angebracht: *Ne Mutlu Turkum Diyene* (»Glücklich der, der sagen kann, er ist ein Türke«). Ich dachte daran, daß die meisten Einwohner dieser Region Südostanatoliens beileibe keine Türken, sondern Kurden sind. Sie sollen sich als Türken fühlen, wollen aber Kurden sein.

Wir saßen in einem Friseurgeschäft in Diyabarkir, einer Stadt 150 Kilometer nordöstlich des Dammes. Gunay Evinch, mein türkisch-amerikanischer Freund, ließ sich rasieren. Der Friseur war fünfzehn Jahre alt, kochte Wasser, klopfte und massierte Gunays Gesicht, hantierte mit dem Rasiermesser und spritzte mit Kölnisch Wasser. Zum Abschluß packte der junge Friseur plötzlich mit beiden Händen den Kopf meines Freundes und drehte ihn ruckartig. Ein lautes Knacken – und? Eine Rasur, eine Massage und eine chiropraktische Behandlung – macht umgerechnet zwei Dollar. Wie Sanliurfa ist auch Diyabarkir eine kurdische Stadt im Südosten der Türkei. Der Friseur und seine Kunden waren Kurden, die sich über Politik unterhielten. Einer, der besonders laut redete, meinte: »Natürlich geht es den Kurden in Syrien und im Irak viel schlechter. Im Vergleich zu denen müssen wir froh sein, in der Türkei zu leben. Trotzdem, wir sind Kurden und sind froh, wenn die Kurden im Nordirak ihre Freiheit kriegen.« Ich war mit dem Bus nach Diyabarkir gefahren. Die Landschaft öffnete sich in unermeßliche Weiten. Die Dörfer erstickten – Folge der Erdbeben – in Schlamm und Schlackenhaufen. Ich sah Konvois mit türkischen Soldaten. Auf den LKWs waren Maschinengewehre montiert, die Soldaten trugen Sturmgewehre und Bajonette. Ich sah einen

Militärhubschrauber, der in einem kurdischen Dorf landete. Die Soldaten sahen genauso aus, wie die Männer in den Tagen der Seldschuken ausgesehen haben müssen: eine disziplinierte, vorwärtsdrängende Schar, die keinerlei Individualität zeigte.

Es ist ein Teufelskreis. Jeder Angriff von kurdischen Guerillas führt zu einem türkischen Gegenangriff und zahllosen Durchsuchungen, die die kurdischen Dorfbewohner noch mehr erbittern. Das System Staatsnation, das die Großmächte nach dem Ersten Weltkrieg hier errichtet haben, scheint genauso zu reißen wie das trockene Plateau.

Nach dem Ersten Weltkrieg hatten die Friedensstifter die Kurden ignoriert, jetzt wollen die Kurden die Landkarte verändern. »Kurdistan« wäre realistischer als viele Staatsnationen, die von der Völkergemeinschaft offiziell anerkannt worden sind. Anders als die meisten Länder der afrikanischen und arabischen Welt ist Kurdistan ein geographisch und demographisch zusammenhängendes Gebiet. Das Kurdische ist keine türkische, sondern eine indogermanische Sprache. Die Hautfarbe der Kurden ist häufig dunkler als die der Türken; kurdische Gesichtszüge sind arisch, türkische eher asiatisch.

Sanliurfa und Diyarbakir, beide kurdisch, unterscheiden sich grundlegend von anderen Städten in der Türkei. Türkische Städte haben breite Straßen und beschwören die Einsamkeit Zentralasiens: kein Wunder, daß die Türken sich hier niederließen; Anatolien bot diesen zentralasiatischen Kriegern eine vertraute Landschaft, die über natürliche Grenzen verfügt. Kurdische Städte haben schmale Straßen, in denen sich mehr Menschen bewegen. Sie erinnern an die weiter südlich gelegene arabische Welt.

Die Kurden, ein Volk von ungefähr 20 Millionen (also eine größere Bevölkerung als in Syrien, im Irak und in den meisten anderen Staaten am Ende des 20. Jahrhunderts), bewohnen ein Gebiet, das sich über einen großen Teil der östlichen Türkei, den Iran, die frühere Sowjetunion, Syrien und den Irak erstreckt. Obwohl Kurden in der Wüste nördlich von Bagdad, auf den niederen Plateau des Iran und auf den höheren der Türkei leben, sind sie eigentlich ein Bergvolk, dessen Volkscharakter vom Leben in den Bergmassiven geprägt wurde. Seit dem 2. Jahrtausend vor Christus siedelten die Kurden im Zagros und im Taurus – zweitausend Jahre bevor die Araber nach Nordmesopotamien kamen.

Als im Winter des Jahres 401 Xenophon mit seinen griechischen Söldnern den Rückzug durch Anatolien angetreten hatte, wurde er von »Carduchi«-Banden (vermutlich Kurden) überfallen, deren schnelle Attacken und schnelle Rückzüge den Griechen mehr zu schaffen machten als die Perser während des Kriegs in Mesopotamien. Xenophon berichtete, die Carduchi lebten in den Bergen und seien keines Herrschers Untertanen. Wie andere Bergvölker haben die Kurden stets nach ihren eigenen Gesetzen gelebt.

Sanliurfa zum Beispiel, eine halbe Autostunde vom Staudamm entfernt, war architektonisch gesehen eine kurdische Stadt und widersetzte sich der Einheitsfassade der Türkei Atatürks. Die schmalen Straßen mündeten in den letzten großen Basar der Türkei, der sich noch nicht in ein großes Einkaufszentrum verwandelt hatte. Es war ein richtiger Basar mit Flickschustern, Büchsenmachern, Schneidern, Gewürzhändlern und Tabakverkäufern. Haufen getrockneter Tabakblätter lagen neben Ständen, an denen Dolche geschärft wurden. In eingefallenen Innenhöfen saßen Männer in traditionellen Gewändern und schlürften ihren Tee. Staub und Auspuffgase erfüllten die Luft. Statt handgewebter Teppiche für Touristen gab es hier nur Fabrikware für die Dörfler. Äußerlich war Sanliurfa ein arabischer Basar, aber es hatte eine Spontaneität, die man in den *souks* in Syrien und im Irak vermißt.

Atatürks militärische Erfolge bei der Errichtung eines türkischen Staates überzeugten die Sieger des Ersten Weltkriegs davon, daß sie die ethnische und geographische Realität Kurdistans ignorieren konnten. Das war ein Irrtum. Özal und drei der türkischen Präsidenten vor ihm hatten kurdisches Blut in ihren Adern, gaben es allerdings nicht gerne zu. Inzwischen hat sich die Lage geändert. Kurden aus dem Südosten sind in den wohlhabenderen und weiter entwickelten Westen der Türkei eingewandert, wo sie in die sozial ehrgeizigen *Gecekondus* ziehen. Das fünfzig Jahre alte türkische Experiment einer demokratischen Gesellschaftsordnung ließ eine größere Mobilität zu. Eine freie Marktwirtschaft hat in der Türkei eine Basis zur Lösung der materiellen Probleme geschaffen, aber wie soll es mit der Demokratie weitergehen? Erkennen die politischen Eliten in Ankara, wie wichtig die Kurden-Frage für die Zukunft dieser Region ist? Auch der Islam könnte eine Basis für eine Lösung werden. In einer Moschee in Diyarbakir hatte ich Nabi Karabacak, einen Zahnarzt, kennengelernt, der mich in seine Praxis einlud. Die Armut war offenkundig: kaputte Toiletten, schlechtes Licht. Karabacak verwendete alte medizinische Geräte. »Ich bin ein Türke vom Schwarzen Meer«, sagte er sanft. »Ich habe hier im Südosten eine Praxis eröffnet, um meinen kurdischen Glaubensbrüdern etwas zurückzugeben. Ich nehme nur das, was die Leute sich leisten können. Kurden und Türken sind Moslems. Warum sollte der Islam etwas Trennendes sein? Er könnte für das Leben der Nation vereinend wirken.«

Die Busfahrt von Diyarbakir zu den Ufern des Van-Sees dauerte acht Stunden. Der See schimmerte aschblau und wurde von Wänden schneeweißen Granits gesäumt. Die Landschaft war unwegsam und wild. Der Bus überholte andere Fahrzeuge mit hoher Geschwindigkeit. Wracks großer Lastwagen lagen halbverschüttet im Dreck. Die Bewohner hier waren Kurden, die Landschaft mit ihren miserablen Straßen, Autowracks und bewaffneten Soldaten erinnerte mich an Afghanistan, das ich in den siebziger und achtziger Jahren besucht hatte. Ich fühlte mich näher an Kabul als an Istanbul. Was ist eine Staatsnation? – In einer solchen Mondlandschaft, wo die Menschen sich nach Gutdünken, ohne Rücksicht auf Staatsgrenzen, niedergelassen haben, stellt sich heute die Frage, ob die Ära nach dem Kalten Krieg zu einem grausamen Selektionsprozeß zwischen existierenden Staaten führen wird. Die Zeiten, in denen der Nahe Osten sich auf die Unterstützung des Westens oder der Sowjetunion verlassen konnte, sind vorbei. In all diesen Staaten leben Kurden. Werden sie unter Umständen zum wahren Prüfstein werden? Von Van zur iranischen Grenze hatte ich das Gefühl, auf dem Boden eines riesigen Kraters zu fahren: ein lunares Meer aus lockerer Erde, Morast und Regenlachen, die in der Sonne blitzten, rasch verdunsteten, zu Morast und wieder zu Staub wurden. Ich dachte einen Augenblick an Afrika. Aber hier, in diesem Teil der Welt, gab es zumindest eine uralte Verbindung zu großen Zivilisationen – der europäischen, der persischen und der indischen. Diese Vulkanebenen stellten in ihrer Leere eine Kernstraße für die Menschheit dar. Westafrika hingegen befand sich auf einem geographischen Außenposten; seine Völker waren durch den Atlantischen Ozean und die Sahara überwiegend von den großen Kulturen abgeschnitten. Durch meine Reisen im Nahen Osten konnte ich besser über Afrika nachdenken. Leute, die sich zu sehr spezialisieren, können keine Vergleiche ziehen.

Zigarettenrauch füllte den Kleinbus. Mein Knie drückte gegen die Tür, während ich zwischen Sitzbank und Tür kauerte und meine Notizen schrieb. Gunay, mein türkischer Begleiter, war nervös. Von den 17 Fahrgästen war er der einzige Türke – außer mir gab es nur Kurden. Der Tag hatte schlecht angefangen. In Van hatten wir uns im Morgengrauen zur Busstation geschleppt, nachdem wir zwei Tage wegen einer Lebensmittelvergiftung flach gelegen hatten. Ein grober, unfreundlicher Kurde verdrängte uns. Als Gunay protestierte, sagte er zu seinen Freunden: »Diese Türken meinen, sie könnten immer alles haben.«

Leh, leh, leh-leh-leh, plärrte es von der Kassette. Es war die Musik der kurdischen Guerillas, der *Pesh Mergas* (»die dem Tod ins Auge schauen«), und sie tat meinen Ohren weh. Die Grenze zwischen der Türkei und dem Iran ist kaum von Bedeutung, beide Seiten sind kurdisches Gebiet; die Bergketten, die die Grenze markieren, können weder von der türkischen noch der iranischen Regierung ausreichend überwacht werden. Dieses dunkle Niemandsland bildet die Landbrücke, die zwei ethnische Kessel miteinander verbindet – den Balkan und den Kaukasus. Hier, in diesem kurdischen Gebiet, lag zur Jahrhundertwende die Streitzone zwischen Armeniern und Türken; sie könnte jetzt, kurz vor der Wende zum 21. Jahrhundert, erneut zur Streitzone zwischen der Türkei und dem Iran werden.

Dogubayazit, ein paar Kilometer vor der iranischen Grenze, war ein Beispiel für die merkwürdige Dynamik der Türkei: eine Mischung aus primitiver Rückständigkeit und Moderne. Auf einem windgepeitschten Plateau standen Lehmhütten, Kinder mit geschorenen Köpfen, Geschwüren an den Lippen und fleckiger Haut rannten durch schmutzige Gassen. Hosen und Schuhe der Bewohner waren schlammverkrustet. Die einzigen Türken in der Stadt waren Beamte oder Soldaten von der nahegelegenen Garnison. Atatürks Gesetze schienen hier nicht zu greifen; Beamte und Soldaten hatten das Gesicht des Besetzers, nicht das des Gründers der Nation.

Aber ich sah auch eine »Galleria« aus weißgetünchtem Beton, wo Sony-Recorder, Autotelefone, Disketten, mit Batterien betriebenes Spielzeug und teure Konsumgüter verkauft wurden. Im Fernseher meines Hotelzimmers, das weder heißes Wasser noch eine Heizung hatte, wurde eine Telefonnummer eingeblendet: Wer soll der nächste Präsident und Premierminister der Türkei werden? – Rufen Sie an!

Vor 1980 hatte es hier außer Morast und Staub nichts gegeben. Dann kam der iranisch-irakische Krieg. Die iranische Wirtschaft schrumpfte und die Bevölkerung Dogubayazits wuchs auf 11 000 an. Ein schwunghafter Handel mit geschmuggeltem Whisky, Zigaretten, Papierwaren und allem, was die Iraner brauchten, setzte ein. Die Iraner tauschten Medikamente. Das Geschäft florierte, die Kurden organisierten den Handel über die Grenze.

Dogubayazit kam so ohne Zwischenstop von der Steinzeit in die Neuzeit: eine Freihandelszone des kreativen Chaos, in der der Regionalismus die nationale Planwirtschaft ersetzte.

»Die Iraner kommen hierher, um ein paar Sachen zu kaufen, und dann bleiben sie gleich da. Im Iran ist alles viel schlechter«, sagte Idris Salman, mein Taxifahrer. Idris verbreitete die Aura überlegenen Wissens. Er war ganz cool, ein »Macher«, ein Typ, den die türkische Wirtschaft in Massen produziert wie Teppiche. Während andere Fahrer wild gestikulierten, als ich aus dem Minibus ausstieg, hob er lediglich die Augenbrauen und flüsterte »Taxi«. Er, ein Kurde, reagierte leidenschaftslos, als ich ihn nach Türken, Iranern und Armeniern fragte. Er wollte Geld verdienen – dieses neue Interesse hatte den Haß verdrängt.

Idris fuhr mich zum *Isahk Pasa Saray* (Serail), einem architektonischen Zuckerbäckerwerk, das ein kurdischer Herrscher im späten 17. Jahrhundert erbauen ließ; mit seldschukischen Bögen, armenischem Gitterwerk, mameluckischem Marmor und einer persischen Kuppel, die zu schweben scheint wie die in Konya. Für Hunderte von Jahren hatte der Eingang zum *Saray* – das schönste türkische Wort, das ich kenne – vergoldete Türen. Als die russische Armee 1817 über diese Ebene hinwegfegte, wurden sie zur Kriegsbeute und sind heute in der Eremitage von St. Petersburg zu besichtigen. Ich spazierte über die Dächer, auf denen es keine Geländer gab. Der *Isahk Pasa Saray* war für mich die Vision der Zukunft, basierend auf einer mittelalterlichen Vergangenheit, in der es keine künstlichen Grenzen gab und in der eine Fusion der Kulturen zum Genialischen führt. Ich dachte an Rumi, den persischen Dichter, dessen Stärke aus persischen *und* türkischen Traditionen gekommen war. In diesen Mauern vereinen sich verschiedene nationale Stilrichtungen. Ihre gemeinsame Wirkung ist größer, als jede einzelne für sich sein könnte.

Idris wartete lässig beim Eingang, er tat so, als gehöre der Palast ihm. Ein kurdischer Häuptling hatte diesen Palast erbaut, in einer Gegend, in der nur Kurden leben. Kurden hassen Grenzen. Sie selbst sind durch Stammesinteressen getrennt, ein kurdischer Staat wäre das Rezept für eine Anarchie. Und Anarchie ist genau das, was die ersten Jahre des 21. Jahrhunderts bringen könnten, wenn das System der Nationalstaaten in Europa durch die wachsende Macht der Europäischen Union und die geballte wirtschaftliche Kraft multinationaler Konzerne gesprengt wird und langsam stirbt. In Afrika und dem Nahen Osten wird es weniger friedlich zugehen.

Die Morgendämmerung brach herein. Der schwere Nebel begann zu steigen und enthüllte einen grünen Teppich, übersät mit schwarzen Basaltblöcken. Ich war wieder in einem Bus. Nördlich von Dogubayazit schien die Erde aus dem Wasser gekommen zu sein, sie war tropf-

181

naß und erinnerte an die Geschichte von Noahs Arche, die auf den schneebedeckten Hängen des Berges Ararat (genau östlich von mir) gelandet sein soll. Ich konnte den Berg sehen, sein blendendweißer Kegel ragte steil aus der Ebene.

Mein Bus fuhr nach Norden, von der türkisch-iranischen zur armenischen Grenze. In Ani, der mittelalterlichen armenischen Hauptstadt, hingen niedrige schwarze Wolken am Himmel. Blitze zuckten, ein heftiger Regen fiel. Ich rettete mich in die Kathedrale, die ein armenischer König vor über tausend Jahren erbaut hatte. Die Steine hatten die Farbe von getrocknetem Blut, die große Kuppel fehlte. Ich konzentrierte mich auf die Steinreliefs, auf ihre kräftigen Linien, die wie Blitze aussahen.

»Die Kurden und die Armenier sind die ältesten Bewohner Anatoliens. Warum« geben wir Türken das nicht einfach zu?« sagte Yashar Kemal, der große türkische Schriftsteller, bei meiner Rückkehr nach Istanbul. Die Kurden seien der unverdaute Teil des türkischen Schmelztiegels, die Armenier der unverdaute Teil der türkischen Geschichte. Wenn die Türken nicht aufhörten, sich über die Armenier und die Kurden zu erheben, so Kemal, werde es der Türkei nicht gelingen, sich zu einem flexiblen und modernen Staatswesen zu entwickeln.

Bis 1915 war die Bevölkerung der Osttürkei zum überwiegenden Teil armenisch. Dann befahl das Regime der »Jungtürken« die Ermordung Hunderttausender Armenier. Es wollte aus dem Vielvölkermosaik der osmanischen Sultanate einen ethnischen Einheitsstaat schaffen. Die, die »den Genozid« überlebten, zogen in ein östlich von der Türkei im Kaukasus gelegenes Gebiet, das dann nach dem Ersten Weltkrieg an die Bolschewiken fiel. Als Ende der achtziger Jahre die Geschichte einen neuen Verlauf nahm, wachten die Armenier auf …

In den neunziger Jahren wurde der Krieg zwischen den beiden ehemaligen Sowjetrepubliken Armenien und Aserbaidschan vom Westen zunächst kaum wahrgenommen; diese Einschätzung gilt für den gesamten Kaukasus: für Nordossetien und Südossetien; für Nordabchasien, Südabchasien, für Tschetschenien und Inguschien. So unbegreiflich es auch erscheinen mag: Anatolien, der Kaukasus, Zentralasien und der indische Subkontinent sind Teil einer ineinandergreifenden Welt vom Balkan bis zu den Wüsten im Inneren Chinas. Hier, im kontinentalen Kerngebiet der Erde, nahm die Vision des deutschen Geographen Karl Ritter, der in der ersten Hälfte des 19. Jahrhunderts wirkte, Formen an.

In seinem Werk *Die Erdkunde im Verhältniß zur Natur und zur Geschichte des Menschen* erkannte Ritter, daß es letztendlich das Schicksal des Menschen sei, in einem organisch verbundenen Strom topographischer Regionen zu leben; vergleichbar den dünnen, sich überlappenden und durchbrochenen Linien auf einer Reliefkarte, nicht vergleichbar den scharfen Trennlinien der Staatsgrenzen auf einer Landkarte. Aber was wird, wenn diese Staatsgrenzen in Frage gestellt werden? – Der Weg könnte furchtbar werden.

9 An kaspischen Ufern

»Kefouz Nejadi?« (Wie geht es Ihnen?) »*Tchokh pis.*« (Schlecht)
Reza, ein in Paris lebender Fotograf türkisch-aserbaidschanischer Abstammung, hat zehn Taxifahrern im ehemaligen sowjetischen Ölhafen
Baku diese Frage gestellt und zehnmal die gleiche Antwort erhalten.
Es war im Frühling 1993.
Ich war von Istanbul nach Baku geflogen, der Hauptstadt der nun unabhängigen ehemaligen Sowjetrepublik Aserbaidschan. Zwar wurde
das alte kommunistische System abgeschafft, ein neues System aber
zeichnete sich noch nicht ab. Es gab zwei offizielle Währungen, den
russischen Rubel und den lokalen Manat; beide waren nichts wert.
Nur mit Dollars bekam man ein Zimmer und eine ordentliche Mahlzeit. Kreditkarten waren unbekannt, und die Dollarscheine durften
nicht eingerissen oder zerknittert sein.
Das Hotel Aserbaidschani war auf dem Rückzug in die stalinistische
Vergangenheit. Schwergewichtige Sicherheitsleute ließen ihre Muskeln spielen und bewachten die Halle. Es war gar nicht lange her, daß
ein türkischer Journalist dem aserbaidschanischen Präsidenten zu
nahe gekommen war und von Sicherheitsbeamten brutal niedergeschlagen wurde. Doch als Diebe in das Zimmer einer attraktiven Blon-
dine von der amerikanischen Botschaft einbrachen, reagierte niemand
im Hotel auf die Hilferufe.
Der Boden meines Zimmers war mit einem klebrigen Film aus Staub,
Zigarettenasche und Dieselöl überzogen. Die einzige Glühbirne war
kaputt, das Wasser tropfte braun, das Türschloß war kaputt. Ein Angestellter hatte an der Rezeption mit Hilfe eines Nagels eine Schub-
lade aufgezogen und meinen Zimmerschlüssel herausgefischt. Die

einzigen, die hier Initiative erkennen ließen, waren die Prostituierten. Eine von ihnen, »Camilla«, rief jeden Abend kurz vor dem Einschlafen bei Reza und mir an und bot uns ihre Dienste an. Sie hatte unsere Zimmernummern von der Rezeption erfahren – gegen Geld. In der »Dollar-Bar« im elften Stockwerk kostete die Cola 3.50 Dollar; da es kein Wechselgeld gab, mußten vier Dollar bezahlt werden. Der Wodka war billiger als Mineralwasser, das es meistens ohnehin nicht gab. Das Leitungswasser war verseucht. Seit dem Zusammenbruch der Sowjetunion wurde das Hotel Aserbaidschani von der einheimischen Mafia statt vom KGB verwaltet. Geändert hat sich nichts. Baku zerfällt an allen Ecken und Enden. Im Verteidigungsministerium bemerkte ich neben einem Schnurlostelefon eine Fernsehantenne, die aus einem verrosteten Kupferdraht bestand, den man an ein altes Stück Holz geklebt hatte. Im Restaurant *Bahr* (Meer), einem der wenigen, das in dieser Stadt mit zwei Millionen Einwohnern geöffnet hatte, tanzten Soldaten mit stark geschminkten jungen Mädchen unter Lampen mit rotem Licht. Es war eine trostlose Veranstaltung. Die Ausgangssperre begann um Mitternacht. Bewaffnete Soldaten zwangen mein Taxi zum Anhalten und bettelten dann um Zigaretten. Der neue aserbaidschanische Staat funktioniert nicht. Reza und ich hatten einen Interviewtermin mit dem demokratisch gewählten Präsidenten Ebulfez Elcibey. Doch der Feldwebel am Eingang des Gebäudes, in dem sich die Präsidentenbüros befanden, ließ uns nicht passieren. Er wußte nichts von dem Interview, die Telefonleitung ins Vorzimmer des Präsidenten war tot. Wir mußten streiten, um zum Aufzug zu kommen. Einige Wochen danach flüchtete Elcibey aus Baku. Ein selbsternannter Milizenführer aus dem westlichen Aserbaidschan war in die Hauptstadt marschiert und hatte die Rückkehr des früheren sowjetischen Parteichefs Gejdar Alijew an die Macht erzwungen. Die türkischen Aserbaidschanis sind sich ihrer Vergangenheit sehr wohl bewußt, doch dieses Bewußtsein hat nicht zu dem Empfinden geführt, eine Nation zu sein. Das war auch nicht möglich. Hier gibt es keine Mittelschicht, die ein solches nationales Gefühl wecken und stärken könnte. Hier gab es (wie auf dem Balkan vor dem Zweiten

Weltkrieg) kein aufstrebendes Bürgertum. Wie alle Bürger der ehemaligen Sowjetunion (ausgenommen die der baltischen Staaten) hatten die Aserbaidschanis keine Erinnerung an die Existenz einer Bürgerschicht; hier hat der Kommunismus 70 Jahre lang geherrscht, davor hatte es nur die Reichen und die Bauern gegeben, die nicht lesen und schreiben konnten. Heute sieht man nur Korruptionsgewinnler, die durch ihre Verbindungen zur Mafia reich werden, und das urbanisierte Landvolk, das in Mietskasernen aus Beton haust und in einer Art Schock lebt – wie 1920, als die Stadt von den Bolschewiken überrannt worden war. Es gibt keine markanten geographischen Grenzen, die es diesem postsowjetischen Staat erleichtern könnten, eine Identität zu bilden.

Aserbaidschans Grenzen sind völlig unsinnig. Es gibt ein flaches, windgepeitschtes Uferstück, das, um Baku herum, ins Kaspische Meer hineinreicht, sowie eine zerklüftete, subtropische Bergkette, die die armenische Enklave Bergkarabach umgibt.

Karabach symbolisiert die Blutfehden des Kaukasus, in dem die Horizonte so eng sind wie die Aussichten in den Tälern. In Karabach wirkt die Erde klein und unbedeutend, es ist ein Gebiet, in dem kein über kommunale Dispute hinausgehendes Thema zu existieren scheint.

In Baku hingegen hat man den Eindruck, die Erde sei eher zu groß als zu klein. Wenn man am Ufer des Kaspischen Meeres steht, weiß man nicht genau, ob man jetzt in Rußland, in Zentralasien, in der Türkei oder dem Iran ist. Das größere Problem ist jedoch, daß weniger als die Hälfte der türkischen Aserbaidschanis in der gleichnamigen Republik leben; die anderen siedeln südlich der Grenze, im Iran.

1828 hatte Rußland mit Persien einen Handel abgeschlossen, der Aserbaidschan aufteilte. Die Grenze hatte weder historische noch geographische Bedeutung. Daher kam es genau hier zum ersten Aufflammen des Kalten Krieges: Anfang 1946 versuchte Stalin, sich ganz Aserbaidschan bis Täbris einzuverleiben. Präsident Truman zwang ihn zur Grenze zurück.

Die afrikanischen Stämme sind flexibel, sie können sich – mehr oder weniger – den Karten der Kolonialherren anpassen. Die armenische und türkische Identität aber ist ein Gebilde aus Stein. In Westafrika verliehen die Briten und die Franzosen diesen künstlichen Grenzlinien mit Hilfe von Karten und Volkszählungen Realität. In der Sowjetunion waren genaue Karten mit eingezeichneten Grenzen und Statistiken kaum erhältlich. Wie sollte sich da eine »Staatsidentität« entwickeln? Der Krieg um die armenische Enklave Bergkarabach war für den Aufbau Aserbaidschans wenig hilfreich. Von Kriegsbegeisterung war kaum etwas zu spüren. Selbst als die armenischen Streitkräfte weite Gebiete im westlichen Aserbaidschan erobert hatten, um einen Brückenkopf zu den Vettern in Bergkarabach zu erhalten, weigerte sich der damalige Präsident Elcibey, dem Widersacher Armenien die Schuld an den wirtschaftlichen und politischen Problemen seines Landes zu geben: »Die Schuld liegt beim sowjetischen Totalitarismus und was er Armeniern und Aserbaidschanis angetan hat«, sagte er. So klug und aufgeschlossen dieser Gedanke auch war, so zeigte er doch auch einen Mangel an Führung; für ihn mußte Elcibey einige Wochen später bezahlen, seine Regierung wurde gestürzt. Der Krieg schweißte die Bevölkerung nicht zu einer Einheit zusammen, er schwächte den neuen Staat und stärkte die lokalen Milizenverbände. Die Armenier hingegen wußten genau, wen sie haßten. In den schroffen Bergen Karabachs lehrten sie ihre Kinder, »den Türken zu töten«.

Wie auf dem Balkan waren auch im Kaukasus die Probleme ein Erbe des Osmanischen Reiches: Es ist der uralte Konflikt zwischen den einheimischen Christen und den türkischen Eroberern.

Die Vergangenheit bietet den Armeniern einiges, was für ihr Nationalempfinden wichtig ist. Sie führen ihre Abstammung stolz auf Noah auf dem Berge Ararat zurück. Bis zum 6. Jahrhundert v. Chr. hatten sich die Armenier in Ostanatolien ein Königreich geschaffen, das bis zur Eroberung durch Alexander den Großen unabhängig blieb. 189 v. Chr. erstand Armenien unter der Herrschaft des Fürsten Artaxias erneut. Im 3. Jahrhundert war es der erste christliche Staat noch vor Rom. Nachdem Armenien in den folgenden Jahrhunderten nacheinander

Opfer der Perser, Byzantiner, Khazaren und Araber geworden war, wurde es vom 9. bis zum 11. Jahrhundert unter der Dynastie der Bagratiden wieder eigenständig. Mehrere hundert Jahre osmanisch-türkischer Unterdrückung trugen (wie bei den Serben, Bulgaren und Griechen) dazu bei, eine klare nationale Identität zu schaffen. Das armenische Nationalbewußtsein ist so leidenschaftlich wie das der Israelis. Die aserbaidschanischen Türken gehörten zu den Eroberern, die von der Türkei aus nach China vordrangen. Sie waren zu keiner Zeit so unterdrückt wie die Armenier. Aber während sich die Kerntürkei durch Atatürks kulturelle und Özals ökonomische Revolution in einen modernen Staat verwandelte, mußten die Türken in Aserbaidschan unter sowjetischer Herrschaft siebzig Jahre lang Kollektivierung, Terror und Armut ertragen.

Während der achtziger Jahre privatisierte Özal Staatsbetriebe, liberalisierte das Bankwesen, gab die Wechselkurse frei und setzte sich für kleinere Unternehmen ein. Ausländische Investoren strömten ins Land. In Aserbaidschan geschah nichts: keine Modernisierung, keine Reformen. Und weil in Baku viele der kommunistischen Herren auch Aserbaidschaner waren, litt das Land doppelt: unter den Russen und den eigenen Leuten. Die Armenier sind durch die osmanische Herrschaft vereint worden, die Aserbaidschaner aber sind tief gespalten. Die Türken Aserbaidschans bilden keine Nation, auch wenn die Landkarten der neunziger Jahre etwas anderes sagen.

Baku, die »Stadt der Winde«, ist traumatisch, beunruhigend. Man hat eine defekte Leitung erwischt, aber man weiß nicht genau, welche. Der *Hazri*, kalt und salzig, bläst aus dem Norden, der *Gilavar* von Süden her. Diese vom Kaspischen Meer heranheulenden Böen bringen keine Kühlung im Frühling und im Sommer, sondern Staub und Öldünste. Der unaufhörlich blasende Wind beschwört das Gefühl eines Vakuums. Man geht auf kranker Erde. Die Ölverseuchung der Strände liegt weit über dem akzeptablen Maß und verursacht Hautkrankheiten. Eine nördlich gelegene Aluminiumfabrik stößt jedes

Jahr 70 000 Tonnen giftiger Abgase in die Luft. Petrochemische Fabriken versenken Jahr für Jahr 67 Tonnen Abfälle ins Meer. Die realistische Darstellung der Region fand ich in dem Buch *Ecocide in the USSR: Health and Nature Under Siege* von Murray Feshbach, Professor an der Georgetown University, und Alfred Friendly, früher Moskauer Bürochef von *Newsweek*.

Vom Flughafen bis in die Stadt war die Landschaft mit Teer und Öl bedeckt. Der »Ölboom« hatte um 1870 begonnen. Bevor es ein Dhahran oder Kuwait gab, gab es Baku. Die Rothschilds und Alfred Nobel machten hier ein Vermögen. Eine kosmopolitische Metropolis entstand: das Hotel de Ville, eine Oper, Bürohäuser und Hunderte luxuriöser Wohnungen und Villen. Nun verfällt die alte Stadt, sie wirkt trotz der kilometerlangen kommunistischen Mietskasernen erbärmlich und klein. Die Stadt sieht aus, als habe ein Vulkan sie unter sich begraben. In Baku fand ich mich kaum zurecht. Die halbrunde Bucht, hinter der die Stadt wie ein Amphitheater aufragt, wirkte menschenleer. Ein paar Gestalten trotzten dem Wind und dem Gestank und gingen am Ufer spazieren. Doch es gab ein Früher, es gab ein persönliches Schicksal, eine Geschichte.

Reza ist aserbaidschanischer Türke, der jenseits der Grenze im iranischen Täbris geboren wurde. Er spricht mehrere Sprachen, er ist Architekt, ein ausgezeichneter Fotojournalist und ein Meister der Maskerade.

Seine leuchtenden Augen verraten die Schläue eines Basarhändlers und die Leidenschaft eines engagierten Sozialhelfers. Rezas Fotos zeigen die Wahrheit hinter den Fassaden.

1978, zur Zeit der iranischen Revolution, arbeitete er als Architekt in Täbris. Fotografieren war sein Hobby. Beim Kampf der Fundamentalisten gegen die säkulare türkische Mittelschicht wurde auch sein Geschäft zerstört. Als in Teheran amerikanische Geiseln genommen und die amerikanische Botschaft besetzt wurde, erkannte Reza seine Chance. Er fuhr mit seiner Kamera in die Hauptstadt und begann zu fotografieren. *Newsweek* und andere Zeitschriften, auch deutsche, wurden auf seine Bilder aufmerksam. Die Amerikaner haben nie erfahren, daß sie die iranische Revolution zum größten Teil durch Rezas Augen gesehen haben. Doch die Mullahs durften nicht erfahren, wer Reza war – die Strafe wäre fürchterlich gewesen. Der Fotograf Reza blieb einfach »Reza« – ohne Familiennamen. Reza ist im Iran ebenso häufig wie »John« in Amerika. Als die Geheimpolizei des Ayatollah kam, um ihn zu verhaften, erlag Rezas Vater einem Herzinfarkt. Kurz danach starb seine Mutter. Mit dem Honorar für seine Fotos kaufte Reza seine Verwandten im Iran frei und brachte sie nach Frankreich. 1982 lieferte er das meiste Fotomaterial über Israels Einmarsch in Beirut. 1985, als es in Südafrika zu Unruhen kam und der Apartheidsstaat immer noch keine Journalisten hereinließ, überzeugte Reza die Behörden davon, daß er ein Elefantenjäger sei. Er erhielt ein Einreisevisum. Als die Polizei Fotografen davon abhalten wollte, den Aufstand zu fotografieren, schlüpfte Reza in die Verkleidung eines Plakatklebers. Im gleichen Jahr reiste er, als afghanischer Kommunist verkleidet, in das sowjetisch besetzte Kabul und schoß seine Fotos mit einer vollautomatischen Kleinbildkamera. Später verbrachte er ein Jahr als Sozialhelfer in Afghanistan. Baku aber war die Stadt, der seine Liebe gehörte. Von seinen Erfahrungen überall auf der Welt waren ihm die Erlebnisse in Baku im Jahr 1989 am lebhaftesten in Erinnerung geblieben.

Die Geschichte beginnt im Februar 1988, als – nach jahrzehntelanger Ruhe in der ehemaligen Sowjetrepublik Armenien – die großen Aufstände ausbrechen. Die Armenier verlangen die Rückgabe der armenischen Enklave Bergkarabach, die unter aserbaidschanischer Kontrolle steht.

Obwohl 80 Prozent der Bevölkerung Karabachs armenisch sind, hatte der Kreml dieses Gebiet 1921 den aserbaidschanischen Türken zugesprochen, nachdem die Rote Armee den Kaukasus konsolidiert hatte. Es gehörte zur Taktik des Kreml, ethnisch einheitliche Republiken mit anderen Gruppen zu durchsetzen, um Unabhängigkeitsbestrebungen möglichst zu vereiteln. Sechsundsiebzig Jahre später führte diese Strategie zu einer blutigen Scheidung. Die armenischen Demonstrationen 1988 gegen die aserbaidschanische Herrschaft in Karabach waren der Funke für ein antiarmenisches Pogrom in Sumgait, einer vorwiegend türkisch-aserbaidschanischen Stadt nördlich von Baku. Aufständische verschafften sich Zugang zum Krankenhaus und schlitzten schwangeren armenischen Frauen die Bäuche auf. Hunderte Menschen starben. Die Armenier flohen aus den Städten Aserbaidschans. Die einst gemischte Bevölkerung spaltete sich in ethnische Grüppchen.

Der Haß erschöpfte sich bald, selbst im industriellen Sumgait, das noch ärmer und bösartiger ist als Baku und eine noch schlechtere Luft hat. »Gewaltausbrüche hat es nie gegeben«, versicherten mir Bürger Bakus. »Und wenn es welche gegeben haben sollte, dann verurteilen wir das.«

Am 20. Januar 1989 geschah – nach der Erregung über Karabach – etwas Einzigartiges in der Geschichte der Sowjetunion: Tausende Bewohner Bakus demonstrierten offen für die Absetzung des kommunistischen Regimes. Hunderte von ihnen wurden von sowjetischen Panzern in den Boulevards und Gassen in der Nähe des Hotels Aserbaidschani niedergemäht.

Die Welt erfuhr nichts davon. Michail Gorbatschow ließ keine westlichen Journalisten nach Aserbaidschan; er schickte sie nach Armenien, wo es um ethnische Unruhen ging, nicht aber um die Loslösung von der Sowjetunion. Erst Reza brachte die Wahrheit heraus.

Aus Paris rief er Ramiz an, seinen besten Freund in Baku, der früher einmal Botschafter im Dienst der Sowjetunion gewesen war. Ramiz entwarf einen Plan. Reza flog nach Moskau, nur mit seiner Kleinbildkamera ausgestattet. In Moskau bestieg er einen überfüllten Zug, der nur Waggons dritter Klasse führte, und begab sich auf die dreißigstündige Bahnfahrt nach Baku. Als der Zug in Baku eintraf, stand Ramiz mit Freunden auf dem Bahnsteig, Reza konnte untertauchen.

Kurz darauf fand er sich in einem Raum wieder, der mit dunklem Holz getäfelt war. Auf dem Fußboden lagen granatapfelrote Kameltaschen, eine jede über hundert Jahre alt. In der Mitte des Raums stand ein großer Holztisch mit einer Gaslampe und Dutzenden in Leder gebundenen Büchern. Reza war im Haus eines Freundes von Ramiz, der über gute Verbindungen verfügte und als Aserbaidschani zur sowjetischen Elite gehörte. Jetzt wollte er das System absetzen, von dem er profitiert hatte.

Reza sah aus dem Fenster in den kalten Januarabend hinaus. Außer einigen russischen Soldaten mit Sturmgewehren zeigte sich niemand in der Gasse. Das Blut, das die Soldaten bei einem Schußwechsel vergossen hatten, trocknete im Rinnstein. In den folgenden Tagen nutzte Reza diesen Raum als Ausgangspunkt für seine Foto-Streifzüge durch Baku.

Jetzt, vier Jahre später, standen wir in demselben Raum mit denselben Kameltaschen und feierten ein Fest. Wir tranken Wodka. Trinksprüche mit Wodka, sagte man mir, seien der einzige russische Brauch, den die Aserbaidschanis in ihre Kultur übernommen hätten. Trotzdem sah man in Baku kaum Betrunkene. Warum das so war, ist schwer zu sagen. Der Islam bot kaum eine Erklärung. Die Türken Aserbaidschans sind im Vergleich zu den orthodoxen Russen und den moslemischen Iranern äußerst säkular. Vielleicht hängt es mit einem starken kulturellen Fundament zusammen.

Äußerlich sah es so aus, als ob die Russen niemals hier gewesen wären. Das Kyrillische verschwand, türkische Schilder, Bücher und Zeitungen, lateinisch geschrieben, wie von Atatürk verordnet, kehrten zurück. Man hörte immer mehr arabische Musik. Türkische Kebap-Stände machten auf. Ramiz, Rezas Freund, brachte mit einem vierten Wodka einen Trinkspruch auf Aserbaidschan aus, die Heimat der türkischen Literatur. Immerhin war der *Dede Korkut* in einer Sprache verfaßt worden, die dem *Azeri*, dem Idiom der aserbaidschanischen Türken, ähnlicher war als jeder anderen Türksprache. Die erste türkische Republik der Moderne sei nicht in der Türkei entstanden, sondern, wie Ramiz erklärte, 1918 in Aserbaidschan, auch wenn die Bolschewiken sie zwei Jahre später wieder zerstört hatten. »Vergessene türkische Worte, Musik, die lange verloren war, kehren jetzt in unser Bewußtsein zurück«, sagte Ramiz.

Doch diese Kultur war nicht einfach nur türkisch. Ramiz' Auftreten, der zärtliche, verhaltene Ausdruck in seinen Augen, das Speisezimmer, der Wodka, der Käse, die alten Fotos und die schwitzenden, leicht angetrunkenen Männer und Frauen hier erinnerten an eine Atmosphäre, die ich oft während der kommunistischen Herrschaft in Osteuropa erlebt hatte; außerhalb des offiziellen Lebens gab es ein Privatleben, das wesentlich intensiver und lebendiger war als in Westeuropa und Nordamerika.

Ramiz hatte eine Glatze, die von grauen Haaren umkränzt war. Seine Augen sprachen von einer fernen schönen Vergangenheit vor dem Kommunismus. Vielleicht braucht es diese Erinnerungen, damit ein Nationalbewußtsein entstehen kann.

Ähnlich wie bei den Kurden, wenn auch auf andere Weise, war die Haut der Aserbaidschaner mehr olivenfarben als die der Türken, ihre Gesichtszüge waren arischer. Im Unterschied zu den Sunniten in der Türkei waren die Bürger Bakus Schiiten wie die Moslems des Iran. Historisch gesehen war Baku eher persisch als russisch oder türkisch. Im frühen Mittelalter regierten hier die kasranischen Schahs, die dann von einer anderen persischen Dynastie, den schiitischen Safawiden, abgelöst wurden. Die osmanischen Türken eroberten Baku 1580, aber bereits 1600 fiel es an die Safawiden zurück. 1728 nahm der russische Zar Peter der Große Baku ein. Sieben Jahre später kamen Eroberer aus dem Iran, die Kadjaren. 1806 wurde Baku erneut russisch. 1918 bildete sich für zwei Jahre eine unabhängige türkische Republik, dann kamen, diesmal im sowjetischen Mantel, die Russen wieder. Aserbaidschan ist nicht nur ein östlicher Ausläufer der Türkei, sondern abgeschiedenes Gebiet, in dem die türkische, die russische und die iranische Welt sich überlappen. 70 Jahre Totalitarismus haben dieses reiche Erbe verschüttet.

Ich fragte Reza nach dem Iran, meinem nächsten Reiseziel. Konnten die Aserbaidschanis, fragte ich, aus der Unterdrückung durch die Russen ein Gefühl der Identität für einen zukünftigen Staat gewinnen? Selbst die Kurden hätten doch so etwas wie ein Nationalbewußtsein, so chaotisch es auch sein mochte. Reza schüttelte den Kopf.

»Nein«, sagte er dann. »Weißt du, wir haben den iranischen Staat mitbegründet. Der erste schiitische Schah des Iran [Ismail, 1501] war ein aserbaidschanischer Türke. Seine Hauptstadt war Täbris, meine Heimatstadt. Später haben die Perser dominiert. Es gab ständig Krieg zwischen Türken und Persern mit vielen Grenzverschiebungen. Aber die Aserbaidschanis waren immer eine wichtige Kraft im Iran. Sie leben nicht nur im Westen, jenseits der Grenze zur ehemaligen sowjetischen Republik Aserbaidschan, sondern auch in Teheran. Sie stellen einflußreiche Geschäftsleute und wichtige Ayatollahs. Die Unterdrückung ist schwer zu definieren. Dennoch gibt es Spannungen zwischen Türken und Persern. Sie haben zwei verschiedene Kulturen. Also laß uns einen Toast ausbringen, Bob, auf die wahren Grenzen, die Grenzen der Kultur, die in Zukunft die Grenzen zwischen den Staaten ersetzen werden.« Wir tranken einen Wodka.

Reza ist ein Idealist. Wenn er »Grenzen der Kultur« sagt, dann meint er friedliche, durchlässige Grenzen, bei denen es sich eher um unbestimmte Übergangszonen handelt wie in einer früheren Zeit, als es noch keine Staaten und Staatsbürokratien mit ihren politischen Landkarten gab, sondern nur große dynastische Gebiete wie das Habsburger-Reich oder die osmanischen Sultanate:[11] natürliche, von Geographie und Ethnographie gezogene Grenzen, keine Schlagbäume, keinen Stacheldraht und keine Mauern. Nur in einer solchen Welt wird Aserbaidschan seinen Platz finden. In *Imagined Communities* nennt Benedict Anderson das »Nation-Sein« das Artefakt einer rasch zurückweichenden modernen Welt, in der jeder Teil der Landfläche der Erde irgendeiner Kategorie zugeordnet wurde. Doch »in der Stille eines Sommerabends« werde die Welt ihre Kategorien abwerfen, so Barry Lopez in seiner visionären Reisebeschreibung *Arctic Dreams*. In diesen Zustand der geographischen Unschuld wollen Reza und viele Aserbaidschanis zurückkehren. Ob es ihnen gelingen wird?

Teil IV

Das iranische Hochland –
»Labiles Zentrum« der Erde

»… das iranische Hochland ist ein ›labiles Zentrum‹, das seinen
Herrschern größenwahnsinnige Ambitionen eingibt, nicht aber die
Genialität, diesen Beständigkeit zu verleihen.«

Bruce Chatwin: Einführung zu Robert Byrons Persische Reise

10 Ein Land der Blumen und der Nachtigallen

Um im Frühjahr 1994 in den Iran zu gelangen, mußte ich von Europa aus nach Teheran fliegen. In der Erinnerung setzte ich meine Reise jedoch an dem Punkt fort, wo Aserbaidschan und der Iran aneinandergrenzen. In der Phantasie kann ich mir eine durchgehende Reise vorstellen. Ich habe eine bessere Vorstellung von einem Ort, wenn ich den Weg, die Straßen dorthin kenne. Diese Orientierung fehlt, wenn man mit dem Flugzeug in ein Land kommt.

Das fruchtbare Bergland des Elbursgebirges südlich des Kaspischen Meeres unweit der Grenze zwischen Aserbaidschan und dem Iran ist geprägt von Teeplantagen, Reisfeldern und Holzhäusern. Das Bild ändert sich jedoch, wenn man die Küste hinter sich läßt und das Gebirge in Richtung Süden überquert. Die Vegetation wird spärlicher und ungleichmäßiger; auf den Gipfeln des Elbursgebirges wird sie unterbrochen von khakibraunen Flächen. Die Teebüsche weichen Olivenbäumen. Aus dem satten Grün wird ein dürres Gelb. Die Reisfelder verschwinden. Das Bad der feuchten Schwüle versiegt; ich spüre Staub auf der Stirn. Statt der Holzhäuser sehe ich Bauten aus Stein, Lehmziegeln und Schlacke. Auf der Südseite, Richtung Teheran, sind die Erhebungen des Elbursgebirges nicht mehr sanft gewellt, sondern scharf gezackt. Die Hochgebirgssonne brennt erbarmungslos. Die Landschaft wandelte sich innerhalb einer Stunde vollständig. Diese Wahrnehmung glich meiner Reiseerfahrung. Als sich das Flugzeug Teheran näherte, wischte sich eine persische Dame nach der anderen Rouge und Lippenstift vom Gesicht, versteckte ihr langes Haar und verbarg ihr Sporttrikot oder ihren Minirock unter dem schwarzen Tschador. Wäre ein größerer Teil des Iran – nicht nur der Norden und Nordwesten – mit den feuchten und mäßigenden Einflüssen des Kaspischen Meeres gesegnet, wäre die Geschichte des iranischen Volkes vielleicht anders verlaufen.

Die Islamische Revolution von 1978/79 ist nur ein kurzes Kapitel in der langen Geschichte »Persiens«.[1] In der Antike war Persien eine der ersten Supermächte; unter Kyros dem Großen im 6. Jahrhundert v. Chr. umfaßte es ein Reich, das sich von Makedonien bis Indien erstreckte. Der Islamischen Revolution galt daher nicht mein Hauptinteresse. Die Revolution prägt zwar die Gegenwart. Ich aber konzentriere mich auf die Vergangenheit – und auf die Zukunft.

Mein Rucksack barg Bücher wie das *Schahnameh*, das »Königsbuch«, eine mythologische Geschichte des antiken Persien, und *Die Abenteuer des Hadschi Baba aus Isfahan*, ein Epos über das spätmittelalterliche Persien.

Zur Zeit der Islamischen Revolution lebten 45 Prozent aller Iraner in Städten; als ich 1994 den Iran besuchte, waren 57 Prozent der Bevölkerung Stadtbewohner. Als der Schah gestürzt wurde, zählte Teheran fünf Millionen Einwohner. Eineinhalb Jahrzehnte später sind es zehn Millionen. Seit der Revolution ist die Bevölkerung des Iran von 35 auf 60 Millionen angewachsen, fast die Hälfte der Bürger jünger als fünfzehn.

Teheran ist die Stadt mit der viertgrößten Umweltbelastung der Welt.[2] Die Weltbank warnt, der Grad der Luftverschmutzung in Teheran und anderen iranischen Städten könne sich innerhalb der nächsten Dekade verdoppeln, zumal jährlich fünf Prozent der Bevölkerung vom Land in die Städte zögen. Die demographischen Veränderungen und die damit verbundenen Probleme lassen den turbulenten Winter von 1978/79 verblassen, die sekundären Auswirkungen der Revolution (Modernisierung, Überbevölkerung in den Städten usw.) zeigen sich heute stärker denn je. Überall grassieren Krankheiten und Gerüchte über Seuchen.[3]

Meine erste Bekanntschaft machte ich mit einem »Mr. [Asghar] Ka-shan«. Die Iraner sind, wie ich rasch bemerkte, eher förmlich und sprechen sich selten mit Vornamen an. Mr. Kashan war mit einem mir bekannten Mitglied der iranischen Regierung befreundet und erklär-te sich bereit, mich durch Teheran zu führen. Er war im mittleren Al-ter, hatte eine Halbglatze mit kurzem grauem Haar und trug eine Bril-le. Aus seinen grauen Augen sprachen Ermüdung und Resignation. Wie viele andere Männer trug er den Dreitagebart, den die Iraner in den Jahren nach der Revolution berühmt gemacht haben. »Das liegt daran, daß wir ständig in Trauer leben«, erklärte mir ein Iraner, »in Trauer um Hussein«, den Enkel des Propheten Mohammed, der vor mehr als 1300 Jahren in der Schlacht von Karbala in Mesopotamien zum Märtyrer wurde. »Vor den Iranern fürchten sich sogar moslemi-sche Schiiten«, sagte mir ein pakistanischer Bekannter später.

Wenn man in den Iran einreist, hat man das Gefühl, man komme aus einem Laden mit derber Folklore in eine Boutique an der Madison Avenue; hier herrscht eine Liebe fürs Detail – und ein hohes Maß an kunsthandwerklichem Geschick, das in der Türkei oder in Ägypten nicht anzutreffen ist. So neurotisch und bisweilen psychotisch diese Kultur auch sein mag, sie muß ernst genommen werden; sie ist lei-stungsfähig und entwickelt Präzision, egal ob es sich um handwerkli-che Produkte oder Autobomben handelt.

Ich erinnerte mich: 1982 war im Libanon noch wenig von iranischer Präsenz zu spüren, 1985 beherrschten die Iraner praktisch schon ganze Teile des Landes und organisierten durch die Hisbollah mörderische Terroranschläge. Wie damals, als Kyros, Darius und Xerxes das antike Griechenland von ihrer Festung Persepolis aus bedrohten, so ist der Iran auch heute eine Herausforderung für den Westen.

»Sie müssen müde sein«, sagte Mr. Kashan. »Heute ist Freitag. Es ist alles geschlossen. Ich zeige Ihnen das *Hosseinieh* und den Friedhof, den Rest des Nachmittags können Sie dann schlafen. Heute abend ge-hen wir am Fluß essen, dann können wir reden.«

Mr. Kashan war Mitglied der religiösen Untergrundbewegung gegen den Schah gewesen und hatte von Anfang an mit den Ayatollahs zusammengearbeitet; inzwischen war er Berater des Direktors der Iranischen Zentralbank. Er wirkte zurückhaltend und gab mir zu verstehen: Schauen Sie sich um, sehen Sie selbst. Wenn Sie Fragen haben, werde ich sie beantworten.

Mit Hosseinieh meinte Mr. Kashan die Grabanlage des Gründers der Islamischen Republik, des Großen Ayatollah Hadschi Sayed Ruhollah Musavi aus der Stadt Khomein im Zentraliran – daher Ayatollah Khomeini. Der Titel (Ayatollah – Wunderzeichen Gottes) deutet auf eine klerikale Hierarchie hin, die weit komplexer ist als irgendwo sonst in der islamischen Welt. Diese Hierarchie begründeten die Safawiden zu Beginn des 16. Jahrhunderts, als sie einen mächtigen persischen Staat bildeten, der mit der hochentwickelten Bürokratie des rivalisierenden Ottomanenreiches konkurrieren konnte.

Ayatollah Khomeinis Grabmal ist keine Moschee, sondern eine öffentliche Gedenkstätte für den schiitischen Märtyrer Hussein – daher Hosseinieh. Das ist ein wesentlicher Unterschied. Eine iranische Moschee ist meist mit handgewebten Seidenteppichen und eleganten Spiegeln geschmückt, ein Hosseinieh ist nüchterner gehalten. Die Atmosphäre im Inneren des Mausoleums dreißig Kilometer südlich von Teheran erinnerte weniger an eine geweihte Stätte als an ein Stadion. Die Decke unter der goldenen Kuppel bestand nicht aus feinem Filigran- und Mosaikschmuck, sondern aus schlichten Stahlträgern. Die Teppiche – in diesem Land der handgearbeiteten Seidenteppiche – waren maschinell gefertigte Wollprodukte.

Ich dachte an das Mausoleum von Sayida Zeinab, einer Enkelin des Propheten Mohammed, in einer schiitischen Weihestätte außerhalb von Damaskus, das ich in den siebziger Jahren erstmals besucht hatte. Ich erinnerte mich an die zarten Fayencen, die goldenen Ornamente, den riesigen Kristalleuchter und die handgewebten magentaroten Teppiche – welch ein Kontrast zu der groben Ausstattung dieser Kultstätte.

Wenige Meter von der grünen Lade mit Khomeinis sterblichen Überresten spielten Kinder Fußball. Ich machte Notizen und Schnappschüsse; ein Mann fragte mich, ob ich Geld wechseln wolle. Direkt ne-

200

ben dem Mausoleum baute man gerade einen großen Parkplatz, einen Waschsalon, einen Supermarkt und einen Hotel-Restaurant-Komplex. Die Menschen zogen die Schuhe aus, traten ein, um das Grab zu sehen, beteten eine Weile, aßen, lachten, begrüßten Freunde und tauschten auf dem unlängst legalisierten »freien Markt« ein paar Rial gegen Dollar ein. Diese Atmosphäre gab mir einen ersten Eindruck von Khomeinis Persönlichkeit.

Khomeini hatte selbst bestimmt, daß sein Grab ein Hosseinieh sein sollte. Mit anderen Worten: Gebt den armen Arbeitern, was sie brauchen, einen Ort, an dem sie sich wohl fühlen können. Ich bemerkte, daß Mr. Kashan lächelte, als ich mir Notizen machte. Er erklärte mir, die große Errungenschaft der Revolution bestehe darin, daß sie »die Korruption demokratisiert« habe. »Unter dem Schah war Korruption Sache der Reichen.«

Anschließend führte er mich zu dem »Märtyrerfriedhof«, wo viele Gefallene des iranisch-irakischen Krieges von 1980 bis 1988 begraben sind. Hier begegnete mir Persien, nicht der revolutionäre Iran. Wenn Journalisten diesen Friedhof beschreiben, erwähnen sie meist nur den Brunnen, aus dem blutrotes Wasser spritzt; doch das Gräberfeld ist endlos weit, es ist vielleicht die größte Begräbnisstätte der Welt – einschließlich Supermarkt, Wäscherei, Computerzentrale zur Lokalisierung einzelner Gräber und geplanter U-Bahn-Station. Der Friedhof war kein Ort glühender Leidenschaft. Hier lag, dichtgedrängt, eine Gemeinschaft von Toten, unter die sich die Lebenden mischen konnten.

Es war Freitag, auf dem Friedhof hatten sich zahlreiche Menschen zum Picknick eingefunden. Man breitete Teppiche aus und verteilte Körbe mit Fladenbrot, Safranreis, Fleisch, Oliven und Ziegenkäse und stellte Teekessel auf. Besuche bei toten Verwandten, selbst bei im Krieg getöteten Jugendlichen, sind oft Familienausflüge. Am stärksten beeindruckt war ich von den Wacholderbüschen und Zypressen, den wunderbaren Rosen und Tulpen und den Kanälen. Der Geruch von frischem Wasser, der Duft von Blüten am Rande einer erstickenden alkalischen Wüste – das war Persien.

Es war Nacht geworden. Der Strom plätscherte leise über Fels und Stein. Mr. Kashan und ich folgten dem Darband, der am Nordrand von Teheran aus dem Elbursgebirge herabfließt. Wir gingen an einigen Restaurants vorbei, bis wir eines entdeckten, das uns gut gefiel. Hier spürte man die Nähe des Iran zu Mittelasien.

Inmitten von Orchideen, Tulpen und Rosen, sprudelnden Wasserleitungen und einem Flötenspieler fanden sich Plattformen mit Teppichen, auf denen man sich wie in den mittelasiatischen *tschai khanas*, den Teehäusern, zum Essen niederläßt. Auf diesen Teppichen, unter bunten Lichterketten, saßen Männer und Frauen, rauchten, flüsterten händehaltend und flirteten. Fasziniert sah ich eine Frau in einem schwarzen Tschador an, sie erwiderte meinen Blick – eine Provokation. Mr. Kashan lächelte, als wollte er sagen: Sehen Sie, wir sind nicht unbedingt so, wie wir im Westen immer dargestellt werden.

Mein erster Eindruck war, daß der weibliche Teil der Bevölkerung in formloses Schwarz gehüllt war. Doch nach ein paar Stunden nahm ich feine Unterschiede wahr. Das Material der Gewänder, erfuhr ich in einem Basar in Teheran, wurde aus Japan und Südkorea importiert. Manche Tschadors waren aus Seide, andere aus Baumwolle oder Kunstseide. Ein Tschador konnte zehn Dollar kosten oder mehr als fünfzig. Die meisten waren schwarz, aber nicht alle. Manche Frauen ließen unerlaubterweise Locken und Ohrringe sehen, andere trugen Kajal um die Augen und in nicht wenigen Fällen auch Lippenstift. Viele hatten manikürte Hände mit langen roten Fingernägeln. An diesem Abend in Teheran fiel mir auf, daß viele Autos von Frauen gelenkt wurden; welch ein Gegensatz zu Saudi-Arabien, wo Frauen nicht ans Steuer dürfen. Ich sah sogar eine iranische Frau, die, in Schwarz gehüllt, Motorrad fuhr; eine andere fuhr bei ihrem Freund auf dem Motorrad und hielt ihn eng umschlungen.

Die Frauen in Teheran gucken ihrem Gegenüber klar ins Gesicht. In Kairo gab es das kaum, in Istanbul seltener als in Teheran. Und obwohl iranische Frauen ihr Haar und ihre Figur verbergen müssen, sieht man vollständige Verhüllung oder Schleier viel seltener als in Ägypten, in der Türkei, in Mittelasien und Pakistan.

Einem Journalisten kann es passieren, daß er zum Beispiel nach Saudi-Arabien, in den Irak oder sogar nach Pakistan mit seinem weiblichen Premier Benazir Bhutto kommt und sich endlose Vorträge über »die zunehmende Bedeutung der Frau in der Öffentlichkeit« anhören muß. Wenn er aber Restaurants besucht, trifft er nur Männer, die ihr gegrilltes Fleisch verzehren. Selten habe ich Frauen in Lokalen gesehen, und wenn, dann nur im »Familienbereich« hinter einer Trennwand.[4] Im Iran sind in den Restaurants immer Frauen anzutreffen, man kann sie auch ansprechen. Im Iran kann man eine Kamera auf eine Frau richten – und sie pflegt zu lächeln. Täte man das in Pakistan, würde die Frau weglaufen und ein Mann Steine werfen.

Die Islamische Revolution sollte eine politische und eine kulturelle Veränderung bewirken. Der Tschador und die Plakate mit der Aufschrift *Marg bar Amrika* (Zur Hölle mit Amerika) waren sichtbarer Ausdruck dieser doppelten Absicht. Doch der Sittenkodex jener Kultur, die nach nahöstlichen Maßstäben mondän, urban und vom Norden geprägt ist, schien fünfzehn Jahre nach der Revolution nur minimal beeinflußt. Frauen, so konnte ich jetzt sehen, strömten in Scharen in die schicken Boutiquen im Norden Teherans oder in weniger schicke in anderen Teilen der Stadt. Die erzwungene Uniformität außerhalb des Hauses verstärkt das Modebewußtsein in den eigenen vier Wänden. Die Frauen des Iran lassen sich nicht zu Bäuerinnen machen. Und da das öffentliche Leben eingeschränkt ist, wird die Privatsphäre üppiger gestaltet – wie in den osteuropäischen Ländern in der kommunistischen Zeit.

Uri Avneri, der linke israelische Gesellschaftskritiker, meint, eine Revolution müsse, um echt zu sein, eine Kultur radikal verändern. Der Zionismus zum Beispiel habe eine neue gesprochene Sprache geschaffen, das Hebräisch. Er veränderte die Ernährungsweise der Menschen. Er zwang kleine Geschäftsleute aus Europa, im Nahen Osten Bauern zu werden. Er veränderte sogar die Kleidung. Die Revolution des Iran blieb im Vergleich dazu eher blaß. Ich sprach Mr. Kashan darauf an.

»Nein, so einfach ist das nicht. Gewiß, der Tschador ist bloß ein Symbol. An der Universität von Teheran, wo meine Tochter studiert und wo die Studenten einst gegen den Schah demonstriert haben, müssen die Studenten und die Studentinnen auf verschiedenen Seiten des Raumes sitzen. Doch was passiert zwischen den Vorlesungen? Es entsteht ein buntes Durcheinander. Unsere Kultur bewegt sich wieder zurück auf eine normale Mitte hin, das stimmt. Doch das wäre gar nicht denkbar, wenn die Revolution es uns nicht ermöglicht hätte, erst einmal *wir selbst* zu werden. Die Revolution hat uns unsere Selbstachtung wiedergegeben. Natürlich gab es Menschenrechtsübertretungen. Aber selbst zur Zeit der schlimmsten Exzesse waren wir weitaus persischer als während der Herrschaft des Schahs.«

Wenn ich diese Logik richtig verstanden habe, war die Revolution also ein Irrweg, der gegangen werden mußte, um den Irrweg des Schah-Regimes verlassen zu können.

Wir hörten dem Flötenspieler zu, der die Gäste des Teehauses unterhielt. Der Kellner brachte das gegrillte Fleisch und Teller mit Reis, der safrangelb in Butter schwamm und mit Korinthen garniert war. Die Beilagen waren gewürzt mit Estragon und Minze, Spinat, Joghurt und in Essig mariniertem Knoblauch. Es gab »Meshedi Coca-Cola«, eine Reverenz an das amerikanische Coke, das in der Abfüllanlage in Meschhed hergestellt wurde – in der heiligen Pilgerstadt im Nordosten des Iran, wo der achte Schiitenführer, Imam Resa, begraben liegt. In den Zeitungen und im iranischen Parlament hatte man lange und eifrig über die Schließung des Werks gestritten, das den Einfluß der amerikanischen Lebensweise symbolisierte. Erst kürzlich war die Debatte abgeflaut. Es hieß, der derzeitige geistige Führer des Iran, Ayatollah Sayed Ali Khamenei, habe Freunde, die finanzielle Interessen an der Getränkefabrik hätten. Das gelte auch für die Familie des Präsidenten Hashemi Rafsanjani.

Unser Gespräch wandte sich anderen Themen zu. Man müsse sehr vorsichtig sein, warnte Mr. Kashan, wenn man den persischen Hintergrund des Pahlevi-Regimes und des Islamischen Regimes betrachte – im Gegensatz zur turkstämmigen Herkunft der vorausgegangenen Kadscharen-Dynastie.[5] »Unsere Beziehungen zu den Aseri-Türken [in Aserbaidschan] sind heikel.« Es gehe nicht um ein Entweder-Oder, sondern um ein fein abgestimmtes Gleichgewicht der Kräfte. Neun der 27 Minister des derzeitigen iranischen Kabinetts seien Aseri-Türken, 16 der 27 Minister sprächen sowohl Aseri-Türkisch als auch Persisch. Dies sei keine Haarspalterei, für die sich nur Akademiker interessierten. Die Aseri-Frage sei, mehr als jede andere, ein wichtiger Schlüssel für die Zukunft des Iran und des Kaukasus.

Wir beendeten unser Mahl, Mr. Kashan wollte Tee bestellen, als ich ihn auf Salman Rushdie ansprach, den britischen Staatsbürger, der vom Iran zum Tode verurteilt wurde, weil sein Buch *Satanische Verse* als Gotteslästerung angesehen wurde. Mr. Kashan räumte ein, daß die *Fatwa*, die Ayatollah Khomeini verhängt hatte, sowohl ein politischer als auch ein religiöser Akt sei. Er gab zu, daß der verstorbene Ayatollah vielleicht – ja, vielleicht – etwas unklug gehandelt habe, als er das Urteil sprach. »Aber wenn schon! Bei Ihnen im Westen fällen die Gerichte täglich Fehlurteile. Manche Urteile Ihrer Richter sind sogar ziemlich irrig. Trotzdem werden sie vollstreckt. Das muß auch so sein. Andernfalls würde das Rechtssystem, ja die ganze Gesellschaft, ins Chaos stürzen. Das Rushdie-Urteil ist eine ganz normale richterliche Entscheidung wie die über die Auslieferung der Libyer, die man bezichtigt, das Flugzeug über Lockerbie in die Luft gesprengt zu haben. Wenn Ihnen das Rechtssystem nicht gefällt, müssen Sie daran arbeiten, es zu ändern, aber solange es gilt, müssen Urteile befolgt werden. Rushdie hat ja nicht bloß irgendeinen anderen Menschen verleumdet, er hat Gott beleidigt.«

Daß Rushdie selbst scharfe Traktate gegen den Westen verfaßt hat, war Mr. Kashan nicht bekannt. Das sei ein Thema im Westen, das ihn nichts angehe. Mr. Kashan äußerte den Verdacht, daß die Kirche von England, vor allem der Erzbischof von Canterbury, die Verbreitung der *Satanischen Verse* unterstützt habe. Mr. Kashan sprach in einem ruhigen Flüsterton, er amüsierte sich über meine Einwände und betrachtete sie als geistvolle Unterhaltung. Der Kellner brachte Eiscreme mit Rosenölaroma.

Als ich nach dem Abendessen ins Hotel zurückkam, lernte ich an der Rezeption eine iranische Amerikanerin kennen; sie war Ende Zwanzig und war mit ihrem Bruder nach Teheran gekommen. Sie war in einer amerikanischen Vorstadt aufgewachsen und reiste jedes Frühjahr nach Teheran. »Ich liebe das Land«, schwärmte sie. Die Partys hier seien viel interessanter als in Amerika. Da der Alkohol verboten und der Tschador vorgeschrieben sei, sei das, was »hinter dem Vorhang« stattfinde, um so aufregender. Im wohlhabenden Nord-Teheran floß Alkohol in Strömen. Frauen putzten sich für private Parties, sie tanzten und flirteten in hautengen schwarzen Satinfetzen. Eine Party war nicht einfach eine Party, sie bot verbotene Früchte.

Eine Frau aus dem Westen, die schon lange hier lebte, erzählte mir: »Sie müssen einmal einer Perserin zusehen, wenn sie vor ihren Freundinnen und den Freunden ihres Mannes zu Hause tanzt; jeder soll sehen, daß ihr Mann erfolgreich ist und sie liebt. Dieses Verhalten kann man schon bei fünfjährigen Mädchen beobachten. Sie haben es in den Genen. Politik hat auf so etwas keinen Einfluß.«

Ich ging mit halbfertigen Eindrücken ins Bett. Der Iran war überwältigend.

Die Eindrücke, die ich am nächsten Morgen im Zentrum von Teheran sammelte, weckten ein Gefühl angenehmer Vertrautheit. Teheran hatte große Ähnlichkeit mit Athen, wo ich sieben Jahre lang gelebt hatte. Athen und Teheran waren im 19. Jahrhundert alte, verfallene Provinzstädte gewesen und hatten sich dann zu planlos expandierenden Ballungsgebieten aufgebläht. In Teheran verfolgte mich die westliche Konsumkultur auf Schritt und Tritt – überall Reklame für Kenwood-Stereoanlagen, Toshiba Computer, Schweizer Uhren und amerikanische Soft Drinks. Teheran wirkte nicht so schmutzig wie die griechische Hauptstadt. Männer und Frauen in orangefarbenen Uniformen reinigten die Straßen. Die Boulevards waren von Platanen und Kanälen gesäumt, über die Stadtrandgebiete spannten sich elegante Autobahnbrücken.

Ich spazierte über die Firdausi-Straße. Schon am frühen Morgen packten die Geldwechsler hier ihre Koffer aus: amerikanische Dollar, iranische Rial, pakistanische Rupien und afghanische Münzen. Ein Mann legte Steine auf die Geldscheine, damit der Wind sie nicht davontrug. Kein Polizist war zu sehen. Im Iran herrscht eine sehr geringe Kriminalität. Ein Tourist kann unbesorgt große Mengen Bargeld bei sich haben.[6] Mit dem Totalitarismus – mit dem zum Beispiel die geringe Kriminalität in der ehemaligen Sowjetunion begründet wurde – läßt sich das nicht erklären. Gegenüber seinen politischen und religiösen Gegnern ist das iranische Regime sicherlich repressiv, doch ein Polizistenstaat, der zur Abschreckung gemeinen Diebstahls nötig wäre, ist nicht zu erkennen. Der Iran war auch nie ein Gefängnisstaat wie etwa der benachbarte Irak. In Saddam Husseins Bagdad sind Übersichtspläne und kontroverse Bücher verboten, in Teheran werden sie – mit Ausnahme der Bücher Rushdies – überall verkauft. Hier begegnete man, ähnlich wie in der Türkei, einer Gesellschaft mit einem starken sozialen Zusammenhalt, einer Gesellschaft, für die man keinerlei Bedauern hegen muß. In Teheran erzählen ausländische Diplomaten und Entwicklungshelfer keine Geschichten über ausgeraubte Kollegen, niemand warnt vor öffentlichen Verkehrsmitteln. Die Vereinigten Staaten unterhalten diplomatische Beziehungen zu Nigeria und Kenia; Usbekistan nimmt sogar am NATO-Programm »Partnerschaft für den Frieden« teil. Doch in keinem dieser Länder herrschen so zivilisierte Verhältnisse wie im Iran.

Das amerikanische Außenministerium hatte mir abgeraten, in den Iran zu reisen, in ein Land, mit dem die USA keine diplomatischen Beziehungen unterhalten. Doch in Teheran fühlte ich mich sicherer als in vielen amerikanischen Städten. Solche Dinge zählen. Auseinandersetzungen zwischen einzelnen Regierungen sind Themen des Tages. Ethnische und nationale Eigenschaften dagegen wandeln sich langsam und sind daher zuverlässige Anhaltspunkte für politische Trends. Die USA werden ihre Haltung gegenüber dem Iran ändern. Dies ist ein Land, mit dem Amerika nicht so verfeindet war wie mit den ehemaligen Achsenmächten und mit dem es militärisch, wirtschaftlich und kulturell eng verbunden ist.[7]

Im Jahre 1829 hatten die Iraner auf Drängen ihrer Mullahs die russische Botschaft gestürmt und den russischen Botschafter, Alexander Griboyedov, enthauptet. Doch die russisch-iranischen Beziehungen wurden bald wieder aufgenommen. Wer erinnert sich heute noch an den Vorfall? Zu glauben, daß sich die amerikanisch-iranischen Beziehungen wegen des Geiseldramas nicht normalisieren werden, hieße, die Geschichte zu ignorieren. Die blutige Revolution im Iran war zum Teil Folge schnell fortschreitender Urbanisierung und Modernisierung. Die schlimmsten Verirrungen dürfte der Iran hinter sich haben, während die Auseinandersetzungen mit Ägypten und Saudi-Arabien möglicherweise noch bevorstehen.

Lord Curzon schrieb 1892 über die Iraner:

»Neben den höchsten häuslichen Tugenden begegnet man gleichzeitig einer Barbarei und der größten Gefühllosigkeit gegenüber jeglichem Leiden. Elegantes Benehmen verträgt sich durchaus mit einer Grobheit, die an Bestialität grenzt ... Eine anerkennenswerte Vertrautheit mit den Standards der Zivilisation verhindert nicht einen maßlosen Fanatismus ... Hinter einer Kultiviertheit und einem Schliff, der selbst Paris in den Schatten stellt, verbergen sich eine wahrlich großartige Fähigkeit zu lügen und eine beinahe wissenschaftlich betriebene Hochstapelei. Die skandalöseste Korruption geht Hand in Hand mit einer gewissenhaften Beachtung bestimmter Gebote des Moralkodex. Die Religion ist wechselweise streng und locker; einmal beflügelt sie zu frömmlerischer Ekstase, ein andermal zu agnostischer Gleichgültigkeit. Die Regierung ist sowohl patriarchalisch als auch machiavellistisch, das Volk zugleich verachtenswert und edel; das Gesamtbild ist gleichzeitig Verzauberung und arglistige Täuschung.«

Siebzig Jahre später schrieb Terence O'Donnell:

»Die Iraner sind sinnlich und frönen der Fleischeslust. Ihre Konversation und ihre Poesie – die ihnen das höchste sind nach ihrem Gott, und bisweilen noch vor ihm – drücken eine Begeisterung für irdische Freuden aus ... Es herrscht aber auch die Bereitschaft, Rachsucht zu üben – und darin zu schwelgen.«

Beim Nachdenken über den Iran fiel es mir schwer, die krassen Gegensätze zu übersehen: die Poesie eines Hafis, dessen sinnliche Verse über heidnische Feuer, roten Wein und toxische Berauschung lange vor den großen Ritterballaden des europäischen Mittelalters entstanden; die Folterkammern des Gefängnisses von Evin; die Banner mit der Inschrift »Zur Hölle mit Amerika«; die handgearbeiteten Teppiche mit dem Abbild einer amerikanischen Fünf-Dollar-Note, die es in den Souvenirshops der Hotels gab. Der Iran verkörpert die Widersprüche des Nahen Ostens in reinster Form. James Justinian Morier, der Autor des *Hadschi Baba aus Isfahan*, schreibt am Anfang seines Buches: »Die reine Quelle morgenländischer Sitten lag vor mir, und ich war entzückt über die Möglichkeiten, die sich mir ... bieten würden.« Ich hatte das Gefühl, daß der Iran inzwischen noch faszinierender war als im 19. Jahrhundert: die Unvereinbarkeiten einer orientalischen Gesellschaft, potenziert durch Widrigkeiten der westlichen Konsumkultur, durch Bevölkerungsexplosion und durch den Beginn des Informationszeitalters.

Ich gab Mr. Kashan eine Liste der Leute, die ich sehen wollte. Er sagte, er werde sehen, was er tun könne.

11 Die Revolution durch »die Hand«

Ich wollte mich auf das unveränderliche, »zeitlose« Persien konzentrieren, begegnete aber immer wieder dem Wort *enghelab*, Revolution; es ist der Hinweis auf *Enghelab-e Eslami*: »Die Islamische Revolution«. Auf dem *Meidun-e Enghelab*, dem Revolutionsplatz im Zentrum von Teheran, wo die Massen 1979 die große Statue des Schahs umgestürzt hatten, fand sich inzwischen das Relief eines iranischen Religionsführers. Ich war mir nicht sicher, ob es sich um eine Darstellung Khomeinis handelte, denn das Gesicht war kaum zu erkennen. Sehr deutlich erinnerte ich mich jedoch an die ausgestreckte offene Hand der Figur. »Es sind die *Khamseh-ye Al-e Aba* (Fünf Finger des heiligen Mantels), der die Menschen in den Himmel hebt«, erklärte mir Mr. Kashan und ließ seine grünen Gebetsperlen langsam durch die Finger gleiten. Die Fünf Finger symbolisieren den Propheten Mohammed, seine Tochter Fatima, ihren Gatten Ali und die Nachfahren Hassan und Hussein, der mit seinen Soldaten von den Sunniten in der Schlacht von Karbala getötet wurde, weil er einen Aufstand angeführt hatte, um den umayyadischen Kalifen den Thron zu entreißen.

Auf vielen der Fotos von Khomeini, die ich im Iran sah, zeigte er sich mit einer offenen, nach vorn ausgestreckten Hand, aber mit dunkler, dämonischer Miene. So stelle ich mir das Gesicht von Hussein oder Jehova in der Wüste vor. Daß die Abbilder Gottes und des Ayatollah in der Vorstellung der Iraner sich so ähnlich sind, erklärt sicherlich den Zusammenhang, der uns im Westen als grundlegender Widerspruch erscheint: Die Iraner sprechen von Khomeini stets als dem »Barmherzigen«, »Mitfühlenden« und »Verständnisvollen«. Aber es gibt kein einziges Foto von Khomeini, auf dem er lächelt oder eine Spur von

Wärme in den Augen zeigt. Khomeinis »Liebe« und »Mitgefühl« sind gottgleich, nicht von dieser Welt.

»Normale menschliche Gefühle bewegten den Imam nicht«, erklärte Moshen Rafighdoost, Khomeinis persönlicher Chauffeur und Leibwächter, der mit Mr. Kashan befreundet war. Als ein Reporter Khomeini fragte, was er empfunden habe, als er nach Jahren des Exils in den Iran zurückkehrte und Hunderttausende ihn auf dem Flughafen begrüßten, erwiderte er: »Ich empfinde nichts.« Diese Strenge zeichnet auch die schiitischen Geistlichen in *Hadschi Baba aus Isfahan* aus. Der Held, Hadschi, der sich als gottgefälliger Mensch ausgibt, trägt »die gekünstelte Verschlossenheit des mürrischen, stolzen und selbstgerechten Gottesdieners zur Schau«. Hadschi erzählt dem Leser: »Ich stellte fest, daß die tiefe Verschlossenheit, die ich mir zu eigen gemacht hatte, das beste Mittel war, um das Ansehen eines Weisen geltend zu machen ...«

Khomeini wird von den Iranern stets als Imam Khomeini bezeichnet; Imam bedeutet »Führer«, genauer gesagt: »Vorbeter, der die Gemeinde *(umma)* im Gebet anführt«. Imam ist außerdem der Titel für die zwölf Nachfolger Mohammeds, die nach schiitischem Glauben dem Propheten als geistige und weltliche Glaubensführer folgten. Diese Imame lebten im Mittelalter – außer dem zwölften, der nicht tot ist, sondern unsichtbar »im Verborgenen« existiert. Khomeini ist der einzige Ayatollah, den die Iraner je als Imam bezeichneten. Ist er der Zwölfte Imam, der seit dem Mittelalter im Verborgenen lebte? »Nein«, sagte Mr. Kashan, aber in seiner Stimme schwang die Spur eines Zweifels.

Die Islamische Revolution war in der Lage, unvereinbare Bilder von Gott und Mensch zu vereinen; sie bildet möglicherweise den Gipfelpunkt nationaler und religiöser Sehnsüchte, die seit Jahrhunderten existieren. Die Vorstellung, daß die Geistlichen ein größeres Recht auf die Herrschaft hatten als die weintrinkenden Schahs, entwickelte sich nach Meinung der Historiker zwar nicht kontinuierlich, aber sukzessive seit dem 17. Jahrhundert, seit der Zeit der Safawiden-Dynastie, die erstmals den Zwölfer-Schiismus einführte.[1]

Oder war die Revolution bloß ein fürs Fernsehen inszeniertes Spektakel? War sie vielleicht keine Revolution, sondern ein Staatsstreich von regimefeindlichen Geistlichen? Hören wir uns an, was ein ausländischer Geschäftsmann zu sagen hat, der fließend Persisch spricht, seit Jahren im Iran lebt und mich zum Essen in sein Haus in Nord-Teheran einlud:
»Warten wir noch fünf Jahre, dann wird man die Mullahs an den Straßenlaternen aufhängen. Unfaßbare, überraschende politische Veränderungen gab es schon früher in der Geschichte Persiens. Die Revolution löst sich jetzt auf. Immer mehr Videos, immer mehr Satellitenschüsseln – die populärste Fernsehsendung in Teheran ist Baywatch. Die Leute sehen MTV. Die Mullahs im Parlament wollen die Satellitenschüsseln verbieten, werden das Problem aber mit Geld lösen: Jeder, der eine Satellitenschüssel haben will, wird ein Bestechungsgeld bezahlen. So ist das. Die Hälfte der iranischen Kabinettsmitglieder hat in Amerika studiert. Sie kennen Kalifornien besser als den Schiismus. Iraner aus L.A. kommen wieder hierher und gehen vor Gericht, um ihr Eigentum zurückzubekommen. Die traurige Wahrheit über die Islamische Revolution sieht so aus, daß die Reichen immer noch reich und die Armen immer noch arm sind. Die einzige wirkliche Veränderung besteht darin, daß die Mittelschicht weitgehend verschwunden ist. Ob es nun stimmt oder nicht, die Armen haben das Gefühl, daß der Iran den Krieg gegen den Irak verloren hat und daß die Geistlichen schuld daran sind. Das einzige, was [1994] noch übriggeblieben ist, ist eine Allianz zwischen radikalen Mullahs und Sicherheitsorganen. Gemeinsam können diese beiden Gruppen Terroristen im Ausland unterstützen oder eine Atombombe beschaffen – Aktionen, mit denen sie behaupten können, die Revolution sei noch immer lebendig. Doch ihr Rückhalt wird schwächer, und die Gesellschaft entwickelt sich in eine ganz andere Richtung.«
Mit anderen Worten: der Kampf zwischen Ost und West wird nicht zwischen den Vereinigten Staaten und dem Iran ausgetragen, sondern innerhalb des Iran, unter den Iranern.

Im Laufe der Zeit teilte ich Mr. Kashans Ansicht mehr und mehr. Die Revolution im Iran war wichtig, doch die Gründe sind schwer zu bestimmen. Es wurde viel zuviel über die religiösen Wurzeln der Islamischen Revolution diskutiert und viel zuwenig über ihre kulturellen und historischen Hintergründe und über die demographischen und ökologischen Ursachen. Sie aber liefern die zentralen Hinweise auf die Zukunft.

»Die Menschen im Iran sind wie die Erde; sie fordern *risweh* [ein Bestechungsgeld], bevor sie Früchte hervorbringen«, bemerkt der Autor von *Hadschi Baba aus Isfahan*. Die Verbindung zwischen der Erde – ihrer Fruchtbarkeit in manchen Gegenden und ihrer Unerbittlichkeit in anderen – und den nationalen Wesensmerkmalen im Iran ist auffallend.

In *Roots of Revolution: An Interpretive History of Modern Iran* erklärt Nikki R. Keddie:

»Obwohl der Iran im Altertum Sitz mächtiger und reicher Staaten und Imperien war, nahmen der Niedergang der Landwirtschaft und die Verödung im Laufe der Jahrhunderte immer mehr zu. Als türkische Nomadenstämme erstmals zu Beginn des 11. Jahrhunderts in den Iran vordrangen, ließen sie sich nicht wie frühere nomadische Eindringlinge nieder oder besetzten die Räume zwischen besiedelten Gebieten; sie stießen vielmehr auf Trockenregionen, die sich für ein nomadisches Leben eigneten und verbreiteten ihren Lebensstil.«

Vor eintausend Jahren setzten auf dem iranischen Hochland mehrere Entwicklungen ein:

Erstens herrschte eine starke Rivalität zwischen den persisch sprechenden Eingeborenen und den turksprachigen Stämmen, die aus dem Kaukasus (vorwiegend Aserbaidschan) im Nordwesten und aus Mittelasien im Nordosten (im Grenzgebiet zur ehemaligen Sowjetunion und zu Afghanistan) in den Iran vordrangen. Die Turkvölker haben den Iran über große Zeiträume der Geschichte beherrscht. Ismail, der erste Schah der 1501 gegründeten Safawiden-Dynastie, sprach türkisch. Weil man auf persisch sprechende Bürokraten angewiesen war, entwickelten die Safawiden eine persisch-schiitische Dynastie mit der Hauptstadt Isfahan. 1722 besetzten die sunnitischen Afghanen Isfahan, 1736 vertrieb Nadir Schah, ein Perser, die Afghanen wieder. Ende des 18. Jahrhunderts folgte unter der Zand-Dynastie, die Schiras zur Hauptstadt machte, eine kurze Periode persischer Blüte. Unter den Kadscharen kamen um 1790 jedoch wieder Turksprachige an die Macht. Die Kadscharen wurden erst 1925 gestürzt, als Resa Khan, der Vater des letzten Schahs, die von Persern dominierte Pahlevi-Dynastie gründete. Heute spricht nur etwa die Hälfte der iranischen Bevölkerung persisch. Ein Viertel der Staatsbürger sind turksprachige Aseris; außerdem gibt es weitere turkstämmige Bevölkerungsgruppen: die Turkmenen im Nordosten im Grenzgebiet zur ehemaligen Sowjetunion und die Qaschqai im Südwesten in der Gegend um Schiras und am Persischen Golf. Dies ist einer der Hauptgründe, weshalb das Schicksal des benachbarten turksprachigen Aserbaidschan in seinem gegenwärtigen Streit mit Armenien sowie die Bildung unabhängiger Turk-Staaten im ehemals sowjetischen Mittelasien die politische Zukunft des Iran möglicherweise unmittelbarer beeinflussen werden als alles, was sich zwischen dem Iran und dem Westen oder zwischen dem Iran und der arabischen Welt abspielt.

Zweitens führte die Ausweitung des Nomadentums über große Gebiete mit vielen abgeschiedenen Oasen zu einer traditionell schwachen Zentralregierung. Daher ist das Bild eines totalitären Staates, sei es unter dem Schah oder den Ayatollahs, nicht zutreffend. Die Turkstämme und die Kurden, ganz zu schweigen von den Drogenschmugglern im abgelegenen Südosten im Grenzgebiet zwischen dem Iran und Pakistan, folgen nach wie vor ihren eigenen Gesetzen. Da die schiitischen Geistlichen seit den chaotischen Anfängen der Revolution nicht in der Lage waren, entlegene Regionen des Landes zu kontrollieren, hat sich ihr Regime zumindest in dieser Hinsicht als weniger tyrannisch erwiesen als das des Schahs. Außerdem haben sich trotz Ölreichtum und moderner Telekommunikation die finanziellen und administrativen Kontrollinstrumente seit der Revolution nicht wesentlich verbessert; der Klerus muß eine Bevölkerung verwalten, die sich seit 1979 fast verdoppelt hat. Die Hauptstadt Teheran zählt heute mehr Einwohner als das gesamte Land im Jahre 1914 und doppelt so viele wie im Jahre 1800. Hier arbeiten die Kräfte der Demographie gegen die Tyrannei.

Hinzu kommt, daß sich der schiitische Klerus wegen der traditionell schwachen Zentralverwaltung und der Entstehung konkurrierender Machtzentren in den Städten schon immer unabhängig von den weniger religiösen Schahs entwickeln konnte. Keddie weist darauf hin, daß der schiitische Klerus vom 18. Jahrhundert bis etwa 1950 seine Machtzentren in Najaf und Karbala hatte, das heißt in Mesopotamien (unmittelbar westlich des iranischen Hochlandes), wo sich die Gräber der ersten Imame befinden.

Die Böden des Iran wurden im Laufe der Jahrhunderte immer öder und unfruchtbarer; das war – unter anderem – eine Folge der Zerstörung der Landwirtschaft durch mongolische Invasoren. Folglich mußte eine relativ große Anzahl von Kleinbauern, die in abgelegenen und unentwickelten Regionen lebten, Nahrungsmittel für die Städte produzieren. Als jedoch im 20. Jahrhundert Fabriken entstanden, der internationale Handel ausgeweitet wurde und Nahrungsmittel eingeführt werden konnten, floh diese große Masse von Kleinbauern aus den Dörfern in die Städte – angespornt durch die Modernisierungsprogramme von Resa Khan und seines Sohnes.

Aufgrund des Ölreichtums konnten größere Mengen an Nahrungsmitteln importiert und die Preise der Grundbedarfsartikel für die Städter subventioniert werden. Die Bauern wurden immer unbedeutender, die Städte immer attraktiver. Durch die Einnahmen aus dem Ölexport konnten auch die iranischen Städte modernisiert werden. Der polnische Journalist Ryszard Kapuscinski schreibt in *Shah of Shahs*: »Die iranischen Städte wurden zu Orten, an denen das unberechenbare, grausame Steinzeitalter neben dem kalkulierenden, kühlen Elektronikzeitalter herrscht …«

Von 1956 bis zum Beginn der Islamischen Revolution wuchsen die urbanen Zonen im Iran um jährlich fünf Prozent, die Zahl der Landarbeiter wuchs nicht einmal halb so schnell wie die Gesamtzahl der Arbeitskräfte des Landes.[2] »Der Schah«, schreibt Kapuscinski, »hielt Urbanisation und Industrialisierung für die Grundvoraussetzungen der Modernität, doch das ist ein Irrtum. Der Schlüssel zur Modernität ist das Dorf.« Der polnische Journalist fügte hinzu: »Der Schah berauschte sich an Vorstellungen von Atomkraftwerken, computerisierten Fließbändern und großangelegten petrochemischen Komplexen. Doch in einem unterentwickelten Land sind dies pure Trugbilder der Modernität. In solch einem Land leben die meisten Menschen in armen Dörfern, aus denen sie dann in die Städte fliehen. Sie bilden ein junges, dynamisches Potential an Arbeitskräften; sie wissen wenig (oft sind es Analphabeten), doch sie haben hohe Erwartungen und sind bereit zu kämpfen … Im Kampf [gegen das eingesessene Establishment der Stadt] machen sie Gebrauch von jedweder Art von Ideologie, die sie aus dem Dorf mitgebracht haben … in der Regel ist das die Religion.«

Kapuscinski sieht kein Ende in diesem Teufelskreis – es sei denn, die Dörfer selbst werden modernisiert und bieten ähnliche Möglichkeiten wie die Städte. Bisher hatte ich auf meiner Reise keinerlei Anzeichen einer ländlichen Modernisierung gesehen – weder in Westafrika, im Niltal noch in Anatolien. Ob in Abidjan, Kairo oder Istanbul: Die Städte werden von Bauern überrannt – und in riesige Dörfer verwandelt.

Im Iran aber hatte der Schah sein Volk so leichtsinnig und so parteiisch ermutigt, hatte Widerspruch auf Widerspruch gehäuft, daß es erst vom Ehrgeiz berauscht und dann von Frustration ernüchtert wurde. Als die Wirtschaft Ende der siebziger Jahre einen Sturzflug machte, stand der Schah für einen langen kritischen Augenblick plötzlich ohne Mittel da, er konnte seine Untergebenen nicht mehr bestechen.

Den Kadscharen gelang es im 19. Jahrhundert kaum, eine »Reform von oben« wie in Ägypten und der Türkei durchzusetzen.[3] Die Pahlevis schafften es, wenn auch in einer Weise, die sie schließlich selbst zu Fall brachte. Resa Khan, ein Kavallerieoffizier, der in den Wirren nach dem Ersten Weltkrieg die Macht ergriff, schuf eine große Armee und eine zivile Bürokratie, die ihr Zentrum in Teheran hatten. Nach Art von Mustafa Kemal Atatürk verbot Resa Schah, wie er nach seiner Krönung genannt wurde, den Tschador und traditionelle Kleidung. Er ordnete an, daß iranische Männer europäische Anzüge und Hüte tragen mußten. Er verbot das Fotografieren des Kamels, das er für ein rückständiges Tier hielt. Doch Resa Schah war ein drittklassiger Atatürk, der in sich selbst jene Rückständigkeit und Widersprüchlichkeit trug, die er so sehr verabscheute. Sein Lebtag schlief er auf dem Fußboden des Palastes auf Teppichen; er benutzte seine Macht, um gigantischen Reichtum anzuhäufen; er befahl einem Exekutionskommando, einen Esel hinzurichten, der einmal auf seinem neuerworbenen Besitz streunte. Resa Schahs Modernisierung habe lediglich »zwei Kulturen« im Iran geschaffen, schreibt Keddie: die am Westen orientierte Kultur der Städte und die zunehmend verbitterte Bauernkultur der Dörfer. Als dann der Ölreichtum wuchs und die Urbanisation sich beschleunigte, kam das Dorf in die Stadt. Im Jahre 1979 schluckte das Dorf die Stadt.

Der Iran ist nicht die Türkei. Weil das anatolische Hochland nicht so trocken ist wie das iranische, trifft man in der Türkei auf verbundene Siedlungsgebiete; der Unterschied zwischen Dorf und Stadt, so groß er auch sein mag, fällt weniger kraß aus als im Iran. Anatolien besitzt eine tausend Meilen lange Grenze entlang dem Mittelmeer und eine ausgedehnte Schwarzmeerküste, es war im Laufe seiner Geschichte immer mit den Balkanländern und dem europäischen Rußland verbunden. Das anatolische Hochland ist innerlich kompakter und äußerlich Europa näher und war daher trotz seiner vielen Nachteile für die Gründung eines westlichen Staates mehr geeignet als das iranische Hochland – zumal die Pahlevi-Schahs den Iranern dieses westliche Modell mit Waffengewalt und in halsbrecherischem Tempo aufzwangen.
Der Sturz des Schahs ist – wie der Fall des Kommunismus in der Sowjetunion – ein Beispiel dafür, wie Staaten mit großen Flächen an den Rändern aufbrechen. Der Iran unter den Ayatollahs ist mit seinen kon-

kurrierenden Machtzentren – dem Parlament *(majlis)*, dem Präsidenten und seinem Kabinett, den Mullahs und den Sicherheitsorganen weitaus chaotischer organisiert, damit aber auch flexibler als der Iran der Pahlevis. Die iranische Revolution und der Untergang der Sowjetunion läuten, denke ich, eine Ära ein, in der weitere Staatsgebilde auseinanderbrechen und in Chaos versinken. Größere Bevölkerungszahlen und ein starker Wettbewerb um Arbeitsplätze könnten die Aussicht auf eine stabile Demokratie in Ländern, die bisher keine Demokratie kannten, problematisch machen.

Das Interregnum der Islamischen Revolution hat den iranischen Staat deutlich geschwächt, auch wenn nach dem Zusammenbruch der Sowjetunion und Afghanistans die Bedeutung der Großmacht Persien in einem kulturellen wie ökonomischen Sinne wächst. Die Grenzen etwa zwischen dem Iran und der neuerdings unabhängigen ehemaligen Sowjetrepublik Turkmenistan im Nordosten und zwischen dem Iran und Afghanistan im Osten sind äußerst durchlässig und erleben regen Handel und Bevölkerungsbewegungen. Persien expandiert also genau in dem Maße, in dem seine Zentralregierung schwächer wird und die Turkvölker ihre aus der Geschichte bekannte Infiltration des iranischen Hochlandes fortsetzen.

Die Islamische Revolution wurde zwar von langer Hand vorbereitet, doch welche Faktoren entzündeten den Aufstand und prägten sein Wesen?
Von 1963 bis zum Ende der siebziger Jahre stieg das jährliche Pro-Kopf-Einkommen im Iran real von 200 auf 1000 Dollar; laut Kiddie eines der extremsten Wachstumsbeispiele der Geschichte. Doch die Einkommensunterschiede zwischen den Reichen und den Armen vergrößerten sich noch schneller. Die Armen wurden zwar reicher, doch die Reichen wurden viel schneller noch viel reicher. 1973 vervierfachte die Organisation Erdöl exportierender Länder (OPEC) die Ölpreise auf Drängen des Schahs, der seine Staatsausgaben vergrößern wollte: 88 Prozent des Etats für Entwicklung und Städtebau flossen aus den neuen Öleinnahmen. Die Wirtschaft überhitzte sich,

die Inflation folgte. Weitere Teile der Landbevölkerung wanderten in die Städte ab, die vermeintlich moderne Infrastruktur konnte mit der rasanten Entwicklung nicht Schritt halten. Mitte 1977 startete der Schah ein Programm zur Inflationsbekämpfung. Nach Jahren dramatisch gestiegener Erwartungen setzte plötzlich eine massive Arbeitslosigkeit ein. Der große Knall folgte. Der Rest ist Geschichte. Die antiamerikanische Haltung der Revolution hatte eine speziell persische Ursache. Die Iraner haben nie eine offizielle Kolonisierung durch den Westen erlebt, die beispielsweise in Syrien, Jordanien, Algerien und im Libanon zur Erfindung von Staaten mit künstlichen Grenzen führte. Persien war seit dem Altertum eine ethnisch klar umgrenzte Nation, auch wenn sich die Landesgrenzen immer wieder verschoben. Der persische Staat war oft labil, vor allem wegen seiner strategischen Lage zwischen den russischen und britischen Reichen in Asien. Im 19. und 20. Jahrhundert wurde Persien häufig in wirtschaftliche Einflußsphären zerlegt. Zum Beispiel erhielt der Brite Julius de Reuter (der Gründer der Nachrichtenagentur) 1872 die exklusiven Rechte an den iranischen Mineralschätzen, Eisenbahnen und Straßenbahnen, an zahlreichen Bewässerungs- und landwirtschaftlichen Anlagen sowie die Rechte zur Leitung der Nationalbank und großer Industrieprojekte. Lord Curzon meint dazu, kaum ein zweites Mal in der Geschichte sei das Vermögen eines Königreiches so fügsam an ausländische Hände abgetreten worden. Persien blieb stolz und unabhängig, doch die Perser hatten allen Grund, sich ausgebeutet zu fühlen.

Die Zentralen der Ausbeutung, die ausländischen Botschaften, lagen im Herzen Teherans, abgeschirmt hinter hohen Mauern. In keiner anderen Stadt der Welt haben ummauerte Auslandsvertretungen so lange Zeit das Bild der Innenstadt geprägt wie in Teheran.

Jeden Morgen fuhr ich in Teheran an den Mauern der russischen und der britischen Botschaft vorbei – jede mindestens einen Straßenblock lang. Was mochte sich hier abspielen? Wie sah es im Inneren aus? Da ich nie eine dieser Botschaften besucht hatte, wurde ich allmählich genauso neugierig wie die Iraner. Bei einem Volk, das lange analphabetisch war und lange von Ausländern ausgebeutet wurde, mußte diese geheimnisvolle Festungsarchitektur im Laufe der Zeit fast zwangsläufig zu Paranoia und Verschwörungsängsten führen. Die Besetzung der US-Botschaft am 4. November 1979 durch radikale iranische Studenten wurde von der Annahme provoziert, die amerikanischen Diplomaten im Inneren der Festung planten einen Coup gegen Khomeini. Wie so viele iranische Verschwörungstheorien enthielt auch diese ein Körnchen Wahrheit. Die amerikanischen Diplomaten hatten versucht, aus einer mißlichen Lage das Beste zu machen, indem sie militärische und wirtschaftliche Verbindungen zu dem neuen Revolutionsregime knüpften in der Hoffnung, es in eine gemäßigtere Richtung lenken zu können. Die Annahme, die Diplomaten schmiedeten ein Komplott gegen Khomeini, war jedoch unsinnig. Doch die Iraner erinnerten mich immer wieder daran, daß die amerikanische Botschaft in Teheran unter Botschafter Loy Henderson 1953 einen Coup der CIA angeführt hatte: Der iranische Premier Mohammed Mosadeq wurde gestürzt, weil er versucht hatte, westliche Ölgesellschaften im Iran zu verstaatlichen. »Die antiamerikanische Haltung unserer Revolution wäre nicht entstanden ohne die Mosadeq-Affäre«, erklärte mir Mr. Kashan. »Sie lehrte die Iraner, daß die USA inzwischen Großbritannien als Interventionsmacht abgelöst haben.«

Die langgestreckten Mauern der amerikanischen Botschaft waren mit Graffiti übersprüht. »Das Veto einer Supermacht«, konnte man da lesen, »ist schlimmer als das Gesetz des Dschungels.« Hier forderte ein Volk, das nie kolonisiert war, seine Unabhängigkeit. Wenn die amerikanisch-iranischen Beziehungen wieder aufgenommen werden, wäre es ratsam, die Mauern der US-Botschaft abzureißen oder die Botschaft in einen Vorort zu verlegen.

Ein iranischer Ministerialbeamter, den ich durch Mr. Kashan kennenlernte, setzte sich auf den Sessel neben mich, senkte den Blick auf seine roten Gebetsperlen und erzählte mit der müden Stimme eines ausgelaugten Revolutionärs:

»Der Schah war der Höhepunkt von Jahrhunderten äußerer Einmischung und innerer Bedrohung durch die turkstämmigen Nomaden und andere – das alles wurde nun noch verschärft durch das, was mit Mosadeq geschah. Das haben wir dank der Revolution beseitigt wie ein über Jahrzehnte gewachsenes Geschwür. Deswegen hat der Iran den Antiamerikanismus jetzt vollständig hinter sich gelassen. Die Vertreter eines harten Kurses posieren heute nur noch. Allerdings werden der Slogan ›Zur Hölle mit Amerika‹ und die Tschador-Vorschrift als letztes verschwinden, sie sind nun einmal, ob es einem gefällt oder nicht, die wichtigsten Symbole der Revolution. Aber Sie werden sehen, in wenigen Jahren wird Amerika im Iran kein Thema mehr sein. Ich sage das als Revolutionär, der tiefe Zuneigung für Imam Khomeini empfindet.«

Ein entwurzeltes Proletariat, entstanden durch die schnellen Modernisierungsprogramme des Resa Khan und seines Sohnes, hat eine Monarchie gestürzt und einen neuen Staat gegründet, dessen Altar nicht mehr der »Weiße Palast« mit seinen vergoldeten Möbeln und handgeknüpften Seidenteppichen ist, sondern ein *Hosseinieh* mit Stadionlampen und maschinell gefertigten Teppichen. Die Hand mit den Fünf Fingern hat den Pfauenthron verdrängt. Das 21. Jahrhundert ist nicht nur früh in das iranische Hochland eingezogen, früher als anderswo im moslemischen Nahen Osten, es hat sich mit einem gewaltigen Schlag durchgesetzt.

In den neunziger Jahren hat der iranische Boden endlich aufgehört zu beben. Ein neues Gleichgewicht ist zu spüren. Die weißen Banner mit den blutroten, schrägen persischen Lettern, die an den Gebäuden und Straßenlaternen Teherans hängen, prangern nicht mehr den »Großen Satan« Amerika an, sondern proklamieren, daß jede iranische Familie nur zwei Kinder haben dürfe, um die Wachstumsrate zu bremsen, die die Bevölkerung des Iran innerhalb von zwanzig Jahren erneut verdoppeln könnte. Abtreibungen sind heute möglich, iranische Fabriken stellen Verhütungsmittel her. In derselben *Teheran Times*, in der ein Leitartikel mit dem Titel »Zerstört den Mythos von der ewigen Macht des Westens, besonders der Vereinigten Staaten« stand, fand ich eine Anzeige: »Amerikanische Konversation, Unterricht bei Amerikaner, telefonische Anmeldung unter ...« Ein populäres Buch in den Buchläden hieß *Contemporary American Slang* (Zeitgenössischer amerikanischer Slang). Im Keller der Zentralbank werden die Kronjuwelen und der Pfauenthron seit kurzem wieder öffentlich ausgestellt, auch der ehemalige Schahpalast ist zu besichtigen, ohne daß eine Spur revolutionärer Propaganda die Ausstellungsstücke entstellt. Die Iraner spazieren durch die königlichen Gärten und erfreuen sich an den Rosen und Nachtigallen.

Der Iran ist ein Land der krassen Gegensätze. In die ernüchternde Eintönigkeit des politischen Islam mischen sich wieder die bunten, lebhaften Farben des traditionellen Persien. Wird die Hand mit den Fünf Fingern die Herrschaft behalten? Oder wird auch sie gestürzt werden? Stehen neue Umwälzungen bevor?

12 Basar-Staaten

»Ich bekomme regelrecht Fieber, wenn ich nur an den Tag denke. Ich war bereit zu sterben, um den Imam zu schützen. Dreimal schüttelte die Menge den Wagen und hob ihn beinahe in die Luft – einmal bei der Universität, einmal in Süd-Teheran und einmal auf dem Friedhof. Aber ich war nur um den Imam besorgt. Mein eigenes Leben bedeutete mir nichts. Der Imam zeigte weder Angst noch irgendeine Gefühlsregung.«

Der 1. Februar 1979 war der bedeutsamste Tag im Leben von Mohsen Rafighdoost. An diesem Tag kehrte Ayatollah Khomeini nach fünfzehn Jahren des Pariser Exils in den Iran zurück. Zwei Wochen zuvor, am 16. Januar, hatte der Schah abgedankt. Die Straßen vom Flughafen in die Innenstadt von Teheran waren von Millionen Anhängern gesäumt. Rafighdoost fuhr mit dem Wagen dicht an das Flugzeug. Er sollte Khomeinis Chauffeur und Chef des persönlichen Sicherheitskommandos sein.

»Was für ein Wagen war das?« fragte ich.

Rafighdoosts Augen leuchteten.»Ein Chevy Blazer.« Dann erzählte er weiter:»Ein Mann aus Süd-Teheran brach während der Fahrt die Wagentür auf und schrie dem Imam Beschimpfungen über den Schah ins Gesicht. Ich wollte ihn scharf zurechtweisen, doch der Imam befahl mir: ›Fahren Sie einfach langsam weiter, lassen Sie den Mann, er soll seine Gefühle ausdrücken.‹ Sie sehen, wie freundlich der Imam zum Volk war! Die Menschen in der Menge drängten sich von allen Seiten um den Wagen und streckten die Hände aus. Ich spürte ein leichtes Holpern. Ich dachte, ich wäre einem über das Bein gefahren. Der Imam ließ mich anhalten, um nach dem Namen des Verletzten zu fragen, wir wollten für den Schaden aufkommen. Doch der alte Mann sagte: ›Wieviel soll ich für die Ehre bezahlen, vom Wagen des Imam angefahren worden zu sein?‹ – In seiner ersten Nacht in Teheran schlief der Imam in einer Schule. Dann zog er um in ein Hosseinieh. Ich erinnere mich, wie die Menge dem Imam an jenem ersten Abend beim Beten zusah. Tausende von Augen waren auf ihn gerichtet. Er aber betete, als wäre er allein. Nichts berührte ihn.«

Rafighdoost war der geborene Leibwächter. Seine gedrungene, leicht untersetzte Figur, die nur durch einen kleinen Bauch entstellt wurde, strotzte vor Energie. Er saß auf der Kante seines Stuhls, und immer, wenn er etwas betonen wollte, stampfte er mit dem Fuß oder schlug sich mit der Faust auf den Schenkel. Er war etwa Mitte Fünfzig, trug einen kurzen, graumelierten Bart und hatte fast volles Haar. Seine kleinen Augen strahlten eine schelmische Boshaftigkeit aus. Mit einer Krawatte hätte man ihn für den Rausschmeißer eines Nachtclubs halten können. Er trug ein modisches Hemd, ein schwarzes Sportjacket und graue Hosen. Socken hatte er nicht an, nur ein Paar Strandsandalen aus Gummi. Er entschuldigte sich: »Ich hatte vergessen, daß wir Besuch erwarten. Bei der Arbeit sind sie bequemer.«

Als ich Rafighdoosts Büro betrat, saß er weit zurückgelehnt in seinem Sessel, die Füße auf dem Schreibtisch, und spielte an einem Computer. Auf dem Schreibtisch lagen Stapel mit Notizen und Dokumenten und eine Brille. Ähnlich wie in der Türkei herrscht im Iran ein Klima der Geschäftigkeit; in den Büros wird wirklich gearbeitet und nicht nur kleinliche bürokratische Macht demonstriert.

Rafighdoost war zweifellos ein fähiger Kopf, ein äußerst dynamischer dazu; mit seinem Computer wirkte er genauso beeindruckend wie früher mit seinen Fäusten. Er war nicht nur Khomeinis oberster Leibwächter gewesen, sondern hatte auch bei der Aufstellung der Revolutionsgarde mitgewirkt, die weltliche Gemäßigte und linke *Mujahidin Khalq* (Volks-Mudschaheddin) sowie die Feinde der Islamischen Revolution in Angst und Schrecken versetzt hatte. Inzwischen leitete er die *Bonyad Mostazafin* (Stiftung für die Unterdrückten), die größte iranische Holdinggesellschaft, die aus achthundert verschiedenen

Firmen besteht und mit konfiszierten Geldern der Schah-Familie gegründet worden war. Ein Iraner, gewiß kein Freund von Rafighdoost, nannte diese Stiftung »das größte Kartell der Geschichte«. Rafighdoost verwaltet Millionen, wenn nicht sogar Hunderte von Millionen Dollar.

Wie Rafighdoost das Steuer des Chevy Blazer und dann die Kontrolle über einen Großteil des Vermögens des Schahs übernahm, wie er aus einem Vermögen ein Finanzimperium schuf, das alles hängt eng mit seiner Herkunft zusammen. Rafighdoost ist ein Basaari, ein Angehöriger jener Schicht, die die iranische Revolution mittrug. Basaari sind die Menschen, die in einem Basar arbeiten. Das persische Wort *basaar* bezeichnet dasselbe wie das arabische *souk*, eine Art Markt, wie man sie im gesamten moslemischen Nordafrika und im Nahen Osten kennt. Der Basar ist oft der erste Ort, den ein Tourist besucht, um Souvenirs zu kaufen; die traditionellen Märkte wecken Vorstellungen vom »märchenhaften Orient«. Auch wenn der Arbeiter in einer Werkstatt einen anderen Status hat als ein Geldverleiher, sie sind beide Basaari, sie sind beide in einem Kleingewerbe tätig, das eng mit der islamischen Kultur verbunden ist. Selbst wenn die Basaari mit Produkten aus dem Westen handeln und in westliche Kameras lächeln: Sie fühlen sich bedroht durch Supermärkte, Kaufhäuser, fabrikgefertigte Massenprodukte und große Banken. Das Lächeln täuscht. Die Welt ist im Umbruch.

Es sind die aus bäuerlichen Familien stammenden Männer mit Hochschulbildung, die für die prowestlichen Regimes im Nahen Osten gefährlich sind; doch angeführt wurden sie meist von den gebildeten Söhnen der Basaari, die auf der gesellschaftlichen Leiter ein wenig höher stehen; es ist ähnlich wie bei den Ikhwani, denen ich in Ägypten begegnet war.

Der Nahe Osten steht am Ende des 20. Jahrhunderts vor großen sozialen Umwälzungen und ökonomischen Veränderungen; die Basaari, eine Art islamisches Kleinbürgertum, gewinnen an Bedeutung. »Basaari haben die radikalsten Vorurteile. Sie haben es zwar mit Ausländern zu tun, aber nur, weil sie Geld verdienen wollen. Sie sind die traditionellen Verbündeten des Klerus gegen die Baha'il und die Pepsi-Generation«, sagte ein iranischer Bekannter. »Rafighdoost«, fügte ein anderer hinzu, sei »durch und durch ein Basaari«, ein Junge von der Straße, der am Obststand seines Vaters auf einem Notizblock rechnen lernte. Die engen Verbindungen zwischen Mullahs und Basarhändlern in Khomeinis Iran haben es ermöglicht, daß aus einem cleveren Bodyguard ein Finanzier wurde.

Die iranischen Basaari unterscheiden sich von den Basarhändlern in anderen Gesellschaften der islamischen Welt durch ihre engen Beziehungen zum hochrangigen Klerus, der *Ulama*; diese Verbindung entstand im 19. Jahrhundert unter der Herrschaft der Kadscharen.

Nikki Keddie schreibt in *Roots of Revolution*: »Ulama und Basaari gehörten oft derselben Familie an; ein Großteil des Einkommens der Ulama stammte aus Abgaben, die hauptsächlich von den Basaari entrichtet wurden; die Gilden feierten oft religiöse oder halbreligiöse Feste, für die die Dienste der Ulama benötigt wurden; und Mitleid und Frömmigkeit gehörten zu den Eigenschaften, die die Stellung des Basarhändlers und jede Art von Führerschaft auszeichneten. (Selbst heute werden geachtete Ladenbesitzer im Basar oft als *Hadschi* angesprochen, unabhängig davon, ob der Angesprochene eine Pilgerreise gemacht hat, die diese Anredeform rechtfertigt.) Der Eintritt in die Ulama über das Studium bildete einen Weg des sozialen Aufstiegs und brachte mehr Ansehen mit sich als der Eintritt in die Dienste der Kadscharen. Moscheen und Schreine [meist unweit des Basars] waren wichtige Zufluchtsorte für Individuen und Gruppen, die die Verhaftung oder Schikanierung durch Regierungsbehörden fürchteten.«

Weil der Basaari aber in erster Linie Geschäftsmann ist, »hat er eine andere Vorstellung von Religion als der Klerus«, bemerkte ein Iraner. »Wenn es um Geld geht, ist der Basaari bereit, die Gesetze der Religion zu beugen.« Die Heuchelei und Korruption unter den iranischen Geistlichen mag damit zusammenhängen, daß viele Mullahs aus Händlerfamilien stammen.

»Beschreiben Sie doch einmal einen typischen Basaari«, bat ich einen

Ausländer, der lange Zeit in Teheran gelebt hatte und fließend Persisch sprach. Er antwortete:

»Ein Basaari ist ein fetter Kerl mit fleischigen Händen, Fingern mit goldenen Ringen. Er sitzt in seinem Laden und schlürft Tee. Er handelt. Er scheffelt jede Menge Geld und betet mehrere Male am Tag. Abends geht er nach Hause in ein teures, geschmackloses Heim, wo seine Frau für ihn schuftet.«

»Ja, ich bin ein Basaari«, sagte ein Händler im Basar von Teheran zu mir. »Ich kaufe und verkaufe Sachen.«

»Mit anderen Worten, du bist ein Dieb«, rief ein Händler lachend dazwischen.

»Ein Basaari sagt sich: ›Ich bin ein frommer Mann, ich bete sehr oft, und wenn ich sage, daß ein Teppich, den ich Ihnen verkaufen will, so und so viele Toman^2 wert ist, dann ist der Teppich wirklich soviel wert. Ein religiöser Mensch wie ich würde niemals lügen.‹ Weil der Basaari religiös ist, glaubt er, daß er »immer rechtschaffen ist«, sagte Vahid, der Sohn eines Mullahs aus Teheran. »Das persische Wort *pashm* kann ›Bart‹ bedeuten, aber auch ›Wolle‹. Der Basaari, der einem Kunden einen Teppich zeigt, kann auf den Teppich deuten, sich über den Bart streichen und sagen: ›Das ist sehr gute Wolle‹.«

Der Basar, auf dem Rafighdoost aufwuchs, ist typisch für die sonderbare Mischung aus Tradition und Moderne, die man in großen Teilen des Nahen Ostens antrifft. Das Labyrinth aus Wellblechdächern, Bogengängen und Spiegelglas liegt im armen Arbeiterviertel Süd-Teheran, wo außer der Imam-Khomeini-Moschee (der früheren Schah-Moschee) nichts das Auge erfreut. Auf dem Markt findet man alles, von Tschadors und Teppichen, Töpfen und Pfannen bis zu Radios und Fernsehgeräten und amerikanischen Süßigkeiten.

Rafighdoost war nicht nur ein Basaari, sondern ein *meydani* (ein Mann des Marktplatzes), also jemand, der auf dem Obst- oder Gemüsemarkt gearbeitet und daher wenige oder keine Geschäftsverbindungen mit Kunden aus dem Westen hatte; Rafighdoosts Clan war zwar nicht verwestlicht, aber dennoch recht fortschrittlich und gebildet; zu seiner weitverzweigten Verwandtschaft zählen Ärzte und Ingenieure. Rafighdoosts Bruder leitet eine andere revolutionäre Stiftung, die mit konfiszierten Geldern des Schahs gegründet wurde. Sein Sohn absolviert ein Theologiestudium. »Ich wurde in Süd-Teheran geboren, in der Nähe des Basars, und wuchs in einer sehr religiösen Familie auf, die dem Imam stark verbunden war. Ich war ebenfalls pro-Imam. Ich bin ein Selfmademan. Ich durfte nicht auf die Universität, weil ich 1953, im Alter von dreizehn Jahren, wegen meines Engagements für Mosadeq aus der Schule verwiesen wurde. Die Gesinnung eines Schah-Gegners nahm ich in der Kindheit und Jugend zu Hause an ... 1976 wurde ich aus politischen Gründen eingesperrt. Vier Monate vor der Revolution, 1978, kam ich frei, als das Volk die Gefängnisse stürmte (während einer Reihe von Demonstrationen, die im Sturz des Schahs gipfelten). Nachdem ich aus dem Gefängnis gekommen war, wurde ich Kontaktmann für Regimegegner und hatte die Aufgabe, die Pariser Dekrete des Imam zu vertreiben.[3] Ich versteckte Leute vor der Polizei des Schahs. Als der Imam beschloß, in den Iran zurückzukehren (vor der Abdankung des Schahs), wurde ein Revolutionsrat gegründet. Ich wurde mit der Logistik und der persönlichen Sicherheit des Imam betraut. Da beschloß ich, dem Imam selbst als Chauffeur zu dienen ... Es war kurz nach der Rückkehr des Imam. Ich war Minister der Revolutionsgarde. Zusammen mit den Chefs der Zivilpolizei und der Gendarmerie sollte ich den Imam zu einer Besprechung treffen. Als die Unterredung begann, entstand an der Tür ein Tumult. Ich schaute mich um. Da stand ein alter Mann mit einer Tüte Mandeln in der Hand und sagte, er wolle dem Imam etwas ausrichten. ›Was denn?‹ fragte ich. Er sagte, er wolle dem Imam die Mandeln als Geschenk überreichen. Ich verständigte den Imam, der uns drei daraufhin entließ. Der Imam war inzwischen zu müde, um über Fragen der Sicherheit zu diskutieren. Er wollte den alten Mann empfangen. Beurteilen Sie selbst die Güte des Imam! – Sie müssen wissen, daß das Volk im Iran heute völlig frei ist, soweit es die Gesetze des Islam zulassen. Sie genießen ökonomische Freiheiten und soziale Gerechtigkeit. Ich selbst habe mit Geldern der Stiftung Slums und Barackensiedlungen niedergerissen. Aber es gibt noch immer ausländische Elemente, die unserer Demokratie schaden wollen.«

Rafighdoost spürte meine Zweifel, er war sichtlich verärgert. Ich dachte an Moriers Beschreibung eines übermenschlich frommen Persers: »Der gesenkte Blick, der heuchlerische Ausruf ...« Ich erinnerte mich an das, was mir ein in Washington lebender Kenner des Iran gesagt hatte: »Rafighdoost ist ein neuzeitlicher Basaari mit wenigen der versöhnlichen Tugenden seiner Vorfahren. Er ist ein Taschendieb, ein obskurer Meistermonopolist.«

Ich bat ihn, mir die finanziellen Aspekte der Stiftung für die Unterdrückten zu erläutern.

»Die *Bonyad* (Stiftung) besteht aus sieben unabhängigen Organisationen, die in achthundert verschiedene Gesellschaften unterteilt sind. Zu ihren Aufgaben gehören Bergbau, Wohnungsbau, Transport, Hotels und Tourismus. 1993 erzielten wir einen Gewinn von 250 Milliarden Rial [nach dem Wechselkurs auf dem freien Markt rund 150 Millionen DM]. Das erste Drittel unserer Gewinne fließt an die Opfer des Schahs und die Verwundeten des achtjährigen Krieges gegen den Irak. Das zweite Drittel ist für Schulen in Armenvierteln, öffentliche Krankenhäuser und Kleidung für fünfhunderttausend bedürftige Schüler und Studenten bestimmt. Das letzte Drittel wird weiter investiert. Wir bauen derzeit fünfzehn neue Fabriken in armen und abgelegenen Regionen des Landes.«

An dem Engagement für die Bedürftigen und Kriegsversehrten zweifelte ich nicht. Der Amputierte, der den Aufzug bediente, mit dem ich zu Rafighdoosts Büro hinauffuhr, war einer von vielen behinderten jungen Männern, die ich dort arbeiten sah. Als ich dies erwähnte, meinte Rafighdoost erfreut: »Sie sehen, wie entschlossen ich bin, diesen Kriegsversehrten zu helfen!«

Als größte Holdinggesellschaft dieses Erdöl exportierenden Landes mit 65 Millionen Einwohnern verfügt die Stiftung über große Werte in Immobilien, in Konten und Beteiligungen. Sie ist ein Staat im Staate; keiner weiß so recht, was in der Stiftung genau vor sich geht. Die Zentrale besteht aus drei neuen Gebäuden aus poliertem weißem

Stein; eins ist sechzehn Etagen hoch, die anderen beiden haben zehn Stockwerke. Um den Komplex zu betreten, mußte ich zwei Kontrollen passieren. Das wirkt beeindruckender als jedes Ministerium in Teheran.

Waren die Amputierten, die in der Zentrale arbeiteten, waren die Wohltätigkeit und die Barmherzigkeit lediglich Fassade? Was verbarg sich wirklich hinter dieser Stiftung?

Ich stelle diese Fragen, weil sich die Stiftung nur dem »Obersten Führer« des Iran, dem Ayatollah Ali Khamenei, gegenüber verantworten muß, in dessen Haus Rafighdoost zu beten pflegt.

Der gewählte Präsident des Iran, Hashemi Rafsanjani, und sein Kabinett haben keinerlei Kontrolle über die Unternehmungen der Stiftung; die iranische Zentralbank hat keine Möglichkeit, die Geschäfte der Stiftung zu überprüfen oder zu lenken. Wer kann sagen, an welche Gruppierungen im Nahen Osten die Stiftung ihre Schecks schickt? Das weiß nur Ayatollah Khamenei.

In Rafighdoosts Büro hingen in goldverzierten Rahmen Fotos von Khamenei und Khomeini. Ein Bild des Präsidenten Rafsanjani fehlte.

Die Vorstellung, daß Rafighdoost möglicherweise eine finanzielle und logistische Clearingstelle für international operierende Terroristen leitet, mag richtig sein. Mich interessiert die andere Möglichkeit: Entsteht hier eine neue Organisation, ein neues staatenähnliches Gebilde, das sich den durchlässigen Grenzen und dem Chaos einer Region anpaßt, in der der Nachbar im Norden (die frühere Sowjetunion) in schwer regierbare mittelasiatische Mafia-Territorien zerfallen ist, der Nachbar im Osten (Afghanistan) sich in Emirate des Drogenhandels aufgelöst hat, der Nachbar im Westen (der Irak) sich in ein Staatsgefängnis verwandelt und der Nachbar im Nordwesten (die Türkei) in eine gewaltsame Auseinandersetzung zwischen Türken und Kurden um die Zukunft des anatolischen Territoriums verstrickt ist?

Der radikale Charakter des Iran ist gewiß vorübergehend. Und selbst wenn die Zukunft von Rafighdoosts Stiftung vom Überleben des revolutionären Regimes abhängen sollte: die Art, in der heute im Iran

Geschäfte gemacht werden, wird weiterbestehen, egal was die Politik des Landes tut.

Das Vermächtnis der Islamischen Revolution könnte in einer Wirtschaft bestehen, die die Ungezwungenheit und Richtungslosigkeit eines Basars widerspiegelt. Die Basaari etablieren ein ökonomisches System, das einem einzigen großen Basar gleicht und dem Westen unheimlich vorkommen muß. Die Allianz zwischen den Basaari und dem schiitischen Klerus hat die höhere staatliche Ebene erreicht. Die Regeln sind weitaus flexibler als in jedem westlichen Staat. Manche Firmen können Dollar ein- oder ausführen, andere nicht. Manche können es zu diesem Wechselkurs tun, andere zu jenem. Alles hängt davon ab, wer wen kennt. Kurzfristiger Vorteil ist die Regel, langfristige Planung die Ausnahme.

Außerdem muß man folgendes bedenken: Das improvisierte Netz von Banken auf den Straßen des Iran ist oft verläßlicher als das der offiziellen Banken, bei denen man Geld einzahlen, aber nicht unbedingt wieder abheben kann, ohne den Kassierer zu bestechen.[4] Ein wirklich effektives System der Einkommensbesteuerung existiert weder für die Reichen noch für die nicht ganz so Wohlhabenden. Das heißt nicht, daß die Armen vergessen werden. Wie im Basar spenden alle Kaufleute Almosen. In allen iranischen Städten haben die Revolutionsbehörden Sammelbüchsen angebracht, in die häufig Geld geworfen wird. Auf meiner Reise durch das Land sah ich nur wenige Bettler.

Rafighdoost, so mein Eindruck, ist noch immer ein Obsthändler-Typ, aber einer, der jetzt große Geschäfte betreibt und seine Buchhaltung mit dem Computer macht. Als frommer Moslem gibt er einen Teil seiner Erträge den Bedürftigen; mit den Behörden verkehrt er auf legere und fast private Weise. Er bewegt sich in einer Welt der gegenseitigen Gefälligkeiten, in der geschriebene Gesetze erst noch erfunden werden müssen. Aber was will er wirklich?

Der Basar schließt nicht nur eine Lücke in einer postrevolutionären Gemeinschaft; er charakterisiert vielmehr die Gesellschaft. Mitte der neunziger Jahre war das System konkurrierender Machtzentren, das die Revolution – als Reaktion auf die Mißstände unter der Ein-Mann-Herrschaft des Schahs – hinterlassen hatte, bereits geschwächt. »Wir erleben einen Machtverfall im Iran«, gestand mir ein Mitglied des Kabinetts. »Es herrscht völlige Verwirrung. Für jede kleine Maßnahme muß man tage- oder wochenlang verhandeln, um eine Koalition zu gewinnen.« Ein Beispiel: In der Hauptstadt mit ihren zehn Millionen Einwohnern haben die Behörden das Zehnfache des WHO-Standardwertes bei den Bleikonzentrationen in der Luft gemessen. Um den Verkehr zu beschränken, müßte man den Kraftstoff verteuern, der in diesem erdölreichen Land bei einem Preis von umgerechnet fünf Pfennig pro Liter buchstäblich billiger ist als Wasser. Doch ein Antrag auf eine geringfügige Erhöhung der Benzinpreise scheiterte nach monatelangem Streit im Parlament.

Wer bietet Gewähr für politische Stabilität, wenn das Regime zusammenbrechen sollte?

Die Monarchie, mit der die Iraner bereits vor dem letzten Schah leidvolle Erfahrungen gemacht haben, ist diskreditiert. Das Militär, so hieß es, ist gespalten, das frei gewählte Parlament zwar ein Forum der Kritik, aber machtlos.

Die Koalition der radikalen Mullahs und der Sicherheitsorgane kann jederzeit scheitern, dann würde die Macht beim Parlament und beim Kabinett liegen. Eine solche Entwicklung würde die Menschenrechte verbessern, doch angesichts der extremen Parteienzersplitterung kaum zu einer Stabilisierung führen. Wenn das Gegenteil eintreten sollte, was weitaus wahrscheinlicher sein dürfte, wenn also die Macht der Mullahs unter Ali Khamenei wächst, dann wird sich auch der Einfluß der Basaari verstärken. Wohin geht dann die Reise?

Eine charismatische Figur wie Khomeini in den siebziger Jahren ist nicht in Sicht. Die Situation erinnert an die Zeit nach dem Ersten Weltkrieg, als Resa Khan aus den Reihen der Militärs hervortrat und für Ordnung im Land sorgte. Allerdings wären heute nicht mehr zehn, sondern mehr als sechzig Millionen Menschen zu regieren.

Viele Fragen drängten sich auf, als ich bei Rafighdoost war. War der

Iran vielleicht zu entwickelt für die Ein-Mann-Tyrannei wie im Irak und in Syrien, aber doch nicht entwickelt genug für eine halbwegs funktionierende Demokratie? War der Iran vielleicht auf dem Weg zu einem System, das in westlichen Augen weder totalitär noch demokratisch ist? Wird das 21. Jahrhundert eine Implosion des politischen Islam und die Entstehung eines islamischen Basar-Staates erleben? Nirgendwo in der moslemischen Welt ist es dem Islam am Ende des 20. Jahrhunderts gelungen, den Sprung von einer einzigartigen Lebensweise zu einer erfolgreichen Regierungs- und Wirtschaftsform zu vollziehen. Im Iran war der politische Islam praktisch gleichbedeutend mit einer Verstaatlichung der Unternehmen und einer Erweiterung des Wohlfahrtsstaates. Weil diese Maßnahmen sich als zu teuer erwiesen, begann der Staat mit einem schmerzlichen Privatisierungsprogramm. Dr. Ebrahim Sheibany, ein in den Vereinigten Staaten ausgebildeter Vizedirektor der iranischen Zentralbank, zeigte mir in seinem Büro eine interessante Graphik.

Die iranische Oberschicht besaß 1977, vor der Revolution, 52 Prozent des Inlandsvermögens, 1992 verfügte sie immer noch über 45 Prozent. Aber da die Inflation auf derzeit 22 Prozent angestiegen und der Wohlfahrtsstaat unter Druck geraten ist, nähert sich die Vermögensverteilung inzwischen wieder dem Stand von 1977. Die Islamische Revolution hat die Reichen nicht als Schicht zerstört, wie es bei der bolschewistischen Revolution der Fall war. Der ausländische Geschäftsmann, der mir erzählt hatte, daß die Reichen noch immer reich und die Armen noch immer arm seien, hat nicht übertrieben. Die von den Basaari geleiteten Stiftungen sind die einzigen ökonomischen Institutionen, die im revolutionären Iran entstanden sind und überlebt haben.

Als Basaari ist Rafighdoost vor allem pragmatisch. »Wann soll der Bruch in den Beziehungen zwischen den Vereinigten Staaten und dem Iran enden?« fragte ich ihn.
Im Nahen Osten wird eine solche Frage nie direkt beantwortet; die ausschweifende Erwiderung ist dennoch höchst interessant.

»Die Vereinigten Staaten können uns die Besetzung ihrer hiesigen Botschaft nicht verzeihen. Gewiß, die Studenten verstießen gegen die internationalen Bestimmungen. Doch sie taten es, weil die amerikanischen Diplomaten einen militärischen Coup gegen Imam Khomeini planten. Die Dokumente, die die Studenten entdeckten, belegen dies. Hätte der Imam unsere jungen Leute unterstützen wollen, so hätte er die Diplomaten einfach töten lassen können. Der Schah hat schließlich Tausende von Menschen umbringen lassen. Doch der Imam behandelte die Studenten weise und gerecht. Am Ende wurde kein einziger Tropfen Blut vergossen. Die Krisensituation bis zur Freilassung nutzten die USA dazu, ihren Einfluß in der Region zu verstärken. Ihre Regierung sollte uns eigentlich danken. Wir können auch beweisen, und zwar ganz einfach, daß die USA und Israel mit dem Irak zusammenarbeiten und 1980 den irakischen Angriff auf unser Land unterstützten. Inzwischen wirft Clinton uns vor, wir würden der IRA [Irische Republikanische Armee] helfen, er selbst aber lädt IRA-Funktionäre nach Amerika ein. Wie heuchlerisch! Und weil die Vereinigten Staaten uns immer noch die Schuld an allem geben, können wir unsere wirtschaftlichen Probleme nicht lösen. Wir haben nur zwei Forderungen, dann wird alles in Ordnung sein zwischen unseren beiden Nationen. Erstens: Gebt unsere gesperrten Vermögen frei. Zweitens: Mischt euch nicht in unsere inneren Angelegenheiten ein und erklärt dies öffentlich.«

»Das ist alles?« fragte ich.

Er nickte.

Ich wollte wissen, wie er den Friedensprozeß im Nahen Osten einschätze.

Rafighdoost schien gleichgültig; der stellvertretende iranische Außenminister Mahmoud Vaezi versicherte mir einen Tag später, daß der Iran die palästinensisch-israelischen Friedensverhandlungen in keiner Weise behindern werde; sie könnten dazu beitragen, die Beziehungen zu den Vereinigten Staaten zu normalisieren. »Seien Sie versichert, es besteht keine Feindschaft zwischen dem iranischen Volk und dem amerikanischen Volk.« Er könne sich ein umfassendes

Friedensabkommen mit Israel vorstellen. »Es würde sich nichts ändern an unseren freundschaftlichen Beziehungen zu Syrien, wenn [Syriens Präsident Hafez] Assad sich mit [Israels Premierminister Yitzhak] Rabin (1995 ermordet) trifft. Wir werden uns nicht in die inneren Angelegenheiten Syriens einmischen, wenn Assad beschließt, im Interesse seines Landes und nach dem Willen seines Volkes Beziehungen zu Israel aufzunehmen.« Ich wußte, daß der Iran der terroristischen Hisbollah im Libanon und der Hamas in den israelisch besetzten Gebieten Unterstützung gewährt. Vaezi und Rafighdoost sagten also nicht die Wahrheit. Die Iraner stecken vermutlich auch hinter der Serie von Bombenanschlägen auf jüdische Einrichtungen in Argentinien, die dem Treffen zwischen Rabin und Jordaniens König Hussein im Juli 1994 in Washington folgten. War das typisches Basaari-Verhalten? Man besteht auf einem saftigen Preis, indem man ein paar Bomben legt, läßt aber gleichzeitig durchblicken, daß man bereit sei, sich auch zu anderen Bedingungen zu einigen. Ist das die Politik von morgen?

Minister Vaezi, Direktor Sheibany, Mr. Kashan und andere hohe iranische Regierungsbeamte, denen ich begegnete, haben in Amerika studiert, überwiegend in Kalifornien. Sie entstammen einer anderen Welt als die Basaari vom Schlage eines Rafighdoost oder als die Mullahs, die eine begrenztere, traditionellere Ausbildung genossen und wenig Austausch mit dem Westen gehabt haben. Beide Gruppen hatten am Sturz des Schahs mitgewirkt und die Revolution vorangetrieben. Die iranischen Studenten aber, die in der Zeit der Revolution in Amerika lebten, sind tief enttäuscht. Statt der liberalen Demokratie, die sie angestrebt hatten, ernteten sie die Herrschaft der Mullahs und Basaari. Heute schwärmen sie nostalgisch von Amerika.

Ein Iran-Kenner in der amerikanischen Regierung glaubt, daß Männer wie Rafighdoost »zuerst Gewalt anwenden werden, um die arabisch-israelischen Gespräche zum Entgleisen« zu bringen. »Wer weiß, vielleicht werden die Bomben den Friedensprozeß stören. Wenn nicht, wenn Syrien mit Israel tatsächlich Frieden schließt, dann wird der Iran über das ganze Problem einfach hinweggehen. Die Mullahs werden den Gläubigen sagen: ›Wir haben alles versucht‹ – und dann die Beziehungen zu Uncle Sam wieder aufnehmen. Auf diese Weise könnte die größere Öffnung der syrischen Seite in den arabisch-israelischen Verhandlungen zur Aufnahme eines amerikanisch-iranischen Dialogs führen.«

In Teheran lernte ich A. N. S. Khamooshi kennen, den Präsidenten der Iranischen Handelskammer, einen Basaari mit Verbindungen zur Finanzwelt. Er war noch skeptischer als Rafighdoost und antwortete im Stil von Predigten.

»Wenn wir den Schrei der Unterdrückten hören, dann können wir im Iran, in dieser jahrtausendealten Großmacht, nicht schweigen. Wir werden die Unterdrückten überall mit Geld und Propaganda unterstützen ... Wir sind das Mutterland des Nahen Ostens; hier leben 65 Millionen Menschen. Wir könnten allen angrenzenden Ländern Frieden bringen, wenn die Störenfriede [in den Vereinigten Staaten, in Israel und Saudi-Arabien] uns nur gewähren ließen. Dies ist der strategisch wichtigste Teil der Erde. Vergessen Sie nicht, daß Aserbaidschan, Turkmenistan, daß diese Regionen einst zum Iran gehörten. Das sind Moslems. Ihr Zugang zu den warmen Gewässern des Persischen Golfs und des Indischen Ozeans führt durch den Iran. Deswegen wird uns der Aufschwung durch die neuen Ölfunde im Kaukasus und in Mittelasien Vorteile bringen, wir sind dabei, unsere Wirtschaft von einem zentralistischen auf ein marktwirtschaftliches System umzustellen.«

Morteza Alviri, Präsident Rafsanjanis Berater für Freihandelszonen, predigte nicht, er skizzierte in ruhigem Ton die langfristigen Ambitionen des Großraums Persien – Ambitionen, die weniger mit dem Islam zu tun hatten als mit Persiens historischer Stellung als regionale Großmacht. »Wir wetteifern mit der Türkei um Ölleitungen und Transportrouten«, sagte er. Die Türkei sei bestrebt, aus dem künftigen Ölboom in Mittelasien durch Straßen und Pipelines in Ost-West-Richtung zu profitieren, von Mittelasien durch den Kaukasus nach Anatolien zum Mittelmeer. Der Iran dagegen fasse zwei Handelskorridore in Nord-Süd-Richtung ins Auge. Eine Eisenbahn- und Straßenverbindung solle von Aschchabad, der Hauptstadt Turkmenistans, in Richtung Süden über die iranische Stadt Meschhed und durch die Wüste zur Insel Qashm, der Freihandelszone im Persischen Golf, führen. Die zweite iranische Route zum Persischen Golf werde an der Küste des Kaspischen Meeres, an der Grenze zwischen dem Iran und Aserbaidschan, beginnen.»Sobald das Öl aus Mittelasien fließt«, sagte Alviri,»werden wir selbst ohne neue Pipelines unseren gesamten Bedarf in der Nordhälfte des Iran durch Importe direkt über unsere Grenze im Norden decken und unser am Persischen Golf erzeugtes Öl direkt von den Bohrstellen aus exportieren können.«

Vizeaußenminister Vaezi pflichtete ihm bei:»Der Iran ist die einzige Brücke zwischen Mittelasien und Europa beziehungsweise Nordamerika. In der Geschichte gehörten die meisten Teile dieser großen Region zu uns. Die geographische Verbindung der Türkei mit Mittelasien wird durch Armenien getrennt. Wir haben den Vorteil. Wir sind bereit.«

Die Regierung in Teheran gibt leidenschaftliche Statements zugunsten der Palästinenser und der bosnischen Moslems ab, das wahre Interesse des Iran aber richtet sich auf den explosiven Kaukasus – auf Armenien und Aserbaidschan, Rußland, Tschetschenien und Georgien.

Ob die Türkei eine Ölleitung durch das Territorium des historischen Feindes Armenien bauen und ob die ehemalige Sowjetrepublik Aserbaidschan mit ihren Ölreserven ein Magnet für die Millionen Aseri im Iran werden kann – dies wird die Zukunft des Iran und den Handel in der Region stärker beeinflussen als die Entwicklungen zwischen Israel und den Arabern oder auf dem Balkan. Der moderne westliche Staat, den Resa Khan zu Beginn des 20. Jahrhunderts aufbauen wollte, ist am Ende des Jahrhunderts von der Herrschaft der mittelalterlichen Basarkultur verdrängt worden; nun geht es um die alten Karawanenrouten.

13 Das letzte Beben von Qom

Teheran schien endlos. Am südlichen Stadtrand zogen sich Kilometer um Kilometer – wie Grabsteinreihen – Wohnblocks und Bürohäuser aus Gußbeton hin. Ich fuhr und fuhr und kam mir vor wie in einem Steinbruch. Die Randbezirke ägyptischer und türkischer Städte sehen ähnlich aus …

Der Stadtteil Hosseinieh, in dem Khomeini begraben liegt, ist ein Beispiel für diese neuen Vorstadtsiedlungen, die sich auf der ganzen Welt immer mehr ausbreiten. Ich war auf dem Weg zu dem schiitischen Wallfahrtsort Qom (Kum). Die letzten Wohnblocks verschwanden hinter mir, die goldene Kuppel von Khomeinis Mausoleum tauchte auf. Dann zwei Stunden lang nichts.

Die Öde des iranischen Hochlandes: Sie beginnt mit einer krustigen, schwefelgelben Ebene, aus der rissige Sandsteinhügel und turmartige Felsen emporragen. Der Sandstein geht bald in lockere bräunliche Erde über, die von Schlacke bedeckt ist, dann in asbestgraues vulkanisches Tafelland, übersät mit weißen Salzablagerungen. Es folgen grünliche Formationen und einzelne ziegelrote Bergketten. All dies ist jedoch nur ein Vorspiel zur Grabesstille der Salzseen – formlosen, endlosen Meeren der Dürre, in denen sich jegliche Perspektive verliert.

»Ein weiterer flacher Bergkamm wird erklommen, und es öffnet sich ein weiteres Tal, an dessen südlichem Ende sich der braungrüne Gürtel hinstreckt, der im Orient auf eine große Stadt hinweist«, so beschrieb Lord Curzon seine Eindrücke, als er sich vor einhundert Jahren Qom näherte. Wer heute nach Qom reist, trifft auf triste moderne Vororte und riesige Fabrikanlagen. Die Stadt beginnt etwas außerhalb

des ehemaligen Stadtkerns am Fluß, in einem Becken von Schlemm-
sand und Salzdepots. Zuerst taucht ein Industriegebiet auf, in dem vor
allem Steinmetze arbeiten; dann folgt ein schmutziges Viertel mit
eckigen Häusern aus Stein und braunem Ziegel. Alte Fahrzeuge, lärmende Motorräder und Toyota-Lieferwagen verstopfen die von Au-
towerkstätten gesäumten Straßen. Die Luft ist schwarz vor Ruß und
Staub. Aus dem schmutzigen Dunst ragt eine Kuppel, die beeindruckend golden schimmert. Eingerahmt ist sie von Vulkankegeln
von »besonderer Sterilität«, wie Curzon feststellte.

In Qom muß ich erkennen, was Ende der siebziger Jahre die Wut der
Mullahs ausgelöst hat: die rasante Entwicklung der Gesellschaft, die
Verschandelung der Landschaft. Inmitten der häßlichen Fabriken
und Wohnblocks, des Drecks und des Lärms wirkt die Kuppel schön,
überirdisch.

Qom ist der Begräbnisort von Fatima, der Schwester des Imam Resa,
des achten schiitischen Imam. Sie starb zu Beginn des 9. Jahrhunderts.
Fatimas Grab war in den folgenden Jahrhunderten eine beliebte Pil-
gerstätte, auch nachdem Tamerlan, der turksprachige Mogul aus Samarkand, auf seinem Feldzug Ende des 14. Jahrhunderts Qom besetzt hatte. Der Schrein, der heute Fatimas Grab umgibt, wurde unter
dem großen Safawiden-Schah Abbas I. zu Beginn des 17. Jahrhunderts erbaut und von seinen Nachfolgern erweitert. Sie wollten ein
Gegengewicht zu den schiitischen Pilgerzentren in Najaf und Karbala
in Mesopotamien schaffen, die damals von den Ottomanen besetzt
waren. Weil Qom im Herzen des Iran, in der Nähe Teherans und am
Kreuzungspunkt wichtiger Straßen liegt, entwickelte sich hier ein be-
deutendes Zentrum des schiitischen Klerus, bedeutender als das in
Meschhed im Nordosten des Iran, wo Imam Resa begraben liegt.

Als die politische Macht des schiitischen Klerus in den Jahrhunderten
nach der Safawiden-Herrschaft wuchs, wurde Qom eine zweite
Hauptstadt und ein Zufluchtsort für Geistliche, die sich den Zorn der
weltlichen Herrscher zugezogen hatten. In *Die Abenteuer des Hadschi
Baba* rät ein Derwisch dem vor der Obrigkeit fliehenden Hadschi: »Ihr
müßt nach Kum gehen … Sobald Ihr aber dort seid, begebt Euch un-

verzüglich in den Bereich des heiligen Grabes der Fatimeh. Dann erst seid Ihr sicher, sogar vor dem Schah.« Qom gewann an Bedeutung, als der Schiismus unter den Safawiden zur offiziellen Staatsreligion Persiens erklärt wurde und so mancher Safawiden- und Kadscharen-Schah in Qom begraben werden wollte. Qom ist, wie Curzon einmal bemerkte, Persiens »Westminster Abbey«.

»Jeder blickte nach Qom … Sobald ein Unglück oder eine Krise drohte, warteten die Menschen auf das erste Zeichen aus Qom. Und Qom grollte«, schreibt der polnische Autor Kapuscinski in *Shah of Shahs*. 1963: Ein hochrangiger Geistlicher aus der Gegend, Ayatollah Khomeini – er ist bereits Mitte Sechzig –, wirft Schah Mohammed Resa Pahlevi vor, den Iran an den Westen zu verkaufen: »Der Schah muß weg!« Im ganzen Land kommt es zu Demonstrationen. Die Soldaten des Schahs töten und verwunden Hunderte von Demonstranten. 1964 wird Khomeini ins Exil getrieben, zunächst in die Türkei, dann nach Najaf im Irak und schließlich nach Paris; von hier aus kehrt er 1979 in den Iran zurück und ruft einen islamischen Staat aus. Seither beherrscht der »Geist von Qom« den Iran.

In Qom herrscht eine ganz eigene Atmosphäre, stellte ich fest, als ich die Stadt mit Teheran und später mit Isfahan und Schiras verglich. Die Stadt kam mir vertraut vor. Ich hatte andere heilige Städte im Nahen Osten besucht: Kairouan in Tunesien, Najaf und Karbala in Mesopotamien (Irak), Jerusalem und Hebron im Heiligen Land. Ich erinnerte mich daran, was der frühere Korrespondent der *New York Times*, C. L. Sulzberger, über Jerusalem gesagt hatte: »So schön es auch ist … Man kann Haß von seinen rötlichen Hügeln aufsteigen sehen, so greifbar wie die mystische Leidenschaft, die El Grecos Gemälden von Toledo entspringt.«

Intoleranz zeichnet heilige Stätten überall auf der Welt aus – ob in den orthodoxen christlichen Klöstern in Südserbien oder in den Hindu-Tempeln des indischen Ganges-Tals, doch nirgendwo ist die Beziehung zwischen Stimmung und Landschaft offenkundiger als im Nahen Osten, wo die Allgegenwart von Staub und der Mangel an Wasser und Vegetation der Härte in den Mienen der Menschen entsprechen. Ich sah in Qom kaum Grün, nur wenige Kanäle. Die Stadt wird von der über dreitausend Meter hohen Mauer des Elbursgebirges vom Kaspischen Meer abgeschnitten und gehört damit zur Wüste. Qom, schreibt Curzon, »ist ganz der Frömmelei und dem Aberglauben hingegeben. Hier leben keine Juden und keine Parsen; und englische Ladies … finden es meist ratsam, sich in der Öffentlichkeit zu verschleiern.« Der Tschador kam mir in Qom natürlicher vor als in Teheran. Hier trugen ihn schüchterne Frauen, die Lippenstift, Parfum und Sonnenbrillen mieden und – ohne jede Individualität – meist in Pulks gingen. Wenn die Einwohner von Qom, schrieb Morier, »in Euch einen Sufi (Freigeist) vermuteten, … sie würden Euch in kleine Stücke reißen und sich glücklich preisen, auf dem erhabenen Weg zum Paradiese einen weiteren Schritt getan zu haben«. Qom, sagt Curzon, »ist einer jener Orte, wo aus einem zufällig geschlagenen Funken eine böse Flamme auflodern kann«. Das war 1979 der Fall …

Die Stadt schien kleiner, ruhiger und provinzieller, als ich es von einer Stadt mit über einer halben Million Einwohnern zwei Autostunden von Teheran erwartet hatte. Doch plötzlich vernahm ich ein lautes Trommeln. Auf dem von Eukalyptus gesäumten Boulevard versammelte sich eine religiöse Prozession, angeführt von bärtigen Männern mit Turbanen und langen Mänteln. Dutzende düster wirkender Männer hielten die Hand auf dem Herzen, zwei von ihnen weinten. Ein Junge trug einen Lautsprecher, damit ein Mullah zu der Versammlung sprechen konnte. »Eine Trauerprozession«, sagte mir ein Passant.

»Für wen?« fragte ich.

»Für Mohammed Gawad.«

»Wer war er?« wollte ich wissen.

»Der neunte Imam« – er starb vor über tausend Jahren.

Der Ausdruck der Verzweiflung in den Gesichtern wirkte nicht aufgesetzt. Die Trauer war echt. Hinter diesem Glauben muß sich eine gewaltige Macht verbergen. Die Gefühle für einen vor über tausend Jahren verstorbenen Imam strömen so ungehemmt wie für einen Bruder, der gerade ums Leben gekommen war.

Mir fiel ein, daß dies das erste öffentliche Gebet war, das ich im Iran gesehen hatte. Selbst an Khomeinis Grab, an dem sich die Menschen scharenweise tummelten, hatten nur wenige gebetet. Schiiten beten in der Regel lieber im stillen für sich. In jedem Hotelzimmer im Iran bemerkte ich eine Tafel, die die Richtung von Mekka anzeigte, einen Gebetsteppich und einen Stein, damit man beim Gebet mit dem Kopf Erde berühren konnte.

Trotzdem, irgend etwas stimmte nicht. Das Niltal war, wie ich erlebt hatte, überschwemmt von Religiosität und Scharen betender Männer. Der Iran aber schien mir kein ausgesprochen religiöses Land zu sein. Was war hier, in Qom, anders?

Ein ehemaliger amerikanischer Geheimdienstmitarbeiter, der fließend Persisch spricht, und ein Beamter des Außenministeriums, der in den siebziger Jahren beim Peace Corps im Iran gedient hatte, teilten meine Zweifel: Im Iran, sagten sie, werde die Religion für die politische Aktion mobilisiert wie in keinem anderen islamischen Land. Abgesehen davon seien die Iraner jedoch nicht fanatisch. Als der revolutionäre Eifer [Mitte der achtziger Jahre] nachgelassen habe, seien viele Iraner nicht mehr in die Moschee gegangen.

Dieser Mangel an Religiosität erklärt vielleicht auch, warum das Alkoholverbot im privaten Bereich im Iran nicht so streng gehandhabt wird wie in Saudi-Arabien. Unter den puritanischen Wahhabiten in Saudi-Arabien ist verboten, was verboten ist. Im Iran ist das, was verboten ist, erlaubt, wenn es der Politik nützt.

In Qom entdeckte ich im Aussehen der Menschen einen starken arabischen Einschlag. Viele Passanten auf den Straßen hatten nicht die scharfen Züge indoeuropäischer Perser, sondern die etwas ausgeprägteren Rundungen und dunkleren Teints der semitischen Wüstenvölker. Das Persisch, das hier gesprochen wird, hat oft arabische Anklänge. In Qom leben tatsächlich viele Araber, insbesondere Schiiten aus dem Irak und anderen Golfstaaten.

Ich betrat das Heiligtum der Fatima, was Nichtmohammedanern verboten ist. Aufgrund meiner dunklen Haar- und Hautfarbe wurde ich nicht abgewiesen. Die Posten am Eingang waren nicht besonders wachsam. Der Innenhof war eher enttäuschend. Trotz der blauen Fayencen fehlten die beeindruckende Schönheit von Isfahan und die mystische Aura von Imam Resas Grab in Meschhed. Qom ist kein Ort architektonischer Pracht, sondern eine Machtzentrale der Islamischen Revolution.

»Menschen, menschliche Wesen, praktizieren viele verschiedene Arten religiöser Kulte auf dieser Erde«, begann der Student, dessen Augen wie Kohlen glühten; er sprach Persisch mit einem deutlichen arabischen Akzent, jenen typischen Kehlverschlußlauten, die ich von meinen zahlreichen Reisen durch die arabische Welt kenne. Ich saß mit einer Gruppe zwischen gestapelten Büchern in einem mit Teppichen ausgelegten Innenhof, der von drei Reihen blauer Fayencebögen umgeben war. Vogelgezwitscher verstärkte die Idylle; ich roch den Duft frischer Minze und hörte das Klicken der Gebetsperlen. Hier, in dieser Theologenschule, der *Feiziyye* (Fülle der Güte), hatte Khomeini selbst jahrelang gesessen, vielleicht sogar auf demselben Platz. Ich hörte dem Studenten – er war etwa Mitte Zwanzig – aufmerksam zu. »Wie vielfältig die Weisen, Gott zu verehren, auch sein mögen, nur eine davon kann die richtige sein. Wir prüfen die anderen Religionen logisch und philosophisch. Wir respektieren andere Glaubensformen und Auffassungen: Christentum, Judentum. Doch logischerweise müssen wir zu dem Schluß kommen, daß nur der Islam recht hat. Der Koran zeigt den einzigen richtigen Weg auf. Bei unserem Fragen lassen wir uns von Vernunft und Logik leiten.«

Der junge Mann strahlte ein gewisses Charisma aus: kurzer, dichter schwarzer Bart, kaffeefarbene Haut. Er war klein, muskulös und wirkte leicht überheblich – ein kleiner großer Mann. Er schien durch mich hindurchzusehen.

»Das Ziel unseres Studiums ist es, *fehq* [Erkenntnis] zu erlangen. Dies tun wir durch *mobahetheh* [Diskussion]. Ein Student muß seinen Kollegen überzeugend sagen können: ›Ich weiß. Ich verstehe.‹ Unser Forschungsgebiet ist sehr weit. Wir studieren Rhetorik, Astrologie, griechische Philosophie, selbst Medizin.« Er zeigte ein Buch mit dem frei übersetzten Titel »Nationen und Religionen«, eine Textsammlung aus dem Mittelalter, die die Studenten benutzten, um die Stärken und Schwächen anderer Glaubensrichtungen zu prüfen.

»Und wie ist es mit Geschichte?« fragte ich.

»Wir lesen Ibn Khaldun«, erwiderte er. Ibn Khaldun ist ein arabischer Gelehrter, der 1377 die *Muqaddimah*, eine Einführung in die Geschichte, geschrieben hat. Ich hatte die *Muqaddimah* gelesen, genauer: eine gekürzte Fassung von 459 Seiten. Das Buch enthielt einen Funken Weisheit, der mir half, die Kräfte zu verstehen, die in Persien und in den anderen Ländern herrschten, durch die ich reiste: »Die Vergangenheit gleicht der Zukunft mehr als ein Tropfen Wasser dem anderen.« Ibn Khaldun prägte den Begriff *asabiya* (Clan-Loyalität), der noch heute die iranische Politik beherrscht.

Doch solche Goldkörnchen finden sich selten in dem Buch, das nur nach den Maßstäben des 14. Jahrhunderts als »modern« gelten kann. Einem westlichen Leser an der Wende zum 21. Jahrhundert erscheint die *Muqaddimah* wie eine Sammlung langweiliger Aphorismen, die sich in einem Wust philosophischer Abstraktionen verlieren.

Das Gespräch mit dem Studenten erinnerte mich an eine These, die V. S. Naipaul in *Among the Believers* vertreten hat: Weil andere in »geistigem Ödland« ständig die Ausrüstungen produzieren, die für den Erhalt der Zivilisation und den materiellen Fortschritt der Menschheit nötig sind, kann sich der fromme Moslem von solch schmutzigen Tätigkeiten abwenden und sich ganz den schönen Idealen widmen. Im Iran und anderen islamischen Ländern wird die Abwendung von der modernen Welt durch den Ölreichtum gefördert, der ohne größere Anstrengung Einkommen sichert. Die Islamisten in Qom und an anderen Orten der moslemischen Welt kamen mir vor wie Gelehrte, die sich – finanziert durch Öl – einen langen Forschungsurlaub gönnen und Fragen nachgehen, die kein Ziel und keine Richtung haben.

»Wir studieren weitgehend wie vor tausend Jahren«, erklärte mir der Student. »Nach der Vorlesung teilen wir uns in kleine Gruppen und diskutieren über das, was wir gelernt haben.« Das hörte sich schön an. Doch weil politische und ökonomische Probleme bei diesen Studien ausgeklammert wurden, füllen im praktischen Leben Gewalt und Willkür oft die Wissenslücken.

Ich besuchte einen anderen Studenten in seinem Zuhause; er war irakischer Schiit und vor der Herrschaft Saddam Husseins geflohen. Die Wohnung in der dritten Etage bestand aus einer kleinen Küche, einer Stehtoilette und zwei Zimmern, die vom Boden bis zur Decke mit religiösen Büchern vollgestopft waren. Außer maschinell gefertigten Teppichen und Kissen gab es keinerlei Mobiliar. Ich bestaunte die Bücher: ein Paradies für jeden Islamwissenschaftler. Mein Gastgeber fragte: »Sie sind so an uns interessiert, aber was ist mit Ihnen? Welcher Religion gehören Sie an? Amerikaner können alles mögliche sein, haben wir gehört.«

»Ich bin Jude.«

Einen Augenblick herrschte Schweigen. Dann fragte ein irakischer Mitbewohner, ob alle Juden Zionisten seien, und ob ich die israelische Unterdrückung der Palästinenser unterstütze. Ich beantwortete die Fragen mit diplomatischen Wendungen. Meine Gesprächspartner bohrten nicht weiter, die Unterhaltung ging ohne spürbares Unbehagen weiter.

Ich kann nicht sagen, ob dies ein Ausdruck der Höflichkeit war oder ob das Thema Israel-Palästina im Iran wie auch an anderen Orten inzwischen einfach uninteressant ist. Der Dolmetscher sagte später auf der Straße zu mir: »Bob, Sie haben mir gar nicht gesagt, daß Sie Jude sind. Die Iraner waren schon immer fasziniert von den Juden. Sie sind ein sehr altes, ein uraltes Volk. Wir denken, alte Völker sind viel zu clever und gerissen.« Ich fragte mich, ob das als Selbstkritik zu verstehen war; die Iraner sind selbst ein uraltes Volk.

Die iranischen Zeitungen betonen zwar immer wieder die Niederträchtigkeit des »zionistischen Wesens«, doch die Kriege auf dem Balkan und im Kaukasus erregten während meines Besuches die Gemüter weit mehr. Ich hörte von Studenten aus Qom, daß sie sich als Freiheitskämpfer für den Einsatz in Bosnien und Aserbaidschan gemeldet hätten. Einer meiner Gesprächspartner wollte wissen, ob es wahr sei, daß in der Eingangshalle der CIA eine Landkarte hänge, auf der Amerikas Ziel eines Groß-Aserbaidschan, teils auf iranischem Gebiet, dargestellt sei. Ich beteuerte, daß solch eine Karte nicht existiere. Ich versuchte zu erklären, daß sich die Amerikaner immer mehr aus auswärtigen Streitigkeiten heraushielten und sich ihren eigenen Problemen zuwendeten. Doch dies wurde nicht zur Kenntnis genommen. Alle wußten, daß Amerika den Irak bombardiert und dabei Tausende unschuldiger Irakis getötet hatte, um den einstigen Verbündeten, den Sunniten Saddam Hussein, zur Raison zu bringen; aber das zählte nicht. Amerika, so wurde mir entgegengehalten, brauche den Irak immer noch in seinem Kampf gegen den Iran. Und unterstütze Amerika nicht auch die repressive Monarchie in Saudi-Arabien, wo Frauen nicht Auto fahren, nicht in freien Berufen arbeiten und sich in der Öffentlichkeit nicht unbegleitet zeigen dürften – Sitten, die arabische und iranische Schiiten für barbarisch hielten?

In Qom kritisierten viele meiner Gesprächspartner Amerikas Haß gegenüber dem fundamentalistischen Iran. Hatten sie sich je klargemacht, daß nach einem Sturz der verhaßten saudischen Monarchie ein noch viel extremeres sunnitisches Regime in Riad an die Macht kommen könnte?

Widersprüche über Widersprüche. Die Gläubigen in Qom unterstützen ihre moslemischen Brüder in Aserbaidschan in ihrem Kampf gegen die orthodoxen christlichen Armenier; andererseits fürchten sie einen größeren aserbaidschanischen Staat. Als Perser verbindet sie nämlich eine starke Loyalität mit den indoeuropäischen Armeniern, die Persiens traditioneller Verbündeter gegen die Türkvölker waren. Die radikalen Schiiten haben große Sympathie für die Palästinenser; als Perser fühlen sie sich jedoch den Juden im Nahen Osten verbunden; die Juden waren – von Kyros dem Großen bis zum verstorbenen Schah – Freunde Persiens.[1] Und um es noch komplizierter zu machen: Als Perser sympathisierten sie mit den ebenfalls persischsprechenden Tadschiken, die in Mittelasien gegen Türkvölker kämpften. Doch waren die Tadschiken nicht Sunniten und von daher Feinde der Schiiten?

In Qom glühen Leidenschaften, die bis Kaschmir im Osten und Bos-

nien im Westen (den ungefähren Grenzen des alten Persien) auflodern. Einfache Antworten sind hier nicht zu finden.

Um von Qom nach Isfahan zu gelangen, waren Dolmetscher Vahid
und ich sechs Stunden unterwegs. Auf dem Weg nach Süden machten
wir Rast und nahmen *dugh* (Sauermilch), Kirschen, Aprikosen und Tee
zu uns. Als wir in Isfahan waren, hielten wir bei einem Teppichladen. Die
schönsten handgewebten Seidenteppiche in dem Geschäft stammten
aus Qom; in Teheran und Qom hatte ich keine gesehen. Der Handel
mit teuren Teppichen spielt sich in den größeren und reicheren Städten ab. Die an das Pfauenauge erinnernden Farbtöne der Teppiche –
Türkis, Rubin und Granatapfelrot – schillerten faszinierend. Wie soll
ich den Widerspruch zwischen dieser seidenweichen Sinnlichkeit und
der erstickenden Sterilität der heiligen Stadt mit ihrem »geweihten
Staub« erklären? Ich zog Moriers Beschreibung des Mullah Nadan in
Die Abenteuer des Hadschi Baba zu Rate:
»In dieser Weise sprach er [Mullah Nadan] weiter von sich, seinem Fasten, seinen Bußübungen und seinen Kasteiungen … Doch als ich
sein gesundes, rosiges Gesicht, seine stattliche, wohlgenährte Gestalt
mit der Lebensweise verglich, der er angeblich huldigte, tröstete ich
mich mit der Hoffnung, daß seine Auslegung der Gesetze weiten
Spielraum ließe und er sich wahrscheinlich nach außen hin den Forderungen der Welt anpaßte, insgeheim aber dem eignen Ich und seinem Vergnügen lebte, wie ja auch sein Haus in öffentliche und private
Räume geteilt war.«
Mit anderen Worten: Ein rauhes islamisches Äußeres verbirgt oft einen lebenslustigen persischen Kern.

14 Das Herz Persiens

An meinem ersten Abend in Isfahan speisten Vahid und ich mit einer Gruppe von Iranern aus Teheran. Die Frau neben mir hatte englische und amerikanische Literatur studiert und arbeitete nun in einem Ministerium. Sie trug einen schwarzen Tschador; ihre lebhaften, durch Make-up betonten Augen waren das einzige sichtbare Charakteristikum. Ich versuchte mir den Rest vorzustellen ...

Sie erzählte mir, sie habe die Werke von Edgar Allen Poe regelrecht verschlungen. »*Der Rabe*« habe es ihr besonders angetan; auch Daniel Defoe begeistere sie. Wir sprachen über *Robinson Crusoe* und *A Journal of the Plague Year*. In *Robinson Crusoe* gehe es darum, daß der Mensch eine Gemeinschaft aufbaue, in *Plague Year* hingegen darum, ob der Mensch fähig sei, eine Gemeinschaft aufrechtzuerhalten. Diese These führte zu einer Diskussion über moralische und gesellschaftliche Umwälzungen, sie erwähnte Henry Miller und Tennessee Williams, sprach dann aber über *Huckleberry Finn*: »Twain zeigt so wunderbar die Ironie und Heuchelei des herrschenden gesellschaftlichen Systems und der politischen Machtstrukturen der Gesellschaft. Er deckt die Probleme der akzeptierten gesellschaftlichen Normen auf.«

Für einen kurzen Augenblick dachte ich, sie kritisiere vielleicht durch Mark Twain den herrschenden Klerus des Iran, so wie der Journalist Ryszard Kapuscinski das kommunistische Regime in seinem Heimatland Polen angegriffen hatte, indem er über die Tyrannei des Schahs schrieb.

Meine Nachbarin wich rasch auf *The Great Gatsby* aus und pries die Schilderung »der Gewalt und Aggression in der egoistischen Welt der amerikanischen Gesellschaft«. Sie fragte mich: »Wie können Sie nur so mutig sein, dort zu leben, wo Sie leben? Haben Sie keine Angst? Die Kriminalität in Washington ist sehr schlimm. Ich kann mir keine größere Tragödie vorstellen als danach zu streben, im Leben, im Beruf etwas zu erreichen und dann wahllos ermordet zu werden. Vielleicht sind wir hier verwöhnt und behütet. Das Leben im Iran ist jedenfalls ausgesprochen sicher.« Ihre Stimme und der schwarze Tschador verwirrten mich. Ja, die Frau hatte recht: Statistisch gesehen konnte man in Amerika leichter Opfer einer Gewalttat werden als im Iran. Aber was sie sonst sagte! Wollte sie *mich* von der sozialen Überlegenheit des revolutionären Iran überzeugen oder sich selbst? Niemand, der die Romane von Henry Miller und die Dramen von Tennessee Williams kennt, kann glauben, der revolutionäre Iran sei ein besserer Ort für ein reflektierendes Individuum als Amerika.

Meine Nachbarin – sie war etwa Mitte Zwanzig – kam aus bescheidenen Verhältnissen. Ich besuchte sie später im Zentrum Teherans und lernte ihre Eltern kennen, die sich bitter darüber beklagten, daß das wirtschaftliche Chaos nach der Revolution den Wert ihrer Ersparnisse empfindlich geschmälert habe. Das wenige Geld, das übriggeblieben sei, müßten sie in die Ausbildung ihrer Tochter und weiterer Kinder investieren. Im Iran herrsche eine tiefe Unzufriedenheit. Die Eltern waren zwar nicht so gebildet wie ihre Kinder, aber auch weniger bereit, sich selbst etwas vorzumachen.

Ich fühlte mich an das Bulgarien Mitte der achtziger Jahre erinnert, das im Westen wegen seines totalen Einschwenkens auf die sowjetische Außenpolitik angegriffen wurde; die bulgarische Gesellschaft aber war unter der Oberfläche weitaus intakter als die Jugoslawiens und Rumäniens, die damals bessere Beziehungen zum Westen unterhielten. Als der Kommunismus zusammenbrach, wurde Bulgarien zunächst das proamerikanischste Land auf dem Balkan, der Liebling des Westens, Jugoslawien, ging im Blut unter. Ich fragte mich, ob der Iran einmal in die Fußstapfen Bulgariens treten wird, während traditionelle Freunde wie Ägypten und Saudi-Arabien zusammenbrechen werden.

Das Abendessen war gegen zehn Uhr zu Ende. Vahid und ich gingen hinunter an den *Zayande Rud*, den Fluß, der Isfahan durchquert. Es war dreizehn Tage nach dem Ende der Feiern zu *Nou Rus*, dem persischen Neujahr, und die Ufer dieses »reißenden Flusses« (Curzon) waren von Familien bevölkert. (*Nou Rus* ist ein zoroastrischer Feiertag, den der schiitische Klerus in den ersten Jahren nach der Revolution abzuschaffen versuchte, allerdings mit wenig Erfolg. In dem Jahr meines Iranbesuchs wurde der wichtigste Feiertag des moslemischen Kalenders, *Id al Adha*, das Opferfest, kaum gefeiert, weil er so dicht auf *Nou Rus* folgte.)[1]

Weil dreizehn als Unglückszahl gilt, hielten viele Iraner es für unklug, in dieser Nacht zu Hause zu schlafen. Die Menschen lagerten scharenweise mit Teppichen, Decken und Teekesseln am Fluß. Auf beiden Ufern des breiten und starken Flusses brannten kleine Feuer. Überall hörte man das Klirren von Teegläsern. Händler verkauften Eiscreme und Ballons für die Kinder. Man unterhielt sich im Flüsterton, als wartete man auf die Ankunft und Landung eines Raumfahrzeugs auf dem dunklen Gelände. Als ich über die Brücke der Dreiunddreißig Bogen ging, die der Safawiden-Schah Abbas der Große 1602 erbauen ließ, stieg eine frische feuchte Brise auf – ein angenehmer Kontrast zu der sandigen Öde des Hochlandes. Wenn das Wort »mystisch« noch irgendeine Bedeutung hat – an diesem Abend in Isfahan war sie zu erahnen.

Wie in Teheran bemerkte ich viele händehaltende junge Paare, die Mädchen hatten Make-up aufgelegt. Es ist wohl ein Fehler der Mullahs, daß sie verlangen, man müsse sowohl rein persisch als auch rein islamisch sein; daß sie die Araber verachten und darauf bestehen, den Iran zu beherrschen. Die Menge am Fluß wollte nicht herrschen und nicht verachten, sie wollte leben und lieben.

Wir schlenderten stundenlang umher. »Sehen Sie«, sagte Vahid, »gemessen an den Verhältnissen in Qom war Imam Khomeini ein wahrhaft liberaler Reformer. Der Imam sagte, es sei in Ordnung, Spiele wie Schach zu spielen oder bestimmte Arten von Musik zu hören. Er stellte das Hosseinieh über die Moschee. Das ist der Khomeini, wie ihn die Arbeiterschicht des Iran verehrt, nicht der radikale Kopf, den der Westen sieht ... Der Imam schuf ein gutes Gleichgewicht. Wir brauchen die Kontrolle, die der Islam bietet, denn wir sind den Angriffen durch den Westen ausgesetzt.« Versuchte auch Vahid, wie die Frau beim Abendessen, sich etwas einzureden?

Vahid sah nicht revolutionär aus; er trug nicht den üblichen Dreitagebart, sondern einen dunklen Vollbart, ein Cowboyhemd und Jeans. Jeans waren in der Islamischen Republik beliebt, Krawatten hingegen wurden als Zeichen des westlichen Imperialismus mißbilligt. Jeans waren zweckmäßig, Krawatten dagegen nicht.

Vahid war Veteran des iranisch-irakischen Krieges, ein ehemaliger Leutnant. Obwohl der Krieg eine Million Gefallene und Verwundete gefordert und der Irak in den Stellungskämpfen Giftgas gegen die Iraner eingesetzt hatte, war Vahid unversehrt heimgekehrt. Kurz nach seiner Entlassung aus der Armee erlitt er jedoch bei einem Autounfall mehrere Knochenbrüche. Vahid bewohnte mit seiner Frau eine Ein-Zimmer-Dachwohnung im Zentrum von Teheran. Vahids Vater war Mullah, doch er selbst nicht besonders religiös. Seine Wohnung war mit ein paar Teppichen, Kissen und Büchern ausgestattet. Seine Frau verwickelte mich sofort in eine Diskussion über die Lebenshaltungskosten im Iran und in den USA. Und Vahid meinte:»Die Religion hier wird ständig von anderen Realitäten überholt. Sie werden sehen, der Tschador wird verschwinden. Unsere antiamerikanische Haltung ist eine vorübergehende Reaktion auf den Imperialismus. Im 19. Jahrhundert hatten wir dieselbe Haltung gegenüber den Briten und den Russen. Mein Vater, ein frommer Geistlicher, sagte früher, er würde sich lieber heißes Blei in die Ohren gießen als populäre Musik hören. Aber mit der Zeit haben wir Musik zu Hause eingeführt.«

»Isfahan ist die halbe Welt«, heißt es im Iran. In der Mitte des 17. Jahrhunderts, während der Hochblüte der Safawiden, lagen 1500 Dörfer im Umkreis von Isfahan, innerhalb der Mauern befanden sich 162 Moscheen, 273 Bäder und 1802 Karawansereien. In der Stadt lebten damals schon schätzungsweise zwischen 600 000 und 1,1 Millionen Menschen: eine unglaublich hohe Zahl, wenn man bedenkt, daß die Einwohnerzahl 1994 nur auf etwa eine Million geschätzt wurde. Isfahan wirkt nicht überbevölkert und unwohnlich; die Stadt ist in Jahrhunderten organisch gewachsen; sie hat sich kaum ausgeweitet, seit im 19. Jahrhundert Teheran zum Brennpunkt der nationalen politischen Entwicklung geworden ist. Die Einwohnerzahl Teherans hat sich seit 1887 vervierzigfacht.

In dem Buch *Persische Reise* schreibt Robert Byron, die Scheich-Lotfollah-Moschee und die Freitagsmoschee in Isfahan seien zwei der »vier schönsten Bauwerke Persiens«.[2] Vahid und ich besichtigten sie. Byron, ein entfernter Verwandter Lord Byrons, besuchte Persien genau sechzig Jahre vor mir, doch die Zahl der Touristen in Isfahan im Frühjahr 1994 war gewiß nicht viel größer als zu Byrons Zeit. Die Islamische Revolution hat den Iran für den Westen fast wieder zur terra incognita gemacht. Außer einer Gruppe schwarzgewandeter iranischer Schülerinnen war ich der einzige Besucher in der Scheich-Lotfollah-Moschee.

Über die Kuppel im Inneren dieses Bauwerks aus der Safawiden-Zeit schreibt Byron:»Mir ist noch niemals eine solche Pracht in dieser Art begegnet; andere berühmte Deckenmalereien kamen mir in Erinnerung: Versailles, Schönbrunn, der Dogenpalast, St. Peter. Alle sind prächtig, aber nicht so prachtvoll. Ihre Pracht ist dreidimensional, unterstützt durch den Schatten, die der Moschee Scheich Lotfollahs zugleich durch Licht und Flächenwirkung, durch Zeichnung und Farbe.«

Die Blautöne der Fayencen, die mit weißer Kalligraphie und Muschelformen verziert sind, verschwimmen zu einer so betäubenden Schönheit, daß sie keine Grenzen, keine Tiefe und keine Perspektive zu haben scheinen. Es ist eine beängstigende Schönheit. Sie spiegelt eine Autorität ohne Weisheit oder Maß. Die Kalligraphie signalisiert eine solche Überfülle, daß die Sprache selbst jede Bedeutung zu verlieren scheint. Es läßt sich durchaus eine Verbindung entdecken zwischen den künstlerischen Werten dieser Kuppel und den politischen

Exzessen der Islamischen Revolution: Die Kuppel steht für den Sieg der Kultur über die Politik.

Die Freitagsmoschee beeindruckte mich nicht minder. Vahid und ich waren die einzigen Besucher in den mächtigen Hallen und Vorzimmern. Die Moschee war ursprünglich von dem arabischen Kalifen Al Mansur im Jahre 755 erbaut worden. Seldschukische Türken und safawidische Perser restaurierten und erweiterten sie. Curzon fand das Übereinander der Stile störend. Ich fand es beruhigend. Wie der *Ishak Pasa Sarai*, den ich in der Osttürkei bewundert hatte, so lehrt auch die Freitagsmoschee in Isfahan, daß Genialität in der Architektur oft ein Produkt kultureller Mischung ist.

Byron schreibt: »Man fragt sich, welche Umstände zu jener Zeit einen solchen Hochflug des Genies bewirkt hätten. War es die Tat eines neuen [seldschukischen] Geistes aus Zentralasien, eine Schöpfung aus nomadischer Energie und persischer Ästhetik?«

Kulturelle Unterschiede sind zwar grundlegend und unbestreitbar; doch diese Bauwerke illustrieren, wie diese Unterschiede durch die Mischung von Kulturen (oder auch Rassen) verändert werden können. An den Wänden sah ich, wie die scharfen Winkel des Hellenismus in die Rundungen des Arabismus übergingen. Die blaugrünen persischen Fliesen und das monumentale seldschukische Mauerwerk sind so beeindruckend, daß ich fast einen Alkoven mit Weinranken und Blüten aus Stuck übersehen hätte, der prächtig genug war, die Attraktion jedes anderen Bauwerkes zu sein. Ich setzte mich in eine staubige Ecke, lehnte mich mit dem Rücken an die Wand und empfand tiefes Wohlbehagen – wie nach dem Genuß eines herrlichen Weins.

Tatsächlich finden sich im Innern des *Tschebel Sotan* (Vierzig Säulen), der unter Schah Abbas gegen Ende des 17. Jahrhunderts für Palastempfänge diente, auch heute noch Hinweise auf die Weinkultur, besonders in den großen Gemälden, die den Hof der Safawiden verherrlichen. Auf den Bildern sieht man Männer mit Turbanen und dralle Frauen in kurzen Gewändern, die aus langen Karaffen Wein ausschenken. Während der Islamischen Revolution hatten die örtlichen Behörden diese Gemälde abgedeckt, um sie vor der Zerstörung durch radikale Mullahs zu schützen; als die politische Lage sich 1991 entspannt hatte, entfernte man die Verkleidungen wieder.

Wenn ich an Isfahan zurückdenke, erinnere ich mich vor allem an einen Garten mit einem Spiegelbassin, eingerahmt von Zypressen und Platanen, den ich an einer belebten, modernen Straße entdeckt hatte. Im hinteren Teil des Gartens hielt ein Mullah eine Predigt über »moralische Reinheit«. In den Geschäften an der Straße aber wurden enge Kleider und westliche Musik verkauft, und die Schaufenster zierten Poster mit Mickey Mouse und Sylvester Stallone als Rambo.

Vahid und ich reisten weiter Richtung Süden zu den antiken Ruinen von Persepolis und nach Schiras. Unterwegs in einer Wüstenoase tranken wir Tee; die Gläser spülten wir in einem eiskalten, meeresgrünen Kanal, der von Pappeln und Platanen gesäumt war. Diese Siedlung war keine natürliche Oase; sie wurde durch ein künstliches, unterirdisches Kanalsystem versorgt, das bereits in der Antike angelegt wurde. In den neunziger Jahren waren schätzungsweise noch fünfzigtausend dieser Systeme in Betrieb.

Die Bevölkerung des Iran hat sich seit der Revolution von 1979 nahezu verdoppelt, noch nie war dieses uralte System der Wasserversorgung dermaßen überbeansprucht. Die Banner in den iranischen Städten, die an Ehepaare appellierten, nicht mehr als zwei Kinder zu haben, bestätigten, daß die knappen Ressourcen selbst die fundamentalistische Regierung gezwungen hatten, ihre Ablehnung der Geburtenkontrolle zu überdenken.

Amerikanische Strategen sind noch immer von dem Gedanken besessen, der Iran unterstütze den Terrorismus; ich hatte den Eindruck, daß das gesetzeswidrige Verhalten des gegenwärtigen iranischen Regimes ein Problem ist, das sich bald von selbst lösen wird – unter dem Druck starker tektonischer Kräfte, die sich an der Wende zum 21. Jahrhundert sammeln. Die Frage ist, inwieweit verschiedene Kulturen in der Lage sein werden, mit der Verknappung der Ressourcen fertig zu werden. Sollte es den Mullahs und ihren Nachfolgern gelingen, den Bevölkerungsboom zu bremsen, dann könnte die Zukunft dem Iran seine derzeitigen Verfehlungen teilweise verzeihen.[3]

»Die herrlichen Monumente von Persepolis schaffen ein starkes Gefühl von Nationalstolz … In der Zukunft wird unser Volk seine traditionelle Rolle [als Großmacht] wiedergewinnen und die Fackel des Islam emporhalten, um anderen Völkern den Weg zu erhellen«, erklärt Präsident Rafsanjani auf einer Tafel am Eingang der archäologischen Stätte; mehr Aufschluß über das Verhältnis der Mullahs zur stolzen, aber heidnischen Vergangenheit des Iran geben die Worte des Ayatollah Khamenei, die ebenfalls in Persepolis zu lesen sind: »Diese Ruinen veranschaulichen die große Macht unserer Nation, aber auch die Tyrannei und Grausamkeit eines Königs.«

Mit anderen Worten: Das achämenidische Königreich von Kyros, Darius und Xerxes, das den Nahen Osten von dieser Stelle aus beherrschte, liefert die Legitimation für die geopolitischen Ambitionen des revolutionären Iran; die Grausamkeit der Achämeniden setzte sich in der Grausamkeit der Pahlevi fort; sie rechtfertigt den Sturz des Schahs.

Der letzte Schah statuierte ein Exempel der Willkür genau an dieser Stelle. Die Straße von Isfahan nach Schiras führte einst direkt an der Ausgrabungsstätte vorbei; für seine Feiern zum 2500jährigen Bestehen der persischen Monarchie im Jahre 1971 ließ der Schah die Straße jedoch verlegen; er ließ ein ganzes Dorf räumen, das unmittelbar neben der Stätte lag, und einen Wald pflanzen. So konnten der Schah und seine ausländischen Gäste ein fast idyllisches Ambiente genießen. Die Dorfbewohner wurden für die Zerstörung ihrer Häuser nie entschädigt.

Ich stieg auf das inzwischen rostige und rissige Paradepodium des verstorbenen Schahs, um die endlose Anordnung hellgelber Säulen und Quader zu überblicken, die im grellen Licht vor mir lagen. Ich betrachtete die steinernen Reliefs von heiligen Ochsen und Katzen, grinsenden Dämonen, mandeläugigen Wagenlenkern und gefangenen Sklaven. Ich studierte das gemeißelte Porträt eines bärtigen Kriegers mit Speer neben einem Tier mit Pferdekopf, Flügeln, Skorpionschwanz und riesigen Raubtierbeinen; das steinerne Abbild einer halbnackten Frau, die mit Parfum und Tüchern in der Hand aus einem Bad steigt. Ihr Antlitz drückte – wie bei vielen der hier in Stein gemeißelten Gesichter – Sinnlichkeit und Grausamkeit, Schönheit und Kälte aus.

Über Persepolis bemerkt Byron,»die Reinheit [des Steins] wirkt sich auf das Steinmetzwerk aus wie Sonnenlicht auf einen gefälschten alten Meister; man entdeckt statt der erwarteten Genialität eine verstörende Leere ...« Die gemeißelten Reliefs seien»Kunst, aber nicht spontane Kunst ... Statt Geist oder Gefühl strahlen sie eine seelenlose Vollkommenheit aus ...« – Mir vermittelten sie den Eindruck eines Volkes, dessen Fähigkeit zur Selbstreflextion nicht mit seinen Ambitionen Schritt halten kann. Die Iraner haben sich im Laufe ihrer Geschichte hin und wieder übernommen. Die Islamische Revolution ist keine Ausnahme.

Bei meiner Beschäftigung mit den großen persischen Dynastien fiel mir auf, daß ich in Westafrika auf keinerlei Spuren der ehemals bedeutenden westafrikanischen Reiche (zum Beispiel denen von Mali und Songhai) gestoßen war. Für einen Reisenden ist es jedoch schwierig, über etwas zu schreiben, was nicht da ist. Die ehemaligen Sahara-Reiche sind nicht in jenen Teilen Westafrikas zu finden, die ich bereiste; an der Küste Westafrikas sind überwiegend Stammesgesellschaften vertreten. Und weil in der Subsahara nicht mit Stein, sondern mit Lehmziegel gebaut wurde, blieb selbst im trockenen Landesinneren relativ wenig von diesen großen Kulturen erhalten. In großen Teilen Westafrikas stößt die Zerstörung der Umwelt ins Auge; in Isfahan, Persepolis und Schiras prägen die baulichen Reste der heidnischen und islamischen Vergangenheit das Bild.

»Wir Perser glauben, daß Hafis unsere Zukunft sehen kann, daß er eine Lösung für all unsere Probleme hat«, sagte Vahid, der Sohn des Mullahs, über den Dichter aus dem 14. Jahrhundert, der schrieb:

Fülle mit rotem Wein die fahlen Becher,
Töne unsere blassen Wangen mit trunkener Glut ...[4]

Das überraschte mich nicht, denn Terence O'Donnell schreibt in *Garden of the Brave in War*: »Schließlich sind diese [Poeten], und nicht die Megaphone, die Stimmen, denen die Iraner Gehör und Beachtung schenken.« Die Menschenmenge bestätigte diese Auffassung. Es war Sonnenuntergang. Vahid und ich waren, aus Persepolis kommend, in Schiras eingetroffen. Wir machen uns sofort auf den Weg zu Hafis' Grab, an dem jeden Abend unzählige Iraner mit Rosen in der Hand vorübergehen. Aus Lautsprechern erklang eine leise, hypnotische Melodie mit leicht indischem Einschlag. Im Gegensatz zu den Trommelschlägen in Qom herrschte hier ein tänzerischer Rhythmus. Die Menschen warteten geduldig, bis sie das Marmorgrab berühren konnten, in das Verse des Dichters eingraviert sind.

Das Grab befindet sich unter einem achteckigen Pavillon mit steinernen Pfeilern und einem mit Ziegeln gedeckten Dach – inmitten eines Gartens voller Orangenblüten und Topfpflanzen. Hinter diesen Pflanzen verbirgt sich eine Reihe von steinernen Grotten mit lilafarbenen Wasserlilien; hier sitzen Männer und Frauen und rauchen Wasserpfeife. Der Garten und die Grabanlage sind von mächtigen Zypressen eingerahmt.

Vahid und ich setzten uns und sahen zu, wie sich Gruppen von Iranern vor Hafis' Grab fotografieren ließen. Das Zwitschern der Singvögel wirkte friedlicher als jede Stille. »Im Grunde unseres Herzens sind wir ein Volk der Blumen, Nachtigallen und Schmetterlinge, des Feuers und des Weins – das ist das wahre Wesens Persiens«, sagte Vahid.

Ich nahm Moriers *Hadschi Baba* aus meinem Rucksack und schlug die Stelle auf, wo Hadschi mit seiner Geliebten im Bett Wein trinkt und aus Hafis vorliest:

Die Reize der Liebe und die des Weins
Steigen beide aus einer einzigen, süßen Quelle:

Sind wir schuld, sollen wir hadern,
Wenn ungezügelt sich die Leidenschaften regen?

Ich zog Gertrude Bells [englische] Übersetzung von Hafis' Diwan heraus, blätterte willkürlich und las:

Aus dem Garten des Schahs weht der Frühwind,
Die Tulpe trägt in ihrem hohen Kelch
Einen taufrischen Wein, den der Himmel reicht.[5]

Gertrude Bell schreibt in einem Vorwort zu ihrer Übersetzung, diese »zarten Liebesgedichte wurden zu der derben Begleitung von Waffenrasseln gesungen, und [Hafis'] Träume müssen oft genug von Hungersnöten in der belagerten Stadt unterbrochen worden sein ...«
Hafis (der den Koran auswendig kennt) war das Pseudonym von Schams-ud Din Mohammed, der mit seinem freizügigen Verhalten und seinem Weinkonsum die Geistlichen seiner Zeit gegen sich aufbrachte. Er wurde nach der mongolischen Eroberung seiner Heimat geboren und lebte zur Zeit von Tamerlans Belagerung von Schiras, einer Zeit der Anarchie mit gewissen Parallelen zur Gegenwart, in der sich der Iran von einer blutigen Revolution erholt und von jüngst befreiten Türkvölkern im Norden bedroht wird. Sein selbstkritischer Humor bewahrte Hafis vor Tamerlans Zorn, als der Eroberer den Dichter zu sich zitierte.
Tamerlan: »Bist du derjenige, der so kühn war, meine beiden großen Städte Samarkand und Buchara für die schwarzen Male auf der Wange der Geliebten zu bieten?«
Hafis: »Ja, Majestät, und durch derartige Gesten der Großzügigkeit habe ich mich in einen solchen Zustand der Armut gebracht, daß ich nun an Eure Freigebigkeit appellieren muß.«
Tamerlans Zorn legte sich, und er entließ den Dichter mit einem Geschenk.[6]
Hafis war ein Sufi-Mystiker, wie Dschellal-ed-din Rumi, dessen Grab ich in Konya besucht hatte. Die Hinweise auf Liebe und Wein können

auch als Metaphern für den Geisteszustand verstanden werden, den die Sufis anstreben. Der Sufismus hat den Islam auf der iranischen Hochebene ebenso gemäßigt wie in Anatolien. Weil der Iran aber im Laufe der Geschichte weniger Austausch mit liberalem westlichem Gedankengut pflegte als die Türkei, begegnet man den Sufis im Iran mit größerer Ablehnung.

»Verflucht sei Jelaledin Rumi!« schreit eine Versammlung von Geistlichen in Qom in *Die Abenteuer des Hadschi Baba*. Doch in Schiras wie in Isfahan wird offenkundig, daß Qom nicht den Iran beherrscht. Die Menschenmassen am Grabe des Hafis sind nicht der einzige Beweis dafür.

Das Grab von Sayyed Mir Ahmad, dem Bruder von Imam Resa, ist das islamische Allerheiligste in Schiras, einer Stadt, die unter den Zand-Schahs im 18. Jahrhundert an Bedeutung gewann. Während Qom den Islam in seiner düsteren Strenge verkörpert, strahlen dieses Grab und die vielen Pilger den eher heiteren Mystizismus der Sufis und den heidnischen Aberglauben der turkstämmigen Nomaden aus. Hier sah ich prächtige Nomadenteppiche, bunte Gipswaren und blaugetönte Glasspiegel, die den Schein greller Lichter reflektierten und den Eindruck von Tausenden von Juwelen und Sternen weckten. Stammesangehörige aus der umliegenden Wüste defilierten vorbei und küßten die beiden Schlösser der silbernen Lade, die das Grab birgt.

Ich beobachtete, wie ein mongolisch aussehender junger Mann mit spärlichem Kinnhaar einem frommen Mann mit Turban ein paar Rial zuschob. Der Gottgefällige steckte die Rial ein, schloß die Augen und schlug eine Seite im Koran auf, die er dann in einem näselnden, aber melodiösen Murmeln vorlas. Der junge Mann hörte aufmerksam zu. Es war ein abergläubisches Ritual, erklärte mir Vahid. »Man gibt einem Mystiker Geld, und er schlägt blind eine Seite im Koran auf. Die Passage, auf die er trifft, soll helfen, ein Problem zu lösen.« Dieser Junge hatte offensichtlich ein Problem, für das er eine Lösung suchte.

In Qom mißbilligen die religiösen Autoritäten solche Praktiken (selbst wenn sie dort hinter dem Vorhang geübt werden). In Schiras gehören sie zum Alltag.

Khomeinis Hosseinieh mit den maschinell gefertigten Teppichen und der Stadionbeleuchtung repräsentiert das neue Arbeiter-Persien. Hafis' Grabstätte verkörpert das romantische Persien. In den Schlangen, die anstanden, um Hafis' Grab zu berühren, waren Arme und Reiche vereint. Hafis hat die Islamische Revolution überlebt. Wird Khomeini die Renaissance des historischen Persien überleben?

15 Der Turm von Qabus

Auf der Rückreise nach Teheran konnte Vahid nicht verstehen, warum
ich über das Elbursgebirge Richtung Kaspisches Meer und dann nach
Nordosten in die turkmenische Steppe fahren wollte. Eine einein-
halbtägige Autofahrt, bloß um einen leeren Ziegelturm zu sehen, der
nicht einmal mit schönen Fliesen ausgeschmückt war? In seinem *Lonely Planet Guide* beschreibt David St.
Vincent den *Gum-
bad-i-Qabus*, den Turm von Qabus, als letzten Eintrag vor dem Glossar:
»Der Turm ist so vollkommen erhalten, daß man kaum glauben mag,
daß er vor fast einem Jahrtausend erbaut wurde.« Robert Byron behauptet, daß ihn allein ein Foto des Turms 1933 nach Persien gelockt
habe.

Nachdem wir das Elbursgebirge überquert und das halbtropische
Grün der kaspischen Küste erreicht hatten – der Iran der Wüste war
bloße Erinnerung –, übernachteten wir in Sari, einer kleinen gesichts-
losen Stadt. Am nächsten Morgen brachen wir früh auf, ließen die üppige Küste hinter uns und fuhren in die windgepeitschte Steppe. Die
Temperatur sank deutlich. Bereits fünfzig Meilen vor der offiziellen
Grenze zur unabhängigen ehemaligen Sowjetrepublik Turkmenistan
hatte ich das Gefühl, daß hier die wirkliche Grenze verlief. Hier war
ein geographisches Niemandsland, in dem – in Byrons Worten –
»sämtliche Orientierungspunkte verschwanden, wie um ein Ruder-
boot inmitten des Atlantik«. Hier tauchten Menschen mit unterschiedlichen Gesichtsformen, mit weicheren, breiteren Zügen auf;
hier deutete sich die Wildheit des turkstämmigen Mittelasien an. Hier
stieß ich auf die tiefste und älteste iranische Angst, die Morier in *Hadschi Baba* umschreibt als die »Furcht, die allein schon der Name der

Turkmenen in ganz Persien auslöst«. Hadschi hält die Turkmenen für die »verfluchtesten Ketzer, deren Bärte es nicht einmal wert sind, als Besen für unsere Staublöcher zu dienen …«
Im *Schahname* erinnert Firdausi an eine Episode aus der alten mythologischen Geschichte:

Lange Schatten auf der Ebene zur Abendstund',
Die Tatarenhorde hatte den Sieg errungen;
Und manch persischer Fürst fiel an jenem Tag …

In keinem der jüngeren Bücher über den Iran, die ich in den vergangenen Jahren gelesen hatte, habe ich etwas über den Turm von Qabus erfahren. Doch Byrons Beschreibung hatte meine Neugier geweckt, sie war zu einer Sehnsucht geworden.
Für Byron war der Turm aus einer Entfernung von zwanzig Meilen sichtbar. Er tauchte zunächst als »kleine cremefarbene Nadel« am leeren Horizont auf. Ich sah auf diese Entfernung nur vereinzelte Telefonmasten, durchhängende Stromleitungen und Ölraffinerien. Obwohl ich die Gegend in derselben Jahreszeit besuchte wie Byron, konnte ich kaum zwanzig Meilen weit sehen. In den Vororten der Stadt Gumbad-i-Qabus, die nach dem Turm benannt ist, knirschte die Luft förmlich. Die Straßen waren gesäumt von Schweißereien und Kfz-Werkstätten. Es war wie eine winterliche Version von Qom. Ich erinnere mich noch an den ersten Turkmenen, den ich sah; er trug einen Hut auf dem Mondgesicht und fuhr ein lärmendes Motorrad. Byron hatte von einem »kleinen Marktstädtchen« berichtet, ich war entsetzt über das Netz geschäftiger Zementstraßen.
Einen Turm konnten wir nicht sehen; schließlich fragten wir den Fahrer eines Lieferwagens nach dem Weg. Er forderte uns auf, ihm zu folgen; er führte uns zu einem Stadtpark mit Müllbehältern, bunten Sitzbänken und Ständen, an denen Käsegebäck und Zigaretten verkauft wurden – direkt neben einem verschmutzten Bild des verstorbenen Revolutionsführers Ayatollah Mohammed Beheshti, der 1981 bei einer Bombenexplosion ums Leben gekommen war.

Der Turm von Qabus stand auf einem grünen Hügel. Er sah äußerst durchschnittlich aus – verglichen mit den beiden Fernmeldetürmen mit ihren riesigen Satellitenschüsseln, die in meinem Blickfeld standen. Eine Frau, die einen Kinderwagen schob, ging an mir vorbei und blickte nicht einmal auf. Ich sagte Vahid, ich wolle einen Augenblick mit dem Turm allein sein. Er runzelte die Stirn und schlenderte gemächlich davon, sah sich aber verwundert nach mir um. Ich setzte mich auf den Boden und sah hinauf zu dem Dach.

Die Sonne war kurz zuvor durch die tiefliegenden Wolken gebrochen und offenbarte, was ich erwartet hatte: Der Turm war der Inbegriff eines Zeltes, das von einem Nomadenvolk in Stein verewigt worden war und so über die tiefe Kluft der Jahrhunderte hinweg erhalten blieb. Ein alter Turkmene mit einem Käppchen ging mit zwei Jungen um den Turm herum und sah hin und wieder nach oben. Ich mußte an einen Schäfer oder einen Nomaden im Hochland denken, der zum Himmel blickt und sich vergewissert, daß der Mensch nicht allein im Universum ist.

Erbaut wurde der Turm von Qabus ibn-e Vashmgir, einem Dichter, Gelehrten, Kunstmäzen, General und Prinzen der Ziyariden-Dynastie, der 1007, ein Jahr nach Vollendung des Bauwerks, starb. Byron sah in der 55 Meter hohen Konstruktion aus gebrannten Ziegeln einen männlichen, turko-persischen Gegenpol zu der verträumten, femininen, rein persischen Architektur von Isfahan und Schiras. Offiziell waren Qabus und die anderen Ziyariden-Monarchen Perser; in Wahrheit jedoch hatten sie turkmenisches und persisches Blut in ihren Adern. Der Turm verkörpert eine Mischung aus turko-persischer Architektur, der ich erstmals im *Ishak Pasa Sarai* in der Osttürkei und dann in der Freitagsmoschee in Isfahan begegnet war. An diesen Orten können Kartographen und Politologen lernen, daß die schwierigen Beziehungen zwischen den Turkvölkern und den Persern vor allem Ausdruck der Rivalität zweier Kulturen sind.

Es bestehen klare Unterschiede zwischen den beiden Kulturen, es gibt aber auch Überlappungen. Rumi, der in der seldschukischen Türkei lebte und auf Persisch schrieb, ist ein Beispiel.

Mittelasien ist heute weitgehend von den Turkvölkern geprägt, doch man stößt dort auf zahlreiche Inseln persischen Kultureinflusses und auf vielfältige persische Spuren. Über Buchara, das heute in der Republik Usbekistan liegt, schrieb Marco Polo:»Die Stadt ist die trefflichste in ganz Persien.« Marco Polo bezeichnet Balkh im nördlichen Zentral-Afghanistan als östliche und nordöstliche Grenze Persiens. Ich glaube, daß alle Kartographen seit dem Mittelalter sich geirrt haben: Statt Grenzen haben hier immer bewegliche Machtzentren und Einflußsphären die Wirklichkeit bestimmt. Firdausi, der große persische Dichter des Mittelalters, verbrachte den Großteil seines Lebens außerhalb der heutigen Grenze des Iran, nämlich im turkmenischen Osten Afghanistans.

Die Geschäftigkeit in der Stadt Gumbad-i-Qabus war eine Folge des Zusammenbruchs der Sowjetunion und des explosionsartig zunehmenden Handels, der Alkohol und Softporno-Videos von Turkmenistan in den Iran und iranische Konsumartikel – von Konserven bis zur Zahnseide – nach Turkmenistan brachte. In Gumbad-i-Qabus spürte man deutlich die Rolle des Großraums Persien, aber auch einen neuen Einfluß der Turkvölker.

Seit dem Ende der Kadscharen-Dynastie wurde Persien vorwiegend von Persern regiert. Die Frau des letzten Schahs, Farah, entstammte indes einer turkmenischen Familie, ebenso der vielleicht brillanteste Geistliche der Islamischen Revolution, Mohammed Kazem Shari'atmadari. Der heutige Oberste Führer, Khamenei, ist angeblich ein halber Aseri-Türke. Im Grunde stammt die politische und intellektuelle Spitze oft aus dem turkstämmigen Azerbeidjan im Nordwesten des Iran, der Region mit der größten Bevölkerungsdichte und dem höchsten Bildungsstand. Nach dem Zweiten Weltkrieg war die Region Zentrum linker Aktivitäten, der Aufschrei »Tod dem Schah« erklang im Februar 1978 erstmals in Täbris, der Hauptstadt der iranischen Provinz Azerbeidjan. Mein Freund Resa, der Fotograf, mit dem ich in Baku gereist war, hatte mir erzählt,»die Perser sind insgeheim neidisch auf die Aseri«; Azerbeidjan ist in seiner Entwicklung weiter als andere iranische Regionen und hat stets mehr Steuern gezahlt als der

Rest des Landes. Werden die unzufriedenen Aseri-Türken, die immerhin 25 Prozent der Bevölkerung des Iran ausmachen, sich eines Tages mit ihren Stammesgenossen in der ehemaligen Sowjetrepublik Aserbaidschan zusammentun? Dies dürfte eines der heikelsten Themen im Iran der neunziger Jahre werden. Eine erste Antwort könnte der Ausgang des Konflikts zwischen Armenien und Aserbaidschan liefern; diese Auseinandersetzung wird entscheiden, ob Aserbaidschan friedlich seine gewaltigen Ölvorkommen nutzen[1] und als Magnet für die Aseri-Türken südlich der Grenze, also im Iran, wirken wird.»Es ist ein altes Problem«, hatte der stellvertretende iranische Außenminister, Mahmoud Vaezi, mir in Teheran gestanden.»Wir können es uns nicht leisten, für die Armenier Partei gegen Aserbaidschan zu ergreifen oder umgekehrt.«

Die Grundzüge der Geschichte haben sich also kaum geändert, seit Qabus an der Wende zum vergangenen Jahrtausend den Turm erbaute. Ob es nun die Byzantiner gegen die Sassaniden waren oder die Ottomanen gegen die Safawiden: Die Völker Mittelasiens und Anatoliens stritten sich oft mit den Völkern des iranischen Hochlandes, der Kaukasus war immer wieder Brennpunkt dieser Auseinandersetzungen. Seit sich der Wettstreit um künftige Ölpipelines und Handelswege verschärft, spitzt sich auch der Konflikt zwischen Türkvölkern und Iranern zu. Die beiden uralten Völker, die einem Außenseiter so ähnlich erscheinen und oft so verschieden sind, waren stets streitsüchtige Nachbarn. Im Qabus stand, in Stein gebaut, das großartige Ergebnis ihrer Verbindung.

Vor dem Horizont ragten die Fernmeldetürme auf, die um ein Jahrtausend jünger waren; um den kleinen Park herum war eine graue, lärmende Stadt aus dem Boden geschossen. Die Landschaft hatte sich in den sechzig Jahren zwischen Byrons Besuch und meinem mehr verändert als in den 928 Jahren zwischen der Vollendung des Turms und Byrons Besuch.[2] Wie wird es in sechzig Jahren aussehen, wenn man bedenkt, daß die Hälfte der iranischen Bevölkerung unter fünfzehn Jahre alt ist und im turkstämmigen Mittelasien ähnliche Verhältnisse herrschen?

Zwischen den Türkvölkern und den indoeuropäischen Völkern (ob persisch, armenisch oder kurdisch) ist Rivalität ebenso erkennbar wie Affinität; der Turm beweist es. Inzwischen bestimmen mehr und mehr demographische und ökonomische Faktoren die Entwicklung. Wenn Städte sich weiterhin so ausbreiten, werden wachsende Bevölkerungszahlen, knappe Ressourcen, industrielle Expansion und internationaler Handel noch stärker, noch intensiver auf die Politik wirken.

Die Islamische Revolution war wohl eine frühe Reaktion auf die zu erwartenden großen Probleme, doch der Fundamentalismus hat versagt, zumindest im Iran, wenn nicht in weiten Teilen der arabischen Welt. Was wird jetzt kommen? Werden neue Karawanenrouten, begünstigt durch Datenautobahnen, im Nahen Osten des 21. Jahrhunderts zu einer mittelalterlichen High-Tech-Zeit führen? Ich malte mir aus, wie Basarbaron Rafighdoost mit Hilfe neuester Software und IBM think pads beispielsweise mit Mafiosi in Buchara oder Herat kommuniziert. Ich dachte an die These des französischen Autors Alain Minc, die Mafiosi seien die bedeutendste ökonomische Klasse, die aus der Asche des Kalten Krieges aufgestiegen sei; die New-Age-Basaari waren eine Untergruppe.[3] Die Frage des »Fundamentalismus« im Leben des Iran und in den Köpfen der westlichen Welt wird bald von größeren Veränderungen in der politisch-historischen Landschaft überholt werden.

Der Iran war oft weniger ein Staat als ein amorphes Imperium, das die Vielfalt und Dynamik der persischen Kultur widerspiegelte. Sein Ausmaß war stets größer – oder kleiner – als das des offiziell umrissenen Nationalstaates. Während der Nordwesten des heutigen Iran kurdisch und aseri-türkisch ist, sind Teile West-Afghanistans und Tadschikistans kulturell und sprachlich durchaus vereinbar mit einem iranischen Staat.

Der Iran des 21. Jahrhunderts könnte eine verblüffende Ähnlichkeit mit dem Persien aufweisen, das ich einst auf einer Landkarte von 1760 eingezeichnet sah. Es gab keine fetten Linien und Grenzen, nur unklar umrissene Regionen, die allmählich in Territorien wie »Kurdistan«, »Belutschistan« und »Tataren« an der Peripherie Persiens übergingen.

Es war Zeit, nach Mittelasien weiterzureisen, um die Veränderungen genauer zu studieren.

Teil V

Mittelasien –
Geographische Schicksale

»Asien ist die Mutterfigur ... Ihr entspringen die großen Völkerströme. Wir entstammen ihr über die Arier, die sich aus Mittelasien ausbreiteten.«

William O. Douglas: Beyound the High Himalayas

16 Ein russischer Außenposten

Um sich vorstellen zu können, wie die Landkarte der Erde entstanden ist, sollte man von der jüngsten CD-ROM-Version der *Encyclopaedia Britannica* eine Zeitreise machen, zurück zur elften Auflage, die 1910 erschienen ist.

Die Überschriften auf den brüchigen, vergilbten Seiten entsprechen nach wie vor der Welt von 1955:»das asiatische Rußland«,»die asiatische Türkei«,»Indien (mit kleineren Grenzstaaten)«,»Persien«, »Belutschistan«. Pakistan fehlt; seine Bestandteile fallen unter die Rubrik»kleinere Grenzstaaten«. Ein langer Eintrag findet sich unter dem Stichwort *Turkestan*,»dessen westliche Grenze das Kaspische Meer und die östliche Grenze die Mongolei und die Wüste Gobi bilden.«»Turkestan«, schreibt der russische Geograph und Anarchist Fürst Pjotr Alexejewitsch Kropotkin in der elften Auflage der *Encyclopaedia Britannica*, ist»ein Name, den man nicht ohne weiteres entbehren kann«.

Es waren wohl die persischen Sassaniden im dritten Jahrhundert, die das Wort prägten und damit das»Land der Turkvölker« bezeichneten. Im 14. Jahrhundert verwendete auch der maurische Reisende Ibn Battuta den Namen. Im 19. Jahrhundert institutionalisierte die Bürokratie des zaristischen Rußland den Begriff. Nach dem Zerfall der Sowjetunion ist das 74 Jahre lang verbannte Wort Turkestan erneut in Mode gekommen.[1]

Doch so weit der Begriff auch gefaßt sein mag, er ist nach wie vor zu eng.[2] Denn innerhalb Turkestans leben nicht nur Turkvölker wie die Turkmenen, Usbeken, Kirgisen, Kasachen und Uiguren, hier finden sich auch große Enklaven persischer Tadschiken und kaukasischer

Stämme sowie kleine Inseln von Balti-Tibetern und mongolischen Völkern.[3] Kropotkin bezeichnet Turkestan als »eine Bühne von so viel Wanderungen und Eroberungen, daß seine derzeitige Bevölkerung zwangsläufig gemischt ist«. Die Kirgisen, schreibt er, sind zwar nicht mit den Kaukasiern, Mongolen und Tataren verwandt, doch »vermischten sie sich mit den Wolga-Kalmücken ... und mit den Dsungarei-Nomaden, die allesamt von der mongolischen Rasse abstammen«. Diese Vielfalt verwirrt. Ein einheitlicher, auf der Landkarte seldschukenblau eingezeichneter turkstämmiger Machtblock wird kaum entstehen. Die individuellen und nationalen Eigenarten innerhalb Turkestans sind zu komplex. Erst in den neunziger Jahren entdeckte die Welt in Turkestan eine wechselvolle altertümliche Region mit dem Gepräge mittelalterlicher Stadtstaaten (Buchara, Chiva).

In Osteuropa hat die Geschichte ihren Lauf im Jahre 1989 nach einem halben Jahrhundert Dämmerschlaf fortgesetzt. In Turkestan geht das nicht. 1498 hatte der portugiesische Seefahrer Vasco da Gama den Seeweg nach Indien entdeckt und dadurch den Ost-West-Handel aus Mittelasien abgezogen. Vor seiner Reise waren die ottomanische Türkei und China wirtschaftlich und kulturell die bedeutendsten Imperien der Welt, Mittelasien war die Verbindung zwischen beiden. Islamische Zentren, in denen sich die Kulturen der Turkvölker und der Perser mischten, verknüpften ein Netz von Karawanenrouten. Diese Straßen machte der portugiesische Seefahrer durch seine Entdeckung überflüssig.

Im Laufe der Geschichte fiel Turkestan in die Hände des zaristischen Rußland und später in die des Sowjetreiches. Stalin rottete die moslemische Intelligenz aus, siedelte ganze Volksgruppen um und verunsicherte die neuen Sowjetrepubliken durch unlogische Grenzverläufe und importierte Minderheiten – und das in einer Region, in der das Fehlen natürlicher Grenzen stets flexible und veränderliche Territorialgrenzen begünstigt hatte.

Im Nahen Osten erfüllten die Täler von Nil, Euphrat und Tigris ihre geographische Bestimmung; an diesen uralten Zivilisationsadern ließen sich Regionen und auch Staaten organisieren. Mittelasien hingegen bestand aus einer Reihe einzelner Städte (Buchara, Samarkand, Ghazni und so weiter), die ihre Nahrungsmittel aus den umliegenden Regionen bezogen. Diese Stadtstaaten verkörperten »Misch«-Identitäten (zum Beispiel persische Sprache, turkstämmige Rasse und moslemische Religion), die keine eindeutig bestimmte ethnische oder nationale Zugehörigkeit begründeten.[4] Mittelasien wird definiert als »eine gewaltige Splitterzone der Völker und Kulturen«, eine unorganisierte Welt, in der »multiple und polyzentrische nationale Identitäten«[5] bestehen.

Das Auseinanderfallen des britischen Empire und des sowjetischen Reiches und die gewaltsame Vereinigung des chinesischen »fernen Westens« durch die Maoisten machten aus Turkestan (oder der »Tartarei«, wie es im 16. Jahrhundert hieß) jenes Puzzle neuer künstlicher Staaten, das man heutzutage vorfindet. Außer den wieder unabhängigen Republiken innerhalb der ehemaligen Sowjetunion schließt Turkestan heute Teile Chinas, Nordpakistans und Nordindiens ein. Das amerikanische Außenministerium, das in der Gebietsspezialisierung der Zeit des Kalten Krieges verhaftet bleibt, bearbeitet Turkestan in seinen Abteilungen für die ehemalige Sowjetunion, Südasien und Ostasien. Mit wenigen Ausnahmen ordnet auch die Reiseführerbranche Teile Turkestans der ehemaligen Sowjetunion, China und dem indischen Subkontinent zu. William O. Douglas, der verstorbene Oberste Bundesrichter der USA und passionierte Weltreisende, hatte recht, als er 1952 bemerkte: »Mittelasien liegt hauptsächlich in Rußland und Tibet. Aber der nördliche Teil von Indien und die Randbereiche Pakistans, die sich an das Karakorum-Gebirge schmiegen, gehören ebenfalls zu Mittelasien. Sie sind *eine* Welt ...«

Als ich von Usbekistan aus auf dem Landweg durch drei ehemalige Sowjetrepubliken, durch Westchina und Nordpakistan reiste, erlebte ich diese Welt; sie endete erst, als ich auf der anderen Seite des Karakorum hinabgestiegen war in die dichtbesiedelte, schwüle Tiefebene des Pandschab; hier beginnt der indische Subkontinent.

Ich traf in Taschkent ein, ausgerüstet mit Eugene Schuylers Buch *Turkistan: Notes of a Journey in Russian Turkistan, Khokand, Bukhara, and Khulda*, einem Reisebericht aus dem Jahre 1885. Schuyler, Mitglied der Rumänischen Akademie und der amerikanischen, italienischen und der russischen Geographischen Gesellschaften, hatte damals Taschkent als Ausgangspunkt für seine Unternehmungen in Mittelasien ausgewählt. Ich tat dasselbe. Damals wie heute ist Taschkent ein Außenposten Rußlands, eine regionale Metropole und ein günstiger Ausgangspunkt für Reisen. Ich war froh, Notizen aus einem weiteren, weniger romantisch gestimmten Buch zu haben: *Ecocide in the USSR: Health and Nature Under Siege* von Murray Feshbach und Alfred Friendly Jr.

Als ich das Flughafengebäude von Taschkent betrat, fiel mir sofort die alptraumhafte bolschewistische Roheit auf, die hier – ähnlich wie in Baku – Architektur und Atmosphäre prägte.[6] Das Gebäude war ein Kasten aus Gußbeton und billigem Schiefer mit schrägen Kanten und grellen Leuchtstofflampen. Sowjetische Architekten zeichneten sich sehr oft durch die Fähigkeit aus, mit schiefen Winkeln und billigen Baustoffen absolute Scheußlichkeit zu entwerfen.

Vom Flughafengebäude aus sah ich eine Stadt mit unmenschlich breiten Boulevards und öden Plätzen in einer flachen Landschaft. Die Regierungsgebäude waren viel zu groß und unproportioniert: ballonartige Blasen, trapezförmige Gebilde, graue Betonfassaden. Die Wohnblocks glichen jenen, die ich in Baku, in Albanien und Rumänien gesehen hatte: oft unverputzt, die Fassaden manchmal mit Badezimmerkacheln verkleidet, die schiefen Balkons meist mit Tomaten und Zwiebeln statt Blumentöpfen verziert. Dies war das abstoßendste Beispiel sowjetischen Designs, es schrie förmlich: Wir halten die Schwachen nieder.

Ich wohnte bei einem Freund, einem westlichen Diplomaten. »Trink niemals Leitungswasser«, sagte er mir. Die Reiseführer hatten mich bereits vorgewarnt. Im Iran war die Wasserqualität oft unbedenklich, hier jedoch, wie vieles andere, gefährlich. Feshbach und Friendly schrieben in *Ecocide in the USSR*:

»Trinkwasser ist kostbar, in vielen Gegenden Mittelasiens jedoch häufig vergiftet. In Kirgisistan, wo 62 Prozent der Bevölkerung Landbewohner sind, muß ein Drittel seinen Durst direkt an Bächen, Flüssen und primitiven Quellen stillen ... Jährlich sterben mehr als 1500 Menschen an Erkrankungen des Verdauungstrakts, mehr als die Hälfte sind Kinder im Alter von weniger als einem Jahr ...

In Usbekistan auf dem Land zu leben ist jedoch keine Garantie gegen Umweltverschmutzung. Von den elf Textilfaserfabriken in der Hauptstadt Taschkent und ihrer Umgebung verfügen sieben über keinerlei Wasserkläranlagen ... Ihre Abfallstoffe gelangen zu 60 Prozent unbehandelt direkt in den Akhangaran-Fluß ... Die gefährlichste Wasserqualität fanden wir in Mittelasien ... Die Rate neuer Fälle von Typhus, einer durch Wasser übertragenen Krankheit, reicht von mehr als dem Dreifachen des sowjetischen Durchschnitts in Usbekistan bis zum Dreizehnfachen des Durchschnitts in Tadschikistan.«

Nach Einbruch der Dämmerung hatte sich mein Schock gelegt. Ich ging spazieren und stellte fest, daß Schuylers *Turkistan* immer noch aktuell war: »Als ich am ersten Abend nach meiner Ankunft in Taschkent im hellen Mondlicht auf der Veranda saß, konnte ich kaum glauben, daß ich in Mittelasien war; ich kam mir eher vor wie in einem der behaglichen Städtchen inmitten des Staates New York ... Es gibt nur wenige alte Häuser, und die meisten Moscheen sind recht klein ...«

Sieht man von den klotzigen Regierungsgebäuden und den öden Plätzen ab, wirkt Taschkent nach wie vor kleinkariert, nichtssagend und provinziell. Die äußeren Randbezirke haben etwas Verschlafenes. Dieses Grenzland des Zarenreiches erinnerte mich an ein anderes Grenzland, an das östliche Ungarn, das ebenfalls von Mongolenhorden überschwemmt worden war.

1966 war Taschkent von zwei größeren Erdbeben erschüttert worden, gefolgt von achthundert kleineren Beben 1966 und 1967. Ich mußte mich anstrengen, etwas Schönes zu erspähen. Ich entdeckte es schließlich in einigen verzierten Regenrinnen und in einem senffarbenen, verschnörkelten Haus, das den Häusern in Ostungarn ähnelte. Doch solche Beispiele waren selten. Die Moscheen, die neuen wie die alten, sind klein. Auch wenn Taschkent heute nicht mehr unbedingt an ländliche Gebiete im Staat New York erinnert, wie Schuyler meinte, Ähnlichkeiten mit Städten in Iowa sind meist nicht zu übersehen. Doch lassen wir romantische Assoziationen beiseite. Mittelasien ist die flache Mitte eines Kontinents, vergleichbar mit dem amerikanischen Mittelwesten.

Im Jahre 1885 lag die Zahl der Einwohner, so schätzte Schuyler, zwischen 60 000 und 120 000. Mitte der neunziger Jahre dieses Jahrhunderts waren es zwei Millionen. Doch wegen der Erdbebengefahr und der russischen Garnisonen vor Ort bot Taschkent ein eher aufgelockertes Stadtbild. Taschkent – der Name bedeutet soviel wie »steinerne Stadt« – geht zurück auf eine Oasensiedlung aus dem ersten Jahrhundert; im Mittelalter wechselten sich Perser, Mongolenhorden und turkstämmige Khans als Herrscher ab. Im Juni 1865 kamen die Russen.

Von 1239 bis ins 15. Jahrhundert hatte die »Goldene Horde« der Mongolen den Großteil Rußlands (einschließlich Moskau und Kiew) unterworfen. Rußland wurde so vom Europa der Renaissance weitgehend abgeschnitten.[7] Geplagt von Minderwertigkeitskomplexen und Rachedurst sind die Russen seit dem 16. Jahrhundert, seit der Zeit Iwans des Schrecklichen, ständig in der Offensive. Ein Erbe dieser Tradition war Stalin, der die Bruderschaft der Mohammedaner und Türkvölker weitgehend vernichtete und die turkstämmigen Untertanen von ihren Stammesgenossen außerhalb der Sowjetunion isolierte. Er zwang ihnen das kyrillische Alphabet auf. Ein weiteres Beispiel dieser Tradition: der Einmarsch der Russen in das sunnitisch-moslemische Tschetschenien im nördlichen Kaukasus im Januar 1995.[8] Der russische Vorstoß nach Südosten hatte das Ziel, die Ländereien der Türkvölker zu erobern und die Warmwasserhäfen am Indischen Ozean zu besetzen. Peter der Große holte sich 1696 das Asowsche Meer von den ottomanischen Türken. Im Laufe des folgenden Jahrhunderts errichteten russische Pelzjäger und -händler Handelsposten in Südsibirien bis nach Turkestan. Nachdem sich Rußland von der napoleonischen Invasion erholt hatte, begann es im 19. Jahrhundert damit, ein turkstämmiges Khanat nach dem anderen zu unterwerfen. Als sich die Truppen des Zaren Indien näherten, wurden die Briten nervös. Das »Große Spiel« zwischen Großbritannien und Rußland begann – ein Kalter Krieg in einer Version des 19. Jahrhunderts. Der russische Vorstoß nach Turkestan war bei den Einwohnern nicht immer unwillkommen. Die einheimischen Herrscher waren oft grausam, nicht nur gegenüber russischen Kaufleuten und deren Kindern, die die Khane in die Sklaverei verkauften, sondern auch gegenüber ihren eigenen turkstämmigen Untergebenen.

Im Morgengrauen des 15. Juni 1865 begann der russische General Mikhail Tscherniajew mit 1300 Soldaten und 12 Artilleriegeschützen die alten Festungsmauern von Taschkent zu stürmen. Am 17. Juni gehörte Taschkent zum Reich des Zaren Alexander II. Die Stadt wurde Stützpunkt für weitere russische Eroberungen in Turkestan. Die Russen erbauten eine klassische Kolonialstadt mit einem Netz rechtwinkliger Straßen, die rasch das mittelalterliche turkstämmige Zentrum schluckte.[9] 1990 waren nur etwa acht Prozent der Bevölkerung Usbekistans russisch; der Großteil dieser acht Prozent konzentrierte sich allerdings auf Taschkent und verlieh der Stadt ein koloniales Gepräge.

Bei meinen ersten Begegnungen in Turkestan traf ich nicht nur auf Angehörige eines Turkvolkes, sondern auch auf Russen und Armenier, deren Familien – wie die vieler hier ansässiger Juden – nach der zaristischen Eroberung im 19. Jahrhundert und während der ethnischen Umsiedlungen zu Stalins Zeiten hierhergekommen waren. Taschkent war das Gegenteil von Städten wie New York oder San Francisco: In die amerikanischen Zentren waren die Einwanderer freiwillig gekommen, um bessere Lebensverhältnisse zu suchen. Die Vorfahren der Taschkenter waren meist mit Gewalt und in Massentransporten verschleppt worden.

Einige Autoren, auch ich, haben das moslemische Mittelasien früher als Teil eines neuen, erweiterten Nahen Ostens beschrieben. Taschkent lehrte mich, daß mein Urteil voreilig war. Die Sowjetunion hatte sich aufgelöst, doch Turkestan war noch immer stärker mit Rußland verbunden als mit dem Nahen Osten. Doch wie lange noch?

»Ich wuchs auf mit einem Gefühl der Überlegenheit. Jetzt muß ich in einer neuen Gesellschaft Fuß fassen.« Sergei war Russe, seine Frau Usbekin. Bis zum Zusammenbruch der UdSSR hatte das politisch wenig Bedeutung. Bis 1991 waren er und seine Frau »Sowjetbürger«; ihre Ehe war offiziell eine typisch sowjetische Ehe; heute, 1994, ist sie möglicherweise gefährdet.

Sergeis Großvater war nach der bolschewistischen Revolution nach Kasachstan ausgewandert, sein Vater emigrierte von Kasachstan nach Taschkent. Die Familie seiner Mutter war unter Stalin aus Rußland nach Kirgisistan und dann nach Taschkent verbannt worden. Sergei wurde schließlich Fernmeldeoffizier beim sowjetischen Militär. Der blonde Bodybuilder sah von Kopf bis Fuß wie ein »Held der Sowjetunion« aus. Seit dem Untergang der Sowjetunion war er jedoch ein ganz gewöhnlicher Russe, Angehöriger einer Minderheit, die Usbekistan verließ aus Angst vor der Zukunft in einem Staat, der nun von jenen kontrolliert wurde, die sie einst unterdrückt hatte.

Viele dieser Russen werden in Mittelasien bleiben, weil sie nicht wissen, wohin sie gehen sollten. Sergei ist ein typisches Beispiel. Beide Zweige seiner Familie waren vor zwei Generationen nach Turkestan gekommen. Er hatte keine direkten Verwandten mehr in Rußland. Das Leben in russischen Städten, erzählte er mir, sei viel teurer als in Taschkent. Und die Kriminalität, die in Taschkent beachtlich sei, sei in Rußland noch viel schlimmer. Das Leben im allgemeinen, so meinte Sergei, sei dort schwieriger als hier.

Sergei dachte und sprach in ethnisch-kulturellen Begriffen. Die Familienmitglieder seiner Frau seien Usbeken, seine Kinder halb usbekisch, halb russisch, erklärte er mir. Er habe zunächst gehofft, daß die Usbeken besser mit sich fertig werden würden als die Russen. »Es ist schließlich ein flaches Land, das leichter zu beherrschen ist als Tadschikistan mit seinen hohen Gebirgen, wo die Stämme durch tiefe Täler getrennt sind, was oft zu Bürgerkriegen geführt hat. Tadschikistan hat keine Zukunft.« Doch Sergeis Hoffnung für Usbekistan ist inzwischen auch geschwunden. Präsident Islam Karimow, sagte er, setze sich »im Grunde nur für seinen Stamm ein. Auf der Straße, in Bussen, aus den Verlautbarungen und Maßnahmen der Regierung gewinnen wir Russen den Eindruck, daß wir hier nicht gern gesehen sind, obwohl wir in der Regel besser ausgebildet sind. Das war beruhigend, als wir alle arm waren. Nun werden einige von uns reich, und das verstärkt die Spannungen. Gleichmäßig verteilte Armut kann ethnische Konflikte verhindern.«

»Wie können Sie nur mit dem Bus durch dieses Land reisen«, sagte mir Maria empört.»Man wird Ihnen ansehen, daß Sie ein Ausländer sind, und Sie ausrauben ... Früher war dies eine moderne Stadt, doch jetzt treiben sich auf einmal Kühe auf den Straßen und Plätzen herum. Die Bauern haben die Oberhand gewonnen. Der Basar wimmelt von Hooligans. Sehen Sie den Mann dort, der viel zu schnell und viel zu dicht hinter dem anderen herfährt. Das liegt daran, daß er Usbeke ist. Ja, ich weiß, Sie sind Amerikaner, deswegen werden Sie denken, ich hätte Vorurteile. Achten Sie auf die Fahrer, achten Sie auf die Autos. Die Russen fahren miserabel, die Usbeken noch miserabler. Die einzige nennenswerte Form von Zivilisation in dieser Stadt rührt daher, daß ein General 1865 die Stadtmauern stürmte.«
Maria grinste spöttisch. Sie war Armenierin und lebte in einer Gesellschaft, über die ein Turkvolk gerade die Herrschaft gewonnen hatte. Ihre dunklen, durchdringenden Augen verrieten nichts über ihre Gefühle. Als ich ihr das erste Mal begegnet war, hatte sie mir zugehört, ohne irgend etwas zu erwidern. Beim zweiten Mal sezierte sie meine Gedanken Stück für Stück:»Ich will nicht behaupten, die Russen wären großartig gewesen. Wenn Sie zum Beispiel sehen, wie sich eine Russin auf der Straße vor Ihnen bekreuzigt – tut sie es, weil sie fromm ist? Vielleicht. Vielleicht auch, weil sie denkt, Sie geben ihr ein wenig Geld.«
Marias Stimme klang zynisch. Sie erinnerte mich an den ägyptischen Beamten, den ich in Kairo kennengelernt und der behauptet hatte,

»Menschenrechte sind ein Witz« und islamische Terroristen seien nichts anderes als ein paar »Anstreicher und Klempner«. Diese Menschen haben resigniert. »Es liegt nicht an der Regierung. Es liegt an der Gesellschaft, die die Regierung nur widerspiegelt«, sagte Maria. »Kommen Sie, ich zeige Ihnen ein Stück Realität. Hunderte verwahrloste und betrunkene Jugendliche, ich habe es selbst gesehen, die Regierungsmiliz stand dabei und unternahm nichts.« Ich wußte nicht, wovon sie sprach.

Maria führte mich auf den weitläufigen Dombrabad-Friedhof, auf dem viele orthodox-christliche und jüdische Grabsteine zertrümmert und umgestoßen waren. Ich sah einen in mehrere Stücke zerbrochenen Grabstein mit der Inschrift »Kostas Nikos Dimakis, 3. März 1914 – 12. August 1992«. Maria und ich gingen ein Stück weit schweigend unter dem hohen Baldachin aus Eichen, vorbei an langen Reihen von Grabsteinen. Wir gingen vom griechisch- und russisch-orthodoxen Teil des Friedhofs, wo Kreuze verbogen oder abgebrochen waren, zum jüdischen Teil. »Die Juden sind fast ganz verschwunden. Die letzten verlassen Taschkent derzeit; sie verkaufen ihre Teppiche und andere Besitztümer«, erklärte Maria. »Also gibt es niemanden, der ihre zerstörten Gräber wieder instand setzt oder pflegt.« In jeder der so langen Grabreihen war mindestens ein Stein umgeworfen oder zertrümmert. »Sehen Sie«, sagte Maria, »die Usbeken betrachten die Juden und Christen als Bourgeoisie. Da die Friedhöfe in Taschkent fast alle voll sind, müssen die Usbeken inzwischen auf Friedhöfen außerhalb von Taschkent begraben werden. Sie haben aber kein Geld für Benzin, um 40 Kilometer weit zu fahren. Deshalb hegen sie solchen Groll gegen Juden und Christen, die hier in der Stadt begraben sind.« Ich hatte erwartet, in Turkestan exotischen Moslems zu begegnen. Statt dessen stieß ich auf Gedenkstätten großer russischer, griechischer und jüdischer Gemeinden, die von betrunkenen Rohlingen verwüstet worden waren. Das zertrümmerte Grab des Griechen Kostas Nikos Dimakis markierte die östlichste Flanke einer Front zwischen Moslems und griechisch-orthodoxen Christen, die sich von der Ägäis und Zypern über die umkämpften Reste griechischer Gemeinden am

Schwarzen Meer und am Kaspischen Meer bis nach Mittelasien hinzog. Die Grabschändung war ein Akt der Barbarei; sie hatte mit den wirtschaftlichen und sozialen Verhältnissen, mit dem Erbe des Kommunismus zu tun. Mich erinnerte das an die Ausschreitungen armer Rumänen gegen die Volksdeutschen, an die wütenden Angriffe der armen Afrikaner gegen die arabische Oberschicht in Sierra Leone. Diese Gruppen vertrieben genau jene Leute, die sie für den Aufbau ihrer Wirtschaft eigentlich brauchten.[10]

Die westlichen Diplomaten waren geteilter Meinung. »Es stimmt, die Usbeken fahren wirklich rücksichtsloser als die Russen. Egal, was in der Vergangenheit war, die Russen sind die gebildete Elite, sie sind gern gesehen«, sagte der eine. »Glauben Sie bloß nicht diesen Unsinn, daß die Russen unterdrückt werden«, meinte der andere. Der Zwist zwischen Russen und Türkvölkern ist nur einer von den vielen ethnischen Konflikten, die ich nach meiner Abreise aus Taschkent in Mittelasien sah.

Bevor ich das übrige Usbekistan erkunden konnte, mußte ich ein Visum für meine Weiterreise beantragen. Als ich zur Botschaft von Kasachstan kam, erfuhr ich, daß der Stab kürzlich in ein neues Gebäude umgezogen war. In dem neuen Bau platzte ich mitten in eine Feier und wurde sofort direkt neben den kasachischen Botschafter gesetzt. »Wir haben ein Schaf geschlachtet, um unser neues Gebäude zu feiern. Essen Sie, essen Sie«, befahl mir der Botschafter.
Ich konnte mein Glück kaum fassen. In Washington hatte ich 85 Dollar für ein Visum nach Usbekistan bezahlt; ein Freund von mir kannte den usbekischen Botschafter. Ein Visum für Kasachstan hatte ich nicht bekommen. Taschkent war daher meine letzte Hoffnung. Jetzt, da ich mit dem kasachischen Botschafter Brot brach, konnte er das Visum wohl nicht verwehren ...
Die Feier fand in einem geschlossenen Raum ohne Klimaanlage statt – es war Ende Mai. In der Mitte türmten sich Berge von Käse, Fleisch, Erdbeeren und anderen Früchten, überall standen Flaschen mit Wodka, Champagner und Rotwein. Es war zehn Uhr vormittags.

Man stellte mir einen Teller mit Pferdefleisch vor die Nase, zusammen mit einem Schafskopf und einer Schale *Kumiz*, leicht alkoholischer Stutenmilch, die Marco Polo als »ein recht treffliches Getränk« bezeichnet hatte. Der Botschafter schenkte in einen Pappbecher Wodka für mich ein und sprach: »Trinken Sie. Sie bringen unserer neuen Botschaft Glück.« Ich trank. Er füllte nach. Dann forderte er mich auf, *Kumiz* zu trinken und das Pferdefleisch sowie den Schafskopf zu essen. Die anderen starrten mich aus breiten Gesichtern unbestimmter Hautfarbe an – Gesichter, in denen sich Ost und West, Nord und Süd mischten. Als ich mit einem Trinkspruch an der Reihe war, redete ich über die amerikanisch-kasachische Freundschaft. Alle jubelten. Der Botschafter schenkte mir Wodka nach. Ich erkundigte mich nach dem Visum, und der Botschafter sagte, ich solle »morgen« wiederkommen.

Am nächsten Morgen schleppte ich mich mit ernsthaften Magenbeschwerden zu der kasachischen Botschaft. Der Botschafter sei beschäftigt, hieß es. Ich sprach mit einem Sekretär, der mir mitteilte, er könne mir kein Visum ausstellen, es sei denn, jemand aus Kasachstan würde mir eine offizielle Einladung schicken. »Auf diese Weise«, erklärte er mir, »trägt meine Regierung keine Verantwortung, falls Sie in Kasachstan ausgeraubt oder ermordet werden.« Ich sorgte dafür, daß der Pressesprecher einer westlichen Botschaft in der kasachischen Hauptstadt ein Fax mit einer offiziellen Einladung nach Taschkent schickte. Schließlich bekam ich das Visum. Die Gebühr betrug 120 Dollar. Und ich hatte mich über die Visaprozeduren in westafrikanischen Ländern beklagt!

Waren derlei Schikanen das Überbleibsel des alten sowjetischen Systems, in dem niemand ohne vorherige Einladung ein Visum bekam? War es eine kriminelle Machenschaft, durch die sich der Sekretär oder der Botschafter bereicherte?

Es war an der Zeit, Taschkent zu verlassen.

17 Präbyzantinische Turkvölker und Zivilisationskonflikte

Der Registan auf der anderen Straßenseite wirkte wie ein Freizeitpark mit bemalten Minaretten, gerippten, türkisfarbenen Kuppeln und glänzenden Fayencewänden; die Mauern sahen aus wie mehrere Etagen hohe und mehrere Häuserblocks breite persische Teppiche, die zu glasierter Keramik erstarrt waren. So ordentlich und gepflegt wirkten diese Bauten aus dem 15. und 17. Jahrhundert, daß man meinen konnte, der Platz in Samarkand sei über Nacht von Disneyland-Designern aufgebaut worden.

Registan bedeutet soviel wie »Platz des Sandes«; früher wurde hier bei öffentlichen Hinrichtungen Sand aufgeschüttet, der das Blut aufsaugen sollte. Der Platz bildet das Herz des mittelalterlichen Samarkand.

Samarkand wurde im 4. Jahrhundert v. Chr. von Alexander dem Großen erobert, im 2. Jahrhundert v. Chr. von den Chinesen zu einem Knotenpunkt der Seidenstraße ausgebaut, im 13. Jahrhundert von Dschingis Khan geplündert, im 14. Jahrhundert von Tamerlan zur Hauptstadt seines Reiches gemacht und von Marco Polo und Ibn Battuta gepriesen. Heute ist Samarkand bloße Fassade. Außer ein paar hübschen Höfen befinden sich hinter den hohen Mauern keinerlei Überreste der einstigen drei Koranschulen, die den prächtigsten mittelalterlichen Platz in Turkestan geprägt hatten. Abgesehen von den herrlichen Mauern ist wenig geblieben.

Es gab kein einziges anständiges Speiselokal. Ich saß mit Ulug Beg, meinem usbekischen Führer, in einem *tschai-khana*, einem Teehaus, aber nicht in einem der traditionellen, mit Teppichen auf erhöhten

Plattformen, sondern in einer sowjetischen Variante mit verbogenen Metallstühlen. Die Stühle waren an die Tische gekettet, damit sie nicht gestohlen wurden. Die Tische waren mit Zigarettenstummeln übersät. Ausgeschenkt wurden in Pappbechern heißer Tee, nach Chemie schmeckende Softdrinks und Wodka; ihm sprachen junge Rowdys bereits um neun Uhr früh eifrig zu. Der Anblick war beunruhigender als das Fehlen jeglicher Spirituosen in iranischen Speiselokalen. »Was soll ich sagen? Das ist mein Heimatland. Ich bin beschämt«, gestand Ulug Beg. Er war Usbeke und entsetzt über die Verwahrlosung. Ich hatte ihn am Tag zuvor an der Universität kennengelernt. Ulug Beg war neunzehn Jahre alt, Amateurboxer, er hatte eine milchkaffeebraune Hautfarbe, schwarzes drahtiges Haar und die breiten asiatischen Gesichtszüge, die an Porträts mongolischer Krieger erinnerten. Sein Vater hatte Verbindungen zu den immer noch wirkenden ehemaligen sowjetischen Machthabern, die Familie lebte in wohlsituierten Verhältnissen. Ulug Beg war in Moskau und einigen baltischen Städten zur Schule gegangen. In Samarkand oder Buchara, wohin er mich begleiten wollte, war er jedoch noch nie gewesen. Schließlich seien dies tadschikische Städte, erklärte er mir. Warum sollte ein Usbeke dorthin fahren? Der Landkarte nach gehört Samarkand – wie Buchara – zu Usbekistan, doch nur in streng rechtlichem Sinne.

Samarkand und Buchara liegen im Herzen Mittelasiens. Mehr verrät die Karte nicht. Da sich russische, persische und turkstämmige Einflüsse hier überlappen, ist die kulturelle Geographie äußerst verwirrend. Die Tadschiken sind ein mehr oder weniger persianisiertes Volk; die Usbeken dagegen ein Turkvolk. Buchara und Samarkand sind persianisierte Inseln inmitten eines von Turkvölkern beherrschten Staates. Ich hatte einmal eine Karte von Mittelasien gesehen, auf der Sprach- und Stammesgrenzen eingezeichnet waren; sie stimmten nur ungenau mit den offiziellen Staatsgrenzen überein.[1]

Manche Wissenschaftler meinen, die usbekisch-tadschikischen Spannungen beschränkten sich vor allem auf historische Streitfragen. Im postsowjetischen Mittelasien herrschten stärkere Spannungen zwischen städtischen und ländlichen Usbeken sowie zwischen städtischen und ländlichen Tadschiken als zwischen Usbeken und Tadschiken.

Die ethnischen Verhältnisse sind recht unklar. Islam Karimow, 1994 usbekischer Präsident, soll als Waise in schwierigen Verhältnissen aufgewachsen sein; er ist angeblich Halb-Tadschike, obwohl seine Abstammung streng vertraulich behandelt wird. In der Öffentlichkeit spricht Karimow meist Russisch, auch wenn seine feindselige Haltung gegenüber den Russen so weit ging, daß er die Gedichte Alexander Puschkins nicht in den usbekischen Lehrplan aufnehmen wollte – schließlich sei Puschkin Russe und nicht Usbeke gewesen. Nach einigem Hin und Her verkündete die Regierung, man habe einen nichtrussischen Vorfahren Puschkins ausgemacht, Puschkin dürfe wieder auf dem Lehrplan stehen.[2]

Um acht Uhr früh brachen Ulug Beg und ich zum Taschkenter Busbahnhof auf. Mein Reisebegleiter war nach dem Enkel Tamerlans benannt, der von 1407 bis 1449 in Samarkand regiert hatte. Ulug Beg war nicht nur ein aufgeklärter Herrscher gewesen, sondern auch ein Astronom vom Range eines Kopernikus. Ulug Beg der Ältere bestimmte die Positionen von Mond, Planeten und mehr als eintausend Sternen und berechnete die Länge des Jahres bis auf 58 Sekunden genau.

Mein Ulug Beg war Student an der Taschkenter Hochschule für Weltwirtschaft und Diplomatie. Er hatte noch nie als Reiseführer gedient und war nervöser als ich. Als zukünftiger Angehöriger der herrschenden ethnischen Elite muß es ihm sinnvoll erschienen sein, andere Teile seines Heimatlandes kennenzulernen. Seine Meinungen wechselten sprunghaft und waren oft nicht schlüssig.

Wir erwischten ein Taxi, das uns ein Stück mitnahm. Während der Fahrt sprachen Ulug Beg und ich Englisch; der Fahrer kassierte für die fünfminütige Fahrt 20 000 Som, etwa 80 Cent. »Er hat uns übers Ohr gehauen«, sagte Ulug Beg. »Von jetzt an kein Englisch mehr, bis wir bezahlt haben.« Das zweite Taxi brachte uns in einer weiteren fünfminütigen Fahrt bis zum Busbahnhof; diesmal kostete es 2000 Som, etwa acht Cent.

Der Busbahnhof von Taschkent war bevölkert von jungen wodkatrinkenden Rowdys in dünnen Kunstlederjacken und Polyesterhemden. Ein paar Wochen zuvor war hier ein amerikanischer Rucksacktourist bewußtlos geschlagen und ausgeraubt worden. Ein westlicher Botschafter erzählte mir, daß seiner Frau und seiner Töchter bei verschiedenen Gelegenheiten in usbekischen Bahnhöfen die Taschen gestohlen wurden. Waren die Opfer unvorsichtig gewesen, hatten sie einfach Pech gehabt? Ich weiß es nicht. Meine Eindrücke in der Bahnhofshalle und mein New Yorker Selbsterhaltungstrieb sagten mir jedoch, daß es sich hier um einen Ort handelte, in dem sich – ähnlich wie in gewissen Teilen Westafrikas – vor allem sozial Schwache aufhielten, Ausgestoßene der Gesellschaft. Usbekistan mochte eine kulturelle Verlängerung sowohl der Türkei als auch des Iran sein, doch in wesentlichen Punkten, so stellte ich fest, hatte es keine Verbindung zu beiden Ländern.

»Lassen Sie Ihre Tasche nicht verstauen. Nehmen Sie sie auf den Schoß oder stellen Sie sie unter den Sitz.« Ulug Beg war aufgeregt. Seine Augen wanderten unentwegt. Er traute seinen usbekischen Landsleuten genausowenig wie den Tadschiken. Die Busfahrt von Taschkent nach Samarkand dauerte vier Stunden und kostete umgerechnet 65 Cent. Die Rahmen der Sitze waren kaputt, die Polster sahen aus, als hätte eine Herde Ziegen daran geknabbert. Die Fahrgäste waren ganz unterschiedlicher Art: junge Schlägertypen mit Akne, vorzeitig ergrautem Haar und bis zum Bauchnabel aufgeknöpften Hemden; rundliche Frauen mit blumengemusterten Kleidern, Kopftüchern, behaarten Beinen und Goldzähnen; unzählige Kinder, einige still, andere laut. Alle hatten eine fettige Haut. Das war mir bereits in den Balkanländern und in der ehemaligen Sowjetunion aufgefallen. Lag es an der Luft oder an der schlechten Seife?

Auf dem Busbahnhof hatte man zwar Bier und Wodka kaufen können, aber kein Mineralwasser und keine Softdrinks. Im Waschraum des Bahnhofs hatte ich daher Wasser durch einen Jodfilter in meine Feldflasche gegossen. Ich erinnerte mich, daß es in Westafrika überall abgefülltes Wasser und westliche Softdrinks gegeben hatte.

Die Straße nach Samarkand war keineswegs »golden«[3], sondern gesäumt von hohem Gestrüpp und weißgestrichenen Betonmauern,
hinter denen sich Felder und Fabriken verbargen. Vier Stunden lang
starrte ich auf die quälend monotone Landschaft, die lockere graue
Erde, die Baumwollfelder und die zementierten Bewässerungskanäle. Was zu Schuylers Zeit eine »verhungerte Steppe« war, könnte in
der Zukunft eine »vergiftete Steppe« sein. Feshbach und Friendly
schreiben in *Ecocide in the USSR*:
»Die Grundwasserspiegel, die früher etwa sieben Meter unter der
Erde lagen, stiegen mancherorts bis auf dreißig Zentimeter unter der
Oberfläche an. In Usbekistan wurde auf nahezu zwölftausend Qua-
dratkilometern die vollgesogene Erde so salzhaltig, daß das Land
nicht mehr bewirtschaftet werden konnte ... Die Gesundheit [in Mit-
telasien] wurde außerdem oft durch kontaminiertes Wasser und ...
eine übermäßige Belastung durch landwirtschaftliche Chemikalien
unterhöhlt.«
Samarkand kündigte sich mit verrosteten Rohren, Wellblechdächern,
porösen Löschbetonfassaden und aufheulenden Diesellastwagen an.
Ulug Beg und ich steuerten auf das erste privat betriebene Hotel zu,
das seit dem Ende des Kommunismus in der Stadt eröffnet worden
war. Ein stämmiger, muskulöser Mann mit einem Bier in der einen
und einer Zigarette in der anderen Hand begrüßte uns am Hotelein-
gang mit einem »*Salaam aleikum*« (Friede sei mit euch).
»Überlassen Sie mir das Reden«, sagte Ulug Beg und ließ seine Bo-
xermuskeln spielen. In St. Petersburg und den baltischen Städten hatte er in Studentenwohnheimen gewohnt. War er das erste Mal in einem Hotel?
Die Dame am Empfang war Russin, schätzungsweise um die fünfzig.
Sie war übergewichtig und gekleidet wie ein zwanzigjähriges Strip-
teasegirl; sie trug ein tief ausgeschnittenes Kleid, ihr Parfum war überwältigend, und ihre wissenden Augen durchschauten wohl die Phan-
tasien eines jeden Mannes, so fremdländisch er auch aussehen mochte. Nach kurzem Feilschen überließ sie Ulug Beg ein Zimmer für
achtzig Cent, ich als Ausländer mußte dreißig Dollar bezahlen. Sie

287

wollte das Geld sofort, und zwar in Noten, die nicht älter datiert waren als »1990«.

Inzwischen hatten sich mehrere attraktive Frauen unterschiedlicher ethnischer Herkunft dem Empfangsschalter genähert; auch sie waren wie Trapezkünstlerinnen gekleidet, auch in ihren Augen lag Erwartung. Ich war Ausländer, das hieß, ich hatte Geld. War dies ein Bordell?

Auf dem Korridor ging es lebhaft zu. Ich erspähte einen Mann, der in ein Zimmer schlich, in dem eine nackte Frau mit Schmuck um Hals und Handgelenke saß. In meinem Zimmer befanden sich ein roter türkischer Teppich, rote Filzsessel, rotgeblümte Plastikvorhänge, ein Teeservice, ein Kühlschrank und ein Doppelbett mit roten Leintüchern. Ich sah zum Fenster hinaus auf ein Lastwagen-Depot. Das Hotel lag nicht in einem abgelegenen Industrieviertel, sondern im Herzen von Samarkand.

Es klopfte an der Tür. Ich öffnete. Eines der Mädchen stand mit ein paar Papiertüchern in der Hand vor der Tür. »Hier ist Toilettenpapier«, hauchte sie und starrte mich ebenso durchdringend an wie die Dame am Empfang.

Ulug Beg und ich gingen durch Straßen mit deprimierenden Bauten vom Registan zum *Gul Emir*, dem Herrschergrab, der Begräbnisstätte von Tamerlan, Ulug Beg und anderen Mitgliedern des Timuriden-Clans.[4] Mit Hilfe eines Heeres turkstämmiger Reiter und turksprachiger Mongolen, den Resten von Dschingis Khans »Goldener Horde«, hatte Tamerlan am Ende des 14. Jahrhunderts ein Reich geschaffen, das sich von Ostanatolien bis zum Nordwesten Indiens erstreckte und ganz Persien einschloß. Er starb 1405 auf einem Feldzug nach China. Tamerlans Leichnam wurde mit Rosenwasser, Moschus und Kampfer eingeölt und nach Samarkand zurückgebracht und hier begraben. 1937 kam der britische Geheimagent und Reiseschriftsteller Fitzroy Maclean heimlich nach Samarkand und besuchte das *Gul Emir*. »Vor dem großen Eingangsportal«, schreibt er in *Eastern Approaches*, »hatte ein alter Mann unter einem Maulbeerbaum sein Bett aufgeschlagen. Ich rüttelte ihn wach und forderte ihn auf, das Tor für mich zu öffnen.«

Als ich fast sechs Jahrzehnte später vor dem blauen Kuppelbau stand, war er eingerüstet. Ein bewaffneter Milizoffizier in einer alten sowjetischen Uniform erklärte, für einen Dollar würde er das Licht anschalten, für einen weiteren den Keller zeigen, in dem sich Gräber befänden, von denen die Allgemeinheit nichts wisse. Ich gab ihm die zwei Dollar. Die Grabgewölbe waren in allen Reiseführern beschrieben.

»Ich schäme mich so«, sagte Ulug Beg, als wir wieder draußen waren. »Dies ist zwar Mittelasien, aber im Grunde sind es die kaputten Überreste der Sowjetunion. Ich muß mich fragen, welche Zukunft meinem Land beschieden ist, wenn ich mich sogar vor den Polizisten hüten muß, die mich eigentlich schützen sollen.«

In Usbekistan sind Polizei und Miliz korrupt. In den Städten halten Polizisten Autofahrer an und verlangen Bestechungsgelder. Alles kann auf der Stelle geregelt werden, wenn man genügend Geld hat. Die Augen der Polizisten wachen nicht über das Gesetz, sondern lauern auf eine Gelegenheit.

»Die Sowjets sind zwar verschwunden, aber an der Art und Weise, wie die Leute über die Regierung denken, hat sich nichts geändert«, sagte Ulug Beg, während im Hof der Grabstätte die Vögel zwitscherten. »Die Regierung ist nicht Teil von ihnen, sie ändert sich nicht. Jede Regierung wird als Gegner betrachtet; aber wenn dieser Gegner Leute verfolgt, wird es wohl seine Richtigkeit haben. In den baltischen Staaten, wo ich zur Schule ging, ist das ganz anders. Dort waren die Leute bereit für die Unabhängigkeit, in ihren Köpfen waren sie längst eine Nation, lange bevor es offiziell soweit war. Selbst die Professoren an meiner Universität haben diese Mentalität. Sie zeigt sich in allem, was sie uns lehren. Ich weiß noch, einmal hatten wir einen Gast, einen [ehemaligen] Beamten aus Ihrem Land, ich glaube Zbigniew Brzezinski. Er hatte einen polnischen Namen. Von ihm lernte ich mehr als von all meinen Lehrern. Ich weiß nicht mehr genau, was er sagte, aber er war ein unabhängiger Denker. Das spornte mich an.«

Ulug Beg bat einen Taxifahrer, uns zu einer der größten Moscheen der

Welt zu bringen. Sie war zwischen 1399 und 1404 mit Hilfe von 95 Elefanten erbaut und nach Bibi Khanym, einer der chinesischen Frauen Tamerlans, benannt worden. Ich war erstaunt: Der junge Fahrer wußte nicht, wo die Moschee stand. Er war schroff und stank nach Wodka. Ulug Beg kochte. »Das ist ja schlimm, es ist alles schlimm hier in Samarkand. Das sind alles Tadschiken. Ich kenne und ich verstehe diese Menschen nicht. Wie sollte ich sie mögen? Wir müssen Usbeken hier ansiedeln. Wir müssen viele, viele Usbeken in Samarkand ansiedeln.«

Natürlich hatte ich in Taschkent genauso schlimme Taxifahrer erlebt, die wahrscheinlich Usbeken waren. Wenn diese rüden Burschen irgend etwas gemeinsam hatten, dann war es ihr Alter, nicht ihre ethnische Herkunft. Sie waren überwiegend jung. Die älteren Fahrer schienen verwurzelter, vielleicht weil sie sich an den Zweiten Weltkrieg oder an die Deportationen erinnerten. Die junge Generation hatte weder Geschichte noch Kultur. In den dreißiger Jahren hatte Maclean geschrieben: »Das Leben wirkte leicht und locker« in Samarkand, »und die Einwohner schienen die meiste Zeit zu plaudern und Tee zu trinken«. Sechs Jahrzehnte Kommunismus hatten grausame Verheerungen angerichtet. Zu viele junge Männer in den Städten Usbekistans führten ein Leben wie in einer billigen Version von *Clockwork Orange*.

Präsident Karimow war ein Diktator, er regierte wie ein moderner Dschingis Khan. Ich fragte mich, ob Karimows stalinistische Herrschaft angesichts des hier schwelenden Hasses nicht notwendig war …

Das Wort *Usbek* bedeutet »unabhängig«, »frei« von *Uz*, dem »Selbst«. Die Usbeken verfolgen ihre Abstammung zurück auf Usbek Khan (1312–1340), einem Sohn Batu Khans, der wiederum ein Enkel Dschingis Khans war. Die Vorfahren von Usbek Khan gehörten Dschingis Khans turko-mongolischer Horde an. Zu Beginn des 16. Jahrhunderts entthronten sie Babur, den großen turksprachigen Dichter und letzten Nachfolger Tamerlans, der daraufhin aus Samarkand floh und im Nordwesten Indiens die Mogul-Dynastie gründete. Von all den turkstämmigen Literatursprachen, die in dieser verworrenen und bewegten Zeit entstanden, überlebte das Usbekische am längsten; es wurde erst 1937 auf Befehl Stalins abgelöst.[5] Die Usbeken sind ein ausgesprochen stolzes und, wie viele behaupten, chauvinistisches Volk. Ihr ethnischer Stolz war jedoch wie der der anderen Turkvölker Mittelasiens und der der persianisierten Tadschiken nicht mit dem Prinzip der Staatssouveränität vereinbar. »Wenige Völker auf der Welt wurden je gezwungen [quasi gegen ihren eigenen Willen], unabhängige Nationen zu werden.« Doch genau das sei mit den fünf mittelasiatischen Republiken geschehen, als sich die Sowjetunion 1991 auflöste, schreibt die amerikanische Mittelasienexpertin Martha Brill Olcott; diese Menschen forderten Bürgerrechte, aber nicht die Freiheit von Bürgern neuer Staaten; jede Republik sei nach einer bestimmten Nationalität benannt worden, aber keine habe sich an den Grenzen eines jemals bestehenden Staates orientiert. Daher erhöben diese Gruppen nun gegenseitig Gebietsansprüche.

Die Usbeken und andere Volksstämme in Turkestan müssen sich nicht nur mit widersinnigen Grenzen herumschlagen; sie müssen auch ihre nationale Vergangenheit erneuern, oft aus Mythen und Legenden, die der Kommunismus ausgemerzt hatte. Edward A. Allworth, ein Kenner der Region, bemerkt, daß in Mittelasien heute Nationalitäten *retrospektiv* gebildet werden, und zwar sehr oft nicht exakt: In Usbekistan errichte man Tamerlan-Statuen zu Ehren des »usbekischen Nationalhelden«, obwohl Tamerlan gar kein Usbeke gewesen sei. In Wahrheit hätten die Usbeken Tamerlans Dynastie gestürzt, als sie Babur zu Fall brachten.

Viele Wissenschaftler gehen davon aus, daß die Menschen trotz der historischen und kartographischen Verfälschungen immer noch wüßten, wer sie seien und woher sie gekommen seien. Oft wissen sie es aber nicht. Bereits 1925, also noch vor dem Chaos der Stalinschen Deportationen, konnten viele Bauern in Buchara nicht sagen, ob sie nun Usbeken, Kasachen oder Tadschiken sind. Sie waren einfach »aus Buchara«.

Schuyler vermittelt einen Eindruck, wie sich Usbeken und Tadschiken gegenseitig sehen:

»Tadschiken und Usbeken unterscheiden sich deutlich voneinander, nicht nur durch ihr Aussehen, sondern auch durch ihr Wesen. Der Tadschike ist von breiterer und schwererer Gestalt, trägt einen üppigen schwarzen Bart und hat etwas Gerissenes an sich. Er ist … in jeder Hinsicht moralisch verkommen. Der Usbeke ist größer und dünner und trägt einen spärlichen Bart … Sein Benehmen ist natürlich, seine Kleidung schlicht, während der Tadschike sich ganz seiner persönlichen Erscheinung widmet und sich gerne herausputzt. Die Usbeken blicken voller Verachtung auf die Tadschiken … Die Tadschiken betrachten die Usbeken als Narren und Naturkinder …«

Wie andere Gruppen, die einander traditionell mit Argwohn begegnen (vor allem die Turkvölker und die Iraner), so sind auch Usbeken und Tadschiken enger miteinander verwandt als sie – und Schuyler – zugeben. Mischehen sind nicht selten, und die Tadschiken sprechen Dari, einen Dialekt des Persischen mit einem großen Lehnwortschatz aus den Turksprachen. Dennoch ist die Grenzlinie zwischen Usbeken und Tadschiken vielleicht die wichtigste in Mittelasien. Usbekistan ist der Angelpunkt, um den sich das Geschick der gesamten Region dreht. Usbekistan ist der zentrale und bevölkerungsreichste Staat des ehemals sowjetischen mittelasiatischen Raums; hier leben beinahe 45 Prozent der gesamten Bevölkerung dieser Region. Die meisten Menschen Mittelasiens leben in oder um Usbekistan. Usbekistan zählt 23 Millionen Einwohner gegenüber knapp vier Millionen in Turkmenistan im Westen, weniger als sechs Millionen in Tadschikistan im Südosten, knapp fünf Millionen in Kirgisistan im Osten und etwa 16 Millionen in Kasachstan im Nordosten. Usbekistan grenzt an alle diese Staaten, im Süden außerdem an Afghanistan. Darüber hinaus leben sechs Millionen Usbeken außerhalb der Staatsgrenze Usbekistans. Usbeken machen beispielsweise 24 Prozent der Bevölkerung Tadschikistans aus; andererseits leben in den zwei größeren Städten Usbekistans, in Samarkand und Buchara, viele Tadschiken. In Turkmenistan sind 13 Prozent der Bevölkerung Usbeken, in Kirgisistan

12,9 Prozent. Die Usbeken genießen eine klare demographische, aber sehr fragile Vorherrschaft in der Region. Südlich ihrer Staatsgrenze, im kriegsgebeutelten Tadschikistan, liefern sich moslemische Fundamentalisten und Exkommunisten erbitterte Kämpfe. Zwanzigtausend Menschen sind schon umgekommen und Zehntausende nach Afghanistan geflohen. Sowohl Tadschiken als auch Usbeken fragen sich, ob das persisch sprechende Tadschikistan eine Basis des iranischen Einflusses in Mittelasien werden könnte. Einige Usbeken befürchten, der Iran werde ein Groß-Tadschikistan unter Einschluß der vielen Millionen Tadschiken in Südost-Usbekistan und der vier Millionen Tadschiken in Nord-Afghanistan unterstützen.

Hätten die Völker Turkestans seit mehreren Generationen eine starke Mittelschicht gehabt, wären die Grenzfragen wahrscheinlich irrelevant. Wann hat man beispielsweise gehört, daß Separatisten in Quebec oder Nationalisten in Belgien sich mit Gewehren bewaffnen? Der usbekische Präsident Islam Karimow bot 1994 eine Alternative zum Chaos. Ich begegnete ihm zweimal, nicht in Usbekistan, wo es unmöglich ist, ihn zu interviewen, sondern in der Schweiz, wo er sich um ausländische Investitionen bemühte. Dort hatte ihn eine Gruppe von Reportern zu Menschenrechtsverletzungen in seinem Land befragt – keine der ehemaligen Sowjetrepubliken wies eine so abscheuliche Bilanz von Menschenrechtsverletzungen auf wie Usbekistan. Karimow bellte zurück, das gehe uns nichts an.

Unter Karimow werden Demokraten regelmäßig von der Polizei niedergeprügelt. 1992 schlugen usbekische Sicherheitsbeamte dem bekannten Taschkenter Universitätsprofessor Abdulrahim Pulatov eine Eisenstange über den Schädel. Washington kritisierte Karimow wiederholt, doch es interessiert ihn nicht, was Amerika denkt. Europäische und asiatische Geschäftsleute in Usbekistan kümmern sich nicht um Menschenrechte. Könnte es sein, daß Karimow angesichts der brisanten Mischung aus Alkoholismus, Arbeitslosigkeit und ethnischen Spannungen in Mittelasien »starke Männer« wie Lee Kuan Yew in Singapur oder Alberto Fujimori in Peru zu seinen Idolen macht? Birlik ist eine verbotene politische Partei; sie wird im Westen als Gruppierung angesehen, die für Menschenrechte und Demokratie eintritt. Doch Birlik ist auch eine stark nationalistische Partei. Vielleicht fürchtet Karimow politische Unruhen, nicht unbedingt zwischen Usbeken und Tadschiken, sondern unter den Usbeken, vergleichbar den Stammesrivalitäten zwischen verschiedenen Gruppen von Aseri in Aserbaidschan. Karimow setzt auf wirtschaftliche Entwicklung, um Armut und damit verbundene gesellschaftliche Mißstände zu beseitigen. Die politische Emanzipation hat für ihn Zeit.

Karimow war sein ganzes Leben lang eingebunden in die Hierarchie der Kommunistischen Partei. Er hat keine Ahnung von wirtschaftlicher Modernisierung. Er möchte Mr. Lee in Singapur nachahmen, weiß aber nicht wie. Er fürchtet Entwicklungen wie die im Kaukasus, wo die wirtschaftlichen und sozialen Mißstände denen Mittelasiens vergleichbar sind und wo zwei demokratisch gewählte Präsidenten, Levon Ter-Petrosjan in Armenien und Abulfas Eltschibei in Aserbaidschan, ihre Länder prompt in einen Krieg verstrickten. Bilanz: 20000 Tote und eine Million Flüchtlinge. Im Kaukasus – wie in Ruanda, im Sudan, auch in Nigeria – hat die Demokratie ethnische und regionale Spaltungen institutionalisiert. Aserbaidschan brauchte einen Gejdar Alijew, einen Diktator im Stil der sowjetischen Ära. Er stürzte den Demokraten Eltschibei und näherte sich einem Frieden mit Armenien.

Karimow und viele Diktatoren in aller Welt setzen darauf, daß Demokratie nicht das letzte Wort in der politischen Entwicklung ist. Der Westen meint, sie irrten sich. Was aber, wenn sie recht haben – in ihrem Fall?

Uns geht es um ein Prinzip. Den Millionen, die von Bürgerkriegen bedroht sind, geht es um das Leben.

Das Kabarett in unserem Hotel fing erst gegen 23 Uhr richtig an. Ein Sänger heulte schmachtend: »*I'm in hell*«. Das Mikrophon war um etliche Dezibel übersteuert, es knisterte und krachte. In dem samtroten Schummerlicht tanzten rauchende Männer mit Frauen in Schlafzimmerpantoffeln und falschen Satinkleidern. Auf den Tischen standen

Salami, Käse, gefülltes Gemüse und Wodkaflaschen. Eine Gruppe professioneller Tänzerinnen bewegte sich wie hypnotisiert, sie hätte für Dschingis Khan tanzen können.

Der Abend hatte etwas Ordinäres – wie in einem Berliner Cabaret der zwanziger Jahre. Ein Soldat der Miliz lehnte betrunken an der Wand und betätschelte Mädchen. Es wurde geschrien und auf die Tische gehauen, kam jedoch nicht zu Handgreiflichkeiten. An unserem Nachbartisch saß eine Clique Jugendlicher, etwa Anfang Zwanzig, die wie amerikanische Teenager in den fünfziger Jahren gekleidet waren. Einer der Burschen bestellte pausenlos Wein und Wodka und gab dem Kellner ein üppiges Trinkgeld. »Wie kann er sich das in diesem Wirtschaftssystem leisten?« fragte ich Ulug Beg. »Er muß mit Schiebereien zu tun haben«, antwortete er, »wie alle hier.«

An einem anderen Tisch hockten betrunkene Armeeoffiziere. »Sie prahlen damit, daß sie mit Vertrauten von Präsident Karimow auf gutem Fuß stehen«, sagte Ulug Beg. »Es ist eine Schande. Zu Zeiten der Sowjets haben sich die Offiziere natürlich auch in der Öffentlichkeit betrunken, aber selten in Uniform. Es herrscht überhaupt keine Disziplin mehr.«

An einem dritten Tisch saßen Zivilisten, beleibte Männer, und unterhielten sich laut. »Worüber reden sie?« fragte ich Ulug Beg, und er antwortete: »Sie diskutierten darüber, in welchem Land es sich am meisten lohnt, ein Flugzeug zu entführen und Lösegeld zu erpressen. Solche Unterhaltungen hört man häufig.« Ulug Beg erzählte, daß er einmal Bodyguard war. »Aber jetzt ist das viel zu gefährlich. In sowjetischer Zeit nahm man nur die Fäuste. Inzwischen benutzt man Schießeisen.«

Eine attraktive Kellnerin trat an unseren Tisch und sprach mit Ulug Beg. »Sie fragte, ob ich mit ihr flirten wolle. Diese tadschikischen Mädchen in Samarkand sind alle so hübsch. Warum sind unsere eigenen usbekischen Frauen nicht so schön?«

Die Kellnerin erinnerte mich an Schuylers Kommentar, daß die Tadschiken, verglichen mit den Usbeken, mehr auf ihr Äußeres achten. Doch weder die persischen Tadschiken noch die turkstämmigen Usbeken ließen sich mit den Persern vergleichen, die ich im Iran kennengelernt hatte, oder mit den Türken, denen ich in der Türkei begegnet war. Selbst Ulug Beg, der gepflegt und gebildet war, wirkte beim Essen und mit seinen Vorurteilen eher primitiv. Das konnte nicht allein das Resultat eines dreiviertel Jahrhunderts sowjetischen Kommunismus sein.

Waren dies präbyzantinische Türken, Menschen, die durch ihre Eroberer, die Griechen, kulturell gewandelt worden waren? Lord Kinross hat in *The Ottoman Centuries* erläutert, daß die ottomanischen Türken das Erbe von Byzanz übernahmen – so wie die Byzantiner das Erbe Roms übernommen hatten. Die Stillegung der traditionellen Handelswege nach Vasco da Gamas Reise und die jahrhundertelange zaristisch-sowjetische Tyrannei aber hatten die Völker Turkestans abgestumpft und sie – wie die Insassen eines Gefängnisses – gewalttätig gemacht.

Ulug Begs Feindseligkeit gegenüber den Tadschiken mag untypisch gewesen sein; aber sie erinnerte mich an die zerstörten griechischen Gräber auf dem Friedhof von Taschkent, an die Angst der Iraner vor den Turkvölkern, an den Konflikt zwischen Türken und Arabern wegen der Stauung des Euphrat, an die Gewalt der Moslems gegenüber den Kopten in Oberägypten und viele andere ethnisch-kulturelle Spannungen. Der Harvard-Professor Samuel P. Huntington hat vom »Zusammenprall der Kulturen« gesprochen: Die Dynamik der Weltgeschichte habe sich in unserem Jahrhundert gewandelt – von nationalstaatlichen zu ideologischen und schließlich zu kulturellen Konflikten.

Ich füge dieser Theorie hinzu, daß mit der Zunahme der Flüchtlingsströme und der Landflucht nationale Grenzen bedeutungslos werden. Die politische Macht wird immer mehr in die Hände kaum gebildeter und kaum kultivierter Gruppierungen fallen. In den Augen der ungebildeten Millionen bilden die greifbarsten Trennungslinien – nämlich die der Stammeskulturen – die realen Grenzen.

Ich zitiere Huntington: »Erstens sind Unterschiede zwischen verschiedenen Kulturen nicht nur real, sie sind elementar«; dazu gehörten Geschichte, Sprache und Religion. »Zweitens: Der Austausch zwischen Völkern unterschiedlicher Kulturen verstärkt sich; dieser Austausch verstärkt wiederum das Kulturbewußtsein.« Huntington verweist auf Konflikte zwischen hinduistischen, islamischen, slawisch-orthodoxen, westlichen, japanischen, konfuzianischen, lateinamerikanischen und vielleicht auch afrikanischen Kulturen.

Fouad Ajami, ein im Libanon geborener Schiite und Professor an der Johns Hopkins University, kritisiert Huntingtons Thesen; in *Foreign Affairs* vom September/Oktober 1993 schreibt er: »Die Welt des Islam ist unterteilt und abermals unterteilt. Die Fronten im Kaukasus ... sind nicht identisch mit kulturellen Grenzlinien. Die Linien folgen den Interessen von Staaten. Wo Huntington einen kulturellen Zweikampf zwischen Armenien und Aserbaidschan sieht, hat der iranische Staat jeglichen religiösen Eifer in den Wind geschlagen ... In diesem Konflikt haben sich die Iraner mit den christlichen Armeniern solidarisiert.«

Huntingtons These von einem bevorstehenden Krieg zwischen Islam und orthodoxem Christentum wird durch die Ereignisse im Kaukasus nicht erhärtet; Huntington verkennt, daß sich dort ein Kulturkampf abspielt. Die Aseri, die vielleicht weltlichsten Schiiten der Welt, definieren ihre Identität nicht über die Religion, sondern über ihre Zugehörigkeit zu den Türkvölkern. Und die Armenier setzen sich mit den Aseri nicht auseinander, weil sie Moslems sind, sondern weil sie ein Türkvolk sind, verwandt mit jenen, die 1915 Armenier massakrierten. Überall in Mittelasien und im Kaukasus kämpft die Kultur der Türkvölker (weltlich und geprägt von Sprachen mit lateinischer Schrift) gegen die Kultur der Iraner (militant-religiös nach Maßgabe des Teheraner Klerus und gekoppelt an eine arabische Schrift). Die Armenier sind daher natürliche Verbündete ihrer indoeuropäischen Nachbarn im Iran.

Huntington mag recht haben, wenn er sagt, daß der Kaukasus ein Brennpunkt kultureller und ethnischer Konflikte sei, er operiert jedoch mit zu simplen Begriffen. Einerseits werden die Türkvölker zunehmend mißtrauisch und lehnen den islamischen Iran ab. Andererseits identifizieren sie sich, besonders in den Barackensiedlungen, mehr und mehr als Moslems; sie fühlen sich verraten vom Westen, der die bedrängten Moslems in Bosnien kaum unterstützt und türkische Moslems in Deutschland nicht genügend schützt.

Auch die Länder des Balkan, wo zu Beginn des 20. Jahrhunderts Kriege zwischen Nationalstaaten aufflammten, stehen am Rand eines Kulturkonflikts: orthodoxes Christentum (repräsentiert durch die Serben und mit ihnen sympathisierende Griechen, Russen und Rumänen) gegen die Welt des Islam.

Im Kaukasus ist der Islam im permanenten Zusammenprall zwischen Türkvölkern und Iranern gespalten. Ajami sieht in dieser Spaltung keine Gefahr für den Westen. Der Golfkrieg zeigte, daß der Westen noch immer einen Teil der islamischen Welt gegen den anderen ausspielen kann.

»Zusammenprall der Kulturen« ist ein romantischer Begriff; er beschwört Bilder von riesigen Heeren unterschiedlicher Rasse, Sprache und Religion, die mit Bannern, mit Kreuz und Halbmond, über endlos weite Schlachtfelder ziehen. Die Realität sieht anders aus: Die Schändung griechisch- und russisch-orthodoxer Gräber durch einen moslemischen Mob in Usbekistan ist ein Einzelfall, der sich an örtlichen Anlässen entzündete; man kann ihn mit anderen Vorfällen vergleichen: dem Krieg zwischen Moslems und orthodoxen Christen in Bosnien; dem Krieg der Worte zwischen der griechisch-orthodoxen Regierung in Athen und der türkisch-moslemischen Regierung in Ankara; der Zwangsvertreibung griechisch-orthodoxer Gemeinden aus Istanbul, Smyrna und von der türkisch-moslemisch beherrschten Schwarzmeerküste Anfang des 20. Jahrhunderts; den Spannungen zwischen russisch-orthodoxen und turko-moslemischen Gemeinden in Aserbaidschan, Kirgisistan und Kasachstan.

Für solche Vorkommnisse mag Huntingtons Begriff vom »Zusammenprall der Kulturen« als Ordnungsprinzip angemessen sein. Doch die Realität sieht häßlicher, komplizierter und jämmerlicher aus. Da ist keine Rede mehr von mittelalterlichen Reitern, die sich zum

Kampf stellen; man geht in Sperrholzbars mit kaputten Wodkaflaschen aufeinander los. Im Augenblick stehen die Türkvölker und die Iraner in einem Wettkampf um zukünftige Handelswege in Mittelasien; die Auseinandersetzung wird bisher mit Tabellen und blutleeren Statements von Bürokraten ausgefochten. An diesem Wettstreit werden sich auch die Russen beteiligen. Mit ihrem Plan, Öl durch das Schwarze Meer und den Bosporus zu leiten, wollen die Russen den Türken und den Iranern Konkurrenz machen, die das Öl aus Mittelasien quer durch Anatolien ans Mittelmeer beziehungsweise an den Persischen Golf leiten wollen. Da sich manche Staaten hier immer mehr mit alten Karawanenstraßen identifizieren, könnten Konflikte entstehen. An Ort und Stelle erlebte ich, wie ein turko-usbekischer Junge, Ulug Beg, sich maßlos darüber ärgerte, daß eine persisch-tadschikische Frau ihn anmachte.

Die von Schuyler beschriebenen Klischeevorstellungen, die Usbeken und Tadschiken voneinander haben, gibt es vielleicht auch heute noch; aber: bis 1991 waren Usbeken und Tadschiken Untertanen einer Autorität – erst des Zaren und dann des Kommissars. Es gab kein Territorium, um das sie sich schlagen konnten. Doch die heutigen Staatsgebilde sind weitgehend ohne Tradition und durch unlogische Grenzverläufe markiert. Die Spannungen, die ein Besucher in Mittelasien wahrnimmt, bestehen weniger zwischen einzelnen Staaten als zwischen Gruppen innerhalb und außerhalb dieser Staaten. Die Wahrscheinlichkeit, daß diese Staaten an einem verstärkten turko-iranischen Wettbewerb oder an der wirtschaftlichen Konkurrenz zerbrechen werden, ist größer als die Gefahr eines konventionellen Krieges zwischen ihnen. Keiner dieser Staaten könnte auf die Loyalität seiner ethnischen Minderheiten zählen, die militärischen Grenzen würden sich kaum mit den ethnischen decken.

18 Saubere Toiletten
und das Erbe der Imperien

Ich mußte auf die Toilette. Ulug Beg und ich warteten im Bahnhof von Samarkand auf den Bus nach Buchara. In dem Café, in dem wir Tee tranken, bemerkte ich einen Gang mit einigen Büros. Vielleicht gibt es dort eine Toilette, dachte ich. In den Büros arbeiteten ein paar Frauen. Sie deuteten auf eine Tür am Ende des Ganges. Ich machte sie auf. Der Fußboden schwamm. Die Kloschüssel hatte einen Sprung und war unbeschreiblich dreckig. Fliegen schwirrten umher, Toilettenpapier gab es nicht, auch keine Gelegenheit, sich die Hände zu waschen. Nahmen diese Frauen keinen Anstoß daran, konnten sie die Toilette nicht reinhalten? Die Sache beschäftigte mich. Ich las in *The New Republic* einen Artikel von Slavenka Drakulic über Toiletten in Rumänien[1]:»Rumänien ist wie die meisten ehemals kommunistischen Länder nach wie vor ein Land der Bauern. Bauern haben eine andere Vorstellung von Hygiene als Städter; sie gehen irgendwo in die Natur, während sie auf dem Feld arbeiten, oder in eine Holzhütte hinter dem Haus.« Nach dem Zweiten Weltkrieg und dem Sieg des Kommunismus in Rumänien seien die Bauern im Zuge der Industrialisierung in die Städte geströmt. Das habe sie aber nicht zu Städtern gemacht. »Die Werte einer bürgerlichen Gesellschaft sind die Werte, die von den Bürgern geschaffen werden. Und eine oder zwei Generationen von Bauern, die unter einem totalitären Regime in Städten lebten, hatten keine Möglichkeit, zu Bürgern zu werden, weder politisch noch kulturell.«
Was die Bauern betrifft, hat Frau Drakulic vielleicht zu hart geurteilt;

die usbekischen Bauern haben meist saubere Toiletten und Außen-aborte. Doch im großen und ganzen hat sie recht: Der Zustand der öffentlichen Toiletten sagt etwas über den Zustand der Gesellschaft. Westafrika befindet sich noch in einer »prätoilettalen Phase«; man geht ohne Scham hinaus ins Freie. Die öffentlichen Toiletten in Westafrika sind sauberer als die in Mittelasien, ägyptische und türkische Toiletten rangieren zwischen passabel und indiskutabel. Im Iran sind die öffentlichen Klosetts meist sauber; vielleicht haben die Ayatollahs der persischen Kultur weniger geschadet als die Kommunisten der mittelasiatischen. Die Gespräche in dem Hotel-Kabarett und die schmutzigen Klosetts ließen eine Gesellschaft erkennen, in der kaum öffentliche Ordnung herrscht. Und ich frage mich, was wohl ein ausländischer Reisender über New York City sagen wird: Hier gibt es gar keine öffentlichen Toiletten.

Ein Junge stieg in den Bus und sprach ein islamisches Gebet. Die fünfstündige Fahrt von Samarkand nach Buchara illustrierte Feshbachs und Friendlys zentrale Auffassung von der Lage Turkestans: »Wenn die Historiker endlich einmal eine Autopsie an der Sowjetunion vornehmen, könnte ihr Urteil lauten: Tod durch Umweltzerstörung … Für jedes Ereignis, außer dem mysteriösen Fall des Mayareiches, wäre dies eine ungewöhnliche, aber nicht unplausible Schlußfolgerung. Keine andere große Industriekultur hat ihre Böden, ihre Luft, ihr Wasser und ihre Menschen so systematisch vergiftet.« Der Bus war ein Blechcontainer, der in der Wüstensonne glühte. Der junge Mann vor mir trank Bier aus einem Einmachglas, die Kinder hinter mir spielten mit Plastikmaschinenpistolen Flugzeugentführer. Durch die Felder draußen zog sich ein betonierter Bewässerungskanal nach dem anderen. Die Gebiete der Kysylkum-Wüste (»Roter Sand«) sahen aus, als wäre der Schöpfer mit einem riesigen Salzstreuer und zerriebener Kreide darübergegangen. Der verkrustete Sand und der erodierte Schlick waren nicht rot, sie schimmerten aschgrau wie Quecksilber. Nirgendwo war auch nur ein bißchen Schatten. Vereinzelt tauchten die Hütten der Kollektivfarmer auf: Mauern aus

Schlackenstein oder Lehmziegeln, Dächer aus Wellblech. Nichts deutete darauf hin, daß hier je ein Gehölz angepflanzt oder ein Zaun gestrichen worden wäre – keine Spur von irgend etwas Persönlichem. Wir fuhren an einem Fußballstadion vorüber, einer Anlage aus Gußbeton, die von Unkraut überwuchert war.

Die Sowjetunion ist offiziell gestorben, doch ihre Leiche wird noch Jahrzehnte vor sich hinmodern und alle Versuche der sozialen, politischen und ökologischen Erneuerung vereiteln. Das 21. Jahrhundert steht vor der Tür. Doch im Nahen Osten und auf dem Balkan schlagen sich die Politiker noch immer mit der Not und dem Elend herum, die das Ottomanenreich hinterlassen hat, das bereits seit 1918 nicht mehr existiert. Hier nun sah ich die schlimmen Auswirkungen des sowjetischen Kommunismus. So brutal die türkischen Sultane auch waren, sie verübten nie solche Grausamkeiten wie Stalin und seine Genossen. Die Hungersnöte und die Massendeportationen haben, so der Historiker Robert Conquest, große Teile Sowjetisch-Mittelasiens in den dreißiger Jahren in »ein einziges riesiges Belsen« (Konzentrationslager) verwandelt. Im Ottomanenreich gab es auch keine Umweltkatastrophen wie hier. Dieses Maß an Zerstörung ist völlig neu in der Geschichte. Vierzig Prozent der Agrarflächen in der neuen Gemeinschaft Unabhängiger Staaten (GUS) gelten als »gefährdet«. Sechzehn Prozent des Territoriums der ehemaligen Sowjetunion sind »ökologisches Krisengebiet«. Mehr als zwanzig Prozent der ehemaligen Sowjetbürger leben in »ökologischen Katastrophengebieten«. In Usbekistan, schreibt die Wissenschaftlerin Nancy Lubin, »stieg die Kindersterblichkeit zwischen 1970 und 1986 um fast fünfzig Prozent … Der ›stumme Frühling‹, den Rachel Carson in den sechziger Jahren in ihrem Klassiker beschrieben hat, ist für Millionen von GUS-Bürgern inzwischen fast zur Realität geworden.«[2]

Es wird ein langwieriger und kostspieliger Prozeß sein, die Umwelt so weit instand zu setzen, daß sie wieder halbwegs bewohnbar wird, ein Prozeß, der die wirtschaftliche Entwicklung Mittelasiens belasten und die Entstehung einer bürgerlichen Gesellschaft weiter hemmen wird.

Im Intourist-Hotel in Buchara, das Ulug Beg und ich gleich nach unserer Ankunft aufsuchten, fristet die Sowjetunion noch ein munteres Dasein. Ja, es seien noch Zimmer frei. Nein, man könne nicht später zahlen. Man müsse schon – definitiv – sagen, wie viele Nächte man bleiben wolle. Wir mußten lange Formulare ausfüllen und diverse Quittungen einsammeln. Nein, den Schlüssel bekomme man nur gegen Quittung bei der Putzfrau im achten Stock, und diese Quittung gebe es nur gegen bezahlte Rechnung. Es war wie bei der Einweisung in ein Gefängnis. Vor 1991, erklärte mir Ulug Beg, war jedes zweite Wort ein *Njet*. Nun hieß es *yok*, was im Usbekischen und anderen Turksprachen »nein« bedeutet und noch um einiges endgültiger klingt. »Daß Sie Amerikaner sind, heißt für die nur, daß sie Ihnen Geld abknöpfen können. Die sind zu isoliert, zu beschränkt«, meinte Ulug Beg. Im »Duty-Free-Shop« neben dem Aufzug lagen – wie Juwelen – in einer verschlossenen Glasvitrine zwei verstaubte Dosen Coca-Cola.

»Buchara ist stets vollkommen orientalisch geblieben und wird es meiner Meinung nach auch bleiben, solange es überhaupt existieren wird«, schreibt Fitzroy Maclean in *Eastern Approaches*. Buchara ist nicht bloß glitzernde Fassade wie Samarkand, Buchara hat Substanz: Islamische Bauten mit gelben Mauern aus gebrannten Ziegeln und blauen Fayencekuppeln verschwammen vor meinen Augen, als hätte ich eine Haschischpfeife geraucht. Von steinernen Brücken aus konnte ich diese Kuppeln aus Rautenziegeln in Augenhöhe betrachten. Buchara bot die überraschendsten Anblicke. Manchmal hatte ich den Eindruck, ich hockte auf dem Boden und blickte durch eine nasse Linse in die Höhe. In den *tschai-khanas* saßen alte Männer mit bestickten Käppchen und dünnen weißen Bärten auf Teppichen und schlürften grünen Tee. Das spitz zulaufende Ende des Kalyan-Minaretts zierten vierzehn Bänder mit kufischer Kalligraphie; es sah aus wie ein Finger mit vierzehn Ringen.

Von diesem Minarett, so heißt es, stürzte Dschingis Khan seine untreuen Frauen in den Tod; es wird daher »Turm des Todes« genannt.

Maclean vergleicht es mit den schönsten Bauwerken der italienischen Renaissance.

In Buchara herrschte eine Gluthitze. Es war Mai und bereits über vierzig Grad heiß. Mein Gesicht brannte, als stünde ich zu nahe an einem Feuer. »Schuld daran ist der Aralsee und was die Russen daraus gemacht haben. Die Russen haben das Klima noch verschlimmert«, erklärte mir ein tadschikischer Kaufmann; die Sommer in Buchara seien neuerdings noch viel heißer, trockener und länger als in seiner Jugendzeit.

Der Aralsee war einst die viertgrößte Binnensee der Welt, doch in den letzten dreißig Jahren ist er auf die Hälfte seiner ursprünglichen Größe geschrumpft und hat ein Drittel seines Wassers verloren, weil er unablässig die sowjetischen Baumwollkulturen berieseln mußte. 1989 lag der Salzgehalt um ein Dreifaches höher als 1961; die Fischbestände sind drastisch zurückgegangen. Bis 1981, berichten Feshbach und Friendly, seien durch die Austrocknung des Sees 29 größere Staub- und Salzstürme verursacht worden. Die Stürme in den achtziger Jahren trugen jährlich zwischen 90 und 140 Millionen Tonnen Salz und Sand davon. Die Schäden für den Menschen sind gar nicht abzusehen.

Nancy Lubin schreibt: »Aufgrund der durch die Austrocknung bedingten Versalzung des Sees und des übermäßigen Einsatzes von Pestiziden und Chemikalien auf den Feldern leiden die meisten Bewohner dieser Gegend unter den verschiedensten Erkrankungen der Atemwege und der inneren Organe ... In der Aralsee-Region ... stirbt jedes zehnte Neugeborene in seinem ersten Lebensjahr. Viele der Kinder, die älter werden, sind ... chronisch krank.«

Buchara liegt über 450 Kilometer südöstlich des Aralsees, ist aber von der Umweltkatastrophe dennoch betroffen. »Der See, der einst als Wärmepumpe und Kühlsystem fungierte, ist nicht mehr in der Lage, das regionale Klima zu mäßigen. Umliegende Wüsten gewannen meteorologisch die Oberhand«, schreiben Feshbach und Friendly. Die Sommer in Buchara seien heutzutage niederschlagsfrei und heißer, die Winter schneefrei und kälter.

Eine Lokalzeitung meldete, die Hotels in Buchara würden demnächst Visa-Kreditkarten annehmen; an manchen Orten gebe es bereits westliche Softdrinks und Kodakfilme. Fortschritt? Ulug Beg war pessimistisch: »Es gibt so viele hübsche tadschikische Mädchen in Buchara, es ist frustrierend. Das einzige, was wir Usbeken mit den Tadschiken gemein haben, ist der Himmel.« Wir besuchten das Sufi-Zentrum, das um das Grab Scheich Bachautdins erbaut worden war. Der Scheich war ein frommer Mann, der den Mystikerorden *Naqshbandiyah* gegründet hatte und 1384 gestorben war. Zu dem Komplex gehörten eine Moschee aus dem 16. Jahrhundert und ein modernes Museum; hier hing unter anderem ein Foto vom Besuch des verstorbenen türkischen Präsidenten Turgut Özal, der als frommer Moslem den *Naqshbandi*-Sufi eng verbunden war. Die Exponate wurden in den regionalen Sprachen erläutert. Die Einrichtung war gepflegter und sauberer als die anderer Stätten in Usbekistan. Die islamische Identität ist real und nicht künstlich wie der derzeitige usbekische Staat. Sie erzeugt ein spürbares Gefühl von Gemeinschaft. Die Islamisierung hat sich zwar als fruchtbarer Boden für den Terrorismus erwiesen, doch sie zeigt auch einen Weg zu einer bürgerlichen Gesellschaft, die das ehemals sowjetische Mittelasien dringend nötig hat.

Meine Reise von Taschkent nach Samarkand und Buchara war ein Abstecher nach Südwesten. Als ich nach Taschkent zurückkehrte, besorgte ich mir die Visa, die ich für die Landreise in die entgegengesetzte Richtung brauchte: südostwärts durch Mittelasien, durch Kirgisistan, Kasachstan, Westchina und Pakistan.
An einem Tag Ende Mai, nachmittags gegen fünf Uhr, verabschiedete ich mich von Ulug Beg und begab mich allein zum Taschkenter Busbahnhof. Die Fahrt nach Osten bis Bischkek, der Hauptstadt Kirgisistans, sollte die ganze Nacht dauern. Weil ich aus Usbekistan auszureisen gedachte, wollte mir der Mann am Fahrkartenschalter ohne Stempel der Polizei keine Fahrkarte verkaufen. Ich suchte das Polizeibüro im oberen Stockwerk des Bahnhofgebäudes auf und reichte

dem Beamten meinen Paß. Er wies mich an, Platz zu nehmen. Er blätterte alle neunzig Seiten meines Passes durch und sah sich jeden Stempel einzeln an. »Sie haben sich nicht polizeilich registrieren lassen, als Sie einreisten. Sie müssen mir ein hohes Bußgeld bezahlen. Vielleicht hundert Dollar«, sagte der Beamte.

»Tut mir leid, ich wußte nichts davon«, sagte ich. »Ich wohnte bei einem Bekannten, nicht im Hotel.«

Der Beamte starrte mich an. Langsam wie eine Eidechse hauchte er den Stempel an, der auf mein Ausreiseformular gehörte. Er starrte mich wieder an. Schließlich händigte er mir meinen Paß mit der Ausreiseerlaubnis aus. Hätte er einen Augenblick länger gezögert, hätte ich ihm fünf Dollar gegeben ...

Die Reise nach Bischkek sollte dreizehn Stunden dauern; ich hatte gehofft, der Bus werde in einem besseren Zustand sein als meine früheren Transportmittel. Es war nicht so. Die Passagiere stopften Koffer, Wodkaflaschen und Säcke mit Dünger unter die kaputten Sitze; sie zogen ihre Schuhe aus und fingen an zu rauchen. Ein paar junge Männer griffen zur Flasche. Auch in Westafrika hatte ich soziale Zersetzung erlebt, doch die Westafrikaner wirkten auf mich maßvoller als viele Mittelasiaten. Als der Fahrer mit halbstündiger Verspätung aus dem Bahnhof fuhr, stank es im Bus nach Schweiß und Alkohol.

Der Mann neben mir war Russe. Er drückte mir einen Becher Weinbrand in die Hand und bot mir ein gekochtes Ei und eine Tomate an. »Nach Bischkek?« fragte ich. »*Njet*«, erwiderte er gereizt. »Nach Frunse!«

Frunse – nach General Mikhail Frunse, einem der sowjetischen Eroberer Turkestans – hieß die kirgisische Hauptstadt unter sowjetischer Herrschaft; die Kirgisen haben sie 1991 in Bischkek umbenannt.

Aufgrund der Topographie Mittelasiens kann man nicht ohne weiteres nach Pakistan reisen. Pakistan liegt weit im Süden und etwas östlich. Es führt jedoch keine direkte Reiseroute nach Südosten; so mußte ich einen großen Bogen um die Gebirge machen – zuerst nach Nordosten, dann nach Osten, dann wieder nach Südwesten und schließlich nach Süden. Die Hindernisse bieten auch Vorteile: Ich bekam mehr von Mittelasien zu sehen.

In der ersten Etappe wollte ich nach Nordosten reisen, von Taschkent, der Hauptstadt Usbekistans, nach Bischkek, der Hauptstadt Kirgisistans. Laut Atlas haben Usbekistan und Kirgisistan eine lange gemeinsame Grenze; doch dieses Grenzland ist recht gebirgig. Auf dem Weg nach Kirgisistan fuhr der Bus daher zunächst in Richtung Norden nach Kasachstan, dann ostwärts entlang der Kasachensteppe und schließlich in südlicher Richtung nach Kirgisistan. Die Straßen und Eisenbahnlinien weisen nicht so sehr auf Länder hin, sondern auf eine Reihe von Stadtstaaten, die sich von Westen nach Osten aneinanderreihen: Buchara, Samarkand, Taschkent, Bischkek und Alma-Ata. Diese Verbindungslinien geben ein politisches Röntgenbild der Region[3] wieder. Sie zeigen die Realität. Die derzeitige Landkarte ist ein Vermächtnis Stalins.

Der Bus ließ Taschkent hinter sich, fuhr weiter nach Norden und erreichte nach einer Stunde die kasachische Grenze. Der Grenzpunkt besteht aus ein paar alten Straßensperren aus Zement. Der Bus fuhr durch. Es gab keine Kontrollen. Ich war in Kasachstan.

Nun drehte der Fahrer nach Osten. Wir hielten nur einmal in der Nacht bei ein paar Hütten, in denen es Obst, Schokolade, Limonade und Alkohol gab. Es war dunkel, eine kühle Brise wehte über die Steppe. Die Monotonie der flachen Landschaft wurde nur durch Telefonmasten unterbrochen. Im Bus wurde laut geschnarcht, ich konnte nicht schlafen. Im Morgengrauen sah ich zum erstenmal die weißen Flanken des Tienschan, die »Berge des Himmels«, die die direkte Südroute nach Pakistan abschneiden. Ich befand mich am Rand jener großen Gebirgskette, deren Gipfel zu den höchsten der Erde zählen. Der Tienschan durchzieht den Pamir (»Dach der Welt«), der wiederum an den Hindukusch und den Karakorum grenzt, die in den Himalaja (»Stätten des Schnees«) übergehen. Am Morgen kam der Bus in Bischkek an. Ich erinnerte mich nicht an Grenzposten, doch in Kirgisistan waren die Straßen voller Schlaglöcher, in Kasachstan hingegen gut ausgebaut.

Zu Dschingis Khans »Goldener Horde«, die das mittelalterliche Rußland unterworfen hatte, gehörten auch kirgisische Nomaden. Sie müssen genetische Spuren hinterlassen haben. Im *Zauberberg* beschreibt Thomas Mann eine faszinierende Russin mit »Kirgisenaugen«. Um die kirgisische Nation zu spalten, hatte Stalin zwei Republiken gebildet. Aus einem Teil des Tienschan-Gebirges wurde »Kirgisistan«, aus den weiten Steppen im Norden – der Heimat der Kirgisen, die mit Dschingis Khan gekämpft hatten – wurde »Kasachstan«. Sprache und Sitten der heutigen Kirgisen und Kasachen unterscheiden sich nur geringfügig.[4]

Kirgisistan mit seinen dreitausend Seen liegt abgeschieden zwischen den Gletschern des Tienschan; das Land zählt 4,4 Millionen Einwohner, ist in der Nahrungsmittel- und Wasserversorgung autark und entging so vielen Verwüstungen durch den Kommunismus. 1990 übernahm Askar Akajew, ein Mathematiker und Kritiker der kommunistischen Ideologie, das Amt des Präsidenten der Republik. Akajew öffnete Kirgisistan für die Außenwelt (mein Visum kostete nur 25 Dollar und erforderte keine Einladung). Er ließ zu, daß der Internationale Währungsfond praktisch das neue Wirtschaftsprogramm des Landes festlegte. Als ich in meinem Hotel in Bischkek eine Fünfzig-Dollar-Note wechselte, erhielt ich nicht eine ganze Schuhschachtel voller Scheine, sondern ein relativ dünnes Bündel Banknoten. Mir wurde wieder einmal klar, daß eine stabile Währung dazu beitragen kann, eine nationale Identität zu schaffen.

Die kirgisische Hauptstadt liegt – wie Taschkent und Alma-Ata, die Hauptstädte Usbekistans und Kasachstans – nicht im Zentrum des Staates, sondern in der Nähe der Grenze zu Kasachstan. Bischkek ist eine russische Kolonialstadt mit einem regelmäßigen Straßenplan, doch im Gegensatz zu Taschkent war es hier sauberer und ruhiger. Die hübsche Hauptstadt und die zivilisierte Regierung sind der Grund, warum Kirgisistan zum Lieblingsstaat westlicher Diplomaten geworden ist. Doch wie im Fall von Ghana in Westafrika muß man den Erfolg Kirgisistans durch Vergleich mit den Nachbarstaaten relativieren. Nachdem ich mich in meinem Hotel angemeldet hatte, ging ich spa-

zieren. Die Straßen waren bevölkert von Russen, die Seife, Rasier-
klingen, Spielzeug, Möbel, Badezimmerwaagen, Käse und andere
Dinge verkauften. Ein älterer Russe erzählte mir:»Die Fabriken sind
zu, die Produktion ist eingestellt, und die Leute verkaufen alles, damit sie überleben oder nach Rußland zurückkehren können. Die Kirgisen wollen uns nicht. Die Kriminalitätsrate ist hoch – nicht wie in
Usbekistan, aber für uns ist das hoch. Demokratie will hier keiner. Wir
wollen Arbeit und Stabilität.«
Ein europäischer Diplomat meinte:»Ich traue der Situation nicht.
Technisch gesehen gibt es hier Fortschritte. Technisch gesehen öffnet
sich das System. Technisch gesehen bestehen westliche Wirtschaftsinteressen. Doch wieviel Verträge sind tatsächlich unterzeichnet worden? Und wenn ein Regierungsvertreter eine Rede hält und nach der
Meinung der Öffentlichkeit fragt, wieso kommen dann keine Fragen
aus dem Publikum? Und wieso verlassen immer mehr Russen das
Land?«
In *The Resurgence of Central Asia* berichtet Ahmed Rashid:»Bis Ende
1992 haben schätzungsweise 100 000 Russen das Land verlassen,
doch die Anwesenheit der Gebliebenen schürt den kirgisischen Nationalismus. Die Regierung versucht inzwischen, eine umgekehrte
Diskriminierung durchzusetzen, indem sie kirgisische Bürokraten in
gehobene Positionen befördert ... Trotz der ausgesprochen prokapi-
talistischen Gesetzgebung ist es Kirgisistan noch immer nicht gelungen, größere ausländische Investoren anzulocken ... Das Bruttoinlandsprodukt sank 1992 um fünfzehn, im Jahr davor um fünf Prozent.
Die Leistung der Industrie ging um ganze 25 Prozent zurück ... Da
Kirgisistan kaum über Rohstoffe und Industrien verfügt, gibt es relativ
wenig, was die Regierung privatisieren könnte.«
Am Tag meiner Ankunft waren die Meldungen des *Kyrgyzstan Chronicle* eher niederdrückend. In einem Artikel stand, die kirgisische
Durchschnittsfamilie habe 1993 69,6 Prozent ihres Einkommens für
Nahrung ausgeben müssen gegenüber 34,1 Prozent im Jahre 1990. In
einem anderen Bericht hieß es, in der kirgisischen Armee hätten
»Stammesfehden« zwischen rivalisierenden kirgisischen Clans über-

handgenommen. Unter der Überschrift »Tienschan-Kolumbien« berichtete Oberstleutnant Alexander Zelichenko, der stellvertretende Vorsitzende der Staatskommission für Rauschgiftkontrolle, 1993 seien 229 bestätigte Fälle von »Rauschgiftanbau« bekanntgeworden; Opium werde auf Bauernhöfen, in Gärten und Küchen angebaut. Die meisten Anbauer seien entweder unter dreißig oder über sechzig und arbeitslos – es seien jene Teile der Bevölkerung, die »am wenigsten sozial gesichert« sind. Täglich würden zehn Kilogramm Opium nach Kirgisistan geschmuggelt, meist aus Afghanistan, wo es keine Zentralregierung gebe, oder aus Tadschikistan, wo der Bürgerkrieg wüte. Im August 1994, wenige Monate nach meinem Besuch, wurde mein Eindruck von einer stabilen kirgisischen Währung widerlegt. *Oxford Analytica* meldete, die dreistellige Inflationsrate Kirgisistans sei ein Grund für »sozialen Unfrieden in den Barackensiedlungen rings um die Hauptstadt«. *Oxford Analytica* wies darauf hin, daß Akajew möglicherweise einen »autoritären Regierungskurs« einschlagen werde, um die neue Währung zu stützen.[5] Trotz seiner Isolation und trotz der Kompetenz seiner Wirtschaftspolitiker sinkt auch in diesem Land die Produktion. Es ist wie in den anderen ehemals kommunistischen Ländern ...

Der fruchtbarste und am dichtesten besiedelte Teil Mittelasiens ist das von Usbeken beherrschte Ferganabecken. Stalin teilte das Becken auf drei Sowjetrepubliken auf: Usbekistan, Tadschikistan und Kirgisistan. Usbekistan bekam den größten Teil. Das Ferganabecken ist auch Zentrum des neuen Islam in Mittelasien, durch den sich das weltliche Regime Usbekistans bedroht fühlt. Es ist wie mit Makedonien. Wie man das Ferganabecken auch aufteilt, letztlich beschert man jedem Staat unbeugsame Minderheiten; in jeder Stadt leben auf der einen Straßenseite Usbeken und auf der anderen Kirgisen und ein paar Tadschiken obendrein.

1990 führte die Unzufriedenheit aufgrund steigender Preise und hoher Arbeitslosigkeit (22,8 Prozent) in zwei Städten im kirgisischen Teil des Ferganabeckens zu Tumulten zwischen Usbeken und Kirgisen. Eine Videoaufzeichnung aus Uzgen zeigte usbekische Säuglinge, die in einer Metzgerei an Fleischerhaken hingen.[6] Bei den Unruhen kamen mehr als tausend Menschen ums Leben. Die Aussöhnung erfolgt nur sehr zögernd. Soviel zur Einheit der Turkvölker.

Das Ferganabecken ist vielleicht bedeutsamer als jeder einzelne der drei Staaten; hier konzentriert sich die Bevölkerung Mittelasiens. Darüber hinaus ist das Ferganabecken eine geographische und historische Einheit mit einer echten Identität. Verbessert das Wiederaufleben des Islam in der Region möglicherweise die Beziehungen zwischen Usbeken, Kirgisen und Tadschiken? Oder wird der Islam in Jahren schlechter wirtschaftlicher Bedingungen die Legitimität weltlicher Regime untergraben, was nicht nur vorteilhafte Folgen haben könnte?

Ich spazierte über eine Stunde lang durch die Randgebiete von Bischkek, wo die Steppe endet und die Vorberge des Tienschan ansteigen. Schließlich fand ich, was ich suchte: ein baufälliges Häuschen. In der Datscha saßen vier russische Yuppies an Computer, Video- und Faxgerät. Eine nette Frau mit rotem Haar bot mir Tee und Kekse an. Hier war eine Trekking-Agentur, die seit dem Fall der Sowjetunion von westlichen Botschaftsangehörigen überlaufen wird. Die jungen Russen organisieren Ausflüge in die umliegenden Berge und zu den Seen.

Ich sagte ihnen, ich wolle den Tienschan überqueren, um nach Kaschgar in den von Chinesen kontrollierten Teil Ostturkestans zu gelangen. Ich wollte über den Naryn- und den Torugartpaß an der Grenze zwischen Kirgisistan und China das Gebirge überqueren, um meinen Reiseweg nach Pakistan abzukürzen und um einige Abenteuer zu bereichern. Schuyler erwähnt diese Straße in *Turkistan* als stark frequentierte Handelsroute. Doch im 20. Jahrhundert waren die Grenzen starrer geworden; die Sowjetunion und das kommunistische China hatten die Pässe fast vollständig gesperrt. Inzwischen wird diese Verkehrsverbindung wieder benutzt. Kirgisen auf beiden Seiten der Grenze haben alte familiäre Verbindungen wieder aufgenommen. Doch wie bei dem Grenzübergang zwischen dem Iran und Turkmenistan gab es für Angehörige von Drittstaaten wie mich noch immer Hindernisse. Die Frau teilte mir mit, daß am folgenden Tag für 150 Dollar ein Jeep für die Fahrt bis zur chinesischen Grenze einschließlich Fahrer und Proviant bereitstehen könne. Die Chinesen würden mich jedoch nur einreisen lassen, wenn mich an der Grenze ein Wagen der offiziellen chinesischen Touristen-Agentur in Kaschgar abhole. Sie versuchte, ein Fax nach Kaschgar zu schicken, doch die Verbindung war unterbrochen. Sie schickte ein Telex. Es kam keine Antwort.

Also mußte ich doch auf Umwegen nach Pakistan reisen: im Uhrzeigersinn um das riesige Tienschan-Gebirge herum – zunächst Richtung Nordosten nach Alma-Ata in Kasachstan, dann weiter nach Osten, tief in die chinesische Provinz Sinkiang hinein, wo der Tienschan endlich an Höhe verliert. Dann sollte ich den Tienschan überqueren und an dessen Südseite die ganze Strecke zurück nach Südwesten bis Kaschgar weiterreisen, bevor es in Richtung Süden nach Pakistan ging.

Die Trekking-Agentur besorgte mir einen Wagen mit Chauffeur für die Fahrt nach Alma-Ata. Wenige Kilometer nördlich von Bischkek waren wir wieder in Kasachstan; hier klafften keine Schlaglöcher mehr. Kasachstans Ölreichtum beschert bessere Straßen. Die Grenze bestand aus einem Halteschild und ein paar flachen Bauten, die mein Fahrer ignorierte. Meine Visa für Kirgisistan und Kasachstan legte ich erst bei der Anmeldung im Hotel vor. Wäre ich privat untergekommen, hätte ich – unabhängig von den gesetzlichen Vorschriften – ohne Visa auskommen können.

Wir fuhren zunächst nach Norden, den Tienschan im Rücken, und dann nach Osten Richtung Alma-Ata. Endlos war das öde Meer der Steppe, erbarmungslos die Weite von Wind, Gras und Wolken, die nur hier und da von einigen Blechbaracken unterbrochen wurde. Diese Ebene gab das elementare Wesen von »Erde« zu erkennen. Lebhaft konnte ich mir den Donner von Hufen vorstellen.

Im Süden, gleich hinter der Grenze in Kirgisistan, lag Tokmak, wo

1206 oder 1207 ein Mongolenhäuptling namens Temüjin ein feindliches Mongolenheer besiegt und daraufhin den Namen Dschingis Khan (»Vollkommener Krieger«) angenommen hatte. In seinen Reiseschilderungen berichtet Marco Polo, mongolische Krieger könnten »einen Monat lang ohne Proviant auskommen, sie lebten allein von der Milch ihrer Stuten und der Beute, die sie mit dem Bogen erlegten«. Dschingis Khans Soldaten pflegten nicht einmal vom Pferd zu steigen, um zu schlafen, sondern »verweilten die liebe lange Nacht im Sattel«, während ihre Pferde grasten. Wenn die Krieger Durst hatten, stärkten sie sich »mit dem Blut ihrer Pferde, indem sie ihnen eine Ader aufschlitzten und sich das Blut in den Mund spritzen ließen, bis sie genug hatten, und dann die Blutung wieder stillten«.

Nach vierstündiger Fahrt erreichten wir Alma-Ata.[7] Plötzlich tauchte Reklame für Fiat, Camel und die »Texas-Kasakh«-Bank auf. In den Hotels wurden Kreditkarten und Reiseschecks angenommen. An einer schäbigen Straße blitzten in einer funkelnagelneuen Mercedes-Benz-Niederlassung die neuesten Modelle. Im Foyer meines Hotels konferierten Geschäftsleute auf Hebräisch und Japanisch. Wer wie ich aus der Öde von Buchara, Samarkand, Taschkent und Bischkek nach Alma-Ata kam, hatte das Gefühl, wieder in eine vertraute Welt zurückzukehren.

Öl ist der Grund für diese Betriebsamkeit. Mehr als tausend Meilen weiter nordwestlich, in einem dünn besiedelten Gebiet entlang des Kaspischen Meeres, lagern große Erdölvorkommen. Die Ölvorräte Kasachstans sind vergleichbar mit denen von Kuwait. 1992 unterzeichnete Chevron einen Vertrag mit der kasachischen Regierung; Chevron erklärte sich bereit, vierzig Milliarden Dollar zu investieren – in der Hoffnung, bis Anfang oder Mitte des 21. Jahrhunderts »Billionen Dollar« herauszuholen.[8]

Doch es läuft nicht so reibungslos wie geplant. Die Bodentemperaturen beim Tenghis-Ölfeld am Kaspischen Meer klettern im Sommer auf fünfzig Grad Celsius und sinken im Winter auf etwa minus vierzig Grad Celsius. Das Hydrosulfidgas, das dort aus dem Boden dringt, kann tödlich wirken. Die verrotteten sowjetischen Pipelines sind unbrauchbar. Die Erschließung der Ölfelder wird langwieriger und kostspieliger sein als Chevron glaubte. Im südlichen Sudan hatte Chevron in den siebziger Jahren große Summen investiert in der Annahme, fünf Milliarden Barrel Öl fördern zu können; doch die Region wurde von Bürgerkrieg, Anarchie und Hungersnot erschüttert.[9] Und nun Kasachstan? Die Topographie des Landes stimmt nicht gerade hoffnungsvoll.

Siebenunddreißig Prozent der Bevölkerung Kasachstans sind Russen; sie leben hauptsächlich im Norden, an der Grenze zu Rußland. Eigentlich müßte die Grenze zwischen Kasachstan und Rußland also mehrere hundert Kilometer nach Süden verlegt werden. Doch darüber spricht keiner. Der kasachische Präsident Nursultan Nasarbajew läßt im Norden die Russen in zentralen Positionen durch Kasachen verdrängen. Die Russen setzen sich zur Wehr und reagieren in den nördlichen Städten mit Angriffen auf Kasachen. Die Mehrzahl der russischen Bürger im nördlichen Kasachstan lebt dort seit zwei oder drei Generationen und ist zu arm, um nach Rußland zurückzukehren.[10] Ihre Nachbarschaft zu Rußland aber macht ihnen Mut. Die Kasachen geben jedoch nicht nach. Sie müssen noch alte Rechnungen begleichen.

In den dreißiger Jahren haben sowjetrussische Behörden 1,5 Millionen Kasachen ermordet oder vertrieben.[11] Moskau benutzte Kasachstan als Atomtestgelände; die Folge: hohe Krebsraten und schreckliche Mißgeburten.

In der Beilage zum zehnjährigen Bestehen der europäischen Ausgabe des *Wall Street Journal* im Jahre 1993 wurden verschiedene Zukunftsprognosen über das 21. Jahrhundert in Schlagzeilen gefaßt; eine davon bezog sich auf einen russisch-kasachischen Krieg, der bis zum Atomschlag eskalierte.

Heute verändert sich die Hauptstadt Alma-Ata radikal. Westliche Firmenchefs müssen noch in dreckigen Hotels absteigen, sich mit primitiven Fernmeldeeinrichtungen begnügen und Speisekarten studieren, die außer künstlichem Orangensaft, Wodka, Cognac und zähem Steak wenig bieten. Taxifahrer fahren mit Wracks und berechnen fünf

Dollar für ein paar hundert Meter. Samarkand mit seinem Heer von Huren gleicht einem zweiten Bangkok, Alma-Ata mit seinen Casinos einem zweiten Las Vegas. Überall herrscht Goldgräberstimmung. Wird der Ölreichtum die ethnischen Probleme des Landes mindern? Oder wird er zu massiver Korruption und einer wirtschaftlichen Überhitzung führen wie in Nigeria? Fragen über Fragen. Ich weiß, daß ich Alma-Ata in fünf Jahren nicht wiedererkennen werde. Es wird anständige Hotels, versiertes Personal, bessere Telekommunikation geben – oder alles wird in Schutt und Asche liegen.

Fitzroy Maclean schreibt: »Jenseits der Berge von Alma-Ata lag das chinesische Turkestan oder Sinkiang, eine abgeschiedene Provinz Chinas, es war verlockend nah und verlockend unzugänglich«. Auf beiden Seiten der Grenze zwischen China und der ehemaligen Sowjetunion leben Kasachen, Kirgisen und Millionen andere Turkstämmige. Der Diplomat und Geheimagent Maclean war in den dreißiger Jahren von chinesischen Grenzposten abgewiesen worden; seit dem Zerfall der Sowjetunion sind alte Karawanenrouten wieder offen; zwischen Alma-Ata und Urumtschi, der Hauptstadt der chinesischen Provinz Sinkiang, besteht wieder eine Eisenbahnverbindung. Urumtschi liegt an der Nordflanke des Tienschan, fast achthundert Kilometer von Alma-Ata entfernt: 36 Stunden mit dem Zug, einschließlich eines elfstündigen Aufenthalts an der Grenze. Um nach Kaschgar zu gelangen, mußte ich zunächst Richtung Osten nach Urumtschi reisen, wo der Tienschan an Höhe verliert, und dann in einer Schleife zurück nach Südwesten.
Ich brach um neun Uhr abends in Alma-Ata auf. Das Zugabteil war mit Holz verkleidet, mit roten Vorhängen und einem russischen Samowar ausgestattet. Das Holpern wiegte mich in den Schlaf. Am Morgen erblickte ich eine flache, gelbe Steppe. Wir waren zunächst nach Norden gefahren und dann für den Rest der Strecke nach Osten abgebogen. Der Tienschan lag außer Sichtweite. Hier und da wachten Reiter über Herden dürrer Rinder. Gelegentlich tauchte eine Siedlung auf. Statt der traditionellen Jurten, der runden Filzzelte der turkstämmi-

gen Nomaden, sah ich kaputte Zäune, Berge alter Reifen, Schrott und verrostete Träger verlassener Bauten. Auch hier hatte der Kommunismus sein Werk vollbracht. Die »Tataren« hatten verhindert, daß aus Rußland eine europäische Nation wurde; die Russen haben es ihnen heimgezahlt.

Der Zug kroch auf ein hohes, flaches Grasland mit vereinzelten Schneeresten. Vögel flogen vorbei. Im Norden sah ich Seen von einem unwirklichen Kobaltblau. Der Zug rollte auf ein großes Rangiergelände an der kasachisch-chinesischen Grenze.

Arbeiter koppelten die Wagen ab, hoben sie mit Hebevorrichtungen drei Meter in die Höhe und tauschten die breitspurigen russischen Fahrgestelle gegen die schmaleren chinesischen aus. Das dauerte Stunden. Eine Beamtin der kasachischen Grenzbehörde, eine Russin, betrat mein Abteil. Sie stempelte meinen Paß, ohne auch nur einen Blick auf mein kasachisches Visum zu werfen, für das ich 120 Dollar bezahlt hatte. »Wieviel, glauben Sie, verdiene ich mit diesem Job?« Ich schwieg. »Sieben Dollar«, sagte sie. »Sieben Dollar im Monat. Ich habe gehört, in New Jersey ist es besser. Ich habe Verwandte dort. Aber ich bin mit einem Kasachen verheiratet, also sitze ich hier fest.« Als nächstes kam ein Zollinspektor, ein Kasache. Er wirkte betrunken. »Füllen Sie die Formulare aus«, brüllte er. »Machen Sie alles auf. Ich will alle Dollarscheine sehen, die Sie haben.«

Ich bewahrte das meiste Bargeld in einem Geldbeutel auf, den ich unter der Hose um das Bein gebunden hatte. Ich zeigte ihm nur die paar Dollarscheine, die in meiner Brieftasche steckten. »Ist das alles?« schrie er. Ich erklärte, daß ich Kreditkarten benutze. »Herzeigen!« kommandierte er. Er rieb die Kreditkarten zwischen den Fingern und schüttelte den Kopf. Er durchsuchte meinen Rucksack und starrte mich an. Ich starrte zurück. Er wollte Schmiergeld. Nach einer halben Stunde ging er, die Formulare ließ er liegen. Es war schlimmer als in Afrika.

Nach acht Stunden und drei weiteren Erpressungsversuchen durch Beamte fuhr der Zug weiter. Wir kamen durch einen breiten Paß mit schwarzen Felsen auf beiden Seiten. Dies war die Dsungarische Pforte, die West- und Ostturkestan miteinander verbindet. Durch diesen Korridor waren Armeen turkstämmiger Nomaden gezogen – nach Westen, um Rußland zu erobern, nach Osten, um China zu plündern. Es war die freudloseste Gegend, die ich je gesehen hatte.

Als der Zug die internationale Grenze überquerte, war es Mitternacht, obwohl das letzte Licht der Dämmerung eben erst erloschen war. Peking lag fast 3000 Kilometer und mehrere Zeitzonen weiter im Osten, doch die Kommunisten hatten verfügt, daß in ganz China Pekinger Zeit gilt. In China herrscht noch die Zentralgewalt.

19 China: »Superchaos« und »*physical-social*« Theorie

Den schäbigen kasachischen Grenzübergang mit seinen betrunkenen und schlampigen Zollbeamten hatte ich hinter mir. An der chinesischen Grenzstation hielt der Zug unter Flutlicht. Soldaten und Zollbeamtinnen in perfekt sitzenden blaugrünen Uniformen waren angetreten. Die Zollinspektorinnen sprangen auf den Zug und halfen den Passagieren beim Ausfüllen der Formulare. Wegen der langen Reise, der ungewohnten Speisen, der Hitze und der Höhe war mir speiübel. Ich lief zur Zugtür. Ein Soldat legte sein Gewehr an und scheuchte mich in den Zug zurück. Kein Passagier durfte aussteigen, bevor nicht die Zollerklärungen eingesammelt waren.

Ich sah dem Soldaten in die Augen. Sie wirkten kalt und herzlos. Ich konnte mir plötzlich die Tragödien der Kulturrevolution vorstellen, die Schüsse, die Verhaftungen, die Morde.[1]

Auf ein Kommando wurden wir in das Stationsgebäude dirigiert. Ich war mitten in Turkestan, doch sämtliche Uniformierte waren Chinesen, genauer gesagt »Han«, Angehörige der dominierenden ethnischen Gruppe des Landes, deren Dynastie von 202 v. Chr. bis 220 n. Chr. China beherrscht hatte.

Die Bahnhofshalle war modern und hell beleuchtet. Wir ließen unsere Pässe stempeln und legten unser Gepäck zum Durchleuchten auf ein Laufband. Ein Soldat versicherte mir, die Kontrolle sei »*film-safe*«. Auf der anderen Seite der Grenze hatten ähnliche Prozeduren Stunden gedauert. Hier saßen wir nach zwei Stunden wieder im Zug. Ich sagte das einem Soldaten. »Dort drüben herrscht das Chaos«, erwiderte er. »Wir fürchten uns davor.«

Ich hatte immer die Dominanz der Staaten in dieser Region bezweifelt; dieser Grenzposten des chinesischen Imperiums aber statuierte ein klares Exempel. Der Staat grenzt ein und schützt. Seine Souveränität stützt sich auf militärische Potenz, nicht auf geographische Gegebenheiten. In *Eastern Approaches* schreibt Fitzroy Maclean:»Wenige bewohnte Gegenden der Welt sind so abgeschieden und ... unzugänglich wie Sinkiang beziehungsweise Chinesisch-Turkestan, wie es auch genannt wird. Die Landkarten weisen Sinkiang als gewöhnliche chinesische Provinz aus, aber auch wenn man viel aus Landkarten lernen kann, so sagen sie nicht immer die ganze Wahrheit. Geographisch ist Sinkiang durch die gewaltige Weite der Wüste Gobi von China getrennt. Seine Einwohner sind größtenteils nicht Chinesen, sondern Turkstämmige, die durch Rasse, Sprache und Religion mit den Einwohnern von Russisch-Turkestan verwandt sind.«

Sinkiang heißt wörtlich»Neue Domäne«; was hier von den Chinesen »dominiert« wird, ist Ostturkestan. Der chinesische Staat existiert zwar seit über 3500 Jahren, doch Sinkiang wurde erst in der Mitte des 18. Jahrhunderts in das chinesische Reich einbezogen. Seither, schreibt Maclean, erlebe die Provinz»eine Geschichte andauernder Turbulenzen«; Russen und Chinesen stritten sich ständig um die Herrschaft. Bis in die vierziger Jahre dieses Jahrhunderts gab es Revolten der Turkvölker und Perioden ihrer Unabhängigkeit. Der Gründer des nationalistischen China, Sun Yat-sen, hatte sogar das Selbstbestimmungsrecht aller turkstämmigen Moslems anerkannt. 1949 marschierten Mao Tse-tungs Kommunisten in Sinkiang ein. Doch nicht einmal sie konnten die Region vollständig unterwerfen. 1990 kam es zu blutigen Protesten gegen die chinesische Herrschaft. Das Oberhaupt der Exilregierung von Ostturkestan, Isa Yusuf Alpekin, residiert in Istanbul und konferiert regelmäßig mit den Spitzen der verschiedenen türkischen Parteien. Nach dem Fall der Sowjetunion ließ die neue kasachische Regierung in Alma-Ata zu, daß eine ostturkestanische»Befreiungsorganisation« gegründet wurde.

Obwohl Turkstämmige und andere Minderheiten nur etwa sechs Prozent der Bevölkerung Chinas ausmachen, nehmen sie mehr als die

Hälfte des Territoriums von China ein.[2] Sinkiang ist doppelt so groß
wie Texas und Chinas größte Provinz. Sie umfaßt den östlichsten Teil
Mittelasiens, wie die Bezeichnung »Ostturkestan« zeigt. Die Chinesen sind – wie die Iraner – eine der ältesten ethnisch definierten Nationen der Welt; ihr Reich hatte im Laufe der Geschichte die unter-
schiedlichsten Größen und Formen. In China wie auch im Iran war die
Zentralregierung in manchen Zeiten sehr stark, in anderen fast machtlos. Steht Chinas kommunistischer Gerontokratie heute ein ähnliches
Schicksal bevor?

In einem kürzlich erschienenen Roman legt ein albanischer Autor
dem Vorsitzenden Mao folgende Worte in den Mund: »›Chaos in Kambodscha, in Chile, in Irland? Was für ein Chaos kann das schon sein in
solch winzig kleinen Ländern, die kaum größer sind als meine Hand-
fläche?‹ höhnte Mao. ›Echtes Chaos kann es nur in Ländern von einer
gewissen Größe geben, und Superchaos nur in China selbst!‹«[3]

In der Dämmerung wurde eine ausgedörrte gelbe Hochebene sichtbar; die Berge des Tienschan waren verschwunden. Es folgten bewäs-
serte Alfalfafelder und mit jungen Pappeln gesäumte Straßen. Mir fiel
Marco Polo ein: Der Großkhan habe einst verfügt, daß alle Straßen in
China »mit Reihen großer Bäume im Abstand von zwei Schritten bepflanzt werden sollten«, um den Reisenden ein angenehmes Geleit
zu geben.

Als sich der Zug von Westen her der Provinzhauptstadt Urumtschi näherte, sah ich kilometerweite Siedlungen aus primitiven Lehmziegel-
hütten, so schmutzig und erbärmlich, wie ich es zuletzt in Westafrika
erlebt hatte. Aus dem Fenster des langsam fahrenden Zuges konnte
ich die schmalen Lücken zwischen den Hütten sehen. Sie waren vollgestopft mit Rikschas und anderen Vehikeln. Zwischen Bergen von
Müll hing rohes Fleisch am Haken. In diesen Siedlungen, erfuhr ich
später, wohnten hauptsächlich Wanderarbeiter aus der chinesischen
Provinz Szetschuan, die vom Bauboom in Urumtschi profitieren wollten. Im stürmisch wachsenden China sind Millionen von Bauern auf
der Wanderschaft.

Der Zug fuhr pünktlich um zwölf Uhr Ortszeit in Urumtschi ein. Zwei Tage zuvor, um neun Uhr abends, war ich in Alma-Ata aufgebrochen. Ich war 36 Stunden unterwegs gewesen. Auf dem Platz vor dem Bahnhof wimmelte es von Fahrrädern, Taxen und russischen *Lada*. Entlang den Straßen standen hohe, nichtssagende Gebäude in den verschiedensten Bauphasen. Die Straßenschilder waren zweisprachig: chinesisch und arabisch. Die turkstämmig-moslemische Bevölkerung Chinas verwendet nach wie vor arabische Schriftzüge – wie die Türken der ottomanischen Sultanate, bevor Atatürk die Schrift reformierte. Als die kommunistischen Chinesen 1949 in Sinkiang einmarschierten, waren unter den vier Millionen Einheimischen nur sechs Prozent Chinesen; die anderen waren turkstämmige Moslems, hauptsächlich Uiguren, eine ethnische Untergruppe der Turkvölker. Die Uiguren hatten von 745 bis 840 die Mongolei beherrscht, bis sie von den Kirgisen nach Ostturkestan verdrängt wurden. Bis 1990 hatte sich die uigurische Bevölkerung Sinkiangs auf fast sieben Millionen mehr als verdoppelt. Außerdem lebten in Sinkiang über eine Million Kasachen, 126 000 Kirgisen, 10 000 Usbeken sowie 30 000 persische Tadschiken. Die Zahl der Chinesen war von 240 000 im Jahre 1948 auf 5,4 Millionen im Jahre 1986 angestiegen.[4] Mao hatte Millionen aus dem Zentrum und den Küstenregionen Chinas nach Sinkiang gebracht, um den Turkvölkern zu trotzen. Die Turkvölker waren immer der gefürchtete Feind Chinas; vor ihren Übergriffen sollte wahrscheinlich die Große Mauer schützen. Inzwischen machen die Chinesen zwar vierzig Prozent der Bevölkerung Sinkiangs aus, doch ihre Präsenz beschränkt sich weitgehend auf Städte wie Urumtschi und Korla (170 Meilen weiter südlich).[5] Die endlos weiten Gebiete im Norden, Westen und Süden dieser Städte sind immer noch weitgehend in der Hand der Turkvölker.

1948 war Urumtschi eine Stadt von 80 000 Einwohnern mit einstöckigen Läden und Wohnhäusern; inzwischen ist es zu einer dichtbevölkerten Metropole mit einer Million Einwohnern angewachsen: 800 000 Chinesen und 200 000 Uiguren.

Die chinesische Mehrheit von Urumtschi war in Gewaltmärschen über tausende Kilometer aus Chinas Zentral- und Küstenregionen nach Mittelasien getrieben und dort angesiedelt worden. Die Stadt unterscheidet sich kaum noch von den chinesischen Küstenstädten. Die Taxifahrer in Urumtschi benutzen Taxometer, die Währung ist stabil. Die Uhren zeigen Pekinger Zeit an. Im Juni wird es um Mitternacht dunkel. Man ißt spät abends. Viele Büros sind erst ab zehn Uhr geöffnet. Auch hierin äußert sich die Macht des Staates. Das Taxi, das ich am Bahnhof bestieg, setzte mich an einer Schnellstraße ab. Um zu einem Hotel auf der anderen Seite der Straße zu gelangen, mußte ich durch eine Unterführung gehen. Auf der Treppe fotografierte ein Fotograf mit einer alten Polaroid-Kamera eine Familie. Auf einem Karren wurden Sonnenbrillen verkauft. An einem Eisstand machten es sich eine Frau und ihre beiden Kinder auf Hockern bequem. Ich kam an drei uralten Männern vorbei, die auf winzigen Schemeln kauerten und schweigend vor sich hinstarrten. Auf der anderen Seite des Tunnels stieß ich auf kleine Grüppchen alter Männer mit Strohhüten; an den Billardtischen spielten sich kleine Schauspiele ab. Radfahrer rasten vorbei. In einem Restaurant saßen Männer und Frauen an langen Tischen und verzehrten Nudelsuppe. Auf hölzernen Karren wurden Ledergürtel, Feuerzeuge, Papier, Leim, Anrufbeantworter, schnurlose Telefone, Kurzwellenradios, Abflußstöpsel, Aquarienzubehör, Unterbrecher, Toilettenartikel und unzählige andere Dinge verhökert. Viele dieser Artikel waren für den Export bestimmt. Ich entdeckte heimische Softdrinks in Flaschen, Mineralwasser, aber kaum Alkohol. Überall herrschte rege Geschäftigkeit. Die Menschen waren in Eile. Hier erinnerte mich nichts an die schlafwandlerische Atmosphäre des Niltals und Schwarzafrikas. Hier traf ich auf eine Konsumwirtschaft, nicht auf einen Markt verzweifelter Menschen, die ihren Haushalt verschacherten, wie ich es im ehemals sowjetischen Teil Mittelasiens erlebt hatte. Ich spürte eine tief verwurzelte Kultur. An einem Bücherstand blätterten viele Menschen in den angebotenen Bänden.

Das Hongshan-Hotel bot Rucksacktouristen für ein paar Dollar pro Nacht Betten in Gemeinschaftsunterkünften an. Im Korridor lernte ich einen jungen Mann namens Wang Hsin-Long kennen. In passablem Englisch versuchte er, mir eine Busfahrkarte zu verkaufen; seine komisch-aggressive Art gefiel mir. Ich erklärte ihm, daß ich einen Führer und Dolmetscher brauchte. Am nächsten Morgen kam er mit seiner Verlobten Monica in mein Hotel. »Es ist ein westlicher Name«, erklärte er. »Und mich können Sie Alan nennen statt Wang Hsin-Long. Das ist einfacher für Sie. Das sind die Namen, die uns unser Englischlehrer für den Unterricht gegeben hat.«

Als ich Alan am Vortag im Hongshan-Hotel getroffen hatte, trug er Jeans und T-Shirt. Heute hatte er Anzug und Krawatte an. Monica trug ein Kleid mit einem billigen, aber eleganten Blazer. Die beiden lächelten sich an.

Alan erklärte mir, daß seine und Monicas Eltern in den fünfziger Jahren »dem Ruf gefolgt waren, sich in Sinkiang niederzulassen«. »Wollten sie denn hierherkommen?« fragte ich. Seine Antwort war ausweichend. Er kannte kaum einen näheren Verwandten seiner Eltern; sie lebten in Peking und der angrenzenden Provinz Hebei. Freiwillig waren die wenigsten Einwohner hierhergekommen …

Alan erzählte mir, daß er Kommunist sei. Er habe vor, Geld zu sparen und ein eigenes Reisebüro aufzumachen. Der Inhaber der Firma, für die er Bus- und Zugfahrkarten verkaufe, haue ihn ständig übers Ohr. Ich fragte Alan, was für ihn Kommunismus sei. Er zögerte mit der Antwort. Solle das kommunistische Regime vielleicht nur einen friedlichen Übergang zu einer privaten Wirtschaft sichern, damit das Land nicht in einem kriminellen Chaos ende wie die Sowjetunion? – Alan nickte. Das »kommunistische« China ist heute weniger kommunistisch als das »nichtkommunistische« Kasachstan oder andere Republiken der ehemaligen Sowjetunion.

Ich begleitete Alan zurück zu dem Ticket-Büro im Hongshan-Hotel. Unterwegs wollte ich ihn für seine Dienste bezahlen. Er lehnte ab. Sein Chef bestehe darauf, daß die Bezahlung im Büro erfolge. Das Büro war ein winziges Kabuff mit einem giftgrünen Vorhang und einer

Koje in der Ecke, auf der der Boss sich ausgestreckt hatte. An den Wänden hingen ein paar billige Touristenposter, auf dem Schreibtisch stand ein Telefon. Als wir eintraten, erhob sich der mürrische Chef. Er nahm mein Geld und zählte es sorgfältig. Ich hoffte, Alan würde mich ins Foyer begleiten, damit ich ihm ein Trinkgeld geben konnte. Doch als ich das Büro verließ, fiel die Tür ins Schloß. Es war dasselbe China wie das vor dem Kommunismus: eine Welt, in der gehofft, gekämpft und betrogen wurde.

Im Laufe des Tages hatte Alan mir viele Kaufhäuser mit vollen Regalen gezeigt, die mich an das Amerika der fünfziger Jahre erinnerten. Wohin ich bei unserem Spaziergang auch blickte: überall wurde gebaut, überall schwarzer Rauch, lautes Bohren. Während man sich in Nordamerika, Europa, Japan und Südkorea des Computerzeitalters und ruhiger Büros erfreut, entsteht auf diesem ausgedörrten Wüstenplateau eine Schreibmaschinen-Gesellschaft. Die Bürogebäude dröhnen vom Klappern der Tasten. Ich dachte an das Chicago der Jahrhundertwende, das Theodore Dreiser in *Sister Carrie* beschreibt:»Überall war der Schlag des Hammers zu hören, der mit dem Errichten neuer Bauten beschäftigt war. Große Industrien hielten Einzug ...« Urumtschi ist ein Labyrinth aus Arbeiterbienen mit Preßlufthämmern; es gibt viele Urumtschis in China.

Natürlich hat man in China Computer und andere High-Tech-Geräte, doch der chinesische Wirtschaftsboom gleicht eher dem eines»NIC«, eines *Newly Industrialized Country* [eines erst seit kurzem industrialisierten Landes]. China verschmutzt die Atmosphäre genauso wie wir vor etwa hundert Jahren, als wir Reichtümer anhäuften. Aber da sich die Weltbevölkerung seit dem Ende des 19. Jahrhunderts vervierfacht hat und die Rohstoffe knapper geworden sind, kann sich die Umwelt den Preis einer so planlosen Entwicklung nicht mehr leisten. Was tun?

China ist zum Schlachtfeld konkurrierender Zukunftstheorien geworden.

Das Bild, das die Optimisten zeichnen, ist bekannt: Die Chinesen sind ein Kulturvolk, sie haben eine 3500 Jahre alte Schriftsprache, achtzig Prozent der Erwachsenen können lesen und schreiben, die Wachstumsrate der chinesischen Wirtschaft lag 1992 bei 12,8 Prozent, das Pro-Kopf-Einkommen steigt jährlich um etwa acht Prozent. Die chinesische Mittelschicht ist unter der kommunistischen Herrschaft auf sechzig Millionen angewachsen. Barton Biggs, der weitgereiste Vorsitzende von *Morgan Stanley Asset Management* in New York, sagt: »Die Lebensverhältnisse der Menschen in den Entwicklungsländern verbessern sich in fast jeder Dimension, die sich messen läßt.« Es gebe zwar Probleme der Umweltverschmutzung und der Überbevölkerung: »Doch fragt man die Menschen in diesen Ländern, ob sie bereit sind, diesen Preis zu zahlen, fällt die Antwort eindeutig positiv aus.«[6]

Die gegenteilige Ansicht vertritt Homer-Dixon von der University of Toronto: »Die vielzitierte Wachstumsrate von 14 Prozent muß nicht unbedingt bedeuten, daß China eine Weltmacht werden wird. Sie bedeutet, daß die chinesische Küste, an der dieses Wachstum überwiegend entsteht, Anschluß an die übrigen Pazifikanrainer findet. Der Unterschied zum chinesischen Inland verstärkt sich.« Das Wachstum falle nicht nur einseitig zugunsten der Küste gegenüber dem Binnenland aus, sondern auch einseitig zugunsten der Städte gegenüber ländlichen Regionen; das werde zu einer ähnlich massiven Landflucht führen wie im Iran in der Zeit vor der Islamischen Revolution. Ländliche Gegenden blieben von Chinas Wirtschaftsboom nicht nur ausgeklammert; in vielen Dörfern sei das Realeinkommen sogar gesunken.[7]

Homer-Dixons skeptisches Bild stützt sich nicht allein auf Vergleiche mit dem Iran, sondern auf zwingende Faktoren: Die positiven Prognosen für China beruhten vor allem auf den »*social-social*« Theorien, die allen sozialen und politischen Phänomenen nur soziale Ursachen zugrunde legten, nicht aber eine Kombination aus sozialen und physikalischen Faktoren. Die *social-social* Theorie, so Homer-Dixon, sei mit der industriellen Revolution aufgekommen, die den Menschen weitgehend von der Natur entfremdet habe. »Doch die Natur übt Vergeltung, und zwar in Form von Rohstoffknappheit und Bevölkerungswachstum.« Chinas zukünftiger Kurs lasse sich nur mit Hilfe einer »*physical-social*« Theorie erkennen.[8] Homer-Dixon hat ein Team zusammengestellt, dem auch zwei China-Experten angehören, die gleichzeitig Spezialisten für Umwelt- und Bevölkerungsfragen sind: Vaclav Smil, Verfasser von *China's Environmental Crisis: An Inquiry into the Limits of National Development*, und Jack Goldstone, Autor von *Revolution and Rebellion in the Early Modern World*. Ich gebe eine Zusammenfassung der Forschungsergebnisse dieser drei Wissenschaftler wieder, die großen Einfluß auf Intellektuellenkreise ausübten, aber auch auf den früheren Direktor der Central Intelligence Agency (CIA), James Woolsey.[9]

Es ist eine gefährliche Fehleinschätzung zu glauben, China hätte sein Bevölkerungswachstum im Griff. Die geburtenreichen Jahrgänge der sechziger und siebziger Jahre, in denen Mao große Familien propagierte, stehen inzwischen in der Blüte ihres Lebens. Trotz der jetzigen Kampagne für die Ein-Kind-Familie wird sich die Bevölkerung Chinas in den nächsten beiden Jahrzehnten um 25 Prozent beziehungsweise 300 Millionen Menschen vermehren. Da die Regierung die Ein-Kind-Politik in ländlichen Regionen und in Minderheitengebieten wie Sinkiang nicht durchsetzen kann, könnte sich die Zahl sogar um 400 Millionen erhöhen. Die konservativste Schätzung geht von einer Vermehrung um 200 Millionen in drei Jahrzehnten aus. In den neunziger Jahren wird sich die Bevölkerung Chinas um die derzeitige Einwohnerzahl Japans vermehren und zwischen 1990 und 2020 möglicherweise um die der Vereinigten Staaten. Diese Prognose setzt jedoch voraus, daß das tatsächliche prozentuale Wachstum der Bevölkerung ab 1995 sinkt.

China verfügt nur über wenig Land, das urbar gemacht werden kann. Nur Ägypten und Bangladesch stehen noch schlechter da. Das Problem verschärft sich, weil die Bevölkerung weiter wächst, die Böden erodieren und die städtischen Siedlungen und die Transportwege auf landwirtschaftliche Gebiete übergreifen; innerhalb von zwei Jahrzehnten könnte ein Zehntel des fruchtbaren Agrarlandes in China zerstört werden. Der Rest wird rasch auslaugen und übersäuern. Kunstdünger haben die Erträge bereits an die Grenze des Möglichen gepuscht. Darüber hinaus werden in massiver Weise illegal Wälder abgeholzt, um Holz zu gewinnen – als Brennstoff und Baumaterial für Häuser und Minenschächte. Auf diese Weise werden pro Dekade zehn Prozent der chinesischen Wälder zerstört. Die Weideflächen der Viehherden schrumpfen aufgrund der Ausbreitung der Wüsten pro Jahr um 3,7 Prozent. Die Luftverschmutzung kann mit High-Tech-Maßnahmen behebbar sein, die Zerstörung der Böden hingegen ist weitgehend irreversibel, außer in Ausnahmefällen und unter extrem hohen Kosten. 1990 wurden etwa 77 Prozent aller landwirtschaftlichen Flächen Chinas künstlich bewässert. Das Wasser für die Irrigation wird immer mehr durch industrielle Abfallstoffe verseucht. Weil durch die Bewässerung die Grundwasserspiegel sinken, leiden vierzig chinesische Städte unter ständigem Trinkwassermangel. (Als ich mich im Juni 1994 in China aufhielt, meldete der *China Daily*, »undichte Toiletten verursachten einen erhöhten Verbrauch an Wasser in den dreihundert größten Städten Chinas«.[10] Gleichzeitig hat der Bau von Dämmen und Stauseen zum Zweck der Bewässerung dazu geführt, daß zehn Prozent der Gesamtfläche Chinas – auf der zwei Drittel der Bevölkerung leben, die 70 Prozent der gesamten Wirtschaftsleistung Chinas erbringen – »unterhalb der Hochwasserpegel der größeren Flüsse« liegen.[11]

Die Einbuße an ländlichen Nutzflächen und die zunehmende Konzentration des Reichtums in den Küstenstädten hat zig Millionen Chinesen in Bewegung gesetzt. Die Verstädterung, die der Iran von den fünfziger bis zu den siebziger Jahren durchmachte, erlebt China seit den achtziger Jahren. Hinter dem Fall der Ming-Dynastie im Jahre 1644 und dem Niedergang der Qing-Dynastie Mitte des 19. Jahrhunderts standen ähnliche Entwicklungen: explodierende Bevölkerungszahlen und drastische Einbußen an Nutzland pro Kopf.[12]

Derzeit verschlechtern sich die Beziehungen zwischen der Zentralregierung und den 22 Provinzen; wohlhabende Küstenregionen wie Guangdong reklamieren ihre Ressourcen für sich und schlagen eigene

Wege ein. Die Allianzen regionaler Wirtschaftseliten könnten China heute ebenso verändern wie in der Vergangenheit. Gleichzeitig hat der Zusammenbruch der Sowjetunion zu einem massiven Zustrom kasachischer, kirgisischer und usbekischer Besucher in Sinkiang geführt, wodurch sich die beiden Teile Turkestans faktisch allmählich wiedervereinen. Homer-Dixon: »Wir werden wohl erleben, daß das Zentrum bedroht wird und zerbricht und die Landkarte Chinas sich verändert.«

Wird dieser Bruch – wenn er denn eintritt – friedlich und über Jahre oder sogar Jahrzehnte erfolgen? Oder wird er plötzlich und gewaltsam eintreten? Es steht viel auf dem Spiel. Lester Brown, der Vorsitzende des *Worldwatch Institute*, meint, China sei »bald nicht mehr in der Lage, sich selbst zu ernähren. Dies dürfte Einfluß auf die Nahrungsversorgung der ganzen Welt haben …«

Chinas Bevölkerung wächst, seine Agrarflächen schrumpfen. Vielleicht wird die Agrartechnologie auf lange Sicht Lösungen finden, doch was wird mittelfristig – in den nächsten Jahrzehnten – geschehen?

Optimistische Prognosen für die Umweltsituation in Nordamerika und Westeuropa sollten uns nicht blind machen gegenüber den negativen Prognosen für die Masse der Länder der Dritten Welt und für China. Vielleicht haben ja Optimisten wie der Wall-Street-Stratege Barton Biggs recht. Was aber, wenn er sich irrt? Homer-Dixon und seine Mitarbeiter haben die Probleme Chinas detailliert analysiert. Diese Analyse verheißt nichts Gutes. Die Politik kann und darf sie nicht ignorieren. Ein ehemaliger US-Diplomat, Jonathan Moore, schreibt: »China ist wohl das verschwommenste Sinnbild für die Zukunft unserer Gattung, ein gigantischer Mikrokosmos mit gewaltigen Gegensätzen, die aufeinanderzuprallen drohen … China galoppiert auf einem Tiger in die Zukunft. China weist seit drei Jahren zweistellige Wachstumsraten auf, seine freien Märkte schießen ins Kraut, und die Menschenrechte werden verletzt. Im Inneren des Landes werden riesige Menschenmassen umhergeschoben, der Militarismus entfaltet sich ... Die soziale Stabilität wird von Millionen Arbeitslosen bedroht, die aufgrund der Schließung Tausender staatlicher Fabriken auf der Straße stehen. China beheimatete 1992 über ein Fünftel der gesamten Weltbevölkerung und praktiziert die weltweit strengste Geburtenkontrolle ... China versucht, das Chaos zu beherrschen, das es erzeugt. Letztendlich dürfte die Umwelt der ausschlaggebende Faktor sein.«

20 Strategische Hippie-Routen

Der Bus von Urumtschi nach Kaschgar in Sinkiang – 1200 Kilometer beziehungsweise 36 Stunden weiter im Südwesten – sollte um zehn Uhr vormittags abfahren. Er startete erst abends um halb sechs. Am Bahnhof lernte ich einen Reisenden, Tom, kennen. Die sieben Stunden bis zur Abfahrt schlenderten wir gemeinsam durch Urumtschi. Tom war Engländer, Anfang Zwanzig; er trug einen Ohrring und einen Dreitagebart. Nach dem Physikstudium hatte er auf einer Bohrinsel in der Nordsee gearbeitet. Er hatte gerade eine neunmonatige Reise durch den indischen Subkontinent, Nepal, Tibet und China hinter sich. »Es war nicht besonders interessant«, sagte er. »Ich hätte nach Vietnam reisen sollen. In China will jeder bloß Geld.«

Wir besuchten einen Park mit einer Pagode, einem Teich mit kleinen Booten, Blumen- und Steingärten und einem von Weiden beschatteten Platz, auf dem Gruppen älterer Chinesen *Tai-Chi* übten, das Schattenboxen. Der Eintrittspreis betrug umgerechnet etwas mehr als eine Mark. Tom zeigte dem Wärter seinen Studentenausweis und verlangte Zutritt zum halben Preis. »Das ist Nepp«, schrie er, ihm gehe es hier »ums Prinzip«. Der Pförtner gab nach.

Auf dieser Etappe meiner Reise war ich sechs Wochen unterwegs gewesen; ich wollte einmal abschalten und mit Tom einfach plaudern. Wir gingen in ein Café. Auf dem Tisch standen Plastikblumen, an der Wand hing das Poster eines Landhauses in New England. Das Café wurde von aufstrebenden jungen Chinesen wie Alan und Monica besucht. Tom beklagte sich über den Preis der Busfahrt von Kaschgar über die Berge nach Nordpakistan, die er vor ein paar Wochen gemacht hatte und die nun uns beiden bevorstand. »Es kostet 23 Dollar.

Das ist der reinste Nepp!« Wir sprachen über Magenbeschwerden, über die Seelenqualen von Michael Jackson, über schwarze Löcher im Weltraum und über Zeitreisen. »Stephen Hawking ist auch nur einer von diesen ehrgeizigen Typen«, meinte Tom.

Mein neuer Freund fragte mich, ob es in Usbekistan irgend etwas Interessantes gebe; er hatte noch nie etwas von Buchara und Samarkand gehört. »Ich mag einfach das Gefühl der Freiheit; ich hasse diese Kreditkarten-Läden mit Aufklebern im Fenster. Die nehmen einen bloß aus. Es kann sein, daß ich in Pakistan in einer Sackgasse lande.«

Am Bahnhof lernten wir einen weiteren Rucksacktouristen kennen, einen Maler aus New Haven in Connecticut, der auf dem Landweg nach Europa zurückreisen wollte. Er fragte mich, ob man in Alma-Ata gefahrlos im Park schlafen könne, da er nicht einmal mehr Geld für eine Jugendherberge habe.

Rucksackreisenden war ich schon in Alma-Ata begegnet, wo eine Nebenlinie der Transsibirischen Eisenbahn auf die Bahnverbindung nach China stößt. Seit dem Zusammenbruch der Sowjetunion und der Lockerung der Reisebestimmungen in China kann man auf dem Landweg von St. Petersburg nach Peking reisen. Die Neo-Hippies der neunziger Jahre haben selten lange Haare, konsumieren kaum Drogen und schleppen mehr Ausrüstung mit als ihre Vorgänger in den sechziger und siebziger Jahren. Sie sehen nicht wie Blumenkinder aus, sondern wie Bergsteiger. Frauen sieht man selten. Die ehemalige Sowjetunion und China sind problematische Länder. Es herrscht eine relativ hohe Kriminalität. Verpflegung und Unterkunft sind im Vergleich mit europäischen Jugendherbergen dürftig. Dennoch wurden einige der besten Berichte über Reisen in dieser Region von Frauen geschrieben.[1]

Als der Bus nach Kaschgar an der Südseite des Tienschan in die Wüste Takla Makan hinabfuhr, herrschte eine mörderische Hitze. Takla Makan heißt soviel wie »Wer hineingeht, kommt nicht wieder heraus«. Der Bus glich einem Schlafwagen: Es gab Metallkojen mit schmutzigen Bezügen und sackleinenen Decken. Der Fußboden war mit Metallkanistern, Öl- und Wasserbehältern, Jutesäcken, Seilen und verschnürten Koffern bedeckt. Der Fahrer drückte ständig auf die Hupe. Als wir in südlicher Richtung in die dürre Leere der Wüste Takla Makan kamen, verschwanden die schneebedeckten Gipfel des Tienschan. Die restlichen dreißig Stunden fuhren wir am Nordrand der Wüste direkt nach Westen. Durch die offenen Fenster drangen feiner Sand und Dieselabgase in den Bus. Es knirschte zwischen den Zähnen. Die anderen Reisenden hatten Schuhe und Socken ausgezogen und rauchten Zigaretten. Der Gehilfe des Fahrers schnupfte Kokain. Ich betrat eine uigurische Welt. Der Fahrer spielte Kassetten mit *gecekondu arabesk*, einer Musik, die auch in Istanbul erklingt. Die Sprache war Uigurisch. Die Frauen trugen farbenfrohe Tücher. Unser Bus reihte sich in eine lange Schlange blauer Lastwagen ein, deren Achsen sich unter der Last von Baumstämmen, Metallrohren, Sandsäcken, Zementblöcken und Ölfässern bogen. Überall schien nur ein Bedürfnis zu herrschen: bauen, bauen ... Die Baumstämme waren nicht für den Export nach Europa bestimmt, sie wurden vor Ort benötigt. Das Tempo der Lastwagen war ganz und gar chinesisch. Als die orangefarbene Sonne gegen 21 Uhr uigurischer Zeit hinter der grauen Sandwüste unterging, nickte ich auf meinem Stahlbett ein. In diesem Augenblick brachte der Fahrer den Bus kreischend zum Stehen. Ich sah eine Reihe von Lehmhütten, vor denen Männer über Bottichen mit kochendem Wasser ellenlange Nudeln in die Luft warfen. Lange Eßtische waren für die Reisenden gedeckt. An einem rostigen Zapfhahn am Straßenrand konnte man die Feldflasche auffüllen.

Gegen Mitternacht schlief ich wieder ein. Den ganzen nächsten Tag und die ganze folgende Nacht verbrachte ich im Bus. Um fünf Uhr morgens kamen wir in Kaschgar an. Ich war gerädert. Immer wieder hatten wir Nudelbuden mit alten Stühlen und Tischen gesehen, hin und wieder eine Moschee, deren Fassade aus knallgelbem Ziegel und grobem blaurosa Stuck im grellen Licht der Sonne glänzte. Manchmal sah ich einen zähen Alten mit dünnem Bart und Turban, wie er einst Marco Polo auf diesen Pfaden begegnet sein mochte.

Bei Sonnenuntergang am zweiten Abend der Reise hatte der Bus einige messerscharfe kahle Hügel erklommen. Aus der glühenden Wüste kamen wir in die kühle, scharfe Luft Mittelasiens. Ich sah Jurten und Nomaden mit ihren Schafen. Als wir in Kaschgar eintrafen, dämmerte es bereits. Wir klopften minutenlang an die Tür eines Hotels, bevor wir eingelassen wurden. Es war eine Wanderherberge mit grünen Innenhöfen, verkommenen sanitären Anlagen, moderigen Wänden und einem Bild der Niagarafälle im Speisezimmer. Ende des 19. Jahrhunderts, als Rußland und Großbritannien noch um dieses Territorium rangen, war dies das russische Konsulat gewesen; inzwischen ist das Hotel im Besitz des chinesischen Staates. Offiziell galt die Pekinger Zeit, doch die uigurischen Angestellten hatten ihre Uhren auf Sinkiang-Ortszeit gestellt. Ich konnte nicht schlafen, nahm ein frühes Frühstück und zog los.

Etwa gegen Ende des 1. Jahrhunderts hatten die Chinesen begonnen, die Seidenstraße nach Westen auszubauen, um die Römer mit der in Europa seltenen Seide beliefern zu können. Dann brachten sie Lackwaren, Porzellan, Schießpulver, Rosen, Papier und viele andere Dinge an das Mittelmeer. Nach China eingeführt wurden Wolle und Glas aus Rom, Lapislazuli aus Mittelasien und Wein aus Persien. Wie Samarkand war Kaschgar eine Oasenstadt, in der verschiedene Routen der Seidenstraße zusammenliefen. Bereits vor zweitausend Jahren hatte die chinesische Han-Dynastie aus Furcht vor den turkstämmigen Nomaden hier eine militärische Garnison gebaut.

Die Uiguren wanderten vom 9. Jahrhundert an aus der Mongolei in die Gegend von Kaschgar, lange nachdem die Chinesen von den Arabern vertrieben worden waren, die sich selbst kurze Zeit später wieder aus Mittelasien zurückgezogen hatten. (Die Uiguren übernahmen den Islam nicht von den Arabern, sondern von den Karachaniden, einer turko-persischen Dynastie, die im 10. und 11. Jahrhundert in Buchara residierte.)

Das Heer des Dschingis Khan eroberte Kaschgar zu Beginn des 13. Jahrhunderts. Später herrschte hier Tamerlan. Erst 1755 kehrten die Chinesen wieder zurück. Vier Jahre später brach ein Uiguren-Aufstand aus, der von mandschurischen Soldaten gewaltsam niedergeschlagen wurde. Seither sind die uigurisch-chinesischen Beziehungen äußerst angespannt. Die uigurischen Aufstände in Sinkiang im 19. Jahrhundert schwächten die Macht der Chinesen so sehr, daß die Russen einmarschieren und die Briten sich einmischen konnten. Rußland expandierte von seinem Stützpunkt Taschkent aus nach Osten, China wollte sein westliches Grenzland halten, Großbritannien dehnte sich vom indischen Subkontinent nach Norden aus. Das erklärt, warum Sir Halford Mackinder Chinesisch-Turkestan den »geographischen Drehpunkt der Geschichte« nannte. Kaschgar, Zentrum der diplomatischen Intrigen im hintersten Winkel des heutigen Südwestchina, war die Mitte dieses Drehpunkts.

Heute machen die turkstämmigen moslemischen Uiguren neunzig Prozent der 300 000 Einwohner Kaschgars aus. »Die Uiguren«, schreibt Fergus Bordewich in *Cathay*, »blicken nach Mekka (und vielleicht insgeheim nach Ankara), nicht nach Peking, und sie betrachten die Chinesen als Eindringlinge. 1935, das ist noch gar nicht so lange her, metzelten [die Uiguren] die gesamte Bevölkerung [Kaschgars] auf einen Streich nieder.« Die Uiguren sehen die Chinesen zwar als Feinde an; andererseits nehmen sie sich selbst selten als eigenständige Nation wahr. Wenn man einen Uiguren fragt, was er sei, so wird er antworten:»Ich bin ein *Kashgarlik* (aus der Oase Kaschgar)«oder»ein *Turfanlik*« oder »*Khotanlik*«.[2] Die Zukunft der Chinesen in Ostturkestan mag ungewiß sein, doch die turkstämmigen Einheimischen machen kaum Anstalten, sich zu einem eigenen Staat zu vereinen. Marco Polos Beschreibung von Kaschgar, so stellte ich fest, trifft auch heute noch zu:»Die Einwohner leben von Handel und Handwerk … Die Einheimischen sind ein entsetzliches Volk; sie essen und trinken auf miserable Weise.«

Als ich meinen Spaziergang begann, hörte der Dauerregen auf. Kaschgar lag unter einem graubräunlichen Schlamm, den Fahrräder, motorisierte Rikschas und mit frischer Ernte oder Brennholz bepackte Esel aufrührten. Es wimmelte von krakeelenden Kindern mit vernarbten Gesichtern und kahlgeschorenen Köpfen. In den Speiselokalen wurden fettes Fleisch und Stutenmilch aufgetischt. Die Frauen trugen *Burkas* (undurchsichtige Schleier). Die Luft war gesättigt vom Staub alter Teppiche, dem Ruß der Kohlefeuer und den feinen Körnchen von trocknendem Schlick. Die meisten Männer trugen flache Käppchen und zerschlissene, verschmutzte Sportjacken. Die Kultur dieser Menschen war nie durch die Nähe zum Mittelmeer oder zu Byzanz verfeinert worden; sie wurde durch Maos schreckliche Dreschmaschine vollends zerstört.

»Willkommen in John's Café«, stand auf einem Schild. »Brauchen Sie Auskünfte? Wenden Sie sich an John. John hat Fax, Fahrradverleih usw.« Auf der Straße standen lange Tische. Die Speisen waren chinesisch. Die Gäste waren meist Rucksackreisende. Es war wie auf einer griechischen Insel im August. Hier traf man sich jedoch nicht auf einen lockeren Flirt und ein kühles Bier; hier hockten kleine Grüppchen von Männern, alle überzeugt, daß sie soeben Kaschgar entdeckt hatten. Kaschgar war Knotenpunkt der Neo-Hippie-Route. Das letzte Mal hatte ich solche Gruppen in den siebziger Jahren in den billigen Hotels an der Chicken Street in Kabul gesehen, noch vor dem sowjetischen Einmarsch in Afghanistan und der Islamischen Revolution im Iran.

Kaschgar erinnerte mich nicht nur an das Kabul der siebziger Jahre; es erinnerte mich auch an Marrakesch Ende der sechziger Jahre, das von Crosby, Stills, Nash & Young besungen wurde; dorthin waren damals die Hippies geströmt, um in vorindustrieller Pracht »ihr Bewußtsein zu verändern«.

Der Sonntagsmarkt in Kaschgar bot eine Szenerie wie aus Marco Polos Reisebericht: Es wimmelte von Pferden, Kamelen, Ochsenkarren und alten Männern, die Sensen und Heugabeln in den Händen hielten und bäuerliche Gerätschaften wie Hufe, Sättel und Peitschen in Augenschein nahmen. Außerdem gab es Teppiche, Gewürze, vergoldete Truhen, lebendes Geflügel, ausgenommenes Schlachtvieh und andere »exotische« Dinge, die man in jedem Basar im Nahen Osten antrifft. Barbiere mit langen Klingen verpaßten ihren Kunden die wöchentliche Rasur. Die größte Menschengruppe hatte sich vor einem Farbfernsehgerät versammelt und sah sich eine Werbesendung für westliche Sportkleidung an. Kaschgar, so mein Eindruck, stand am Beginn einer Umwälzung.

Seit meinem Aufenthalt in Schwarzafrika hatte ich nicht mehr so viele Horden junger, müßiggängerischer Männer und Jungen gesehen; ihr grobes, großspuriges Verhalten konnte schnell in Gewalt und Kriminalität umkippen. Die chinesische Ein-Kind-Politik – eine Maßnahme zur Geburtenkontrolle – hat in dieser Region versagt. Überall Überbevölkerung, überall Arbeitslosigkeit. Es fehlt eine aufsteigende Mittelschicht, es fehlen Anzeichen wirtschaftlichen Wachstums, wie sie in anderen Teilen Chinas zu erkennen sind. Wie soll hier – nach dem Rückzug der Chinesen – ein solider Nationalismus als Grundlage eines eigenen Staates entstehen?

Nachdem ich den Markt verlassen hatte, stieß ich auf das Chinesenviertel, das mich an das russische Quartier in Taschkent und die britischen Bezirke in indischen Städten erinnerte. Chinesische Soldaten spazierten Arm in Arm mit ihren Frauen oder Freundinnen in veralteter westlicher Kleidung, die hier jedoch modern wirkte. Eine gewaltige Mao-Statue ragte über ein Gebäude. Mao symbolisierte nicht den Vater des asiatischen Kommunismus, sondern den Eroberer aus einer organisierteren und technologisch fortschrittlichen Kultur. Doch wie lange werden die Chinesen noch hierbleiben? Und wer wird ihren Platz einnehmen? In absehbarer Zeit werden die Chinesen wohl in der Lage sein, die internationalen Grenzen von Sinkiang zu kontrollieren und in der Provinz eine gewisse Ordnung aufrechtzuerhalten; aber was wird, wenn die starke Zentralregierung ihre Macht verliert und das Land in Regionen zerfällt? Ich stellte mir diese Frage nicht zum ersten Mal.

Meine Überlegungen besprach ich mit Abdul, einem jungen Uiguren, der in Peking studiert hatte und gut Englisch sprach. Wie so viele Jugendliche, deren Studium von einem repressiven Regime finanziert worden war, hatte sich Abdul gegen seine einstigen Wohltäter gewandt. Er trug ein gebügeltes weißes Hemd, eine graue Hose und braune Schuhe. Sein glattes schwarzes Haar war sauber geschnitten und gekämmt. Wie so viele Kashgarliks hätte man ihn für einen anatolischen Türken halten können. Am lebhaftesten erinnere ich mich an sein zynisches Lachen, eigentlich ein rauhes Husten, das von einem kalten Funkeln seiner dunklen Augen begleitet wurde. »Ich bin stellvertretender Geschäftsführer in einer Fabrik. Mein Boss ist natürlich Chinese.« Lachen. »Wir sind eine große Provinz und ein kleines Volk, verglichen mit den Chinesen. Wir müssen noch viel mehr Kinder in die Welt setzen.«

»Aber wird es Arbeit für diese Kinder geben, wenn sie erwachsen sind?« fragte ich.

»In die uigurischen Regionen von Sinkiang wird nichts investiert, nur in die chinesischen. Ihr Touristen und Journalisten glaubt die Lügen der Chinesen. Sinkiang ist die reichste Provinz, doch die Uiguren sehen nichts von diesem Reichtum. Die Chinesen stehlen alles. Statt westlicher Geschäftsleute sehen wir in Kaschgar nur Rucksacktouristen. Um uns herum floriert alles, aber hier gibt es nur Arbeitslose. Das wird Folgen haben.«

Abdul erzählte mir, daß immer mehr turkstämmige Landsleute aus Kirgisistan und Kasachstan zu Besuch kämen. In ihrer ganzen Geschichte, außer in der Zeit des Kommunismus, hätten die Kirgisen stets engere Verbindungen mit Sinkiang als mit anderen Teilen Mittelasiens gehabt. »Wir Turkstämmige sind ein Volk. Alle Turkvölker verstehen einander. Sogar die Ungarn gehören zu uns.«[3] Nach dem Ende des Kommunismus [in der Sowjetunion] hätten die Chinesen Angst, deshalb schickten sie Soldaten. »Sehen Sie das Gebäude dort drüben. Es ist geschlossen. Wissen Sie warum? Dort war die Landwirtschaftsverwaltung. Weil die Chinesen die Steuern für uigurische Bauern erhöhten, haben wir es angezündet. Wir sind hier in Turkestan, nicht in China. Die Chinesen lernen unsere Sprache nicht, und viele von uns lernen ihre nicht. Selbst im persönlichen Bereich sind die Beziehungen schlecht. Sobald die alten Kommunisten in Peking das Zeitliche segnen, wird Guangdong [einschließlich Hongkong] China den Rücken kehren, und dann werden wir dasselbe tun.«

Während wir durch die Stadt spazierten, stellte Abdul mir seine

Freunde vor, die alle etwa im selben Alter waren. »Denken die genauso?« fragte ich ihn. »Absolut«, antwortete er.

Ich widersprach. Die Uiguren, argumentierte ich, hätten sicher ein hohes Maß an traditioneller Kultur, aber wie gut könnten sie sich selbst verwalten, wenn die Chinesen weggingen? Ihre Identität sei so vage, so sehr davon bestimmt, in welcher Oase man wohne. Könnte Auflösung der Ordnung nicht in Chaos führen anstatt in die Freiheit? Ich erinnerte an den turkstämmigen Befreier von »Kaschgaria«, Yakub Beg, der Mitte des 19. Jahrhunderts die Chinesen aus Sinkiang vertrieben und dann die Uiguren mit Plünderungen, Morden und Vergewaltigungen terrorisiert hatte.

Abdul antwortete mit einem zynischen Lachen.

Die Hippie-Touristen scheinen wieder einmal genau am Ort des Geschehens zu sein. Vor der Islamischen Revolution und vor der sowjetischen Invasion in Afghanistan waren sie von der Türkei durch den Iran, Afghanistan und Pakistan nach Indien gezogen. Jetzt saßen sie hier. War Sinkiang das nächste Pulverfaß?

Die Rucksackreisenden strömen mit Vorliebe an Orte, die sich rasant von einer mittelalterlichen zu einer modernen Kultur entwickeln; sie suchen alte Stätten auf, die plötzlich neuen Einflüssen von außen ausgesetzt sind. Nur Orte, die sich in einem abrupten Übergang befinden, befriedigen die wichtigsten Forderungen, die Rucksacktouristen stellen. Ihre Reiseziele müssen nach wie vor »wild exotisch« und relativ gut zugänglich sein. Sie suchen Orte, die den Sprung vom 15. direkt ins 21. Jahrhundert machen. Solche Orte sind Pulverfässer.

21 Das Dach der Welt

Vor siebenhundert Jahren reiste Marco Polo in die Region südlich von Kaschgar und schrieb:

»... stets durch Gebirge gelangt man auf eine solche Höhe, daß man sagt, dies sei der höchste Punkt der Erde! Und wenn man diese Höhe erreicht hat, stößt man auf einen großen See zwischen den Bergen ... Man begegnet zahlreichen wilden Tieren unterschiedlichster Art, unter anderem riesigen wilden Schafen, deren Hörner gute sechs Handbreit lang sind ... Die Ebene wird Pamir genannt ... Die Gegend ist so hoch gelegen und kalt, daß man nicht einen Vogel in den Lüften sieht.«

1994 sah es genauso aus. Drei Stunden lang ächzte der chinesische Bus mit knirschendem Getriebe über endlose Schlaglöcher die steile Straße hinauf. Dann öffnete sich eine rauhe, einsame Weite. Scharfgezackte Granitspitzen verschwanden hinter grauen Dunstwolken; die schneebedeckten Hänge sahen aus wie Leichentücher. Der Wind tobte gegen die Scheiben des Busses und peitschte Schneeflocken durch die Luft. Es war Mitte Juni. Hin und wieder tauchte eine einsame Lehmziegelhütte auf.

Auf einer Höhe von über 3300 Metern über dem Meer schimmerte der Karakulsee (»Schwarzes Meer«), unter dessen schieferblauem Spiegel Leere gähnte. Der See ist flankiert von zwei Bergen, dem Mustag Ata (7546 m) und dem Kongur (7719 m), von dessen Gipfel sich elf Gletscher schieben. Herden langhörniger Yaks werden von kirgisischen Hirten mit weißen Filzmützen getrieben und wandern langsam über die Ebene. Ich sah keinen einzigen Vogel in der Luft. Drei Rucksackreisende im hinteren Teil des Busses machten sich nicht einmal die Mühe, aus dem Fenster zu sehen; sie steckten ihre Köpfe in ihre Taschenbuchromane.

Ich war in der Hohen Tatarei, die im 18. Jahrhundert als »der dritte Pol« bezeichnet wurde, weil sie genauso abgelegen schien wie der Nord- und der Südpol.[1] Die Geographen bezeichnen diese Gebirgsmasse als den »Pamirknoten«; hier läuft der Pamir mit dem Karakorum und dem westlichen Himalaja im »Dach der Welt« zusammen. Zum östlichen Himalaja zählt zwar der Mount Everest, der mit 8848 Metern höchste Berg der Welt, doch zum Karakorum allein gehören nicht weniger als 33 Gipfel, die höher als 7300 Meter sind, unter anderem der K-2, der nur 237 Meter niedriger als der Mount Everest, aber schwieriger zu besteigen ist.

In Kaschgar hatte es zwei Stunden gedauert, bis der Bus beladen war. Auf dem Dach türmten sich nun Teppiche aus Mittelasien und Fahrräder »made in China«, die Händler aus Lahore und Rawalpindi in Pakistan und auf Märkten weiter westlich verkaufen wollten. 1978 war der Karakorum Highway fertiggestellt worden, der sich seit dem Zusammenbruch des sowjetischen Kommunismus und der Lockerung der chinesischen Kontrolle über Sinkiang zu einer neuen Seidenstraße entwickelt, die letztlich Taschkent mit Karatschi am Arabischen Meer verbindet. Der Karakorum Highway beginnt in Kaschgar und endet kurz vor Rawalpindi. Die Fahrt über die Berge dauert fünf Tage.

In *Roads and Rivals: The Political Uses of Access in the Borderlands of Asia* betont Mahnaz Z. Ispahani, daß in vielen Teilen der Welt das Jetzeitalter noch nicht angebrochen sei. Straßen und Highways seien hier die wahren »Instrumente der Geschichte«, die Grenzen und Regionen bestimmen; und 1960 fragte Louis Dupree, wie nützlich die neuen sowjetischen Straßen nach Afghanistan wohl seien: »Wie strategisch ist eine Straße im Zeitalter eines möglichen Atomkrieges?« 1979 besetzten die Sowjets Afghanistan.

Wird die neue Seidenstraße die gleiche Bedeutung haben wie die alte, ein schmaler Streifen der Zivilisation, der eine Reihe von Stadtstaaten in einer grenzlosen Welt miteinander verbindet? Oder wird der Kara-

korum Highway, wie Ispahani meint, mindestens einen existierenden
Staat, nämlich Pakistan, stärken, indem er es ihm ermöglicht, seine
Macht bis in die abgelegenen Bergdörfer seiner nördlichen Territorien
auszudehnen? Diese Fragen lassen sich am besten beantworten, wenn
man den Karakorum Highway selbst befährt.

Der Highway wurde als »achtes Weltwunder« bezeichnet. Er führt
über 24 größere Brücken. Achttausend Tonnen Dynamit wurden benötigt, um 23 Millionen Kubikmeter Erde und Fels zu bewegen. Eintausend Lastwagen wurden eingesetzt und achtzigtausend Tonnen
Zement verbaut. Fünfzehntausend Arbeiter waren am Bau beschäftigt. Vierhundert pakistanische und chinesische Bauarbeiter kamen
bei den Arbeiten ums Leben, weitere 314 wurden verletzt.[2]
Nach dieser Beschreibung muß man meinen, der Karakorum Highway sei eine zweite Brenner-Autobahn. Weit gefehlt. Der Karakorum
Highway gleicht eher einem schlechtgewarteten Schotterweg. Doch
alles ist relativ. Der Jordan ist im Vergleich zu den Strömen Europas
und Nordamerikas ein schmales Rinnsal, gemessen an den wasserar-
men Verhältnissen des Nahen Ostens ist er ein großer Fluß. Dasselbe
gilt für den Karakorum Highway.

Mit den Unterkünften entlang des Highway verhält es sich ähnlich.
Die erste Nacht auf dieser Fahrt verbrachte ich in Taschkurgan, einem
tadschikischen Städtchen unweit des Dreiländerecks von Tadschikistan, Afghanistan und China. Das »Pamir-Hotel« gilt als moderner
Komplex für Touristen, die die neue Seidenstraße bereisen. Die Temperatur auf 3040 Meter Höhe fiel nachts auf den Gefrierpunkt. Das
Zimmer war unbeheizt. Das Bett war durchgelegen, das Bettzeug
schmutzig. Der Waschraum stand unter Wasser, die Toilette war verstopft.

Der chinesisch-pakistanische Grenzübergang auf der Höhe des Khun-
jerabpasses ist mit 4728 Metern der höchste der Welt. Die chinesischen und pakistanischen Grenzposten liegen jedoch sieben Stunden
auseinander. Die chinesischen Zoll- und Paßformalitäten werden in
einem Gebäude außerhalb von Taschkurgan erledigt; am nächsten
Morgen, als alle Pässe gestempelt waren, salutierte eine Gruppe von

fünf stocksteifen chinesischen Soldaten, öffnete den Schlagbaum und ließ uns offiziell »raus aus China«. Den ganzen Tag fuhren wir praktisch durch Niemandsland: eine dürre, aber wunderschöne Steppe, auf der Schafe, Yaks und Kamele grasten und nur ab und zu ein paar Jurten tadschikischer und kirgisischer Hirten auftauchten. Ich sah Turkestan in einer Pracht, die Marco Polo einst erlebt hatte.

Im Bus herrschte eine angespannte Atmosphäre. Der Bau des Karakorum Highway mag ein Beispiel der chinesisch-pakistanischen Freundschaft gewesen sein, doch zwischen dem chinesischen Busfahrer und den pakistanischen Passagieren bestanden keine großen Sympathien. Der Fahrer fuhr so wie die meisten Chinesen: langsam und nach Vorschrift. Die Pakistanis zeterten. In ihrer Kultur gilt es als Zeichen der Männlichkeit, in unübersichtlichen Kurven zu überholen und sich allein auf die Hupe zu verlassen. Das Fahren auf der Fernverkehrsstraße zwischen Peshawar und Rawalpindi ist, wie ich später erlebte, eine einzige Mutprobe. Die Pakistanis beschimpften den Fahrer, der auf freier Strecke einfach anhielt, um eine Zigarette zu rauchen. »Deswegen«, erklärte mir einer der Pakistanis, »ist China so zurückgeblieben, während Pakistan es zu etwas bringt. Weil wir ehrgeizig und dynamisch sind, haben wir es eilig. Aber diese Chinesen – die lassen sich für alles unendlich Zeit.«

»Aber was ist mit den vielen Verkehrstoten in Pakistan?« fragte ich.

»Was soll man tun?« antwortete er achselzuckend, als seien solche Opfer ein zumutbarer Preis für das, was er als die gesellschaftliche und wirtschaftliche Dynamik Pakistans betrachtet.

China ist Teil des asiatischen Kontinents, Pakistan Teil des asiatischen Subkontinents, zu dem auch Indien, Bangladesch und Nepal gehören. Zwischen beiden liegen im wahrsten Sinne des Wortes Welten – früher trennte sie sogar ein Ozean.

Die dreieckige Kontinentalplatte, die als Subkontinent bezeichnet wird, war einst ein Teil der Antarktis. Vor etwa siebzig Millionen Jahren begann diese Platte, sich in nördlicher Richtung nach Asien zu verschieben.[3] Vor dreißig Millionen Jahren erreichte sie die damalige

Südküste Asiens, schob sich unter sie und drückte sie hoch. Die Südküste, die einst auf Meereshöhe lag und die volle Kraft der Kollision zu spüren bekam, bildet heute den Karakorum. Die Späne, die nach Osten fielen, formten den Himalaja. Der Zusammenstoß findet auch heute noch statt, jede Sekunde, Millimeter für Millimeter. Erdbeben sind an der Tagesordnung. Gletscher legen innerhalb von vierundzwanzig Stunden eine Strecke zurück, die der Länge von sechs Fußballfeldern entspricht; sie müssen von der pakistanischen Luftwaffe gesprengt werden, wenn sie Straßen und Dörfer gefährden. Der Karakorum – geologisch die explosivste Übergangszone der Welt – ist ein Lehrbeispiel dafür, daß alles veränderlich ist und die Landkarte stets neu gezeichnet werden muß.

Nach mehrstündiger Fahrt quälte sich der Bus durch enge Kurven auf eine kleine öde Hochebene. Ein zerlumpter chinesischer Soldat kam aus seiner Hütte gelaufen; er streckte den Arm aus, als würde er betteln. Der Fahrer hielt an, holte unter dem Sitz ein Päckchen hervor und reichte dem einsamen Soldaten ein Paar neue Socken, die noch in ihrer Plastikverpackung steckten. Der Soldat bedankte sich und machte sich nicht einmal die Mühe, unsere Pässe zu kontrollieren. Ein paar Kilometer weiter winkte uns ein genauso verlorener pakistanischer Soldat zu. Nun waren wir in Pakistan. Die Ebene lag so hoch, daß sie selbst Mitte Juni von Schnee bedeckt war.

Wir fuhren in eine Talschlucht, aus der wir erst wieder auftauchten, als wir vier Tage später Rawalpindi erreichten. Hier war der Karakorum steiler und schroffer als der Pamir; schwarze Felsspitzen mit Schneehauben ragten bis auf Höhen von über siebentausend Metern auf, die Felswände fielen senkrecht auf den Talboden ab, der nur ein paar hundert Meter über Meereshöhe lag. Dies waren die wohl schwindelerregendsten und furchteinflößendsten Abgründe der Erde, sichtbare Beweise, daß hier Kontinente aufeinandergeprallt waren.

Steine prasselten auf das Dach und gegen die Scheiben des Busses. Hier und da war die Straße durch einen kleinen Erdrutsch blockiert, wir mußten warten, bis pakistanische Arbeitstrupps sie beseitigt hatten. Den Highway ständig befahrbar zu halten, ist eine Mühe ohne Ende.

Vereinzelt tauchten pakistanische Busse auf – außen chromverziert, grell lackiert, Augen mit dem bösen Blick, innen karg und ungemütlich – alles Show, Effekthascherei und Aberglaube. Wie der tollkühne Fahrstil waren auch die Karossen Produkte einer naiven Kultur. Gegen Abend kam eine Reihe kleiner Schlackensteinhütten in Sicht. Der Bus fuhr auf einen staubigen Platz, auf dem unter einem Blechdach ein paar wackelige Holztische standen. Ich trat an den Tisch mit dem Schild »Ausländer« und ließ meinen Paß stempeln. Die pakistanische Zollinspektion bestand aus einer einzigen Frage: »Irgendwelche Spirituosen, Sir?« Der Beamte winkte mich durch. Pakistan ist offiziell ein islamischer Staat, aber überall auf dem Schwarzmarkt gibt es – wie im Iran – Whisky.

Für die Nacht fand ich ein kaltes Zimmer mit nackten Betonwänden. Meinen Appetit stillte ich mit Linsensuppe, *Dal*, Gemüsecurry, Reis und *Nan*-Brot. Nachdem ich mich wochenlang von mittelasiatischen Speisen und schlecht zubereiteten chinesischen Gerichten ernährt hatte, gab mir die Küche des Subkontinents das Gefühl einer Heimkehr. Der flache Suppenlöffel war das einzige, was an China erinnerte. In einer Welt der künstlichen Grenzen hatte ich an jenem Tag eine wirkliche Grenze überquert; es war ein Sprung von einer Kontinentalmasse auf die andere, von einer dürren Steppe zu engen, steinigen Schluchten, von griesgrämigen Chinesen und verhaltenen Kirgisen zu plappernden Pakistanern. Die chinesische Besetzung Sinkiangs ist vielleicht genauso vorübergehend wie die pakistanische Besetzung dieser nördlichen Territorien, doch eines scheint mir sicher: Der Pamirknoten wird immer ein Bruch zwischen zwei Zivilisationen sein.

»Ich bin Tadschike, deshalb spreche ich Tadschikisch, Sir«, erklärte mir der Kellner in dem kleinen Hotel. »In Hunza, wo Sie morgen sein werden, spricht man Burushaski. In Skardu sprechen sie Balti. In Gilgit spricht man Shina. In Chitral Khowar …«

Pakistans National- und Amtssprache ist Urdu, eine indische Sprache mit vielen Entlehnungen aus dem Persischen und Arabischen. Khowar und Shina sind mit dem Urdu verwandt, das Balti hingegen ist ein tibetischer Dialekt. Das Tadschikische ähnelt mehr dem Persischen als irgendeiner anderen indischen Sprache, Burushaski ist mit keiner dieser Sprachen verwandt. Marco Polo brachte die Sache auf den Punkt: Der Karakorum sei übersät mit Königreichen, ein verwirrender Landstrich, gleichermaßen problematisch und obskur. Und der Historiker John Keay meinte einmal, der Karakorum sei »der Nabel, das Krähennest, der Angelpunkt Asiens«.

Die meisten Landverbindungen zwischen Mittelasien und dem indischen Subkontinent führen durch diese Region. Über dieses Verbindungsnetz strömen die Völker Mittelasiens und des Subkontinents hin und her, mischen sich und unterhöhlen den geologischen Bruch, den ich für so gewaltig und massiv gehalten hatte.

Genau hier spielte einst das letzte, entscheidende Kapitel des *Great Game*. Britische und russische Geheimagenten buhlten um Verbündete und bestimmten schließlich die Grenzen des zaristischen (und später sowjetischen) Mittelasiens, Afghanistans und Britisch-Indiens, aus dem später Pakistan hervorging. In Gilgit, einer Stadt weiter südlich, besuchte ich später das Grab eines dieser Männer.

Am Morgen verhandelte ich mit einem Jeep-Fahrer über den Preis für die dreistündige Fahrt nach Karimabad, dem Hauptort des Hunza-Tals. Ich gab ihm zwanzig Dollar. Er war, wie der tadschikische Kellner am Abend zuvor, ausgesprochen höflich und freundlich. Es kam mir vor, als wäre ich wieder in der Türkei oder im Iran, in Ländern, in denen es eine Freundlichkeit gab, die der Kommunismus in Mittelasien erstickt hatte. Der Fahrer wies mich auf den Passu-Gletscher hin, eines der Eismeere des Karakorum, der rechter Hand in der Ferne schimmerte; im Gegensatz zu den schmutzig grauen Moränengletschern, die das ungeübte Auge kaum von Granit- oder Schieferhalden unterscheiden kann, besteht der Passu-Gletscher aus reinem weißem Eis – eine gewaltige Fließmasse, die täuschend reglos wirkt. Das Hunza-Tal ist das Zentrum der »Nördlichen Territorien« Pakistans, die an Kaschmir und Indien grenzen. Im Grunde gehört diese Region gar nicht zu Pakistan; sie steht lediglich »unter pakistanischer Verwaltung«. Der juristische Begriff enthüllt die ganze Brüchigkeit eines Abkommens, das Ende der vierziger Jahre getroffen wurde, als die Briten sich aus Indien zurückzogen und die neuen Staaten, das vorwiegend hinduistische Indien und das islamische Pakistan, sich nicht auf eine endgültige Grenzziehung einigen konnten.

Nichts lag mir jedoch ferner als Gedanken an Kriege zwischen Staaten und Kulturen, während wir uns dem Hunza-Tal und der Stadt Karimabad näherten. Ich war umgeben von einer abgeschiedenen Idylle, von dunkelgrünen Terrassenfeldern, Obstbäumen und plätschernden Bewässerungskanälen mit köstlichem kühlem Wasser, das auf beiden Seiten des Hunza-Flusses von den Felswänden herabströmte. Dies könnte das wahre Shangrila sein, dachte ich, jener paradiesische Ort, an dem James Hiltons romantische Novelle *Lost Horizon* spielt.

Ich verabschiedete mich von meinem Fahrer und ging die von Pappeln gesäumte Straße zu Fuß weiter, den Blick unentwegt auf die schneebedeckte Felsenfront des Rakaposhi gerichtet, eines Karakorum-Giganten, der 7788 Meter hoch aufragt. Ich bemerkte ein Schild mit der Aufschrift »Restaurant Bergblick«. Ich wollte etwas Kühles trinken und stieg die wackeligen Holzstufen zu einer Erdterrasse hinunter; hier stand ein Holztisch, von dem aus ich die schwarze Schlucht und den weißen Firn des Rakaposhi sehen konnte. An dem Tisch saß ein attraktives Paar, beide blond und hellhäutig. Dave, ein Neuseeländer, streckte die Hand aus und begrüßte mich mit einem herzlichen »Hallo«; auch Lynn, seine englische Gattin, gab mir die Hand. Die beiden waren Bergsteiger; sie waren schon in den entlegensten Gebieten von Borneo, Tibet, Nepal und Indien geklettert. Beide waren Ende Dreißig. Sie hatten ihr Haus verkauft, das Geld angelegt und waren nur mit Rucksack und Kletterausrüstung unterwegs. Sie hatten ausgerechnet, daß sie von den Zinsen und Lynns Einkünften als Autorin unbegrenzt lang unterwegs sein konnten, wenn sie zusammen nicht mehr als zwanzig Dollar pro Tag ausgaben. Man könnte meinen, das sei sehr wenig, doch im Vergleich zum Budget der Rucksakreisenden war das ein Vermögen. Lynn und Dave erzählten mir von ihren Abenteuern. In Tibet waren sie einmal mitten in der Nacht im Zelt von Yaks aufgeweckt worden. Auf Gletschern waren sie über Spalten gesprungen, die unter einer weichen Schneeschicht versteckt waren. »Bewegliche Gletscher klingen manchmal wie donnernde Züge, wenn man auf ihnen steht. Es ist gefährlich, aber was soll's«, sagte Dave. »Lieber komme ich auf einem Gletscher um als in einer westlichen Großstadt bei einem Verkehrsunfall. Natürlich bekommt man Kopfschmerzen, wenn man in Nepal auf 4500 Metern ist, aber man gewöhnt sich daran. Der Organismus stellt sich darauf ein. Das einzige, was uns zusetzt, sind nachts die Flöhe.«

Lynn erzählte mir, daß sie ihre Artikel ganz normal per Post nach England, Neuseeland und Australien schicke. »Es funktioniert. Hier, sehen Sie sich die Belegseiten an.« Sie zeigte mir ihre veröffentlichten Artikel. »Ich schreibe sie alle in Langschrift. Zuhause würde ich am Laptop sitzen, aber es wäre verrückt, einen Computer hierher mitzubringen. Wo soll ich ihn anschließen, wo den Strom hernehmen, um die Batterie zu laden? Wenn wir unterwegs einmal eine Steckdose finden, gibt es in der Regel Stromausfall oder Spannungsschwankungen. Stellen Sie sich vor, was Sie an manchen Grenzübergängen an Schmiergeld zahlen müßten, um einen Computer einzuführen. Man hätte nur Sorgen.«

Ich hätte Lynn am liebsten umarmt; sie akzeptierte, daß es am Ende des 20. Jahrhunderts noch große Gebiete auf der Erde gibt, die nicht ans Internet angeschlossen sind. Auf meinen Reisen durch Afrika und Asien war ich in so vielen Banken und Hotels, in denen es weder Computer noch Schreibmaschinen gab, daß es mir ganz normal erschien. Die gewaltigen Unterschiede auf der Welt – in einigen Erdteilen eine Computerrevolution, in anderen nicht einmal eine verläßliche Stromversorgung – kommen mir inzwischen selbstverständlich vor. Auf diese Reise hatte auch ich keinen Computer mitgenommen. Es war ein befreiendes Gefühl. Ich erinnerte mich an einen Augenarzt aus Chicago, den ich mit seiner Frau in der Osttürkei kennengelernt hatte. Die beiden wanderten jedes Jahr in eine abgelegene Gegend, wo sie niemand telefonisch erreichen konnte. »Sich abends mit einem guten Buch ins Bett zu kuscheln und zu wissen, daß man nicht zu erreichen ist – das ist die reinste Form der Erholung und Entspannung in einer Zeit, in der man von Benachrichtigungen terrorisiert wird.« Dave und Lynn erwarben sich eine klassische Bildung, indem sie reisten und die alten Sprachen in diesen Tälern studierten. Sie hatten eine scharfe Wahrnehmung. »Ich bin kein ökologischer Purist«, meinte Lynn, »aber aus dem Fenster unseres Hotelzimmers in Kuala Lumpur zählten Dave und ich einhundert Baukräne. Es ist beängstigend, wie schnell und schlampig in manchen Ländern gebaut wird. Die Luftverschmutzung ist sogar noch schlimmer. Dave und ich machten vom Himalaja aus einen großen Abstecher nach Agra, weil ich das Tadsch Mahal in den siebziger Jahren besucht hatte und wollte, daß Dave es auch sieht, bevor es vom Smog zerstört wird. Egal, was man über die Eindämmung der Umweltverschmutzung liest, es wird bereits zerstört. Das Tadsch Mahal ist nicht mehr weiß, sondern schmutzig gelb. Die Einheimischen hacken Stücke von der Fassade ab und verkaufen sie. Die Wächter unternehmen nichts. Wir wollten ein Hotelzimmer mit Blick auf das Tadsch Mahal, aber an manchen Tagen konnten wir es gar nicht sehen vor lauter Dunst. Es ist tragisch.«

Mit dem Hunza-Tal, sagte Dave, sei es anders. Die steinernen Bewässerungskanäle, die durch das Tal liefen, und das Grün seien Ergebnisse der Bewässerungs- und Aufforstungsprogramme des Aga Khan; sie sollen das Tal ohne Hilfe der pakistanischen Regierung autark machen. »Der Zusammenhalt der Gebirgsbewohner und die Wirksamkeit dieser privat finanzierten Umweltprojekte sind beeindruckend«, sagte Dave. »Die pakistanische Verwaltung hier oben ist völlig überflüssig. Man könnte auf sie verzichten.«

»Aber all das wäre unmöglich ohne den Karakorum Highway, den die Regierung baute und den sie nun dazu benutzt, ihren Einfluß zu erweitern, indem sie Schulen baut und die Militärpräsenz verstärkt«, entgegnete ich.

»Ja«, erwiderte Lynn, »aber die Menschen hier sprechen eine eigene Sprache. Ein Großteil der Entwicklung und der sozialen Veränderungen vollzieht sich ohne staatlichen Einfluß. Sollte sich Pakistan je auflösen – das Hunza-Tal würde ganz gut allein zurechtkommen.«

Ich stieg in einen überfüllten Kleinbus, der die nächsten drei Stunden den Windungen des Hunza-Flusses nach Süden folgte und schließlich in Gilgit, der größten Stadt in den Nördlichen Territorien, ankam. In Gilgit gab es einen Flughafen mit Verbindungen nach Rawalpindi; doch die Flüge starteten nur bei absolut klarem Himmel, da die Piloten der kleinen Maschinen nicht über die Berge, sondern nur zwischen ihnen fliegen konnten. Gilgit ist ziemlich abgeschnitten. Die anstrengende Fahrt hinunter in die Metropolen Pakistans dauerte zwei Tage. Die staubigen Straßen mit den hölzernen Gehsteigen und den eingeschossigen Ladenfronten erinnern nicht nur an den Wilden Westen Nordamerikas, sondern auch an Mittelasien – jedenfalls mehr als an Indien. Die Filz-, Woll- und Fellmützen der Männer waren eine Mischung aus kirgisischen, afghanischen und russischen Kleidungsstilen. Die elektrischen Mixer, die Teller und Tassen und die unzähligen anderen Konsumartikel stammten aus China. Die englischen Bücher im Buchladen befaßten sich überwiegend mit Mittelasien. Ich entdeckte ein billiges Hotel mit dem Namen »Kashgar Inn«.

Pakistan wurde repräsentiert durch die Soldaten, die in drei gepanzerten Mannschaftswagen mit aufgepflanzten Maschinengewehren durch die Stadt patrouillierten. Dies erinnerte daran, daß ein großer Landstrich, von Kaschmir bis zu den Stammesgebieten an der afghanischen Grenze, von den Regierungen Indiens und Pakistans nur mit Waffengewalt kontrolliert werden kann. Der Karakorum Highway hat zweierlei bewirkt: Er verleiht dem pakistanischen Militär im Norden eine größere Manövrierfähigkeit; gleichzeitig fördert er kulturelle und wirtschaftliche Einflüsse aus Mittelasien. Welche Funktion wird sich auf lange Sicht als wichtiger erweisen?

In Gilgit machte ich wegen eines tollkühnen Engländers halt, der von hier nach Chinesisch-Turkestan marschiert war, der ohne Zelt und Feuer in Frost und Schnee geschlafen und sich mit einem rohen Yak vor dem Hungertod bewahrt hatte. In dem wohl schwierigsten Gelände der Welt hatte er zu Fuß immerhin fast fünfzig Kilometer am Tag zurückgelegt.

George J. Whitaker Hayward, ein irischer Einzelgänger und Veteran der indischen Armee, hatte weder Freunde noch Familie, aber Todessehnsucht.»Ich werde durch die Wildnis Mittelasiens wandern, besessen von dem wahnsinnigen Verlangen, festzustellen, wie sich kalter Stahl an meinem Hals fühlt.« Auf einem Foto von 1870, das kurz vor Haywards letzter Expedition entstand, sieht man ihn in einheimischer Tracht, mit langen Säbeln im Gürtel, in der einen Hand einen Speer, in der anderen einen Schild. Seine Augen funkeln, die Zähne sind grimmig zusammengebissen.

Im Frühsommer 1870 war dieser Mann mit fünf einheimischen Dienern in Gilgit aufgebrochen und dann in den Bergen auf dem Weg zum Pamir verschwunden. Er wollte das Gebiet für Großbritannien erforschen und kartographisch erfassen. Am 17. Juli schlug er in Darkot, etwa 130 Kilometer nordwestlich von Gilgit, in fast dreitausend Meter Höhe sein Lager auf. Ein Träger berichtete ihm, daß ein einheimischer Stammesführer es auf ihn abgesehen habe. Hayward blieb die ganze Nacht wach. Mit der einen Hand schrieb er in seinem Tagebuch, in der anderen hielt er eine Pistole. Auf dem Tisch lagen geladene Gewehre. Als es dämmerte, wähnte er sich außer Gefahr und schlief ein. Im selben Augenblick fiel ein Stoßtrupp über ihn her. Hayward hatte nur einen Wunsch an das Hinrichtungskommando: Er wollte an den Rand des Abgrunds treten, um den Sonnenaufgang zu sehen. Der Wunsch wurde ihm erfüllt. Er war dreißig Jahre alt, als er umgebracht wurde.

Den Schlüssel zum Friedhof verwahrte ein alter Mann, der mit seinem schmutzigen *Shalwar kameez*[4] in einem düsteren Textilienladen hockte. Der Alte führte mich über eine laute Straße und schloß das Tor auf. Auf dem Friedhof war von dem Lärm der Suzuki-Motorräder nichts mehr zu hören. Auf einem Rasenstück stand unter Bäumen ein verwitterter Stein, in den eine Inschrift gemeißelt war: »Errichtet zum Andenken an G. W. Hayward, Träger der Goldmedaille der Königlichen Geographischen Gesellschaft zu London, der am 18. Juli 1870 auf seiner Reise zur Erkundung der Pamirsteppe in Darkot grausam ermordet wurde. Dieses Denkmal gemahnt an den tapferen Offizier und versierten Forschungsreisenden.« Das Dröhnen eines gepanzerten Mannschaftswagens draußen auf der Straße riß mich aus meinen Gedanken. Kann Gilgit wieder von kritischer Bedeutung für die Politik Asiens werden – genau wie in Haywards Zeit? – Das hängt von der zukünftigen Entwicklung Pakistans ab, das 1947 – genau auf dem Bruch zwischen Mittelasien und dem indischen Subkontinent – gegründet worden war. Die Zukunft Pakistans läßt sich nur in den brodelnden Provinzen Punjab und Sind südlich von hier ausmachen; dort lebt die überwältigende Mehrheit der 130 Millionen Einwohner Pakistans. Solange der zentrale Staatsapparat stabil bleibt, können – genau wie in China – abgelegene Regionen wahrscheinlich kontrolliert werden. Sobald das Zentrum wackelt, werden Regionen wie Sinkiang oder die Nördlichen Territorien Pakistans möglicherweise unabhängig werden oder sich einem anderen Staat anschließen. Wir dürfen nicht vergessen, daß Sinkiang im Laufe seiner Geschichte bis in die Mitte des 20. Jahrhunderts einen intensiveren Handelsaustausch mit dem zaristischen und dem sowjetischen Turkestan unterhielt als mit China. Die politischen Eruptionen, die vom Iran, von China und dem indischen Subkontinent ausgingen, sind in der Regel über Mittelasien hinweggefegt.

Den ganzen Tag lang holperte der Jeep Kurve um Kurve den Karakorum Highway hinab. Ich folgte einem Rinnsal, aus dem ein Bach wurde und später ein Fluß aus fließendem braunem Schlamm, der sich unter den weißen Zinnen des Nanga Parbat (8124 m) durch weite Schluchten hinzog. Dies war der Indus, der vor der britischen Eroberung Indiens die geographische Grenze zwischen dem Subkontinent und Mittelasien bildete.

Die Sonne brannte auf den Schädel. Der Nanga Parbat war der letzte Berggigant, den ich vor mir sehen sollte. Bald lagen die schneebedeckten Gipfel weit hinter mir. Auf eine Vulkanlandschaft, den Resten des einstigen Meeresbodens, folgten sanfte Hügel mit Büschen und dem typischen Kiefernduft mittlerer Höhenlagen. Jede Kurve eröffnete den Blick auf ein satteres Grün mit bunteren Farben und mehr Vögeln. Hatten eben noch schroffe Felsen den Wegesrand gesäumt, so schimmerten jetzt feuchte Reisfelder neben der Straße. Statt Yaks sah ich nun Wasserbüffel. Die Temperatur stieg auf 47 Grad Celsius, ich hielt siebenmal an, um etwas zu trinken. Bei jedem Halt begrüßten mich Schwärme von Insekten und netten braunen Kindern.

Warum konnte ich diese irdische Schönheit, die ich im Pamir und Karakorum gesehen hatte, nicht einfach genießen? Warum suchte ich inmitten wunderbarer Landschaften nach Antworten auf so viele Fragen?

Ich dachte an Keats' berühmten Brief an seine Brüder, in dem er die Vorzüge der »negativen Fähigkeit« preist, der »Fähigkeit, mit Ungewißheiten, Rätseln und Zweifeln zu leben, ohne nervös nach Fakten und Begründungen zu greifen …« Einen »kultivierten Menschen«, meint Keats, zeichne die Fähigkeit aus, »mit Halbwissen zufrieden« zu sein; bei »einem großen Dichter überwiegt der Sinn für das Schöne jede andere Überlegung, ja er löscht jede Überlegung aus«.

Ich wußte, daß ich diese negative Fähigkeit nicht besaß und immer nach Antworten suchen würde. Ich tröstete mich mit Francis Bacon, der den Irrtum preist, weil nur falschen Antworten die Wahrheit entspringt.

22 Die letzte Landkarte

Ich übernachtete in einem Gästehaus am Ufer des Indus. Am nächsten Morgen kutschierte ich mit meinem Jeep die letzten Hügelkämme hinunter; einer dieser Berge war der Aornos, hier lag die östliche Grenze des Reichs Alexanders des Großen. Auf der smogverpesteten Ebene des Pandschab[1] geriet ich in ein Verkehrschaos, wie ich es seit Kairo nicht mehr erlebt hatte. Keine Strecke, die ich im Iran und in Mittelasien gefahren war, schien mir so gefährlich wie diese Fernverkehrsstraße. Sie war gerade, glatt, geteert. Ein Schlachtfeld. Rasende Lastkraftwagen, die sich gegenseitig überholen und oft nur um Haaresbreite einem frontalen Zusammenstoß entgehen.

Ich mied die Ausfahrt nach Rawalpindi und fuhr direkt nach Islamabad, in die Hauptstadt Pakistans, die 1961 auf dem Grundriß eines militärischen Lagers errichtet wurde. Schmutzig und ausgetrocknet traf ich im Haus meiner Freunde Kathy und Pasha in einem Vorort der Hauptstadt ein. Die beiden bewohnten eine herrliche Villa, die Pasha, ein Architekt, selber entworfen hatte. Es gab jedoch ein Problem. Als ich den Wasserhahn aufdrehte, um mich zu waschen, kam kein Wasser. Aus dem Rohr erklang nur ein Zischen. Das ist Teil einer langen Geschichte, die von zentraler Bedeutung ist für die Zukunft aller Länder, durch die ich auf dieser Etappe gereist war.

Dies war nicht meine erste, sondern meine zehnte Reise nach Pakistan. Ich kannte fast alle Teile des Landes. Pakistan war mein Stützpunkt, als ich in den achtziger Jahren über den sowjetisch-afghanischen Krieg berichtet hatte.

Ich wußte genau, was beispielsweise ein optimistischer Wall-Street-Finanzier auf seinen Reisen nach Pakistan sehen würde, wenn er in einem Luxushotel mit eigenem Stromgenerator und privater Wasserquelle abstieg: von Jahr zu Jahr mehr Computerläden, Faxgeräte und Mobiltelefone, mehr Kodakläden mit automatischen Schnellentwicklern, mehr noble Restaurants, eine inländische Fluglinie, die pünktlich zwischen den größeren Städten flog; er begegnete hier – wie in Indien – großen Talenten, die die internationale Wissenschaft bereicherten. Pakistan ist – kein Zweifel – ein wachsender Markt für westliche Konsumartikel und ein Aufsteiger im Welthandel.

»Pakistan war ... eine Idee, bevor es ein Land wurde, und ob es eine Nation ist, bleibt selbst heute zweifelhaft«, schrieb Edward Mortimer, der bekannte englische Journalist, schon vor dreizehn Jahren in *Faith and Power: The Politics of Islam*. Pakistan sei »wahrscheinlich das einzige Land auf der Welt«, das offiziell als »ideologischer Staat« bezeichnet werde und ausschließlich auf einer Idee, der des Islam, beruhe.

Nach dem Zusammenbruch der kommunistischen Staaten von Ostberlin bis Wladiwostok und dem Ausbruch des Bürgerkriegs in Jugoslawien – einem ideologischen Staat, der von unvereinbaren ethnischen Gruppen erdrückt wurde – ist Vorsicht angebracht im Umgang mit Pakistan, dessen politische Führung versessen darauf ist, ein Atomwaffenarsenal aufzubauen.

Das Wort »Pakistan« ist ein Akronym aus Punjab, Afghanistan, Kaschmir, Indus, Sind, Tucharistan[2] und Belutschistan; es bedeutet auch »Land der Reinen«; erfunden wurde es von moslemischen Intellektuellen aus Bombay, die in London im Exil lebten.

Als sich die Briten aus Indien zurückzogen, forderte diese intellektuelle Elite einen eigenen Staat – und bekam ihn auch. Die blutigen Auseinandersetzungen, die sich die einzelnen Fraktionen in der Folgezeit lieferten, forderten Millionen Menschenleben. Und weil der neue Staat äußerst verschiedene ethnische Territorien und 22 Sprachregionen umfaßte, wurde der Islam kurzerhand zur Nationalität erklärt. Die neue Hauptstadt erhielt den Namen »Islamabad«. Der Iran mag sich als »Islamische Republik« bezeichnen, doch die nationale Einheit entstand dort nicht durch den Islam, sondern durch die gemeinsame persische Kultur und Sprache. Und was ist mit Pakistan? – Millionen Moslems, die von den Hindu in Indien verfolgt werden und für die Pakistan die Rettung sein soll, leben noch immer in Indien. Sie übersiedeln nicht in den neuen Staat. Denn wer nach Pakistan geht, wird dort als *Mohajir* (Ausländer) bezeichnet. Weil diese *Mohajir* (zu denen auch die Gründer, die Intellektuellen aus Bombay, zählten) in ihrer Wahlheimat nicht verwurzelt sind, wollen sie keine Wahlen riskieren.

In Indien besteht nunmehr seit fast einem halben Jahrhundert eine Demokratie; Pakistan hingegen wurde ein Land, in dem im Namen des Islam eine Militärdiktatur entstand und durch die Bildung politischer Parteien ethnische und religiöse Spaltungen institutionalisiert wurden.

Ich habe Pakistan sowohl unter der Diktatur des Militärs als auch in verschiedenen demokratischen Perioden erlebt, ich kann keinen Unterschied feststellen. Die britische Pakistan-Kennerin Christina Lamb liefert in *Waiting for Allah: Pakistan's Struggle für Democracy* eine detaillierte Beschreibung der Verhältnisse: Selbst unter demokratischer Herrschaft sei »die Armee der einzige Stabilitätsfaktor, und die Punjabi [die größte ethnische Gruppe, die die Armee dominiert] sind die Kolonialherren von heute«. Mitte der neunziger Jahre befand sich dieses *Punjabi-Mohajir-Imperium* in einem Stadium des raschen Verfalls.

Im Gegensatz zu China, wo die »*social-social*« Theorie möglicherweise ein positives und die »*physical-social*« Theorie ein negatives Bild vermittelt, bietet Pakistan aus beiden Blickwinkeln eine erschreckende Perspektive.

Nehmen wir zunächst den »sozialen« Blickpunkt ein: Karatschi ist die größte Stadt der Provinz Sind und ganz Pakistans; die Stadt ist Wirtschaftszentrum des Landes und Quelle von vierzig Prozent der Staatseinkünfte. Karatschi entwickelt sich zu einem zweiten Lagos. Die Einwohnerzahl stieg von 400 000 im Jahre 1947 auf derzeit neun Millionen; darunter sind wahrscheinlich Hunderttausende Heroinabhängiger und mindestens eine Million Siedler in illegalen Barackenstädten.[3] Von Karatschis 1300 Tonnen Müll am Tag werden weniger als ein Viertel entsorgt. Die Arbeitslosenquote beträgt 25 Prozent.

Während des Monsuns sind die Straßen von Karatschi tagelang überschwemmt, die Telefonverbindungen sind unterbrochen, und die Haushalte müssen ohne Elektrizität und Trinkwasser auskommen. »Große Gebiete werden von Drogenbossen kontrolliert«, schreibt Lamb in *Waiting for Allah*. Seit den achtziger Jahren wüten Bandenkriege, ethnische Gruppierungen wie die eingewanderten *Mohajir*, die einheimischen Sindhi und die Pathanen, allesamt Moslems, liefern sich blutige Kämpfe. Karatschi, so Ian Buruma, und die Provinz Sind seien »eine Art sandiges Sizilien«.[4]

Karatschi ist ein Beispiel für ganz Pakistan. Überfälle und Religionskriege machen die nordwestliche Grenzprovinz an der Grenze zu Afghanistan seit Jahrzehnten unsicher. Ich brauchte oft Sondergenehmigungen, um in diese Gebiete zu reisen. Eine unauffällige Auflösung der Staatsgewalt ist dort Alltag. Die nordwestliche Grenzprovinz ist inzwischen zu einem Hort der Waffenhändler und ernüchterten *Mudschaheddin* (»heiliger Krieger«) aus dem Afghanistan-Krieg geworden. Am 14. Juni 1994 hieß es in einem Leitartikel der angesehenen Tageszeitung *The Muslim*: »Das Land bewegt sich rasant auf die Anarchie zu.«

Der frühere Premierminister Nawaz Sharif und seine Verbündeten haben durch parlamentarische Manöver, Schmiergeldkampagnen und geheime Absprachen mit Mullahs und Militärs das Reformprogramm der demokratisch gewählten Premierministerin Benazir Bhutto ins Leere laufen lassen. »Keine Nation ist so sehr in Verschwörungsphantasien verstrickt«, schreibt Steve Coll, der Korrespondent der *Washington Post*. »Pakistan gleicht einem Patienten, der sein Lithium ausschlägt ...« Die Spaltungen sind ethnisch-regional bedingt: Sharifs Verbündete sind Punjabi, Bhuttos sind Sindhi.

Pakistan ist ein zerfallendes Staatsgebilde, das mehr von kriminellen

Machenschaften getragen wird als von Regierungsgewalt. Bereits 1988 brachten illegale Drogen dem Staat vier Milliarden Dollar jährlich an Devisen ein – mehr als alle legalen Exporte zusammen.[5] Das *Hundi*-Bankennetz, ein im Untergrund operierendes Netz von Geldwechslern in den Basaren, setzt weit mehr an Kapital um als die offiziellen Banken und bietet bequeme Möglichkeiten, Profite aus dem Drogengeschäft zu waschen.

Mubashir Hassan, ein ehemaliger Finanzminister, gestand 1990, daß der legale »Staatsapparat in Pakistan rasant zusammengebrochen ist ... Die Polizei ist nicht mehr die Polizei. Die Richterschaft ist nicht mehr die Richterschaft, und der Steuereintreiber kann keine Steuern mehr eintreiben. Der Zusammenbruch des Staates gibt Kidnappern, Mördern, Bankräubern und Drogenhändlern freie Hand ... Die ganze Szenerie hat sich in einen Basar verwandelt.«[6] Die Vereinten Nationen berichten: »Illegale und kriminelle Tätigkeiten nehmen [in Pakistan] einen rapiden Aufschwung. Zweifellos haben sie Einkommen und Arbeitsplätze geschaffen, doch haben sie auch die traditionellen Werte untergraben ... Die destruktiven Auswirkungen auf die Gesellschaft müssen Anlaß zu großer Besorgnis geben.«

Die Bevölkerung Pakistans vermehrt sich alle zwei bis drei Jahre um die derzeitige Einwohnerzahl Karatschis; alle zwei Jahrzehnte verdoppelt sich die Zahl der Staatsbürger. Selbst wenn die Wachstumsrate bis zum Jahr 2040 allmählich auf Null sinken würde, hätte sich die Population bis dahin von 130 auf 550 Millionen vermehrt – das sind mehr Menschen als im gesamten heutigen Europa.[7] Pakistan ist nach einem Bericht von *Population Action International* »einer der kläglichsten Familienplanungsversager« der Welt. Im Iran benutzen 22 Prozent aller Paare Verhütungsmittel, in Pakistan dagegen nur neun Prozent.[8] Die durchschnittliche Pakistanerin wird in ihrem Leben siebenmal schwanger. Der Zuwachs an jungen Menschen – die Gruppe der Fünf- bis Zwanzigjährigen wird sich während der neunziger Jahre von 35 auf 55 Millionen vermehren – wird ein allgemeines Bildungssystem unmöglich machen. Christina Lamb beschreibt einen typischen Tag in Pakistan:»Heute werden in Pakistan weitere zwölftausend

Menschen geboren ... Davon werden mehr lernen, mit Waffen umzugehen, als die Nationalsprache zu beherrschen ... Nur ein Drittel wird Zugang zu sauberem Trinkwasser haben, und nur 15 Prozent werden über Kanalisation verfügen. Ein Viertel wird in die Schule gehen. Viele werden heroinabhängig werden.«

So sehen die sozialen Verhältnisse aus. Nun die »physikalischen«: Da die Bevölkerung jährlich um drei Prozent wächst und die Agrarfläche sich bis zum Jahr 2010 halbieren wird, besteht kaum Hoffnung für die Gesundung Pakistans. Laut Weltbank ist ein Viertel aller pakistanischen Böden versalzt und überwässert, weil Bewässerungskanäle gebaut wurden, die jetzt nicht drainiert und unzulänglich gewartet werden. »Die Stauseen verschlammen«, erklärte ein UNO-Mitarbeiter. »Sämtliches Geld wird hier in riesige Betonprojekte investiert, und nicht annähernd genügend Geld fließt in die Wartung der bestehenden Bausubstanz und die Schulung des Wartungspersonals.«

Hier hatte ich also die Erklärung für meinen nicht sprudelnden Wasserhahn. Ich war Wassersperrungen gewohnt, aber Wassermangel in einem der vornehmen Viertel der Hauptstadt war neu für mich. *The Muslim* meldete, ein Krisenstab habe beschlossen, »dem bereits stark entleerten Simly-Stausee weitere sechs Pegelmeter Wasser zu entnehmen«, um dem Notstand abzuhelfen.[9] Diese Haltung entspricht unserer Praxis, die Kassen der Sozialversicherung anzuzapfen, um Haushaltsdefizite zu verringern.

Rettung versprechen sich Islamabad und die Provinz Punjab vom Kalabagh-Staudamm, der in der nordwestlichen Grenzprovinz den Indus stauen soll. Doch die Bewohner der Provinz, die der Volksgruppe der Pathanen angehören, und die Sindhi im Süden des Landes in der Region Karatschi lehnen das Vorhaben ab. Sie fürchten, die Punjabi könnten ihnen im wahrsten Sinne des Wortes »das Wasser abgraben«. Der UNO-Mitarbeiter erklärte die Sache so: »Das Wasserproblem ist symptomatisch für das Bevölkerungsproblem; das ist symptomatisch für den Zusammenbruch des politischen Systems; das ist verantwortlich für das Fehlen guter Familienplanungsprogramme. Und der Zusammenbruch des politischen Systems ist symptomatisch für die ethnischen Probleme. Alles ist miteinander verknüpft, das Land trudelt in den Abgrund.«

Benazir Bhutto ist heute nicht mehr Symbol der Frauenemanzipation in der von Männern beherrschten Welt des Islam, sondern Symbol der Hilflosigkeit. Sie ist das Oberhaupt einer machtlosen Regierung. Überbevölkerung und Ressourcenknappheit haben ein Maß erreicht, das die staatlichen Institutionen destabilisiert. Im Gesamtbericht des UNO-Entwicklungsprogramms für Pakistan von 1992 heißt es, »das Wirtschaftswachstum in Pakistan« – das den erwähnten Wall-Street-Finanzier so begeisterte – sei »nicht aufrechtzuerhalten« wegen »der Erschöpfung der Kapitalien im allgemeinen und insbesondere wegen der Auszehrung der natürlichen Ressourcen, die aus dem wirtschaftlichen Wachstum resultiert«.

Einige Tage nach meiner Ankunft hatte ich Geburtstag, mein Freund Pasha gab eine Party. Mitten in der Geburtstagsfeier fiel der Strom aus: kein Licht, keine Klimaanlage. In Pakistan wird elektrischer Strom aus Wasserkraft gewonnen.
»Wieso erhebt man nicht Steuern auf das Wasser, um so den Verbrauch einzuschränken?« fragte ich. Die Gäste lachten. Pakistan werde wegen undichter Toiletten den Bach hinuntergehen, lange bevor es sich dem panislamischen Heiligen Krieg anschließen könne, spottete Pasha. »Durch undichte Toiletten geht eine Menge Wasser verloren, obwohl die Toiletten leicht zu reparieren wären. Doch wenn ein Regierungsinspektor sie kontrollieren und für jede undichte Toilette vom Hausbesitzer hundert Rupien Steuer verlangen würde, weißt du, was passieren würde? Der Inspektor, ein armer Mann, würde statt der hundert Rupien Steuer zwanzig Rupien Schmiergeld einstecken. Der Staat würde nichts einnehmen, und die Toiletten würden nach wie vor lecken. Wir leben in einer Kultur der Korruption. Wie, glaubst du, könnte sonst die Oberschicht überleben und sogar florieren?«
Wenden wir uns ein letztes Mal meinem versiegten Wasserhahn zu. Allgemeine Ursachen des Mangels sind die schlechtgewarteten Stau-

seen und die sinkenden Grundwasserspiegel; die Landbevölkerung wandert aus den abgeforsteten und unfruchtbaren Bergregionen in die pakistanischen Städte. In der Nähe von Pashas Haus war zum Beispiel eine Barackensiedlung entstanden, die die örtliche Wasserleitung anzapfte und damit die Wasserversorgung der ganzen Gegend beeinträchtigte.

Ein paar Stunden später hatte ich mein Wasser. Ein Lkw mit einem Wassertank war vor Pashas Haus vorgefahren; er sollte alle Anwohner der Gegend beliefern. Wer jedoch den Fahrer bestach, wurde als erster bedient. Für die Armen blieb kein Tropfen übrig.

»Die Zeichen der Zerstörung sind groß und klar geschrieben, wenn man sie nur lesen will«, sagte Ahmed Rashid, einer der führenden Journalisten Pakistans. Ahmed, Pakistan- und Mittelasien-Korrespondent des *Far Eastern Economic Review*, war gerade aus Jalalabad, einer Stadt in Ost-Afghanistan, zurückgekehrt. »Es war vierzig Grad heiß und feucht«, berichtete er. »In Jalalabad gab es keine Elektrizität, kein Wasser in den Leitungen. Ständig sterben Kinder. Aber es gibt keine massiven Kämpfe, also auch keine Meldungen für die Nachrichten. Und kein Wirtschaftssystem außer dem Drogenhandel. Und in Kabul gibt es auch keine Zentralregierung mehr, an die man sich wenden könnte. Gib Pakistan fünf oder zehn Jahre, und wir werden Zustände haben wie in Ost-Afghanistan.«

Was wäre, wenn Ahmed recht hätte?
Wenn man bedenkt, daß sich die Landkarte Mittelasiens im Laufe der Jahrhunderte radikal verändert hat, daß zur Blütezeit von Tamerlans Reich selbst Persiens uralte Kultur verschwand, kann man dann nicht auch vermuten, daß sich angesichts der bevorstehenden sozialen und ökologischen Umwälzungen die Landkarte erneut verändern wird?
Ein Blick auf Afghanistan scheint diese Vermutung zu bestätigen.
In der Mitte des 18. Jahrhunderts bildeten die Pathanen, ein moslemisches Volk indo-iranischer Abstammung, einen Puffer zwischen dem persischen Safawiden-Reich und dem indischen Mogulen-Reich. Diese Pufferzone – Afghanistan – verschob sich, als die Zaren

ihr Reich nach Süden ausdehnten und in Indien das Mogulen-Reich von einem Sikh-Imperium und später von der britischen Herrschaft abgelöst wurde. In Afghanistan entstand ein empfindliches Gleichgewicht zwischen Pathanen, Turkvölkern und tadschikischen Stammesangehörigen, die in dem Niemandsland zwischen dem zaristischen, später sowjetischen, und dem britischen Imperium lebten. Die britische Herrschaft auf dem indischen Subkontinent endete 1947, die sowjetische Herrschaft in Mittelasien 1991. Es erhebt sich die Frage: Da beide Reiche nicht mehr existieren – wer braucht heute noch Afghanistan?

Die Turkvölker und Tadschiken brauchen es immer weniger; sie verstärken ihre Verbindungen mit ihren Stammesbrüdern in der ehemaligen Sowjetunion. Und die Flüchtlingsströme nach Pakistan während des Afghanistan-Krieges boten den Pathanen auf beiden Seiten der Grenze im Süden die Möglichkeit, ihre gemeinsamen kulturellen Bande zu festigen.

Je mehr sich nun Pakistan auflöst und zu einem »liberianischen Briefkastenstaat«[10] für Drogenschmuggler und militante Moslems verkommt, desto früher werden sich die künstlichen Reiche der früheren Kolonialherren auflösen. Afghanistan wird wohl bald nur noch in der Erinnerung existieren, Pakistan könnte sich wieder in einen jener »kleineren Grenzstaaten« verwandeln, von denen in der elften Auflage der Encyclopaedia Britannica die Rede war.

Als Richter Douglas im Jahre 1951 durch das afghanisch-pakistanische Grenzgebiet reiste, hörte er laute Forderungen nach »Pakhtunistan«, einer autonomen Region für die Pathanen; eine Region »Pakhtunistan« ohne klare Grenzen könnte auf zukünftigen Landkarten durchaus verzeichnet sein; Flüchtlingsströme und Schmuggler haben die alte Grenze längst sinnlos gemacht. Ich habe sie in den letzten Jahren in Begleitung von Mudschaheddin sechsmal ohne Paß überquert.

In Mittelasien erleben wir eine Auflösung konventioneller Staaten und eine Entfaltung sogenannter »Ökoregionen« und »Bioregionen«[11]: Steppen für die Turkvölker, Bergregionen für die Pathanen, Stromebenen für die Punjabi, abgelegene Flußtäler für die »Hunzakot«, Landschaften, die seit Jahrhunderten bestimmte ethnische Gruppen ernährt haben. Einfach ausgedrückt: Was auf lokaler Ebene gemanagt werden kann, wird auch dort erledigt.[12] In den achtziger Jahren habe ich die Wandlung einer Ökoregion sehr genau beobachtet. Ich habe erlebt, wie sich Eritrea zum bestfunktionierenden Staat Schwarzafrikas entwickelte[13], auch wenn es Jahre dauerte, bis die Welt es offiziell anerkannte. Die wenigsten Ökoregionen haben jedoch soviel Glück. Eritrea ist von Gebirgen und Wüsten eingeschlossen und wurde durch einen dreißigjährigen Guerillakrieg gegen Äthiopien zusammengeschweißt. Ökoregionen ohne starke staatliche Gewalt und wirtschaftliche Entwicklung aber werden leicht zu »unbeherrschten Größen«, so der Militärstratege Steven Metz; sie nehmen dann einen »dritten Rang« in der Weltordnung ein. Diese »unbeherrschbaren Größen« würden dann wiederum zwischen relativ zivilisierten und eher unzivilisierten Regionen aufgeteilt. Metz: »Regionen mit einem organischen Surrogatsystem in [kodierter, geschriebener] Form wie etwa im Islam sind tendenziell stabiler als Regionen, in denen ursprüngliche Formen [wie in den mündlich tradierten Gesellschaften Schwarzafrikas] die einzige Alternative zum Nationalismus bilden.« Natürlich spielen Faktoren wie etwa das Bevölkerungswachstum und die Verfügbarkeit natürlicher Ressourcen eine Rolle. Pakistan ist zwar islamisch, aber trotzdem chaotischer als manche vom Animismus geprägte Region in Schwarzafrika, in der Bevölkerungswachstum und Urbanisation etwas langsamer fortschreiten.

Auch in Kaschmir herrscht trotz des tiefverwurzelten islamischen Wertesystems nach jahrelangen bewaffneten Konflikten unter der Jugend eine »*Herr der Fliegen*-Mentalität«, wie der Korrespondent der *Washington Post*, Steve Coll, einmal schrieb. Kaschmir liegt wie ein wackeliger Felsklotz hoch oben im westlichen Himalaja zwischen Pakistans Nördlichen Territorien und Indien; es wird erschüttert von jugendlichen Rebellen, die von Pakistanern unterstützt und von Indern unterdrückt werden. Auch Kaschmir, das seit einem halben Jahrhundert brodelt, ist eines der schwachen Glieder im gegenwärtigen mittelasiatischen Staatensystem.

Wahrscheinlich wird die Zukunft Mittelasien weder Anarchie noch Ordnung bescheren, sondern schwierige Experimente mit freiem Handel und freier Völkerwanderung. Während alte vertikale Staatenbünde sich auflösen, werden neue horizontale Bündnisse entstehen. Der Zerfall der Sowjetunion führte zum Beispiel zu einem stärkeren Austausch unter den Turkvölkern Mittelasiens – einschließlich der Einführung einer gemeinsamen lateinischen Schrift. Die Unterschiede zwischen den verschiedenen Turksprachen beginnen sich dadurch zu verringern.

Ein weiteres Beispiel für die Stärkung lateraler Bindungen: Die mittleren Schichten der westlichen und der östlichen Gesellschaften entwickeln immer mehr gemeinsame Interessen. Offensichtlich habe ich mehr gemein mit meinen pakistanischen Freunden als mit ärmeren Landsleuten in meiner eigenen Heimat; dasselbe gilt für meine pakistanischen Freunde.

In *Geography and the Human Spirit* erinnert Anne Buttimer, eine Professorin am University College in Dublin, an das Werk des Geographen Carl Ritter, der sich zu Beginn des 19. Jahrhunderts »einen göttlichen Plan für die Menschheit« auf der Grundlage des Regionalismus und der ständigen, lebendigen Veränderung der Formen vorstellte. Wenn Mittelasien Trends erkennen läßt, könnte die Landkarte der Zukunft ein Zerrbild von Ritters Vision darstellen. Man stelle sich die Kartographie dreidimensional vor – wie ein Hologramm: In diesem Hologramm liegen die sich überlappenden Schichtungen unterschiedlicher Gruppenidentitäten wie Religion und Klassenzugehörigkeit über den zweidimensionalen farblichen Unterscheidungen der Stadtstaaten und Nationen, die zum Teil selbst von Schatten überdeckt sind; diese Schatten deuten zum Beispiel die Macht der Drogenkartelle, der Mafia und der Sicherheitsdienste an. Statt Grenzen gibt es bewegliche Machtzentren wie im Mittelalter – Zentren sowohl nationaler als auch finanzieller Macht, die sich in der Souveränität der Weltkonzerne manifestiert. Viele dieser holographischen Schichten sind in ständiger Bewegung. Anstelle von starren Linien auf einer zweidimensionalen Oberfläche findet man ein bewegliches Muster von Ökoregionen und Pufferregionen, zum Beispiel den Kurden und den Aseri zwischen der Türkei und dem Iran, den Uiguren zwischen Mittelasien und Zentralchina und den Turkstämmen, Pathanen und Punjabi zwischen Rußland und Zentralindien. Dieses dynamische kartographische Hologramm muß um weitere Faktoren erweitert werden: Bevölkerungswachstum, Flüchtlingsströme, Boden- und Wasserknappheit, Krankheit und Seuchen.

Diese Karte – in gewissem Sinne die »Letzte Karte« – wird das Bild eines unentwegt mutierenden Chaos bieten, in einigen Gegenden gutartig und produktiv, in anderen destruktiv. Weil diese Karte sich ständig verändert, wird sie – wie der Wetterbericht – stets auf den neuesten Stand gebracht und über Internet täglich übermittelt werden.

Die Regeln, nach denen Politiker und Diplomaten die Welt in den letzten paar hundert Jahren gelenkt haben, gelten sicher nicht mehr lange. Entscheidungen werden in erster Linie aus den betroffenen Kulturen selbst kommen – kommen müssen.

Ich machte mich auf den Weg nach Südindien, um ein Experiment sozialer und ökologischer Erneuerung zu erleben, das die einheimische Bevölkerung ohne Unterstützung westlicher Hilfsorganisationen in Angriff genommen hat.

Teil VI

Der indische Subkontinent und Indochina: Die Welt der Zukunft?

»Hinter all dieser Stille bebte das Leben der Zukunft. Eine verrückte Menschheit – nichts konnte sie von sich selbst befreien!«

André Malraux: La condition humaine

23 Reise in einem Pestjahr

Als ich nach Indien kam, wüteten dort Unruhen und die Pest. Die Unruhen waren nichts Ungewöhnliches; die Pest war beunruhigend. Am 5. Oktober 1994, dem Tag meiner Ankunft, tötete eine Bande fünf Polizisten im nördlichen indischen Staat Uttar Pradesh; herrschte in neun Städten ein Ausgangsverbot; kamen im Staat Bihar bei Tumulten zwei Menschen ums Leben; erlebten die Staaten Andhra Pradesh und Tamil Nadu blutige Ausschreitungen. Überall Hunger, Armut, Gewalt.

Die Unruhen, die wenige Tage später in der südindischen Stadt Bangalore ausbrachen, entzündeten sich indes nicht an der Armut, sondern an einem relativen Wohlstand. Bangalore ist ein florierendes Technologiezentrum, Standort der führenden Technischen Universität Indiens. Bangalore ist die am stärksten verwestlichte und am schnellsten wachsende Stadt Indiens. Als im Regionalfernsehen eine zehnminütige Nachrichtensendung in Urdu, der Sprache der einheimischen Moslems, gesendet wurde, gingen die Hindu auf die Barrikaden. Fünfundzwanzig Menschen kamen ums Leben, dreihundert wurden verletzt. In Bombay, einem weiteren Zentrum des Wohlstands, führte ein Verkehrschaos in der Rush-hour zu Gewalttätigkeiten. Vierunddreißig Autofahrer mußten in Krankenhäuser eingeliefert werden.

Ich frage mich, wie es wohl in drei oder vier Jahrzehnten in Indien aussehen wird, wenn die Bevölkerung von derzeit 900 Millionen auf mindestens 1,25 Milliarden angewachsen sein wird.[1]

Außerhalb Indiens wurde über die Gewaltausbrüche kaum berichtet. Wer will schon etwas über Alltägliches lesen?

Die Pest trat erstmals in Surat auf, einer boomenden Industriestadt am Arabischen Meer, die immer mehr Wanderarbeiter aus den umliegenden Dörfern anzog. Surat fehlt eine effektive Verwaltung, das öffentliche Gesundheitswesen funktioniert nicht mehr. Nur dreizehn Prozent aller Inder, so die Statistik, verfügen über Kanalisation und Müllabfuhr. Zuerst brach die Beulenpest aus. Ratten wurden durch Flohbisse infiziert und übertrugen die Erreger durch Bisse auf den Menschen. Dann kam die pneumonische Pest, die Krankheit wurde durch Husten übertragen.[2] In einer Schilderung der großen Pest im London des Jahres 1665 schrieb Daniel Defoe: »Man muß zugeben, daß die Pest zwar hauptsächlich unter den Armen wütete, daß die Armen aber trotzdem höchst unerschrocken blieben und ihren Tätigkeiten mit einer fast barbarischen Beherztheit nachgingen ...«

In Indien sind nur mehrere Dutzend Menschen an der Krankheit gestorben. Nach den ersten Meldungen war jedoch Panik ausgebrochen, die Angst ging um. Die Menschen trugen Mundschutz und fragten sich, wie es kommen konnte, daß die Pest, eine längst besiegte uralte Seuche, im modernen Indien wieder ausbrechen konnte.

Die Pest schuf ein Gefühl der Gemeinschaft. In der Küstenstadt Madras stellten Bürgerinitiativen Rattenfallen aus Drahtgeflecht auf, in Bombay sahen die Einwohner »so sauber aus wie noch nie«. Die Menschen schleppten plötzlich sogar den Müll weg ...

Die Seuche hatte aber auch weniger heilsame Folgen. Sie entzündete einen Konflikt zwischen Moslems und Hindu. Die islamischen Länder hatten während der Pestepidemie alle Flüge von und nach Indien gestrichen, die Hindu-Presse protestierte in scharfer Form.

Als ich um ein Uhr nachts auf dem Flughafen von Madras ankam, herrschten ähnliche Verhältnisse wie bei meiner Ankunft in Abidjan am Golf von Guinea. Der indische Subkontinent hat – wie Schwarzafrika – eine eigene ökologische, klimatische und bakteriologische Sphäre. Ich stieg aus einer kühlen Kabine, in der ich über Kopfhörer Bachs Brandenburgische Konzerte gehört hatte, und wurde von schwüler Hitze und scharfen Gerüchen fast erstickt. Die Wände waren auch hier – wie in Schwarzafrika – schmutzig und moderig; das Flughafenpersonal hustete mit einem trockenen Keuchen; die Haut brannte nach vielen Moskitostichen und Flohbissen. Es gab jedoch einen Unterschied.

»Es ist bemerkenswert, wie wir mit halbgeschlossenen Augen durch's Leben gehen«, schrieb Joseph Conrad in *Lord Jim*. In einem Kommentar zu diesem Satz meint der Conrad-Forscher Cedric Watts, »gewohnheitsmäßige Wahrnehmung bringt einen um«; der Trick bestehe darin, die Dinge unvoreingenommen zu betrachten. Das sei nur in den ersten Stunden an einem neuen Ort möglich, bald stelle sich auch hier eine gewisse Vertrautheit ein. Während meiner ersten Augenblicke in Indien registrierte ich die krassen Unterschiede zu Afrika besonders stark.

Auf afrikanischen Flughäfen hatte ich oft ganze Knäuel von Einheimischen erlebt, die ihre Dienste anboten, mit dem Paß des Einreisenden wedelten und auf einen einzigen, meist mürrischen Zollbeamten einredeten. Hier in Madras waren die Visavorschriften offiziell ausgehängt und wurden strikt eingehalten. Im Gegensatz zu den afrikanischen Flughäfen war die Bank in Madras nach Mitternacht noch geöffnet. Ich konnte Reiseschecks gegen Bargeld eintauschen und bekam eine Quittung. Auf indischen Flughäfen braucht man keinen ortskundigen Helfer, es gibt eine streng geregelte Einreiseprozedur. Auf dem indischen Subkontinent ist der Unfrieden, wie die Gewalttätigkeiten zeigen, politisch und kommunal bedingt, in Afrika ist er tief verwurzelt und willkürlich.

Auf der Taxifahrt von Madras nach Westen ins Landesinnere begegnete ich einer neuen Welt. Im ersten Licht der Dämmerung sah ich Reklametafeln mit Werbung für Faxgeräte, Computer, Versicherungen und Investmentfonds. Männer mit nacktem Oberkörper trieben Herden von Wasserbüffeln, deren Hörner grün bemalt und mit Messingringen geschmückt waren. Durch das offene Fenster wehte ein Gestank aus Tierkot, Sandelholz und Kohlenmonoxyd. Heere halbnackter Männer und Frauen balancierten auf den Köpfen Mörteleimer und errichteten moderne Bauten wie in amerikanischen Vororten. Bald werden direkt neben strohgedeckten Hütten Häuser mit Hochglanzfassaden aufragen. Doch es wird an Wasser fehlen. Madras leidet schon heute unter chronischem Wassermangel.

Die Schwärme von Fliegen und Moskitos, die ich schon in den siebziger Jahren in Indien verflucht hatte, gab es immer noch, auch die alten, aufgeweichten Kekse, die in verfallenen Hütten verkauft wurden. Toiletten gab es kaum. »Die Inder«, schreibt V. S. Naipaul in *An Area of Darkness*, »defäkieren überall ... Angeblich leidet der Bauer, ob Moslem oder Hindu, unter Klaustrophobie, wenn er eine geschlossene Latrine benutzen soll.«

Das Taxi fuhr durch ein großes Dorf. Hier fielen mir die brutale Kinoreklame und Horden junger Männer auf, deren Mienen noch unzufriedener wirkten als die der halbnackten Büffeltreiber. Gingen diese jungen Männer zur Schule? Hatten sie Arbeit? Das Wirtschaftswachstum schuf fast nur für Hochqualifizierte gutdotierte Arbeitsplätze, die Masse mußte sich, wenn sie überhaupt Arbeit hatte, mit Hungerlöhnen zufriedengeben. Die Folge ist eine steigende Kriminalität.

Nach dem *Human Development Report 1994* der UNO hat Indien – in weniger starkem Maße auch Pakistan – ein doppelt so großes Wirtschaftswachstum wie Schwarzafrika. In Indien und Pakistan ist das Bruttosozialprodukt seit 1980 Jahr für Jahr konstant um mehr als drei Prozent gestiegen; in vielen afrikanischen Ländern war die Wachstumsrate des Bruttosozialprodukts hingegen negativ oder annähernd null. Der indische Subkontinent erlebt einen starken Zustrom ausländischer Geschäftsleute[3], trotzdem haben sich die Verhältnisse kaum stabilisiert. Das Wirtschaftswachstum hat Träume geweckt, die in vielen Fällen nicht erfüllt werden können.

In keinem Land der Welt kommen jährlich so viele Kinder zur Welt wie in Indien. Indien ist Exporteur für Nahrungsmittel und Meeresfrüchte. Indiens Technologiesektor expandiert, die Mittelschicht zählt – je nach Definition – zwischen 100 und 250 Millionen Menschen. Indiens wirtschaftliche Dynamik widerspricht auf den ersten Blick der düsteren malthusianischen Überzeugung. Indien ist seit beinahe fünfzig Jahren demokratisch, seine Grenzen sind nahezu identisch mit der natürlichen geographischen Begrenzung des indischen Subkontinents. Mit anderen Worten: Indien kann eine territoriale Logik für sich geltend machen. Selbst wenn die Zentralregierung in Delhi auseinanderbrechen sollte, für die Kartographen hätte das kaum Folgen. Indien bliebe weiterhin Indien, zumindest für die Hindu. Trotzdem hungern in diesem Land über 270 Millionen Menschen[4]; die Bedeutung der vielgepriesenen Mittelschicht wird meist überschätzt. Emma Duncan, die Asien-Korrespondentin des *Economist*, schreibt:»›Indien‹, psalmodieren die Broker und Banker der Welt, ›Indien hat eine Mittelschicht von 250 Millionen Menschen‹. Falls damit ein anständiges Haus mit Garten, ein Auto, jede Menge Haushaltsgeräte und ein Jahresurlaub gemeint sein sollte, so ist das reiner Unsinn.«

Indien belebt stärker als jedes andere Land die Diskussionen über Überbevölkerung, Umweltzerstörung und ethnische Konflikte. Das Rishi Valley, auf das mein Taxi zusteuerte, ist wie eine Bühne, auf der die epochalen Veränderungen konkret zu beobachten sind. Ich will das kurz erläutern.

In Los Alamos in New Mexico, wo die Welt in das Atomzeitalter eintrat, referierte 1991 die Wissenschaftlerin Jessica Tuchman Mathews: »Die zweite Hälfte der achtziger Jahre erlebte eine grundsätzliche Neubewertung der Bedeutung, die die Umwelt [und demographische Faktoren] für die Menschheit hat ... Das Ende des Kalten Krieges setzte Zeit und Aufmerksamkeit frei. Damit wurde die Umwelt [und die Überbevölkerung] von dem ruhigen Nebenschauplatz, den Diplomaten als ›anderweitige Belange‹ bezeichnen, weltweit schlagartig zu einem Thema oberster Priorität.«

Seither spukt auch der Geist des englischen Geistlichen Thomas Robert Malthus wieder durch die Hallen der Außenministerien und Universitäten. Malthus ist eine beunruhigende Figur; um seine Ideen entbrennen auch lange nach seinem Tod im Jahre 1834 immer wieder erbitterte Wortgefechte. »Er ist einer der wenigen politischen Denker, dessen Argumente so behandelt werden können – und auch so behandelt werden –, als stammten sie von einem Zeitgenossen«, schreibt Professor Mark T. Riley.

In dem *Essay on the Principle of Population* aus dem Jahre 1798 hat Malthus die These vertreten, daß die Bevölkerung sich bei ungehemmtem Wachstum in einem geometrischen Verhältnis vermehre, während sich die Nahrungsmittelmenge nur arithmetisch steigern lasse. Daher werde die Population ständig durch Kriege, Krankheiten, wirtschaftlichen Niedergang und andere Faktoren eingedämmt. Charles Darwin erkannte ein halbes Jahrhundert später, daß im Existenzkampf der Arten »die Lehre von Malthus … auf das gesamte Tier- und Pflanzenreich zutrifft«.

Malthus hatte im englischen Surrey unter den Armen gearbeitet; er hatte keinerlei Illusionen und lag in ständigem Konflikt mit utopisch denkenden Aristokraten wie dem Marquis de Condorcet, der die sozialen Mißstände ausschließlich dem Staat anlastete. Malthus übersah jedoch die Fortschritte in der Landwirtschaft als Folge der industriellen Revolution, er übersah die Wanderungen aus Europa nach Nordamerika und Australien, die zu einer drastischen Senkung der Lebensmittelpreise führten. Seine These von den natürlichen Grenzen des Bevölkerungswachstums erwies sich als zu starr. Der Idealist Condorcet behielt recht: »Neue Werkzeuge, Maschinen und Webstühle können die Kräfte des Menschen verstärken … Eine äußerst kleine Fläche genügt, um große Erträge zu erzeugen.«

Der Name Condorcet ist heute nur noch Experten geläufig, Malthus und seine Vorahnungen gehen den Menschen jedoch nicht aus dem Kopf. Der Wissenschaftsjournalist William K. Stevens schreibt in der *New York Times:* »Obwohl die Geburtenraten sinken, gehen die Hochrechnungen der Vereinten Nationen … davon aus, daß die Weltbevölkerung im Jahre 2025 den Stand von nahezu 8,5 Milliarden erreichen wird, wobei mehr als sieben Milliarden in den heutigen Entwicklungsländern leben werden. Selbst bei einem langsameren Wachstum bewirkt die demographische Dynamik, daß die Gesamtbevölkerung im Jahre 2050 mehr als zehn Milliarden und im Jahre 2100 elf Milliarden betragen wird, bevor schließlich zwischen 2150 und 2200 bei 11,6 Milliarden Stabilität erreicht sein wird.«

Stevens meint, die Bevölkerung der Dritten Welt werde sich innerhalb von dreißig Jahren verdoppeln und um das Zweieinhalbfache, in manchen Regionen sogar um das Drei- oder Vierfache vermehren, bevor sie sich stabilisiert. Wird die Menschheit dieses Wachstum durch eine Revolution in der Landwirtschaft und eine vorausschauende Stadtplanung verkraften können? – Wenn dieses Wunder gelingt, werden viele Wissenschaftler als falsche Kassandras dastehen. Oder hat sich Malthus lediglich in seiner zeitlichen Prognose[5] geirrt? – Drei Gruppen ereifern sich über diese Frage:

– Neo-Malthusianer, oft Biologen oder Ökologen, gehen davon aus, daß schwindende natürliche Ressourcen der menschlichen Bevölkerung strenge Begrenzungen auferlegen; ohne Begrenzungen drohten Armut und soziale Erschütterungen. Der bekannteste Vertreter dieser Schule ist Paul Erlich, der bereits vor einem Vierteljahrhundert vor dem Jüngsten Gericht warnte.
– Neoklassische Ökonomen, wie etwa Julian Simon, behaupten, das Wachstum von Bevölkerung und Konsum seien kaum begrenzt; funktionierende Märkte regten dazu an, Ressourcen zu erhalten und neue Agrartechnologien zu entwickeln. Simon ist kein Utopist wie Condorcet, sondern ein konservativer Verfechter des freien Handels, wie die Redaktionen des *Wall Street Journal* und des Magazins *Fortune*. Der Kapitalismus werde die Probleme der Zukunft lösen, wenn sich die Regierungen heraushielten.
– Die sogenannten Distributionisten plädieren zwar für eine gewisse Begrenzung des Bevölkerungswachstums, sehen das wahre Problem jedoch in der ungleichen Verteilung der natürlichen Ressourcen und des Kapitals. In ihren Augen trifft Afrika keine Schuld. Der industrialisierte Westen trage die Schuld; er beute die Dritte Welt

aus und verschlinge die Ressourcen des Planeten durch ungezügelten Konsum. Viele Distributionisten sind Überbleibsel aus der Zeit des Kalten Krieges und ideologische Gegner des Kapitalismus. Es gibt jedoch Ausnahmen: Harvard-Professor Amartya Sen vertritt einen ideologiefreien Distributionismus, der die Prophezeiungen der Neo-Malthusianer scharf und überzeugend angreift.[6]

Sen weist darauf hin, daß die Bevölkerung der Dritten Welt zwar rapide wächst, daß aber der Anteil Afrikas und Asiens an der Weltbevölkerung (71,2 Prozent) heute niedriger ist als vor dem Beginn der industriellen Revolution in Europa (78,4 Prozent). Das Bevölkerungswachstum in der Dritten Welt sei vielleicht nur eine historische Korrektur, bedingt dadurch, daß sich das Maschinenzeitalter über den Westen hinaus ausdehnt.

Indien und China erleben derzeit eine industrielle Revolution, Afrikas wachsende Bevölkerung aber kann sich kaum auf Industriekapital stützen. Die Nahrungsmittelproduktion hat sich – im Verhältnis zur Population – sogar verringert.

Es gibt eine neue, eine vierte Schule in Sachen Bevölkerung und Umwelt, mit deren Ansichten ich nach meiner Reise immer mehr sympathisiere. Diese Schule stimmt mit den Neo-Malthusianern darin überein, daß Wachstum begrenzt ist. Sie teilt mit den neoklassischen Ökonomen die Auffassung, daß die Produkte der menschlichen Erfindungsgabe diese Grenzen erweitern können – wie in der Zeit der industriellen Revolution. Die Vertreter dieser Schule meinen, daß menschliche Erfindungskraft nicht automatisch entsteht und manche Gesellschaften und Kulturen erfinderischer sind als andere. Entwicklungsländer, meint zum Beispiel Homer-Dixon, »haben per Definition nicht die finanziellen, materiellen und intellektuellen Ressourcen der entwickelten Länder; außerdem sind ihre sozialen und politischen Institutionen meist fragil und zerspalten«.

In Sierra Leone und Ruanda ist die malthusianische Grenze vielleicht schon erreicht. Auf dem indischen Subkontinent und in China finden anpassungsfähigere Kulturen neue Möglichkeiten, ihre Ressourcen

zu vergrößern. Wir können nicht erkennen, wenn eine Region überbevölkert ist, wir können nur sehen, wie gut oder wie schlecht eine
Gesellschaft funktioniert. Die Einführung der Demokratie kann das
politische System flexibler machen. Andererseits wird eine stabile
Demokratie eher dort entstehen, wo bereits ein Gleichgewicht zwischen Population und Ressourcen besteht.

Demographischer Druck kann den menschlichen Erfindungsgeist an-
spornen, doch diese Gabe ist nicht gleichmäßig verteilt. Darüber hinaus hängt technische Intelligenz von sozialer Intelligenz ab, von der
Fähigkeit, eine funktionierende Gesellschaft zu schaffen. Was nützen
neue westliche Impfstoffe in einem afrikanischen Land, dessen Kliniken zerstört oder vom Strom abgeschnitten werden?[7]

Mangelnde soziale Intelligenz ist zum Teil durch Ressourcenknappheit bedingt; das verschärft die Rivalitäten innerhalb einer Gesellschaft. Daher wird es selbst einem so begabten Politiker wie Nel-
son Mandela kaum gelingen, eine vernünftige Sozialpolitik durchzusetzen. In Südafrika wächst die Bevölkerung um 2,63 Prozent jährlich,
die Böden und Wasservorräte aber werden immer knapper. Das gilt
auch für China und Indien und ihre politischen Führer.

Homer-Dixon glaubt, die Welt werde sich spalten in »jene Gesellschaften, die ein adäquates Maß an Intelligenz aufrechterhalten
können, und jene, denen dies nicht gelingt«. Wir werden, so Homer-
Dixon, »wahrscheinlich erleben, daß in westlichen Ländern zum
Beispiel die Getreidepreise fallen und regionale Nahrungsmittelüber-
schüsse produziert werden, während in Teilen Afrikas und Asiens
mangelbedingte soziale Unruhen herrschen«. Homer-Dixon kommt
zu dem Schluß: »Der Optimismus der neoklassischen Ökonomie, ...
die großes Vertrauen in das durch Mangel angespornte Potential
menschlicher Erfindungskraft setzt, ist trügerisch und unüberlegt.
Wir lassen uns auf ein riskantes Spiel ein, wenn wir dieser Marschroute
folgen und warten, bis die Verknappung kritisch wird, und dann zusehen, wie die menschliche Findigkeit spontan und explosiv darauf
reagiert. Sollte sich am Ende herausstellen, daß diese Strategie falsch
war, werden wir nicht in eine Welt zurückkehren können, die der heu-

tigen auch nur ansatzweise ähnelt ... Die Böden, Gewässer und Wälder werden irreversibel geschädigt sein, und unsere Gesellschaften, vor allem die ärmsten, werden so uneinig sein, daß selbst heroische Anstrengungen sozialer Erneuerung scheitern müssen.« Homer-Dixon geht davon aus, daß der Westen auf diese Lage zumindest potentiell reagieren kann. Aber wird er es angesichts seiner immer älter werdenden Bevölkerung und der seit einer Generation stagnierenden Etats können? Die Entwicklungshilfe aus dem Westen wird wahrscheinlich eher schrumpfen als wachsen.

Ich war in Indien, in einem Land, das sich in einer industriellen Revolution befand und vor Intelligenz strotzte. Hier existieren seit 2500 Jahren eine Literatur und eine Schriftsprache, hier wurden einige der frühesten Entdeckungen der Algebra, Geometrie und Astronomie gemacht. Doch jedes Jahr vermehrt sich die Bevölkerung Indiens um 18 Millionen Menschen. Mitte der neunziger Jahre zählte Indien 900 Millionen Einwohner. Optimisten schätzen, daß sich die Bevölkerungszahl vor dem Ende des nächsten Jahrhunderts bei 1,7 Milliarden einpendeln wird.
»Da mehr Menschen mehr Leistungen fordern, aber knappe Ressourcen dem Staat weniger Gelegenheit bieten, seine Einnahmen zu erhöhen, werden Steuerlast, Schulden, Inflation und Korruption zunehmen. Diese Entwicklungen untergraben die Effektivität und Legitimität des Staates, der dann die soziale Ordnung nicht mehr aufrechterhalten kann«, schreibt der Soziologe Jack Goldstone von der *University of California.* Delhi ist – wie Karatschi, aber auch wie New York – ein düsteres Beispiel für diese Tendenz. Die Einwohnerzahl Delhis wird von gegenwärtig 9 Millionen bis zum Ende des Jahrhunderts auf 13,5 Millionen anwachsen.[8] Viele der anmutigen Gärten und Boulevards der Stadt sind von Barackensiedlungen überrollt worden. Wasser, Gas und Elektrizität sind nur durch Bestechung zu beziehen. Keine Stadt der Welt hat eine so verschmutzte Luft wie Delhi; sie einzuatmen bedeutet ein genauso großes Risiko wie zwanzig Zigaretten am Tag. Verkehrspolizisten tragen Atemschutzmasken. Die

Luftverschmutzung wird sich dramatisch verschlimmern, da jedes Jahr Hunderttausende neuer Autos auf den Straßen Indiens fahren werden. Allein von 1989 bis Mitte 1991 wurden, wie Steve Coll von der *Washington Post* schrieb, 2025 Inder »bei Straßenschlachten« zwischen Hindu und Moslems »erschlagen, erstochen, verbrannt oder erschossen«. Daran werde sichtbar, daß wachsende Bevölkerungszahlen, Umweltzerstörung und ethnische Konflikte eng miteinander verknüpft seien.

Indien ist eine Welt digitaler Telefone und primitiver Sanitäreinrichtungen.[9] Nicht allein die Armut ist ein destabilisierender Faktor, auch das rasante wirtschaftliche Wachstum. Zu den Armen in den indischen Städten zählen immer mehr Zuwanderer vom Lande, die oft durch die Verknappung und Erosion der Böden aus ihrer Heimat vertrieben und in den Städten aus ihren Traditionen herausgerissen werden. Diese armen Zuwanderer kennen aber die westlichen Versuchungen und Verheißungen genauso wie die Bewohner der chinesischen und ägyptischen Barackensiedlungen. Sie sind weniger fatalistisch und wahrscheinlich gewaltbereiter als früher. Ihre Zahl nimmt genauso schnell zu wie die der Mittelschicht.[10]

Die neuen Reichen, so *Time*-Korrespondent Ned Desmond, sind nicht weniger bedrohlich: »Indiens [hinduistische] Mittelschicht ist längst keine elitäre, verwestlichte Gruppe mehr, wie bei ihrer Entstehung, sondern eine äußerst habsüchtige, paranoide Schicht, deren Angehörige nur vage das Prinzip des Säkularismus begriffen haben und massive Ressentiments gegenüber jeder Gruppierung hegen, die angeblich einen Sonderstatus genießt – vor allem gegenüber den Moslems.«

Vielleicht ist das der Grund, weshalb Bombay, die reichste Stadt Indiens, die schlimmsten Bürgerunruhen erlebt hat. In einem Artikel über Indien (»*Modern Hate: How Ancient Animosities Get Invented*« weisen Susanne Hoeber Rudolph und Lloyd I. Rudolph darauf hin, daß die hinduistischen Rowdies, die im Dezember 1992 in der nordostindischen Stadt Ayodha eine Moschee aus dem 16. Jahrhundert niederrissen, »Hemden und Hosen, also städtische Kleidung trugen, und nicht die *kurta* und *dhotis* der Dorfbewohner oder des urbanen Proletariats. Sie sahen aus wie Büroangestellte, Jungen aus Familien der unteren Mittelschicht. Sie sind die gebildeten Arbeitslosen, nicht die armen Analphabeten. Sie sind die Opfer der Modernisierung, die andere zu Opfern machen wollen – zum Beispiel die ›verhätschelten Moslems‹, denn die Erwartungen [der Hindu] haben die realen Möglichkeiten weit überholt.«

Unter diesen Umständen fördern die Medien mehr Haß als Harmonie. Statt eines vielfältigen, regionalen Hinduismus propagiert das indische Fernsehen einen standardisierten Hinduismus, aus dem dann ein antiislamischer Machtblock hervorgeht. Ethnischer Zwist kann, wie in dem Nachtclub in Samarkand gesehen, sehr modern und sehr häßlich sein. Opfer dieser Entwicklungen ist der indische Staat. Atul Kohli, Professor an der *Princeton University*, schreibt in *Democracy and Discontent: India's Growing Crisis of Governability*:

»Der Staat ist allgegenwärtig und zugleich schwach; er ist hochzentralisiert … und scheint trotzdem machtlos. Er soll die ›Chancen‹ der vielen unterschiedlichen sozialen Gruppierungen fördern, scheint aber weder in der Lage zu sein, mit den Belangen diverser Interessengruppen fertig zu werden, noch eine planvolle Entwicklung zu steuern. Seine beherrschenden Institutionen sind in Auflösung begriffen, und die Suche nach neuen Legitimitätsformen dauert an … Immer wenn das soziale und politische Gefüge einer Gemeinschaft [oder eines Staates] in dieser Weise zu zerfallen beginnt, sind die kriminellen Elemente nicht mehr fern.«

Das erinnert sehr an Rußland und ein wenig an die Vereinigten Staaten; die beiden Großmächte sind zwar von einem sozialen Chaos wie in Indien noch weit entfernt, aber denselben Tendenzen ausgesetzt. Die politischen Parteien Indiens sind kaum in der Lage, durch soziale Wahlprogramme die notwendigen Stimmen zu gewinnen. Sie sind auf Banden angewiesen, die die Wähler kaufen oder einschüchtern. Hinduistische und moslemische Gruppen sowie zahlreiche hinduistische Kasten kämpfen um die Macht und fördern die Kriminalisierung der

Politik. Indien entwickelt sich immer mehr zur Anarchie. In Bihar im Nordosten, berichtet Kohli, gibt es keine Wahlen mehr ohne Gewalttätigkeiten zwischen »privaten Kastenarmeen«. »Außerdem haben sich gewöhnliche Kriminelle, die *dacoits*, in die Scharmützel gemischt, so daß immer weniger klar ist, wer wen umbringt und warum.« Da die Polizei machtlos sei, entstünden »Volksgerichte«, die Femeurteile fällen. Räuber werden in den Wald geschleppt und geköpft.[11]

Die indische Zentralregierung verliert – wie die pakistanische – nach und nach ihre Macht. Die Regionen gewinnen an Bedeutung. Damit kommen wir zum Thema Rishi Valley.

24 Rishi Valley und die menschliche Erfindungsgabe

Es kam mir vor, als sei ich wieder in Westafrika: monotones Grün und rote Lateritböden, über die Heere von Ameisen wanderten. Dennoch gab es Unterschiede. Jeder Baum in Rishi Valley ist nach einem Plan zur Renaturierung von Hand angepflanzt.

Vor einigen Jahrzehnten war dieses Tal abgeholzt worden; es wuchs nur noch Gestrüpp. Wegen der Trockenheit konnten die Bauern nur das Notwendigste erwirtschaften. Die Renaturierung jetzt erfolgt ohne den Rat eines westlichen Experten und fast ohne Finanzierung von außen. Bekannte von der University of Toronto hatten mir geraten, Rishi Valley zu besuchen. Sie erzählten mir, daß die Einheimischen dort Lösungen für Probleme wie Überbevölkerung und Umweltzerstörung gefunden hätten. Rishi Valley sei weniger eine indische als vielmehr eine menschliche Erfolgsstory. Das stimmt. Rishi Valley hat mich gelehrt, daß die Lösungen für unsere Probleme auf regionaler Ebene gefunden werden müssen.

Der Naturforscher Mr. Rangaswami ist ein großer, schlanker Mann mit Brille. »Die Vögel sind der wahre Lackmustest, die Feuerprobe«, sagte er. »Die Rückkehr des gelbkehligen Bulbul nach Rishi Valley ist der offizielle Nachweis für die ökologische Erneuerung dieser Region. Bevor wir dieses Trillern vor ein paar Jahren zum erstenmal hörten, hatten wir keinen sicheren Anhalt.« Rangaswami führte mich durch ein üppiges Unterholz aus Kletterpflanzen, Farnen, rotem Sandelholz, Annonen, Tamarinden, Akazien und Lemongras. »Die Biomasse hat um dreihundert Prozent zugenommen. Beachten Sie das rote San-

delholz. Es ist dürreresistent und wächst vollkommen senkrecht. Wir verwenden es, weil seine Wurzeln den Boden festigen, ohne die anderen Gewächse zu beeinträchtigen. Mr. Naidu wird Ihnen das alles erklären. Er vollbringt wahre Wunder.«
Rangaswami sprach von Sonnenkollektoren, organischen Gemüsegärten, von Gasen aus Kuhdung als Ersatz für Butangas; zwischendurch machte er mich auf Sittiche und Eulen aufmerksam. Mit seinem grauen Haarschopf und seinem indischen Singsang schien er einer der »150 Arten zurückgekehrter Zugvögel« zu sein, von denen er so schwärmte. Er war in den Siebzigern und hatte als Buchhalter und Geschäftsführer einer Fabrik in Madras gearbeitet, bevor er in Rishi Valley seine wahre Berufung entdeckte. Er beobachtete Vögel und wurde schließlich »Ehrenamtlicher Oberaufseher« des Naturparks. Rangaswami war nicht reich, er gehörte einer Bewegung an, die davon ausging, daß für eine kulturelle Erneuerung eine ökologische Erneuerung unabdingbar ist.
Die Geschichte beginnt im Jahre 1895 in dem Dorf Madanapalle mit der Geburt von Jiddu Krishnamurti.
Krishnamurti war kein Yogi oder Guru, sondern ein moderner Philosoph. Er schuf keine Hierarchien und kassierte auch kein Geld. Schüler schreckte er ab: »Wer im Innern ein Licht hat, wird niemals einem anderen folgen.« Als Aldous Huxley den Mann hörte, war er beeindruckt – »als hätte ich einem Vortrag des Buddha gelauscht«. Krishnamurti verabscheute Utopismus und verspottete die Sehnsucht nach ländlicher Idylle. Solch eine Haltung, meinte er, könne man nur einnehmen, wenn man die Augen vor der Realität von »Gewalt, Rivalität und Leid« verschließe, »die zum großen Teil das Leben auf der Erde ausmachten«. Er war ein Skeptiker, der sich zu einer banalen Wahrheit bekannte: »Die Erde gehört uns, dir und mir, und wir müssen gemeinsam auf ihr leben; wir müssen sie in Ehren halten und kultivieren.« Der Umweltschutzexperte Daniel Deudney hat eine solche Einstellung als »grüne Kultur« oder »globalen Nationalismus« bezeichnet; Krishnamurtis Ideen könnten auch als Vorläufer der »Gaia«-Theorie betrachtet werden, über die Jessica Mathews schreibt: »In den vergan-

genen Jahren ist Gaia von den Randbereichen der Wissenschaft in den *Mainstream* vorgerückt, hat neue Forschungsgebiete eröffnet und die Denkweise der Menschen verändert – auch jener, die Teile der Theorie für falsch halten. Die traditionelle Sichtweise, wonach sich das Leben passiv an eine von außen vorgegebene physische Umwelt anpaßt, weicht der Erkenntnis, daß lebende und nichtlebende Bereiche auf komplizierte Weise miteinander verstrickt sind … Ich denke, Gaia wird letztendlich die herrschende Sichtweise ablösen, wonach die menschliche Gesellschaft weitgehend getrennt von der Natur existiert.«

Anfang der dreißiger Jahre gründeten Krishnamurti und seine Freunde eine Eliteschule. Das große Gelände lang in der Nähe von Krishnamurtis Geburtsort, am Fuß des Rishi Konda, eines uralten Felsens, an dem die *Rishi*, die Mönche, vor zweitausend Jahren Buße getan hatten. Die Schule zog bald die Söhne und Töchter wohlhabender Brahmin-Familien aus allen Teilen des Landes an, die Unterrichtssprache war Englisch.

Der indischen Schulausbildung wird oft vorgeworfen, sie sei »entwurzelt« und »abstrakt«, sie bringe Genies hervor, die von ihrer Umwelt völlig abgeschnitten seien. Den Indern mangele es daher trotz großartiger Leistungen in den theoretischen Wissenschaften oft an einer ausgeprägten technischen Begabung. Die Rishi-Valley-Schule sollte diese Lücke schließen; sie machte den Umweltschutz zu einem Grundstein des Lehrplans und hielt die Schüler an, gemeinsam mit den einheimischen Dorfbewohnern zu arbeiten: »Die Kultur wird erneuert, wenn Stadtmenschen mit intellektuellen Fähigkeiten sich in Dörfern ansiedeln«, erklärte Geetha Ayer, eine Lehrerin in Rishi Valley.

Genau das ist die Lektion, die der Schah von Persien und andere Despoten der Dritten Welt nie gelernt haben: daß der Weg zur Modernität nicht durch die Stadt, sondern über das Dorf führt; daß eine Nation nicht modern sein kann, wenn ihre Dörfer dem Mittelalter verhaftet bleiben.

Geetha, eine kleine, gewandte Frau mit neugierigen Augen, führte mich kilometerweit durch eine Gegend, in der sich zwei Landschaften begegnen. Die eine besteht aus knochentrockenen Kalksteinhügeln, übersät mit Granitfelsen. Jahrelanges Überweiden und Abholzen haben Mutterboden und Baumbestand zerstört. Die andere Landschaft zeigt den aufgeforsteten Wald von Rishi Valley, in dem zwischen den Bäumen Bougainvillea, Hibiskus, Ringelblumen, wilde Rosen und Jasmin wachsen.

Der Unterschied, hier nur wenige Meter, war augenfälliger als viele künstliche Grenzen. Das aufgeforstete Gelände mit seiner reinen Luft vermittelte ein Gefühl des Wohlbefindens.

»Wir sagen zu den Dorfbewohnern, gebt uns euer schlechtestes Land, euer allerschlechtestes«, erzählte Geetha. »Nicht als Eigentum, sondern damit unsere Schüler darauf arbeiten können. Sehen Sie!« Das Land sah aus wie ein Stück fleckige Haut, ein steiler Hang, nicht besonders öde und nicht besonders grün. In der Mitte aber sah man Fortschritte. »Wir wählen Pflanzen und Bäume, die guten Mulch abgeben und den Boden festigen.« Besonders bemerkenswert sei die Annone, eine eher kleine, früchtetragende Staude. Die Annone reift in vier Jahren voll aus. Ihr tiefes und breites Wurzelwerk festigt erodierte Böden. Der Baum braucht wenig Wasser und trägt Blätter, die nicht von Ziegen gefressen werden. In seinem Schatten siedeln sich andere Pflanzenarten an.

Die Schulkinder von Rishi Valley pflanzen jedes Jahr 20000 Bäume und Sträucher und verteilen 100000 Sämlinge im ganzen Tal. In der Chronik des Projekts, *Birds of Rishi Valley: And Renewal of Their Habitat*, schreiben Mr. Rangaswami und sein Coautor S. Sridhar: »Bewaffnet mit Grabestöcken und Taschen voller Samen kletterten kleinere Kinder die Pfade hinauf und pflanzten die Samen in die harte Erde. Ältere Schüler gruben Löcher für Schößlinge. Per Traktor wurden große Fässer mit Wasser vom Brunnen zu den Hügeln transportiert. Dort füllten die Kinder das Wasser in Eimer, die sie in langen Schlangen hinaufreichten … Baumschulen mit Tausenden von Pflanzen wurden angelegt. Schüler und Arbeiter füllten Plastiksäcke voll Erde und bewässerten die frischgesäten Samen, bis sie umgepflanzt werden konnten.«

Geetha wies auf einige »Kontrolldämme« hin, kleine Sperren aus Erde, nicht viel größer als Sandburgen am Strand. Diese Dämme stoppen oder bremsen die Sturzbäche nach heftigen Regenfällen. Sie verhindern die Erosion und sorgen dafür, daß nährstoffreicher Schlamm abgelagert wird. »Der Schlamm ist sehr fruchtbar. Er enthält einen hohen Humusanteil. Wir transportieren den Schlamm an trockene Stellen, die regeneriert werden müssen«, erklärte Geetha.

Rishi Valley war, so begriff ich allmählich, eine Station für biologische Transplantationen – gesunde Erde wurde von einer Stelle an eine andere gebracht, um dort die Regenerierung in Gang zu setzen. Die Schüler stellen eigenen organischen Kompost her.

Größer als die Kontrolldämme sind die »Konturrinnen«, fast zwei Meter tiefe und mehrere hundert Meter lange Gräben, die den Höhenlinien folgen. Die in Stein eingefaßten Kanäle sind ebenfalls von Schülern und Dorfbewohnern gebaut worden. Sie dienen dazu, das Überschwemmungswasser in Sickerbecken zu leiten. Sickerbecken sind eine Erfindung von Mr. Naidu, dem Verwalter von Rishi Valley, dem Mann, der »wahre Wunder wirkt«.

Als ich Geetha fragte, ob diese Sickerbecken der Bewässerung dienten, erwiderte sie: »Nein, nein. In Rishi Valley bewässern wir nicht, und wir verwenden auch keine chemischen Dünger. Wir reichern das Grundwasser und die Böden an.«

Das Problem der so gepriesenen grünen Revolution Indiens bestehe darin, erklärte mir Geetha, daß sie die ökologischen Grundlagen Indiens durch Überwässerung und übermäßigen Einsatz von Kunstdüngern angegriffen habe. Die Annonen, Kontrolldämme, Konturrinnen und Sickerbecken seien Maßnahmen, die diesem Prozeß entgegenwirkten. »Im Grunde«, meinte Geetha, »müssen Menschen ihr Land tief genug, das heißt bewußt genug, schätzen, um es zu bewahren.«

Auf der Fahrt zurück zum Schulgelände kamen wir durch mehrere Dörfer. Ich sah strohgedeckte Hütten, dürres Vieh und zierliche Frauen, die in leuchtenden Saris an Brunnen ihre Wassereimer füllten. Ein Bild wie aus einem Reiseprospekt.

Rishi Valley wirkt, von außen betrachtet, wie ein westliches Entwicklungsmodell. Doch der Lehrkörper der Schule hat – wie Krishnamurti selbst[1] – den Glaubenssatz verinnerlicht, daß das Schaffen von Wohlstand mehr mit Kultur zu tun hat als mit Politik.[2] Die Menschen würden zwar gleich geboren, Umwelt und Gesellschaft aber veränderten die Kinder bis zum Eintritt ins Schulalter grundlegend.

Außer dem englischsprachigen Internat in Rishi Valley gibt es eine Tagesschule für einhundert Dorfkinder, die in Telugu, der einheimischen drawidischen Sprache, unterrichtet werden. Die Tagesschule ist das Zentrum eines Netzes von »Satellitenschulen« in den umliegenden Dörfern. Als ich eine dieser Dorfschulen besuchte, mußte ich staunen.

Das Schulhaus war ganz schlicht. Es bestand aus gekalkten Lehmziegelmauern und einem Wellblechdach, hatte einen einzigen Raum und war von einem Garten umgeben. Im Schulraum saßen vier Gruppen von jeweils etwa fünf Kindern im Kreis auf dem Boden. Die Kinder beschäftigten sich mit Unterrichtskarten und kleinen Kreidetafeln. Ich hörte kein Schreien und sah kein einziges gelangweiltes Gesicht; in leisem Ton unterrichteten sich die Kinder gegenseitig. Der Lehrer schien fast überflüssig. Von der Decke baumelten ausgeschnittene Blumen und Vögel. An einer Wand standen Regale mit ordentlich eingeräumten Schülerkarteien und Werkzeugkisten, an der anderen Wand hingen Schautafeln, auf denen die Menschen, Pflanzen und Tiere eines jeden Dorfes aufgelistet waren. Dieses Dorf zählte 271 Einwohner: 106 Frauen, 97 Männer und 68 Kinder. Die Schule existierte erst seit einem Jahr. Ich erinnere mich nicht, je ein so ruhiges Klassenzimmer gesehen zu haben. Ich beobachtete die Klasse. Kein einziges Kind wirkte störrisch oder verwirrt, wie es in den armen Vierteln in den Vereinigten Staaten oft der Fall ist.

Die Schule war kein Einzelfall. Ich besuchte noch mehrere Dorfschulen der Gegend zu unterschiedlichen Tageszeiten. Es herrschte stets dieselbe Atmosphäre. Abends gab es Unterricht für Erwachsene in

Lesen und Schreiben sowie Kurse über Landgewinnung, Auffor-
stung, Hygiene, Bienenzucht. Schüler und Eltern arbeiteten gemeinsam im Schulgarten und in der Baumschule und bauten Konturrinnen
und Dämme, um die Erosion zu verhindern.

Die älteste Zweigschule befand sich in Egavaboyapalle, einem Dorf
mit 250 Familien aus einer Kaste, die bekannt war für ihre »Trägheit«
und »Straßenräuberei«. Seit der Eröffnung der Schule im Jahre 1986
war der Analphabetismus in Egavaboyapalle von nahezu hundert auf
etwa dreißig Prozent zurückgegangen, die Bewohner hatten ihre
strohgedeckten Hütten mit Bougainvillea und Hibiskusgärten ver-
schönert. Fünfundneunzig Prozent der Schüler bestanden die Auf-
nahmeprüfung in höhere Schulklassen.

In einem kleinen Büro auf dem Campus von Rishi Valley saß ich auf
dem Fußboden und trank Tee mit dem jungen Ehepaar, das für diese
Erfolge die Grundlagen geschaffen hatte. Y. A. Padmanabha Rao und
seine Frau Rama waren aus der Stadt Hyderabad nach Rishi Valley gekommen, um ihre Ideen über Erziehung ohne die Zwangsjacke des
staatlichen indischen Schulsystems zu verwirklichen. Was sie mir erzählten, läßt sich so zusammenfassen: Der Unterricht nach staatli-
chem Lehrplan wird in Indien zunehmend abstrakter. Schulbücher
mit Abbildungen von Flugzeugen oder sogar Autos haben keinerlei
Bezug zur Alltagserfahrung der Kinder. Schulbücher sind ohnehin
langweilig, und zwar weltweit. Nur aufgeweckte Kinder aus einem
stabilen Elternhaus kommen mit diesen Schulbüchern klar. Es ist
eine absurde Vorstellung, daß ein Kind in zerrütteten Familienver-
hältnissen oder in einem analphabetischen Haushalt ohne Ruhe und
elektrische Beleuchtung Hausaufgaben bewältigen kann. Wenn solche Kinder Hausaufgaben machen müssen, ist ihr Versagen vorpro-
grammiert. An gute Lehrer ist kaum zu denken. Die meisten Lehrer
in Indien wollen nicht in einem armen Bezirk unterrichten. Die in einem armen Bezirk festsitzen, können es kaum erwarten, mittags der
Schule den Rücken zu kehren und in die Stadt zurückzufahren. Auch
darf man grundsätzlich nicht erwarten, daß aus der jeweiligen Region
selbst gute Lehrer kommen. Meist geben einheimische Lehrer ihr

Unwissen und ihre Vorurteile einfach an die Schüler weiter. Selbst wenn man in einem Armenviertel einen guten Lehrer antrifft, wird er kaum mit dreißig lerngestörten Jugendlichen fertig werden. Die Raos haben, wenn man so will, die Schule neu erfunden. Schule bedeutet nicht ein Klassenzimmer mit einem Lehrer. Schule ist kein Vortrag eines großen Menschen vor dreißig kleinen Menschen, die in Reih und Glied sitzen und zuhören. Schule heißt nicht Auswendiglernen. In Kulturen mit mündlicher Überlieferung, sagen die Raos, werde dies ohnehin viel zu intensiv gepflegt. Nur wenn Kinder zu analysieren lernen, können sie es in der modernen Welt zu etwas bringen. Haß zwischen Gemeinschaften und Stämmen entsteht durch falsche mündliche Überlieferung und zuwenig selbstmotivierte Analyse. Die ideale Schule in den Entwicklungsländern an der Wende zum 21. Jahrhundert muß billig, beweglich und leicht kopierbar sein und die Kinder dazu bringen, so zu denken, als stammten sie aus einem alphabetisierten Elternhaus. Sie muß die Konzepte und Werte von Familienplanung, Umweltbewußtsein und Toleranz gegenüber anderen Kulturen vermitteln. Man brauche nicht mehr als das, was – im wahrsten Sinne des Wortes – in eine Schachtel passe, sagte Rama.

Das Modell der »Schule in der Schachtel« ist über die fünfzehn Zweigschulen von Rishi Valley hinaus auf zweihundert weitere Schulen im Südwesten Indiens ausgedehnt worden; es existiert überall dort, wo das staatliche Schulsystem versagt hat und wo verzweifelte Eltern nach Alternativen suchen.

In der »Schachtel« sind fünfhundert illustrierte Unterrichtskarten aus den Fächern, Mathematik, Telugu, Naturwissenschaft, Gesundheitswesen und Umwelt sowie ein Handbuch für den Lehrer, der eigentlich ein »Förderer« ist, da sich die Kinder selbst unterrichten.

Zunächst spielen die Kinder mit Gummiringen und Halbkreisen, die den Formen der 45 Buchstaben des Telugu-Alphabets ähneln.[3] Als nächstes teilen sie die Gummibuchstaben in acht Kategorien, je nachdem, wie schwierig sie zu schreiben und auszusprechen sind. Dann benutzen sie die Spielkarten und legen Steine auf den Buchstaben, den der Lehrer laut spricht. Der nächste Satz Karten dient dazu, einzelne Buchstaben in Schablonen auf Papier nachzuzeichnen. »Der Grundgedanke«, so Rama, »ist der, daß die Gummibuchstaben zunächst angefaßt und gefühlt und erst später geschrieben werden. Eine Gedächtnisleistung ist eigentlich gar nicht erforderlich. Man lernt unbewußt durch Tun und Spielen.«

Die »Schachtel« enthält Bildkarten, auf die die Kinder Wörter schreiben, außerdem Puzzlekarten, Wiederholungskarten. Die Kinder gehen erst zur nächsten Stufe über, wenn sie das vorangegangene Spiel begriffen haben. »Die Kinder sitzen selbst am Steuer und motivieren einander in Gruppen.«

Es gibt Karten mit kleinen Geschichten, die ethnische Eintracht, geschlechtliche Gleichstellung und Achtung gegenüber Natur und Umwelt vermitteln sollen. Irgendwann schreiben die Kinder dann eigene Geschichten, die sie zu Hause ihren Eltern zeigen, die wiederum lesen lernen müssen, um zu verstehen, was ihre Kinder geschrieben haben. Dies bildet den Anreiz für die Alphabetisierungsprogramme für Erwachsene. »Wenn wir Erwachsenen das Lesen beibringen, verwenden wir nur, was ihre eigenen Kinder geschrieben haben«, erläuterte Mr. Rao. »Dann kann ein Bauer im mittleren Alter nicht sagen: ›Wozu soll ich lesen lernen?‹«

Mit Karten werden Maße gelehrt. »Aber nicht abstrakte Maße«, sagt Mr. Rao, »wie zum Beispiel: 100 Zentimeter sind ein Meter. Wir bringen den Kindern reale Maße bei, zum Beispiel: Deine Nase ist soundso lang. Für Zeitmaße verwenden wir ein Stundenglas, damit die Schüler lernen, wie lang eine Stunde oder eine halbe Stunde tatsächlich dauert. Der Begriff der Zeit ist ein urbanes Konzept, Dorfmenschen lernen es nie. Deshalb ist man in Indien und Afrika oft unpünktlich. Wenn eine Gesellschaft materiellen Wohlstand erarbeiten soll, muß man den Kindern in jungen Jahren einen Zeitbegriff beibringen.«

Der Schulraum muß nach Meinung von Mr. Rao »eine Erweiterung des idealen Zuhauses sein. Ein gut funktionierender Haushalt ist ein ordentlicher Haushalt. Die Kinder müssen Tätigkeitsberichte anfertigen. Die Unterrichtskarten vermitteln die Vorstellung, daß alles in

Kategorien und Unterkategorien eingeteilt werden kann. Wir bringen die Kinder dazu, ihr eigenes Dorf zu studieren. Sie erstellen Tabellen über die Zahl der Männer, die Zahl der Frauen, wie viele lesen können, wie viele nicht, wie lang ihre Nasen sind. Kurz gesagt, die Kinder lernen, ständig zu vergleichen. So entwickeln sie Objektivität, sie entdecken Dinge durch eigenes Nachprüfen.«

Jede Zweigschule hat einen Blumen-, einen Gemüse- und einen Obstgarten, für den die Schüler und ihre Eltern verantwortlich sind. Rishi Valley finanziert sich unter anderem aus den Erträgen dieser Plantagen, die Gewinne aus den Schulgärten machen die Schulen wirtschaftlich weitgehend unabhängig. »Das Anpflanzen von Bougainvillea«, sagt Rama, »vermittelt den Kindern eine Wertschätzung für das Schöne. Menschen, die das Schöne zu würdigen wissen, werden wahrscheinlich weniger leicht gewalttätig.«

Ich habe den Eindruck, daß die Menschen in Südasien kulturelle Vorteile genießen, die den Schwarzafrikanern fehlen. Der Analphabetismus in Indien scheint sich qualitativ vom Analphabetismus in Afrika zu unterscheiden.

Mr. Rao und seine Frau hörten mir zu und sagten dann, daß die überlieferten Geschichten, die die Dorfbewohner in Südindien kennen, auf geschriebenen Epen beruhen. Das Telugu, das auf dem Sanskrit basiert, hat mehr Buchstaben als das Englische. Analphabetische Dorfbewohner in Rishi Valley können auf eine hochentwickelte Kultur zurückgreifen. In großen Teilen Schwarzafrikas hingegen werden regionale Sprachen erst seit etwa einhundert Jahren schriftlich festgehalten.

Vor einhundert Jahren kamen die Inder, Libanesen und Syrer, oft mit kaum mehr als dem Hemd auf dem Leib, nach Schwarzafrika und entwickelten in vielen Städten schnell eine Mittelschicht. Das kann kein Zufall gewesen sein. Die Einwanderer hatten einen anderen kulturellen Hintergrund. Ausbeutung erfordert Findigkeit. Die »Schule in der Schachtel« ist sicher auf Afrika und andere Orte übertragbar; ob dies die immer größer werdende materielle Kluft zwischen Afrika und dem indischen Subkontinent schließen kann, ist eine andere Frage.

Mr. Sri Naidu, der Verwalter von Rishi Valley, von dem ich schon soviel gehört hatte, war kein Intellektueller, der aus der Stadt nach Rishi Valley gezogen war. Er stammte aus einem nahe gelegenen Dorf und war ein schüchterner, einsilbiger Mensch von kräftiger Statur und mit lichtem grauem Haar. Er unterschied sich von den anderen Erwachsenen in Rishi Valley wie ein israelischer Kibbuzbauer von einem Juden in Tel Aviv oder New York.

»Sie interessieren sich für Landwirtschaft?« fragte er.

»Ja«, erwiderte ich.

»Folgen Sie mir.«

Naidu führte mich zu einer riesigen Mangoplantage. »Das ganze Tal war ausgedörrt, also ging ich nach Madras, um mich zu erkundigen, wieviel eine Berieselungsanlage kostet. Sie war viel zu teuer. Deshalb besorgte ich mir leere Konservendosen, stopfte Baumwolle hinein und füllte sie mit Wasser. Dann setzte ich die Dosen um die Mangobäume in die Erde. Jeden vierten Tag wechselte ich die Baumwolle aus und füllte Wasser nach. Es funktionierte. Wir haben viel Geld gespart. Man kommt ganz gut ohne moderne Technologie aus. In der Landwirtschaft wird viel zuviel Technologie eingesetzt und viel zuviel Kunstdünger verwendet. In Rishi Valley verwende ich nur natürliche, organische Dünger wie *Neem-Cake*«, einen Kompost aus den verfaulten Blättern des Neembaums.

Naidu wiederholte, was Geetha gesagt hatte: daß die grüne Revolution Indiens nur erfolgreich war, weil man die Äcker überbeansprucht und die Wasservorräte dezimiert hat. Das kann nicht gutgehen. Norman Myers, ein britischer Entwicklungsberater, meint, die Inder ernährten sich heute auf Kosten ihrer Kinder.

Wir gingen weiter. Als Naidu sah, daß ich Notizen machte, wurde er gesprächiger und erklärte mir die unterschiedlichen Böden und Pflanzen. Er führte mich zu einem üppigen Unterholz mit Farnen: »Ich möchte, daß ganz Südindien so aussieht.«

Ich fragte nach den Sickerbecken. – »Auf die Idee kam ich, als ich sah, wie die Schuljungen im Freien duschten. Das ganze Duschwasser lief in den Boden und war vergeudet. Also ließ ich die Schüler einen Graben um den Duschplatz ausheben, in dem das Abwasser gesammelt wurde. Dann zog ich Bohnen und Bananen. Die Sickerbecken sind einfach größere Versionen des Wassergrabens um die Dusche.« Naidu erklärte mir, wie er die Konturrinnen und Kontrolldämme entworfen hatte, die den Monsunregen in ein Sickerbecken von der Größe eines Fußballplatzes leiten; es habe ein Jahr gedauert, bis das Becken voll war; jetzt sei es ein großes fruchtbares Reisfeld.«Etwas Geld für das Projekt erhielten wir von der Regionalverwaltung [des indischen Staates Andhra Pradesh]. Es war jedoch unmöglich, mit den Bürokraten klarzukommen. Ich werde mich nie wieder an den Staat wenden.«

»Wie steht es mit den Bundesbehörden in Neu-Delhi?« fragte ich.

»Die sind noch schlimmer.«

Naidu leitete die schwierige und mühsame Aufgabe, die angereicherte Erde aus dem Umfeld der Sickerbecken an trockenere Stellen des Tals zu transportieren. »Man braucht dreißig bis vierzig Zentimeter nährstoffreichen Schlamm aus dem Becken, um alkalischen Boden zu regenerieren. Es ist eine dauerhafte und natürliche Lösung. Wir benutzen die Sickerbecken zur Hebung des Grundwasserspiegels, nicht zur Bewässerung. Heutzutage muß man fünf bis zehn Minuten lang pumpen, um Wasser aus der Tiefe zu holen, anstatt zwanzig Minuten wie in der Zeit, als es noch keine Sickerbecken gab. Der Grundwasserspiegel im Tal ist von zwölf Metern unter der Erde stellenweise auf drei Meter angestiegen.«

Naidu betonte, daß in den Entwicklungsländern »viel zuviel bewässert« werde. Dadurch würden die Böden übersäuert und überwässert. Naidu hat Rishi Valley zu einer ökologisch orientierten Farm gemacht. Die Erlöse aus dem Verkauf der eigenen Erträge werden wieder investiert. Das Unternehmen ist ein Modell für die Ära nach der grünen Revolution. Die Inder in Rishi Valley haben eine zweitausend Jahre alte Technik für sich entdeckt, mit der Regenwasser in Trockengebiete geleitet wird – eine Technik, die ursprünglich von den Nabatäern entwickelt wurde, die zur Zeit Jesu im heutigen Jordanien lebten und die berühmte »rosenrote« Stadt Petra erbauten. Naidu sagte, er habe noch nie etwas von den Nabatäern gehört. »Eine Gesellschaft muß Dinge selbst für sich entdecken, auch wenn sie der Außenwelt längst bekannt sind. Auf diese Weise prägen sie sich durch Erfahrungen ein.«

Wir stiegen auf eine der Konturrinnen, um das üppige grüne Land überblicken zu können. »Ich habe Ihnen noch nichts über meine Vergangenheit erzählt«, sagte er und nickte mit dem Kopf, wie Inder es zu tun pflegen, wenn sie etwas betonen wollen. Er und seine Familie hatten früher in einem großen Haus auf dem Campus gewohnt, das sie im Laufe der Jahre liebevoll mit Bougainvillea und Hibiskuspergolen und mit süßem Jasmin verziert hatten. »Aber ich hielt es dort nachts nicht mehr aus. Ich schlief im Haus meiner Tochter in einem Nachbarort. Sehen Sie, ich hatte drei Kinder. Alle gingen in die Rishi-Valley-Schule. Meine Tochter heiratete einen Anwalt aus der Gegend. Mein ältester Sohn arbeitet in Bahrain bei IBM. Mein mittlerer Sohn war ein Champion in Cricket. Er geriet ganz nach mir. Ich war Sportlehrer in Rishi Valley, bevor ich mich auf die Landwirtschaft verlegte. Mein mittlerer Sohn wurde zum Vorsitzenden des YMCA in Madras gewählt. Er war ein echter Star. Eines Tages ging er schwimmen und tauchte versehentlich in eine Regenwassergrube. Er wurde vom Schlamm hinabgezogen und ertrank. Meine Frau starb später an einem Herzinfarkt. Deshalb, glaube ich, tue ich das hier. Um das alles zu vergessen. Ich gehe ganz im Anpflanzen und Renaturieren auf, um der Mutter Erde etwas zurückzugeben.«

Nach dem Tod seines Sohnes war Naidu ein Pionier eines neuen Zeitalters geworden, des Zeitalters von Gaia. Zu seinem Erfolg trug ein günstiges kulturelles Milieu bei, das durch die Philosophie Krishnamurtis[4] und die Unterrichtsmethoden der Raos unterstützt wurde.

Naidu und ich beendeten unseren Rundgang unter einem dreihundert Jahre alten Banyanbaum, der, so die Sage, einst Krishnamurti inspiriert hatte. Der Baum hatte zahlreiche Wurzeln, die von den ausladenden, durchhängenden Ästen herabwuchsen und sich in der Erde verankerten. Auf diese Weise waren natürliche Säulen entstanden, die

die Äste stützten und friedlich absterben ließen. Ich dachte darüber nach, wie alte politische und soziale Systeme absterben und neue entstehen. »Manche Äste brechen ab«, gab Naidu zu bedenken, »deshalb habe ich Granitstützen gebaut, sie sollen verhindern, daß Äste abbrechen.« Ich fragte mich, ob Indien und Afrika genügend Menschen wie Naidu hervorbringen werden, Menschen, die Halt und Stütze geben können in wirren Zeiten.

25 Bangkok:
Ökologische und sexuelle Grenzen

Thailändische Ärzte untersuchten alle aus Kalkutta ankommenden Passagiere der Indian Airlines auf Pestsymptome, bevor sie uns in Bangkok aus dem Flugzeug steigen ließen. Zwischen Schwarzafrika und dem Rest der Welt haben Krankheiten und Seuchen eine unsichtbare, wenn auch nicht unüberwindbare Mauer errichtet. Nun stand plötzlich eine weitere Mauer zwischen dem indischen Subkontinent und Indochina.[1] Mit welchen Folgen?

Als ich ein paar Tage zuvor in Kalkutta gelandet war, hatte es dort auf dem Flughafen von hustenden und spuckenden Menschen gewimmelt. Obwohl unsere Maschine die letzte auf dem Flugplan war, mußten wir eine dreiviertel Stunde auf unser Gepäck warten. Vor dem Flughafengebäude hockten die Taxifahrer auf dem schmutzigen Pflaster und brühten Tee. Ihre Haut war dunkel von Industrieruß, sie sahen aus wie Schornsteinfeger. Als ich in meinem Hotel in Kalkutta ankam, mußte ich mir erst einmal den Ruß abwaschen.

Bangkok hat einen modernen Flughafen. Meine Tasche stand schon auf dem Laufband, als ich zur Gepäckausgabe kam. Auf dem Parkplatz vor dem Flughafen von Bangkok sah ich erstmals ein anderes Südostasien. Schon der klimatisierte Flughafen erzeugt die Illusion, man sei irgendwo in der entwickelten Welt. Mein Chauffeur führte mich durch eine Glastür in die unterirdische Parkgarage, hier schlug mir plötzlich wieder die feuchte Hitze entgegen. Doch die Garage war mit Chrom verziert, ohne jede Spur von Rost. Der Beton wies keine Flecken auf. Statt zerbeulter Rostkisten erwarteten mich die neuesten Modelle von Honda, Toyota und Nissan. Der Parkgaragenwächter trug eine Uniform. Er blickte kurz von seinem Taschenbuch auf und nahm eine Quittung entgegen. Dann fuhren wir unter Bananenblättern und Kokospalmen hindurch und überquerten elegante Überführungen. Schließlich blieben wir unter einem dichtverhangenen grauen Himmel im Verkehr stecken. Die Luftverschmutzung in Bangkok unterscheidet sich von der in Kalkutta: Es war nicht schwarzer Ruß, sondern ein schiefergrauer Smog, den ich schon aus Teheran und Athen kannte. Bangkok ist eine riesige Baustelle. Die Wolkenkratzer mit ihren funkelnden Fassaden aus getöntem Glas wirken gepflegt; sie verkommen nicht sofort. Zwar säumen unzählige Hütten die schlammigen Kanäle, doch ich sah auch – wie in der Türkei – die Behausungen der Aufstrebenden; in den Sperrholz- und Wellblechhütten herrschte Ordnung. Ich war nicht direkt aus dem Westen nach Bangkok gekommen, sondern über Afrika, den Nahen Osten, Mittelasien und den indischen Subkontinent. Daher fielen mir die Unterschiede besonders auf. In Bangkok begegnete ich dem asiatischen Wirtschaftswunder. Ich hatte mit Überlegung Thailand (und Rishi Valley) als Ziel ausgesucht. Ich wollte mein düsteres Bild von der Menschheit ein wenig aufhellen. Auch wenn ich mich bei meinen Reisen auf die Teile der Erde konzentriert hatte, die wir Westler nach Homer-Dixons »Limousinen«-Theorie[2] gewöhnlich nur durch Glas wahrnehmen, wollte ich mir jetzt ein Entwicklungsland genauer ansehen, dem es gelungen war, einen Fuß in das klimatisierte Allerheiligste der Industrieländer zu setzen. Auf meiner Reise an die Elfenbeinküste wollte ich »das Glas halb leer« sehen; auf meiner Reise nach Thailand wollte ich es »halb voll« sehen. Natürlich hätte ich außer Ghana ein weiteres afrikanisches Land besuchen können, das einige Hoffnungen weckt, zum Beispiel Benin oder Südafrika. Doch ich rechtfertigte mich, daß die Orte, die ich in Afrika und Asien besuchte, durchaus repräsentativ für die beiden Kontinente sind.

Als ich nach der Rückkehr von Rishi Valley in meinem Hotel in Madras ankam, mußte der indische Taxifahrer den Kofferraum mit einem Schraubenschlüssel aufbrechen, um mein Gepäck herauszuholen. In

Bangkok öffnete der Fahrer den Kofferraumdeckel geräuschlos von seinem Sitz aus, sprang aus dem Wagen, reichte mir meine Taschen und verbeugte sich. In Thailand ist Englisch keine offizielle Sprache, doch mir begegnete eine Kultur, die intuitiv weiß, was der Kunde begehrt, und das Leben angenehm macht.

Im Foyer des Hotels überflog ich einige Ausgaben der *Bangkok Post*. Ich fand Artikel über Anlagemöglichkeiten, Obligationsausgaben und Kabinettsumbildungen. Ich las nichts über Krawalle und Unruhen wie in Indien oder Pakistan. Nach knapp neunzig Flugminuten waren der indische Subkontinent und sein Chaos weit, weit weg.

Ich wohnte in einem kleinen Apartment-Hotel. Im Aufzug begegnete ich Männern in leichten, teuren Anzügen. Einer hielt einen Compaq Contura in der Hand, den damals kleinsten Notebook-Computer. Mir fiel auf, daß Bangkok einer der wenigen Orte ist, an dem es rund um die Uhr Elektrizität gibt. Mein Rucksack, meine Notizblöcke und Kugelschreiber kamen mir plötzlich antiquiert vor. Je ärmer und gewaltgeprägter ein Land ist, desto höher ist der soziale Status eines Auslandskorrespondenten. In Bangkok zählt ein Journalist nichts im Vergleich mit einem Investment-Banker.

Die burmesischen Dschungel und das bewaldete Massiv von Yunnan-Szetschuan schneiden Südostasien – beziehungsweise »Indochina« – im Westen vom indischen Subkontinent und im Norden von China ab. Kulturelle Einflüsse sind in der Regel aus dem Süden und Osten über das Meer nach Thailand und in die anderen Regionen Südostasiens vorgedrungen und haben sich entlang den Flußläufen von Mekong, Chao Phraya und Irawadi nach Norden ausgebreitet.

Aufgrund seiner relativ kleinen Landmasse, seiner meist schiffbaren Flüsse und der langen Küste mit zahlreichen günstigen Häfen ist Südostasien im Laufe seiner Geschichte den Einflüssen der Außenwelt stärker ausgesetzt gewesen als Afrika oder Indien. Schwarzafrika zum Beispiel weist bei einer immensen Größe und trotz einer langen Küste relativ wenig Häfen und schiffbare Flüsse auf. Trotz der geographischen Vorteile entwickelten die Gesellschaften an den Flußläufen in

Südostasien keine bedeutenden Handelsrouten, die verschiedene Kulturen miteinander verbanden. So wie die Balkanvölker durch Gebirge in verfeindete Stämme und ethnische Gruppen gespalten sind, so scheiden Flußläufe die Völker Südostasiens: die Siamesen (oder Thai) von den Laoten, die Laoten von den Khmer (Kambodschanern) und die Khmer von den Vietnamesen. Da Südostasien für die Außenwelt zugänglich und gleichzeitig in Regionen geteilt ist, ist es kulturell dynamisch wie Westeuropa, aber auch kriegsgebeutelt wie der Balkan.

Die Südchinesen wanderten vom 13. Jahrhundert an in die Region des heutigen Thailand und Vietnam. Wie auf dem Balkan glaubte jedes der Völker (Thai, Khmer, Vietnamesen und so weiter), die Landkarte sei zu dem Zeitpunkt am genauesten gewesen, an dem das eigene Reich am mächtigsten und größten war. Nach Auffassung von Kishore Mahbubani, dem Dekan des *Civil Service College* in Singapur, scheint die blutige »Balkan-Phase« in der Geschichte Südostasiens 1989 mit dem Ende der Rivalität der Supermächte, mit der Öffnung von Vietnam und Laos für ausländische Investitionen und mit dem Beginn des Wirtschaftswachstums in Thailand beendet zu sein. Der Region winke nun die »Westeuropa-Phase«.

Der Begriff »Indochina« ist irreführend; Südostasien ist in den letzten Jahrhunderten immer weniger von Indien und immer stärker von China geprägt worden. Der sichtbare Einfluß Indiens beschränkt sich im wesentlichen auf das Alphabet, eine mittelalterliche Architektur, eine curry-orientierte Küche und auf verschiedene Formen des Buddhismus. Die Religion hat großen Einfluß auf das Alltagsleben. Der Wissenschaftler Philip Rawson schreibt: »Bis zum 16. Jahrhundert hatten die sinisierten buddhistischen Vietnamesen praktisch sämtliche Spuren der klassischen indisierten Kulturen von Kambodscha, Laos und Siam beseitigt. Die Besiedlung der Küsten durch chinesische Kolonisten … nahm ihren Gang. Und bis zum 20. Jahrhundert waren Menschen, die der chinesischen Rasse angehörten, in sämtliche Länder Südostasiens vorgedrungen.«

Die Spaltung zwischen Indien und Südostasien spiegelte sich auch in der Tatsache, daß ich praktisch nicht auf dem Landweg von einem Subkontinent zum anderen reisen konnte. Ich mußte von Kalkutta nach Bangkok fliegen. Die Kontraste waren stark. So wie Indien ökonomische Vorteile gegenüber Afrika genießt, weist Südostasien Vorteile gegenüber Indien auf.

Als ich am ersten Abend in Bangkok spazierenging, fiel mir der Lärm auf, das Kreischen der Elektrobohrer, das Rattern der Preßlufthämmer, das Knattern der Motoren der dreirädrigen *Tuk-tuks*. Wie in Urumtschi im chinesischen Mittelasien wurde auch in Bangkok rund um die Uhr gebaut. In Urumtschi signalisierte das chinesische Arbeiterheer das Ende der zentralistischer Planung. In Bangkok präsentiert der Bauboom den Höhepunkt einer wirtschaftlichen Entwicklung, die den Kapitalismus fast als Religion erscheinen läßt.

Mein Leben lang habe ich in kapitalistischen Gesellschaften gelebt, doch habe ich den Kapitalismus nie als Glaubenssystem gesehen. Als ich an der Ecke der Silom- und der Patpong-Straße im Zentrum von Bangkok war, sah ich das Ergebnis vieler Jahre rasanten wirtschaftlichen Wachstums und entsprechend niedriger Geburtenraten; Thailand ist zwar einer der ärmsten pazifischen »Tiger«-Staaten, doch der wirtschaftlichen Entwicklung der Türkei inzwischen um einige Schritte voraus. Die Thai glauben an den Erfolg ihres Systems.

In den Einkaufszentren gab es Gucci-Brillen, Lacoste-Hemden, Cowboystiefel aus Wildleder, Nikon-Teleskope, Computer, Faxgeräte, Compact Disks, schnurlose Telefone, Kondome, Kontaktlinsen und Designer-Artikel aus Leder und Gold. Dazwischen Holzbuden mit T-Shirts, Taschen, Souvenirs und Bratfisch. In den Bars tanzten Mädchen in roten Satindessous, zartgliedrige Miniaturgöttinnen lockten Gäste mit süßlichen Worten in die Etablissements: »*Girls Take Shower*«, »*Lady & Boy Massage*«, »*Big Boy: The Gent's Exclusive Bar*«, »*Watch Lesbians Screw on Motorcycles*«. Im Patpong-Distrikt ist Sex eine Ware; er ist losgelöst von moralischen Tabus, es fehlt ihm aber das Bedrohliche und Geheimnisvolle. Patpong ist nicht der übliche Rotlichtbezirk mit Matrosen und Kriminalität. Die Go-go-Bars liegen Tür an Tür mit Taschenbuchläden und Kodak-Schnellabors. Thailändische Familien aus der Mittelschicht gehen hier bummeln. Bangkok kam mir vor wie eine Variante von New York.

In einem Einkaufszentrum beobachtete ich junge Mädchen, die sich um einen Spiegel scharten und ihr Make-up auffrischten. Ich bemerkte Frauen und Männer, die inmitten der Menschenmenge in kleine Mobiltelefone sprachen; sie hätten zu ruhigeren Plätzen gehen können, doch sie zogen den Stil der Werbung in Hochglanzmagazinen vor. Die Kinder in ihren modischen weiten T-Shirts und Jeans sind eine asiatische X-Generation; sie sind mehr verwestlicht als ihre Altersgenossen in Indien. Im Jahre 1973 war die thailändische Jugend für die Demokratie auf die Straße gegangen. 21 Jahre später wurde die thailändische Regierung immer noch vom Militär geprägt, doch die Studenten in Bangkok waren ebenso unpolitisch wie die Studenten im Westen. Priorität hat der Wettstreit um gute Noten und gute Jobs, nicht der politische Aktivismus.[3]

Thailand ist bereits eine Nation, seit die Siamesen im 13. Jahrhundert ihre Wanderung aus Südchina nach Nordthailand beendet und ein Königreich gründetet hatten. Die Einwohner nennen sich *Thai*, »freie Menschen«. Thailand war nie kolonisiert im Gegensatz zu Indochina oder auch zu Schwarzafrika, zu Ägypten, Mittelasien und Indien. Die Thai wurden nie in dem Maße von den Europäern gedemütigt wie etwa die Türken und Iraner; sie haben auch kein Minderheitenproblem wie die Türken mit den Kurden. Die thailändische Königsfamilie genießt hohes Ansehen. Die Thai verwenden eine Schrift, die etwa siebenhundert Jahre alt ist, bereits im späten Mittelalter hatte ihr Staat eine hochkomplizierte Bürokratie.

Über neunzig Prozent der Thai praktizieren den Theravada-(Hinajana-)Buddhismus, die älteste Form des Buddhismus mit einem starken indischen Einfluß. Diese Glaubensform betont Mäßigung, Gewaltfreiheit und Gehorsam, sie fördert genau jene Charaktereigenschaften, die für eine westliche Dienstleistungsgesellschaft nötig sind.

In Thailand sieht man relativ selten traditionelle Kleidung. Die Saris in Madras und Kalkutta überwiegen bei weitem die Zahl der Sarongs in Bangkok. Während ich durch die Straßen schlenderte, kam mir der Gedanke, daß Thailand genau das ist, was der Iran – ebenfalls ein uraltes Königreich, ein kultureller Magnet, ein nie kolonisierter Nationalstaat – gerne werden wollte. Der letzte Schah reiste oft nach Thailand; die Mullahs bewahren die Tradition der guten Beziehungen. Die offene Sinnlichkeit der Thai spiegelt Neigungen der Iraner, so verdeckt diese seit 1978 auch sein mögen. Die Prostitution war in der iranischen Gesellschaft einst hoch angesehen.

Ein Journalist, der seit Jahren im Fernen Osten lebt, dämpfte meinen Enthusiasmus. Bei einem Fischessen in einem Straßenrestaurant schrie er: »Hier hinkt man zwanzig Jahre hinter Japan her. Wenn Sie echten Kapitalismus sehen wollen, verschwenden Sie Ihre Zeit nicht in Bangkok. Gehen Sie nach Hongkong. In Hongkong und auch in Singapur sieht man Gesellschaften, die nur noch auf den Erwerb und das Zeigen von Reichtum programmiert sind. Bangkok ist normal. Hongkong, Singapur und Japan sind surreal.«

Da ich ständig an Indien und Schwarzafrika denken mußte, führten mir seine Bemerkungen wieder einmal vor Augen, wie unterschiedlich die Perspektiven sein können. Indien war Afrika um vieles voraus; hier floriert eine Konsumwirtschaft mit einem realen Wirtschaftswachstum von vier Prozent im Jahre 1993 [4]; in Afrika liegen die Wachstumsziffern um null. Thailand verzeichnet seit Mitte der achtziger Jahre jährliche Wachstumsraten zwischen acht und elf Prozent und eine niedrigere Geburtenrate als Indien. Doch im Vergleich mit anderen pazifischen Wirtschaftsstandorten wiederum ist Thailand unterentwickelt. In Thailand kommt laut *Asia Week* auf 8,9 Menschen ein Fernseher, in Indien auf 31,7 Personen; in vielen Teilen Schwarzafrikas sind Fernseher bedeutungslos, weil es keinen konstanten elektrischen Strom gibt. [5]

Statt dieser Kluft zwischen Reich und Arm könnte es »einen Austausch zwischen den Kulturen« geben, meint Owen Harries, der Herausgeber des *National Interest*, einer konservativen Zeitschrift. »Ein darwinistischer Prozeß der Auslese wird stattfinden, wobei jede Kultur von anderen Kulturen das entlehnt, was am besten für sie geeignet ist …« Solch ein Prozeß kann meiner Meinung nach zwischen Kulturen funktionieren, die bereits einen hohen Standard an Know-how und Wohlstand erreicht haben, etwa wenn amerikanische Firmen japanische Managementpraktiken anwenden. Manche Gesellschaften und Kulturen sind jedoch so weit zurück und so in Konflikte verstrickt, daß der »Austausch« nicht funktionieren kann.

Thailand ist bereit, chinesische Einwanderer mit ihrer dynamischen Arbeitsethik und ihrem ausgeprägten Geschäftssinn aufzunehmen.[6] »Thailand ist der einzige kulturelle Schmelztiegel Südostasiens. Seit Generationen sind die Chinesen in diesem Land durch Mischehen integriert worden. Die Chinesen sind keine mißliebige Gemeinde wie etwa in Malaysia.« Das beste Exempel für die Geschäftstüchtigkeit der Auslandschinesen, die für Thailands kulturelle und wirtschaftliche Entwicklung so bedeutsam sind, bietet Lee Kuan Yew, der Regierungschef Singapurs. Stan Sesser vom *New Yorker* und Robert Elegant meinen, von allen »starken Männern« der Region seit dem Zweiten Weltkrieg – Mao Tse-tung in China, Jawaharlal Nehru in Indien und Ho Chi Minh in Vietnam – habe nur Mr. Lee »weise regiert«; erfolgreich regiert wäre wohl treffender. Lees persönliche Integrität und die von ihm aufgebaute leistungsorientierte und relativ integere Bürokratie haben sich als Segen für Singapur erwiesen. Während andere asiatische Führer wirtschaftlichen und politischen Ruin hinterließen, schuf Lee aus tiefer Armut blühenden Wohlstand. Westliche Menschenrechtsverfechter lehnen zwar Lees zwanghafte Vorstellungen von Ordnung und Sauberkeit ab: In öffentlichen Toiletten ließ er Sensoren installieren, die die Polizei alarmieren, wenn jemand nicht spülen sollte. Doch viele Experten, auch westliche, halten Lees autoritäres Regime inzwischen für eine annehmbare Alternative zur westlichen Demokratie. In Kairo hatte mir eine Gruppe ägyptischer Geschäftsleute gestanden, ihr Land brauche keine Demokratie, sondern »jemanden wie Lee Kuan Yew«, um das Feuer des islamischen Extremismus durch wirtschaftliches Wachstum zu ersticken.

In Thailand verspottet man Lees repressive Taktik; daß sie sich für entferntere Kulturen eignen könnte, ist unwahrscheinlich. In Indonesien unter Suharto und auf den Philippinen unter Ferdinand Marcos beispielsweise hat der Autoritarismus (eine Allianz aus Militär- und Wirtschaftsinteressen) weniger gut funktioniert. Das lag wohl daran, daß Lee zwar autoritär, aber auch ehrlich war und seine Ministerien nach dem Prinzip der Leistung führte. Marcos war korrupt.

In den neunziger Jahren wurde in Thailand deutlich, daß die sich entwickelnde Demokratie trotz ihrer Kompromisse, Deals und Skandale der Wirtschaft mehr nützte als die Militärherrschaft, die noch korrupter war. Thailand liefert den Beweis, daß ein »demokratischer Kapitalismus« das beste politische System für eine Gesellschaft ist. Auch wenn sich dieses System nicht überall durchsetzen wird, die Menschen sind am zufriedensten dort, wo das demokratische Prinzip funktioniert. Freie Wahlen zum Beispiel in Südafrika, Mosambik und Kambodscha werden allein nicht genügen, solange eine kontinuierliche wirtschaftliche Entwicklung ausbleibt. Selbst Thailand weist beunruhigende Tendenzen auf, die die Demokratie auf eine ernsthafte Probe stellen.

Um mehr über Thailands Probleme zu erfahren, besuchte ich das *Thailand Development Research Institute (TDRI)*, eine Denkfabrik, eine Strategiekommission, die mit Unterstützung der *United States Agency for International Development* gegründet worden ist. Twatchai Yongkittikul war Vizedirektor und verschwendete wenig Zeit mit Nettigkeiten. Er lieferte mir einen kurzen Überblick über Wachstum, Umwelt und Wirtschaft und schickte mich dann in die Publikationsabteilung des TDRI, wo man über einhundert Monographien für jeweils ein paar Dollar kaufen kann. Deswegen hätte ich nicht nach Bangkok reisen müssen. Ich hätte das Material per E-mail über Internet bestellen können.

Ich verbrachte nur eineinhalb Stunden im TDRI. Als ich in meinem Hotelzimmer die Monographien durchstöberte, wurde mir klar, daß ich mehr Daten erhalten hatte, als ich je im Nahen Osten oder in Indien hätte sammeln können. Mir wurde bewußt, daß die rasante wirtschaftliche Entwicklung des Fernen Ostens das Produkt einer kulturellen Prägung ist, die sich wahrscheinlich auf Nachbarländer wie Laos und Vietnam übertragen läßt, aber kaum nach Indien, Mittelasien, in den Nahen Osten und nach Afrika zu exportieren ist. Wohlstand kann nicht als Paket verschenkt oder wie Öl unter der Erde entdeckt werden. Er muß aus eigenem Antrieb geschaffen werden.

In Bangkok sammelte ich meine Reiseeindrücke mehr durch die Lektüre als durch Gespräche auf der Straße oder in Bussen; die Statistiken in Thailand vermittelten eine äußerst dramatische Geschichte mit wichtigen Lektionen für viele Orte, die ich im Laufe meiner Reisen besucht hatte.[7]

Thailand zeigt zum Beispiel, wie wichtig es für ein Land ist, die Geburtenrate zu senken. In den sechziger Jahren brachte eine thailändische Frau im Durchschnitt sechs Kinder zur Welt, in den achtziger Jahren nur noch zwei. Wirtschaftswachstum und Alphabetisierung stiegen. Seit 1960 beträgt das durchschnittliche jährliche Wachstum des Bruttoinlandsprodukts mehr als sieben Prozent; die durchschnittliche Lebenserwartung ist von 52 auf 66 Jahren gestiegen.[8] Ende der achtziger und Anfang der neunziger Jahre stieg das Bruttoinlandsprodukt auf jährlich elf Prozent. Thailand ist zu 93 Prozent alphabetisiert.[9]

Thailand reduzierte seine Geburtenziffer durch Alphabetisierungsprogramme für Frauen und durch seine nüchterne und ideologiefreie Einstellung zur Geburtenkontrolle; es wurde kein Druck ausgeübt wie im kommunistischen China. Sorgen macht die Landflucht. Thailands Wirtschaftswachstum folgt dem Muster, das typisch war für die Länder, die im 19. Jahrhundert industrialisiert wurden: Die Menschen verlassen ihre Dörfer und strömen in die Fabrikstädte. »Unsere Wirtschaft«, sagte Dr. Twatchai, »ist ziemlich aus dem Gleichgewicht geraten. Die Einkommen im Agrarsektor zu steigern, ist ausgeschlossen. Wir müssen Arbeitsplätze der Industrie in ländliche Regionen verlegen, um die Abwanderung umzukehren.« Mit anderen Worten: Thailand ist noch kein modernes Land, die thailändischen Dörfer, besonders im armen Nordosten, sind nach wie vor unterentwickelt.

Bangkok wurde 1782 gegründet und zählte im Jahre 1900 ganze 500 000 Einwohner. Heute leben in der Hauptstadt Thailands zehn Millionen Menschen; es sind zwei Millionen Automobile registriert und jeden Tage werden 480 weitere angemeldet. Ein Auto legt in Bangkok durchschnittlich acht Kilometer pro Stunde zurück: Der Verkehr steht minutenlang still, schleicht ein paar Meter und steht wieder. Ich las von einer transportablen Toilette, die seit kurzem für den Einsatz in Fahrzeugen hergestellt wird.[10]

Über die Hälfte aller thailändischen Fabriken sind im Großraum Bangkok angesiedelt, bis zum Ende des Jahrhunderts werden sich die Abfallstoffe verdoppeln, das größte Problem dürfte jedoch das Wasser werden. Bangkok liegt auf Schwemmland in einem Flußdelta, etwa dreißig Kilometer vom Golf von Siam entfernt. Es war einst eine Stadt der Kanäle, ein Venedig des Fernen Ostens. Viele der Kanäle sind inzwischen zugeschüttet. Der Bauboom und die Bevölkerungsexplosion haben zur Folge, daß Bangkok ständig unter Wassermangel leidet und gleichzeitig absinkt.[11]

Überschwemmungskatastrophen wie die von 1982 werden Bangkok auch in Zukunft heimsuchen; die erodierten Böden des Umlandes sind baumlos, liegen brach und können keine Feuchtigkeit mehr aufnehmen; so entstehen neue Rinnsale, die ungehindert in die Stadt strömen. Seit dem Beginn des Wirtschaftsbooms in den sechziger Jahren sind 45 Prozent der alten Baumbestände abgeholzt oder gerodet worden. Das thailändische Wirtschaftswunder hat eine Kehrseite; es entstand durch die Zerstörung der ökologischen Grundlagen des Landes. Indien und China verfahren genauso wie Thailand. Trotzdem haben sie vielleicht die Möglichkeit, Güter und Dienstleistungen zu produzieren, die nicht auf einheimische Rohstoffe angewiesen sind; die Gewinne müsse dann für den Kauf von Nahrungsmitteln benutzt werden.[12] Dies erfordert von den Arbeitskräften allerdings ein hohes Maß an Qualifikation und Produktivität. Schwarzafrika hat seine ökologische Basis nicht durch Industrialisierung zerstört, sondern durch Bevölkerungsexplosion und Brandrodung für die Landwirtschaft. Es wird kaum in der Lage sein, Produkte zu erzeugen, die nicht auf eigenen natürlichen Ressourcen basieren; es fehlen qualifizierte Arbeitskräfte. Aber Indien, China, Thailand?

Im Vergleich mit Nordamerika und Westeuropa gibt Thailand nur einen Bruchteil seines Bruttoinlandsprodukts für den Umweltschutz aus; erst um die Jahrhundertwende müssen neu zugelassenen Fahrzeuge mit einem Katalysator ausgestattet sein. Für Bangkok ist ein Wasserpumpsystem geplant, das ähnlich funktioniert wie das in der Deltastadt New Orleans. In thailändischen Geschäftskreisen und Zeitungen wird immer häufiger über ökologische Themen diskutiert. Man hofft – wie beim liberalen Ansatz zur Geburtenkontrolle – auf pragmatische, effektive Lösungen und setzt auf Technik. Um Umweltschutz zu erreichen, so Dr. Twatchai, müsse Thailand die jährliche Steigerung seines Bruttoinlandsprodukts von der Elf-Prozent-Marke der späten achtziger Jahre auf konstante acht Prozent verringern. Noch dringender sei, daß die thailändische Regierung die Entscheidungsprozesse dezentralisiere.»Demokratie bedeutet nicht nur Wahlen, sondern Übertragung der Macht an regionale Behörden und somit größeren Handlungsspielraum und größere Einbindung. Die Thai sind bereit, schwerwiegende Entscheidungen zu treffen, um ihre Umweltsituation zu verbessern. Sie wissen, welche Gefahren Überbevölkerung und Überbeanspruchung der Ressourcen darstellen. In urbanen Gegenden führt die Belastung schon zu Frustration und Aggression. Hierin besteht der wahre kulturelle Wandel, nicht in der Verwestlichung.«

In der Barackenstadt Klong Toey im Zentrum Bangkoks leben über 100 000 Menschen, unter ihnen auch Buuboontham Somkuanthan, eine 54jährige Reisverkäuferin, der ich eines Morgens begegnete. Sie saß in einem schmalen Durchgang auf einer Holzkiste; zwischen ihren Füßen spielte ein Kätzchen. Weiße Kokosnußfasern, die als Tierfutter verwendet werden, lagen auf der matschigen Erde verstreut. Die feuchte Hitze machte mich träge, ich blieb stehen, um mich mit der Frau zu unterhalten. Sie lächelte mich an und erzählte mir, ohne daß ich viel fragen mußte, von ihrem Leben.

»Ich bin vor zwanzig Jahren hierhergekommen. Ich stamme aus Prachinburi, einer Stadt in der Nähe der Grenze zwischen Thailand und Kambodscha. Wir waren Pachtbauern. Wir verdienten weniger im Jahr, als wir jetzt im Monat verdienen. Die ersten Jahre in Bangkok waren sehr schwer für uns. Ich wäre lieber im Norden auf dem Land geblieben, doch dieser Ort hier war uns beschieden.« Sie zeigte auf ihr Haus – eine wacklige Konstruktion mit morschen Holzbalkonen über einer stinkenden Schutthalde. »Mein Mann verdient in einer Fabrik 6000 Baht [ca. 400 DM] im Monat. Mein Sohn arbeitet auch dort. Meine Tochter ist Verkäuferin bei einem Honda-Händler und macht an der Abendschule ihren Bachelor. Ich habe nur zwei Kinder.« Empfängnisverhütungsmittel habe sie von einer staatlichen Klinik bekommen.

Wir gingen zu einer Siedlung aus Sperrholz- und Wellblechhütten, die auf Ölfässern in einem schmutzigen Kanal schwammen. Eine Frau lud mich in ein Haus ein, forderte mich aber auf, meine Schuhe auszuziehen. Innen sah ich einen Ventilator, ein Bücherregal, ein Fahrrad, eine Nähmaschine, Topfpflanzen und einen Kleiderschrank, in dem die Hemden fein säuberlich von den Hosen getrennt waren. Unter meinen nackten Füßen konnte ich durch die sauberen Dielen das Wasser des Kanals sehen. Die Frau lebte seit dreißig Jahren in dieser Siedlung. Sie zahle keine Miete, erzählte sie mir, als Squatter lebe sie nach wie vor auf regierungseigenem Land. Sie und ihr Mann hätten vier Kinder (alle mit einem höheren Schulabschluß) und sechs Enkelkinder. Mit 64 arbeite sie immer noch; sie fische Altpapier und Flaschen aus dem Müll und verdiene damit achtzig Baht (etwa fünf Mark) am Tag.

»Eine Ausbildung ist das einzig Wahre«, meinte sie. »Ohne Studium bringt man es zu nichts. Wir hatten für die Kinder nicht das Geld für private Schulen, in den staatlichen ist die Ausbildung schlechter.«

Die Kriminalität ist im buddhistischen Thailand höher als in der islamischen Türkei, Gewalt kommt allerdings selten vor. Meine Dolmetscherin, eine zwanzigjährige Thailänderin, und ich verbrachten einen ganzen Tag in den Slums von Klong Toey, ohne uns auch nur einmal bedroht zu fühlen. Ein kleiner, halbnackter Junge führte uns über knarrende Holzplanken durch das Labyrinth, durch Berge von Müll, zwischen Ratten und Hunden hindurch und an Metallbuddhas in provisorischen Sperrholztempeln vorbei. Wir landeten schließlich unter einer großen Schnellstraße. Hier war eine ganze Wellblechstadt aus dem Boden geschossen. Kinder spielten auf einer rostigen Schaukel, auf langen Holzbänken saßen Männer und Frauen, schlürften Sojabohnenmilch und aßen Reis. In der Nähe lag ein Ruinenfeld. Ein paar Wochen zuvor waren hier über dreihundert Baracken in Flammen aufgegangen und niedergebrannt. Der *Lion's Club of Bangkok* errichtete jetzt provisorische Unterkünfte. Aus einem Wohnwagen, vor dem etliche Squatter Schlange standen, verlas ein Mann über Megaphon die Namen derer, die Post erhalten hatten. Er sagte:»Es ist schwer für einen Briefträger, hier in der Gegend die Leute zu finden, speziell jetzt, wo so viele Häuser zerstört sind. Wir haben festgestellt, daß dies die effizienteste Methode ist, Briefe zuzustellen.«

Im»King's Castle I« im Patpong-Bezirk von Bangkok war eine»Cowgirl Night« angesagt; der Abend wurde von Pepsi Max gesponsert. Einige »Hostessen« trugen Ausweiskarten mit Nummern. Über Lautsprecher wurde mitgeteilt, daß alle Kreditkarten angenommen werden.
Die Mädchen streichelten den Männern, Ölbohrern, Börsenmaklern und Touristen, über Rücken, Arme und Schoß und animierten zum Trinken. Ein Mädchen mit schönen Wangenknochen und üppigen Brüsten trug statt eines Cowboyhutes ein rotes Kopftuch.»Ich bin ein Roter Khmer, Darling, ist das nicht cool?« Sie spielte auf die Partisanen an, die Ende der siebziger Jahre in Kambodscha über eine Million Menschen ermordet hatten …
In der Bar wurde kein ohrenbetäubender Punk Rock gespielt wie im sowjetischen Mittelasien; hier erklang in angenehmer Lautstärke Musik von *Creedence Clearwater Revival* aus den Lautsprechern. Hostessen, die nicht mit Kunden beschäftigt waren, plauderten miteinander und bestaunten gegenseitig ihre Kostüme. Ich mußte an High School

Girls denken, die auf einem Ball stolz ihre Kleider präsentieren. Die Mädchen in der Bar waren keine »Huren«, wie viele Touristen vermuteten. Man konnte nicht einfach mit ihnen ins Bett gehen. Man mußte flirten und werben. Sie waren auf der Suche nach festen Freunden oder betuchten ausländischen Geschäftsmännern, die es sich leisten konnten, ihnen eine Wohnung zu finanzieren. Die Mädchen hatten nicht den harten Zug um den Mund wie die Prostituierten, denen ich in Samarkand im Hotel begegnet war.[13]

Bernard Trink, ein Kolumnist der *Bangkok Post*, schrieb über ein Go-go-Girl: »Als ihr Vater starb, kehrte sie auf ihre elterliche Farm zurück, um dort mitzuhelfen. Die Arbeit in der Landwirtschaft war beschwerlich. Nach zwei Jahren hatte sie genug. Sie überlegte sich, daß sie in der ›Oase‹ [einer Go-go-Bar] mehr verdienen und Geld nach Hause schicken konnte, um eine Aushilfskraft anzuheuern; so ging sie wieder zurück in die Hauptstadt.« Ein Kenner der Szene erzählte: »Diese Mädchen verdienen 30 000 Baht [2000 DM] im Monat, eine Menge Geld für thailändische Verhältnisse. Sie investieren in Schmuck und Aktien, um ihr Vermögen aufzustocken. Sie schicken Geld an ihre Familien auf dem Land, von denen viele verarmt sind, weil ihr Land abgeholzt wurde, oft durch das thailändische Militär, ohne Genehmigung der Regierung.[14] Sie sind nicht drogenabhängig, sie bestehen auf Kondomen, und sie haben keine unehelichen Kinder. Sie gelten absolut nicht als asoziale Typen wie die Prostituierten im Westen. Es ist alles sehr praktisch hier.«

Sanitsuda Ekachai von der *Bangkok Post* hat ein anschauliches Buch geschrieben: *Behind the Smile: Voices of Thailand;* im Mittelpunkt steht der arme Nordwesten Thailands, wo 85 Prozent der Dorfbewohner weniger verdienen, als sie zum Überleben brauchen, und wo jährlich zwei Millionen Menschen Heim und Familie verlassen, um in Bangkok Arbeit zu suchen.[15] Für die jungen Frauen aus dem Norden ist die Prostitution eine allgemein übliche Beschäftigung, schreibt die Autorin. »Ich habe meine Tochter nicht verkauft«, verteidigt sich ein Kleinbauer. »Sie sah mich leiden. Sie sah die Familie leiden. Und sie wollte helfen.«

Ekachais Buch zeigt eine sehr wichtige Seite der weltweiten Entwicklung:
Nicht nur zwischen den verschiedenen Teilen der Erde verstärken sich die Einkommensunterschiede, sondern selbst in relativ erfolgreichen Regionen wie Südostasien wachsen die Unterschiede zwischen verschiedenen Gruppen rapide. Die Optimisten sagen, daß sich die Gesamtstatistiken über soziale und ökonomische Entwicklungen (fortschreitende Alphabetisierung, sinkende Geburtenziffern, steigendes Bruttoinlandsprodukt usw.) weltweit verbessern. Sie übersehen, daß diese Verbesserungen ungleichmäßig verteilt sind, und zwar auf allen Ebenen: lokal, regional und kontinental. »Vor dreißig Jahren«, schreibt Jessica Mathews, »verdienten die reichsten zwanzig Prozent der Welt dreißigmal soviel wie das ärmste Fünftel. Heute ist das Verhältnis sechzig zu eins.«[16]
Aus dieser ungleichmäßigen Verteilung des wirtschaftlichen Wachstums entstehen Konflikte. Karl Magyar, Professor für nationale Sicherheit am *Air Command and Staff College* der amerikanischen Luftwaffe, berichtete 1994 vor Offizieren in Boston, ein Großteil der zu erwartenden Gewalt sei »durch steigende Erwartungen geschürt« und nicht durch bloße Armut.

Der Amerikaner Tony Bennett ist Leiter des Projekts für AIDS-Bekämpfung und AIDS-Aufklärung. Er lebt seit vielen Jahren in Bangkok. Wir trafen uns zum Essen in einem ruhigen japanischen Restaurant in Patpong.
»Etwa ein Prozent aller thailändischen Frauen im Teenageralter und in den Zwanzigern – circa 200000 – sind Prostituierte«, erzählte er.
»Die Sexindustrie hier ist vielschichtig; es gibt unterschiedliche Arten von Etablissements. Die Branche florierte bereits, bevor das amerikanische Militär während des Vietnamkriegs hierherkam. Es gibt Go-go-Bars, Massagesalons, Cocktailbars, Escort Services und so weiter. SM-Szene und Pädophilie sind, trotz der großen Aufmachung in den Medien, relativ unbedeutend. Wir schätzen, daß es zwischen 30000 und 35000 Kinder gibt, die in Thailand als Prostituierte arbeiten.

AIDS kam erst Mitte der achtziger Jahre auf. Doch die Krankheit entwickelt sich nirgendwo auf der Welt so rasant wie hier.«
Im Januar 1988 waren in Thailand null Prozent der Benutzer intravenöser Drogen HIV-positiv, im September 1988 waren es 43 Prozent. Mitte 1988 waren null Prozent der Prostituierten in Chiang Mai [einer Stadt im Nordwesten Thailands] HIV-positiv, Mitte 1989 waren es 44 Prozent.»Es müssen nur ein paar neue Gesichter in einer Gegend auftauchen, schon ändert sich das Bild«, so Bennett. Die Krankheit sei unberechenbar. Bei thailändischen Soldaten wird bei der Einberufung das Blut untersucht; vier Prozent der Rekruten sind HIV-positiv. Chiang Mai ist ein traditionelles Zentrum der Sexindustrie; die Mädchen aus Chiang Mai gelten als noch hübscher als die der anderen Regionen. In Chiang Mai ist jeder fünfte Rekrut und jede zwölfte Schwangere mit HIV infiziert.[17] 1988 waren 100 Thai HIV-positiv, 1993 sind es 700 000.

Die Regierung und die Massenmedien haben eine massive Kampagne für Kondome gestartet.»Wir erleben hier eine deutliche Wandlung der Sexualität. Der hohe Grad der Alphabetisierung, die wirksame Werbung für Kondome, die Emanzipation der thailändischen Frauen sowie die asiatische Gründlichkeit und Anpassungsfähigkeit geben Thailand Schutzmechanismen gegen AIDS in die Hand, die in Afrika fehlen. Die ursprüngliche Prognose, wonach bis zum Jahre 2000 zwei Millionen Thai HIV-infiziert sein würden, wurde inzwischen auf 1,5 Millionen korrigiert.«[18]

Das größte Hindernis bei der Eindämmung von AIDS besteht darin, daß Thailand zu wenig Kontrolle über den Grenzverkehr hat. Im Grenzgebiet zwischen Thailand und Burma sind fünfzehn Prozent der im Sexbusiness Tätigen HIV-positiv, an der Grenze zu Kambodscha sind es zehn Prozent. In Kambodscha droht die nächste Eskalation. In der Hafenstadt Sihanukville sind vierzig Prozent der Prostituierten HIV-positiv. Die Weltgesundheitsorganisation berichtet, daß sich der Anteil Asiens an der weltweiten Zahl der AIDS-Fälle im Jahre 1994 verachtfacht habe; besonders hohe Zunahmen wurden in Burma und Indien verzeichnet. Bennett erzählte mir folgendes:

»Samastipur im nordostindischen Staat Bihar ist ein Knotenpunkt der Handelsroute zwischen Nepal, Indien und Bangladesch, die Kathmandu mit Kalkutta und Dacca verbindet. Jeden Tag kommen hier etwa 1400 Fernfahrer durch. Die Sexarbeiterinnen dort sind weitgehend Analphabeten und nicht mit Kondomen vertraut. In einer Klinik in Kalkutta wurde ermittelt, daß mindestens acht Prozent dieser Fernfahrer HIV-positiv sind; so rechnen wir damit, daß 36 Prozent der Prostituierten an den Truck-Stops in Bihar infiziert sind. HIV wird weltweit auf dem Landweg, über gute Straßen verbreitet. Es ist eine Krankheit der Modernisierung, die uns möglicherweise langsam in die Knie zwingen wird.«

26 Laos – oder Groß-Siam?

Auf der Landkarte wirkt die Entfernung von Bangkok nach Nong Khai, einer Grenzstadt am Mekong im Norden Thailands, ziemlich groß – in der Dritten Welt können sechshundert Kilometer endlos sein. Doch in dem Nachtzug mit Schlafwagen, Dusche und amerikanischem Frühstück legte ich die Strecke mühelos zurück.

Als ich in Nong Khai aus dem Zug stieg, mietete ich ein dreirädriges *Tuk-tuk*, um zu einem Hotel zu fahren. Bald sah ich den Mekong, den breiten rostroten Strom, der Thailand von Laos trennt. Der Mekong (»Mutter Wasser«), der in der schneebedeckten Hochebene von Tibet entspringt, fließt fast 4000 Kilometer weit durch Südchina und das »Goldene Dreieck«, in dem Burma, Thailand und Laos zusammenstoßen und in dem das meiste Opium der Welt geerntet wird. Der Fluß durchquert in südöstlicher Richtung das laotische Hochland und schlängelt sich dann an der Grenze zwischen Thailand und Laos entlang, bevor er in südlicher Richtung durch Kambodscha und Südvietnam strömt, wo er sich zum Südchinesischen Meer hin zu einem Delta verzweigt. Im Laufe der Geschichte war der Mekong ein Dreh- und Angelpunkt der Imperien. Hier verdrängten die Siamesen im 13. Jahrhundert das große Reich der Khmer. Das war der Aufstieg Thailands und der Niedergang Kambodschas; dieser Trend hat bis heute angehalten.[1]

In den fünfziger bis siebziger Jahren war der Mekong ein »Fluß der bösen Erinnerungen« an die postkolonialen Kriege. An der Wende zum 21. Jahrhundert könnte er ein Zukunftssymbol werden. An seinen Ufern stehen hier zwei neue Hotels, Thailand und Laos verbindet eine »Freundschaftsbrücke«, die von Australiern erbaut und im April

1994 fertiggestellt wurde. Nong Khai ist eine Boom-Town, die auf den ersten Blick beeindruckt. Die Straßen sind sauber, aus den Hähnen kommt Wasser, die Luftverschmutzung ist minimal, die Kinder sehen gesund aus. Nong Khai erinnerte mich an einen kalifornischen Vorort. »1981 waren wir die einzigen, heute ist das hier eine geschäftige Straße«, berichtete Suvan Boonthae, ein einheimischer Geschäftsmann. »1984 hatte Nong Khai 26 000 Einwohner, heute sind es 52 000. Die Umsätze stiegen um zwei- bis dreihundert Prozent. Mehr als die Hälfte der neuen Arbeitsplätze sind im Baugewerbe. Aus allen umliegenden Provinzen kommen Wanderarbeiter nach Nong Khai. Sie wohnen mit ihren Familien auf den Baustellen … Ich handle mit handwerklichen Erzeugnissen und Webartikeln, die einheimische Frauen herstellen, damit sie nicht nach Bangkok abwandern müssen, um Arbeit zu suchen. Ein Tropfen im Ozean.«

Ich fragte nach der Verbrechensrate.

»Kein einziges Gewaltverbrechen, kein einziges. Nur hin und wieder ein Diebstahl.«

Der wirtschaftliche Aufschwung begann vor zwei Jahren, als die Australier sich bereit erklärten, die Freundschaftsbrücke zu bauen, die nun Thailand und Laos verbindet. Die Brücke ist die erste, die über den Mekong gebaut wurde. Heute überqueren sie täglich Tausende Menschen. »Neunzig Prozent der laotischen Industrie und der Großteil der Bevölkerung konzentrieren sich auf die Region entlang des Mekong«, erklärte mir Suvan.

Siriratona Chuklin, eine Geschäftsfrau in den Dreißigern, ist Parlamentarierin in Nong Khai, Mitglied der örtlichen Handelskammer und der Direktion des »Holiday Inn« und Geschäftsführerin des »Royal Jommanee Hotel«, der neuesten Herberge der Stadt. Sie reichte mir eine Geschäftskarte mit Nummern für Telefon, Mobilfunk und Telefax und informierte mich über die Zukunft der Region: »Wir Thai sind ein großes Volk. Burma, Laos, Südchina und Kambodscha gehörten ursprünglich allesamt zu Thailand. Wir sind zwar geteilt und getrennt worden, doch wir werden wieder zusammenkommen. Die

Freundschaftsbrücke ist Teil eines Straßennetzes, das Kumming (die Metropole der südchinesischen Provinz Yunnan) mit Bangkok verbindet. Es wird eine neue Seidenstraße sein, die durch Laos, Thailand und Malaysia bis nach Singapur führen wird. Die Thai werden sie beherrschen. Jeder wird davon profitieren. Die Kambodschaner können Sie allerdings vergessen; die sind zu sehr damit beschäftigt, sich gegenseitig umzubringen. Aber Laos – Laos hat alles. Es hat nur vier Millionen Einwohner, aber unglaublich viel Rohstoffe: Gold, Silber, Edelsteine, Holz. Man gräbt dort dreißig Zentimeter tief in die Erde und – ob Sie es glauben oder nicht – man stößt auf Mangan«, sagte sie. »Wir werden die Sache in die Hand nehmen.« Sie meinte es ernst.

In Yunnan planen die Chinesen sieben neue Staudämme am Oberlauf des Mekong; zwei Drittel der Elektrizität, die in Zukunft erzeugt werden soll, werden von den Thai abgenommen werden.

Von den Menschen, die täglich über die Freundschaftsbrücke nach Laos reisen, sind die meisten einheimische Thai oder Laoten. In Bangkok hätte die laotische Botschaft eine Woche gebraucht, um ein Touristenvisum auszustellen. Ich hatte die Hoffnung aufgegeben. Doch als ich durch eine Seitenstraße von Nong Khai schlenderte, stieß ich auf ein Schild mit der englischen Aufschrift: »Express – Visa – Visa – Laos«.

Ich trat ein. Am Ende einer leeren Theke sah ein kleines thailändisches Mädchen über Kabelfernsehen die Zeichentrickfilme des Senders TNT. An der Wand hingen Geschäfts- und Visitenkarten. Dahinter befand sich ein Büroraum. »Hallo, mein Freund«, rief eine Stimme mit australischem Akzent. Alan Patterson streckte seine Hand aus. »Was kann ich für Sie tun?«

»Kann ich ein Visum für Laos bekommen?«

»Aber gewiß doch. Dauert zwei bis vier Stunden. Kein Problem. Ich schicke einfach ein Fax ab und warte, bis ein Fax zurückkommt. Keine Fotos oder Formulare nötig. Brauche nur Ihre Paßnummer und 113 Dollar.«

Ich gab ihm meine Paßnummer und eine Anzahlung. Es war ein gutes Geschäft. In Bangkok hatten Reisebüros 80 Dollar für ein Visum verlangt, auf das man mindestens vier Arbeitstage warten mußte.»Sehen Sie, ich arbeite mit einem laotischen Reisebüro zusammen, das ein ehemaliger laotischer Regierungsbeamter betreibt, der Beziehungen zum laotischen Innenministerium hat. Sie möchten wissen, warum ich hierhergekommen bin? Na ja, ich habe mir einfach die Landkarte angeguckt und diese hübsche thailändische Kleinstadt entdeckt, die zufällig fünfzehn Meilen von der Hauptstadt eines anderen Landes entfernt liegt. Früher oder später mußte sich hier etwas tun. Ich habe sauberes Trinkwasser, Elektrizität, und der Müll wird einmal, manchmal zweimal am Tag von der Straße eingesammelt. Dann wurde diese Brücke gebaut. Es gibt sicher schlimmere Orte. Schwindel- und Gaunergeschichten wollen Sie hören? Da sind Sie hier richtig. Das thailändische Militär will alle Forstkonzessionen in Laos aufkaufen. Die Laoten sind nette, ruhige Leute. Sie zögern ein wenig, ihr Land zu öffnen, nicht unbedingt wegen ihrer kommunistischen Ideologie, nein, sie haben Angst vor den Thai. Deswegen wollen die Laoten, daß Australier und Amerikaner bei ihnen investieren, Leute wie wir. Jeder, der ein Puffer gegen die Thai und die Vietnamesen ist.«[2]

Alan hatte nicht übertrieben. Laos, ein gebirgiger Staat mit 4,6 Millionen Einwohnern, war in seiner Geschichte immer in Gefahr, von Thailand geschluckt zu werden; Thailand ist heute eine reiche Regionalmacht mit Meeresküsten und einer Bevölkerung von 58,7 Millionen Menschen.

Laos ist aus einem mittelalterlichen Königreich thailändischer Krieger entstanden.[3] Aus der Sicht der Laoten sind sich Sprache und Kultur der beiden Staaten gefährlich ähnlich. Während der Indochinakriege waren die beiden Staaten verfeindet; die thailändische Regierung unterstützte die Bemühungen der CIA, das kommunistisch orientierte Laos zu destabilisieren. Die eigentliche Gefahr für Laos wird erst jetzt sichtbar: Die thailändische Wirtschaft droht den kleinen Nachbarn zu überrollen. Als die Thai das Abholzen im eigenen Land verboten, waren die thailändischen Unternehmer schon am nächsten Tag in Laos, um Forstkonzessionen zu erwerben.

Ross H. Munro, der ehemalige Asien-Korrespondent des Magazins

Time und Direktor des Asien-Programms des *Foreign Policy Research Institute* in Philadelphia, schreibt, die laotischen Provinzbeamten hätten oft bessere Beziehungen zu ihren chinesischen und thailändischen Nachbarn als zu Vientiane. Eine anschaulichere Definition für »Einflußsphären« gebe es wohl nicht. China werde wohl Nordlaos beherrschen und Thailand den größten Teil des übrigen Landes.

Der wirtschaftliche Einfluß Thailands könnte für Laos weniger bedrohlich sein, wenn künftige Regierungen in Bangkok ihre expansive Außenpolitik wegen innenpolitischer Probleme aufgeben müßten. Vielleicht wird es später einmal wirtschaftlich und kulturell ein Groß-Thailand, politisch aber ein Klein-Thailand geben. Heute wächst die wirtschaftliche Anziehungskraft Thailands, die zentrale politische Macht aber zerfällt. Auch der Iran und die Türkei passen vielleicht in dieses Muster, auch Vietnam, das sein wirtschaftliches Wachstum mit derselben Beharrlichkeit verfolgt, mit der es einst die Tunnelsysteme am Ho-Chi-Minh-Pfad baute.

Chai-Anan Samudavanija, Direktor einer Strategiekommission in Bangkok, beobachtet seit langem dieses »Groß-Klein«-Muster. Er glaubt, daß »die asiatisch-pazifische Region eher dynamische ›Interaktionen oberhalb und unterhalb der Staatsebene‹ erleben« werde. Das wirtschaftliche Wachstum werde nicht durch »künstliche Staatsgrenzen« definiert werden, sondern durch »Routen wirtschaftlicher Aktivitäten« wie den Mekong. »Wenn sich dieser Prozeß fortsetzt, braucht Asien neue Landkarten, da die nationalstaatlichen Karten im Stil des 19. Jahrhunderts immer mehr an Bedeutung verlieren.«

Ein paar Stunden nach meinem ersten Besuch sagte Alan: »Hier, mein Freund, ist dein Visum.« Seine thailändische Frau begleitete mich in einem *Tuk-tuk* zu der zehn Minuten entfernten Freundschaftsbrücke. Ich zwängte mich in einen alten Bus und fuhr über die Brücke nach Laos. Bei den Grenzformalitäten gab es keine Gepäckkontrollen, keine Bestechung und keine Unhöflichkeit. Dies war der seltsamste kommunistische Grenzposten, den ich je passiert hatte. Kommunistische Staaten werden meist von eisigen Beamtentypen repräsentiert.

416

Die Gesichter der Uniformierten hier waren freundlich. Und doch gab es Unterschiede.

In Thailand waren die *Tuk-tuk* neu und frisch lackiert und liefen mit leisen Motoren. Hier waren es klapprige Fahrzeuge mit stotternden Getrieben. In Thailand waren die Straßen gut ausgebaut, in Laos mußte der Fahrer zickzack fahren, um wenigstens den tiefsten Löchern auszuweichen. Wie sahen wohl die Straßen im gebirgigen Hinterland aus?

Kurz vor Sonnenuntergang steuerte das keuchende *Tuk-tuk* durch den ziegelroten Staub auf Vientiane zu. Im Laufe des Tages hatte ich gesehen, wie der Mekong seine Farbe änderte: von rostrot über gelbbraun bis glasblau. Ich atmete den süßsauren Duft von brennendem Holz ein und bestaunte die Wasserbüffel und die Bauern, die – bis zur Taille im Wasser – auf den Reisfeldern arbeiteten. In den Vororten von Vientiane standen Holzbuden, in denen billige Textilien verkauft und Hühnchen gegrillt wurden. Laos wirkte wie ein verstaubtes Andenken aus alten Zeiten. Es ist weder vom Krieg gezeichnet, noch erlebt es eine rasante Entwicklung wie Thailand und Vietnam.

Im Jahre 1960, in der dritten Klasse, hatte ich erstmals etwas über Außenpolitik gehört; meine Lehrerin hielt damals jeden Morgen einen fünfzehnminütigen Vortrag über »die Lage in Laos«, wo sich die Vereinigten Staaten tief in einen Machtkampf zwischen dem rechtsgerichteten Regime in Vientiane, neutralistischen Kräften und den kommunistischen Pathet-Lao-Rebellen verstrickt hatten. Ich erinnere mich nicht mehr, was meine Lehrerin eigentlich gesagt hat, aber ich weiß noch, daß es furchtbar faszinierend und »exotisch« klang: *Laos*. Eingeschlafen bin ich am ersten Abend in einem Zimmer im alten Lane-Xang-Hotel, einem großen Kasten aus kommunistischer Zeit, direkt am Mekong. Die Einrichtung bestand aus dunklem Holz und wirkte gemütlich. Die russische Klimaanlage rappelte die halbe Nacht und gab dann den Geist auf. Trotzdem fühlte ich mich wohl. Man hatte mich mit einem Glas Fruchtsaft begrüßt und nicht einmal meinen Paß verlangt. Hätte man mir nicht gesagt, daß noch immer die Kommunisten das Land regieren, ich hätte es vielleicht gar nicht gemerkt.

417

Am nächsten Morgen fiel mir ein Hochglanzplakat im Lift auf, mit dem eine Vereinigung thailändischer Geschäftsleute für eine »Große Subregion Mekong« warb. Auf dem Plakat sah man eine Landkarte Südostasiens mit Pfeilen, die von Thailand ausgingen und in alle Richtungen zeigten. Beim Frühstück bemerkte ich, daß Geschirr und Besteck in Thailand hergestellt waren.

Vientiane ist das französische Wort für *Viang Chan* (»Zitadelle des Mondes«). In der Mitte des 19. Jahrhunderts waren französische Expeditionen den Mekong entlang vorgedrungen, um die Märkte Südchinas zu erschließen. Unterwegs lockten Kambodscha und Laos; diese Königreiche waren reich an Rohstoffen, eigneten sich für den Gummi- und Baumwollanbau und boten eine Entschädigung dafür, daß Frankreich seine indischen Kolonien an Großbritannien verloren hatte. Im Jahre 1893 vereinigte Frankreich drei laotische Königreiche zum Protektorat Laos.

Die gegenwärtige Schwäche von Laos und Kambodscha im Vergleich zu Thailand und Vietnam wird oft mit dem Umstand erklärt, die Thai und Vietnamesen seien dynamische Völker, die aus China eingewandert seien, die Kambodschaner und die Laoten dagegen seien alteingesessene Völker, die in den vergangenen Jahrhunderten an Macht eingebüßt hätten. Wenn die Franzosen Laos und Kambodscha nicht neu gebildet und gestärkt hätten, wären diese Territorien wahrscheinlich nach und nach von den Thai und den Vietnamesen geschluckt worden. (Die Franzosen haben zwar auch Vietnam kolonisiert, doch sie mußten es nicht neu organisieren.)[4] Franzosen und Amerikaner sind inzwischen abgezogen, die Kriege beendet. Es gibt keine westliche Macht mehr vor Ort, die den Wettstreit zwischen den Völkern Südostasiens »regulieren« könnte.

Als ich durch Vientiane bummelte, dachte ich an Accra in Ghana, an ein großes Bauerndorf, das nach schwierigen Jahrzehnten vor einem kleinen Boom stand. Die Wirtschaft in Laos wies ein jährliches Wachstum von fast acht Prozent auf, die Bevölkerung nahm um weniger als drei Prozent zu. Diese Zahlen fielen um eine Spur besser aus als die in Ghana, dem »Aufsteiger« Westafrikas.[5] Überall sah man neue Restaurants, Hotels und Läden. Die Zahl der Kraftfahrzeuge auf den Straßen von Vientiane hat sich zwischen 1992 und 1994 verdoppelt. Auf einem belebten Markt gab es zwischen Ballen laotischer Seide thailändischen Fruchtsaft, Amstel-Bier und Pepsi. Die öffentlichen Toiletten standen unter Wasser und wimmelten von Spinnen. Die neueren Inschriften an den Geschäften waren in englischer und laotischer Sprache, die alten dagegen französisch. Laos wirkte wie ein provinzieller Außenposten der expandierenden Wirtschaften Thailands und Chinas. (In Südostasien ist allerdings selten von »China« die Rede; hier spricht man von den selbständig werdenden südchinesischen Provinzen »Yunnan« und »Szetschuan«.[6])

Vientiane zählt 120 000 Einwohner. Wie klein Laos und seine Hauptstadt wirklich sind, fiel mir erst richtig auf, als ich in einer Seitenstraße ein Schild mit der englischen Inschrift »Ministry of Education« entdeckte: Hinter dem Schild stand ein eingeschossiges Gebäude mit einem Dach aus Wellblech; zwischen einigen Bäumen verbarg sich ein zweites kleines Gebäude. In diesem Augenblick wurde mir ein für allemal klar, wie dumm Amerikas blutiges Abenteuer in Indochina in den sechziger und siebziger Jahren war. Die Vereinigten Staaten haben mehr Bomben auf Laos abgeworfen als auf Nazideutschland, um die Pathet Lao zu zerschlagen und den Verkehr auf dem Ho-Chi-Minh-Pfad im Grenzgebiet von Laos und Vietnam zu unterbinden. Die Bombardierung von Laos kostete die amerikanischen Steuerzahler 7,2 Milliarden Dollar, von 1964 bis 1973 täglich zwei Millionen Dollar oder, wie ein Autor schrieb, »alle acht Minuten eine Flugzeugladung Bomben, rund um die Uhr, neun Jahre lang«.[7] Die kommunistischen Pathet Lao siegten trotzdem.

Mein Zeitplan erlaubte es mir nicht, über das Mekongtal hinaus in die laotischen Berge zu reisen. In Vientiane traf ich jedoch einen UNO-Mitarbeiter, der kreuz und quer durch das ländliche Laos gereist war. Bei einem Essen erzählte er mir: »Die Grenzen lösen sich auf zwischen Thailand und Laos, zwischen Laos und China und zwischen Laos und Vietnam. Man sieht ständig Lastwagen mit riesigen Baumstämmen, die nach Thailand oder China transportiert werden. Es ist prächtiges Hartholz. Manchmal passen nur ein oder zwei Stämme auf einen ganzen Wagen. Die Stämme kosten bis zu 25 000 Dollar pro Stück – es ist sehr hochwertiges Holz, und ein Stamm bringt weit mehr an Bau- und Möbelholz, als man meint. Der Bauboom herrscht nicht nur in Thailand, sondern auch in Yunnan … Die Wälder weichen immer weiter zurück. Außerdem kann sich die laotische Wirtschaft nicht in das Hinterland ausdehnen, es ist steinig und gebirgig, das urbare Land ist begrenzt. Deshalb bleibt den Menschen gar nichts anderes übrig als in die Städte abzuwandern, die im Mekongtal entlang der thailändischen Grenze liegen und wirtschaftlich von Thailand abhängig sind. Selbst die Laoten in den Bergen sehen thailändisches Fernsehen, die Geräte betreiben sie mit Autobatterien.«

Die Statistiken bestätigen diese Aussagen. Acht von zehn Laoten leben bereits in der Nähe des Mekong, jährlich strömen weitere sechs Prozent der Bevölkerung in die Zentren des Mekongtals. Dies ist eine der höchsten Urbanisationsraten der Welt – sie ist so hoch wie die Schwarzafrikas in den achtziger Jahren. Indessen wächst die laotische Bevölkerung als Ganzes zwischen 2,6 und drei Prozent jährlich. Bei dieser Quote wird sie sich in 25 Jahren verdoppeln. Das bedeutet nicht, daß Laos einmal überbevölkert sein wird. Mit einer Bevölkerungsdichte von nur 19 Personen pro Quadratkilometer und einer reichen Rohstoffbasis verfügt Laos über einen großen Wachstumsspielraum.[8]

Laos ist heute fast schon ein Anhängsel Thailands; es liefert 70 bis 75 Prozent seiner Wasserkraft an den großen Nachbarn und will neue Staudämme bauen.[9] Laos besitzt so viel Wald wie kein anderes Land in Asien, doch seine Forste werden von thailändischen Unternehmen geplündert. Anders betrachtet: Das Mekongtal wird ein mächtiger Wirtschaftsraum werden, der lebensfähiger sein wird als viele Staaten auf der Landkarte.

27 Kambodscha:
Rückkehr nach Sierra Leone?

An Kambodscha kann man nur mit Schrecken denken: Die riesigen Zuckerpalmen und die grünen Reisfelder sind noch heute von der Zerstörung gezeichnet. Hier fand zwischen 1975 und 1979 einer der größten Genozide der Geschichte statt. Unter dem kommunistischen Regime wurden von acht Millionen Kambodschanern über eine Million gefoltert, erschossen, erschlagen.

Der Massenmord wird künftigen Generationen schwerlich zu erklären sein. Im Jahre 1959 hatte Khieu Samphan, ein kambodschanischer Austauschstudent an der Pariser Sorbonne, in seiner Doktorarbeit argumentiert, die Städte seien von »Parasiten« bevölkert; diese »Parasiten« müßten mittels »Massentransfer« in die Dörfer gebracht werden, um das landwirtschaftliche Wachstum zu stimulieren.

Verrückte Doktorarbeiten sind nichts Ungewöhnliches; besonders gefährlich aber sind die von jungen Leuten aus der Dritten Welt, die direkt aus ihren Dörfern an die Seine gehen und sich dort ohne jede intellektuelle Grundlage marxistische Wirtschaftstheorien zu eigen machen. Doch wer glaubte schon, daß diese Theorien in die Praxis umgesetzt werden sollten?

Samphan gehörte zu einer Clique von Kambodschanern, die in den zwanziger und dreißiger Jahren geboren wurden und an der Sorbonne studierten. Ihr Anführer war Saloth Sar, Jahrgang 1928 und Sohn eines reichen Landbesitzers; er nannte sich später Pol Pot. Die jungen Kambodschaner wandten sich unter seinem Einfluß dem Marxismus-Leninismus zu, kehrten zu Beginn der sechziger Jahre in das ländliche Kambodscha zurück und gründeten eine Bewegung, die sich *Khmer*

Rouge, Rote Khmer, nannte. Es heißt, der dilettantische kambodschanische Führer, König Norodom Sihanuk, habe als erster den Begriff
»*Khmer Rouge*« verwendet, und zwar als Kosewort.

Die ländlichen Gegenden Kambodschas unterschieden sich deutlich
vom übrigen Indochina. Seit die Thai im Jahre 1431 die mittelalterliche Khmerhauptstadt Angkor im Nordwesten Kambodschas erobert
hatten, war es mit den Khmer langsam bergab gegangen. Der Dschungel überwucherte die großartigen Sandsteintempel von Angkor; sie
wurden erst im 19. Jahrhundert von französischen Kolonisten wieder-
entdeckt. Jahrhundertelang war Kambodscha ein schwaches Land,
das zwischen Thailand und Vietnam eingekeilt war. Es war dünn be-
siedelt, doch leicht zugänglich und reich an Ressourcen – fruchtbaren
Schwemmböden und Gewässern wie dem *Tonle Sap*, dem »Großen
See«, dem reichsten Süßwasserfischgrund der Welt. Im 19. Jahrhundert kämpften Thailand und Vietnam um Einfluß in Kambodscha;
hätten die Franzosen 1863 nicht ihr Protektorat errichtet, wäre Kambodscha wahrscheinlich entlang dem Mekong zwischen Vietnam und
Thailand aufgeteilt worden. Statt die nationale Souveränität Kambodschas zu stärken, vertieften die Franzosen die Minderwertigkeitsge-
fühle der Khmer; statt Verwaltungseinrichtungen in Kambodscha zu
schaffen, stärkten die Franzosen die vietnamesische Bürokratie und
transportierten die kambodschanischen Rohstoffe nach Vietnam.
Als die Franzosen das Land 1954 verließen, erhoben Thailand und
Südvietnam, inzwischen mit den Vereinigten Staaten verbunden, erneut ihre traditionellen Machtansprüche; die antikommunistische
Ideologie war reiner Vorwand. Prinz Sihanuk entschloß sich zur Neu-
tralität; das brachte ihm die Verachtung des Westens und die Verachtung der Roten Khmer ein.
Als die Roten Khmer sich in den Wäldern verschanzt hatten, wurden
sie schnell anfällig für einige psychologische Unterströmungen, die
ihre ideologischen Überzeugungen nicht etwa milderten, sondern
eher noch steigerten. Die Khmer entstammten einer alten Kriegerkul-
tur; das wird in den barbarischen Schlachtenbildern sichtbar, die an

den Tempeln von Angkor zu sehen sind. Die Mentalität der Roten Khmer entwuchs nicht einem Vakuum, in Kambodscha ist die Barbarei eine historische Konstante. Während des Bürgerkriegs von 1970 bis 1975 tötete ein aufgebrachter Mob zwei Mitglieder der Legislative und verspeiste öffentlich deren Lebern. Bis zum Sieg der Roten Khmer wurde dann eine halbe Million Kambodschaner getötet. Die Roten Khmer rekrutierten vor allem Jugendliche und Kinder, die manchmal nicht älter als zehn Jahre waren. Sie schufen so eine Armee, deren Soldaten nicht »sozialisiert« waren; die schwerbewaffneten Jugendlichen verließen selten die Wälder, sie wußten nichts über die Außenwelt, sie glaubten, was ihre Anführer ihnen erzählten.

In den Augen der Roten Khmer wurden die Städte nicht von kambodschanischen Landsleuten bewohnt, sondern von »Parasiten«, von »Feinden« wie den vietnamesischen Einwanderern, die Kambodscha stets ausgebeutet hatten; unterstützt wurden diese »Feinde« erst von den französischen Kolonialisten und dann von den amerikanischen Imperialisten.

Während die Kinder lernten, ihre Feinde zu hassen und zu töten, verschanzten sich die Führungskader der Roten Khmer im Dschungel und entwickelten abstrakte Modelle für die künftige Revolution. Diese Modelle stützten sich auf verschiedene Quellen: auf die Schreckensherrschaft der Französischen Revolution, auf die Kollektivierung der Landwirtschaft unter Stalin, die Totalmobilisierung der chinesischen Bevölkerung beim »Großen Sprung nach vorn«, auf den Klassenkampf während Maos Kulturrevolution und auf die Autarkie des kommunistischen Nordkorea. Der ehemalige US-Diplomat und Kambodscha-Experte David F. Chandler schreibt in *The Tragedy of Cambodian History: Politics, War and Revolution since 1945*: »Diese Modelle wurden in einer Wörtlichkeit und in einer Geschwindigkeit befolgt, die sie besonders destruktiv machten.« So wie der vorrückende Wald die Kultur von Angkor zugedeckt hatte, so sollten die bewaffneten Teenager aus den Wäldern die Kultur der kambodschanischen Städte auslöschen.

Die Anführer der Roten Khmer benutzten nicht einmal *noms de guerre*;

die Sorbonne-Ideologen bezeichneten sich als »Bruder Nummer eins« oder »Bruder 99«. Namen hielten sie für bourgeoisen Luxus. Die Erkenntnisse über die Roten Khmer wurden meist nachträglich gewonnen; bevor die Roten Khmer Phnom Penh eroberten, waren solche Einzelheiten im Westen entweder nicht bekannt oder sie wurden ignoriert. Der Autor William Shawcross behauptet, in Washington habe man die Roten Khmer für eine gewöhnliche Bande von Kommunisten gehalten; Besonderheiten wie den ethnischen Haß auf die Genossen in Nordvietnam habe man einfach außer acht gelassen.[1] Die Unwissenheit und Ungeschicklichkeit der amerikanischen Politik unter Präsident Nixon offenbarte sich in den geheimen Bombardierungen Kambodschas 1969 und 1973. Die B-52-Bomber verwüsteten das ländliche Kambodscha und trieben den Roten Khmer immer mehr aufgebrachte Bauern in die Arme; die Roten Khmer konnten ihren Haß auf den Westen und die kambodschanischen Städter verstärken. Die Wochen vor dem Zusammenbruch des proamerikanischen Regimes von Marschall Lon Nol in Phnom Penh im Jahre 1975 wurden in der Literatur verewigt; zu den Zeugen des Einmarsches der Roten Khmer in die Hauptstadt zählten der englische Dichter James Fenton und Sidney Schanberg von der *New York Times*; ihre Schreckensberichte sind inzwischen Klassiker.

17. April 1975, Tag eins im Jahre null nach der Zeitrechnung der Roten Khmer: Phnom Penh wird besetzt, ein Sprecher verkündet, »mehr als zweitausend Jahre« kambodschanischer Geschichte seien zu Ende gegangen.
In kürzester Zeit werden die Einwohner der kambodschanischen Hauptstadt in einem breiten Menschenstrom aus der Stadt geführt, getrieben von schwerbewaffneten Soldaten; die meisten von ihnen tragen schwarze Pyjamas und rotkarierte Tücher und sind noch Kinder. Weder Stalingrad noch Hiroshima waren je so menschenleer.[2] Innerhalb von zwei Wochen sind Phnom Penh und etliche andere größere Städte geräumt; mehrere Millionen Kambodschaner werden auf das Land getrieben.

Über die zweite Evakuierung in jenem Jahr, bei der die Menschen aus dem ländlichen Südwesten Kambodschas in den Nordwesten transportiert wurden, schreibt der Diplomat Chandler: »Das Bild von Zehntausenden von Menschen, die stehend auf Lastwagen und in langsam dahinkriechende Güterwaggons gepfercht waren, die durch eine leere Landschaft auf eine ungewisse, aber unheilvolle Zukunft zusteuerten, ruft quälende Erinnerungen an das Schicksal der Juden im Zweiten Weltkrieg wach. Es bestand jedoch ein bedeutender Unterschied: In Kambodscha gehörten die Unterdrücker derselben Nationalität und (bis kurz vor dem Abtransport) derselben Religion an wie die Unterdrückten.«

Wenn der Wahnsinn moderner Ideologien die Regie übernimmt, werden alle Erklärungen unzulänglich. Gemessen an den kambodschanischen Verhältnissen scheint selbst der Horror von Ruanda halbwegs verständlich: Dort tötet die ethnische Gruppe der Hutu Hunderttausende Angehörige der anderen ethnischen Gruppe, der Tutsi. In Kambodscha aber wurden »Menschen des 17. April« von »Basismenschen« getötet; »Basismenschen« waren die ursprüngliche kambodschanische Landbevölkerung, »Menschen des 17. April« jene Kambodschaner, die erst nach dem 17. April 1975 aus den Städten auf das Land kamen. Die »Basismenschen« zeigten kein Mitleid. Die »Menschen des 17. April«, auch Frauen, Kinder und Säuglinge, waren für sie Schlacke der Geschichte.

Nach dem Plan der Roten Khmer mußte die Geschichte ohne Rücksicht auf Verluste vorangetrieben werden. Das Geld wurde abgeschafft, dann die Briefzustellung, dann mußten die Schulen und Universitäten schließen, die buddhistische Religion wurde verboten. Alle Kambodschaner mußten Bauerntracht tragen, die Mahlzeiten in »Kollektiven« eingenommen werden. »Wie in Thomas Mores Utopia wurden strenge Verhaltensregeln [Kleidung, Haartracht, Vokabular usw.] festgelegt«, schreibt Chandler. Jedem, der einen höheren Schulabschluß hatte, drohte die Hinrichtung. Weil die Kindersoldaten der Roten Khmer meinten, alle Brillenträger seien Intellektuelle, war eine Brille genauso tödlich wie der gelbe Stern bei den Nazis. Zwischen

1975 und 1979 wurden neunzig Prozent der kambodschanischen Ärzte ermordet. »Kambodscha wurde [unter den Roten Khmer] rasch zu einer riesigen Gefängnisfarm.« Tausende wurden hingerichtet, indem ihnen mit Hacke oder Schaufel der Schädel eingeschlagen wurde; die Munition mußte für den Kampf gegen die kommunistischen Genossen jenseits der Grenze gehortet werden, deren Verbrechen darin bestand, daß sie Vietnamesen waren. Die Ermordung von schätzungsweise 200 000 vietnamesischen Zivilisten, die seit Generationen friedlich in Kambodscha gelebt hatten, war sicher geplant; hier zeigten sich Anzeichen des Rassismus. Doch was dann folgte, die Tötung der eigenen Landsleute, war von der Führungselite der Roten Khmer, die sich in marxistische Abstraktionen verstiegen hatte, so nicht beabsichtigt. Pol Pot, Khieu Samphan und die anderen Anführer waren überzeugt, daß ihr Plan einer rapiden gesellschaftlichen Umformung den meisten Kambodschanern eine bessere Lebensgrundlage bescheren würde, ohne daß dafür Menschen umgebracht werden müßten. »Als ihre Pläne scheiterten«, schreibt Chandler, »waren die Anführer verwirrt …« Die Gewalt war außer Kontrolle geraten. Vielleicht lag das Problem an einem Fehler in Khieu Samphans Doktorarbeit.

Die Gefechte zwischen kambodschanischen und vietnamesischen Kommunisten Ende der siebziger Jahre wurden zu einem offenen Krieg; er endete erst im Januar 1979, als die Vietnamesen in Phnom Penh einmarschierten und die Roten Khmer in die Wälder fliehen mußten. In der Folgezeit grassierten in Kambodscha Hungersnöte, die internationale Hilfsorganisationen auf den Plan riefen. Weil aber die vietnamesischen Kommunisten mit der Sowjetunion verbündet waren, unterstützten die Vereinigten Staaten und Thailand in den achtziger Jahren die Mordgesellen der Roten Khmer, die von China Waffen bezogen und gegen die vietnamesische Besatzungsmacht kämpften. Erst nach dem Ende des Kalten Krieges organisierten die Vereinten Nationen ein Programm zur nationalen Aussöhnung, bei dem 22 000 UN-Soldaten eingesetzt wurden und das zwei Milliarden

Dollar kostete. Das Aussöhnungsprogramm wurde im Mai 1993 durch Wahlen abgeschlossen und von der UNO zum Erfolg erklärt.

Eine Stunde nach dem Start in Bangkok sah ich durch das Flugzeugfenster eine Reihe roter Pisten, vereinzelte Wellblechdächer und sattes tropisches Grün. Thailand sieht aus der Luft aus wie ein geschorener Rasen. Kambodscha wirkt wie ein Garten voller Unkraut. Die verwilderte Landschaft und die leeren Landstraßen ließen auf ein armes Land schließen. Auch die Tatsache, daß ich nach Kambodscha *fliegen* mußte, war ein schlechtes Zeichen. Phnom Penh ist von Bangkok nicht viel weiter entfernt als Nong Khai, das leicht per Zug oder Bus zu erreichen ist. Nach Phnom Penh dagegen konnte man nicht auf dem Landweg, da die Roten Khmer noch immer das Grenzgebiet auf kambodschanischer Seite in ihrer Gewalt haben. Was erwartete mich? Thailand boomt, Laos kann hoffen, und Vietnam wird sich bis zum Beginn des 21. Jahrhunderts zu einer dynamischen, erdölproduzierenden Macht entwickeln. Kambodscha aber, sagte man mir in Bangkok, sei bettelarm, politisch instabil und gefährlich – wie die westafrikanischen Länder, die ich besucht hatte.
Am 26. Juli 1994, wenige Monate vor meinem Aufenthalt in Kambodscha, waren drei westliche Rucksacktouristen – ein Engländer, ein Franzose und ein Australier – von den Roten Khmer entführt worden. Im November, während ich mich in Kambodscha aufhielt, las ich eine Meldung der Nachrichtenagentur Reuter, in der von der Entdeckung der Leichen und der Autopsie berichtet wurde: »Sie waren gefesselt. Die drei starben an massiven Kopfverletzungen ... Die Methode der Hinrichtung trug Merkmale eines klassischen Mordes im Stil von *The Killing Fields* – ein Schlag mit der Schaufel von hinten gegen den Kopf.«

Daß die Roten Khmer 1994 noch existieren, ist – wie vieles andere in Kambodscha – hochgradig absurd. Der Kalte Krieg ist zu Ende, Vietnam im Begriff, ein neues Urlaubsziel der Amerikaner zu werden. Doch in den kambodschanischen Wäldern treiben sich noch immer die Roten Khmer herum. Es ist so, als streifte noch heute die SS durch Deutschland.

Die Landschaft, die ich vom Flugzeug aus sah, lieferte eine Erklärung: Zeige mir ein armes Land mit schlechten Straßen, und ich zeige dir die Freischärler und Rebellen. Als ich aus dem Flugzeug stieg, begrüßte mich Graham Miller, der Direktor des CARE-Büros in Kambodscha. Graham und ich sind alte Freunde. Wir kennen uns seit der Hungersnot in Äthiopien 1984 und 1985, hatten uns aber jahrelang nicht mehr gesehen.

Graham, ein stämmiger, in Südafrika geborener Australier, hat in elf notleidenden Ländern der Dritten Welt gelebt und in 43 gearbeitet. Von Haus aus ist er Geologe; sein Spezialfach ist das Bauen von Brunnen. Er kann überall auf Anhieb sagen, wie tief der Grundwasserspiegel liegt. Graham ist Mitarbeiter der privaten westlichen Hilfsorganisation CARE. Diplomaten und Journalisten sind oft auf diese privaten Organisationen angewiesen, wenn sie wissen wollen, was im Landesinneren wirklich vor sich geht. 1994 waren in Kambodscha neunzig nichtstaatliche Hilfsorganisationen mit fast tausend Mitarbeitern im Einsatz, obwohl das Land weniger als zehn Millionen Einwohner[3] hat. »Kambodscha, tja, das ist ein böser Schlamassel. Aber man weiß nie. Hier auf dem Flughafen, zum Beispiel, scheint man alles im Griff zu haben«, sagte Graham. Ich erwarb für zwanzig Dollar ein Visum und ließ mir den Paß stempeln. Wir setzten uns in seinen Wagen, Graham erläuterte die Lage.

Die Luft war feucht und schmutzig wie in vielen armen und überbevölkerten Tropenländern. Überall Müll, streunende Hunde und schreiende Säuglinge. Ich sah nur wenige Autos, aber viele Motorräder und Fahrradrikschas. In Schuppen entlang der staubigen Straßen wurden Autoteile montiert, auf sumpfigen Teichen schwammen Wasserlilien, kleine Jungen verkauften Jasminblüten, die in Zuckerrohrstengel gesteckt waren.

Phnom Penh hat etwas speziell Kambodschanisches zu bieten, das ich in Angkor besonders schätzenlernen sollte: einen verwitterten buddhistischen Tempel aus dunklem Stein und überwucherten roten Fliesen. Die düsteren Fassaden, die eher an mittelalterliche Kreuzgänge in Europa erinnern als an die sonnendurchfluteten Tropen, schaffen einen besonderen Reiz. Mir fiel ein, was ein Mitarbeiter einer Hilfsorganisation zu William Shawcross gesagt hatte: »Es gab alles – Tempel, verhungernde braune Babys und eine asiatische Hitlerfigur [Pol Pot] – es war wie Sex auf einem Tigerfell.«[4]

Phnom Penh ist nach einem Hügel (auf kambodschanisch *phnom*) benannt, auf dem ein buddhistischer Tempel steht, den eine Frau Penh erbaute. Von 1975 bis 1979 war die Metropole eine reine Geisterstadt, anschließend stand sie unter vietnamesischer Besatzung. Inzwischen entfaltet sich wieder Leben. Die Atmosphäre der Stadt wird noch nicht von Hochhäusern zerstört, die Einwohnerzahl ist auf 1,3 Millionen gestiegen, Industrie gibt es kaum. Mich beeindruckten die Menschen, ihre kakaobraunen Gesichter, in denen sich melanesische, indische und orientalische Züge mischten. Die Augen leuchteten freundlich und klar. Mir fielen die vielen Amputierten auf. »Zehn Millionen Landminen, mein Freund«, sagte Graham, »eine pro Einwohner. In fast keinem Land der Welt gibt es so viele Amputierte wie in Kambodscha. Pro Monat werden immer noch zwei- bis dreihundert Menschen durch Minen verletzt. Ein Erbe des Bürgerkriegs und der Kämpfe zwischen den Roten Khmer und den Vietnamesen. Westliche Organisationen betreiben hier einige interessante Programme. Doch die Roten Khmer verminen in wenigen Tagen, was wir in zwei bis drei Monaten mühsam geräumt haben. Es kostet die Roten Khmer ein bis zwei Dollar, eine Mine zu legen. Das Entminen kostet Tausende ...«

»Sieht die Stadt nicht wunderschön aus?« fragte Graham nach einer Weile und gab selbst die Antwort: »Im letzten Sommer waren viele Straßen überschwemmt. Es gibt kein Abwassersystem. Übrigens, du hast hoffentlich eine Menge Dollar in kleinen Scheinen mitgebracht. Der Dollar ist hier mehr oder weniger die gängige Währung. Kreditkarten sind ziemlich nutzlos. In Kambodscha gibt es so gut wie kein Finanz- oder Steuersystem. Wahrscheinlich kursiert hier auch eine

Menge schmutziges Geld aus dem Drogengeschäft. Die Armee ist ein Sauhaufen; 2004 Generäle für ganze 80 000 Mann. Ich habe die Soldaten oft beobachtet; sie sind betrunken, gelangweilt und unterbezahlt. Die Straßensperren der Regierung außerhalb von Phnom Penh können tödlich sein. Die Bauern haben vor den Soldaten genauso große Angst wie vor den Roten Khmer. Das ist der Kern des Problems. Die Roten Khmer sind schwach und korrupt, aber mit der Regierung steht es genauso.«

»Wie sieht es mit Krankheiten aus?« fragte ich Graham.

»Zerebrale Malaria, aber nicht so schlimm wie in Afrika. Sie kommt nur tief im Dschungel vor. In Phnom Penh ist das Denguefieber verbreitet, das von Moskitos übertragen wird.«

»Wie ist es mit *River blindness*, der Onchozerkose, ähnlich wie in Afrika?«

»Haben wir hier nicht. Aber es gibt öfter Schistosomiasis – Bilharziose – in den Gewässerungskanälen.«

Graham hielt an, griff unter den Sitz und holte ein Fahrzeugschloß hervor. »Du hast keine Wahl, uns sind schon einige Autos gestohlen worden. Die Verbrechensrate hier ist hoch. Jede Menge Diebstähle, sogar Autoentführungen. Unsere französischen Nachbarn wurden mit der Waffe bedroht und ausgeraubt, der Sechsjährige wurde angeschossen. Das Problem hier ist: Die Armee ist korrupt und betrunken, und zu viele Leute besitzen Waffen.« Plötzlich tauchten zwei Straßenjungen mit Baseballmützen auf. »Ich bezahle sie dafür, daß sie auf den Wagen aufpassen.«

Meine Melancholie verstärkte sich, ich fühlte mich wie benommen. Es war nicht die Angst vor Gewalt und Krankheit, es war die Furcht eines Autors vor der übermäßigen Vereinfachung. Der Begriff Kultur gab mir plötzlich größere Rätsel auf als zu Beginn meiner Reise in Westafrika.

Ich hatte angenommen, daß Gewalt und Chaos in Westafrika dadurch bedingt waren, daß das kulturelle Fundament bereits rissig war, daß die meisten Regionen bis zu Beginn dieses Jahrhunderts keine Schriftsprache kannten, daß sie von anderen großen Kulturen abgeschnitten waren und daß sie durch hohe Geburtenziffern und rapide Urbanisierung bedroht wurden. Doch hier befand ich mich im Zentrum des buddhistisch-konfuzianischen Südostenasiens, in einem Land mit einer 1200 Jahre alten Schrift und Nachbarstaaten mit beeindruckenden wirtschaftlichen Entwicklungen. Kambodscha gleicht auf seltsame Weise Sierra Leone: Hier wie dort willkürliche Verbrechen, von Moskitos übertragene Krankheiten, eine Regierungsarmee, die eher einem Mob gleicht, eine Landschaft, die von Untergrundrebellen beherrscht wird.

Ich weiß, ich weiß. Nixon, Kissinger und vor allem die Roten Khmer haben Kambodscha zerstört. Das Land lag im Fadenkreuz der Politik der linken Ideologen und der Supermachtstrategen des 20. Jahrhunderts, Westafrika hingegen war uninteressant, war ideologische und strategische Provinz. Für die Situation in Kambodscha können fremde Kräfte verantwortlich gemacht werden, im Falle Sierra Leones ist das nicht möglich. War Kambodscha die Ausnahme von der Regel, daß Asien vor kultureller Vitalität strotzt?

Die Kambodschaner, nicht die Amerikaner haben Millionen Kambodschaner ermordet; die kambodschanische Kultur kann nicht von Verantwortung freigesprochen werden. Die Kultur, vermute ich, ist immer noch von entscheidender Bedeutung bei der Beantwortung der Frage, weshalb Staaten wie Kambodscha und Sierra Leone scheitern und andere Länder erfolgreich sind. Vielleicht läßt sich Leo Tolstois Bemerkung über Familien abwandeln: Alle erfolgreichen Kulturen ähneln einander; jede erfolglose aber scheitert auf ihre eigene, vertrackte Weise.[5]

Möglicherweise sind bodenständige Völker wie die Khmer weniger dynamisch als Gruppen, die im Laufe ihrer Geschichte weite Wanderungen machten, wie etwa die Thai und die Vietnamesen. Möglicherweise hängen die speziellen Probleme Kambodschas mit den dichten Wäldern zusammen, die – ähnlich wie in Liberia – Isolation und Mißtrauen verursachen. Ich habe keine Antworten. Ich stelle Fragen. Die Probleme der Entwicklung sind viel komplexer, als ich dachte. Auch ein Ereignis von kurzer Dauer kann in der Geschichte eines

431

Landes tiefgreifende und dauerhafte Folgen haben. Ein Beispiel: Zwischen 1948 und 1968 hat sich die Bevölkerung Kambodschas von drei auf 6,6 Millionen mehr als verdoppelt. 1968 war die kambodschanische Wirtschaft ein Trümmerfeld, die Agrarproduktion stagnierte, und das jährliche Defizit belief sich auf ein Achtel des gesamten Etats. Sihanuks Lösung bestand darin, in Phnom Penh und der Hafenstadt Sihanukville staatseigene Casinos zu eröffnen, so daß Gelder aus illegalen Glücksspielen in die Staatskasse geleitet werden konnten. Die Casinos wurden 1969 in Betrieb genommen, sie waren rund um die Uhr geöffnet. Von der Spielleidenschaft erfaßt, verloren Tausende Studenten, Bauern, Taxifahrer, Soldaten und Beamte ihre Ersparnisse.[6] Sihanuks Verwandte steckten den Großteil der Casinogewinne in die eigenen Taschen, die Casinos wurden im Januar 1970 geschlossen, kurz bevor Marschall Lon Nol Prinz Sihanuk stürzte. Viele Kambodschaner glauben bis zum heutigen Tag, daß Sihanuk nicht gestürzt worden wäre, wenn er nicht auf die Idee mit den Casinos gekommen wäre. Die Geschichte Kambodschas hätte einen ganz anderen Verlauf nehmen können.

Marschall Lon Nol erlitt Anfang 1971 einen Herzinfarkt; es war nur ein leichter, Lon Nol erholte sich rasch. Doch da der Infarkt unmittelbar nach einem vietnamesischen Angriff auf den Flughafen aufgetreten war, glaubten die Kambodschaner, dies sei ein Zeichen: Lon Nols Herrschaft sei dem Untergang geweiht. Was wäre geschehen, wenn Lon Nol nicht erkrankt wäre und wenn Sihanuk die Casinos nicht in Betrieb genommen hätte? Wären die Roten Khmer trotzdem an die Macht gekommen, hätten sie trotzdem die Kultur des Landes zerstört?

Ich behaupte nicht, die Not eines Kontinents wie Afrika resultiere aus einer Reihe unglücklicher Zufälle. In Kambodscha kam mir aber auch die Vorstellung absurd vor, man könne alle Ursachen nationaler Erfolge oder Mißerfolge durch wissenschaftliche Analysen aufdecken, wie viele Politologen glauben.

»Kontrollierte vergleichende Fallstudien« bilden die Grundlage vieler politologischer Untersuchungen. Nehmen wir einmal folgendes an: Ein Forscher sucht sich verschiedene Fälle von Konflikten auf der ganzen Welt heraus, die außer der einen zu untersuchenden Variablen – sagen wir: Knappheit an Agrarland – identisch sind. Der Politologe könnte die Schlußfolgerung ziehen, Bodenknappheit rufe soziale Umwälzungen hervor. Aber das wäre Unsinn! Ich frage mich, wie man »kontrollierte Fallvergleiche« anstellen kann, wenn jeder Konflikt auf der Welt sich durch viele Faktoren, auch zufällige, von anderen Konflikten unterscheidet. Menschliche Kulturen sind keine bakteriologischen Kulturen, bei denen man x Mikroben von dieser Art und x von jener zählen kann. Ein Politologe kann nicht viel mehr tun als ein Journalist. Er kann an Orte reisen, wo interessante Zusammenhänge etwa zwischen Bodenknappheit und Gewalt zu bestehen scheinen; er kann untersuchen, ob ursächliche Verbindungen existieren; aus diesen Untersuchungen können sich unter Umständen brauchbare Theorien ableiten lassen. Ob man das als Wissenschaft bezeichnen kann, wage ich zu bezweifeln.

»Manny, ich möchte dir Robert vorstellen, einen alten Freund aus Afrika«, sagte Graham.
»Ich spendier' ein Bier«, erwiderte Manny. Er trug Shorts und ein grelles Hawaiihemd. Er war ein ehemaliger australischer Diplomat griechischer Abstammung, der in Phnom Penh geblieben war und ein Bar-Restaurant aufgemacht hatte.
Mannys Bar war die inoffizielle Informationsbörse für die Mitarbeiter internationaler Hilfsdienste in Kambodscha; hier stärkten sie sich mit Steak und Bier, wenn sie aus dem Landesinneren in die Hauptstadt zurückkehrten. Da viele ausländische Diplomaten in Phnom Penh einen Großteil ihrer Informationen von Mitarbeitern privater Hilfsorganisationen bezogen, die bei Manny einkehrten, mußte sich eine Unterhaltung hier lohnen.
»Überall treiben Banditen ihr Unwesen. Und es gibt viel zu viele Waffen«, sagte Manny. »Viele kambodschanische Generäle haben eigene Privatmilizen auf dem Land – im Grunde wie feudale Kriegsherren. In der Regierung versucht jeder zu stehlen, was er kann; die Herren

wollen vorsorgen für den Fall, daß die von der UNO geförderte Demokratie zusammenbricht. Gold ist der Hit. Wer kann, hortet Gold. Die Vietnamesen, die Thai und die Singapurer sind in Phnom Penh vertreten und kaufen Teile Kambodschas auf. Das Land steht kurz vor der Ausplünderung. Natürlich beruht vieles von dem, was man Ihnen erzählen wird – auch das, was ich erzähle –, auf Mutmaßungen, auf Hörensagen. Es ist schwer zu sagen, was außerhalb von Phnom Penh wirklich vor sich geht.«

Kambodscha ist, das scheint sicher, ein Land der Superlative. Von der Fläche her das kleinste Land Südostasiens, doch in Fragen der Gewalt das größte. Kampot liegt nur knapp 140 Kilometer südlich von Phnom Penh am Golf von Siam, doch die Züge nach Kampot werden immer wieder von Banditen und Roten Khmer überfallen. Kratie liegt circa 150 Kilometer flußaufwärts, doch das »langsame Schiff« ist länger als einen Tag unterwegs, es wird manchmal aus Hinterhalten am Mekongufer von Roten Khmer beschossen und manchmal von Regierungssoldaten geentert und geplündert. Das »schnelle Schiff« braucht nur fünfeinhalb Stunden und gilt als sicher. Es wird von einer Privatfirma aus Singapur betrieben.

Nong Khai liegt 470 Kilometer nördlich von Bangkok, ist aber bequem per Zug oder Bus oder in zwei Stunden per Flugzeug zu erreichen. In Bangkok erhielt man alle Informationen über Nong Khai, einschließlich der Faxnummern der Hotels und Firmen. In Phnom Penh erfuhr man über Kampot und Kratie nur Gerüchte. Westliche Beobachter in Phnom Penh meinen, die gewählte Regierung kontrolliere achtzig Prozent des kambodschanischen Territoriums; der Rest – vor allem die bergigen und dichtbewaldeten Regionen im Süden am Golf von Siam und im Westen an der thailändischen Grenze – befinde sich in der Hand der Roten Khmer. Im Jahre 1994 war die Situation vor Ort jedoch nicht so eindeutig: Von den Gebieten, die die Regierung kontrollierte, galt nur eine Hälfte als sicher, die andere wurde zumindest nachts von Trupps der Roten Khmer beherrscht. John Holloway, ehemaliger australischer Botschafter in Kambodscha, berichtete: »Während der … feuchten Jahreszeit, in der die Regierungstruppen in ihren Kasernen hocken und Karten spielen, senden die Roten Khmer ihre Leute aus, die zu Fuß durch den Schlamm in abgelegene Dörfer vordringen und sich mit den Dorfbewohnern hinsetzen und besprechen, was diese brauchen. Manchmal brauchen sie Schutz vor den Regierungstruppen; in solchen Fällen kommen die Roten Khmer mit Waffen und Minen zurück.« Als ich später in den Nordosten des Landes reiste, zeigte mir ein Deutscher eine Karte von Kambodscha und meinte: »Überall, wo Sie große, dichte Waldflächen sehen, haben Sie es mit Territorien der Roten Khmer zu tun.«

Jährlich werden drei bis vier Prozent des alten Waldbestandes in Kambodscha illegal abgeholzt.[7] Nach dem Ende des Kalten Krieges haben die Roten Khmer alte Verbündete im zerfallenden kommunistischen Block Asiens verloren, doch neue Verbündete unter thailändischen und malaysischen Geschäftsleuten gewonnen, die harte US-Dollar für das Hartholz zahlen, das die Patrouillen der Roten Khmer auf schweren Lastwagen aus den Wäldern herausholen. Die Allianz zwischen Roten Khmer und thailändischen Generälen und Geschäftsleuten erzielt mit der Ausfuhr von Holz, Edelsteinen und von Kindern für die Sexmärkte von Bangkok jährlich einige Millionen Dollar Umsatz. Das Abholzen im Grenzgebiet von Thailand und Kambodscha führt zu massiver Erosion in den oberen Regionen des Tonle Sap und zur Verschlammung der Laichgebiete. Die Verschlammung des Sees bedroht nicht nur die Fischbestände in diesem wichtigen Süßwasserreservoir, sie verstopft auch einen Abfluß des Unterlaufs des Mekong. Dies wiederum erhöht die Häufigkeit von Überschwemmungen in Ostkambodscha und im vietnamesischen Mekongdelta. Die Roten Khmer werden mehr und mehr zu rücksichtslosen Geschäftemachern und zu nihilistischen Straßenkriegern. »Es ist unsinnig zu fragen, warum der Mensch ißt oder schläft«, schreibt Martin van Creveld, ein in Israel lebender Militärhistoriker. »Und genauso ist Kämpfen und Kriegführen heute in vielen Fällen kein Mittel mehr für einen bestimmten Zweck, sondern reiner Selbstzweck.« So unverständlich dies klingen mag, es ist eine gute Erklärung für das Verhalten der Roten Khmer. Kambodscha ist heute – ähnlich wie Angola und Afghanistan – geprägt von Gewalt, Unruhen, Landminen und Krankheiten. Dr. Tea Phalla, eine Gesundheitsexpertin der kambodschanischen Regierung, hat ausgerechnet, daß in Zukunft von den zehn Millionen Einwohnern des Landes »zwei Millionen direkt oder indirekt« an HIV-Infektionen sterben werden.[8] Die Weltgesundheitsorganisation berichtet: »Die Trends bei Blutspendern deuten darauf hin, daß Phnom Penh möglicherweise eine größere HIV-Epidemie erleben wird als Nordthailand.«

Der erschreckendste Aspekt in der jüngsten Geschichte Kambodschas ist der Mangel an Kontinuität. Chandler spricht von »Dynastien mit einer einzigen Amtsperiode«: Zuerst die Monarchie von König Sihanuk, dann das Militärregime von Lon Nol, dann das Zentralkomitee der Roten Khmer, dann die vietnamesische Besatzung und seit 1993 eine demokratisch gewählte Koalition aus Royalisten, die Sihanuk nahestehen, und Kommunisten, die früher sowohl mit den Vietnamesen als auch mit den Roten Khmer in Verbindung standen. Wie wird die Demokratie in Kambodscha in einigen Jahren aussehen?

Graham mußte auf dem Markt ein paar Besorgungen machen. Als ich mich dort umsah, entdeckte ich einige Dinge, die nicht mit dem negativen Bild übereinstimmten, das ich inzwischen von Kambodscha gewonnen hatte. In den windigen Läden aus Sperrholz, Wellblech und Beton gab es elektrische Beleuchtung, Klimaanlagen, Fotokopiergeräte, Computer und Faxgeräte. Die elektronischen Geräte waren sauber und gut erhalten. Graham, der im Sudan, in Kenia und Angola Büros geleitet hatte, meinte: »Hier werden die Geräte besser gewartet als in Afrika.« Die sauberen Geschäfte in Phnom Penh kamen mir vertraut vor; sie sahen aus wie die Läden der libanesischen und syrischen Händler in Freetown in Sierra Leone oder die der indischen Kaufleute in den ostafrikanischen Städten. Dann erinnerte ich mich an die geordnete Einreiseprozedur auf dem Flughafen. Ist Kambodscha vielleicht eine ungewöhnliche Kombination aus Effizienz und Chaos? Erwächst die Fähigkeit, Todeslager zu organisieren und Kopiergeräte zu reparieren, denselben kulturellen Grundlagen?

Der größte Unterschied zwischen Kambodscha und Sierra Leone besteht darin, daß Sierra Leone von den gescheiterten und halbgescheiterten Staaten Liberia und Guinea umgeben ist, während Kambodscha unmittelbar an Thailand und Vietnam grenzt. Auch wenn die Rohstoffquellen des Landes geplündert werden: Die Wirtschaft nimmt Fahrt auf, die kambodschanischen Städte werden modernisiert.

Die Inflation ging zwischen 1992 und 1994 von hundert auf dreißig Prozent zurück. Jeder Tag, den die schwerfällige Koalition aus Royalisten und Kommunisten überdauert, ist ein Sieg für den UNO-Plan und eine Niederlage für die Roten Khmer. Ein Provinzgouverneur im Nordosten gestand mir: »In den Köpfen der Menschen gibt es nur zwei Parteien: die Regierung und Pol Pot. Wir mögen große Unterschiede zwischen Royalisten und Kommunisten sehen, den Bauern erscheinen sie immer mehr als eine Partei, die anderen sind die Roten Khmer.«

Über die Rolle der UNO in Kambodscha herrschen unterschiedliche Auffassungen. Die einen halten die vielgepriesenen Wahlen für eine »teure Show«; es sei sinnlos, einem Land, das den Begriff der Freiheit des einzelnen nicht kenne, ein Wahlsystem nach amerikanischem Vorbild aufzuzwingen. Die Demokratie in Kambodscha müsse mit der Entwicklung der Wirtschaft und der Einrichtung von Schulen beginnen. Statt dessen seien die Kambodschaner, von denen viele Analphabeten sind, von heute auf morgen einem westlichen Wahlkampf ausgesetzt worden.[9]

Die UNO, hörte ich, sei mit einer Menge teurer Fahrzeuge und moderner Kommunikationstechnik angerückt und habe mit der Nachfrage nach Villen und Restaurants in westlichem Stil die kambodschanische Wirtschaft und den Immobilienmarkt überhitzt. Nach den Wahlen zog die UNO wieder ab, und die Monatsmieten für Villen sanken von 3700 wieder auf 1200 Dollar. »Das ganze war ein Ereignis, kein Prozeß«, sagte ein Mann, der für eine nichtstaatliche Hilfsorganisation arbeitet. »Hätte die UNO zwei Milliarden Dollar für Straßen, Schulen und ländliche Entwicklung ausgegeben statt für eine Wahl, dann wären die Roten Khmer in den ländlichen Regionen Kambodschas schwächer, als sie es jetzt sind.«

Andere Beobachter sind der Meinung, die Wahlen und die Bildung der Regierung seien eine entscheidende Wende in der Geschichte Kambodschas gewesen; zum erstenmal hätten die Kambodschaner Freiheit und Würde erlebt. Auf meiner Reise durch das Landesinnere traf ich tatsächlich immer wieder auf Kambodschaner, die den Aussöhnungsprozeß der UNO lobten.

Graham, seine Frau Elizabeth und ich gingen in den Club der Auslandskorrespondenten von Phnom Penh. Dies war der reizendste Club dieser Art, den ich je gesehen hatte: ein an Somerset Maugham erinnerndes Ambiente aus dunklem lackiertem Holz und Bambus, mit Korbstühlen, senfgelben Wänden, korinthischen Säulen und natürlich den langsam rotierenden Ventilatoren. Wir speisten auf der offenen Terrasse mit Blick auf den Mekong. Ich genoß Campari-Soda, Steak und Eier und sah gleichzeitig, wie kambodschanische Kinder ein paar Meter weiter den Müll durchstöberten. Kambodscha, dachte ich, wird weder in Armut und Chaos versinken noch zu Wohlstand gelangen, sondern sich in beide Richtungen entwickeln, solange die mächtigen Nachbarn Profit aus dem Chaos schlagen. So oder so – die Region gleicht immer mehr einer französischen Landkarte Indochinas aus dem 17. Jahrhundert, die ich in Thailand gekauft hatte; auf ihr ist das Mekongtal eine Trennlinie zwischen den von Thailand und Vietnam beherrschten Gebieten Kambodschas; es stellt aber andererseits eine große unabhängige Siedlungszone dar. In *The Warrior Heritage* schreibt Seanglim Bit: »Der Begriff der nationalen Souveränität war [vor der Ankunft der Franzosen im Jahre 1863] in einer kulturellen Form politischer Geographie verkörpert. Kambodscha war dort, wo in den Dörfern Kambodschanisch gesprochen wurde …« In einem Zeitalter offener Grenzen wird sich nationale Souveränität nach westlicher Vorstellung kaum halten, egal, ob der UNO-Prozeß Erfolg hat oder nicht.

438

Graham besuchte mit mir *Tuol Sleng*, eine ehemalige Schule im Zentrum von Phnom Penh, die die Roten Khmer einst in ein Gefängnis und eine Folterstätte umgewandelt hatten. Experten schätzen, daß von 1976 bis 1979 zwischen 16 000 und 20 000 Menschen durch Tuol Sleng geschleust wurden; nur sechs kamen lebend heraus.

Nachdem die Vietnamesen Phnom Penh befreit und das Gefängnis der Öffentlichkeit zugänglich gemacht hatten, drängten sich sofort Vergleiche zwischen Tuol Sleng und Auschwitz auf. Doch Shawcross und Chandler wiesen darauf hin, daß sich Stalins *Lubjanka* eher als Vergleich anbiete. Fast alle Opfer von Tuol Sleng waren Rote Khmer oder Verwandte von Roten Khmer, die mit der Parteidoktrin in Konflikt geraten waren. Diese Doktrin wurde zuletzt von einem zunehmend paranoiden inneren Zirkel bestimmt, dem Pol Pot und Khieu Samphan angehörten; die ehemaligen Sorbonne-Ideologen hatten jeden Bezug zur Realität verloren.

In Tuol Sleng war es entsetzlich heiß. In den Gängen und auf den Toiletten trieben sich Ratten herum. An den Wänden waren Blutspritzer eingetrocknet, vor die Balkone waren Drahtnetze gespannt, damit die Folteropfer nicht Selbstmord begehen konnten. Es sah so aus, als wären die Roten Khmer erst gestern abgezogen.

Im Gefängnishof standen die Galgen direkt neben einer Kinderschaukel. Ich blickte auf gespaltene Kokosnüsse, die mich an die eingeschlagenen Schädel erinnerten, die ich beim Betreten des Gebäudes gesehen hatte. Ich habe vor kurzem gelesen, wie ein Milizenführer der bosnischen Serben aus einem armen Bauernjungen einen Massenmörder gemacht hat: Er ließ den Jungen immer wieder Schweine schlachten. Der Unterschied zwischen dem Töten von Säuen und dem Töten von Menschen wurde durch Gewöhnung immer unbedeutender …

Fünfzehn Kilometer südlich von Phnom Penh liegt Choeng Ek, ein Vernichtungslager der Roten Khmer, in dem 129 Massengräber mit 8985 Leichen von Männern, Frauen, Kindern und Säuglingen entdeckt worden sind.[10] Choeng Ek ist das »Killing Field«, auf das sich der bekannte Film beruft. Die Fahrt durch flache Reisfelder und wogende Zuckerrohrplantagen erinnerte an einige Szenen des Films. Über die Grabhügel streiften Wasserbüffel, auf den umliegenden Sümpfen leuchteten weiße Wasserlilien.

Zwei Reisebusse fuhren vor. Aus dem einen kletterte eine Gruppe von Thailändern, aus dem anderen eine Schar griechischer Touristen: wohlhabende Mittelschicht, teure Kameras, Sonnenbrillen, legere Kleidung. Es gab ein paar Männer, die darauf bestanden, mit einem menschlichen Knochen in der Hand fotografiert zu werden. Andere waren unangenehm berührt und schwiegen. Nur fort! In den Bussen waren alle schnell wieder guter Laune. Heute Kambodscha, morgen Hawaii.

28 Urwaldtempel
und die »Milch des Chaos«

Als ich am Ende der Regenzeit in niedriger Höhe über Zentralkambodscha flog, sah das Land aus wie ein durchsichtiges grünes Seidentuch. In den Wasserflächen der Reisfelder spiegelte sich das Flugzeug. Auf dem fünfundvierzigminütigen Flug von Phnom Penh nach Siem Reap erlebte ich das Land als ein einziges riesiges Überschwemmungsgebiet, auf dem – ähnlich wie im alten Ägypten – nach dem Rückgang des Wassers das frisch abgelagerte Schwemmland bebaut wurde. Man konnte nicht sagen, wo der Große See anfing und wo er aufhörte. Er hatte keine klar begrenzte Uferlinie. Als Laie konnte ich den Grad der Verschlammung nicht beurteilen.[1]

Auf dem Landweg soll die Fahrt von Phnom Penh nach Siem Reap ungefähr acht Stunden dauern. Kein Reisender aus dem Westen kann sie wagen. Gefahr droht nicht so sehr von den Roten Khmer, sondern von den Regierungssoldaten, die überall Straßensperren errichtet haben.

Die Stadt Siem Reap liegt am nordwestlichen Zipfel des Großen Sees, ein paar Kilometer südlich der alten Khmerhauptstadt Angkor.[2] Angkor war einst der Mittelpunkt eines alten Königreichs, zu dem das heutige Kambodscha und Teile von Thailand, Laos und Vietnam gehörten. In seiner Blütezeit zählte das Reich von Angkor dreißig Millionen Einwohner, sie konnten mit Hilfe eines komplizierten Systems von Stauseen und Bewässerungskanälen versorgt werden.

Das Reich war im Jahre 790 n. Chr. von Jayavarman II., einem javanischen Prinzen, gegründet worden. Java war stark geprägt von der Kultur der indischen Seefahrer; so übten die ästhetische Tradition Indiens und die Mythologie der Gotteskönige großen Einfluß auf die frühe Khmerkultur aus. Nach einer Invasion von Stämmen aus der Gegend des heutigen Zentralvietnam etwa gegen Ende des 12. Jahrhunderts wurde der Hinduismus in Angkor durch den Buddhismus verdrängt. Angkor erlebte eine neue Blüte, das Reich hielt sich bis 1431, dann wurde es von den Siamesen erobert. Die Kunst Thailands hat im Grunde kambodschanische Wurzeln.

Vom Boden aus betrachtet sah die Landschaft wie ein Kupferstich aus. Die Sonne flirrte in dem gelben Staub, der von Fahrrädern, Wasserbüffeln und Militärkonvois aufgewirbelt wurde. Hier im ländlichen Kambodscha wirkten die Gesichter stoischer als in Phnom Penh; auf den Straßen begegneten mir keine lächelnden Waldgeister, sondern Menschen, die eher wie bronzene Buddhastatuen aussahen. Während des Bürgerkriegs von 1970 bis 1975 hatten sich die Regierungstruppen in Siem Reap verschanzt, während die Roten Khmer ein paar Kilometer weiter in den Ruinen der großartigen mittelalterlichen Tempel hausten. Im Jahre 1975 evakuierten die Roten Khmer die Einwohner von Siem Reap. Als die Vietnamesen die Roten Khmer 1979 in die Wälder zurücktrieben, kam es in der Gegend immer wieder zu Gefechten. Die willkürliche Zerstörung, die Not und das Elend haben so jahrzehntelang jegliche Entwicklung verhindert. In den fünfziger Jahren beschrieb ein englischer Autor Siem Reap als »ein friedliches, von der Sonne ausgedörrtes, verschlafenes Nest am Ufer eines Flüßchens«.[3] Mitte der neunziger Jahre sah es noch genauso aus: ein primitiver Flughafen, ungeteerte Straßen, nur ab und zu Elektrizität und ein Grand Hotel, dessen Räume mit verrotteten Rattanmöbeln ausgestattet waren. Es fehlten nur die Franzosen, die mit Tropenhelmen auf den Köpfen auf den Veranden saßen und Fliegen klatschten.

Ly Sarith zerstörte diesen Eindruck der Zeitlosigkeit. »Seit 1992 hat sich hier vieles geändert. Seit die UNO hier ist, haben wir mehr Besucher und mehr Sicherheit. Die UNO hat viel für uns getan.« Lys Stimme klang atemlos, Angst und Schmerz waren unauslöschlich in sein Gesicht geschrieben. Für einen Kambodschaner war er recht groß.

Ly wurde 1960 in Siem Reap geboren. Sein Pflegevater war Polizist. 1975 verschleppten die Roten Khmer ihn und seinen Pflegevater zusammen mit allen anderen Einwohnern der Stadt in ein Arbeitslager etwa sechzig Kilometer östlich von hier. »Ich mußte zusehen, wie mein Vater dort umgebracht wurde.«

Ich schwieg. Dann fragte ich verlegen, fast gedankenlos: »Was haben Sie in dem Lager gemacht?«

Tränen rollten langsam über Lys Gesicht. Er schüttelte sich. Ich hatte Ly erst vor einer Stunde kennengelernt, nun saß er hier und weinte. Das Alltagsleben in Kambodscha wird von einem Trauma beherrscht. Die Bevölkerung leidet an schweren psychischen Krankheiten, die durch Krieg und Folter verursacht sind. In den folgenden Tagen hörte ich mehr über Lys Geschichte, im Augenblick schwieg er.

Im Hotel, im Büro der Airline, auf der Straße und in den schmuddeligen Restaurants – überall verbeugten sich die Menschen lächelnd; sie wirkten schüchtern und verlegen. In Ostasien herrscht eine abstrakte Körperfeindlichkeit, die in krassem Gegensatz zur Kultur Westafrikas steht. Doch die Geschichte Kambodschas ist genauso stark von Gewalt geprägt wie die Westafrikas. Wie gesagt: der Einfluß der Kultur war mir am Ende meiner Reise um die Welt ein größeres Rätsel als zu Beginn.

Ly fuhr über eine holperige Straße nach Norden und zeigte mir die Grenze zwischen den Gebieten, die während des Bürgerkriegs 1970 bis 1975 von den Regierungstruppen und von den Roten Khmer kontrolliert wurden. Bis 1970, erzählte er mir, habe die Gegend aus alten Wäldern bestanden, die von Gibbons bevölkert waren. Durch die Kämpfe sei alles zerstört worden.

Die mittelalterlichen Ruinen in der Region von Angkor sind wohl das größte erhaltene Wunder der alten Welt. Angkor ist unzugänglicher als die Pyramiden, die Akropolis oder das Tadsch Mahal, aber nicht weniger beeindruckend.

Es war noch früh, wir ließen den großartigen Tempel von Angkor Wat zunächst links liegen. Wir wollten ihn erst am späten Nachmittag besichtigen, wenn die Sonne längere Schatten auf den Eingang warf. Ly fuhr weiter bis Angkor Thom, der Großen Stadt. Nachdem wir ein kurzes Stück durch dichten Wald gefahren waren, landeten wir in einer Allee aus riesigen Gummibäumen mit Schwärmen von Libellen. Wasserbüffel streiften durch die Büsche, eine alte Kambodschanerin mit Strohhut schlief in einer Hängematte, ein Mädchen verkaufte an einem Holztisch Postkarten mit unscharfen Bildern. Vor uns ragten siebzig Sandsteinkolosse auf, unter denen jeder Mensch wie ein Zwerg erschien. 35 Dämonen säumten die eine und 35 Götter die andere Seite einer Brücke, die in die mittelalterliche Stadt führte. Diese von Flechten überwucherten Giganten zogen an dem langgestreckten Körper der »kosmischen Schlange« *Naga*; sie ist eine Art Butterfaß, in dem die Welt der festen Materie und der sozialen Strukturen von der mystischen »Milch des Chaos« getrennt wird.[4]

Jeder Koloss unterscheidet sich von dem nächsten; dadurch entsteht der Eindruck einer ständigen Bewegung: des »Ziehens an der kosmischen Schlange«. Die Figuren waren im 11. Jahrhundert von König Udayadityavarman II. errichtet und möglicherweise Ende des 12., Anfang des 13. Jahrhunderts von Jayavarman VII. erneuert worden. Einigen der Giganten fehlte der Kopf. »Thai und Rote Khmer kommen nachts«, berichtete Ly. »Sie bringen die Köpfe zu Antiquitätenhändlern.« Um weitere Diebstähle zu verhindern, wird die archäologische Stätte inzwischen am Abend mit Minen gesichert; am Morgen wird dann wieder geräumt. Wir überquerten die Brücke, bestiegen den Erdwall auf der anderen Seite des Ufers und blickten über den mit weißen Wasserlilien übersäten Graben, aus dem die alten Khmerkrieger einst mit Armbrüsten auf die Angreifer gezielt hatten. Nach der Straße der Giganten folgt eine weitere tausend Meter lange Waldstraße, dann ragt die dreistufige Pyramide des Bayon-Tempels auf. Der Bayon-Tempel ist ein Zeugnis des 12. Jahrhunderts, des goldenen Zeitalters der Khmerkunst. Der erstarrte Lavakegel aus komprimiertem Sandstein und Basalt, der von Pilzen und Flechten übersät ist, erinnert an eine Sandburg, die ein Kind am Strand gebaut hat und die dann von Flutwellen überspült wurde. Ich mußte an einen von Würmern zerfressenen Turm aus verkohlten Leichen denken.

In dunklen Gängen aus schwarzem Basalt gingen Ly und ich an glatt-polierten, glänzenden Wänden mit kunstvoll gemeißelten Reliefs vor-bei, ein *grand guignol* von Kriegen und Greueltaten. Am Ende eines Korridors war ein düsterer Vorraum, in dem eine schwarze geweihte Buddhastatue stand, die in einen orangefarbenen Seidenumhang ge-hüllt war. Weihrauch vernebelte den Raum. Wir durchwanderten Stol-len und Gänge und stellten fest, daß wir allein inmitten der 54 Türme von Bayon waren.

Neben dem Tempel stießen wir auf einige Getränkestände. Ly trank ein Coca-Cola und erzählte seine Geschichte: »Sie weckten uns jeden Morgen um vier. In der Dämmerung dröhnten Lautsprecher in unsere Ohren: *Angka* ruft. *Angka* ruft dich zur Erziehung. *Angka* war die Orga-nisation. So bezeichneten sich die Roten Khmer. Sie taten so geheim, sie verwendeten nicht einmal das Wort Kommunist. Wenn man zur Er-ziehung gerufen wurde, dann hieß das, daß einige umgebracht werden sollten. Jeden Morgen haben sie ein paar von uns umgebracht. Das war ganz normal. Sie zwangen die Leute, sich ihr eigenes Grab zu schau-feln, sie fesselten sie an den Händen und schlugen ihnen mit einer Hacke den Schädel ein. Das ganze Gemetzel erledigten Dreizehn- bis Fünfzehnjährige. Diese Jungen wußten nur, was Pol Pot ihnen beige-bracht hatte, daß wir diejenigen seien, die sie im Wald bombardiert hätten. Jeden Tag dachte ich, ich erlebe den nächsten Sonnenaufgang nicht mehr. Nach der Erziehungsmaßnahme arbeiteten wir bis halb zwölf auf dem Feld. Dann durften wir Reis essen und Wasser trinken – im Stehen. Dann wurde weitergearbeitet.

Vor ihrer Machtergreifung hatten die Roten Khmer in diesen Tempeln gelebt. Mit ihren Gewehren jagten sie Gibbons, um sich zu ernähren, sie erkrankten an Malaria – und überlebten doch. Mitte der neunziger Jahre leben sie noch immer so tief in den Wäldern. Nachts zwischen diesen seltsamen Steinen zu schlafen, die bei gebildeten und bei ungebildeten Menschen wilde Vorstellungen vergangener Pracht und Größe auslösen, dann Stadt nach Stadt einzunehmen und nach Phnom Penh zu marschieren, das muß den Roten Khmer ein Gefühl schicksalhafter Bestimmung gegeben haben. Es ist wohl kein Zufall, daß die drei Haupttürme des Angkor Wat das Emblem der Roten Khmer bilden.

Die Herrschaft der Roten Khmer hüllt die Tempel von Angkor und speziell den Angkor Wat in ein dunkles Geheimnis. Der Angkor Wat ist das größte religiöse Bauwerk der Welt. Er wurde zwischen 1113 und 1150 von dem Khmerkönig Suriyavarman II. erbaut. Der Komplex ist 960 Meter lang und 800 Meter breit. Er ist auf allen Seiten von rechteckig gezogenen Gräben umgeben; diese Gräben werden von steinernen Stufen gesäumt. König Suriyavarman hatte befohlen, daß mit der Erbauung von Angkor Wat an allen vier Seiten gleichzeitig begonnen wurde; die gesamte Anlage – die fast die vierfache Grundfläche der Cheopspyramide umfaßt – wurde in nur 37 Jahren vollendet. Angkor Wat ist umgeben von einem Wald aus Zuckerpalmen und Hartholzbäumen. Nackte Kinder baden in dem langen Graben, der einst zu einem großen Bewässerungssystem gehörte. In den bescheidenen Speiselokalen aus ungestrichenem Sperrholz kann man auf rohen Bänken Limonade trinken und aus einfachen Schüsseln Nudelgerichte essen.

Über einen 220 Meter langen steinernen Damm gelangt man zu den basaltschwarzen Stützmauern des Angkor Wat. Kaum ein Bauwerk ist so beeindruckend. Vom Damm aus sieht man in der Ferne die mehrstufigen Lotustürme der Pyramidentempel.

Die Stützmauern fassen lange Säulengänge ein, in denen Statuen des hinduistischen Pantheons stehen. Hier entdeckte ich zwei in safranfarbene Gewänder gehüllte buddhistische Mönche, die still einem Flötenspieler zuhörten.[5] In die Wände waren Reliefs von *Apsaras* eingemeißelt, sinnlichen weiblichen Wassergeistern aus der indischen Mythologie mit großen Brüsten und Schmuck um den Hals. Auf der anderen Seite der Stützmauer ragte der Wat mit seinen Türmen auf.

Davor lag ein Stück windiges Grasland mit einem Lilienteich, an dem Dutzende Kühe und Wasserbüffel weideten. Von hier aus sah ich den Angkor Wat zweimal: Einmal ragte er gegen den Himmel auf und einmal spiegelte er sich in dem Teich.

Den Roten Khmer dienten drei Tempeltürme als Emblem; in Wirklichkeit stehen hier fünf Türme, auch wenn man anfangs nur drei sieht. Man entdeckt so viele Stufen, Säulengänge, Hallen, Statuen und steile monumentale Treppen, daß die architektonischen und historischen Fakten verschwimmen.

Über eine Million Menschen wurden in Kambodscha zwischen 1975 und 1979 ermordet, doch das Vergessen hat bereits begonnen. Vielleicht hat »Chaos« eine zweite Bedeutung, ist ein Synonym für »Geschichte«, an die man sich nicht mehr erinnert oder nicht erinnern will und die nicht mehr in ein größeres Gesamtbild paßt. Das Wort »Geschichte« im Sinne des Historischen hat eine enge Verbindung mit der »Geschichte« im Sinne des Erzählten. Wenn man also sagt, man lebe in einer »historischen Zeit«, so heißt das, daß man die Ereignisse in einem erkennbaren Muster sehen kann.

Leben wir in einem »historischen Zeitalter«? Oder leben wir schon jenseits der Geschichte, weil bereits zu viel geschehen ist und keine Muster mehr zu erkennen sind? Leben wir im Übergang zu einer neuen Phase der Geschichte, in der das, was heute als pures Chaos erscheint, eine klare Form annehmen wird?

Ly bog von der Straße ab und fuhr auf ein Feld, auf dem ein paar typisch kambodschanische Holzhäuser auf Pfählen standen. Früher schlief Vieh unter dem Haus, inzwischen stellt Ly seinen Wagen dort ab. Er und seine Frau haben fünf Kinder, ein sechstes war in einen Brunnen gefallen und ertrunken. Das war die letzte Tragödie, die ihr Leben überschattete. »Wegen der UNO halten es mehr Menschen aus dem Westen für unbedenklich, hierherzukommen. Deshalb bin ich sehr gefragt, weil ich Englisch spreche. Ich kann Geld für meine Familie sparen.«

Ly führte mich zu einem tristen, modernen Betontempel. Er machte eine rohe Sperrholztür auf. Im Tempel lag ein Haufen zertrümmerter Schädel und Knochen. Einige rollten mir vor die Füße. Wir legten sie sorgfältig wieder zurück. An den Knochen der Handgelenke hing noch immer der Draht, mit dem die Opfer vor ihrer Hinrichtung gefesselt worden waren. Ich tat meine Pflicht als Journalist und schoß ein Foto von Ly. Auf dem Bild sind seine Augen geschlossen.

29 Ein Todesfall am Ende der Welt

Kratie ist der letzte schiffbare Hafenort des Mekong, nördlich der Stadt machen Stromschnellen den Fluß unpassierbar. Die Stadt hat etwa 15 000 Einwohner und gilt seit den ersten Revolten der Roten Khmer Anfang der sechziger Jahre als unsicher.

Kratie, nur etwa hundert Kilometer von der vietnamesischen Grenze entfernt, war der westliche Endpunkt einer Versorgungsroute des Ho-Chi-Minh-Pfades und wurde 1969 auf Befehl Präsident Nixons von US-Kampfflugzeugen angegriffen. 1972 eroberten die Roten Khmer die Provinz, 1973 marschierten die Amerikaner ein, um Verstecke der kommunistischen Vietnamesen auszuheben. Die Gebiete um Kratie waren abwechselnd von Sihanuk, Lon Nol, den Roten Khmer, den Amerikanern, dem Vietcong und der südvietnamesischen Armee besetzt. Weil in den jahrzehntelangen Kämpfen Zehntausende Männer starben, sind derzeit sechzig Prozent der 200 000 Einwohner der Provinz weiblichen Geschlechts.

Mitte der neunziger Jahre befinden sich noch immer viele Dörfer in der Hand der Roten Khmer; es herrschen Malaria, Tuberkulose, Diarrhö, Ruhr, Denguefieber und Bilharziose.

1994 lebten in Kratie zehn junge Ausländer, die für vier private westliche Hilfsorganisationen arbeiteten. Deshalb bestieg ich am Tag nach meiner Rückkehr aus Angkor in Phnom Penh ein »Schnellboot« und begab mich auf die fünfeinhalbstündige Reise flußaufwärts.

Der Hafen von Kratie besteht aus einem Stück Schwemmland, das in den lehmigen Mekong ragt und auf dem bei meiner Ankunft zwei Dutzend Holzboote lagen. Ein paar morsche alte Planken führten das steile Schlammufer hinauf. Oben lag eine nach französischem Vorbild

erbaute Provinzstadt mit rechtwinkligen Straßen und Häusern mit
vermoosten roten Ziegeln, abblätternden Mauern und verrosteten
Blechwänden. Auf den Straßen wimmelte es von Fahrrädern und alten Motorrädern. Auf dem braunen Fluß sah ich etliche Schleppkäh-
ne, die mit Baumstämmen beladen waren. Vor der von der UNO organisierten Wahl war das Nutzholz aus der Gegend von Kratie nach
Vietnam ausgeführt worden; jetzt nach der Wahl machen Geschäftsleute aus Malaysia und Singapur mit den Roten Khmer die Geschäfte.
»Unser größtes Problem ist die Sicherheit und die steigende Kriminalität«, sagte Pao Ham Phan, der stellvertretende Gouverneur der
Provinz. »Die Roten Khmer haben unlängst eine Schule und eine
Brücke zerstört. Sie kommen nachts aus den Wäldern. Sie können jeden beliebigen Ort einnehmen und verwüsten, aber sie können ihn
nicht lange halten. Wegen der schlechten Straßen ist es schwierig für
die Regierung und die ausländischen Hilfsorganisationen, außerhalb
der Stadt zu operieren. Es gibt noch nicht einmal eine Straße nach
Phnom Penh. Man braucht sechs Stunden bis Snuol, 83 Kilometer
südöstlich von hier, und die Fahrt ist gefährlich. Snuol hat bessere Verbindungen mit Vietnam als mit Kratie oder anderen Städten Kambodschas.« Das wirtschaftliche Wachstum seit der Wahl und das Fehlen
geteerter Straßen habe die Kluft zwischen der Stadt und den umliegenden Dörfern noch verstärkt. »Doch mit der Entwicklung der Dörfer – Straßen, Schulen, Trinkwasser – können wir die Roten Khmer
allmählich austrocknen und den Handel mit Phnom Penh und mit
Vietnam ausbauen.« Das sollte heißen, Kratie brauche künftig nicht
mehr Endstation der Verbindung mit Phnom Penh zu sein, sondern
könne das Zentrum einer aufblühenden Region werden.
CARE und die anderen westlichen Hilfsorganisationen realisieren
derzeit bescheidene Programme: Sie graben und bauen Brunnen. Ein
Ziehbrunnen kostet nur etwa tausend Dollar, verbessert aber die Le-
bensqualität im Dorf beträchtlich. Seit es Brunnen gibt, müssen die
Dorfbewohner das Wasser nicht mehr aus dem Fluß holen. Die
Hilfsorganisationen konzentrieren sich in einem zweiten Schritt auf
Impfungen. Die Erfolge steigern die Beliebtheit und die Popularität

der demokratisch gewählten Regierung. Die Roten Khmer reagierten sofort mit Gewaltaktionen in den Dörfern.

»Seit die Roten Khmer Drohungen gegen mich ausgesprochen haben, kann ich die Stadt nicht mehr verlassen. Sie haben den Dorfbewohnern gesagt, daß sie einen Ausländer kidnappen wollen.« Jeannie ist Amerikanerin, sie hatte zwölf Stunden am Tag in abgelegenen Dörfern gearbeitet und die Landfrauen beraten und medizinisch betreut. Ihr machte die Arbeit Freude. Nun saß sie erst einmal untätig herum. »Aber nicht lange.«

Rick, auch ein Amerikaner, war als Geologe nach Kambodscha gekommen, nachdem er drei Jahre für das Peace Corps in einem Dorf in Mali gearbeitet hatte. Jeannie und Rick riskierten einiges, wunderten sich aber immer wieder über verantwortungslose Touristen. »Zwei Engländer erzählten uns, sie wollten per Anhalter von Kratie aus nach Norden an die laotische Grenze fahren. Wir sagten ihnen, sie seien verrückt, aber sie wollten nicht hören und haben es trotzdem versucht. Sie haben es sogar bis zur Grenze geschafft, wurden dort aber zurückgeschickt. Als wir sie wiedersahen, waren sie sichtlich gealtert. Auf der Rückfahrt waren sie abwechselnd von Regierungssoldaten und von Roten Khmer angehalten und ausgeraubt worden. Sie können froh sein, daß sie nicht erschossen wurden.«

Ich lud Rick, Jeannie und einige ihrer Kollegen an einem Samstagabend in das beste Restaurant von Kratie ein. Das Lokal zeichnete sich durch Leuchtstofflampen, feuchte Wände, kriechende Eidechsen, fliegende Kakerlaken und fettige Speisen aus. Das Tischgespräch kreiste um die Frage, welches Video man sich anschließend ansehen wolle. Die Videos waren Raubkopien, oft von extrem schlechter technischer Qualität, doch, so Gustl Stich aus Deutschland: »Wir sind versessen auf das Video am Samstagabend; es gehört zu den wenigen Dingen, die das Leben hier erträglich machen.«

Wie Rick hatte auch Gustl in Afrika gearbeitet. »Kambodscha ist ganz anders«, sagte er. »Hier gibt es eine alte Schrift und eine reiche uralte Kultur, den Buddhismus, der sich durchaus mit dem Christentum, dem Judaismus und dem Islam messen kann. Aber hier lebt es sich noch immer sehr gefährlich. Ich mußte meine Frau und meinen Sohn für einige Zeit nach Phnom Penh zurückschicken, weil wir von den Roten Khmer bedroht wurden. Im Augenblick ist meine Familie wieder hier. Doch mein Sohn hat jetzt die Ruhr. Als Arzt weiß ich, wie krank er ist und wie ich ihn behandeln muß. Aber trotzdem bin ich besorgt. Wenn es sich um das eigene Kind handelt, wünscht man sich die bestmögliche Versorgung.«

Mir kam der Gedanke, daß die Menschen an diesem Tisch die Vorhut einer internationalen Armee der Zukunft waren. Sie fanden sich mit schlimmen Verhältnissen ab und lieferten sich oft größeren Gefahren aus als die Soldaten westlicher Streitkräfte, die von ihren Politikern und der Öffentlichkeit nur zögerlich großen Risiken ausgesetzt werden. Die westlichen Militärs suchen nach Krisenherden, die leichte Siege und geringe Verluste verheißen. Die Entwicklungshelfer gehen einen langen steinigen Weg.

Gustl leitete das Krankenhaus in Kratie im Auftrag der schweizerischen und holländischen Filiale der französischen Organisation *Médecins sans frontières* (»Ärzte ohne Grenzen«). Das Projekt ist ein Beispiel dafür, daß die Hilfsorganisationen immer stärker zusammenwachsen. Es spielt keine Rolle mehr, wer welcher Nationalität angehört.

Gustl wohnte mit seiner Frau und seinem kleinen Sohn in einem traditionellen kambodschanischen Holzhaus auf Stelzen direkt am Mekong. Eines späten Nachmittags saß ich auf Gustls Veranda und sah auf den Fluß. Das Leben hier war nicht leicht. Die Kakerlaken gaben keine Ruhe; selbst dicht verschlossene Dosen mit Zucker, Salz und Kaffeepulver durften nicht auf dem Schrank stehen, sondern mußten im Kühlschrank aufbewahrt werden. Vor der Abenddämmerung schmierte ich mich mit einem Insektenabwehrmittel ein, um die »Malariaüberträger« aus dem nahe gelegenen Sumpf zu vertreiben. Dann brachen Gustl und ich auf zu seinem Krankenhaus. Pao Ham Phan, der stellvertretende Gouverneur, hatte sich begeistert über das Kran-

Droemer
Knaur Ⓚ

**Romane
und
Sachbücher**

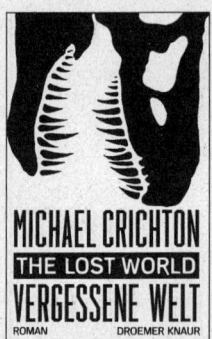

MICHAEL CRICHTON
THE LOST WORLD
VERGESSENE WELT
ROMAN   DROEMER KNAUR

MICHAEL CRICHTON
ENTHÜLLUNG

JOHN MARTEL
ROMAN DROEMER KNAUR
DER AUFTRAG

Die Saurier kommen zurück!
Der neue Roman von
Michael Crichton.

Sechs Jahre sind vergangen
seit den schrecklichen Vorfällen im JURASSIC PARK.
Alle geklonten Echsen
wurden damals getötet, der
Park verwüstet, die Insel
auf unbestimmte Zeit für die
Öffentlichkeit gesperrt.
Doch es gibt Gerüchte, daß
etwas dort überlebt hat...

Nicht nur für diejenigen,
die immer schon wissen
wollten, was aus den Echsen
in Crichtons Weltbestseller
JURASSIC PARK wurde, ist
dieser neue Thriller ein Muß.

464 Seiten

»Crichtons Roman ist die
Beschreibung eines erbit-
terten Konflikts, für den es
so schnell keine Lösung
geben wird. Die Aufregung
um sexuelle Belästigung, so
suggeriert der Autor, ist ein
typisches Produkt des digi-
talen Zeitalters, und in
Wirklichkeit tobt nicht der
Kampf zwischen Männern
und Frauen, sondern der
Krieg zwischen Menschen
und Computern, deren
Sprachen nicht kompatibel
sind... Crichtons Romane
spielen stets an der Schwelle
zur Zukunft, seine Plots
schließen von der Gegen-
wart auf die Dinge, die da
kommen werden – was
keine Masche, sondern
Methode ist.« Der Spiegel

528 Seiten

Für einen Top-Justizthriller
mit aufregenden Gerichts-
szenen, brisanten Hinter-
grundstories, politischen
Verwicklungen und authen-
tischen Milieustudien gibt
es wohl keinen berufeneren
Autor als John Martel, den
das »National Law Journal«
als einen der zehn besten
Prozeßanwälte der USA
feiert.

480 Seiten

kenhaus geäußert: »Bevor die Hilfsorganisationen kamen, wollte niemand im Krankenhaus bleiben. Es war wie ein Gefängnis. Inzwischen nutzen es dreihundert Menschen pro Monat.«

»Haben Sie schon einmal ein Krankenhaus in der Dritten Welt gesehen?«

»Ja, natürlich«, erwiderte ich.

»Dann wissen Sie also, was Sie erwartet?«

Ich wußte genau, was er meinte. Für die meisten Menschen aus dem Westen wäre wahrscheinlich selbst ein gutgeführtes Krankenhaus in der Dritten Welt ein Schock.

In Snuol bestand das Krankenhaus aus einer Hütte mit einem verrosteten Blechdach. Die Bettgestelle waren verrostet, Matratzen gab es nicht; auch keine Elektrizität und kein fließendes Wasser. Wasser für die Patienten wurde aus einem Ölfaß geschöpft.

Verglichen mit diesen Maßstäben war Gustls Krankenhaus fast komfortabel. Es gab Strohmatten und Jutedecken, Schwestern und Pfleger waren ständig im Dienst. Die Malaria wurde mit Chinin-Infusionen bekämpft, die Patienten hatten fließendes Wasser, die Böden wurden regelmäßig gewischt. Regelmäßigen elektrischen Strom und Röntgengeräte hatte das Krankenhaus nicht. Nachts erzeugte ein Generator den Strom für die medizinischen Geräte und für eine Glühbirne pro Station. Die Zahl der Ärzte war von sieben auf drei zurückgegangen; wegen der Bedrohung durch die Roten Khmer konnte Gustl nur noch selten kambodschanische Ärzte gewinnen.

Nur wenige Schritte von der Intensivstation entfernt weideten Schweine und Wasserbüffel, die Anwohner kochten über offenen Feuern. In der Regenzeit stand das Wasser bis vor die Türen. Das eigentlich Schockierende ist, daß dieses Krankenhaus für weite Teile dieser Welt typisch ist: Millionen Menschen werden, wenn sie ernsthaft krank sind, in primitiven Krankenstationen von engagierten Ärzten behandelt. Ein Drittel der Erdenbewohner kennen weder Kliniken noch medizinische Versorgung.[1]

Die Industrieländer, die nach dem Zweiten Weltkrieg vierzig Prozent der Weltbevölkerung ausmachten, stellen derzeit nur noch zwanzig

Prozent; dennoch kassieren sie 85 Prozent der weltweiten Einkünfte. Wahrscheinlich werden in den Industrienationen in den kommenden Jahrzehnten nur noch zwölf bis 15 Prozent der Erdbevölkerung leben[2], aber 90 bis 95 Prozent aller Geburten in den ärmsten Ländern registriert werden. Auch wenn die Wirtschaft in vielen Ländern wächst: Das größte Wachstum verzeichnet die Kluft zwischen Reich und Arm.[3]

Noch nie zuvor – weder während der verschiedenen demokratischen Revolutionen in Mitteleuropa noch nach dem Ende des Ersten Weltkrieges – war der Reichtum so ungleich und so ungerecht verteilt wie nach dem Ende des Kalten Krieges.

Bei Einbruch der Nacht hörte ich in der Intensivstation ein tiefes, gequältes Atmen; ich sah ein Paar große, wunderschöne dunkle Augen. Es waren die Augen eines Mädchens, das ungefähr zehn Jahre alt war. Sie lag unter einer rauhen Jutedecke und bemühte sich, der Unterhaltung zwischen Gustl und mir zu folgen, obwohl sie kein Englisch verstand. »In diesem Fall«, sagte Gustl, »ist die Tb zu weit fortgeschritten. Dieses Kind wird in den nächsten Tagen sterben. Wir können wenig tun. Wir können es ihr nur so angenehm wie möglich machen.«

Das Schmerzliche, ich wiederhole es, ist die Alltäglichkeit dieser Situation. Für einen zu großen Teil der Menschheit ist dies ein typisches Kind, das an einer typischen Krankheit – Tuberkulose – stirbt, in einem typischen Krankenhaus einer typischen Provinzstadt, in deren Umgebung Guerillakämpfer in den Wäldern lauern.[4]

Achtundvierzig Stunden später – ich war mit dem Schnellboot nach Phnom Penh zurückgekehrt und von dort nach Bangkok geflogen – saß ich im internationalen Flughafen von Bangkok, unterwegs nach Nordamerika, umgeben von Geschäften voller Luxusartikel. Auf den Fernsehbildschirmen in der Abflughalle konnte man über den Sender CNN die Ergebnisse der amerikanischen Wahlen vom November 1994 verfolgen.

Im Flugzeug fragte ich mich, was das alles bedeuten und beweisen sollte – das Mädchen, meine Reise von Sierra Leone nach Kambodscha. Wie ein Obdachloser an Tb stirbt, hätte ich auch in Manhattan erleben können. Um Armut, Not und Leid zu sehen, hätte ich nicht nach Südostasien reisen müssen.

Das Mädchen ist natürlich typischer für Kambodscha, als es ein Obdachloser für Amerika ist. Kambodscha ist eines der Länder mit der größten Tuberkulosehäufigkeit, in den Vereinigten Staaten fallen Tb-Erkrankungen kaum ins Gewicht. In Kambodscha kommt ein Arzt auf 18 518 Patienten, in den USA dagegen einer auf 389.[5]

Trotzdem müssen die Amerikaner über die Probleme der Welt nachdenken, über Armut, den Kollaps der Städte, die Auflösung von Grenzen, über ethnische Konflikte, das ökonomische Ungleichgewicht, die Schwächung von Nationalstaaten. Zu spät ist uns das Chaos bewußt geworden, das 1914 und in den dreißiger Jahren in Europa ausbrach. Zu lange hat uns der Kalte Krieg, Nachspiel des Zweiten Weltkriegs, beschäftigt. Anfang der neunziger Jahre werden wenige Stunden von Wien entfernt Zehntausende Menschen ermordet und Hunderttausende vertrieben. Wir haben kaum etwas unternommen. Wenn wir endgültig erwachen, werden wir uns nicht nur mit Europa auseinandersetzen müssen, sondern mit größeren Schrecken: Pandemien wie AIDS, Umweltkatastrophen, organisiertem Verbrechen. Zukünftige Krisen jenseits unserer Grenzen, zum Beispiel in Südafrika oder Mexiko, können ethnische und ökonomische Probleme in unserem Land verschärfen.

Die betrunkenen Soldaten in Sierra Leone und das sterbende Mädchen in Kambodscha stehen in einem engeren Zusammenhang, als wir wahrhaben wollen.

Ich wäre unaufrichtig, wenn ich behaupten würde, wir hätten eine Lösung für die Probleme oder wir könnten sie finden. Wir haben die Situation nicht in der Hand. Je mehr die Weltbevölkerung wächst und je komplexer die Gesellschaft wird, desto absurder wird die Vorstellung, eine Organisation wie die UNO könnte die Welt quasi von oben ordnen und steuern. Je mehr das Steueraufkommen im Westen sinkt und die Population in der Dritten Welt wächst, desto weniger wird die Entwicklungshilfe ausrichten können. Die Menschen werden ihre Probleme entweder auf lokaler Ebene lösen (wie in Rishi Valley) oder gar nicht.

Auf dem Rückflug war ich überwältigt von Hoffnungslosigkeit. Doch ist die Welt nicht schon immer so gewesen?

Die großen Zeitalter der Tugend sind selten. Athens goldenes Zeitalter währte kaum länger als ein Menschenleben. In *The Decline and Fall of the Roman Empire* schreibt Edward Gibbon, daß für die Bürger des römischen Reichs die »glückliche Zeit« lediglich vom Amtsantritt des Verwaltungsgenies Trajan im Jahre 98 n. Chr. bis zum Tod des sozial progressiven Kaisers Mark Aurel 82 Jahre später gedauert habe. Nach dieser kurzen Schönwetterperiode seien zahlreiche Jahrhunderte gefolgt, die genauso chaotisch waren wie die vorausgegangenen.[6]

Wir können uns vorstellen, daß die Menschheit in Gerechtigkeit und Harmonie lebt. Doch wie soll es möglich sein, daß der Großteil der Menschheit in Gerechtigkeit und Harmonie lebt, wenn wir den Lauf der Geschichte sehen, wenn wir die Bevölkerungsexplosion (seit dem Ende des 19. Jahrhunderts hat sich die Weltbevölkerung verfünffacht) betrachten und wenn die Armen auf den Fernsehern in ihren Lehmhütten sehen können, wie die Reichen leben? Fliehen geht nicht. Wohin denn? AIDS macht deutlich, daß Afrikas Klima und Armut eine Krankheit hervorbringen, die in Windeseile in die reichen Städte der westlichen Welt vordringt. Wir sind die Welt, und die Welt ist eins.

Je mehr ich von der Welt sehe, desto weniger habe ich das Gefühl, ich könnte Rezepte anbieten. Niemand kann den Lauf der Geschichte voraussehen; keine Nation und kein Volk ist sicher vor ihren Unbilden. Auf einer früheren Etappe meiner Reise, als ich auf dem Karakorum Highway unterwegs war, hatte mich Keats ermahnt, »mit Halbwissen zufrieden« zu sein. Als ich jetzt am Ende meiner Reise im Flugzeug Bilanz ziehen wollte, hörte ich den Dichter ein weiteres Mal:

And other spirits ... are standing apart
Upon the forehead of the age to come;
These, these will give the world another heart,
And other pulses. Hear ye not the hum
Of mighty workings? –
Listen awhile ye nations, and be dumb.[7]

Danksagungen

Wie meine früheren Bücher entstand auch dieses aus einem Projekt für *The Atlantic Monthly*. Cullen Murphy und Bill Whitworth unterstützten mich bei jeder neuen Idee. Jason Epstein vom Verlag Random House brachte mich mit seiner gewissenhaften Kritik und seinem gründlichen Redigieren wieder auf den Boden der Tatsachen zurück.

Dr. Richard Shain, der acht Jahre lang an Hochschulen in Nigeria unterrichtet hatte und am Philadelphia College of Textiles and Science afrikanische Geschichte lehrt, korrigierte die Kapitel über Westafrika. Große Teile des Abschnitts über Ägypten wurden von der Redaktion des *Atlantic Monthly* überprüft. Bulent Ali Reza vom *Center for Strategic and International Studies* in Washington redigierte die Abschnitte über die Türkei und Aserbaidschan. Die Kapitel über den Iran redigierte ein persisch sprechender früherer CIA-Mitarbeiter mit dem Pseudonym Edward Shirley. Martha Brill Olcott, die an der Colgate University lehrt, sah die Kapitel über Mittelasien durch. Barbara Crosette, *New York Times*-Korrespondentin in Süd- und Südostasien, überprüfte die Kapitel, die sich mit jenen Regionen befassen. Bei weiteren Recherchen unterstützten mich Joy de Menil von Random House, Peter Gizewski, Val Percival und Jane Willms von der University of Toronto, Craig Johnson vom *International Development Research Center* in Ottawa sowie Amy Meeker und Eric Haas vom *Atlantic Monthly*. Für unentdeckte Fehler und alle Deutungen im Text bin ich allein verantwortlich.

Mein Agent, Carl Brandt, bemühte sich von Anfang an, Unterstützung für dieses Werk zu gewinnen. Ich danke Klaus Schwab, Maria Livanos

Cattaui und Elizabeth Haefner vom *Weltwirtschaftsforum in Davos* für die Vermittlung von Kontakten zu Wissenschaftlern und Diplomaten, die mich zum Nachdenken anregten und mir auf meinen Reisen weiterhalfen. Anregungen kamen von der *School of Advanced Military Studies* in Fort Leavenworth, Kansas; mein besonderer Dank gilt dem Stabschef der *United States Army*, General Gordon Sullivan, und Professor Robert Berlin. Michael Vlahos vom *Center for Naval Analysis* in Washington leistete mir ebenfalls große Hilfe. Ein Seminar des *World Policy Institute* in New York lieferte konstruktive Kritik während der Entstehung meiner Arbeit.

Dieses Buch wäre nicht zustande gekommen ohne finanzielle Unterstützung durch das *United States Institute of Peace* in Washington und das *Foreign Policy Research Institute* in Philadelphia. Hier danke ich besonders Ken Jensen, Alan Luxenberg und Harvey Sicherman. Das *Olin Institute for Strategic Studies* an der Harvard University gewährte ebenfalls einen Zuschuß und veranstaltete dank der Mithilfe von Professor Samuel P. Huntington Seminare, bei denen mir Wissenschaftler fundierte Kritik lieferten.

In Westafrika gewährten mir Botschafter Hume Horan und seine Gattin Einblicke und Gastfreundlichkeit. Mein Dank gilt auch Chuck Cecil und Fidel Blay-Mackey. Im Zusammenhang mit Ägypten danke ich Mohammed El Dakhakhny, Barbara Epstein, Shafik M. Gabr, Michael Georgi, Chris Hedges, Philip Eagleton, Judith Miller und Tim Sullivan. Hilfe in der Türkei verdanke ich Gunay Evinch, Yucel Guldag, Ayse Hersek, Reza Deghati, Bob Poole und Erla Zwingle. Was den Iran betrifft, danke ich Zorz Crmaric, John Fox, Steve Grummon, Edward Shirley und Hashi Syedain.

Kathy Gannon tauchte in Pakistan auf und half mir auch diesmal, wie bereits vor sieben Jahren bei meinem Buch über Afghanistan. Der größte Gewinn beim Recherchieren von Büchern sind die Freunde, die man trifft. Auf meinen Reisen durch Mittelasien unterstützten mich unter anderem Doug Bakshian, Naeem Pasha, Ahmed Rashid, Alexei Shlykov und Anan Terterian.

In bezug auf Indien danke ich Radhika Herzberger, A. Kumaraswamy,

Patabi Ram und M. S. Sailendran; in bezug auf Thailand, Laos und Kambodscha Peter Gajewsky, Judith Gilmore, Bruce Hills, Sally und Frank Light, Nuth Ly, Robert J. Muscat, Glenis Rutledge, Parachai Satasuk, Eric Seldin, Pichayaporn Utumporn, James E. Vermillion, Tony Zola und ganz besonders Dan Robinson, einem alten Freund aus Äthiopien.

Für Unterstützung allgemeiner Art danke ich Yehuda Mirsky vom Washingtoner Institute for *Near East Policy*, Matthew Rees vom *Wall Street Journal Europe* und meiner Frau Maria Cabral, die dafür sorgte, daß ich in einem wunderschönen Zuhause arbeiten konnte. Zu Dank verpflichtet fühle ich mich auch gegenüber Avril Cornel, Debi Hoffenberg, Amy Levine, Lucie Prinz, Yvonne Rolzhausen, Jack Beatty und den übrigen Redaktionsmitgliedern des *Atlantic Monthly* in Boston.

Die Botschafter Jane Coon und Carleton Coon jr. lieferten Ratschläge, die sich auf jahrelange Lebenserfahrung in einigen der unruhigsten Regionen der Welt stützten. Botschafter Herbert S. Okun machte mich auf Laurence Sternes *A Sentimental Journey* aufmerksam. Anerkennung und Dank möchte ich auch den Beamten des Auswärtigen Amtes der Vereinigten Staaten zollen. Wo ich auch hinkam, fand ich die Unterstützung der amerikanischen Diplomaten, auch wenn meine Texte ihnen das Leben manchmal noch schwerer gemacht haben.

Anmerkungen

Teil I

1. Kapitel

1 Vgl. Philip D. Curtin: *The Image of Africa* und Pierre Gourou: *The Tropical World* in der Bibliographie.

2 Vgl. Deudney: *Bringing Nature Back In*, eine Monographie der University of Pennsylvania, in der Bibliographie.

3 Ich bedanke mich bei Dr. Martin Keller, Epidemiologe und Spezialist für Tropenkrankheiten, für seine Informationen.

4 Ich vermute, der Botschafter bezieht sich auf ein Schiffsunglück zu Anfang des 19. Jhds., dessen Überlebende verhungerten. Das Ereignis wurde unsterblich durch Jean Louis André Théodore Géricaults makabres Gemälde *Das Floß der Medusa*, das er 1819 vollendete.

5 Die Geschichte der Migration unserer Urväter wird durch neue Entdeckungen ständig in Frage gestellt. Vgl. Michael D. Lemonick: »*How Man Began*«, *Time*, 14. März 1994.

6 Vgl. Roland Oliver: *The African Experience* in der Bibliographie.

7 Das Zitat stammt aus dem Interview, das Pat Shipman für ihr Buch *Die Evolution des Rassismus* mit Stringer führte.

8 Aus »*An African Elegy*«. Vgl. Okri in der Bibliographie.

9 Das Zitat entstammt einem Leitartikel der Zeitschrift *Political Geography*, März 1992.

10 Vgl. Stephen S. Hall: *Mapping the Next Millennium* in der Bibliographie.

11 Ich habe Ostafrika, die eigentliche Wiege der Menschheit, ausgelassen. Allerdings hatte ich früher bereits in Zeitungsartikeln über diese Region berichtet. Die Situation dort ist kaum besser als in Westafrika. Obwohl die Geburtenraten gesunken sind, gehören sie immer noch zu den höchsten der Welt, auch wenn das Agrarland immer mehr ausgepreßt wird. Stammesfehden in Kenia haben Tau-

sende von Flüchtlingen hervorgebracht, Ruanda und Burundi sind von den Kämpfen zwischen Hutu und Tutsi zerstört.

12 Ostafrikanische Häfen, die intensiven Handel mit Arabien und Indien betrieben, sind eine Ausnahme.

13 Vgl. Andrew M. Kamarck: *The Tropics and Economic Development* in der Bibliographie.

14 Vgl. Anne Buttimer: *Geography and the Human Spirit* in der Bibliographie.

15 Vgl. Thomas S. Kuhn: *Die Struktur wissenschaftlicher Revolutionen.*

16 Vgl. Georgie Anne Geyers Artikel »*Our Disintegrating World: The Menace of Global Anarchy*« im [Encyclopaedia] Britannica Book of the Year von 1985. Geyer sah den Trend trotz der Vernebelung durch den Kalten Krieg. Wie so häufig, wenn jemand einen Trend zu früh erkennt, fand auch ihr Beitrag kaum Beachtung und geriet in Vergessenheit. Ich erfuhr zum ersten Mal davon, nachdem mein Artikel in *The Atlantic Monthly* erschienen war.

17 Diese Zahlen entstammen dem *Human Development Report* der UNO von 1994. Trotzdem danke ich Jonathan Moore, daß er als erster in seiner Monographie *Morality and Interdependence* darauf hingewiesen hat.

18 Vgl. Cheryl Simon Silver: *One Earth One Future* in der Bibliographie.

19 Vgl. Roland Oliver.

20 Vgl. Per Pinstrup-Andersens Untersuchung für das International Food Policy Research Institute in der Bibliographie. Seit die afrikanischen Länder in den sechziger Jahren ihre Unabhängigkeit erlangten, hat ihre Nahrungsmittelproduktion um 30 Prozent abgenommen.

21 Die Zahlen stammen aus verschiedenen Quellen, darunter *The Washington Post, The New York Times*, die Weltbank und so weiter.

22 Vgl. Population Reference Bureau in der Bibliographie.

23 Wenn man Nigeria ausließe, würde die Wartezeit sogar 100 Jahre betragen. Die Zahlen stammen von der Weltbank, den Oxford Analytica, dem Magazin *The Economist* und aus einem Artikel von Mathew Connelly und Paul Kennedy von der Yale University. Vgl. Connellys Artikel in *The Atlantic Monthly*, Dezember 1994.

24 Vgl. Peter Gizewskis Untersuchung von Urbanisierung und Gewalttätigkeit für die Pew Global Stewardship Initiative in Washington, D. C. Obwohl es schwierig ist, kausale Zusammenhänge zwischen

hohem Bevölkerungswachstum und bestimmten Ausbrüchen von Gewalttätigkeit herzustellen, verweist Jack Goldstone von der University of California darauf, daß »... in den letzten Jahren fast alle Schauplätze von Bürgerkriegen, Revolutionen und gewalttätigen Demonstrationen« – also Äthiopien, Ruanda, Nicaragua, der Jemen, Tadschikistan und so weiter – zwischen 1980 und 1991 Bevölkerungswachstumsraten von drei und mehr Prozent aufwiesen.

25 Von den 46 Staaten Schwarzafrikas rangieren nur 14 vor Indien und Pakistan. Und von diesen 14 sind fünf Inselstaaten, von denen wiederum vier nur eine niedrige Bevölkerungszahl haben. Der UNO zufolge befinden sich von den 15 Ländern mit der geringsten Alphabetisierungsrate 12 in Schwarzafrika. Die 12 Länder mit dem geringsten Bruttoinlandsprodukt pro Kopf sind alle in Schwarzafrika.

26 Mbembes und Roitmans Artikel erschien in der Zeitschrift *Public Culture* der University of Chicago, 1995. Dieser Augenzeugenbericht ist eine heftige Kritik der Autoren an den optimistischen Beurteilungen demokratischer Wahlen in Afrika.

27 Vgl. den Artikel von Marguerite Michaels, Chefkorrespondentin der *Times* in Nairobi, in *Foreign Affairs*, März 1993.

28 Der CIA zufolge wuchs die Bevölkerung Südafrikas Ende 1993 so rasch, daß sie sich in 27 Jahren verdoppeln würde.

29 Der offizielle Name der Elfenbeinküste ist der gleichbedeutende französische Begriff Cote d'Ivoire.

30 Vgl. Robert S. Desowitz: *The Malaria Capers*.

31 Ibid.

32 In *The Image of Africa* schrieb Curtin: »Die Chance, daß jemand, der dort [in Westafrika] längstens ein Jahr lebt, nicht von einer [malariaübertragenden] Mücke gebissen wird, ist zu vernachlässigen.« Dreißig Jahre nach Veröffentlichung dieses Buches ist die Situation nicht besser, sondern eher schlimmer geworden.

33 Vgl. Susan Okies Artikel in *The Washington Post*.

34 Ein großer Teil dieses Geldes mußte allerdings für die teuren Impfungen gegen Hepatitis B ausgegeben werden.

35 »*Darkening City: Lagos*, 83.« Vgl. Ben Okri.

36 Die Zitate sind dem UNO-Bericht über dieses Ereignis entnommen.

37 Ibid.

38 Juju ist eine dem Voodoo vergleichbare westafrikanische Magie, die Fetische verwendet.

39 Vgl. Worldwatch Institute Report, *Zur Lage der Welt*, 1993, in dem Jacobsons Aufsatz abgedruckt ist.

40 Für eine genauere Beschreibung von Baumgeistern vgl. Sir James Frazer: *Der goldene Zweig*. Eine Studie über Magie und Religion, Kapitel IX (Neuauflage 1977).

41 In *Die Kultur des Krieges* beschreibt John Keegan die alten Kriegskulturen.

42 Mit der Küste von Guinea ist nicht das Land Guinea gemeint, sondern die Küstenregion Ghanas, Togos und Benins. Vgl. Susan R. Stein: *The Worlds of Thomas Jefferson at Monticello*.

2. Kapitel

1 Am 29. April 1992 wurde der Präsident Sierra Leones, Joseph Momoh, durch einen Putsch ins Exil gezwungen. Eine Gruppe junger Offiziere übernahm die Macht.

2 Nachdem der Anfang dieses Kapitels 1994 in der Februarausgabe von *The Atlantic Monthly* erschienen war, trat das Kabinett in Sierra Leone zusammen, um festzustellen, welches Kabinettsmitglied die gelbsten Augen hatte; es ist also angebracht, daß ich die Identität dieses Mannes verschweige. Eins kann ich allerdings sagen: Dieser afrikanische Minister ist kein Kreole. Also kann man seine Ansichten auch nicht als die eines Kreolen abtun, der eine Kultur verhöhnt, die zunehmend von einheimischen Stämmen beeinflußt wird.

3 Vgl. Matthew Tostevin: »*Sinking to the Depths*«.

4 Sekou Touré regierte Guinea seit der Unabhängigkeit 1958 bis zu seinem Tod 1984. Seine Regierungszeit war von großer Brutalität und einem dramatischen wirtschaftlichen Niedergang gekennzeichnet.

5 Vgl. Population Reference Bureau in der Bibliographie.

6 Dr. Alan Greenberg, Chef der Seuchenkontrollstationen in Abidjan [Centers for Disease Control] gehört zu den Fachleuten, die die Verbreitung des AIDS-Virus verfolgen. Dessen Mutationsfähigkeit unter den Bedingungen, wie sie in Conakry vorherrschen, bereitet ihm Sorge.

7 Ich fand den Terminus in Thomas Sowells Artikel »*Middleman*

Minorities« in der Mai/Juni-Ausgabe von *The American Enterprise*, 1993.

8 Michelle ist ein Pseudonym für eine europäische Diplomatin, deren lokale Kontakte gefährdet sein könnten, wenn ich sie näher beschreiben würde. Manchmal benutze ich Pseudonyme, um Leute zu schützen.

9 Das Massaker fand im Dezember 1992 statt, neun Monate vor meinem Besuch.

10 Das Massaker, das 1981 in El Salvador in der Stadt El Mozote an 500 Zivilisten, darunter viele Frauen und Kinder, verübt wurde, ist ein Beispiel dafür. Mark Danner berichtet in einem Artikel, der am 6. Dezember 1993 in *The New Yorker* erschien, über diese Greueltat. Obwohl der Autor Amerikas Schuld (das rechte Todeskommando war amerikanisch geschult) betont, zeigt er ebenso, daß dieses Töten – vom gesamten Krieg ganz zu schweigen – Quellen eines Primitivismus freilegte, den die einheimische Kultur zu verantworten hat.

11 Katholische Hilfsdienste berichteten, daß die Sterberate des Lagers mit 11 Prozent um die Hälfte niedriger war als im übrigen Sierra Leone. Und während im Lager 16 Prozent der Kinder unter fünf Jahren an Mangelernährung litten, waren es im gesamten Land 23 Prozent.

12 Wenn die Bevölkerungswachstumsrate weit über 2,6 Prozent liegt (was vermutet wird), dann könnte die Fruchtbarkeitsrate nach oben schnellen. Allerdings hängt die Wachstumsrate auch noch von anderen Faktoren wie zum Beispiel Lebenserwartung ab.

13 Der englische Admiral Sir John Hawkins (1532–1595) war der erste Engländer, der das portugiesische Monopol auf den Sklavenhandel brach.

14 Ich habe rein zufällig einmal zwei Jahre lang in dem portugiesischen Dorf Sao Pedro da Sintra nördlich von Lissabon gelebt. Eine andere Version lautet, daß ein Italiener eine Karte von Westafrika mit dem Namen »Sierra Leone« herstellte und die heutige Bezeichnung des Landes darauf zurückzuführen ist.

15 Der letzte Teil von Burtons Bericht ist erstaunlich vage: Durch Meer und Wüste abgeschnitten, wohin sollten sie laufen? Und wie sollte das vor sich gehen?

16 1915 entsandte Präsident Woodrow Wilson U.S. Marines nach Haiti,

um nach 102 Putschen und Revolutionen in den vorausgegangenen 72 Jahren die Ordnung wiederherzustellen.
(Vgl. Robert und Nancy Heinl: *Written in Blood.*) 1992 sandte Präsident Bush Truppen nach Somalia, um den geordneten Ablauf der Hilfsgüterverteilungen gegen die Hungersnot sicherzustellen.

17 Die Encyclopaedia Britannica, Graham Greene in *Das Herz aller Dinge* und Sanford Ungar in *Africa: The People and the Politics of an Emerging Continent* verwenden den Ausdruck »Kreole« für die ursprünglichen Bewohner der Kolonie. Einige Reiseführer und die Leute in Sierra Leone bevorzugen die Bezeichnung »Krio«.

18 Die Bezeichnung »Großer Mann« stammt aus Blaine Hardens *Africa: Dispatches from a Fragile Continent.*

19 Der »*Human Development Index Ranking by Country*« der UNO.

20 Als Ergebnis einer Untersuchung von Tropeninstituten der USA berichtet Nichole Bernier, Fachleute seien »sich einig«, daß die Wirkung der Choleraimpfung »unter fünfzig Prozent« liegt und die Impfung somit überflüssig ist. Vgl. Bibliographie.

21 Heutzutage wird die arabische Mittelschicht in Sierra Leone meistens als »Libanesen« bezeichnet. Graham Greene nennt sie »Syrer«. Das rührt hauptsächlich daher, daß bis zum Ende des Zweiten Weltkriegs der Libanon oft als Teil Syriens galt.

22 Vgl. World Resources Institute in der Bibliographie.

23 Das Interview und die Reportage wurden von den beiden BBC-Korrespondenten Stephen Bradshaw und Mark Dowd für das Fernsehmagazin *Panorama* gemacht. Das Interview mit Botschafterin Peters wurde allerdings herausgeschnitten und kam in der Sendung vom 20. 3. 95 nicht vor.

3. Kapitel

1 Wie in Anm. 42 bereits vermerkt, ist das, was die Landkarte Thomas Jeffersons im Jahre 1802 mit »Küste von Guinea« bezeichnet, nicht mit dem Land Guinea zu verwechseln, das an der Windward Coast liegt.

2 Sämtliche früheren französischen Kolonien Westafrikas mit Ausnahme Guineas und Mauretaniens sind Mitglieder der Communauté Financière Africaine oder CFA.

3 Vgl. Albert van Dantzig: *Forts and Castles of Ghana.*

4 Noch 1993 hatte Ghana eine Bevölkerungswachstumsrate von

3,1 Prozent, was eine Verdoppelung der Bevölkerung innerhalb von 23 Jahren bedeutet. Allerdings ist das Bild nicht ganz klar. In *The Washington Post* berichtet Steven Coll von »drastisch niedrigeren« Statistiken für das Jahr 1994.

5 Während man die gesamte Küstenregion am Golf von Guinea als Sklavenküste bezeichnen kann, ist der ghanesische Teil auch als Goldküste bekannt wegen der inländischen Goldvorkommen.

6 Keith B. Richburg, Afroamerikaner und ehemaliger Afrikakorrespondent der *Washington Post*, kam in seinem Artikel »*Continental Divide*«, zu einer ähnlichen Schlußfolgerung. Die Schrecken Schwarzafrikas, schreibt er, hätten ihn dankbar werden lassen, daß seine Vorfahren als Sklaven in die Neue Welt kamen und er als Amerikaner aufwachsen konnte. Vgl. Bibliographie.

7 Die Mane gehören zum Volk der Mande.

8 Diese Brazailians brachten jene musikalischen Einflüsse mit, von denen zu Anfang des dritten Kapitels die Rede ist.

9 Vgl. *The London Observer*, 26. September 1993..

10 Wenn Bevölkerungswachstum und Landerosion einen kritischen Punkt erreicht haben, können selbst sinnvoll erscheinende Entwicklungsideen – statt Ungerechtigkeiten auszugleichen – zu mehr Streit zwischen den Gruppen führen. Das Becken des Senegal bietet hierfür ein Beispiel. Dürre und Bevölkerungswachstum führten zu Überbewirtschaftung des Bodens. Überweidung und Übersalzung sowie weitere Umweltbelastungen ließen einen chronischen Nahrungsmittelmangel befürchten. Also bemühten sich Senegal und Mauretanien beide um die internationale Finanzierung eines Dammes zur Ausweitung der Landwirtschaft im Flußgebiet. Doch dieser Plan führte, wie der Anthropologe Michael Horowitz von der State University of New York in Bingham gezeigt hat, zu einem rasanten Anstieg der Bodenpreise in den zur Bewässerung vorgesehenen Gebieten. Also änderte die mauretanische Regierung, die aus weißen Mauren (Arabern) bestand, die Gesetze über das Eigentum von Grund und Boden und enteignete die schwarzen afrikanischen Bauern, die auf der mauretanischen Seite des Flusses lebten. 1989 kam es zum ethnischen Aufstand in Mauretanien, der sich auf den Senegal ausdehnte, wo schwarze Afrikaner sich rächten, indem sie Tausende von Geschäften schlossen, die den Mauren gehörten. Fast wäre es zwischen beiden Ländern zum Krieg gekommen, und

70 000 schwarze Mauretanier, die von ihrer arabischen Regierung ausgewiesen wurden, flüchteten in den Senegal.

Teil II

4. Kapitel

1 Ich möchte betonen, daß aufgrund neuer Forschungsergebnisse das Bild von unseren Vorfahren und ihren frühen Wanderungen immer verwirrender wird. Vielleicht stammen die heutigen Menschen von einer Gruppe ab, die erst 270 000 Jahre alt ist. Mit den Urmenschen meine ich also einen nahen genetischen Verwandten unserer Spezies.

2 Vgl. *Marx-Engels Reader*, Hrsg. Robert C. Tukker, in der Bibliographie.

3 Der Marx-Mitstreiter Friedrich Engels diskutiert den »*Orientalischen Despotismus*« auch in seinen Schriften. Er war offenbar eine gemeinsame Idee.

4 Vgl. Janet Welsh Brown: *In the U.S. Interest: Resources, Growth and Security in the Developing World.*

5 Die Situation wird durch den Abbau von Lehm zur Ziegelherstellung und die Überbeanspruchung der Brunnen verschlechtert, weil dem Delta Grundwasser entzogen wird.

6 Vgl. Cheryl Simon Silver: *One Earth One Future: Our Changing Global Environment.*

7 Ibid.

8 Vgl. die Tafel auf S. 36 in Waterburys Buch.

9 Wüstenland, das durch Bewässerung wieder urbar gemacht wurde, ist in Ägypten teurer und weniger produktiv, als man gehofft hatte. Der neue Boden ist vielfach von schlechter Qualität und braucht deshalb eine besondere Bearbeitung.

10 Vgl. Waterbury.

5. Kapitel

1 Die Geographie ist hier etwas verwirrend. Nordägypten ist gleichzeitig Unterägypten, weil es nahe der Mündung des Nils liegt; Südägypten ist gleichzeitig Oberägypten, da es sich weiter flußaufwärts an der Quelle des Flusses befindet. Zentralägypten, von

Nord- wie Südägypten gleichweit entfernt, wird wahlweise als Mittelägypten und als Oberägypten bezeichnet, weil es sich flußaufwärts von Kairo befindet. Da die Journalisten zunehmend dazu neigen, Städte in der Mitte des Landes oberägyptische zu nennen, passe ich mich dieser Wortwahl an.

2 Mit der Bezeichnung »Fundamentalisten« bin ich nicht sehr glücklich, weil sie, wie mir Bernard Lewis, Experte für den Nahen Osten an der Princeton University mitteilte, ursprünglich für die amerikanischen religiösen Fanatiker der Jahrhundertwende gebraucht wurde. Lewis bevorzugt das Wort *Islamci*, »der mit dem Islam hausieren geht«, um politische Macht zu erhalten. Da der Leser aber mit dem Begriff »Fundamentalisten« vertraut ist, habe ich das Gefühl, mich daran halten zu müssen wie an den neutraleren Terminus »Islamist«.

3 Obwohl sich der Islam in Westafrika weiterverbreitet, wird er durch die Verschmelzung mit dem Animismus behindert: Die neuen Konvertiten sind weniger anfällig für antiwestlichen Extremismus, gleichzeitig wird der Glaube aber verwässert und ist weniger wirkungsvoll in der Kriminalitätsbekämpfung.

4 Ich interviewte Habib neun Tage vor dem Massaker in der Moschee von Hebron am 25. Februar 1994. Seine Aussagen sind also nicht auf das Klima nach dieser Tat zurückzuführen.

5 Das Wort »Kopte« entstammt dem arabischen *Qibti*, einer Abkürzung des griechischen *Aigyptios* (Ägypter). In ihrem Buch *Coptic Egypt* erklärt Jill Kamil, daß die arabischen Invasoren des 7. Jahrhunderts Ägypten *dar al Qibt* (»Heimat der Ägypter«) nannten: »Da damals die offizielle Religion Ägyptens das Christentum war, bezog sich der Begriff *Qibt* ebenso auf die Christen wie auf die Bewohner des Niltals.«

6 Für einen hervorragenden wissenschaftlichen Bericht über das christliche Mönchtum vgl. Derwas Chitty: *The Desert a City*.

7 Reuters Agenturbericht darüber datiert vom 12. März 1994 und wurde am 13. März in *The Washington Post* abgedruckt.

8 Die *jelalis* waren bewaffnete Irreguläre in Zentral- und Ostanatolien, die im 16. und 17. Jahrhundert gegen die Zentralmacht in Konstantinopel revoltierten. Viele ihrer Anhänger kamen aus den Reihen der Arbeitslosen. Vgl. Lord Kinross: *The Ottoman Centuries*.

9 Dies könnte die Behauptung von Peter Gizewski von der Univer-

sity of Toronto erhärten, daß urbane Gebiete die zukünftigen Konfliktherde sein werden.

6. Kapitel

1 Vgl. Jane Lagoudis Pinchin: *Alexandria Still.*
2 Aus dem Griechischen ins Englische von Edmund Keeley und Philip Sherrard. Vgl. *C.P. Cavafy.*
3 Vgl. Jacqueline Carol: *Cocktails and Camels.*

Teil III

7. Kapitel

1 Auf diese Zeile aus T. S. Eliots *Vier Quartette* machte mich der frühere türkische Premierminister und Dichter Bülent Ecevit aufmerksam.
2 Diese Statistiken basieren auf der türkischen Volkszählung von 1990. Einer der führenden Demographen, Ayut Toros aus Ankara, hat die Zahlen weiter bearbeitet.
3 Tatsächlich liegen zwei Drittel Istanbuls auf der europäischen Seite des Bosporus, ein Drittel liegt auf der asiatischen.
4 Christen, zu denen auch die Armenier gehören, machen nur 0,2 Prozent der türkischen Bevölkerung aus.

8. Kapitel

1 Aus den Einführungsversen von Rumis Hauptwerk *Mesnewi.* Vgl. Ozturk in der Bibliographie.
2 Hierzu gehören Konyas berühmte »tanzende Derwische«.
3 Ich reiste 1993 durch die Türkei, ein Jahr vor meinen Besuchen in Ägypten, dem Iran, Zentralasien, dem indischen Subkontinent und Südostasien.
4 Der *Dede Korkut* basiert auf den Geschichten der ogusischen Türken.
5 Auf einer anderen Reise, bei der ich Aspekte des Tourismus in der Türkei erkunden wollte, fuhr ich nach Antalya. Westlich von Kizkalesi gelegen, erfüllt Antalya die Bedürfnisse einer etwas wohlhabenderen Touristenschicht. Der alte Teil der Stadt wurde sorgfältig restauriert. Die Straßen sind sauber, und es gibt saubere öffentliche

Toiletten. Wasser ist ausreichend vorhanden. Doch sogar hier droht die Gefahr, daß die Region in den kommenden Jahrzehnten auf eine Umweltkatastrophe zuläuft. Ab Mitte Mai sind sämtliche Hotels und Pensionen belegt, die Türken bauen und bauen. Sobald jemand in diesem Teil des Landes zu Geld gekommen ist, errichtet er ein Hotel.

6 Die Alawiten, Drusen und Ismailiten sind die Überreste einer schiitischen Welle, die vor tausend Jahren Syrien überschwemmte. *Alawit* bedeutet Anhänger des Ali, Mohammeds Schwiegersohn, der zum Märtyrer wurde und von Millionen Schiiten im Iran verehrt wird. Für die sunnitischen Araber Syriens sind die Schiiten Häretiker. Daß Syriens Präsident Hafez Assad sich zu den Alawiten zählt, ist höchst ungewöhnlich.

9. Kapitel

1 Vgl. den Teil »*The Dynastic Realm*« im Kapitel über »*Cultural Roots*« in Benedict Anderson: *Die Erfindung der Nation.*

Teil IV

10. Kapitel

1 »Persien« ist die Bezeichnung der alten Griechen für den heutigen Iran; das Wort leitet sich vom Namen der Provinz Fars im Südwesten ab; daher auch Farsi als Bezeichnung der Landessprache.

2 Quelle: *Population Action International.* Nur Delhi, Peking und Kalkutta weisen schlimmere Luftqualitäten auf.

3 Siehe Shaban und Johnston in der Bibliographie.

4 In Benazir Bhuttos Pakistan betrug laut Entwicklungsprogramm der UNO im Jahre 1994 die Zahl der Frauen, die lesen und schreiben konnten, nur 45 Prozent der Zahl männlicher Lesekundiger; im benachbarten fundamentalistischen Iran waren es 66 Prozent. In den vergangenen zwei Jahrzehnten ist die Lese- und Schreibfertigkeit unter Frauen in Pakistan – verglichen mit Männern – nur um acht Prozent gestiegen, im Iran dagegen um 23 Prozent. In Pakistan erreichten nicht einmal halb so viele Frauen wie Männer die Sekundarstufe der Schule, im Iran immerhin 70 Prozent.

5 Die Kadscharen-Dynastie bestand aus turkmenischen Schahs, die

den Iran von 1794 bis 1925 beherrschten. Unter ihnen begann zwar die Modernisierung des Iran, gleichzeitig aber auch ein Verfall der zentralen Herrschaft; ausländischen Mächten wurde so eine übermäßige Einflußnahme auf iranische Angelegenheiten ermöglicht.

6 David St. Vincent schreibt im *Lonely Planet Guide to Iran*, der Iran sei bezüglich Kriminalität »für ausländische Besucher eines der sichersten Länder Asiens«.

7 Siehe die in der Bibliographie angeführte Langzeitanalyse der amerikanisch-iranischen Beziehungen von Edward G. Shirley, einem persisch sprechenden ehemaligen Geheimdienstagenten der CIA.

11. Kapitel

1 Der Zwölfer-Schiismus, der zwölf rechtmäßige Imame anerkennt, bildet den Hauptzweig des schiitischen Glaubens.

2 Siehe M. J. Majds Artikel über Bodenreform und Urbanisation.

3 Siehe Keddie in der Bibliographie.

12. Kapitel

1 Die Baha'i werden brutal verfolgt vom geistlichen Regime; sie werden als Abtrünnige betrachtet, die der offiziellen Anerkennung unwürdig sind, die Christen und Juden im fundamentalistischen Iran genießen. Der Baha'ismus ist ein Zweig des Schiismus. Interessanterweise entstand er im 19. Jahrhundert unter den frühen Einflüssen des industrialisierten Westens und ist daher besonders verhaßt bei jenen Iranern, die sich vom Westen bedroht sehen.

2 Ein Toman ist eine Zahlungseinheit im Wert von zehn Rial.

3 1978 verlegte Khomeini sein Exil von Najaf im Irak nach Paris, nachdem der Schah Druck auf die irakische Regierung ausgeübt hatte.

4 Vgl. dazu Peter Waldmans Darstellung der iranischen Wirtschaft im *Wall Street Journal*, 28. Juni 1994.

13. Kapitel

1 Kyros der Große befreite die Israeliten im 6. Jahrhundert v. Chr. aus der »Babylonischen Gefangenschaft« und siedelte sie in Palästina an. Seine Absicht war es, einen propersischen Pufferstaat zwischen Ägypten und Persien zu gründen. Ähnliche Motive bewegten den letzten Schah, der Israel als propersische Pufferzone gegenüber Per-

siens Erzfeind, den Arabern, betrachtete. Diese Realität beeinflußte auch Khomeinis Regime, das in seinem Krieg gegen den arabischen Irak stillschweigend Waffen von Israel annahm.

14. Kapitel

1 Die iranischen Tageszeitungen vermerken das Datum nicht nur nach dem moslemischen, sondern auch nach dem zoroastrischen Kalender.

2 Die beiden anderen Bauwerke, die Byron tief beeindruckten, waren die Moschee von Gohar Schah in Meschhed und der *Gumbad-i-Qabus*, ein Turm, ebenfalls im nordöstlichen Iran, den ich später besuchte.

3 Daß der Irán auf der Weltbevölkerungskonferenz 1994 in Kairo anfänglich Maßnahmen zur Geburtenkontrolle ablehnte, änderte nichts an dem rigorosen Programm zur Geburtenkontrolle im eigenen Land. Die anfängliche Ablehnung während der Konferenz war politisch bedingt; auf diese Weise konnten die Mullahs den Westen, insbesondere die Vereinigten Staaten, verteufeln.

4 Auszüge aus Werken von Hafis in der englischen Übersetzung von Gertrude Bell in *The Teachings of Hafis* (Octagon Press Ltd., London).

5 Englisches Zitat aus *The Teachings of Hafis* (Octagon Press Ltd., London).

6 Dieser Dialog zwischen Tamerlan und Hafis stammt aus dem Eintrag über Hafis in der *Encyclopaedia Britannica* in der Ausgabe von 1910; den Eintrag verfaßte der englische Orientalist Edward Henry Palmer, der 1882 auf einer Kamelkaufexpedition im Sinai ermordet wurde.

15. Kapitel

1 Mit fünf Ölfeldern am Kaspischen Meer mit schätzungsweise 3,3 Milliarden Barrel Erdöl kann die ehemalige Sowjetrepublik Aserbaidschan – zusammen mit den Nachbarn Kasachstan und Turkmenistan – eine Bedeutung erlangen wie die Staaten am Persischen Golf.

2 Byron ist seit 1941 vermißt. Die deutsche Marine hat das Schiff torpediert, mit dem der erst 36jährige nach Kairo reiste, um Kriegsberichterstatter zu werden.

3 In seinem Buch *Le Nouveau Moyen Age* vertritt Minc eine ähnliche These wie ich in meinem Artikel *The Coming Anarchy* im *Atlantic Monthly*, Februar 1994.

Teil V

16. Kapitel

1 Dies muß relativiert werden: Das Wort »Turkestan« wurde bis 1922 offiziell verwendet; auch während der sowjetischen Ära wurde es, wenn auch inoffiziell, in begrenztem Maße benutzt.

2 Die Wissenschaftler betrachten die Kirgisen und Kasachen nicht als »Turkestaner«, sondern als »Mittelasiaten«, weil sie östlich des Gebietes leben, das normalerweise als Turkestan bezeichnet wird.

3 Die Eroberungen der Mongolenhorden unter Dschingis Khan im 13. Jh. wirkten sich ethnisch nur begrenzt auf die Turkvölker aus; die meisten Mongolen kehrten in ihre Heimat zurück; nur wenige blieben und vermischten sich mit der einheimischen Bevölkerung. Hier und im folgenden wird das englische »*Turkic*« mit »turkstämmig« übersetzt und bezeichnet die Zugehörigkeit zu den Turkvölkern im weiteren Sinne; die Begriffe »türkisch« und »turkmenisch« werden heute spezifisch auf die Staaten Türkei und Turkmenistan im engeren Sinne bezogen. (Anmerkung des Übersetzers)

4 Den Begriff der »Misch«-Identitäten prägte ursprünglich der Anthropologe Robert L. Canfield von der Washington University in St. Louis.

5 Diese Auffassung stammt von Jon Anderson, einem Anthropologen an der Catholic University in Washington, D.C.; er teilte sie mir in einem persönlichen Gespräch mit.

6 Ich flog von Teheran über Pakistan nach Taschkent, weil ich als Drittstaatenangehöriger die Grenze zwischen dem Iran und Turkmenistan nicht passieren konnte und weil damals keine Flugverbindung von Teheran nach Taschkent bestand.

7 Die Russen werfen die Mongolen und die Turkvölker unter der Bezeichnung »Tataren« in einen Topf.

8 Die Tschetschenen praktizieren denselben Glauben wie die übrigen moslemischen Turkvölker, nämlich den sunnitischen, sind aber, so der Wissenschaftler Paul Henze, »Paläokaukasier«.

9 »Turkstämmig« und nicht nur »usbekisch« deswegen, weil die Usbeken in Taschkent damals wahrscheinlich nicht so zahlreich waren wie die Kasachen und Kirgisen.

10 Laut Feshbach und Friendly *(Ecocide in the USSR)* dezimierte der russische Exodus aus Usbekistan die Zahl der Fachkräfte in einem Maße, daß »lebenswichtige Einrichtungen wie das größte Wasserkraftwerk der Republik ohne geschultes Wartungspersonal dàstanden ... und der Rettungsdienst von Taschkent die Hälfte der Belegschaft verlor«.

17. Kapitel

1 Die Karte ist von *Marvin Zonis and Associates, Inc.*, einer in Chicago ansässigen internationalen Beraterfirma, gefertigt worden.

2 Puschkin, eine der großen Gestalten der russischen Literatur, hatte schwarze Vorfahren. Der Großvater seiner Mutter, Abram Hannibal, war ein schwarzer General in der Armee Peters des Großen.

3 James Elroy Flecker schrieb einmal: »Aus Begierde zu wissen, was man nicht wissen sollte/Machen wir die goldene Reise nach Samarkand.«

4 In der ursprünglichen Turksprache hieß Tamerlan Timur Leng (Timur der Lahme).

5 Siehe Dr. Stefan Wurms Artikel über Kultur und Linguistik der Turkvölker.

18. Kapitel

1 »*Lav Story: Romania's Dirty Little Secret*« erschien am 25. April 1994; siehe Bibliographie.

2 Die Zahlen in diesem Abschnitt stammen aus Nancy Lubins Artikel »*Pollution and Politics in the USSR*«, erschienen in Hansen, Carol Rae. *The New World Order*. Arizon, 1992.

3 Diesen Begriff prägte Professor Alan K. Henrikson von der Tufts University; er erläuterte ihn 1985 in einem Brief an den Mittelasienforscher Mahnaz Z. Ispahani; siehe Ispahani in der Bibliographie.

4 Ahmed Rashid behandelt diese Themen ausführlich in *The Resurgence of Central Asia*.

5 Oxford Analytica Tagesbrevier für das Weltwirtschaftsforum in Davos, 3. August 1994.

6 Siehe dazu den Bericht der Journalistin Vivien Morgan.

7 Die Kasachen haben die Stadt in Almaty umbenannt, doch für viele heißt sie nach wie vor Alma-Ata: »Vater der Äpfel«.

8 Siehe den in der Bibliographie angegebenen Artikel über Erdöl von John Greenwald.

9 Die Hintergründe der Ölgeschäfte und der politischen Unruhen im Sudan erläutert Mansour Khalid in *Nimeiri and the Revolution of Dis-May*.

10 Manche russische Familien leben schon länger in der Region. Im Nordwesten Kasachstans siedelten die Russen seit 1640, an der russisch-kasachischen Grenze seit 1720.

11 Siehe dazu die Einträge zu Conquest, Nahaylo und Rashid in der Bibliographie.

19. Kapitel

1 Fox Butterfield schreibt in *China: Alive in the Bitter Sea*, daß laut People's Daily von 1966 bis zu Mao Tse-tungs Tod im Jahre 1976 hundert Millionen Menschen unter »politischen Schikanen« litten.

2 »Offiziellen chinesischen Publikationen zufolge machen sämtliche autonomen Minderheitenregionen im Land ... über sechzig Prozent der Staatsfläche aus«, schreibt A. Doak Barnett in *China's Far West: Four Decades of Change*.

3 Siehe Ismail Kadare: *The Concert*.

4 Diese Zahlen zitiert Barnett in *China's Far West*. Der China-Experte wurde in China geboren; er besuchte Sinkiang Ende der vierziger Jahre vor der Machtübernahme durch die Kommunisten und ein weiteres Mal Ende der achtziger Jahre.

5 Ross Munro schreibt in »*China's Waxing Spheres of Influence*«, *Orbis*, Herbst 1994, daß die Han-Chinesen etwa die Hälfte der Provinzeinwohner ausmachen. Munro glaubt, daß China an Sinkiang festhalten wird, deutet aber an, daß dieser Teil der Welt in ein »Tributstaatensystem« zurückverfallen wird: Entlegene Regionen werden Peking Tribut zahlen und damit seine Hegemonie anerkennen.

6 Diese Äußerungen fielen in einer Diskussion zwischen Biggs und mir; sie erschienen in einem Artikel von Andrew E. Serwer im Magazin *Fortune*, 2. Mai 1994.

7 Siehe dazu Lena H. Suns Bericht über chinesische Dörfer.

8 Homer-Dixons Ansichten über »*social-social*« und »*physical-social*«

Theorien wurden geprägt von der Arbeit eines Pioniers in Fragen
Umweltsicherheit, Daniel Deudney.

9 Siehe Jonathan Spences Artikel über Smils Buch.

10 Siehe Xiao Lis Artikel.

11 Eine zusätzliche Überschwemmungsgefahr entsteht dadurch, daß
die Flußbetten durch erosionsbedingten Schlamm versanden und
damit oft oberhalb der umgebenden Flächen liegen.

12 Siehe Goldstone.

20. Kapitel

1 Ich denke an Georgie Anne Geyers Buch über Mittelasien und
Anne Applebaums Bericht über die westlichen Grenzländer der
ehemaligen Sowjetunion.

2 Siehe »*Ethnogenesis of the Uighur*« von Dru C. Gladney.

3 Die Ungarn, die aus Mittelasien nach Europa wanderten, sind ein
finno-ugrisches Volk, eine Untergruppe der ural-altaischen Völker,
zu denen auch die verschiedenen turkstämmigen Gruppen zählen.
Somit sind die Ungarn sehr weitläufig mit den Uiguren verwandt.
Auf einem Friedhof östlich von Urumtschi entdeckten ungarische
Archäologen ähnliche Objekte wie auf ungarischen Friedhöfen aus
dem 9. und 10. Jahrhundert. An ungarischen Universitäten sind In-
nerasien-Studien derzeit in Mode; das Aufleben des Nationalismus
nach dem Ende des Kalten Krieges fördert die Erforschung ethnischer Wurzeln.

21. Kapitel

1 Siehe Rashid: *Resurgence of Central Asia*.

2 Siehe Ispahani.

3 Siehe Giles Whittells ausgezeichneten und knappen geologischen
Abriß in *Central Asia*.

4 In weiten Teilen des indischen Subkontinents und Afghanistans ist
dies die traditionelle Kleidung; sie besteht aus weiten Baumwollho-
sen und einem langen, wallenden Hemd.

22. Kapitel

1 »*Pandschab*« ist Sanskrit und heißt »fünf Flüsse«. Die fünf Flüsse
sind Jhelum, Chenab, Ravi, Sutlej und Beas; sie gehören zum
Stromgebiet des Indus.

2 Die indoeuropäischen Tucharen besiedelten einst Chinesisch-Turkestan; John R. Krueger, der die Veröffentlichungen der *Mongolia
Society* an der Indiana University herausgibt, lieferte mir Informationen über Tucharistan.

3 Siehe Christina Lamb: *Waiting for Allah.*

4 Siehe Steve Coll: *On the Grand Trunk Road.*

5 Nach Angaben der pakistanischen Drogenaufsichtsbehörde und einer Aussage von Melvyn Levitsky, einem stellvertretenden US-
Staatssekretär für Internationales Drogenwesen, am 8. Januar 1989
vor dem amerikanischen Kongreß.

6 Siehe Steve Coll: *On the Grand Trunk Road.*

7 Siehe Jessica Mathews Artikel über Bevölkerungswachstum: »The
Abortion Distraction« in *The Washington Post*, 21. November 1994.

8 Siehe Boyce Rensberger: »*Contraception and Smaller Families*«.

9 Siehe den Artikel von Mobarik Virk.

10 Große Reedereien pflegten ihre Frachtschiffe unter der Flagge Liberias fahren zu lassen, um der Steuer in ihrem jeweiligen Heimatland zu entgehen. Ihre Niederlassung in Liberia besteht oft nur aus
einem Briefkasten.

11 In einer Studie über Äthiopien weisen Jason Clay und Bonnie
Holcomb auf den engen Zusammenhang zwischen politisch organisierten ethnischen Gruppen und »spezifischen ökologischen Nischen« hin. Bruce Byers untersucht dieses Thema weltweit in seiner Monographie »*Ecoregions, State Souvereignty and Conflict*«.

12 Entsprechend argumentiert der Geograph Bruce Byers in seiner
Monographie über Ökoregionen.

13 In ganz Afrika hat Eritrea die besten Basisorganisationen in bezug
auf Hungerhilfe und Gesundheitswesen sowie ein Programm zum
Agrarausbau, ein Bildungssystem und eine gutdokumentierte Bilanz
über den Schutz der Menschenrechte. Die Guerillahauptstadt verfügte in den achtziger Jahren, bereits vor der Staatsgründung, über
eine große unterirdische Klinik, die mit Wind- und Sonnenenergie
versorgt wurde und in der eigene Aspirin- und Malariatabletten, In-
fusionslösungen und Damenbinden hergestellt wurden. Ich konnte
mich selbst davon überzeugen, wie die Eritreer die Ideale der Selbsthilfe und der Gruppenzusammengehörigkeit in eine neue politische
Weltanschauung umsetzten. All dies ereignete sich in Schwarzafrika – ein Beweis dafür, daß keine Region je hoffnungslos ist.

Teil VI

23. Kapitel

1 Die Zahl von 1,25 Milliarden beruht auf der optimistischsten unter den jüngsten Hochrechnungen; sie geht von der Möglichkeit aus, daß die Bevölkerungswachstumsrate Indiens auf 1,1 Prozent jährlich sinkt.

2 Eine weitere Ursache der Pest bestand darin, daß der Sommer des Jahres 1994 auf dem Subkontinent ungewöhnlich heiß war. Es verendeten viele Tiere, in deren Kadaver Krankheitserreger ausgebrütet wurden. Verbreitet wurden die Erreger durch den Monsun, der durch die heiße Sommerluft verstärkt wurde. Paul Epstein von der Harvard School of Public Health und der Journalist Ross Gelbspan vertraten in der *Washington Post* (19. März 1995) die Auffassung, Indien sei ein Beispiel dafür, wie der Treibhauseffekt die Ausbreitung von Krankheiten begünstige.

3 Schwarzafrika stellt zwar elf Prozent der Weltbevölkerung, hat in den letzten Jahren jedoch nur etwa sechs Prozent des privaten Kapitalverkehrs aufgebracht. In Südafrika mag sich diese Zahl seit den Wahlen geringfügig erhöht haben, doch in West- oder Ostafrika dürfte sie sich kaum ändern.

4 Siehe Ross H. Munro: The Loser: India in the Nineties, in *The National Interest*, Sommer 1993.

5 Auf einer Konferenz zum Thema »*Managing Chaos*« im November 1994 in Washington äußerte Jessica Mathews: »Ich glaube, das endgültige Urteil über Malthus ist noch nicht gefällt. Die Frage ist, ob er sich in mehr als nur in seiner Zeitprognose irrte.«

6 Siehe Sen: Population: Delusion and Reality, in *The New York Review of Books*, 22 September 1994.

7 Im Mai 1995 berichtete ein Seuchenexperte auf einer Konferenz an der University of Oklahoma von der Arbeit eines nigerianischen Forschers der Weltgesundheitsorganisation (WHO): Die Choleraproben, die der Wissenschaftler untersucht hatte, waren allesamt unbrauchbar, weil der Laborkühlschrank ausgefallen war. Ursache war ein Stromausfall, der durch Unruhen in Lagos ausgelöst wurde.

8 Diese Zahl taucht in Edward Gargans Artikel »New Delhi Journal« auf, der am 12. Juni 1993 in der *New York Times* erschien.

9 Siehe Michael Specters Artikel über Sibirien, der diese Widersprüche in einem anderen Milieu untersucht.

10 Molly Moore, die Neu-Delhi-Korrespondentin der *Washington Post*, berichtet, daß von den 12,5 Millionen Einwohnern Bombays 5,5 Millionen in Slums leben.

11 Siehe John Ward Anderson: *Poor vs. Rich in Indian State*; dieser Artikel in *The Washington Post*, 2. Februar 1994, schildert die Verfahrensweise der Volksgerichte.

24. Kapitel

1 Krishnamurti wurde stark beeinflußt von der englischen Sozialreformerin Annie Besant; seine Philosophie könnte zum Teil ein Produkt westlicher Denkweisen sein.

2 In *The New Republic* vom 7. Juli 1986 schreibt Daniel Patrick Moynihan: »Die zentrale Wahrheit des Konservativen ist die, daß die Kultur, nicht die Politik, den Erfolg einer Gesellschaft bestimmt. Die zentrale Wahrheit des Liberalen ist die, daß die Politik eine Kultur verändern und sie vor sich selbst retten kann.«

3 Der Gummi gleicht jenem, der für Schuhsohlen verwendet wird.

4 Diese Philosophie wurde, wie gesagt, durch den Einfluß von Annie Besant auf Krishnamurti genährt.

25. Kapitel

1 Die Bezeichnung »Indochina« wird normalerweise nur für die ehemaligen französischen Kolonien – Laos, Kambodscha und Vietnam – verwendet; in ethnographischer und kultureller Hinsicht ist es jedoch korrekt, den Begriff auf ganz Südostasien auszudehnen.

2 Homer-Dixon beschreibt die Welt mit folgendem Bild: Eine langgestreckte, vollklimatisierte Limousine fährt durch die mit Schlaglöchern übersäten Straßen von New York, auf denen es von obdachlosen Bettlern wimmelt. In dieser Limousine sitzen Nordamerika, Westeuropa, die Pazifik-Anrainer und ein paar weitere Länder. Der Großteil der übrigen Welt ist auf der Straße. Für das vollständige Zitat siehe 1. Kapitel und Kaplan: *The Coming Anarchy*.

3 Diese Feststellung machen zahlreiche Beobachter, unter anderem Suvicha Pouaree, Dekan am thailändischen *National Institute of Development Administration*. Ein von Studenten angeführter politischer Protest vor einigen Jahren war die Ausnahme.

4 Siehe CIA: *World Factbook.*

5 In Indien ist die Elektrizität im allgemeinen weitaus zuverlässiger als in Afrika, doch auch in diesem Land gibt es keine Gewähr für eine konstante Stromversorgung.

6 Während die Chinesen problemlos in die thailändische Gesellschaft integriert wurden, hatten es die Vietnamesen, die traditionellen Feinde der Thai, schwer, als sie in den fünfziger Jahren einzuwandern begannen. Sie galten als Bürger dritter Klasse; ihren in Thailand geborenen Kindern wurde die thailändische Staatsangehörigkeit meist verweigert. Diese Art der Diskriminierung wird heute im allgemeinen nicht mehr praktiziert.

7 Die entsprechenden Monographien finden sich in der Bibliographie unter Phantumvanit.

8 Eine längere Lebenserwartung, die teilweise durch sinkende Geburtenziffern bedingt ist, widerspricht einer Auffassung von »Leben«, die allein die Quantität der Menschen berücksichtigt, nicht aber die Qualität des Lebens, d. h. mehr Jahre bewußten Lebens unter besseren Umständen.

9 Als ein Vertreter des Vatikans im Vorfeld der Weltbevölkerungskonferenz in Kairo im Jahre 1994 die große Bevölkerungsdichte im Fernen Osten als Beweis dafür anführte, daß große Populationen wie die in Ruanda das Wirtschaftswachstum nicht bremsten, übersah er, daß die Steigerung der Bruttoinlandsprodukte und die Fortschritte in der Alphabetisierung in Ländern wie Japan und Thailand erst einsetzten, *nachdem* sich das Bevölkerungswachstum stabilisiert hatte. Eine Japanerin bringt im Durchschnitt 1,5 Kinder zur Welt, eine Ruanderin sieben bis acht.

10 Kraftfahrzeuge sind die Hauptverursacher der Luftverschmutzung in der Stadt. Laut Weltbank sind sie für 10 000 bis 100 000 Arztbesuche jährlich verantwortlich. Die Situation wird sich noch deutlich verschlechtern, da der Anteil der Braunkohle an der primären Energieerzeugung bis zum Jahre 2006 um nahezu dreihundert Prozent steigen wird. Die Luft in Bangkok wird dann genauso schwarz und rußig sein wie die in Kalkutta. Der Ausstoß von Schwefel wird sich bis zum Jahre 2011 um ein Mehrfaches erhöhen, die Kohlenstoffemission aus Fahrzeugen und anderen Quellen mehr als verdoppeln. Blutproben ergaben, daß der Bleigehalt in Bangkok bereits dreimal so hoch ist wie in den Vereinigten Staaten und Westeuropa.

11 Von Mitte der achtziger bis Mitte der neunziger Jahre stieg der Bedarf an Trinkwasser um nahezu fünfzig Prozent. Von Mitte der neunziger Jahre bis zum Jahr 2007 wird der Bedarf um weitere 25 Prozent steigen. Bereits 1986 wurden elf Millionen Kubikmeter Wasser im Großraum Bangkok aus dem Untergrund gepumpt. Dies übersteigt den Grenzwert der »geschätzten zulässigen Ausbeute« um nahezu vierzig Prozent. Die unterirdischen Grundwasserlager trocknen aus, die Brunnen müssen immer tiefer gebohrt werden. Durch das Austrocknen der Aquifern senkt sich der Boden unter Bangkok um jährlich zehn Zentimeter, hierdurch erhöht sich wiederum die Überschwemmungsgefahr. Indessen sind nur zwei Prozent der Einwohner Bangkoks an Kanalisation und Kläranlagen angeschlossen.

12 Siehe Homer-Dixon: »Environmental Scarcities and Violent Conflict«, in *International Security*, Sommer 1994.

13 Dies war ein nobles Etablissement. Doch es gibt in Thailand Bars und Bordelle, in denen weibliche Prostituierte schrecklich mißhandelt werden; ein Beispiel ist das Bordell in Südthailand, das abbrannte und in dem die verkohlten Leichen von Mädchen gefunden wurden, die an ihre Betten gefesselt waren.

14 Einer Studie zufolge arbeiteten 44,2 Prozent der thailändischen Prostituierten im Agrarsektor, bevor sie in die Sexindustrie wechselten; siehe Boonchalaksi und Guest.

15 Im Nordwesten Thailands ist die Lage kaum besser. Ekachai beschreibt ein Dorf, in dem »kaum noch junge Leute leben«. Eine grundbesitzlose Farmerin, Mae Tee Boonaree, teilt der Autorin mit: »Meine Tochter verrichtet Hausarbeit in Bangkok, und mein Sohn arbeitet in einer Fabrik ... Mein Mann und mein ältester Sohn sind zu den Zuckerrohrfeldern gegangen, deshalb bin ich jetzt allein ...« Ein Nachbar, Poh Nuan, fügt hinzu: »Früher war hier dichter Wald, und es regnete regelmäßiger ... Es scheint immer schlimmer zu werden ...« Der Mangel an Ackerland, schreibt die Autorin, »wurde verschärft durch den Bedarf thailändischer und ausländischer Firmen an großflächigen Eukalyptusplantagen«, die aufgrund der weltweiten Nachfrage nach Pulpe zur Papierherstellung große Profite abwerfen. Eukalyptusbäume verhärten jedoch den Boden und verbrauchen sehr viel Wasser; ihre Wurzeln vertilgen andere Bäume und umstehende Pflanzen. Doch viele der Flächen, die wiederauf-

geforstet werden sollen, werden mit Eukalyptusbäumen bepflanzt. Die reichen Thailänder werden noch reicher und die armen Bauern noch ärmer.

16 Diese Optimisten übersehen, daß ein immer größerer Teil des neuen Reichtums durch sozial zersetzende Mafia-Aktivitäten entsteht.

17 Diese Zahlen werden durch einen Bericht über Südostasien erhärtet, den Dr. Michael H. Merson 1994 für die Weltgesundheitsorganisation (WHO) verfaßte.

18 Dem *Center for International Research* des Statistischen Bundesamtes der Vereinigten Staaten zufolge wird die Bevölkerung Thailands aufgrund von AIDS im Jahre 2020 um 21,8 Prozent unter ihrem normalen Wachstumsniveau liegen.

26. Kapitel

1 Die Thai wurden von den Khmer als »Siamesen« bezeichnet; der Begriff leitet sich möglicherweise von dem Sanskritwort *shyama* ab, das soviel wie »schwärzlich« bedeutet. Dies scheint ein wenig paradox, wenn man bedenkt, daß die Khmer genauso dunkelhäutig, wenn nicht sogar dunkler sind als die Thai. Die Khmer indessen sind Kambodschaner; Kambodscha und Kampuchea sind Verfälschungen von *Kambudja*: »Reich der Khmer«.

2 Auch Vietnam hat eine lange gemeinsame Grenze mit Laos.

3 Philip Rawson schreibt in *The Art of Southeast Asia*: »Die Kunst in Laos ist eine provinzielle Version der Kunst von Siam.«

4 Siehe David P. Chandler: *The Tragedy of Cambodian History*.

5 Der *Human Development Index* der UNO für 1994 bestätigt die vergleichbare Situation von Laos und Ghana. Unter 173 Nationen rangierte Laos an 133. und Ghana an 134. Stelle.

6 Nach Ansicht von thailändischen Experten schafft sich Yunnan derzeit tatsächlich ein eigenes, von China unabhängiges Profil. In Yunnan leben zweiundzwanzig Minderheiten, die ethnisch und sprachlich mit den Einwohnern von Laos, Thailand, Vietnam und Myanmar (Burma) verwandt sind. Große Teile Yunnans liegen näher an den Hafenstädten Thailands und Burmas als an chinesischen Hafenstädten wie etwa Schanghai.

7 Siehe Stan Sesser: *The Lands of Charm and Cruelty*.

8 Zwar verfügt Laos ungefähr über die gleiche Fläche und den glei-

chen Anteil an urbarem Land wie Ghana, doch seine Einwohnerzahl beträgt weniger als ein Drittel von der Ghanas.

9 Die statistischen Angaben in diesem und dem vorausgehenden Abschnitt stammen aus Publikationen der laotischen Regierung, von *Oxford Analytica*, dem *World Factbook* der CIA und anderen Quellen.

27. Kapitel

1 Siehe Shawcross: *Sideshow: Kissinger, Nixon and the Destruction of Cambodia.*

2 Siehe Michel Igout: *Phnom Penh: Then & Now.*

3 Trotz der Massenmorde in den siebziger Jahren ist die Bevölkerung Kambodschas in den letzten Jahren aufgrund einer hohen Geburtenziffer gewachsen.

4 Siehe Shawcross: *The Quality of Mercy.*

5 In *Anna Karenina* schreibt Tolstoi, alle glücklichen Familien ähnelten einander, aber jede unglückliche sei auf ihre eigene Art unglücklich.

6 Siehe Chandler.

7 Topographische Untersuchungen ergeben, daß Kambodscha seit 1969 etwa ein Drittel seiner Waldbestände eingebüßt hat. Noch immer bestehen 49 Prozent der Landesfläche aus Wald, etwa die Hälfte davon ist Urwald. Man vermutet einen Zusammenhang zwischen dem Waldschwund und den verheerenden Dürren und Überschwemmungen. Die Informationen über die kambodschanische Umwelt stammen vom *International Development Research Center* in Ottawa, Kanada.

8 Siehe den Artikel von Moeun Chhean Nariddh in *Phnom Penh Post*, 21. Oktober 1994.

9 Siehe Stan Sesser: *The Lands of Charm and Cruelty.*

10 Es herrscht Unklarheit, wie viele der Opfer zuerst durch Tuol Sleng geschleust wurden; bei den Zahlenangaben über die einzelnen Einrichtungen wurden möglicherweise manche Opfer doppelt gezählt.

28. Kapitel

1 Nach Angaben der kambodschanischen Fischereibehörde hat sich der Grad der Verschlammung im Großen See in den letzten Jahren wahrscheinlich verdoppelt. Der nordwestliche Teil des Großen

Sees, über den ich flog, war um fünf Kilometer (von 40 auf 35 Kilometer) schmaler geworden.

2 Angkor bedeutet »groß« oder »Hauptstadt«.

3 Siehe Malcolm MacDonald.

4 Diese bildhafte Vorstellung beruht auf einem hinduistischen Mythos, der unter den Khmerkönigen verbreitet war. Siehe Rawson: *The Art of Southeast Asia*.

5 Der Angkor Wat wurde vor beinahe 850 Jahren erbaut, als die Gegend noch unter dem Einfluß des Hinduismus stand; er wurde später zu einem buddhistischen Tempel.

29. Kapitel

1 Diese Zahlen, die sich auf Angaben der Weltbank stützen, zitiert Professor Joel Cohen von der Rockefeller University in New York.

2 Siehe Jessica Mathews: »Immigration and the Press of the Poor«, in *The Washington Post*, 21. November 1994.

3 Die reichen Nationen der industrialisierten Welt verbrauchen nach UNO-Angaben 70 Prozent der Energie des Planeten, 75 Prozent der Metalle und 85 Prozent des Holzes.

4 Jeder dritte Mensch auf der Erde ist mit dem Tuberkuloseerreger infiziert; die Krankheit muß nicht bei jedem ausbrechen.

5 Diese Zahlen stammen aus dem *Britannica Book of the Year 1995*.

6 Eine weitere Ausnahme bildet vielleicht die relativ friedliche Amtszeit von Kaiser Augustus zwischen 31 v. Chr. und 14 n. Chr.

7 Aus dem Gedicht »*Addressed to Haydon*«. Benjamin Robert Haydon war ein Maler und Schriftsteller, den Keats sehr bewunderte.

Ausgewählte Bibliographie

Ajami, Fouad, *The Arab Predicament: Arab Political Thought and Practice Since 1967*. New York: Cambridge University Press, 1981.

Allworth, Edward A. *The Modern Uzbeks*. Stanford, Calif.: Hoover Institution Press, 1990.

Anderson, Benedict. *Die Erfindung der Nation*. Frankfurt, Campus, 1993.

Ash, John. *A Byzantine Journey*. New York: Random House, 1995.

Ayliffe, Rosie; Dubin, Marc; and Gawthrop, John. *The Real Guide: Turkey*. New York: Prentice Hall Press, 1991.

Bacon, Francis, *The Works of Francis Bacon*, ed. J. Spedding, R.L. Ellis, and D.D. Heath, New York: 1869.

Barnett, A. Doak. *China's Far West: Four Decades of Change*. Boulder, Colo.: Westview Press, 1993.

Benjamin, Walter. *Illuminationen*. Frankfurt, Suhrkamp, 1977.

The Book of Dede Korkut, trans. Geoffrey Lewis, New York: Penguin, 1974.

Boonchalaksi, Wathinee, and Guest, Philip. *Prostitution in Thailand*. Bangkok: Institute for Population and Social Research, 1994.

Bordewich, Fergus M. *Cathay: A Journey in Search of Old China*. New York: Prentice Hall Press, 1991.

Bradnock, Robert. *South Asian Handbook*. New York: Prentice Hall, 1992.

Brown, Janet Welsh. *In the U.S. Interest: Resources, Growth, and Security in the Developing World*. See chapter »Dimensions of National Security: The Case of Egypt«, by Nazli Choucri, Janet Welsh Brown, and Peter M. Haas. Boulder, Colo.: Westview Press, 1990.

Buck, Pearl S. *Die gute Erde*. München, Langen-Müller, 1984.

Burton, Richard Francis. *Wandering in West Africa*. London: Tinsley Brothers, 1863 (Mineola, N.Y.: Dover, 1991).

Butterfield, Fox. *China: Alive in the Bitter Sea*. New York: Random House, 1982.

Buttimer, Anne. *Geography and the Human Spirit*. Baltimore: Johns Hopkins University Press, 1993.

Byers, Bruce. *Ecoregions, State Sovereignty and Conflict. Bulletin of Peace Proposals.* London: Sage Publications, 1991.

Byron, Robert. *Persische Reise.* Berlin, Safari, 1948.

Canetti, Elias. *Masse und Macht.* Hildesheim, Claassen, 1992.

Carol, Jacqueline. *Cocktails and Camels.* New York: Appleton-Century-Crofts, 1960.

Carothers, J.C. *The Mind of Man in Africa.* London: Tom Stacey, Ltd., 1972.

Carson, Rachel. *Der stumme Frühling.* München, Beck, 1990.

Cavafy, C.P. *Collected Poems,* trans. Edmund Keeley and Philip Sherrard; ed. George Savidis. Princeton, N.J.: Princeton University Press, 1975.

Céline, Louis-Ferdinand. *Reise ans Ende der Nacht.* Reinbek, Rowohlt, 1994.

Chandler, David P. *The Tragedy of Cambodian History: Politics, War and Revolution Since 1945.* Conn.: Yale University Press, New Haven, 1991.

Chatwin, Bruce. *Introduction to Robert Byron's The Road to Oziana.* London: Picador, 1981.

Chitty, Derwas. *The Desert a City.* Oxford, England: Oxford University Press, 1966.

Coll, Steve. »Environment Going Down ›Big Drain‹: Africa in the 1990s.« *The Washington Post,* August 15, 1994.

Coll, Steve. *On the Grand Trunk Road.* New York: Times Books, 1994.

Condorcet, Marquis de. *Sketch for a Historical Picture of the Progress of the Human Mind.* 1795.

Conquest, Robert. *Ernte des Todes.* München, Langen-Müller, 1988.

Conrad, Joseph. *Der Nigger von der »Narcissus«.* Frankfurt, Fischer, 1983.

Conrad, Joseph. *Lord Jim.* Frankfurt, Fischer, 1983.

Coon, Carleton Stevens, Sr. *Caravan: The Story of the Middle East.* New York: Henry Holt and Company, 1951.

Critchlow, James. *Nationalism in Uzbekistan.* Boulder, Colo.: Westview Press, 1991.

Crossette, Barbara. *India Facing the Twentieth Century.* Bloomington, Ind.: University of Indiana Press, 1993.

Curtin, Philip D. *The Image of Africa.* Madison, Wis.: University of Wisconsin Press, 1964.

Curzon, George Nathaniel. *Curzon's Persia,* ed., with introduction, Peter King. London: Sidgwick & Jackson, (1892) 1986.

Danner, Mark. »The Truth of El Mozote.« *The New Yorker,* December 6, 1993.

Dantzig, Albert van. *Forts and Castles of Ghana.* Accra, Ghana: Sedco Publishing Limited, 1980.

Davidson, Basil. *Africa: History of a Continent.* London: Spring Books, 1966.

Davie, Michael. *In the Future Now.* London: Hamish Hamilton, 1972.

Defoe, Daniel. *Ein Bericht vom Pest-Jahr.* Marburg, Jonas, 1987.

Desowitz, Robert S. *The Malaria Capers: Tales of Parasites and People.* New York: W. W. Norton, 1991, 1993.

Deudney, Daniel. »Bringing Nature Back In: Concepts, Problems, and Trends in Physiopolitical Theory from the Greeks to the Greenhouse.« A University of Pennsylvania monograph presented at the Annual Convention of the American Political Science Association, Washington, D.C., 1993.

Douglas, William O. *Beyond the High Himalayas.* New York: Doubleday, 1952.

Dreiser, Theodore. *Sister Carrie.* New York: Doubleday, Page, 1900.

Faulkner, William. *Go Down, Moses.* Zürich, Diogenes, 1990.

Fenton, James. *Children in Exile: Poems 1968–1984.* New York: Farrar Straus Giroux, 1994.

Feshbach, Murray, and Friendly, Alfred Jr. *Ecocide in the USSR: Health and Nature Under Siege.* New York: Basic Books, 1992.

Frater, Alexander. *Regen-Raga. Eine Reise mit dem Monsun.* Stuttgart, Klett-Cotta, 1994.

Frazer, James. *Der goldene Zweig.* Reinbek, Rowohlt, 1989.

Fukuyama, Francis. *Das Ende der Geschichte.* München, Kindler, 1992.

Fussell, Paul. *Abroad: British Literary Traveling Between the Wars.* New York: Oxford University Press, 1980.

Gibbon, Edward. *The Decline and Fall of the Roman Empire*; introduction by Hugh Trevor-Roper. New York: Knopf, 1993.

Gladney, Dru C. *The Ethnogenesis of the Uighur.* Central Asian Survey, London, 1990.

Goldstone, Jack A. *Revolution and Rebellion in the Early Modern World.* Berkeley: University of California Press, 1991.

Gore, Al. *Wege zum Gleichgewicht.* Frankfurt, Fischer, 1992.

Gourou, Pierre. *The Tropical World.* London, 1953.

Gramsci, Antonio. *Gefängnisbriefe.* Hamburg, Argument, 1994.

Greene, Graham. *Das Herz aller Dinge.* München, dtv, 1994.

Greene, Graham. *Die Stunde der Komödianten.* Wien, Zsolnay, 1968.

Greenwald, John. »Black Gold Rush.« *Time*, June 20, 1994.

Hafız. *Teachings of Hafiz*, trans. Gertrude Lowthian Bell. London: The Sufi Trust and the Octagon Press, 1979.

Hall, Stephen S. *Mapping the Next Millennium*. New York: Random House, 1992.

Harden, Blaine. *Africa: Dispatches from a Fragile Continent*. New York: W.W. Norton, 1990.

Harrison, Lawrence E. *Who Prospers? How Cultural Values Shape Economic and Political Success*. New York: Basic Books, 1992.

Heinl, Robert Debs, and Heinl, Nancy Gordon. *Written in Blood: The Story of the Haitian People 1492–1971*.

Helms, Christine M. *Arabism and Islam: Stateless Nations and Nationless States*. Washington, D.C.: The Institute for Strategic Studies, 1990.

Henze, Paul B. »Turks and Turkish.« *The Wilson Quarterly* (Washington) Summer 1992.

Hiestand, Emily. *The Very Rich Hours: Travels in Orkney, Belize, the Everglades, and Greece*. Boston: Beacon Press, 1992.

Holmes, Peter. *Turkey: A Timeless Bridge*. London: The Stork Press, 1988.

Hopkirk, Peter. *The Great Game: The Struggle for Empire in Central Asia*. New York: Kodansha America, Inc., 1990.

Hotham, David. *The Turks*. London: John Murray, 1972.

Huntington, Samuel P. »The Clash of Civilizations?« *Foreign Affairs*, Summer 1993. (See also reactions to this article and Huntington's response, in the September–October 1993 issue of *Foreign Affairs*.)

Huntington, Samuel P. *Political Order in Changing Societies*. New Haven: Yale University Press, 1968.

Igout, Michel. *Phnom Penh: Then & Now*. Bangkok: White Lotus Company, 1993.

Ispahani, Mahnaz Z. *Roads and Rivals: The Political Uses of Access in the Borderlands of Asia*. Ithaca, N.Y.: Cornell University Press, 1989.

Jahn, Janheinz. *Through African Doors*, trans. Oliver Coburn. London: Faber and Faber, 1960, 1962.

Jhabvala, Ruth Prawer. *Travelers*. New York: Harper & Row, 1973.

Kadare, Ismail. *Konzert am Ende des Winters*. München, dtv, 1995.

Kamarck, Andrew M. *The Tropics and Economic Development: A Provocative Inquiry into the Poverty of Nations*. Baltimore: Johns Hopkins University Press, 1976.

Kaplan, Robert D. »The Coming Anarchy.« *The Atlantic Monthly*, February 1994.

491

Kaplan, Robert D. »Shatter Zone: Central Asia.« *The Atlantic Monthly*, April 1992.

Kapuscinski, Ryszard, *Schah-in-schah*. Frankfurt, Fischer, 1988.

Kapuscinski, Ryszard, *Der Fußballkrieg*. Frankfurt, Eichborn, 1991.

Kazantzakis, Nikos. *Journeying: Travels in Italy, Egypt, Sinai, Jerusalem and Cyprus*, trans. Themi Vasils and Theodora Vasils. Boston: Little, Brown, 1975.

Keats, John. *Keats: Poems*. New York: Knopf, 1994.

Keay, John. *The Gilgit Game*. Oxford, England: Oxford University Press, 1979.

Keddie, Nikki R. (and Richard, Yann). *Roots of Revolution: An Interpretive History of Modern Iran*. New Haven: Yale University Press, 1981.

Keegan, John. *Die Kultur des Krieges*. Reinbek, Rowohlt, 1995.

Kennedy, Paul, *In Vorbereitung auf das 21. Jahrhundert*. Frankfurt, Fischer, 1993.

Khalid, Mansour. *Nimeiri and the Revolution of Dis-May*. London: KPI Limited, 1985.

Kinross, Lord. *The Ottoman Centuries*. New York: Morrow, 1979 (1977 original copyright).

Kohli, Atul. *Democracy and Discontent: India's Growing Crisis of Governability*. New York: Cambridge University Press, 1990.

Kortepeter, Carl Max. *The Ottoman Turks: Nomad Kingdom to World Empire*. Istanbul: The Isis Press, 1991.

Krishnamurti, Jiddu. *Krishnamurti at Rajghat*. Madras: Krishnamurti Foundation, 1993.

Kuhn, Thomas S. *Die Struktur wissenschaftlicher Revolutionen*. Frankfurt, Suhrkamp, 1973.

Lamb, Christina. *Waiting for Allah: Pakistan's Struggle for Democracy*. London: Viking, 1991.

Lamb, David. *Afrika, Afrika*. München, Marino, 1989.

Law, Robin C.C. *The Oyo Empire c. 1600–1836*. Oxford, England: Oxford University Press, 1977.

Lewis, Bernard. *The Shaping of the Modern Middle East*. New York: Oxford University Press, 1994.

Lewis, I. M. *Islam in Tropical Africa*. London: Oxford University Press, 1966.

Linden, Eugene. »Megacities.« *Time*, January 11, 1993.

London, Jack. *Martin Eden*. New York: Macmillan, 1909.

Lopez, Barry. *Arctic Dreams: Imagination and Desire in a Northern Landscape.* New York: Scribner's, 1986.

Macaulay, Rose. *The Towers of Trebizond.* New York: Farrar, Straus & Giroux, 1956.

MacDonald, Malcolm. *Angkor.* London: Jonathan Cape, 1958.

Maclean, Fitzroy. *Eastern Approaches.* Boston, Little, Brown, 1949.

Maclean, Fritzroy. *A Person from England: and other Travellers to Turkestan.* New York: Harper & Brothers, 1958.

Malcomson, Scott L. *Borderlands: Nation and Empire.* Boston: Faber and Faber, 1994.

Malraux, André. *Man's Fate,* trans. Haakon M. Chevalier. New York: Vintage, (1934) 1990.

Malthus, Thomas Robert. *The Works of Robert Malthus,* ed. E. A. Wrigley and D. Souaden. London: Pickering and Chatto, 1986.

Mann, Thomas. *Der Zauberberg.* Frankfurt, Fischer, 1991.

McGreal, Ian P., ed. *Great Thinkers of the Western World.* New York: HarperCollins, 1992.

McPhee, John. *Basin and Range.* New York: Farrar, Straus and Giroux, 1980.

Minc, Alain. *Das neue Mittelalter.* Hamburg, Hoffmann und Campe. 1994.

Moore, Barrington jr. *Soziale Ursprünge von Diktatur und Demokratie.* Frankfurt, Suhrkamp, 1970.

Moore, Gerald. *Seven African Writers.* London: Oxford University Press, 1962.

Morier, James. *Die Abenteuer des Hadschi Baba aus Isfahan.* Leipzig, Dietrich, o.J.

Mortimer, Edward. *Faith and Power: The Politics of Islam.* London: Faber and Faber, 1982.

Muscat, Robert J. *The Fifth Tiger: A Study of Thai Development Policy.* Armonk, N.Y.: M.E. Sharpe, 1994.

Nahaylo, B., and Swohboda, V. *Soviet Disunion: A History of the Nationalities Problem in the USSR.* London: Hamish Hamilton, 1990.

Naipaul, V.S. *Eine islamische Reise.* Köln, Kiepenheuer & Witsch, 1982.

Naipaul, V.S. *Dunkle Gegenden.* Frankfurt, Eichborn, 1995.

Naipaul, V.S. *Indien. Ein Land in Aufruhr.* Köln, Kiepenheuer & Witsch, 1992.

Newton, Alex. *West Africa: A Travel Survival Kit.* Berkeley: Lonely Planet Publications, 1992.

O'Donnell, Terence. *Garden of the Brave in War: Recollections of Iran.* Chicago: The University of Chicago Press, 1980.

Okri, Ben. *An African Elegy: Poems.* London: Jonathan Cape, 1992.

Oliver, Roland. *The African Experience.* New York: Harper Collins, 1991.

Ophuls, William. *Ecology and the Politics of Scarcity: A Prologue to a Political Theory of the Steady State.* San Francisco: Freeman, 1977.

Otabil, Mensa. *Beyond the Rivers of Ethiopia: A Biblical Revelation on God's Purpose for the Black Race.* Accra, Ghana: Altar International, 1992.

Ouologuem, Yambo. *Bound to Violence,* trans. Ralph Manheim. London: Secker & Warburg, 1971.

Ozturk, Yasar Nuri. *The Eye of the Heart: An Introduction to Sufism and the Tariqats of Anatolia and the Balkans.* Istanbul: Redhouse Press, 1988.

Pinchin, Jane Lagoudis. *Alexandria Still: Forster, Durrell, and Cavafy.* Princeton, N.J.: Princeton University Press, 1977.

Pipes, Daniel. *Greater Syria: The History of an Ambition.* New York: Oxford University Press, 1990.

Polo, Marco. *Von Venedig nach China.* Stuttgart, Thienemann, 1986.

Population Reference Bureau. *World Population Data Sheet.* Washington, D.C., 1992.

Prussin, Labelle. *Hatumere: Islamic Design in West Africa.* Berkeley: University of California Press, 1986.

Ptolemy, Claudius: *The Geography,* trans. and ed. Edward Luther Stevenson. New York: Dover, 1991.

Rashid, Ahmed. *The Resurgence of Central Asia.* Atlantic Highlands, N.J.: Zed Books, 1994.

Raven, Peter H.; Berg, Linda R.; and Johnson, George B. *Environment.* Orlando, Fla.: Saunders College Publishing and Harcourt Brace & Company, 1993.

Rawson, Philip. *The Art of Southeast Asia.* London: Thames and Hudson, 1967.

Reclus, Élisée. *La terre et les hommes.* Paris: 1877.

Rice, Edward. *Captain Sir Richard Francis Burton.* New York: Scribner's, 1990.

Riley, Mark T. Essay on Thomas Robert Malthus, in *Great Thinkers of the Western World.* New York: HarperCollins, 1992.

Ritter, Karl. *Allgemeine Erdkunde* (»Comparative Geography«). Edinburgh: W. Blackwood, 1817.

Roosevelt, Archie. *For Lust of Knowing: Memoirs of an Intelligence Officer.* Boston: Little, Brown, 1988.

Schuyler, Eugene. *Turkistan: Notes of a Journey in Russian Turkistan, Khokand, Bukhara, and Kuldja.* New York: Scribner's, 1885.

Seale, Patrick. *The Struggle for Syria.* Oxford: Oxford University Press, 1965.

Sesser, Stan. *The Lands of Charm and Cruelty: Travels in Southeast Asia.* New York: Knopf, 1993.

Seth, Vikram. *From Heaven Lake: Travels Through Sinkiang and Tibet.* London: Chatto & Windus, 1983.

Settle, Mary Lee. *Turkish Reflections: A Biography of a Place.* New York: Touchstone, 1991.

Shaban, Hussein, and Johnston, Robert. *The Fall of Theocracy in Iran.* Hamilton, Ontario: McMaster University, 1994.

Shawcross, William. *Sideshow: Kissinger, Nixon and the Destruction of Cambodia.* New York: Simon and Schuster, 1979.

Shawcross, William. *The Quality of Mercy: Cambodia, Holocaust and Modern Conscience.* London: Andre Deutsch, 1984.

Shipman, Pat. *Die Evolution des Rassismus.* Frankfurt, Fischer, 1995.

Silver, Cheryl Simon, with DeFries, Ruth S. *One Earth One Future.* Washington, D.C.: National Academy of Sciences Press, 1990.

Simon, Julian. *The Ultimate Resource.* Princeton, N.J.: Princeton University Press, 1981.

Smith, Anthony D. *National Identity.* Reno, Nev.: University of Nevada Press, 1991.

Stark, Freya. *Pässe, Schluchten und Ruinen.* Stuttgart, Thienemann, 1993.

Stein, Susan R. *The Worlds of Thomas Jefferson at Monticello.* New York: Harry N. Abrams/Thomas Jefferson Memorial Foundation, 1993.

Sterne, Laurence. *Eine empfindsame Reise durch Frankreich und Italien.* Zürich, Artemis & Winkler, 1995.

St. Vincent, David. *Iran: a Travel Survival Kit.* Berkeley: Lonely Planet Publications, 1992.

Sulzberger, C. L. *A Long Row of Candles: Memoirs and Diaries, 1934–1954.* New York: Macmillan, 1969.

Swaggart, Jimmy. *The Christian and Demon Spirits.* 1980.

Tekin, Latife. *Berji Kristin: Tales from the Garbage Hills,* trans. Ruth Christie and Saliha Paker. New York: Marion Boyars Publishers, 1993.

Tostevin, Matthew. »Sinking to the Depths: Sierra Leone.« *Focus on Africa* (London), July–September, 1993.

Tucker, Robert C. *The Marx-Engels Reader*, New York: W. W. Norton, 1972.

Türkmen, Erkan. *The Essence of Rumi's Masnevi*. Konya, Turkey: Misket Ltd., 1992.

Ungar, Sanford J. *Africa: The People and Politics of an Emerging Continent*. New York: Simon and Schuster, 1978.

United Nations Development Programme. *Human Development Report, 1994*. Delhi: Oxford University Press, 1994.

Van Creveld, Martin. *The Transformation of War*. New York: Free Press, 1991.

Waterbury, John. *Hydropolitics of the Nile Valley*. Syracuse, N.Y.: Syracuse University Press, 1979.

Wayne, Scott. *Ägypten*. Hattorf, Travel Publikationen, 1990.

West, Richard. *Back to Africa*.

Whittell, Giles. *Central Asia: The Practical Handbook*. Old Saybrook, Conn.: The Globe Pequot Press, 1993.

Wittfogel, Karl A. *Oriental Despotism: A Comparative Study of Total Power*. New Haven: Yale University Press, 1964.

The World Factbook 1993. Washington, D.C.: Central Intelligence Agency, 1993.

World Resources Institute. *World Resources 1992–93. A Guide to the Global Environment*. New York: Oxford University Press, 1992.

Worldwatch Institute Report. *Zur Lage der Welt*. 1993. (Hrsg. v. Brown, Lester R.)

Wurm, Stefan. *Turkic Peoples of the USSR*. Oxford: St. Anthony's College, Oxford University, 1954.

Xenophon. *Anabasis – Zug der Zehntausend*. Zürich, Artemis & Winkler, 1990.